《当代中国人物传记》丛书

书名手迹：邓小平

徐向前传

《徐向前传》编写组 著

当代中国出版社
Contemporary China Publishing House

图书在版编目（CIP）数据

徐向前传 /《徐向前传》编写组著．--3 版．-- 北京：当代中国出版社，2006.12（2023.3 重印）
（当代中国人物传记丛书）
ISBN 978-7-80092-058-5

Ⅰ．①徐…　Ⅱ．①徐…　Ⅲ．①徐向前（1901~1990）—传记　Ⅳ．① K825.2

中国版本图书馆 CIP 数据核字（2006）第 143451 号

出 版 人　冀祥德
责任编辑　姜楷杰　王树清　解希林
责任校对　康　莹
责任印务　刘艳平
装帧设计　北京华子图文设计公司
出版发行　当代中国出版社
地　　址　北京市地安门西大街旌勇里 8 号
网　　址　http://www.ddzg.net
邮政编码　100009
编 辑 部　（010）66572132
市 场 部　（010）66572281　66572157
印　　刷　北京润田金辉印刷有限公司
开　　本　720 毫米 × 1060 毫米　1/16
印　　张　24.25 印张　6 插页　插图 59 幅　388 千字
版　　次　2015 年 7 月第 3 版
印　　次　2023 年 3 月第 5 次印刷
定　　价　49.00 元

《徐向前传》编写组

组　　　　长　刘　志
副组长（主编）　张　麟
成　　　　员　朱　玉　王文仲　李而炳　李俊荪
郭春福　欧国琳　萧永义　马长志
陈宝玲　葛恒军　赵　濂

出版说明

1982年，中共中央书记处讨论通过、中共中央宣传部发文布置在全国范围内编写出版《当代中国》丛书。根据编写计划，《当代中国》丛书依内容共分为五类，人物传记是其中之一。由于人物传记涉及方方面面，情况繁杂，且编写时间长，1991年人物传记从《当代中国》丛书中分立出来，确定为《当代中国人物传记》丛书。

《当代中国人物传记》丛书编辑委员会在丛书总序中说：

"二十世纪的中国，是一个风云际会、英杰辈出的时代。正是伟大的时代造就出灿若群星的历史伟人；也正是历史伟人们艰苦卓绝的奋斗历程和忘我建树的光辉业绩，才能充分地体现着潮流之所趋、人心之所向，才最深刻最生动地反映着奔腾前进的伟大时代。他们一生的业绩，恰恰构成了从旧中国到新中国这一旷古未有的历史性大变革的缩影。正因为这样，修撰作为中华人民共和国缔造者的一代杰出历史人物的传记，其意义自是远远超越记述个人身世的范围。这套传记丛书，无疑应当看作是，当代中国千百万爱国志士、革命先驱的杰出代表用毕生的血和汗谱写出的挽救祖国、振兴中华的可歌可泣的历史画卷，它将是永远矗立于世世代代人民心中的革命丰碑。《当代中国人物传记》丛书中的每一部传记，都可读作当代中国的救国史，中华人民共和国的开国史、建国史；每一部传记都可读作结束中国苦难危亡命运的革命史，披荆斩棘建设社会主义的奠基史、创业史。"

"《当代中国人物传记》丛书，首批编撰的是中华人民共和国建国时期的开国元勋和各方面的最杰出人士的传记。这批传记的主人公将包括：党和国家的主要领导人（其中毛泽东、周恩来、刘少奇、朱德、邓小平、陈云的传记，将由中共中央文献研究室编写、出版）、人民军队中功勋卓著的元帅、参与新中国创建大业的各民主党派的领导人和各方面的著名爱国人士、贡献突出的著名科学家、文学家和艺术家，以及为中国民主革命事业和社会主义事业做出重大贡献的国际主义战士，等等。毫无疑问，他们既是当代中国最卓越的代表，同时也是彪炳千秋青史的历史巨人。当然，如同一切历史人物一样，我们时代的杰出代表也不可能不受到历史条件的限制，也必然会具有这样那样的弱点、短处，一生中也不免会发生这样那样的某些过失。但是，所有这些，当如日月之蚀，堂堂正正公之于众亦无损于他们形象的光辉。他们为中华民族创建的功业，他们的革命精神、高尚情操，他们的鸿才睿智、嘉言懿行，无不震古铄今，垂范后世。这是中华民族一份永远值得倍加珍摄的宝贵精神财富。”

“愿人们从这部《当代中国人物传记》丛书中，以这些历史人物的光辉业绩为典范，学习他们的革命献身精神、爱国主义情操和坚定的社会主义信念，为中华民族的历史伟业做出更大的贡献。”

我社有幸承担了《当代中国人物传记》丛书的编辑出版工作，自 1991 年以来陆续出版了一批中华人民共和国开国元勋的传记，获得很好的社会影响。我们将继续按照丛书的编辑出版方针，把《当代中国人物传记》丛书编辑出版工作做好，以飨读者。

书中图片绝大部分为本书编写组提供，因时间仓促等，有的图片未能注明著作权，特致歉。请相应著作权人知晓后，与当代中国出版社总编室联系（电话：010-66572131），以便我们再版时准确署名及支付稿酬。

当代中国出版社

2021 年 11 月

徐向前（孟昭瑞摄于 1981 年）

目　录

第一章　生在平凡之家

第一节　家　世

农历辛丑年九月二十八日（1901 年 11 月 8 日），一个新生命降生在山西省五台县永安村。他就是徐向前。

永安村，在五台县西南，滹沱河北岸，原名“薄家村”。早在魏晋时期，这里曾是官府的粮地，有“仓城”之说，后来废弃了。老百姓希望永远过安定的日子，忌讳“薄家”这两个字，于是就改为“永安村”。

徐向前出生时，正是一个动乱的年代。1900 年仲秋，八国联军入侵中国，进攻北京。德国元帅瓦德西统领的八国侵略军，在京城烧杀抢掠，颐和园遭洗劫，慈禧太后的住所也被焚毁。慈禧太后和光绪皇帝先逃到大同。没过几天，转驾太原，德国军队打到五台县附近的龙泉关，清军在五台山一线设防保驾。太后和皇帝又仓皇逃往西安，授命李鸿章为“全权议和大臣”，拜倒在侵略者的脚下。《辛丑条约》就是这耻辱的记录。腐败无能的清王朝风雨飘摇，走向崩溃，人民处在极度苦难之中，这在徐向前出生时仍然保持着古老生活方式的山村中，人们通过不断增长的纳税、纳粮、抽丁、派捐，明显地感受到了。

徐向前的出生，和中国当时同一个时辰出生的成千上万个婴儿一样，使在世的中华儿女又增加了一员。要说在他的家里他还有点地位的话，这在很大程度上取决于他是男性。“重男轻女”的封建习俗，毫不例外地影响着他的长辈。母亲一辈子生养 7 个儿女，活下来的有 5 个。第一胎生的是女孩，起名先月。奶奶很不高兴，说：“进门就生这多超余。”她盼孙子心切，连孙女的名字都不愿叫，多是叫“妮子”。第二个生的是男孩，奶奶高兴极了，起了一个多财多福的名字，叫银仓。但很不幸，他 12 岁夭亡了。第三胎是女孩，叫春月。第四胎出生后即亡，没有留下名字。第五个是男孩，名唤银福。按出生顺序，徐向前是第六，按兄弟排行，是老三。他的老妹称他“二哥”，是因为他大哥过早离开人世的缘故。

银仓早逝，使徐家遭受很大的打击。尤其是母亲，悲痛欲绝。为了在精神上得到安慰，她坚持要给死去的儿子“娶妻成家”。其实是两具少年男女尸骨合葬，俗称“阴婚”“鬼妻”，这在当时是平常的事。

徐向前来到人世间没多久，父亲便郑重其事地把他的名字填写到宗谱第十九代世孙的位置上。他的姐妹们都没有这个资格。她们虽然都出生在徐门，但不能上徐家的宗谱。老人们说：“闺女早晚是人家的人。”能上徐氏宗谱的女人，是徐门的媳妇。她们在拜堂成亲后，名字便写到宗谱上。

徐向前的乳名叫银存，表字子敬，号象谦。直到他在黄埔军校毕业后还用着“象谦”这个名字。大革命失败后，根据这个名字的谐音，改成“向前”。这可能也是他对革命忠贞不贰、永不回头的一个标志吧。

家庭，是人生立足的基地，制约着每一个人的成长。徐向前出生时，家境处于小康水平。表面看上去，这个家是不余不欠，不丰不累。但家里人都懂得，这个境况，全家人都要尽自食其力的义务才能维持。

徐氏家族曾有过一段不平常的历史。徐向前听长辈们说，徐家祖上是三兄弟，家境贫寒，人丁也不旺。老大生一子，老二、老三都无后；第三代是兄弟俩；到第四代，又是三兄弟。徐向前是这三兄弟的第三分支的后代。这一分支，一代接一代地奋斗，传到第六代，才积攒了相当数量的土地与家产，开始富裕起来，“丁既昌矣，门户张矣，或文或武，衣冠光矣”[①]。七、八两世“书香兆瑞”。到第十代，有人踏入官门。清朝顺治初年至光绪末期，徐门都有做官的人。250年间，任七品官职以上的有50人之多，得诰封、诰授的15人以上。任最高官职的，是徐向前十五世祖徐松龛，官至钦差，头品顶戴。他是道光年间钦点朝元，翰林院编修，任过福建巡抚、总理各国事务大臣，所著《瀛寰志略》是一部中国较早研究世界地理的著作。

一个家族，几百年间，繁衍再繁衍，分支又分支，除了徐氏近支以外，其他的联系已经很少很少。在徐向前这个小小分支里，父亲、祖父，乃至曾祖一代，都没有做官的人，学业的最大成就者，有一个举人、三个秀才，他父亲是这小小分支中最后一个考中秀才的。

在徐向前的曾祖父以前，家庭经济状况还好。从祖父开始就逆转了。爷爷徐鹤龄，想振兴一下家业。他从务农转为经商，奢望带来转机，再耀徐门。出乎意外，生意欠佳。不仅没有赢利，反而赔了本。一蹶

徐向前旧居，山西省五台县永安村“楼院徐家”

①《徐氏家谱》卷八。

不振，债台高筑。没有等到儿子成年他就离开了人世。爷爷死后，家里由奶奶掌管，典当变卖了土地、房屋等家产，办完丧事，偿还债务。这时，徐向前的父亲只有 13 岁。到徐向前降生时，家里有十几亩瘠薄的旱地，还有两亩水浇地，算是良田。

家业衰败了，门面还得支撑着。村里人照旧叫他们“楼院徐家”。不过，大家也知道，徐家不比从前了。只是院门门楣上表明这个家庭身份的“礼门也”三个字依稀可见，院内的小路已经破坏。五间对称的东西厢房，由于住人的缘故，年年整修，状况稍好一些，然而也不像当年有生气了。上房是二层楼，这是永安村唯一的楼房，“楼院徐家”即由此得名。

在这个中等生活水平的家庭里，徐向前没有娇生惯养的条件，也没有饥寒交迫的遭遇，但是，他必须劳动。从七八岁开始，家里就要求他做力所能及的事情。随着年龄的增长，担子也越来越重。

第二节　在母亲身边长大

徐向前小时候，父亲多在外谋生，他整天跟着母亲屋里屋外转。

他的母亲姓赵，名金銮，生于 1862 年，长在离徐向前家不远的槐阴村，家境与徐门相当。她中等身材，眼近视，裹小脚，语不多，明事理，性格温和，办事稳重。她不是徐向前父亲的原配。在她之前，徐父曾娶一妻，两三年后病故，没有留下子女。赵氏并没有因为是填房而降低她在徐家的地位，相反，由于她的善良和纯正，博得了长辈的喜爱。婆婆信任她，放手让她操持家务，她成了家庭生活的实际组织者。

母亲信奉佛教。五台山是佛教圣地，与浙江的普陀山、四川的峨眉山、安徽的九华山齐名，共誉为中国的四大佛教名山。受它的影响，台内台外，几乎家家都有信佛的，妇女更显得虔诚。在那里，五台山被神化了，人们也就很自然地追逐着神话般的世界，祈求从那里得到什么。

五台山，位于五台县东北隅，由东、西、南、北、中五座屹立环抱的山峰组成。这五座山峰都以台定名，东台望海峰，西台挂月峰，南台锦绣峰，北台叶斗峰，中台翠岩峰。

关于五台山，徐向前小时候还听母亲讲过这样一个故事：

相传，很早很早以前，五台山没有名字，五座山峰内外，气候异常恶劣，春天飞沙走石，夏天酷热难当，秋天颗粒不收，冬天滴水成冰，人们无法生活，文殊菩萨传教到此，决心改变这种状况，造福于人间。东海龙宫里有一块大石头，叫歇龙石，能改变气候。于是，文殊菩萨变作一个化缘的和尚，到龙王那里借歇龙石。龙王以为他搬不走，就答应了。谁知，文殊菩萨口念咒语，巨石立刻变成手指大小，文殊拾起塞进袖筒，向龙王施礼告别，飘然而去。到了中间山峰南边，把歇龙石恢复原来大小，放在山谷里。当时正是烈日当空，久旱不雨，放下歇龙石后，五峰内外立刻变得清凉无比。于是，人们把这条谷叫清凉谷，山就叫清凉山，山上建了一座寺院，叫清凉寺。从此，这里风调雨顺，年年丰收。后来，龙王因没有歇龙石，热得受不了，就出海来寻找。群龙在山里找不见歇龙石，一气之下，用尾巴把五个山头扫掉了，留下了五个平台，人们就将清凉山改叫五台山。

这是一个神话故事，在徐母的心中却留下了故事中的神。她信仰文殊菩萨，就像在五台山修造六六三百六十座寺院的人们一样崇拜他。她没有能力到五台山建寺造庙供奉文殊，就从五台山“请”来一尊木雕文殊，后来又添了一尊石刻的。她十分虔诚地供奉着，晨昏三叩首，早晚一炉香，夜半人静时，还要闭目打坐。她心诚得连鱼、肉、葱、蒜、韭菜都不入口，叫作“吃清口斋”。

徐向前刚刚会观察周围事物时，看到母亲烧香祷告，不知是怎么回事，以为做母亲的都是这个样呢。有一回，母亲不在，他和哥哥在家，玩着玩着，就跑到供佛的楼上，把母亲用的念珠、经卷拿下来，穿上母亲的长衣服，模仿着母亲的样子，数着念珠，“默”着经卷，胡闹了一阵。母亲回家看到这种情景，生了气，差点儿要打他。

在徐家，徐向前的两个姐姐都随着母亲吃斋念佛，爸爸和哥哥都不信佛，却也不反对她们信。佛门要求弟子“积德”，他们认为，积德总不是坏事。于是母亲除了例行祈祷之外，就是把信仰凝聚到行动上，广积德，做好事。

母亲怜贫惜老，施舍僧侣。冬天，街上来了乞讨的人，她常把他们让到屋里，给吃，给喝，再施舍，然后打发他们走。如遇僧尼化缘到门前，都以同道师长相待，净手素斋，不吝布施。母亲这种行为，影响了徐向前。他幼小的心灵还理解不了那些难以捉摸的盲目崇信的意义。他是从人与人的关系中认识母亲的。他朦朦胧胧地意识到，人与人之间应该相互爱护，平等相处。尤其对穷苦人，母亲那样做是对的。

有一年隆冬的一天，徐向前正在街上和孩子们一起玩，见到一个讨饭的老人被狗扯倒，衣服撕破了，篮子摔出了好远。老人躺在雪地里，好一会儿没有起得来。见到这种情景，徐向前赶忙跑过去，把老人扶起来，又把篮子、棍子捡起来送到老人手里，然后对老人说：“到我们家去暖和暖和吧。”老人迟疑着不肯走。徐向前又说：“走吧，到我们家，会给你饭吃的。”老人又看了看眼前这副显露着稚气、诚恳表情的小脸，一瘸一拐地跟着到了徐家。老人冻得麻木的身躯暖和了，撕破了的衣服缝好了，吃了一顿饱饭，临走又拿了一些干粮。他含着泪水，不断道谢，“小兄弟”“老婶子”地叫个不停。

母亲的节俭勤劳，对徐向前也有很大影响。母亲闲不下来，他也闲不下来。母亲打扫屋里屋外，他也拿着小笤帚东一下西一下地划拉；母亲做饭，他也往灶门里添柴添炭。

他伴随母亲劳动，劳动伴随着他成长。尽管他自己没有意识到这是劳动，或者说，那时他做的不算什么劳动，但对他劳动观念的养成，有潜移默化的效果。七八岁以后，他便有了更多的劳动机会。母亲还给他和哥哥都规定了数额，早起必须拾一箩头粪回来。

永安村前有一条车马人行大道，离徐向前家有一里多远，他们兄弟俩多是在这条大道上拾粪。别人家的大小孩子也要到这条大道上去拾，谁起来得早，就能多拾一些，谁起得晚，就可能空着箩头回家。徐向前要完成母亲定的数额就得早起床，要得到母亲的赞扬还得走在哥哥的前面。他有时起得早，不等哥哥醒来，就背上箩头走了。

有一次，哥哥起来晚了，没有拾到粪，怕母亲责罚，就央求徐向前把粪分给他一半。徐向前不干，他反对欺骗母亲。哥俩吵了一阵，哥哥自知理亏，只好到母亲面前去认错。

北方冬天的五更时分是最冷的，人们管它叫“鬼龇牙的时辰”。有时徐向前拾粪回来，脚冻麻木了，手冻僵了。母亲很心疼，帮他脱鞋，让他上热炕暖和，还用手暖他的冻得发紫的小手，可是从来不说不让孩子去拾粪的话。

徐向前到成年后才体会到，母亲这样做，也是一种对孩子的爱，而且是真正的爱。这对他的坚强性格的形成，是一个直接的因素。

到了夏天，徐向前就去割草，挖野菜，采榆、杏、桑、槐、杨、柳叶。受生活的逼迫，他小时候吃过许多种野菜和树叶。这对他后来从事千难万苦的革命事业倒很有好处。战争年代，长征途中，他这些生活经验帮他渡过了许多难关。长征时，红四方面军曾三过草地，粮食极度缺乏，他带头采野菜充饥。他不仅认识什么样的野菜可以吃，而且知道什么样的野菜怎样做才好吃。为了不忘记自己的出身，为了使自己经常忆起最初的革命年代，他直到当了元帅之后，还经常吃些粗粮和野菜，有时还自己亲手去采摘。

在中国漫长的封建社会里，社会交流极不发达。在城里，吃、穿、用主要是用货币去交换，而在徐向前生长的山村里，吃、穿、用主要靠自家生产，买卖货物很少见。家家户户，年年岁岁，都要自己想方设法地种地、织布、编织各种器皿、家具、帘席……

徐向前生活在这样的“小社会”中，必须努力去适应这个环境。要会做各种家务事，会做力所能及的农活，还要学会各种编织手艺。他学会了编挖野菜和挑土拾粪用的箩头、篮子，捞米饭用的笊篱等一些编织手艺。在他当上红四方面军总指挥的时候，家里还用着他编的笊篱。这笊篱往往引起母亲对他的思念，有时手里拿着笊篱，眼泪就流了下来。

第三节　接受父亲的启蒙教育

父亲看儿子，总是把眼光放在年龄的前面，给设计一条路，让他沿着这条路走下去。

徐向前的祖父曾经给徐向前的父亲设计了一条路：不务农，也不经商，要为官。走这条路的第一步就是读书。为达到目的，在家境逆转的情况下，仍咬牙坚持供儿子读书。但是，读书，为官，是一条艰难的路，忍辱、奋斗，结果没能走通。徐向前父亲的学业没有成就，祖父却先逝去了。

这些比徐向前出生还早几十年的事，他只能从老一辈的只言片语中有所了解。不过，父亲后来的境遇，他倒知道一些。

“我父亲是个晚清秀才，教了一辈子书。”“为人耿直，不阿不欺，办事公道。”[①] 这是徐向前心目中父亲的形象。

徐向前的父亲徐懋淮，生于1857年。因家境艰难，从小在外祖母家就学。他父亲去世时，他只有13岁。为了前程，祖母继续供父亲读书。近20岁时，通过了清朝科举制度的最低一级，获得了能在县学、府学读书的生员学位。一般称秀才。生员有应乡试的资格，乡试合格称举人。可是由于家境不济，他一直没有通过乡试，到老还是个“穷秀才”。

秀才，在村里还有一定的声望。他学字“次江”，号“遇丰年”。次江这个学名很少有人称呼，“遇丰年”，倒是村里人经常叫的。村里有大小事情，如打架斗殴难解、家庭纠纷不平时，都愿意找“遇丰年”评说；有分门立户、割地买房的事，也要找他作中证。全村人信任他，不完全是因为他有一点学问，主要是因为他热心于村里的公共事务。村里设立学堂，他到处奔走去请先生，学堂的房子坏了，他也率先出力维修。

父亲的行为，是家风的体现，给徐向前以很大影响。他模仿着父亲以平等的态度对待周围的人，不阿强凌弱，不媚富欺贫。但是，徐向前也不是对父亲所有行为都效法的。父亲在外对人很友善，在家尽管与母亲感情很好，但放不下男人对女人的威严。徐向前总是站在母亲一边，维护母亲在家庭中的地位。徐家的日常生活，虽然由母亲安排，但家庭经济的掌握和支配权是在父亲手里，母亲手中很少存过一文钱。徐向前对此颇不平。他当了小学教师之后，每月有20块白洋的薪水，都要如数交给父亲，不能给母亲。父亲要求他这样做。可他看到母亲手里年年不进一文，心里很不是滋味。有一回，他领到薪水，偷偷地交给了母亲3块钱，只交给父亲17块。父亲问他怎么剩17块，他只好说，一个同事成亲，那3块送礼了。

3块白洋，打动了母亲的心。母亲接过钱，泪水欲滴。据说这3块白洋，在他母亲手里保存了好几年，终因生活的需要，又交给父亲派了用场。这是五台女性，也是中国女性的美德。男人能干，女人能省，是立门治家之要。当地有这样一首民谣：“男人是扒扒，女人是匣匣，不怕扒扒没齿子，就怕匣匣没底子。”

徐向前的父亲为人正直，能感动村里人，却不能感动“上帝”。家境越来越破落。由于经济和政治两方面的原因，他没有再考举人，放弃了仕途，顺应历史安排的路走进教书匠的行列。父亲当先生，儿子却没有条件做他的学生。他教书不在本村，除在东冶镇做过几年先生外，多到“口外”去，不能把徐向前带在身

① 徐向前：《历史的回顾》，解放军出版社1988年版，第2、3页。

边。因为在本村或附近，工钱都很低，难以维持七口之家的生计。“口外”，是五台人谋生的一个去处，也有叫“西口”的。他去的“口外”，就是内蒙古的和林格尔和凉城一带。到这些地方去，在有钱人家里做私塾先生，一年的工钱是一个银元宝，约合 50 两白银。工钱是一年付给一次，他也就一年回家一次。每逢年关，他都要向塾主告假，带钱回家，安排家里一年的生活，与家人过个团圆年。然后再开始一个新的循环。

有一年腊月，父亲照例告了假，赁了一头毛驴搭脚儿，怀揣那个元宝回家。谁料想，路上遇到土匪“棒子队”，抢走了毛驴，也把那个一年心血换来的元宝抢走了。落个两手空空，命还差点儿搭上。一家人指望他回来安排年事。可他一到家，不仅没给家里人带来欢乐，反而蒙上了一层阴影。

徐向前的父亲，虽然没有像爷爷那样给徐向前设计一条路，但总还是有所追求、有所向往。父亲心里最清楚的是：儿子有了学问才会有前途。徐向前很小的时候，父亲就教他读《百家姓》《千字文》《庄农杂志》之类的书。这是旧中国传统的识字课本。写字，从描红摹字入门，临帖抄仿。这不仅是对徐向前，对徐向前的哥哥、妹妹以及后来对徐向前的大女儿松枝，都是这样的。由于父亲的严格教导，给徐向前打了一个基础。入村塾读书时，学习成绩不错，先生经常称赞他。徐向前说：我小时候并不聪明，学习不落后，主要是父亲给了我启蒙教育。

徐家的家教是很严格的。徐向前小时候，除了接受父亲的文化教育外，还接受了祖宗立下的训条的教育。他的四世祖兄弟三人，名徐文厚、徐文达、徐文源。徐文源襁褓丧母，全靠两个哥哥抚养，种地的时候把他抱到田里去，有时背着他耕地。徐文源长大之后，对哥哥们的养育之恩，终生不忘，并立下训词，教育子孙效法祖宗，兄弟姐妹之间，相亲相爱，和睦相处。谁不按这训条去做，要遭到老天爷的惩罚。这训词一代一代往下传，从未废止。徐向前的父亲也没敢违背祖宗的遗训，仍用这训条教育他的儿女们。徐向前小时候最先背下来的文字，就是这家训：

“襁褓失母，兄文厚、文达祖负抱而耕。文源祖以报恩，誓其子孙焉：布谷催耕，兄泪盈盈，有弟无母，无母孰哺？负我耒耜，抱我弱弟，以适于南亩。苗既硕，弟何小，兄也顾之，劳心草草。弟既长，兄已老，弟也事之，私心未了。滹沱浩浩，潭水一掬，决潭益沱，毋乃不足，曰予世世子孙，惟兄之子孙，是亲是睦，敢或侮之，神其不福。”

第二章　曲折的路

第一节　入学、失学

在旧中国，人们信奉“万般皆下品，唯有读书高”这一信条，尤其是社会的上层。徐向前家祖辈都有读书人，他们也希望自己的子孙能成为识文断字的人。

1911 年，徐向前 10 岁，开始读书。这时，以武昌起义为标志开端的辛亥革命迅速波及全国。在山西，驻太原新军第八十五标（相当于团）中，受同盟会革命思想影响的第二营，于 10 月 28 日夜发动起义，一夜之间起义成功。但政权落到了第八十六标标统阎锡山手中。阎锡山出生在五台县河边村（今属定襄县）的一个地主兼商业高利贷者家庭里。6 岁丧母，由外祖母抚养长大。他先在父亲的钱铺里学商，后又到太原柳巷裕盛店里当小伙计。1902 年，以《韩信将兵多多益善论》的文章，考入山西武备学堂。1904 年，考入日本东京振武学校。在东京结识了孙中山，加入同盟会。回国后担任过山西陆军小学堂教官、八十六标教练官，1910 年任标统。太原起义时，他把兵部署在保护抚署（清朝太原官府）的位置上，然后派出两个排去袭击守卫抚署的清军巡防队。他自己躲到一片小树林里，窥测局势发展。如八十五标胜了，他有支援起义军的理由；如清政府把起义军镇压下去了，他也有保护抚署的借口。就靠这狡猾奸诈的手腕，他攫取了山西都督的宝座。

关于辛亥革命的事，徐向前有这样一段回忆：“我上学那年冬季的一天，教书先生郑重其事地告诉我们：山西的都督是阎锡山，河边村人氏。以后又听说孙中山做了临时大总统，赶走了皇帝。这就是孙中山领导的辛亥革命。当时只知道我和一些小同伴都剪掉了头上讨厌的辫子，但不理解它的意义，更不知道这场革命将有一个什么样的结局。”①

徐向前读的是私塾。不过，这时的私塾，已经有了很大变化，不再是“南北大炕，书桌摆上”了，而是有了专门的学堂。学堂就在他家庙南墙外的一排房子里。那时，没有因为辛亥革命宣布废除“读经科”而改变识字课本，照旧读《三字经》《百家姓》之类。这些书，徐向前上学前就读过，是他父亲教的。到了学堂还读这些书，他照样认真地读。先生很喜欢他，经常让他做示范，领读课文。头几次，

---

① 徐向前：《历史的回顾》，解放军出版社 1988 年版，第 5、6 页。

徐向前有点害怕那个场面，很拘谨，低着头。次数多了，也就胆大起来，不受那场面的约束，头不再那么低着了。有时竟壮着胆子，不看书本，背诵课文。有一次，先生又让他读课文，可是不知怎么的，走了神，把课文读错了，窗友们笑了，先生让他停下来。但没有打他的手板，也没有说什么，这可把徐向前羞坏了。

徐向前学习不错，玩也能玩出个道道来。他喜欢爬树，经常拉着几个同伴，比着上树，看谁快。而且他总选那不易爬的树，把容易爬的留给他的对手。这样，胜了，他觉着光彩；输了，认定自己没功夫。

有一年，他们家庙院里的一棵大松树，在多年不长枝叶的主干上，长出一团浓绿色的枝叶缠绕在一起的东西，老人们管它叫“松盔”。还说，家庙树上长松盔是出了“神灵”。这使徐向前心里产生了一种神秘感。他总是琢磨：树上长松盔，怎么会是“神灵”呢？他去问母亲，母亲整天吃斋念佛，自然说是有了“神灵”。还神秘地告诉他：“你可千万别去碰它，你碰了，它显灵要怪罪你的！”徐向前问母亲神灵是什么，母亲不能答。母亲回答不了的问题，他更想不通，有时跑到那棵树下向上望着，试图找到答案。那天把课文读错了，就是想起这个“神灵”。他又气又恼，放学没回家，直奔家庙院去，找到那棵树爬到长松盔的地方，两脚往树上一盘，腾出一只手来往下掰松盔。他想试试看到底有没有神灵。松盔掰完了滑下树，迈着轻快的步子回家了。“神灵”也没有怪罪他。

好奇心，使他对社会上发生的一些新鲜事儿产生了越来越大的兴趣。听大人们说，官家要女人放脚、男人剪辫子，他觉得新奇好玩，就让母亲给自己剪辫子，母亲不允。他要母亲给姐妹放脚，又遭到训斥。一天，他跟着大人去赶集，突然人群骚动，官家派的“剪辫子队”来了。他们拿着锋利的剪刀，看见男人的辫子抓过来便剪。有人用双手护着辫子，把手指头都剪破了。人们议论说：世道变了。这又在他脑子里画了个问号：怎么变呀？

许多男人的辫子剪去了，老皇帝打倒了，又出来了袁世凯之类的新皇帝和军阀，帝国主义的侵略势力在中国不断发展，半殖民地半封建的社会依然如故。徐向前继续读私塾。三年多私塾生活，“五经”中读了一点《诗经》,《书经》《易经》《礼经》《春秋》还没来得及读，就有了不读“五经”的新学校。1914 年，他被送到东冶镇沱阳高等小学校去读书。

沱阳学校始建于 1907 年 5 月，是五台县第一所地区性学校。校址开始在东冶镇南街，第二年移至十字街真武庙。徐向前来这里读书时，校址已迁到西梢门灵应寺，校名由“沱阳学堂”改称“沱阳高等小学校”。当时有三个班，两个高小班，一个初小班，师生员工百余人。徐向前在高小班读书。这所学校反映了辛亥革命后的新气象，学校的新风气，起了普及新学的示范作用。但也反映了反封建制度的不彻底，学校只收男性不收女子。课程设置和私塾有很大不同，不学“四书”“五经”，学国文、算术、修身、历史、地理、格致，每日有体操，每周末有一次“学生军”大操典。徐向前来到这里后，学校加强了军事体育训练内容，经常有军官学校的学生教他们爬杆、耍木枪，唱军校的一些歌曲，他感到很新鲜。

沱阳高小以师资质量高、学风好、成绩优而著称，培养了数代英才。他们培养的“学生军”在辛亥革命中发挥了作用。初期，教师中的同盟会员曾酝酿用学生军发动起义。辛亥革命成功，学生军组成了保安队，负责维护社会治安，保卫新政权。抗日战争爆发后，这里成了抗日救亡运动的中心。徐向前很爱这个学校。那些新的课程吸引着他，每门课都向他展示了一个新的领域，有的还为他打开了认识另一部分世界的窗口。这些新的东西刺激着他的求知欲。

沱阳学校学生可以在学校住宿。徐向前家离东冶镇只有五六里路，不住宿也是可以的，但他不愿意把时间消耗在路上，同时，也很向往那种愉快的集体生活。和同学们在一起，可以谈论自己喜欢谈论的事情，又可以从别人那里知道自己不知道的东西。于是，就向父母亲提出住校的请求。

母亲开始不大愿意。她从特有的心理出发，觉得孩子小，在家里有个头疼脑热有人管，在那谁管呀。父亲倒是从有利于儿子长进着想的，答应了儿子。他认为学生住在学校里，能在老师的督促下温习功课。母亲顺从了父亲。

徐向前在学校住宿，有时家里拿不出菜金，母亲就给他带上腌芥菜疙瘩、芥菜缨子、咸萝卜，主食除按学校要求，每月必须带一升小米外，还经常带一些玉米面拌青菜蒸的馍。徐向前不管吃什么都不在乎。他学习很用功，尤其注重算术、历史、地理、格致等课程。第一年的算术成绩不够理想，第二年他下了很大功夫，把算术赶了上去。

父亲很关心儿子的进步，每次从外地回来，都要考察一下儿子的学习情况，但他只注意他所熟悉的八股文，不注意算术等新课程。父亲常夸徐向前哥哥的作文好，认为他的文体恪守旧章，不出常格。一次，父亲从外地回来，照例要看儿子的作文。看着看着，眉头皱了起来。徐向前看得出这是不满意的表示。

父亲说话了，而且是出乎徐向前预料的话。他说：“你的文章越来越差了。看来不能再叫你到东冶上学了，在那里再学下去，作文成法都忘光了。”

父亲是用考秀才的老例要求他的。徐向前一听急了，恳求父亲说：“我以后用心练习作文就是了。还让我到东冶去念书吧。”

父亲认定儿子在沱阳学校是学不好作文的，只有在私塾里跟着老先生才有长进。就这样，徐向前被迫退出了沱阳高小，又回到本村读“四书”“五经”。

他从沱阳高小回到本村私塾学堂，两相比较，感到一切都是那么旧。书是旧的，方法是旧的，同学们谈论的事是旧的，看到老先生那副神态就更感到旧。村里还是奉行老规矩，男人留辫子，女人缠足。从此他对父亲的看法也有所改变，感到他的思想太旧，不合潮流。对私塾产生了更多的反感。念书死记硬背，囫囵吞枣，不管理解不理解，背诵如流就是好学生。背书写字，不合老师的要求，就打板子、罚跪。徐向前很怀念在沱阳学校的学习生活，怀念那为他认识新事物所敞开的一个个窗口。有时他想找机会回到学校去，看看老师，看看同学，听听只有生活在那个环境里才能听到的趣闻。可是，他回不去了。

他在本村又读了不足一年的书。这段时间他的精神不像以前那么专一。除读

“经”外，还自学沱阳学校的课本。同时也经常找一些别的书看。即使这样，学业也没有坚持下去。他们家里生活越来越困难，没有力量供两个学生。父亲在他和哥哥之间择一人留在学校里，最后决定让哥哥继续读书，他走出了学校的大门。

徐向前结束了少年时期的学校生活。

第二节　学　徒

失学的时候，徐向前不满 15 岁。

他是不愿意离开学校的。但他理解家庭的处境，也理解父母亲为什么不让他而让哥哥继续读书。他体谅母亲，也体谅父亲，有怨不怨，有怨而不能怨。家里有许多事要他做。他经常做一些家务琐事，挑水、割草、挖野菜、拾粪、背炭、清扫庭院，什么家务活都干。有的活很累，挑一担水要走二里路，背炭要到窑上去，二十多里路，一上午回不来。因为路远，背少了不上算，每次他都尽量多背，虽然很累，他也咬牙坚持着。秋末冬初时，就到地里去刨高粱茬、谷茬，背回来晒干当柴烧。

生活使他像野马似的到处奔跑。他喜欢到野外去，有时到滹沱河去凫水，有时到田野或山上去挖野菜或割草什么的，有时同几个要好的伙伴出去玩，走到哪儿玩到哪儿。

母亲总是不放心他到离家远的地方去，说有狼、有蛇，还有那说不清楚的吓人的东西。徐向前没见到狼，更没有看见那吓人的东西，只见到过蛇。有一回，他把打死的蛇的皮剥下来，套在鞭杆上，拿回家给母亲看。母亲眼神不好，先是没看清儿子给他看的是什么，用手接过来一瞧，吓了一跳，赶忙扔掉了。徐向前一看母亲吓成那个样子急忙说：“那不是长虫，是长虫皮。”母亲听说是蛇皮，才定下神来，用手拍了一下儿子的头，说：“你这个鬼东西，胆子越来越大了。”

徐向前很想读书，经常找一些旧书看。有一次，东冶的同学告诉他，镇里书店来了好书。想要去买，可是没有钱。母亲手里也不会有，要等过年时父亲带回来。怎么办呢？他趁母亲不在家时，在家里东翻西找，终于在一个小盒里找到一双耳环和一对手镯。他拿着去当铺。当铺掌柜收了东西付了钱后，觉得不对头，徐家怎么会让孩子来当首饰呢，其中必有缘故。到他家里一问，他母亲并不知道这件事。一看首饰，认得是女儿的。就这样，徐向前的书没买成，还差点儿挨一顿打。

父亲从外地回家来，听说这件事，并没有多生气，觉得孩子要读书，是好事。可是手头紧，家境贫寒，哪有钱买书呢！一天，父亲同母亲商量：不能让他闲在家里了，得给他找点事做。

找什么事呢？最现成的是种地当农民。但父亲不甘心，认为务农“榜大地”是最低等的，没出息。母亲提出一个想法，说：“叫银存学木匠吧。打个箱箱柜柜的，不用请人了，盖房子也行。”但这不太合父亲的意。

究竟干什么好，徐向前心里也没有个谱。他只是想出去，越远越好，到另外一个世界去。在东冶镇念了两年书，他感受最深的一条，就是在外面听得多，见得也多。

为了儿子的事，父亲费了几番周折。托了不少人，最后还是他大姐夫帮忙，找到一家店铺当学徒。这家店铺在河北省阜平县，是徐向前大姐夫的一个表兄经营的。因为这个店铺中经营的有书，有别于其他店铺，人们又管它叫“书店”。

阜平县，位于河北省西部，大沙河上游。从徐向前家的位置望去，是往东偏北方向，距离有二百多里。这里是山区，比较偏僻，老百姓生活很艰难。当地人说这里是阜（富）平不富，平山不平，穷山恶水。山上没有树，大沙河里没有鱼，有时人们用土都困难。这里和山西接壤，有一条经过龙泉关沟通冀西和晋东北的山路，对小商人和民间往来还是挺方便的。不少山西人从这条路到阜平，开店铺，跑生意。

徐向前想象不出这家“书店”是什么样。他听说离家很远，比东冶镇远得多，几乎相当于到太原的距离，这很合他的意。他像一只鹰，喜欢往高飞，往远飞。最合他意的还是“书店”，他一心想投身到书的海洋中去，敲开一切知识领域的大门。

徐向前高兴地接受了他一生中的第一个社会职业，背着行李卷，告别了父母亲，跟着大姐夫上了路，一路上想的全是好看的书。走到那里，他才知道，这是一个小杂货铺，叫“福兴源”，门面小得可怜，经营的主要不是书，有点心、红白糖、香油、小枣、烧饼和醋，还卖自家磨的面粉。算上徐向前，才两个伙计。大伙计比徐向前早到一年多，是东家的内弟。

这个店铺的老板姓赵，也是山西人。从阶级地位看，颇似毛泽东在《中国社会各阶级的分析》一文中列举的小资产阶级中的“有余钱剩米的”，“发财观念极重，对赵公元帅礼拜最勤，虽不妄想发大财，却总想爬上中产阶级地位”的那一部分人。这样的阶级地位和他梦想发财的愿望，使得他对伙计的使用非常狠。他对做学徒的规矩也是“活着不下工，死了不埋坟，投河、跳井与东家无关”。

徐向前的年龄小，受约束的层次也多，受店主和店主家里人的管不用说，还要受大伙计的管。说是当学徒，其实是勤杂苦力。一上工，就像套在车上的马，夹板扣得紧紧的。他天不亮起床，挑水，扫院子，倒尿壶，纺线，磨面粉。这家有两头大骡子，一天磨六斗麦子。可是没人换徐向前的班，六斗麦子的面，都由他一个人一箩一箩地筛出来。两头骡子换着班干，徐向前一个人顶到底。那时他不满 17 岁，力气不足，一天下来，腰酸背痛，一躺下就不想动。不想动也得动，夜间要起来两次，给骡子添草添料。这就是一个十六七岁的少年所付出的劳动。

到了冬天，东家又给他加了一个额外的差事：去讨债。这对徐向前来说，比倒尿壶的滋味都难以忍受。欠债的人都是穷苦人家，有时进了欠债人的门，一看那清苦的景象，“我给东家要债来了”这句话，怎么也说不出口。这时徐向前还没有那样自觉的阶级觉悟，但他的感情和欠债人是相通的。一个冬天，账单上没有注销几户。店主责备他，还威吓他：“再讨不来就扣工钱！”徐向前说：“扣我钱我也讨不来！你爱找谁找谁，我不干！”

店主没有扣他的工钱，年关结账时，他得了应该得的三块大洋。这是他劳动一年所得，也是他有生以来第一次凭自己的劳动换来的，心里格外的甜。尽管他劳动的价值要比这高得多，但社会就是这样不公平，无法改变，只好服从。

这三块大洋如何支配，颇使徐向前费了一番脑筋。从小苦惯了，没有花钱的习惯，有了钱不知道该怎么花，他默默地计划了好几天，交给父亲多少？给母亲买点什么？要不要办点年货？后来他买了一斤糖姜片，孝敬母亲，一块大洋剩下来的，买了点年货，其余两块都交给了父亲，纳入全家的生活计划之内。他自己没动用一个铜板。

东家看他本分、勤快，也还有个机灵劲，就让他到前边去站柜台。这可以说是对徐向前的一种解放。在店里，唯一的一点乐趣是有书读。有书读，是他最高兴的事。他喜欢看小说，在这个偏僻的小县城里，外国的书几乎没有，能看到的，多是中国民间流传很广的书。诸如《三国演义》《西游记》《罗通扫北》《薛丁山征西》《薛仁贵征东》《七侠五义》《水浒传》《红楼梦》《荡寇志》……在这里，他最先读的是《三国演义》。在家时，他听过许多关于刘备、关公、张飞、赵云的故事。他家的二层楼上，挂着一张很大的关公画像。听父亲说，关公也是山西人，有过五关斩六将之威，温酒斩华雄之勇。听来的这些故事都是零碎的，他很想知道一个头尾。在店里看到这部书，正合他的心意，没几天就读完了。

读书，使徐向前的阅历又向前延伸了许多年。从书里，他领略了中华民族的正气，豪侠英烈的爱国思想和侠义行为。最使他倾倒的，是那些为民除害的剑侠武豪，谋勇兼备的兵头将帅。那时，他还没直接想到从戎，但却萌发了学军弄武的兴趣。他曾想过去学武，替穷苦百姓打不平。他看过的小说中，最使他不满的就是《荡寇志》。

《荡寇志》成书于清道光年间，接《水浒传》，从七十一回续到一百四十回，贯穿全书的中心主题是“但明国纪写天庥”。从这点出发，杜撰了一大篇宋江等如何被擒拿正法的故事。而那些贪官污吏都成了施赈放粮、救难拯灾的大英雄。这部书颇受封建统治者的赏识。太平军攻下南京，南京清政府官员逃往苏州，在朝不保夕的危境中，还不忘刻印《荡寇志》。梁山好汉一个个被整掉了，徐向前不忍看那些英雄豪杰饮刃抛头，没有读到最后就甩掉了。

学徒生活持续了两年多。对徐向前来说，这也是上学。他在这个“学校”里受的人生教育，比从前的学校要深刻、实际得多。在这里，他亲身感受了社会生活的又一个侧面——店员职工的生活。

第三节 就读于国民师范

有一件事，冲击了他的学徒生活。

一天，哥哥从太原来信，告诉他省立国民师范招生，是官费，用不着自己花钱，并说已经给他报了名，让他速到太原去。徐向前看完哥哥的信，高兴极了，当即决定放弃学徒，到太原去读书。他不需要同别人商量，也没有什么人可同他商量。父母不在跟前，亲友不在跟前，和他生活在一起的人，都不把这个天天倒尿壶、打下手的小伙计放在眼里，他们理解不了他的雄心与抱负。

他心里默默地盘算着怎样离开这个店。向东家实说吧，怕惹出麻烦；偷偷地走吧，又怕给介绍他来学徒的大姐夫出难题。思来想去，还是隐去真情，到店主那里去告假说：家里捎信来了，有事要回去一趟。店主开始不准，说店里太忙，找不到替工的人。后来看徐向前执意要回去，也就答应了，要他快去快回。

徐向前名曰“告假”，其实他把所拥有的一切都带走了。不过“他所拥有的一切”，也就是一个小小的行李卷。

徐向前回到家，没等他说，父母亲都知道了。母亲有点担心，怕学不到头，还把店铺的差事丢了。父亲倒是想得开，说：“去闯闯吧，学不成，去看看太原，见见世面也好。”于是，母亲再次为他打点行装。

太原离永安村 240 里，是山西省政治、经济、文化的中心。在山西人的心目中就是“京城”，阎锡山就像“皇帝”，这就无形中给去太原的人增加了几分庄重和严肃的气氛。徐向前像赴京赶考一样，牵动着一家人的心。

徐向前到太原，找到了哥哥，哥哥已经为他准备好了一切。他很顺利地踏入了山西省立国民师范学校的大门，成为这所新学校的第一期学员。

国民师范在太原市小北门街，分东西两个院落。路东为校本部，有教室、大礼堂、图书馆、实验室、教员办公室、自习室和东西各 10 斋的学生宿舍；路西是大操场、校园、国师里（教工家属宿舍）。两院占地 180 多亩，建设耗资近 25 万元。这是当时山西第一流的学校。

这所学校是阎锡山为巩固自己的统治而兴办的。他搞军国主义，推行“用民政治”。其内容包括民德、民智、民财。在民智一项内，就包括国民教育、人才教育、社会教育，通过教育灌输他的“主义”和“政治”。阎锡山深深懂得，“教育普及首在广造师资”，建设这样一所学校，每年招生 20 个班，两年结业就可得

1919 年，徐向前考入太原山西省立国民师范学校。这是该校的校门

毕业生 1200 人，20 年下来，山西 105 个县的小学教师就不至于缺乏，普及教育的目的就可以达到了。这样，推行他的“主义”和“政治”就有了基础。阎锡山在日本留学时，醉心于军国主义。他羡慕日本人说的“武装和平”，称赞德国人主张的“铁血主义”，他的政治野心，就是要在中国实现军国主义，为此，专门编写了《军国主义谭》一书。这是他创办师范学校的一个宗旨。这所师范学校不仅设有军事课，而且学生生活半军事化。徐向前一入校就发军衣、皮鞋、绑腿等一些军用品，完全是军人装束。

徐向前走进校门，心胸豁然开朗，眼界大开。校园那么大，这在他走进校门之前，想都想不到。以前他向往的沱阳学校，无法与之相比。

校长赵戴文是五台县东冶镇人，是个秀才，曾在日本留学，毕业于宏文师范学校。在日本时，他和阎锡山一样，是山西同乡中第一批参加同盟会的。回国后，先后在太原宏林学堂、公立中学堂担任庶务或斋务长，并以此为掩护，发展同盟会员，积极开展活动。阎锡山任八十六标标统时，他是为阎锡山主谋定计的智囊。辛亥革命后，山西成立了“将校研究所”，他任所长。1917 年阎锡山扩编部队，给赵戴文安排了第四混成旅旅长的职务。赵戴文既懂文又会武，是阎锡山的得力助手。他把学校管得很严，课程安排得很紧，晚自习时学生才能有点自由。徐向前在这里开始他的“半军事”生活。

徐向前要学的课程很多，有语文、数学、英语、心理学、教育学、地理、历史、军事，还有音乐、体育、美术等。据说，是按北京一所大学的课程设置的。学校很强调学好心理学和教育学，尤其注重儿童心理学，可以说这是主课的主课。在非主课方面，还有武术课，教些各路拳术，太极拳是其中一种，后来成了徐向前一直沿用的健身方法之一。从那时开始到他的晚年，坚持了 60 多年。军事课，学习军事基本知识，进行军事训练。上军事课的教官都是阎锡山部队中的营以上军官。

师范开学时，有两年制普通科 20 个班，叫“速成班”。学生 1206 名，都是山西省各县选送、经过考试录取的，徐向前是其中之一。除此之外，还有二部师范 4 个班，291 名学生，是从天津、保定录取的中学毕业生；年底又招中学毕业生 73 人，开高等教育专修科两个班。徐向前入学这一年，师范学校共开 26 个班次。阎锡山对学校教育管得很严，开学后一段时间里，他每周都要去听课，经常对学生训话。

在这里读书时，徐向前受到五四运动的影响。他说：“‘五四’运动反帝反封建的鲜明旗帜和席卷全国的巨大声势，激动着每个爱国青年的心。”“‘五四’运动的发生，对我的思想是一个很大的冲击，逼着我想一些问题。闲暇时间，我不再像从前那样，热衷于读小说了，而是注意看一些与政治形势有关的书刊。”[①]这个时期，对他来说，主要的不是革命行动，而是接受革命的思想。经历和客观条件决定了他必须走这一步。这也很自然，他刚从乡下来，突然出现了一个变革

① 徐向前：《历史的回顾》，解放军出版社 1988 年版，第 15、16 页。

现实的革命，要有一个思考、认识的过程。

“五四”时期的青年，是善于思索和追求的一代。徐向前身上明显地体现着这一点。不愿盲目崇拜一个人，更不肯盲目去做一件事，搞清是什么、为什么，再决定做什么，这是他逐渐形成的性格，也是他恪守的规范之一。列强、皇帝、军阀、官僚买办、投机商人，辛亥革命、不平等条约和生活在苦海中的劳苦大众，近百年来发生在中国的一系列事件，像洪水一样，冲开了思维的闸门，在他脑海里翻腾着，逼着他探索、解释，作出答案。

“民众何以贫穷？”“国家何以危亡？”“中国的出路何在？”这是徐向前不断思考的一些题目。这些题目的答案，在课堂上是找不到的，要走另外一条路——自我探索的路，他渴望读到那些与政治形势联系直接的、紧密的书刊。正课之外，他要用一半以上的时间翻阅报纸，阅读一些政治理论书籍或刊物。

当时，介绍苏联社会主义、苏维埃劳农政府、十月革命以及有关马克思、列宁的书籍和刊物少得可怜。全世界反动统治阶级都在攻击十月革命，中国也不例外，报纸上登的多是歪曲、诽谤性的评介，不能使徐向前触及真谛。《新青年》那种有一定深度的、宣传马克思列宁主义观点的刊物，很难看到，使得他对革命的理论和实践了解甚少，在报刊上看到“苏维埃”“劳农政府”这些新名词，也搞不清它们的真正含义。他最先看到对“列宁”的译名是“里宁”，后来才看到“列宁”，这也颇让他费了一番脑筋。后来经别人解释，才知道是翻译名词不统一的缘故，原来“里宁”“列宁”是一个人，就是那位领导十月革命胜利的伟大导师。

一些社会名流到师范讲学，使徐向前和一些进步学生的思想受到很大启发。徐向前记得有朝鲜流亡人士，知名的物理学家，还有哲学家和社会学家，胡适就给他们讲过哲学。阎锡山部队中的一些将领也经常去讲课，但多是宣传阎锡山的“主义”和“政治”，进步青年不愿意听。事情往往就是这样，主观愿望和事物发展得不到统一，有时还可能出现相反的情况。阎锡山创办这所学校，是想利用这里毕业的学生，维护和巩固他的统治地位，但结果却相反。五四运动以后，这里成了山西学生运动的一个中心。许多学生走上革命道路，其中有些人为中国革命作出了重大贡献。徐向前之后，薄一波、程子华、王世英、张友渔、郭洪涛、郑季翘、李逸三等都在这里学习过。

辛亥革命失败之后，各系军阀在帝国主义列强的支持下，各霸一方，连年混战。随之便产生了各种政治流派的理论观点。除三民主义之外，还有一些非驴非马的主张，充斥着报纸和刊物。徐向前同其他热血青年一样，就在这光怪陆离的迷宫中，寻找着、追求着。

第四节　立志救国救民

1921 年，徐向前在太原国民师范学习满两年，正式毕业了。这一年，当初招收的普通科 20 个班，有 2 个班的学生年龄小，改编为初级完全科，其余 18 个班，191人考试不及格，不准毕业，编入补习班继续学习。及格以上成绩者，都准毕业，分别派往山西各县高小或国民学校去工作。徐向前是首批毕业生，被分配到阳曲县太原第四小学当教员。学校在阳曲县城里，规模不大，校长是个满族人。徐向前教一年级，有30多个学生，每月有20块白洋的薪俸。

由学生到先生，这是一个很大的转折。徐向前很珍视这个转折。这倒不是因为有了几块白洋的收入，而是意识到了他对社会的责任——启蒙者的责任。

第一次站到讲台上，面对三十几张期望的小脸，他感到肩上的担子重了。他努力教好每一堂课，认真批改每个学生的作业，答题错误，他要纠正过来；错别字，他要在作业本的边上写出示范字。工作了一段，他体会到，当一个小学教师确实不容易。那些小孩子来自各家各户，男生女生都有，年龄大小不一，智力不齐，性格各异，把他们带好教好有许多困难。他认识到，孩子们像田间的禾苗一样，小苗是很弱的，经不起强风和暴雨；然而小苗又是有生命力的，它要在风雨中成长。这就需要教师精心培育，付出艰辛的劳动。在他们当中，说不定有未来的国家栋梁。他的心和孩子们的心是相通的。学生们起初对他敬而远之，渐渐地，距离缩小了，师生融洽起来。这些小苗，喜欢这位不辞劳苦的园丁！

正当启蒙之火在他胸中烧燃起来的时候，一盆冷水浇了下来。放寒假的时候，徐向前正在家里休假，校方给他寄来一封信，打开一看，是“辞退书”。他感到很突然。为什么被辞退？“辞退书”上用词婉转、简单，看不出个所以然来。徐向前把“辞退书”抓在手里，苦思苦索，从他第一次站在学生面前，一直想到放假离开学校，半年时间，自己没做错一件事，校长和同事都没有说过一个“不”字，为什么被辞退？他怎么也找不出答案。姐姐叫他到学校去问个明白，他没有去，说：“在这个世界里，还有什么明白不明白的，明白不明白都不会再叫你干了！”在《历史的回顾》中，他描述了自己当时的心情：“我感到很突然，不，应该说是打击。从谋生的角度来说，一个学徒工，考入师范，又做了教师，是不容易的；还有一个角度，那就是理想和抱负。‘五四’运动以后，在先进思想影响下，我心里也逐渐萌发起改造黑暗社会的念头。当上教师我就想，要通过自己的努力，让学生从小就理解这一点，长成有用的人才，担负救国救民的重任。我不能走我父亲以教书谋生的老路，要与他同行不同路。没想到，学校断了我的路。”①

还好，天无绝人之路，阎锡山老家河边村川至中学的小学部缺教师，徐向前的父亲托人保荐通融，他被录用了。一颗冷落的心重新复活起来，他高兴地走上了新的工作岗位。

学校得知徐向前是太原国民师范的毕业生，基础很好，就再没让教一年级，而是让他教六年级的课程。月薪还是20块白洋。

川至中学建于1917年，是阎锡山将五台、定襄两县县立中学撤销，集中两校的经费、设备办起来的，人们说这是“阎氏私立学校”，这所学校分中学、小

---

① 徐向前：《历史的回顾》，解放军出版社1988年版，第18页。

学二部。小学又分高小、初小两部分，有四个班，五名教师任教。这里的条件比阳曲小学好得多，校舍二三百间，教室、宿舍、图书馆、仪器室、礼堂，应有尽有，教师力量也强（有的后来成了大学教授）。制度很严，每周一次“自省会”，对学生进行劝导训话，学生若有不轨，即被斥责或记过，给予惩罚。

在这里当教师时，由父母做主，操办了他的婚姻大事。徐向前考入国民师范的第二年（1920 年），父母考虑，他已经 19 岁了，再不定亲，别人要笑话的。于是，就在几起保媒说亲的当中，选中了东冶镇朱门长女香蝉。徐家“纳彩”，朱家收下了，接着就行“问聘”之礼，徐、朱两家交了“命单”，愿结通婚之好，婚事就算说定了。朱家这时的生活境况要比徐家略好些，但是个缺少文化的人家。香蝉的父亲不识字，是一个本分的庄稼人，据说是当地有名的菜园把式。徐向前虽然受到五四运动的影响，但思想解放的程度，还不能使他有摆脱父母包办而去自由恋爱的勇气。一字不识的朱香蝉，根本不知道五四运动是啥，更不会有什么新思想了，她只相信命运会给她安排一切。

他们都顺从了父母的安排。但两家在“送期”时间上发生争执。徐父想推迟几年再办，主要考虑家里支付不起娶媳妇的一大笔开支。那时，嫁娶礼仪繁多，要操办三天，先“安鼓”，远亲近邻都来，晚上要有八音会吹奏。第二天娶亲，新郎带上红绿攀带和新娘用的首饰妆具，坐轿子去迎女入家，举行仪式，款宴宾朋。三天过后，还要行拜谢的礼节。这笔耗费，对徐家来说是很难支付的。可是朱家不同意往后推迟，理由是闺女大了，再等几年 20 多岁，姑娘 20 岁不嫁有伤体面。没办法，徐家只好依了朱家。

婚后，香蝉是令家人满意的。她勤快、温雅，会体贴人。上对公婆兄嫂，下对小姑，有尊有让，有礼有貌。徐向前在河边村任教，每周回家一次。徐母很疼爱媳妇，向前不在家，她就让媳妇回娘家去住，并嘱咐向前：回来时，别忘了去东冶把她接回来。

次年，香蝉生一女，取名松枝。这个名字是爷爷给起的，多少有点讲究：世道越来越黑暗，家境越来越贫寒，她又是女孩子，希望能像苍松的幼枝一样耐寒霜。松枝确实是个苦命的孩子。生下来，母亲奶水很少，不够她吃。1 岁多时，父亲又离家到很远很远的地方去了。没多久，母亲又得了不治之症，当时谁也说不清楚是什么病。每天除吃一点用西葫芦熬的粥以外，别的什么也吃不下，身体急骤消瘦，脸色蜡黄。她很想念丈夫，哀求公婆写信叫徐向前回来。其实，公婆早就写了信。此时，徐向前已经考入黄埔军校，军校纪律严格，使他无法脱身，只好写信安慰妻子不要着急，安心养病，等有机会一定回去看她。可是，她没有等到他回来，即瞑目黄泉。松枝在爷爷、奶奶、姑姑们的照料下长大①。

冬去春来，徐向前在河边村工作了两年。两年中，他兢兢业业，勤勤恳恳，尽职尽责，赢得了孩子们的信任和爱戴。然而，他不满足这些，也不仅仅是为了这些，

① 松枝于 1941 年被聂荣臻接到八路军，后到延安，成长为人民解放军的一名军医。

他的理想在教室之外，在太行山巅，在大江南北。他不停顿地追求、探索，思想在不断地飞跃、升华，逐渐地，心中点燃了一盏灯——打倒军阀，改造中国！

他不满足于个人明白这些道理，还要尽教师的责任，对孩子们进行更深化的启蒙，引导这些幼小的心灵，从书本里走出来，认识现实，认识中国。他经常找机会，有时就在“自省会”上，向学生讲述一些历史故事和当今事件，像鸦片战争、太平天国、南京条约、义和团运动、八国联军侵入北京、辛亥革命、巴黎和会等。尽管他讲的没有后来知道的具体、深刻，但也深深地吸引了孩子们。

这所学校的校长段保芳，是阎锡山直接委派的，治校偏于保守，不准新思想的传播。徐向前讲的这些，不知怎么传到了校长的耳朵里。校长很敏感，郑重其事地出面干涉。徐向前不服气，质问校长：“为什么不许讲这些？”校长支支吾吾，说不出个所以然来。没多久徐向前就被辞退了。这位校长是忠实地贯彻阎锡山旨意的，对进步教师、学生从不手软。

从此以后，徐向前再没回到教师的岗位上。

读书，做学徒，教书，占去徐向前青少年时期12年时间。风风雨雨的生活，道路曲折、坎坷而又艰难，但在这艰难和曲折中，使他增长了见识，受到了磨炼，逐渐成熟起来，决心寻找一条救国救民的路。

第三章　踏上革命的征程

第一节　投考黄埔军校

革命家，都有自己的起点。徐向前迈向革命征程的第一步，是投考黄埔军校。他常说："革命初期我是个无名小卒。"然而，历史正是这样写的：只有世袭的帝王，没有世袭的军事家。古今中外，凡著名的军事将领，多是从普通一兵起步的。

1924年初徐向前投考黄埔军校时，还不满23岁。这时，黑暗沉沉的中国，四分五裂，散沙一盘，军阀连年混战。第一次直奉战争，奉军张作霖失败，退往山海关以外。直系军阀曹锟、吴佩孚盘踞河北、河南和湖北等省，完全控制了北洋军阀政府。南方孙中山领导的广州革命政府刚刚诞生，在苏联的影响和帮助下，中国共产党的支持下，改组了国民党，实行"联俄、联共、扶助农工"的三大政策。中国到底会走向何处？年轻的徐向前这时想得并不多。家境贫困，他原来的愿望，是能当一名教员，生活能有个出路。可是，自三年前从国民师范毕业后，在山西阳曲县太原第四小学和河边村川至中学附属小学先后教书两年半，因向学生讲述太平天国、义和团运动、八国联军进北京、辛亥革命、巴黎和会等事件，遭到校长的干涉，教员的职务被辞退了。父母为他的前途焦急，要他托托人情，再找个教书的地方。求亲告友挣个教书匠，徐向前不做了。他气愤之下，跑到太原自谋生路。

太原，是阎锡山统治的地盘。这个在辛亥革命期间窃据山西都督职位的军阀，先是投靠袁世凯扩充军队，袁世凯死后，又依附段祺瑞，把山西变成了封建王国中的一个王国，闭关自守，经济、文化落后；机关、工厂和学校，被官吏、地方豪绅把持着，岂能容得徐向前这样一个贫民子弟！

寒冬里，大雪纷飞。徐向前身着一件长袍，每天徘徊在街头巷尾，真是谋生无路，报国无门。一天，在太原街头，遇到国民师范学校的一个同学，神秘地对他说："你愿意去上海吗？"

徐向前问："到那儿去做什么？"

他说："听说广州国民政府军官学校在上海招生。"

当时，徐向前的哥哥在太原军队中工作，认识一个姓郭的军官，愿意保举徐向前去应考。

得此门路，徐向前甚为高兴。于是他又去找另外几个失业的同学串联。几天后，联络了十几个人。青年人的热情和谋生的愿望，使他们结合起来。虽然谁都说不出前途如何，但大家有一个共同的想法：借此机会，到大上海走一趟也很不错。有人说：“今生今世，能到上海看看，死了也甘心！”2 月间，他们自筹路费，买上火车票，离开了太原，奔向上海。

黄埔军校，是孙中山在俄国十月革命的影响下，在中国共产党积极帮助下，为建立革命军以挽救中国的危亡而创办起来的。它也是孙中山总结历史经验的硕果。孙中山搞了多年的革命，一次次失败，俄国的一月革命成功，他才悟出一个道理，要取得中国革命的成功，应该走俄国人的路，建立可靠的革命武装。他对十月革命十分钦佩，曾致电列宁，提出：“愿中俄两党团结，共同斗争。”1921年，以列宁为代表的共产国际，派代表马林到中国，在桂林与孙中山举行了秘密谈判。这次谈判，促进了孙中山作出改组国民党及与中国共产党合作的决心，更坚定了孙中山建立革命军队的信念。1923 年 8 月，孙中山派出以蒋介石、张太雷等四人组成的“孙逸仙博士代表团”，到苏联去考察党务和军事，并参观苏联的红军和一些军事学校。不久，在孙中山领导下，国民党中央执行委员会通过了一项决定，建立“陆军讲武堂”，并正式命名为“国民军军官学校”，由孙中山任校长。苏联曾给了孙中山一些武器和钱。苏联官员对孙中山说，要搞一支革命的军队，靠旧军队是不行的。什么滇军、湘军、赣军、桂军、鄂军都靠不住。原定的“国民军军官学校”还没开办，孙中山又决定建立“陆军军官学校”。委任蒋介石为“陆军军官学校筹备委员长”，并指定以广州黄埔岛上的旧水师学堂和陆军小学的旧址为校址。这时，适逢国民党第一次全国代表大会在广州召开，参加大会的国民党员和以个人身份参加大会的共产党代表，都受到委托，回到各地选拔优秀的进步青年去考陆军军官学校。看来，那位在太原阎锡山部队的姓郭的军官，所以保荐徐向前一行十几个人考黄埔，也是事出有因。

黄埔军校招生的具体简章，徐向前到上海以后才看到，应考的条件和手续，规定有许多条。如政治思想条件、学历条件、身体条件，要求都很严。什么“能了解国民革命须速完成之必要者，或具有接受本党主义之可能性，无抵触本党主义之思想”，什么“旧制中学毕业及与中学相当程度之学校毕业”，还要求什么“营养状态良好，强健耐劳，无眼疾、痔疾、肺病、花柳病等疾害”。考试有笔试和口试。笔试要考作文、政治和数学，口试要“观察对于三民主义了解之程度和性质、志趣、品格、常识、能力等项之推断，及将来有无发展之希望”等。

招生在全国范围内进行，各省都分配了名额。上海考区是一个比较集中的点。当时的上海，一方面是阔人、洋人花天酒地，醉生梦死，横行霸道；另一方面是苦力、贫民衣食无着，面黄肌瘦，当牛做马。给徐向前强烈的印象是：贫富悬殊，社会极不合理。应考前，他在美术学校一个姓赵的老乡家中复习功课。这家的两兄弟，帮助他做了些考试前的复习准备。后来听说这兄弟俩都成了“孙文主义学会”的成员。

3 月中旬，在上海环龙路 1 号进行了初试。考试前，徐向前的心情比较紧张，政治方面，看了一些报纸和书，还比较有把握，作文也不怕，只有数理化怕不行。谁知，初试比较容易，考试后第三天，山西来应考的十几个人都接到了录取通知。接着，给每人发了十多块钱，要他们到广州参加复试。

徐向前在《回顾黄埔军校》一文中，是这样记述他们到广州参加复试的：“我是和十几个同学，从上海乘火轮船去广州的。大家在三等舱里，又高兴又担心，不知等待我们的前途是什么。有人说：听说广州‘卖猪仔’（即出国当劳力），我们要是复试不上，就借机会到海外去。二十几岁的青年人，心中有一番抱负，有一股求知、救国的热情，思想都比较单纯。经过五天多的海上行船，我们来到了广州这个著名的大城市，在兴湖旅馆住下了。此时的五羊城，和北方、上海都大不一样，革命的气氛很好，《广州国民报》天天公开登载革命者活动的消息，孙中山大元帅的名声很大。一天，我们听说孙中山在一个学校演说，就自动跑去听。接连听过三次，因为是头一次看到这个伟大人物，只顾看人，他讲的话又多是广东官话，听不大懂，印象深的是讲民主主义，推翻帝国主义和封建主义在中国的统治，要‘以俄为师’。我们在太原国民师范读书时，听说过俄国革命，知道列宁和劳农政府，孙中山这时明确地提出这些主张，使我们对这位革命领袖很钦佩，更坚定了考黄埔的决心。

“复试是在广东高等师范学校进行的。政治试题不难，由于我们从报纸上看到一些文章，记了些术语，考的结果不错，作文也还可以，数学、三角、代数，因为没基础，几乎交了白卷。复试下来，大家心里又凉了。每天蹲在小旅馆里，不知命运如何，每天心神不定地等着。一天，忽然来了通知，想不到我们山西的十几个同学，全被录取了。大家十分高兴。……”①

1924 年 5 月初，徐向前踏上了四面环水、风景秀丽的黄埔岛，被编入黄埔军校第一队，从此开始了戎马生涯。

黄埔第一期，招收学员 470 人，共编四个队。开学以后，军政部办的讲武堂合并过来，又编了两个队。1924 年 6 月 16 日，黄埔军校举行开学典礼。这天上午，孙中山偕夫人宋庆龄乘江固号军舰到了黄埔岛，先巡视讲堂和寝室，又进大礼堂作演讲。他说：“中国的革命，有了十三年，现在得到的结果，只有民国之年号，没有民国之事实。”“我们今天要开这个学校，是有什么希望呢？就是要从今天起，把革命的事业重新来创造，要用这个学校内的学生做根本，成立革命军。诸位学生，就是将来革命军的骨干。有了这种好骨干，成了革命军，我们的革命事业，便可以成功；如果没有好革命军，中国的革命，永远还是要失败。”孙中山要求黄埔同学：“从今天起，立一个志愿，一生一世，都不存升官发财的心理，只知道做救国救民的事业。”他教导同学们要“立志做革命军”，“要有高深学问做根

① 徐向前：《回顾黄埔军校》，载《解放军报》1983 年 10 月 16 日。

黄埔军校旧址。1924 年 5 月，徐向前成为黄埔一期学员，从此开始了他的戎马生涯

本”。他特别强调：一个革命军人要有舍身精神，“我敢说革命党的精神，没有别的秘诀，秘诀就在不怕死”。[①] 下午，在大操场上举行了阅兵式及分列式。

黄埔军校第一次上课，每人先发给一张表，要填表集体加入国民党。徐向前毫无思想准备，想不到加入国民党的手续这么简单，头一堂课下来，他和同学们都成了清一色的党员了。后来他和一些人说起来，都当是笑话。

徐向前是一个很勤奋、爱读书的人。当学徒的时候，常常读书到深夜，当教员的那两年多，更是手不释卷。那时读的书，多是些古文、诗词、《七侠五义》。来到黄埔军校，才有机会读到《社会进化史》《帝国主义》《各国革命史》《苏联研究》《三民主义》《国民革命概论》以及军校出版的《军事政治月刊》《黄埔潮》《黄埔日刊》等书报杂志。徐向前如饥似渴地阅读这些书刊，使他的思想得到了升华，对三民主义、共产主义、俄国十月革命，有了进一步的了解和认识。

在军校的训练文件中明文规定：“社会主义、共产主义、马克思主义等书籍，本校学生皆可阅读。”徐向前对军事课中的四大教程，颇有兴趣。对“步兵操典”“战术学”“射击教范”“野外勤务”“兵器学”“筑城学”“地形学”“军制学”“交通学”等课程，更是认真听讲，细心作业。学生兵每月发十个毫子的零用钱，入伍生不准抽烟，徐向前除了偷偷买包烟外，剩下的钱，大部分买了书、纸和笔。他自私塾练习写毛笔字，以后常抽空或用星期天随便写几笔。

一个普通的入伍生，每天的操练和勤务都很紧张。天不亮起床，跑步、进课堂，连吃饭都限定时间。操场设在珠江岸边，有时江水淹没了脚脖子，还要照样操

① 广东革命历史博物馆：《黄埔军校史料》，第 44—56 页。

1924年，在黄埔军校就读时的徐向前

练。徐向前从小吃苦多，磨炼出了不怕苦的性格。有些少爷出身的兵，过不惯军校紧张的生活，常常叹气。徐向前却感到军事生活很愉快。他不肯多语，常常一个人静坐，读书、思考。因此，在军校的学生中，他被看成是一个腼腆的青年。

校长蒋介石每月都要找十几个学生当面测试和谈话，学生们排好队，站在办公室外面，一个个叫进去，又一个个走出来。一天，轮到徐向前了，他被叫进去，对话是这样开始的：

蒋介石看看他，问道："你叫什么名？"

答："徐象谦。"

问："你是什么地方人？"

答："山西人。"

问："在家干过什么？"

答："当过教员。"

…………

一问一答，是那样的机械和无趣。日本士官学校毕业的校长，俨然像个法官；而不肯多吐露半句话的学生，简直像个被告。校长看着学生，学生立正站着，尴尬得无法谈下去。在蒋介石眼里，徐向前是个"无出息"的学生，谈话没有兴趣了，他挥挥手，徐向前转身走了出来。

黄埔军校出了不少人才，后来许多人成了国民党和共产党的高级将领。蒋介石这时怎么也不曾料到，就是这个学生，几年之后，跃然变成了威震中国的著名军事将领，成了共产党三大主力红军之一——红四方面军的总指挥。他统率下的红军，在大别山、川陕地区，把国民党军队几万几万地消灭，后来，成了新中国战功赫赫的元帅！

"智者多思。"少言寡语，并不是徐向前的秉性。他认为必要的时候自己也会慷慨激昂起来。黄埔军校第一任政治部主任戴季陶，每次向学生们训话，不是贩卖礼义廉耻，就是大谈忠孝节义。许多同学很不满意，在台下哄他。徐向前跟大伙一起质问说："何为忠？""何为孝？""何为节义？"戴季陶被哄得狼狈不堪，张口结舌。

不久，戴季陶下台。政治部主任由邵元冲接任，之后换上周恩来。周恩来1920年到1924年先后在法国和德国勤工俭学，并参加中共旅欧支部的领导工作。1924年7月，从巴黎回国后，任黄埔军校政治部主任。从此，黄埔军校的政治工作大大开展起来。周恩来每日除用少量时间浏览报纸剪辑和批阅来往函件外，大量的时间，都花在找人谈话和抓工作落实上。在他的主持下，军校政治工作相当活跃，革命性、战斗性很强，有力地激发了师生的革命热忱。国民党右派千方百计捣乱、破坏。他们称政治部是“赤色黄埔系”。徐向前积极热情地参加了政治部组织的各种活动，周末演讲会、歌咏队，都有他在内。他渐渐成了一名活动分子，说话也多了。这时，他虽然没有更多的机会与周恩来单独交谈，但是，周恩来所领导的“中共黄埔特别支部”，通过各种活动方式，团结吸引着一批青年军人。周恩来每次演讲，徐向前都认真听。他对这位共产党人从心里佩服。

黄埔军校的进步学生，在周恩来的支持与组织领导下，成立了“青年军人联合会”。这个联合会，发展很快，活动范围由黄埔军校扩展到在粤的陆军和滇、桂、湘军所设的军官学校。它名义上是青年军人的群众组织，实际上是以周恩来为首的黄埔军校政治部联系青年军人的桥梁，是共产党在黄埔军校的特别支部对青年军人进行宣传教育的一种组织形式。徐向前在“青年军人联合会”负责人蒋先云的影响下，参加了这个联合会。

蒋先云是湖南新田县人。1921 年加入中国共产党。他曾与李立三等人一起，领导安源工人和水口山矿工人罢工。党选派他入黄埔军校，既是来学习，又是来开展工作的。他习武好文，常常写文章、发表演讲。徐向前和蒋先云在一个队，同一个宿舍，两人经常交谈。晚上，天气炎热，蚊虫叮人，蒋先云也很少外出，不是读书，就是和同学谈天。徐向前十分钦佩他的才干，把他当作良师益友。他回忆说：

“这个同志家境很穷，考入黄埔以后，我们常常看见他晚上还在灯下读书。他斗争坚决，作战勇敢，头脑敏捷，堪称青年军人的榜样。他在一篇东征归来的文章中，写过这样的话：‘革命军自有革命的特色’，‘革命军的头衔，不是赠品’，‘我们希望革命政府旗帜下的军人，不要作假革命军’。他以自己的行为为革命军人作了楷模。北伐战争时他当团长，负了伤，坐着担架还指挥。牺牲时年仅 28 岁。我们在黄埔军校时，就团结在以蒋先云为首的‘青年军人联合会’的旗帜下，不断地与国民党的右派和‘孙文主义学会’中的反共分子斗争。‘孙文主义学会’，是假借学习孙中山的学说为名的反共小集团，成员多是国民党右派。黄埔军校中这两个组织的斗争，越来越激烈。后来，‘青年军人联合会’虽然解散了，它的影响却扩展到滇、桂、湘军所设的军官学校。它所传播的为共产主义奋斗的思想，为广大的青年军人所接受。我们黄埔第一期的许多同学，所以能成为共产党员，也是与‘青年军人联合会’的影响分不开的。我们怀念初期的黄埔军校，同时怀念蒋先云为首的‘青年军人联合会’。”①

黄埔岛，南连虎门，近临广州城，是广州的第二门户。岛上树木葱郁，山峦起伏，实在是兴学讲武、跃马谈兵的好地方。然而，国内政治动乱的浪潮，一次次冲击着军校的学习生活。徐向前入黄埔不久，爆发了第二次直奉战争。这是北洋军阀混战时期规模最大的一次战争。段祺瑞联合张作霖，反对曹锟、吴佩孚，

① 徐向前：《回顾黄埔军校》，载《解放军报》1983 年 10 月 16 日。

妄图武力统一中国。孙中山利用北洋军阀狗咬狗的矛盾，与段祺瑞、张作霖联合，共讨曹锟、吴佩孚。

1924年9月初，孙中山偕宋庆龄和苏联顾问鲍罗廷夫妇，从广州启程，到了粤北的韶关，在这里设立大本营，准备誓师北伐。徐向前所在的黄埔军校第一队，作为孙中山的卫队，前往韶关。此时，南方各省军队不少，粤军、湘军、赣军、滇军、鄂军、豫军、桂军等，但真正服从孙中山这位大元帅指挥的不多。驻韶关的滇军第三师赵成梁所部，就不大听孙中山的指挥。孙中山来到韶关，暂住在火车站北侧一间二层的小楼里。徐向前所在的卫队，住在靠山坡临时搭起的竹棚里。

天气炎热，蚊虫遍野，饮水又脏，致使许多人病了。徐向前身体虽好，不几天也病了。但是，他以吃苦耐劳的毅力，顶着病的折磨，每天抱病执勤。在这里，他亲眼看到了孙中山作为大元帅，没有自己可靠的军队，处境是困难的。革命军还没出师，10月10日，纪念辛亥革命日，广州城里却发生了商团叛乱，广州危急了。

广州商团，是英国汇丰银行广州分行买办陈廉伯和佛山大地主陈恭受控制的反动武装集团。英帝国主义为破坏中国革命，唆使陈廉伯利用商团势力，推翻以孙中山为首的大元帅府，建立“商人政府”。8月10日，商团利用挪威商船私运军械入境，被黄埔军校发现截获。陈廉伯借机煽动广州、佛山等城的商人罢市。10月10日，商团又向广州纪念辛亥革命日游行的群众开枪，挑起流血事件。广东革命政府于14日宣布解散商团，收缴枪械；孙中山命令警卫军、黄埔军校学生军、教导团，以及湘军、粤军的一部分，星夜回广州戡乱。

徐向前所在的黄埔军校第一队，从韶关回师广州后，投入了战斗。经过一天的激战，终于把商团的武装叛乱镇压下去。这是徐向前第一次荷枪实弹上战场，他沉着和勇敢的精神，赢得了革命军人的荣誉。

1925年2月，徐向前又踏上了新的征途——参加第一次东征。这时，第二次直奉战争结束，吴佩孚战败后，直系军阀的主力退到长江流域，积蓄力量，妄图卷土重来。在北京的张作霖、段祺瑞、冯玉祥三派军阀的联合政府由段祺瑞当权，号称“临时执政”。他们为了收买人心，便电邀孙中山北上“共商国是”。孙中山于1924年11月13日离开广州北上。就在这时，盘踞惠州、潮州、汕头一带的陈炯明，得到英帝国主义和段祺瑞的军事援助，企图进攻广州。广东革命军就在这种情况下东征讨陈。

陈炯明，广东军阀。曾参加辛亥革命，被推为广东副都督。1920年，驱逐桂系军阀莫荣新，任广东省省长兼粤军总司令。1922年，背叛孙中山。孙中山曾依靠一些军阀部队，对他进行多次征讨，但都没有成功。孙中山北上后，陈炯明以为有机可乘，联络广州附近的滇、桂军做内应，自称“救粤军总司令”，妄图推翻革命政府。

东征的主力军，以黄埔军校学生军和军校两个教导团为骨干。这时，徐向前已在黄埔军校第一期毕业，留军校第三期入伍生第一营任副排长。东征的路上，升为排长。他们这个营，在以周恩来为主任的政治部的组织领导之下，负责后方的勤务。军校学生一路高唱着“以血洒花，以校作家，卧薪尝胆，努力建设中华”的校歌，日夜奋战在东江地区。他们每到一地，动员群众，宣传群众。队伍中响亮地提出“不要钱，不要命，爱国家，爱百姓”的口号。

东征军严明的纪律，英勇的举动，深得群众的欢迎和拥护。部队所到之处，战必胜，攻必克。经过两个月的作战，打垮了陈炯明的主力，占领了东江的大部分县城。征战的路上，士兵们热爱徐向前这个排长。老乡们虽然言语不通，却看到了这位年轻的军官和和气气，他领导下的兵不拉伕，不打骂人，晚上睡在露天下。老人翘起拇指称赞，妇女们称是“文明军”，儿童跟着他们学唱“打倒列强，打倒军阀”的军歌。徐向前开始体验到：革命军要有革命军的本色，革命军要有革命军的风格。这个本色和风格，就是爱百姓，爱同志！

在东征回师广州的路上，徐向前和黄埔军校的同学得到一个不幸的消息：1925 年 3 月 12 日，孙中山在北京病逝。徐向前看着一份用蓝色印的小报，心情十分沉痛，他又想起孙中山的多次演讲，想到随孙中山在韶关的那些日子，流下了泪。有的同学说：“大元帅死了，今后革命会怎么办呢？”徐向前此时说不出什么，他却记着孙中山的一句话：“一生一世，都不存升官发财的心理，只知道做救国救民的事业。”

他用孙中山的这句名言，勉励自己，告诫同事。这时，他真心实意拥护三民主义，愿为实现三民主义奋斗。却没有想到，从此之后，三民主义逐渐成了国民党反动派骗人的一个口号。

第二节 加入中国共产党

初期的黄埔军校，是革命的，进步的。它对许多革命的青年来说，是打破蒙昧、走向革命的出发点。徐向前在黄埔军校一年，从一个普通的入伍生，成为一名军官。黄埔军校的教育，黄埔军校的革命精神，对他是宝贵的，使他开始懂得了许多救国救民的道理，学得了一些军事知识。然而，真正使他转变成一名无产阶级的忠诚战士，不是在黄埔军校，而是在武汉军校。

1925 年夏天，徐向前离开了黄埔岛，被分配到河南安阳国民第二军第六混成旅。和徐向前同去国民二军的，还有白龙亭、孔兆林等人。他们都是北方人，早就想回北方工作。孙中山北上共商统一大计，徐向前等感到“统一”在望，便商量到北方冯玉祥部去工作。东征回师后，他们几个人正式向校方提出要求，当时，特别注意抓军权的蒋介石，也想插手国民二军，以“改造”冯玉祥部，便批准了他们的要求。

国民二军，原系河南胡景翼的部队，胡曾跟随过孙中山，属冯玉祥系。冯倒戈推翻曹锟、吴佩孚政权后，与胡景翼、孙岳将所部改称国民军。冯任国民军总司令兼第一军军长；胡、孙任国民军副司令，分别兼第二、第三军军长。1925 年 4 月，胡景翼病逝，二军军长由师长岳维峻接任。二军第六混成旅旅长叫弓福魁，也是山西人。徐向前在这里先后担任教官、参谋和第二团团副。这支军队打

1925年夏，徐向前在河南安阳国民第二军第六混成旅时的留影

着“国民革命”的旗号，实际上变成了新军阀争权夺利的工具。徐向前开始还没觉察到这一点。他继承黄埔军校的革命精神，每到一处，热情地参加工人、农民和学生的活动，向他们宣传革命的道理，为黄埔军校招收学生。1925年夏天，仅在河南安阳一地，他就动员了几十名青年学生，前往广州投考黄埔军校。他还在安阳参加了“五卅”运动的群众大会，并深入安阳中学和六河沟煤矿学生、工人当中，向人们宣传俄国十月革命，宣传工人阶级的解放，宣传救国救民的革命道理。安阳中学教员罗任一，是日本留学生。徐向前经常到他家里去交谈。后来才知道他是共产党员。

1925年下半年，张作霖在日本帝国主义支持下，联合吴佩孚，向冯玉祥的国民军进攻。岳维峻的国民二军担任攻打山东的作战任务。岳维峻胃口很大，在进攻山东的同时，又派部队攻打山西。11月中旬，国民二军分两路进攻鲁西，不久便抵近泰安。不料，田维勤、王为蔚、陈文钊等师（均系收编的原直系部队）一路被吴佩孚派人收买，调过头来共同对付国民二军。此时，岳维峻进攻山西的部队也被阎锡山击败。岳军两头失利，节节败退，岳维峻被晋军俘虏。徐向前所在的第六混成旅二团，从德州撤至河北保定、蔚州一带，会合冯军，后被奉军截断退路，转战于山西广灵、灵丘、原平等地。因敌人跟踪追击，又无人指挥，部队四散溃逃。徐向前经过这一段耳闻目睹，进一步认识到这支军队的本质，便同几个同乡脱离了这支军队，从原平回到了五台县老家。

他在家中只住了七天。他一心想奔回革命军，加上由于当时阎锡山联合奉军反对冯军，在家里不安全，便又告别家人，在表兄的资助下，乘火车到了北京。

自从孙中山在北京病逝以后，华北政局一片混乱。冯玉祥、段祺瑞、张作霖争斗激烈。日本和英美帝国主义，各支持一派军阀，不断混战。张作霖和吴佩孚又联合起来，进攻革命势力，镇压中国共产党领导下的群众运动。徐向前在北京一个同乡家，住了一个多月，凭着黄埔军校出身的牌子和熟人关系，他满可以在直系或奉系部队中谋个职位，可是，他已经识破这两派军阀的反动面目，不愿意充当他们的工具。一天，徐向前听说广东的国民革命军已出师北伐，这使一心向往革命的他，从失望中看到了希望。正是“山重水复疑无路，柳暗花明又一村”。他毅然决定：南下，找北伐革命军去！

1926年11月底，徐向前辗转天津、上海，终于来到了北伐军占领的武汉。

此时的武汉，和北京、天津完全是两重天地。革命的气氛很浓，“打倒军阀”“打倒列强”的革命浪潮，遍布武汉三镇。当年黄埔军校的许多老同学，又在武昌城相会了。徐向前先在南湖学兵团当指导员，不久又被分派到武汉军校，做了学兵队少校队长。

中央军事政治学校武汉分校，号称“第二黄埔”。它是黄埔军校四个分校中，最享有盛名的一所培训军事、政治干部的学校。新招收男生 986 人，女生 195 人。赵一曼、游曦、张瑞华、黄杰等，都是女生队的学生（黄杰后来成为徐向前的夫人）。当时任北伐军总司令的蒋介石，仍兼任武汉军校校长。由于军校里共产党的力量比较强，蒋介石也只是个“空头校长”。他也到军校讲过话，张口就是“本校长”如何如何。有一次，他召集黄埔毕业生讲话，说他在日本的时候，妈妈如何日夜想念他。还说，本校长对你们是慈母般的感情，也就像我妈妈对我一样。徐向前和一些人听了，都很反感。

这所军校，继承黄埔军校的革命精神，以两湖书院①等地为校舍，学文习武。许多共产党员和国民党左派分子，在这里担负领导工作或任教。生气勃勃的革命形势，两湖书院的政治气氛，使徐向前又有了读书和思考的机会。就在这里，徐向前选定了终生奋斗的目标，立志做一名为共产主义奋斗的战士。

人生的道路，千万条，要选择一条正确的道路，却是不那么容易的。有的人，一生一世在迷茫中徘徊，有的人在关键的十字路口，经过认真思考，慎重地决定了前进的方向。徐向前属于后者。在他刚到武汉不久，有位同事问他：

“现在许多人加入了 C.P.（即共产党），你呢？”

徐向前说：“我还没有想好。”

对方又问：“为什么不愿意加入 C.P.？”

徐向前笑而不答。他在广州黄埔军校时，曾说过一句话：“决不做跨党分子。”他认为，作为一个人，不能脚踩两只船；作为革命者，不能信仰两个主义。那时，他追求的是孙中山的三民主义，对共产主义还不理解，直到参加了“青年军人联合会”，才开始接受共产主义教育。

一位同事知道徐向前不愿意做“跨党分子”，劝他说：“不要太清高了，跨党有何不好？”

徐向前摇摇头，他依然如前：决不做“跨党分子”。他认为：要么继续信仰三民主义，要么放弃它，做一名共产党员。

他当队长，忙于训练、操课、军事勤务，一百多号人的教育和生活，都要他这个队长来管。白天没有机会读书，没有多少时间思考，也没有空闲和朋友交谈。只有到了晚上，他才得闲看书。一切闲杂的书，他都不看，集中精力，阅读有关共产主义的书。列宁的《二月革命》《远方来信》《中国的民主主义和民粹主义》，他都一一阅读。布哈林的《共产主义 ABC》，李季的《通俗资本论》，还有宣传苏

---

① 在湖北武昌。清光绪十六年（1890 年），张之洞（1837—1909）任湖广总督时创建。曾调湖北、湖南两省生员在此深造。

联十月革命的一些小册子，以及瞿秋白、鲁迅的一些文章，都吸引着他。

夜深了，学员们睡了，熄灯的军号吹过了许久，他还在灯下读书、思考。两年前，在广州黄埔军校时，虽然也读过一些有关共产主义的书报，但是许多话不理解，读不懂，也欠思考。这几年的斗争经历，耳闻目睹国民党的腐败、军阀混战和人民受到的灾难，严峻的现实，使他作出了抉择。

读书，是进步的阶梯；思考，是前进的动力。要真正迈开步子走，还要有人引导。幸得这时候，同一些共产党员和倾向共产党的进步分子常来常往。他们大多又是徐向前的老乡。来往比较多的有樊炳星、杨德魁、吴展、李楚白、贺昌，还有程子华。樊炳星是黄埔第四期学工兵科的，共产党员，这时正在武汉工人纠察队工作；杨德魁在武汉军校学习；李楚白就在徐向前的队当司务长，他们也都是共产党员。徐向前当队长，薪水比他们多些，每到发薪的时候，他们聚集一起，要他请客。他毫不吝惜，拿出薪金来，和这些老乡加同志，一起吃上一餐好饭菜。饭桌上，大家谈论志向，谈论理想，有时也发生争论。徐向前在交谈和争论中，思想认识不断变化。对共产党和共产主义的认识产生了飞跃，思索、比较的结果：三民主义不如共产主义，国民党不如共产党。他终于向樊炳星提出了：愿做一个为共产主义奋斗的共产党员。

1927 年 3 月，正是国民党右派反共活动猖獗、国共合作面临分裂的严重时刻，徐向前经樊炳星、杨德魁介绍，正式加入中国共产党。“樊炳星给我看了党章。记得党章上写着共产党的奋斗目标、组织原则等，印象最深的是共产党员要为共产主义流尽最后一滴血。”①

徐向前入党后才知道，武汉军校中共组织的负责人是陈毅。一天，他接到一个通知，到蛇山西面的粮道街——中共中央机关所在地参加会议。没有想到，一进会场，却看见了周恩来正和孙永康、施存统等一些领导人坐在主席台上。自黄埔军校与周恩来一别年余，竟又在武汉相会了。在这难忘的一天，徐向前又一次聆听了周恩来关于政治形势的报告。

第三节　严峻的关头

1927 年 4 月 12 日，蒋介石在上海发动了反革命政变，血腥镇压工人，大量逮捕、屠杀共产党员。黑暗代替了光明，一时乌云满天。徐向前清楚地记得，就是这个蒋介石，在武汉军校的一次讲话中，曾大言不惭地说什么“本校长向来是革命的，假如不革命，你们就一枪把我打死！”现在他却成了国民革命的头号敌人。武汉政府领导下的北伐军，面临着一场灾难。原武汉国民政府独立第十四师师长夏斗寅公开叛变革命，联合四川军阀杨森，进攻武汉。这时，夏斗寅的先头部队，已经逼近武汉附近的纸坊车站。

① 徐向前：《历史的回顾》，解放军出版社 1988 年版，第 45 页。

武汉的形势十分危急。一些动摇分子，纷纷各找门路，有的消沉，等待时机，有的逃走了。徐向前虽然是刚加入共产党的新党员，但他坚定地站在革命的行列，带领全队，在武汉卫戍司令、北伐名将叶挺的指挥下，紧急动员起来。武汉军校、南湖学兵团的学生，以及武昌农讲所的学员，共同编为中央独立师，归叶挺统一指挥。他们高呼着“誓死保卫大武汉”“打倒杨森、打倒夏斗寅”的口号，星夜开出了武昌城。

中央独立师是名副其实的“学生军”，师长是侯连英。战士的革命热情很高，只是还不会打仗。有许多人连行军、宿营都不懂。徐向前经历过第一次东征，经历过国民第二军北上的多次战斗，对组织行军、组织战斗，都有了一些实践经验。他率领一个队，在行进中向战士进行军事教练。5月16日，中央独立师赶到了武汉以西的桃花镇，把敌川军范绍增一部包围在一片沼泽地带。范绍增见形势不妙，连夜突围，负伤潜逃。他的部队失去指挥，四散溃逃。中央独立师乘胜追击，经金口、紫阳、汀泗桥，直到通海口。之后，武汉政府组织打击杨森，6月中旬把杨森的第九师大部歼灭。与此同时，叶挺指挥第二十四师，在纸坊一带，把夏斗寅部打垮。从而胜利地粉碎了蒋介石唆使夏斗寅、杨森偷袭武汉的阴谋。

这是徐向前入党后，第一次领兵作战。他以出色的军事指挥才能赢得了党的信任，作出了一个共产党员应有的贡献。

然而，严重的局势，又步步紧逼。5月21日，许克祥、何键在长沙又发动了“马日事变”。6、7月间，武汉政府的汪精卫，表面反蒋介石，实际上已准备与共产党决裂。大革命失败的局面，已经不可挽救了。为了应付更大的事变，保存革命骨干，党组织决定，一部分人到张发奎部队去工作。在此之前，党组织已将徐向前调出武汉军校等待分配工作。一个月后，党组织通知他到张发奎部队任上尉参谋。临行前，党的地下“交通”转给他一张纸条，写着“找毛泽东”。

毛泽东的名字，徐向前在黄埔军校时就听说了，还读过毛泽东的文章。他敬仰毛泽东，想找毛泽东，可是，毛泽东现在哪里？没处找，又不能公开去打听。

徐向前来到张发奎的第二方面军指挥部，和谢英北一起，被分配在指挥部当参谋。这时，张发奎虽然还号称“革命”将领，他口头上反对蒋介石，可是，徐向前不知这位“老总”葫芦里装的什么药，只是默默地观察着，等待着。心中依然不忘党的“交通”给他的那张纸条：“找毛泽东”。

7月15日，汪精卫发动了反革命政变。武汉的局势，越来越动荡，大有“山雨欲来风满楼”之势，部队、机关都准备应变。月底，徐向前随同张发奎部到了九江。

1927年8月1日，周恩来、朱德、贺龙、叶挺等在南昌领导了武装起义，打响了武装反对国民党反动派的第一枪。徐向前得到南昌起义的消息，像是在茫茫黑夜，看到了光明和希望，看到了革命的前程。他还没有决定怎么办，这天半夜里，张发奎突然集合军官讲话。没料到自称要与共产党“合作到底”的张发奎，讲了南昌方面的战势后，公然宣布说：“C.P.分子三天以内保护，三天以外，不负责任！”张发奎反革命的凶相已经露出来了。他的“左派”外衣，已被这一讲话剥掉了一半。三天以后，张发奎会干出什么事，明眼人都看穿了。

很显然，张发奎这支部队，既不可靠，更不是一个避风港。徐向前回到住处，天还不亮。他进行了冷静的思索，自己是个 C.P. 分子，共产党员，必须在三天以内作出选择。要么马上离开。离开，又到哪里去呢？“找毛泽东”，又不知毛泽东在什么地方？到南昌去？一无介绍信，二不知南昌起义军的去向，况且去南昌的铁路已经中断。这时，同事中的一个军官说：“反正你我不是 C.P. 分子，管它呢？睡觉，睡觉！”

作为一个共产党员，在这样的严峻关头，怎么能躺下睡觉呢！徐向前抽完一支烟，开始收拾行装。

“怎么，你要走？”那同事看出徐向前要走，惊奇地问。“你又不是 C.P. 分子，到哪儿去？”

徐向前没有回答。他收拾好行装，等那同事睡着后，一个人悄悄离去，奔向码头。他决定返回武汉，找党，找革命的队伍。

第三天傍晚，徐向前又回到了武汉。

这里曾像广州一样，是革命者心目中的红都，是徐向前走向共产主义革命道路的出发地。就是在这里，在两湖书院，他默默地宣过誓，要为共产主义奋斗终生。他想在这里找到党的机关，找到同志，重新领受任务。然而，从汉口码头一上岸，心里就凉了半截。几个月前的那种革命气氛不见了，江汉关边的革命标语刷掉了，龟山上曾经竖立的“废除不平等条约”的铁标语塔拆毁了。大街上，听不到革命的歌声，消失了工人纠察队雄壮的步伐。冷落、萧条，全是一副白色恐怖的景象，自“七一五”汪精卫反革命政变后，革命的红都武汉，成了反革命屠杀工人和共产党人的又一个血的战场。

徐向前在一个小客栈里住下来。客栈老板，是一位中年妇女，她看客人是位军官穿着的人，也不问什么，给开了个单间。徐向前问她一些事，她都摇头不知，只知开店赚钱。

第二天，他找到了那个从前秘密接头的“交通站”。这是一家卖杂货的铺子，门关着，远远看了许久，不见信号，不见一个人出入。显然，这里遭到破坏，人已经转移了。徐向前在门前转了两天，仍是不见有人出入。

夜晚，他在小客栈里沉思了半夜。最后决定到上海去，找党中央！

隔夜一早，他奔向江汉码头，买到了一张去上海的船票，随着一批乘客登上了开往上海的轮船。

上海同武汉一样，一片白色恐怖的气氛。徐向前在黄浦江边泰安客栈住下后，就设法找党组织。他准备万一找不到就去北方的军阀部队里做兵运工作。有一天，他在街上转来转去，忽然碰上了武汉军校的李楚白，真是喜出望外。他讲了离开武汉军校后的经过及来上海的目的。李楚白叫他在旅馆里等着，别到处跑，由他和组织上取得联系。过了两天，“交通”便找来，徐向前这才接上了关系，找到了党。

第四章　从广州到东江

第一节　重返羊城

轰轰烈烈的大革命，由于蒋介石的背叛和陈独秀的右倾机会主义，失败了。上海、南京、长沙、武汉，到处是一片白色恐怖。

是革命，还是消沉、逃避？两条路摆在面前。坚定的革命者，四处奔走，找党、找革命的军队；意志薄弱的分子，有的妥协，有的叛变。在历史分开红白两章的严峻时刻，徐向前冒着生命危险，从九江到武汉，又从武汉到上海，终于在上海找到了党中央。他没有停步，又领受了任务，匆匆从上海登车，和一个姓张的同志结伴同行，于 1927 年 9 月底的一个夜晚，秘密到达广州。

晚秋的海港城市，中午依然像是夏天。越秀山绿荫满目，游人正登高赏景。一般的人不会想到，一场革命与反革命的生死决斗，就要在广州爆发。中共广东省委根据党中央的指示，决定利用汪精卫、张发奎和李济深、黄绍竑武力争夺广东的矛盾，趁广州城兵力空虚，以第四军军官教导团和工人赤卫队为骨干，发动武装起义。从武汉经九江转移来的国民革命军第四军教导团，在共产党的领导下，正秘密准备起义。广州市的一些工厂和码头工人、海员，也在共产党的秘密组织下，准备参加武装起义。中共广东省委书记张太雷以及著名的共产党员恽代英、杨殷、叶剑英、聂荣臻、周文雍、陈郁等人，在广州会合。他们有的从香港转来，有的一直在广州从事工人运动。徐向前奉中共中央军委的指派，从上海来广州到工人中进行秘密工作。

珠江岸边，有一座小客栈，住着多是跑买卖的人。大客房是五六个人的通铺，为了安全起见，党的地下“交通”特意把徐向前和那位姓张的安排在一个单间里。“交通”还一再嘱咐：“外面混乱。张发奎的队伍也来了，你们要少外出。”过了几天，姓张的同志先被分配走了。“交通”又把徐向前带到一个秘密地点，和一位做工人工作的人住在一起，自己买菜做饭。

徐向前耐着性子，等待党组织分配工作。离开上海来广州的前几个小时，中央军委的一位负责人才告诉他说：为了挽救革命，党准备在广州发动一次军事行动，要他到广州后培训工人赤卫队。

广州的工人运动基础很好，省港大罢工时，各行各业都有共产党的组织。领导工人斗争，对徐向前来说是第一次，他不知道工作从何入手。对外面的情况不了解，每天只能从《广州日报》上看到一点消息。一天，报上登出了一条消息：广州各界欢迎张发奎返粤。张发奎在欢迎大会的讲话中，公开说，这次班师回粤，第一是肃清共产党，铲除叶、贺起义军；第二是改善广东的政治；第三是扶植工农。徐向前联想起张发奎一个多月前在九江的半夜训话："C.P. 分子三天以内保护，三天以外，不负责任"，更看清了这副反革命嘴脸。他终日静坐，回味着这一年多的形势变迁，思虑着革命前程。

广州，是国共合作的策源地。孙中山创立黄埔军校，毛泽东主办农民运动讲习所，吸引了许多革命青年。徐向前又想起在黄埔军校时和同学同游广州那欢乐的日子。星期天，他和同学乘军校的船，从黄埔岛沿珠江，开进广州城。下船后，步行登上秀丽的越秀山。他们一路高唱着："同学同道，乐遵教导，终始生死，毋忘今日本校。以血洒花，以校作家，卧薪尝胆，努力建设中华。"那时，同学们谈的，想的，是国民革命成功，实行三民主义。那时，谁也不曾想，共产党和国民党会分裂，同志、朋友会变成敌人。

想起从前的事，想到风景优美的越秀山，徐向前在小客栈里坐不住了。他走出店门，来到珠江岸边。路上游人稀少，只见一些军人匆匆忙忙走过。他怕遇上熟人，暴露了自己，在江岸转了一会儿，又往回返。快到小客栈了，猛然听到一个声音：

"象谦！你怎么来了？好久不见啊！"

"唔！"徐向前惊了一下，抬头看去，站在对面的是黄埔第三期的一个学生。他穿着军服，像个不得志的军官。

徐向前不摸这人的底细，谈话中只说自己离开了军队，如今在经商。那人也不多问，讲了一番个人这几年的遭遇，他们便分手了。徐向前返回小客栈，再也不敢轻易外出。过了两天，"交通"来了，正式通知他：党组织决定，要他到工人赤卫队中秘密开展工作，加紧工人赤卫队的军事训练。接头的地点，是个做秤的工厂。

广州的工人赤卫队，是随着广州革命形势的发展，不断发展起来的。开始有"省港罢工工人利益维持队""剑仔队"，后又发展成赤卫队委员会领导下的 11 个赤卫队区委会。赤卫队员当中，各行各业的工人都有，五金工人、人力车夫、汽车司机、建筑工人、运输工人、海员、铁匠、店员、面粉工人、印刷工人、火柴工人、修秤工人、制蒲团工人、缝衣工人、铁路工人等。这些工人赤卫队员，大多数经历过政治斗争的锻炼，革命热情很高，斗争坚决，只是受过军事训练的很少。徐向前对于当时在工人中开展工作，组织工人训练的情况，有这样一段记述：

"南昌起义失败后，广东省委就积极准备在广州举行武装起义。起义前党派我到工人赤卫队第六联队去，对工人进行一些秘密的军事训练。说是军事训练，其实一没枪，二没手榴弹，每天晚上只把赤卫队员集合在工人家里，围着一张破桌子，用铅笔在纸上画着怎么利用地形，怎么扔手榴弹，怎么冲锋……这些工人有许多是参加过省港罢工的，有的是党员，有的是赞助革命的左派，革命热情很高，学习很认真。可惜我是外乡人，广东话说不来，有些话翻来覆去讲半天，同志们还是听不懂。幸得，联队的党代表是本地人，是一个精干的工人，会说普通话，由他当翻译……”①

黄埔军校毕业的军官，又做过正规军参谋、团副的徐向前，来指挥这样一支徒手兵，没刀、没枪，又无训练的场地，只是“纸上谈兵”。谈了半天，有的人还听不懂“巷战”是什么意思，有的人听着听着打盹了，这使他感到很难办。可是，武装起义迫在眉睫，只有以极大的耐心，把这支工人阶级的队伍组织起来，并尽可能多地教给他们一些军事常识。

为了便于训练和指挥，根据工人赤卫队总指挥部的指令，按名单把工人赤卫队编为一个联队，下设若干大队、中队、小队，指派党员、积极分子分别担任小队长、中队长和大队长。由于整个联队不便集中活动，徐向前只好首先训练中队长以上的骨干。他住在造秤工厂的工人宿舍里，每天自己买菜、做饭，语言不通，还要学习广东话。幸亏在黄埔军校那一年多，接触过一些广东人，广东方言听懂不少，也能说上几句。

开始工人们不大了解这个“外乡佬”。他热情和耐心地和工人相处，几个夜晚过去，一些工人很快便和他熟悉了。做饭，有人跑来帮忙，吃饭，有人送个菜来。老工人亲切地喊他“阿弟”，年轻的称他“阿哥”。他成了工人们的知心好友，来找他的人越来越多。他打着手势和工人们讲工人阶级的解放，讲反对军阀的统治，讲反对封建势力。……

这时，广州城犹如一座即将爆发的火山，表面上很平静，商店照常营业，游人每天爬登越秀山。然而，革命的工人、革命的军队，却正在中共广东省委的领导下，秘密加紧武装起义的准备。工人赤卫队七个联队，分散进行着整编和训练；第四军教导团和警卫团，分别集结待命。

国民革命军第二方面军第四军教导团，原是中央军事政治学校武汉分校改编的，学员中共产党员和共青团员的比重很大。这支部队 8 月初由武汉出发，南下来到广州。徐向前曾在武汉中央军事政治学校当过队长，在教导团有许多熟人，又知道他们住在四标营，很想去那里看看老同事，只因党内有一条纪律，起义前，个人绝对禁止往来。他只是偶尔到街上买菜，才能碰到几个熟人。老同事见面后，有时打个招呼，有的招呼都不打，便匆匆分手了。警卫团是不久前才编成的，第一营是原四军军部的特务营；第二营是李济深第八路军特务营改编的；第三营多是招募的新兵，另有一部分省港罢工的工人纠察队员。徐向前得知有两个团参加起义，信心更足了。

他一心想把自己指挥的联队带好，日夜紧张地忙着。工人赤卫队，毕竟是一支新组成的队伍，许多工人白天还要做工，晚上叫他们参加活动，有的工人家属

① 徐向前:《奔向海陆丰》，载《星火燎原》第 1 辑，人民出版社 1962 年版。

便吵吵嚷嚷，因此，集合队伍很难。徐向前往往像拜年似的，一家一户地去请。他第一次尝到了在城市里组织队伍的艰难。正是这种处境，锻炼考验着他。

第二节　参加广州起义

反革命们也进行着扑灭革命的准备，时时窥测着风云变化。披着“左派”外衣的张发奎，1927 年 10 月占领广州后，拼命扩充势力。开始全力对付在梧州的黄绍竑部，看到广州的形势不稳，就撕破他“左派”的伪装，积极准备镇压广州的革命行动。当他得知广州城内的教导团有“反叛”的迹象时，便调在梧州等地的黄琪翔部返回广州，打算再次解除教导团的武装，扑灭这群“赤子赤孙”。

武装起义的时刻，越来越不容迟缓了。工人赤卫队盼着武器。指挥部来了通知：领武器要等起义之后，先要发动工人自己想办法。有的工人说：“我们工人穷得叮当响，买不起一把菜刀啊！”

徐向前说：“先找根棍棒！”

工人说：“连一根三尺长的木棍也难找啊！”

徐向前说：“那就先领把铁尺。”

武器，革命多么需要武器！连徐向前这个指挥官，也是两手空空啊！他在《奔向海陆丰》这篇回忆录中，详尽地记述了当时渴望武器和第一次得到两支手枪和几颗手榴弹的情景：

“……眼看行动时间越来越近，但还没有领到武器。大家都非常焦急。

“这时，一个曾经参加过省港罢工的老工人，轻轻敲着桌子，打破沉寂说：‘弟兄们！闹革命不是吃现成饭。领不来武器，我们可以夺取敌人的枪！’他的话里充满着英雄气概。

“‘对，这位同志说得对，’党代表挥着拳头说，‘我们工人阶级，从来就靠这两只手。没有枪，拿菜刀、铁尺、棍子！’

“‘我们要夺取敌人的武器来武装自己！’工人同志们都摩拳擦掌说。

“大家正在研究巷战的战斗动作，走进来一位年轻的、提着一只菜篮子的女同志。她包着头，只露两只眼，一声不响地把篮子放到桌上。党代表猛地站起来，高兴地说：‘武器来了！’这时那个女同志把盖在篮子上的菜掀掉，露出两支手枪，几个手榴弹。大家有了思想准备，没嫌少。只有一个同志问了一句：‘还能多给点吗？’

“‘没有了’！那位女同志说，‘起义以后要多少有多少。’说完就走了。

“‘有两支枪就不少。’党代表充满信心地说。接着把手榴弹分给几个有经验的工人。大家一面学着使用，一面等着起义的信号。”①

这时，广州城内敌人的兵力虽然不过几千人，但是他们有枪有炮。工人赤卫

① 徐向前：《奔向海陆丰》，载《星火燎原》第 1 辑，人民出版社 1962 年版。

队约3000人，长短枪总共不过50多支。起义的主力虽然是教导团和警卫团，可是工人赤卫队要直接参战啊！徐向前作为一个军事指挥官，他懂得战场上是勇气和兵器的决赛。在兵器远远不如对方的情况下，勇气和智慧就成了决定成败的因素。因此，他抓紧起义前的分分秒秒，对工人赤卫队进行着政治教育和“纸上谈兵”的军事训练。

武装起义的时间，原定在12月12日，突然提前了。徐向前事后才知道，正当他们加紧准备的时候，工人赤卫队设在小北街一家米店的武器转运站被反动派侦破了，教导团内部的一个反动军官也告了密。正在上海和蒋介石策划反革命阴谋的汪精卫，得知广州要发生事变，连夜派他的老婆陈璧君到广州，向张发奎传话，要他坚决镇压。12月9日，汪精卫又连发三电给陈公博、张发奎、李福林和朱晖日，要他们“认真肃清共党”，“所部凡有怂容共党者立即严加惩办，决勿稍存宽恕”。12月9日，黄琪翔匆忙从前线返回广州，积极策划武装镇压起义军。同一天，广州市公安局长朱晖日宣布了特别戒严令。

12月10日晚7时，革命军事委员会在永汉路（今北京路）附近小巷的一座楼房里，召开了一部分革命军官和工人赤卫队队长参加的紧急会议。会上正式宣布起义的计划：（一）起义的时间决定在11日凌晨3时半；（二）夜间的普通口令为“暴动”，特别口令为“夺取政权”；（三）参加起义的军人、工人赤卫队，一律在颈上系红布条；（四）战斗开始，先除掉军队中的反动军官，收缴的枪支要迅速武装工人赤卫队。会上还具体划分了起义军教导团、警卫团和各工人赤卫队联队进攻的目标。总指挥叶挺、总参谋徐光英、工人赤卫队总指挥周文雍，都简短地讲了话。最后，张太雷说：“只能成功，不能失败！”

徐向前怀着激动的心情，听了传达，领受了任务。他趁戒严之前几乎是一路小跑返回了第六联队集结点。当晚，又向党代表老陈和几个骨干分子传达了军事委员会的决定。距离行动的时间很近了，徐向前又是一夜没睡觉，和党代表一起精心地筹划着：如何整编队伍，如何分配任务，又令人找来红布，连夜制作红布条。

10日晚，工人赤卫队第六联队，在一幢房子里集结起来。徐向前利用战斗打响前的最后一个夜晚，打着手势，回答工人们提出的问题，讲解几种武器的使用。

12月11日凌晨3时半，沉睡的羊城，被枪声惊醒。这是南昌“八一”起义之后，又一次城市武装起义。教导团按行动计划，分三路出动：东路，第二营由叶挺亲自指挥，乘坐汽车直扑沙河镇、燕塘，解决了步兵团、炮兵团部，又回师黄华路，攻击造币厂和文德路上的敌第十二师后方留守处。北路，教导团的第三营，攻击观音山和省长公署。中路，由徐光英指挥教导团第一营和工人赤卫队一个联队，攻击东校场、广九车站和公安局。与此同时，起义军警卫团按照预定的行动计划，首先派人处决了参谋长唐继元和两个反动连长，以第三营主攻，分头攻打驻肇庆会馆的第四军司令部和仰忠街第四军军械库。此时，黄埔军校的特务营，在王侃予率领下，处决了几名反动军官，从黄埔岛乘渡船过江，去攻占鱼珠炮台。

埋伏在国民党军政机关附近的各路工人赤卫队，按照预定的攻击目标出动了。徐向前指挥的联队，首先冲进警察局，把睡梦中的一个班，全部缴了械。工人们夺得了武器，高兴地挥枪呼叫，跟随着徐向前，又冲向另外一个指定的进攻目标。

武装起义的枪声，驱散了广州城的黑夜，迎来了新的黎明。坐落在观音山下的公安局被攻占后，军事委员会开始在这里办公、发布号令。广州起义军改称工农红军，全部工人赤卫队为第一军；海陆丰农民军为第二军；教导团、警卫团为第三军。叶挺担任工农红军总指挥。

大街小巷，贴出了苏维埃政府的宣言和布告。周文雍还亲手书写了“广州苏维埃”五个大字，悬挂在苏维埃政府办公楼门上。楼顶飘扬起斧头、镰刀的红旗。广州工人代表会议准备在渭滨书院召开。

徐向前率领的第六联队，手持工人们缴获来的钢枪，脖子上系着红布条，奔赴“总工会”和“工人联合会”旧址，捉拿工贼，清查文件，没收财物。

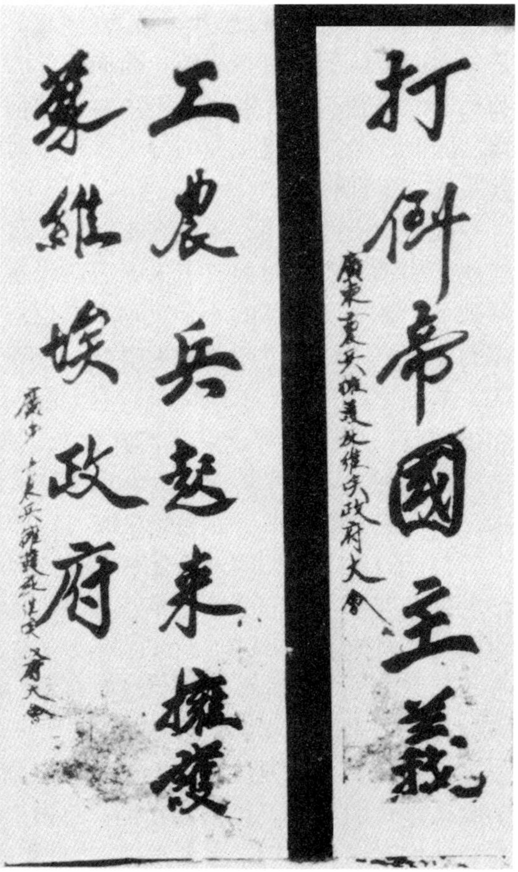

广州起义时在街道上张贴的标语口号

蒋介石得悉广州爆发了武装起义，急电广东各派军阀“捐弃前嫌扫平共乱”。张发奎、黄琪翔、朱晖日等反动军阀，纠集第五军，开始反扑。张发奎乘坐“宝璧”号军舰，黄琪翔乘坐“江大”号军舰，指挥海军炮击长堤。英国军舰“摩轩”号、“莫丽翁”号和美国军舰“沙克拉”号，都派出了陆战队登岸。日本海军陆战队，以救援博爱医院日侨为借口，也在西堤强行登岸。帝国主义驻广州的领事团紧急开会决定，英军调水兵两千，法军调水兵四百，日军调水兵三百，共守沙面。

蒋介石与帝国主义勾结起来，要把新生的广州苏维埃和工农起义军，扼杀在摇篮里。一场与反革命的殊死决战，在刚刚平息了枪声的广州城内，珠江边上，激烈展开。

教导团的队伍在应战！

警卫团的战士在应战！

各路工人赤卫队，都投入了战斗！

广州起义时的苏维埃政府旧址

观音山一带，是交战的主要地区。国民党军新编第二师薛岳部，从江门增援到了广州，在帝国主义的炮舰掩护下，一次又一次地向观音山发动进攻。

12 月 12 日中午，徐向前指挥的第六联队，奉命跑步到观音山，增援教导团作战，一部分人配合第二连坚守阵地，一部分人搬运弹药。工人赤卫队人人奋勇，冒着炮火冲杀，迎着飞弹运送弹药。前头的人倒下了，后头的人又跟上去。徐向前正在前边指挥队伍，传来一声呼叫："党代表负伤快不行了！"

徐向前跑到党代表身边，他已生命垂危，紧紧抓住徐向前的手，喃喃地说："我不行了，你们继续战斗吧！守……守住阵……地……"说完不一会儿，闭上了眼睛。这位工人阶级的勇敢战士，徐向前的第一位党代表，年仅 25 岁，就为新生的苏维埃献出了自己的生命。

许多年以后，徐向前谈广州起义，写回忆文章，总是不忘这位党代表。"我记不起这位战友的真实姓名了，只记得大家叫他'老陈'。但是，他那种英雄气概、革命的乐观主义精神和坚强的意志，却令人永志不忘！"

观音山前继续鏖战。阵地上的人越来越少了。许多战士牺牲，一些人饥饿难忍，跑走找吃的东西，一去不返。最后，徐向前带领近十个人，坚守到黄昏。多次派出人去联络，都不见上级的命令。天快黑了，徐向前一个人跑到公安局找指挥部。这里已是人去楼空。他等了一会儿，跑来一个熟人，向他说："老兄，你还在这里等什么！指挥部已经下命令撤退了，快到黄花岗去集合！"

徐向前这才意识到，整个形势危急。他跑到阵地上，叫上最后坚守的几名战友，一同奔向黄花岗。

一路上，看到脖子上系红带的战友，也正找不到去向。徐向前向他们挥手呼叫："走，到黄花岗集合！到黄花岗集合！……"

失掉联络，没有目标的战士，随着他的声音，一个个跟上来。事到如今，多收容一个兵，就多一颗革命的火种。徐向前一路走，一路呼叫着。他身后的人越来越多了。

他，成了最后撤出广州城的"收容队长"！

第三节　崭露头角的党代表

广州起义，革命军遭到了惨重的损失。起义的主要领导人之一张太雷，牺牲在战场，其他一些领导人，分散转移，有的去了香港、九龙，有的从香港转赴上海党中央，有的奔向东江。一部分武装，连夜撤退到广州以北的花县。

花县，是太平天国农民革命领袖洪秀全的故乡。这里从 1924 年起，就有共产党的组织，广东农民运动的著名领导人彭湃，曾经两次到花县，视察农会，宣传革命。这时的花县，党的组织已很小了，农民运动处于败落的局面。徐向前率领队伍一路追赶，赶到花县，才找到从广州撤出来的部队。

革命军的一些领导骨干，在花县城县立第一小学举行了会议。这是广州起义后的第五天——12 月 16 日。徐向前作为工人赤卫队的领导人之一，参加了会议。会上首先讨论队伍整编。从广州撤出来的，共一千余人。编成一个军，人数太少；编个团，人数又多了些。大家议论了一番，决定编成一个师三个团。称它为第几师呢？不能等上级的命令，只得像给一个新生的婴儿取名似的，众人来提名。有人听说，红一师的番号有了，在北江，是朱德领导下的南昌起义保存下来的部分部队；有人说，听说红二师的番号也有了，在海陆丰，董朗是师长。

有人提议说："我们称红三师吧！"

"三师的番号也有了。"有人说，"听说琼崖游击队已编为红三师了。"

数来数去，红四师的番号还没有。于是会议决定：编为红四师。经过民主推选，叶镛任师长，袁裕（国平）任党代表，唐澍任师党委书记，王侃予任政治部主任。师下编第十、第十一和第十二团。徐向前任第十团党代表。

队伍编起来，到哪里去呢？花县显然不是久留之地。会议决定去北江，找红一师会合。但是红一师到底又到了哪里呢？不能盲目行动。于是，师部一面派人去打听，一面命令部队休息待命。

这时，从广州城里陆续传来消息：反革命正在那里大搜捕、大屠杀。敌人像患了“恐红病”，只要从谁家搜出一条红布、一块红绸子，就把人抓走；听到一个说北方话的人，不问青红皂白抓起来。穿红衣裳的新娘子，也被视为“异党”。广州，一片恐怖！大街小巷，到处是尸体。五六天之内，被杀死的人有 5700 多。

花县一带的地主豪绅，趁机兴风作浪，驱使民团，每天围攻红四师，呼叫着，放冷枪。闹得红四师日夜不安。派出部队去打，他们跑了，过一会儿又转回来。像一群讨厌的苍蝇，日夜围着花县城，闹得人心惶惶，吃饭、睡觉都不得安宁。徐向前向叶镛师长说：“讨嫌的民团，非要狠狠教训它一下不可。不然，我们路都走不出。”

叶镛说：“好吧，你带部队去打它。”

徐向前领受了任务，亲自带领一个连，出了花县城。正巧，一群民团又围攻上来，徐向前向战士们说：“追！对付这群东西，要像打狗一样，一步不退，猛追！”说罢，带头冲向前去。

民团惊慌而逃。徐向前率领战士紧紧追赶，一直追到城郊象山脚下，在这里，徐向前和程子华相遇了。他俩曾在武汉军校同事。徐向前和程子华虽有一面之识，事过两年，已认不出了。程子华却记得这位队长。见面叙说之后，程子华说：“民团太讨嫌了，像疯狗一样，比正规部队都难打。”

徐向前说：“你就用打狗的办法打它！”

战士以为这位党代表说玩笑话，徐向前却又认真地解释说：“你们在乡下，没见过讨饭的人打狗嘛！有的人，拿个棍，边打边退，那狗总是追咬不放。也有的人，举着棍子，迎上去，追着狗打，狗就逃跑了。”一番通俗的比喻，把战士们说开了窍。队伍中，很快传开了“打狗”的故事。

傍晚，民团又来进攻，红军战士穷追猛打，终于把疯狗似的民团治服了。两天过后，当红军从花县出发，沿着去从化、龙门到紫金的山路行军时，一些村庄的民团，不但不敢再扰乱，还在村边插上木牌，写着“欢迎来境，欢送过境”的大字。从此，在红四师中徐象谦的名字，连同“打狗战术”，在许多人中传颂着。

战场，是指挥员最实际的课堂，又是检验勇气、才能和智慧的场合。徐向前这位不爱多语的党代表，受到干部战士的爱戴。在红四师向紫金和海陆丰进军的途中，徐向前升为师参谋长。沿路经历了不少的战斗，每一次作战，他不是亲自率领十团迎敌，就是协助师长指挥。他成了叶镛的得力助手。

叶镛师长是四川人，黄埔军校第三期的学生，住过滇黔干部学校，在中央独立师和第四军教导团任过连长、营长。花县改编当上师长，一下子指挥三个团，对这个 20 岁的年轻人来说，有些力不从心。一路上，幸得徐向前这位有实战经验，当过参谋和团副的人协助。行军中，叶镛师长总是和徐向前走在一起，两位黄埔军校同学，亲密合作，互相支持。

红四师从花县出发，日行夜宿，经过十几个日夜，到达紫金县境。在紫金，发生了“红军智擒伪县长邱国忠”的故事。

紫金，是罗浮山脉东侧的一个小县城，距离惠阳约 120 公里。国民革命军两次东征，紫金的人民都起来参战。周恩来和彭湃曾经到过紫金。1923 年春，这里办过农会。蒋介石“四一二”反革命政变后，紫金的革命群众在党的领导下，曾举行过“四二六”大暴动，攻克了县城，活捉了伪县长郭民发。因此，在国民党反动派眼里，紫金是一个要地。县长邱国忠，曾是国民党军队的少将。南昌起义的一部分红军经过汕头西进紫金县境后，邱国忠惊恐万状，多次向广州求援。

徐向前率领红四师第十团，先头进入紫金县城附近的黄花村时，邱国忠误认为广州的援兵来了，便派人出城联络。徐向前和叶镛师长得知此情况，将计就计，冒充是广州的“援兵”，派人请邱国忠出城迎接。邱国忠不知是计，天刚亮，率领县政府 17 个头目，迎出城来。红军不放一枪，把他们全部活捉，占领了紫金县城。接着又把邱国忠反手绑上马，给他披件大衣，由他领路奔向龙窝，又将那里的一部分反动武装消灭。群众这才知道，红军来了。

邱国忠在紫金县民愤极大，国民党反动派和这个伪县长，杀害的革命干部和群众不计其数。仅在龙窝南的炮子圩，一块“古井丘”里，反动派就集体屠杀了革命干部和群众 450 多人。烈士的血洒满了稻田，溢出田埂，流入琴江。当地人民把这块革命烈士染红的“古井丘”称为“血田”。为了以血还血，惩办反革命邱国忠，红四师应群众要求，在炮子圩召开了公审邱国忠的大会。会场上悬挂了一副对联：“血债血还，血海深仇今朝报”，“公事公办，公审台前案注销”。在 6000 多群众、军人激昂的愤怒声中，宣判邱国忠和一些反动头目的死刑。

炮子圩的人民，热烈慰问红军。在中共紫金县委和县苏维埃政府的组织下，四乡群众组织起醒狮队、后勤队、妇女洗衣组，家家户户舂米糕、打糍粑、炒米花、煮擂茶，请红军做客。徐向前和远征到此的战士们，沉浸在热情和欢乐中。

队伍又要开进了。在炮子圩小山前，徐向前向部队宣布说：红四师就要和红二师会合了！不远就到海丰城了！他要求红军战士：“要爱护百姓的一草一木，要不怕艰难险阻，继续前进！”

徐向前这次讲话，炮子圩一些群众都听到了。他那浓重的山西口音，挥动有力的手，给人们留下了难忘的印象。从那以后，在紫金县人民群众中，久久流传着徐向前和红四师智擒邱国忠的故事。人们把徐向前和红军说得神乎其神。此后，人们还把徐向前集合队伍讲话的一块草地，称为“红军坪”，竖起一块小石碑，记载着红四师奔向海陆丰的一段光荣历程和徐向前战斗的足迹！

第四节　在海陆丰的岁月

1928 年元月，徐向前随同红四师，经过长途转战，来到了海丰县城。在这里，红四师红二师会合了。

海丰，是东江人民心中的红都。它南临大海，背靠莲花山。海丰，又是著名农民运动领导人彭湃的故乡。彭湃出生在这里。他 1921 年 5 月在日本早稻田大学毕业后，又回到海丰。当了近一年的县教育局长，便辞去局长职务，在龙山妈庙前，宣布成立广东的第一个农民协会，亲任会长。他还把他从地主家庭里分得的那份地契，当众焚烧，把土地分给了农民。从此，农民称他“彭菩萨”。海丰流传着这样两句话:“农会的灵魂是彭湃，要知农会是什么，晓得彭湃便是。”1924年至1927年，彭湃先后在海丰发动和领导过多次农民斗争和起义。海丰的苏维埃政权，是在中国共产党领导下诞生最早的一个革命政权。

徐向前率领红军来到海丰城，看到一派革命景象。1925年2月，国民革命军第一次东征，他作为黄埔军校第三期的军官，随军东征到过海丰。对彭湃的名声和海丰并不陌生。事隔两年多，他又领兵来到海丰。在《奔向海陆丰》一文中，徐向前激情洋溢地描绘了到达海丰的情景：

“……群众热情很高，到处红旗招展。各村庄的墙壁上，写着‘打倒土豪劣绅实行土地革命’的红字标语。群众听说我们是从广州下来的红军，热情万分，家家让房子，烧水做饭。虽然语言不通，但人们打着手势表示对红军的热爱。

“在海丰城里的红场上，举行了几万人的群众大会，欢迎红四师。彭湃同志在会上讲了话。他只有二十多岁，身材不高，脸长而白，完全像一个文弱书生。他身穿普通的农民衣服，脚着一双草鞋。”“当他讲到广州起义失败时，把手一挥说：‘这算不了什么，我们共产党人，从来不畏困难，失败了再干，跌倒了爬起来，革命总有一天会成功的。’他那逻辑性很强、说服力很大、浅显易懂的讲话，句句打动听者的心坎，使人增加无限的勇气和信心。”

彭湃的革命气质和文才，是海丰人民和红军深为敬仰的。群众中流传着许多他的故事和他写的诗歌。他有这样一首反对封建、反对迷信的诗歌：

神明神明，有目不明，有耳不灵，
有足不行，终日静坐，受人奉迎。
奉迎无益，不如打平，铲个干净，
人群进步，社会文明。

红四师来到海丰，与红二师胜利会合，使海丰这个红色的革命城市更加火红。四乡的农民武装，趁机大发展；反动的“白旗会”，纷纷卷起了白旗。东江特委召开军事会议，决定“迅速扩大红区”，命令红二师向紫金、五华发展，红四师向惠来、普宁方面发展。徐向前和红四师在海丰休息了三天，随即东下。占陆丰，攻果陇、和尚察、葵潭，接着又攻下惠来城。

两个多月，大小战斗20余次。与此同时，红二师也在北线打下了一些据点。海、陆、惠、紫和普宁等10个县境的反动武装和民团，被打得纷纷溃逃。

国民党反动派震惊了，即调集第四、第五、第七军等部，配合各县民团武装共几万兵力，分三路向东江“围剿”。东路陈铭枢的第四军第十一师陈济棠部，从河婆直趋陆丰大安；西路徐景唐的第五军第十六师邓彦华部，从多祝、新庵进攻高潭和海丰；黄旭初部第七军进攻紫金的炮子圩、南岭和中洞；南路从海上出动“中山”号、“民主”号、“广庚”号和“飞鹰”号军舰，炮轰汕尾、甲子、石门等沿海村镇。

东江特委发布了《反“围剿”告东江同胞书》，号召工农革命军和赤卫队，“同敌人决一死战”；号召“农友们，扛起枪，慷慨离乡境，从容上战场”。这时，红军两个师，总共不过两千多人。经过几个月的征战，部队已疲惫不堪。战士缺衣少食，在强大敌人的四面包围中，连续苦战。

红四师的处境一天天艰难。村庄被敌人占领，要道被敌人封锁，最后退进深山。房屋没有，只得在山里搭草棚；粮断了，只好挖野菜充饥。山芋、野果、黄狗头（中草药）也成了食物。天气渐冷，身为参谋长的徐向前，还穿着一条单裤。负责管军需的女干部彭镜秋，看见他没有一条洗换的裤子，就向女战友动员，要大家献出一条多余的裤子。裤子找到了一条，可是徐参谋长身材高大，又是女人的衣服，他怎么会穿呢？没有办法，彭镜秋找了一块黑布，对徐向前参谋长说：

“就拿这块布，给你做条裤子吧！”

徐向前摇摇手说：“不用了，不用了，你看看哪个同志没穿的，给他吧。”并嘱咐她说，“要好好合计合计，多想想办法，让同志们填饱肚子。困难会过去的。”

彭镜秋说：“你是指挥，连条替换的裤子都没有，这怎么行？”

徐向前笑笑，说：“大家都一样。你没看见，老百姓家十几岁的娃娃还光着屁股呀！”

下雨天，战士们找个地方躲雨，徐向前打着把雨伞，这里走走，那里看看，关心战士的吃穿，裤子湿了没得换的，就穿在身上晒，让身体渐渐暖干。干部战士看在眼里，记在心上。

4 月初，在一次和民团的遭遇战中，徐向前腿部受了伤，最后，转移到普宁的三坑。这里山峦起伏，虽然距离普宁县城不远，倒是一块比较便于隐蔽的地方。敌人来了，山上山下和他们周旋，敌人退了，找个地方休息几天。不久，彭湃和特委的领导人也来到了三坑。当时敌强我弱，处境极端困难，为了保存力量，徐向前他们不得已才从平原转移到山区来的。但特委不同意，还提出了“反对上山主义”的口号，非要把部队拉下山去同敌人硬拼不可。徐向前说这样干要吃亏的，不能去。彭湃气得不得了，自己带头往山下走。徐向前说不服他，只好带上些人跟着去，保护他，并把他接进山。

这一带村庄不多，几个大一点的村庄，都坐落在上、中、下三个坑凹里。群山中，有座高入云端的望天峰，峰上有块望天石。传说，登上望天石，南可以望到大海，西可以望到广州，向上可望到“天宫娘娘”。徐向前瞭望着望天峰常常思索着：今后再这样东奔西走，四处攻城夺镇，会有什么结果呢？部队只有伤亡，没有补充，伤一个少一个，前景又是什么呢？……

4 月，东江特委在大南山的一个村庄，召开了有红二、四师领导干部出席的联席会议。彭湃、董朗、叶镛、徐向前、袁国平、颜昌颐等参加了会。会议讨论当前的局势与行动方向。形势危急，处境艰难，已是很明显了，可是有的领导人还高谈什么“迎接革命高潮”和“反攻”。徐向前觉得，这完全是闭着眼说大话。从广州起义失败到东江以来，他逐渐感觉到，东江特委领导人对形势估计不足，总把东江这一块当成“世外桃源”。他曾和师长交换过看法，认为这样死打硬拼、攻城夺镇，不是好办法。因此，在联席会议上，他提出：眼下最好把尚存的一千多人，收拢起来，打到粤赣边去，那边回旋的余地大，便于机动游击。然而，这个正确的意见，被会议否定了。东江特委有的领导人说：向北民团很多，过不去，打不开，还是靠近海丰，那里群众条件好，要打回海丰去。彭湃最后同意了这种说法。会后，彭湃、袁国平、颜昌颐等到上海共产党中央去了。①

年轻的红军指挥员都信任彭湃，尊重东江特委的领导。于是，红军又再次西进，返回到海丰县境。

这时，海丰城内有一个团的敌人。红军一到海丰附近，地方党的领导人，又极力劝说攻打海丰，并说敌军中有自己的同志做内应。5月3日凌晨，红军攻打海丰。城里内应确实有，但总共八个士兵。战斗的结果，只接应出那八个人逃出城，其他一无所获。红军攻城失败，又退到了山区。

斗争环境更险恶了。国民党军第五军第十六师三个团追剿进山，见人就杀，见村庄就放火，采取惨无人道的手段，血洗山区。红四师被围困在深山里，缺吃少药，许多人病倒了。师长叶镛患了严重疟疾，不能行走，隐藏在白木杨山后草棚内。6月17日，被搜山的敌人捕去，英勇就义。

徐向前和叶镛，自黄埔军校相识，又在武汉军校重逢。广州起义失败，退到花县成立红四师之后，两个人一路战斗到东江。叶镛不幸牺牲，使他十分悲痛。在这极端困难的关头，徐向前继任四师师长，带领部队坚持斗争在深山。

失败与死亡，考验着每个人。有些不坚定的分子逃跑了。敌人常常搜山，并出动飞机撒传单，劝红军投降。徐向前领着400多人，在山林中与敌人周旋。敌人到东山，他们上西山；敌人搜到西山，他们又转向东山。草棚被敌人烧了，他们重新搭起来。断了粮，挖野菜、摘野果充饥。“野火烧不尽，春风吹又生”，白居易的名句，成了徐向前激励奋战、坚持斗争的鼓动口号。为保存自己，他改变了斗争方式，决不和敌人硬拼，决不去攻城夺镇，依靠山区坚持游击战。

局面虽然继续恶化，但是敌人面对红军的游击战，只好望山兴叹，施展“扫平千里赤地”的手段，把靠近山区的村庄，一个个化为灰烬。仅海（丰）陆（丰）惠（来）紫（金）四县，被屠杀的百姓就达1.8万多人。饿死、困死在深山的群众，无法统计。大批乡民流落外乡，远走南洋。“千里赤地”几乎变成了无人区。

中共广东省委十分关怀海陆丰红军的斗争。1928年7月7日和18日，省委先后两次给东江特委来信，指示红军进行休整，并指令分散在惠来、普宁地区的红军小部队，向海陆丰的大部队靠拢。彭湃调往上海党中央工作后，广东省委特派了省委常委陈郁以巡视员的身份，到东江地区视察。在莲花山一个草棚里，陈

① 1929年8月13日，彭湃和杨殷、颜昌颐、邢士贞等，在上海被国民党杀害。

郁找到了徐向前的指挥部。陈郁看徐向前和战士们身体瘦弱，难过地说：“同志们，你们受苦了！”

徐向前见到省委派来的人，千难万苦全不提，只说：“没有什么，苦惯了就不觉得苦了。”

陈郁问了部队的情况，感叹地说：“省委的同志只知道你们处境艰难，想不到难到这个地步！往后怎么办好呢？”

徐向前沉思了一会儿，微笑着说：“有山有水，有野菜，还有热水洞的温水能洗澡，只要下决心坚持下去，敌人是不可怕的。”对革命的前途他仍充满着乐观精神。

陈郁从徐向前坚定的信念、乐观的精神，得到了欣慰。他们坐在草棚里，交谈着，筹划着。谈话间，徐向前第一次听到陈郁说“现今革命处于低潮”。在此以前，中共广东省委的指示和信件，不是大谈“迎接革命高潮”，就是要红军“反攻”。如果省委领导早些认识到这个形势，采取相应的措施，东江的局面就不会落到这个地步。

教训是深刻的，埋怨、泄气不是革命者的风格。徐向前怀着革命家的胆略，准备长期斗争下去。他相信，黑暗是暂时的，黎明终归会到来，革命一定会胜利。

徐向前和红军战士，继续坚持东江的游击战争。

1929 年 1 月，东江特委根据中共广东省委的决定，通知红四师所剩人员，分散分批撤出海陆丰。当前几批人撤走后，最后一批 20 多人才由徐向前和党代表刘校阁各带一部分分头撤出。

徐向前带领余人，秘密地沿着省委布置的转移路线，从海丰附近莲花山的热水洞出发，经惠州乘汽车到樟木头，再转火车安全抵达九龙。

九龙和香港岛、新界，自古以来就是中国的领土，1860 年被英国强占。此时，九龙有中共广东省委机关。徐向前到九龙后，住在广东省委租的一座小楼里，单门独院，比较安全，还有位工人负责照顾他们。刘校阁带的那一路，自惠州与徐向前他们分手后，原约定在九龙会合，徐向前和同志们一等再等不明下落，估计是遇难了。在九龙，徐向前看到了中共中央印发的六大文件，并且有机会静下心来，对东江游击战争进行认真的思考。

“我们在九龙住了一个多月的时间，主要是学习‘六大’文件。文件用《牡丹亭》之类的小说封面伪装着，是铅印的。这是我第一次有时间坐下来，安安静静地阅读党的决议。‘六大’的决议，写得很好，读起来很解渴。例如，关于中国革命的性质和民主革命的十大纲领，关于当时革命处于低潮时期的论断，关于既要反对右倾投降主义又要反对‘左’倾盲动主义的问题，关于建立工农红军和发展根据地任务，等等，都在我的脑子里留下了深刻的印记。特别是联系到大革命失败后自己的亲身经历和见闻，使我进一步认识到，无产阶级的军事斗争，离不开正确政治路线和策略的指导。否则，将一事无成。”

关于东江游击战争，徐向前总结的教训是：“第一，在对形势估计上，只看到海陆丰地区的局部‘高潮’，而忽略了全国革命处于低潮的总特点。那个时候动不动就讲‘高潮’、‘进攻’，说什么敌人‘溃不成军’、‘临死还要踢破三床草席’，盲目性很大。因而，对于军阀势力的联合进攻及斗争的艰巨性、长期性缺乏应有的准备。敌人的‘进剿’来临，步步被动，束手无策。第二，在革命道路问题上，仍是夺取城市为中心的思想作祟，未树立农村包围城市的思想。所谓‘反对上山主义’，反对去粤赣边界坚持游击战争，便是证明。第三，在军队建设上，没有正确解决主力红军与地方武装的关系。搞根据地，搞游击战，一定要有核心力量。核心就是主力部队，只有不断加强主力部队的建设，使之与地方武装和人民群众的斗争有机结合，才能战胜敌人，发展根据地。而特委的方针却与此相反，失败的命运当然是不可避免的。第四，在游击战的战术上，不懂得避强击弱，有进有退，有游有击，而是硬碰硬，搞拼命主义。‘以卵击石’焉有成功之理！总之，那个时候我们党还缺乏武装斗争经验，出现这些问题并不奇怪。”①

---

① 徐向前：《历史的回顾》，解放军出版社 1988 年版，第 66—67 页。

第五章　初到大别山

第一节　粉碎三次“会剿”

徐向前穿过敌人层层关卡，机智地摆脱掉一次次盘查，于1929年春从九龙乘船到达上海。

上海，对于徐向前来说，已是旧游之地。1924年春，他抱着投身国民革命的理想，从山西千里迢迢来到这里报考广州黄埔军校。那时，他的心情是多么激动而愉快！然而五年后的今天，当他再次踏上这块土地的时候，心情却是那样沉重。这五年间，中国的革命形势发生了巨大变化，徐向前饱经了大革命的风风雨雨。他亲尝了广州起义失败的痛苦，经历了东江地区一年多艰苦的游击战争的磨炼。虽然是痛苦多于欢乐，失败多于成功，然而，从斗争中，他一天天成熟起来。

到上海后，徐向前住进了地下党的“交通”为他安排的住处，很少上街。暮春三月的龙华桃花，农历四月初八的静安寺庙会，还有那城隍庙、先施公司、永安公司等，他都无心思去游逛。他急切地等候着党的指示。

5月的一天，地下党的“交通”告诉徐向前，中央军委的一位负责人要和他谈话。徐向前听到这个消息，既高兴又紧张。他不知道，要见他的是谁，又会分配给他什么任务？要让他谈谈东江斗争的情况吗？从何谈起呢？经过这一年多的武装斗争，他感到教训很多，对许多问题，特别是对东江地区的斗争，有一些想法，他想，同中央负责同志见了面，好好陈述一番自己的意见。他想要求党中央再派他去搞军事工作。他认为现在不抓武装不行，和敌死拼硬战也不行，要有一套新的办法。

一天，徐向前正在住处看书。一个穿长袍、着布鞋的商人模样的人来找他，这个人是谁，没见过，不认识，也不敢问，因为在白区十分强调遵守保密纪律。按照规定的联络暗号，他们两人接上了头，来人机警地看了一下四周，进门后把门关好，便开门见山地对徐向前说：

“听说你急于要求工作，想做什么？”

徐向前说：“什么工作都行，最好还是叫我去搞军事工作。”

“那好，我们想到一块去了。”那人笑笑说，“最近，中央接到鄂东北特委的报告，那里的红三十一师师长吴光浩在最近一次战斗中牺牲了，他们正缺军事干部，中央军委研究了他们的要求，准备让你去大别山搞军事工作。你有什么意见吗？”

徐向前毫不犹豫地说：“没有意见，服从组织的决定。”

来人听了点了点头说：“好，你准备一下走吧，这次同你一起去的，还有两个同志，一个叫何玉琳，是鄂东北特委派来汇报工作的，他对鄂东北的情况比较熟，在路上你们可以再深谈，另一个叫桂步蟾，黄埔军校第一期毕业生，你可能会认识，他也是去那里工作的。出发时间再通知你。”

谈话简短，却给徐向前留下了深刻的印象。徐向前后来得知，来人就是中央军委书记杨殷。

杨殷是广州起义的领导人之一，广东中山县人，1892 年出生，1922 年冬加入中国共产党。第一次国内革命战争时期，曾任中共广东省委委员，领导过省港大罢工。在中共第六次代表大会上被选为中央委员、政治局候补委员。这次，徐向前同他是第一次见面，也是最后一次见面。徐向前离开上海不久，由于叛徒白鑫出卖，杨殷 8 月 24 日在上海被捕，30 日被国民党反动派杀害于龙华，时年 37 岁。

6 月初，徐向前同桂步蟾、何玉琳一起，装扮成商人模样，从上海乘船到武汉，然后改乘汽车，经黄陂，在靠山店附近下车，沿着山间小道，进入鄂东北根据地。

在这一带，何玉琳人熟路熟，一路上没有遇到什么麻烦。他给徐向前详细介绍了鄂东北根据地和红三十一师的情况，讲了黄麻起义的经过和红军在木兰山地区活动的情况。在经过高桥区的时候，何玉琳还指着西南的一座高山说：那是木兰山。天气好的时候，站在山上可以看到武汉。

鄂东北根据地位于鄂、豫两省边界，邻近皖西，战略地位极为重要。早在 1927 年春，这一地区的黄安、麻城就分别成立了中共县委，领导了农民运动，建立了县农民自卫军。第一次国内革命战争失败后，两县县委与省委失去了联系。九月初，黄安县委派郑位三等到武汉找到了中共长江局机关，长江局书记罗亦农向他们传达了“八七”会议精神，要他们立即回黄安组织武装起义。10 月间，中共湖北省委先后派王志仁、吴光浩等一批政治、军事干部到黄安，成立了以王志仁为书记的中共鄂东特委，统一领导黄、麻两县的武装起义。11 月 14 日，黄、麻两县起义部队和数万农民，一举攻克黄安县城，迅速消灭了反动武装，建立了黄安农民政府，曹学楷当选为政府主席。这是鄂、豫、皖边界地区的第一个工农政权。起义后建立了中国工农革命军鄂东军。潘忠汝、吴光浩任正、副总指挥，戴克敏任党代表。12 月 5 日夜，国民党反动派派一个师袭击黄安县城。鄂东军 400 多人突出重围后，只剩下 72 人和 50 多支长、短枪。县委书记王志仁、总指挥潘忠汝等壮烈牺牲。这支革命武装在吴光浩、曹学楷、戴克敏的领导下，转移到黄陂木兰山坚持游击战争，改编为中国工农革命军第七军。1928 年 4 月，工农革命军重返黄、麻地区，开始在鄂豫边界实行工农武装割据。7 月，工农革命军第七军又改编为中国工农红军第十一军第三十一师。10 月组成由王秀松任书记的鄂东特委。1929年4月，鄂东特委召开黄安、麻城、黄陂、孝感四县县委和红三十一师党委联席会议，改组鄂东特委为鄂东北特委，徐朋人为书记。这时，鄂豫边界割据已发展到纵80里、横130里的区域，边界地区的武装斗争、政权建设和土地革命已结合起来，初步形成了鄂豫边武装割据的局面。

正当鄂豫边根据地日益巩固和扩大的时候，1929年5月6日立夏这一天，在豫东南爆发的商南起义也取得了成功。由于商城县委遭到破坏，1929年2月，豫东南特委同鄂东特委举行联席会议，决定商南党组织由鄂东特委领导。鄂东特委曾先后派徐子清、徐其虚等到商城帮助工作，成立了中共鄂豫边特别区委，由徐子清任书记。这次起义就是在鄂豫特别区委领导下进行的。5月9日，起义武装于斑竹园宣布成立中国工农红军第三十二师，周维炯任师长，漆德伟任副师长，徐其虚任党代表，全师100余人，枪30余支，开始了创建豫东南革命根据地的斗争。

这就是徐向前踏上鄂东北根据地之前，这一地区革命斗争曲折发展的大致情况。

在黄安以北的箭厂河，徐向前见到了鄂东北特委书记徐朋人。徐朋人说："特委已决定你和桂步蟾都去三十一师工作。"徐向前说："我人生地不熟，往后特委的同志要多帮助。"

徐朋人说："吴光浩同志牺牲的消息，特委还没有向部队和群众宣布。你到三十一师，名义上是副师长、副司令，要担负起全师的军事领导工作。"吴光浩是湖北黄陂县人，黄埔军校第四期学生，1926年加入中国共产党。1927年参加领导鄂南武装起义、著名的黄麻起义。曾担任麻城县农民自卫军大队长，鄂东军副总指挥，工农革命军第七军和工农红军第十一军军长，是鄂豫边红军的创建人之一。他在鄂豫边军民中享有很高的威信，为怕影响部队和群众的情绪，所以才对他的不幸牺牲暂时保密。

徐向前不知道该如何接替这个职务。他怀着一种不安的心情，来到了红三十一师。

红三十一师这时号称四个团，其实是四个大队，不足一个营的兵力，共300多人。师党代表戴克敏，参谋长曹学楷，政治部主任陈定候，都是当地干部。一队队长晏仲平，党代表王树声；二队队长廖荣坤，党代表江竹溪（后为桂步蟾）；三队队长倪志亮，党代表吴先筹（后为江竹溪）；四队队长林柱中，党代表郑行瑞。原来的队干部中，只有倪志亮是中央派来的。干部和队员都很年轻，每队五六十人，四五十条枪。部队陆续扩大，有些新兵只能拿着大刀、长矛。

徐向前面对这样一个师，身边既无参谋，又无助手，人地两生，如何带兵，如何指挥部队打胜仗，是一个极大的难题。他利用一切机会熟悉干部，掌握各方面的情况。他很尊重当地干部，绝不以党中央派来的干部自居，在工作上，特委分配做什么，就做什么，出了问题，主动承担责任，从不埋怨别人。他处处事事以身作则，很快就取得了当地干部和群众的信任。徐向前回顾初到大别山的那些日子，说：“我那时能够站得住脚，很重要的一条，就是能带着部队打仗。我在黄埔军校，学了些军事知识，在海陆丰作战，积累了一些游击战的经验，有用处。带着大家打游击，不断取得胜利，没吃过大亏。另一条，脚踏实地，埋头苦干，不指手画脚，评头品足。”①

“新官上任三把火。”徐向前到达鄂豫边不久，就碰上了敌人烧向红军的“三把火”。

第一次是“罗李会剿”。

罗霖，本是广西桂系军阀的一个将领，1929 年 4 月，蒋介石与桂系军阀混战，罗霖见桂系失败，就投靠了蒋介石，被任命为独立第四师师长。罗霖为讨蒋介石的欢心，主动请求“剿灭”鄂东北的红军游击队。蒋介石前段时间因忙于军阀混战，无暇顾此，现在罗霖主动求战，即令河南的土匪武装李克邦暂编第二旅，配合罗霖“会剿”鄂东北红军。

6 月，敌人主力罗霖独立第四师的两个团，由黄陂、黄安出发，向北进犯；驻潢川、光山的李克邦暂编第二旅的一个营及光山反动民团红枪会五六千人，向南进犯；驻麻城的夏斗寅十三师补充团和黄土岗一带地主武装也出动配合，全力压向红军根据地的腹心地带紫云山和乘马岗地区。这时红三十一师有三个大队分散在外打游击，在根据地内只有两个大队，一百多人枪。徐向前决定“避强击弱”，先率领部队和敌人兜圈子。

7 月初，北面较弱的一路李克邦部及红枪会数千人进占柴山堡、白沙关地区。徐向前指挥红三十一师两个大队，在当地手持刀矛棍棒的群众的配合下，发起反击，接连五战，毙敌营长以下百余人，活捉和处决了红枪会头目戴五爷，余众溃散，不敢再战。与此同时，七里、紫云、乘马、顺河等区群众和赤卫队也对敌罗霖部及夏斗寅师补充团展开了广泛袭扰活动，使敌军食不饱、睡不宁，疲困不堪，没过两日，就退回河口、七里坪、黄安、麻城等据点。所谓的“罗李会剿”，就这样破产了。

第二次是“鄂豫会剿”。

8 月间，蒋介石又令刘峙组织鄂豫两省的一部分兵力，加上反动民团，对豫东南和鄂豫边两块根据地同时发起进攻。

徐向前根据第一次反“会剿”的经验，建议特委仍然采取“与敌周旋、避强击弱”的作战方针。8 月 10 日，敌首先向豫东南根据地进攻。红三十二师迅速转移到外线，使敌扑空。14 日，敌向鄂豫边根据地发动大规模进攻。为避敌锋芒，保存实力，待机破敌，徐向前率红三十一师，在赤卫队的配合下，予敌以打击后，迅速跳到外线，向麻城北部转移，调动敌人。到了八字门，同红三十二师会合。在这里，徐向前第一次见到三十二师的领导人周维炯、萧方等。过去有一段时间，商城地委同鄂东北特委发生矛盾，造成互不信任，一度关系搞得很紧

---

① 徐向前：《历史的回顾》，解放军出版社 1988 年版，第 78 页。

张。这次两师会合，徐向前十分注意团结，做了很多工作，使地方和部队在那一带相互配合得很好。

敌人发现红军主力在麻城以北、光山以南，于是，部署新的合围，南北夹击，投入豫东南的部队，也向西进击。红三十二师趁机返回根据地，红三十一师也跳出包围圈甩开敌主力南下，先后消灭了一些民团武装。9月下旬，敌人被迫收兵，“会剿”又告破产。

第三次是“徐夏会剿”。

驻河南信阳的敌徐源泉四十八师从北向南，驻湖北境内的敌夏斗寅十三师由南而北，向鄂豫边根据地发起新的围攻，企图将徐向前率领的红三十一师歼灭于天台山地区。

徐向前不与敌硬拼，遂兵分两路，利用敌人的空隙，跳出包围圈，转移到敌后。敌人围歼红军三十一师的企图遂告落空。

正当对敌情不大明了的时候，徐向前接到地方党组织送来情报，说南路有一股敌人四五百人，正在撤退。徐向前将信将疑，立即和党代表、参谋研究。由于接连取得胜利，几个人头脑都热起来。大家分析了敌我情况，认为此时敌我兵力对比差不多，天台山地区山高势险，地形对我有利，群众条件也比较好，可以在这里打它一个伏击。于是决定在敌人必经的天台山铁子岗一带设伏。

傍晚，战斗打响后，徐向前发现情况不对，敌人兵力不是四五百人，而是一两千人，黑压压的一大片，在机枪、炮火的掩护下，向红军发起了猛烈的攻击。此时，要撤退已来不及了。徐向前决定组织交叉掩护撤退，部队纷纷后撤。到天黑，只剩下他和附近的几个战士在坚持战斗了。敌人已攻到寨子下面。眼看不能再坚持了。这时徐向前由于扭伤了脚，行动已很困难，只好钻进一片树林，隐蔽下来。幸好廖荣坤带了几个人及时赶到，才把他接应出去。这一仗，情况不准，口张得太大，部队遭受了一些损失，和徐向前一起来皖豫边根据地的二队党代表桂步蟾也牺牲了。

部队收拢后，徐向前召集各队干部开会，总结经验教训。他和党代表戴克敏争着承担责任，使干部们内心都感到安慰。会上决定，部队相对集中，以大队为单位，分路游击，发动群众，相机袭击敌人。这时，冯玉祥发动了反蒋战争，蒋介石慌忙调兵应战。经过短暂休整的红三十一师，趁敌向平汉线撤退，兵分三路向外出击，先后在长岭岗、柿子树店、姚家集、河口镇等地，消灭和击溃敌四个民团，缴枪百余支。黄陂六指店驻有国民党正规军一个连，慑于红军声威，经过争取瓦解，全部投诚。红三十一师发展到700多人，600余枪支。

与此同时，皖西六安、霍山地区的农民群众在六安中心县委的领导下，连续发动了西镇起义，七邻弯与流波礅起义，徐集民团起义以及桃源河起义。这些起义的游击队于1930年1月胜利会师，组成了中国工农红军第十一军第三十三师，开创了皖西的武装割据局面。

“徐夏会剿”终成泡影。

1929 年 9 月，为统一鄂豫边、豫东南两根据地的领导，中共中央决定将黄安、麻城、黄陂、罗田、黄冈、商城、光山、罗山八县划为鄂豫边特区，成立鄂豫边特委。11 月间，中共鄂豫边第一次党代表大会在光山南部胡子石召开，大会选举徐朋人、王平章、徐宝珊、周纯全、詹才芳、徐向前等 14 人组成中共鄂豫边特别区委员会，徐朋人任书记，徐向前负责兵运。大会通过了政治任务、军事问题、群众运动、教育宣传问题、共青团和青年运动等 9 个决议案。根据代表大会的决定，12 月 27 日在光山南部的吴家村召开了鄂豫边第一次工农兵代表大会。到会代表共 72 人，徐向前以红军代表的身份出席了大会。大会选举曹学楷、徐向前等 22 人组成边区最高的政权机关——革命委员会，曹学楷任主席兼外交委员会主席，徐向前当选为军事委员会主席。

这次大会，通过了《鄂豫边革命委员会政纲》《鄂豫边革命委员会土地政纲实施细则》，发表了《告边区民众书》《告红军书》和《慰问红军家属书》。

这两次大会作出的决议，是对中共六大决议的进一步贯彻，是鄂豫边革命根据地两年多的武装斗争经验总结，也是鄂豫边革命斗争发展的一个里程碑。

在鄂豫边第一次党代表大会上，徐向前、戴克敏、曹学楷共同起草了《军事问题决议案》，系统地总结了鄂豫边红军的组织领导、任务，红军与赤卫队及群众团体的关系，红军的整理、扩大与士兵教育，红军的游击战术等项内容。《决议案》明确规定红军的主要任务是：（1）发动和帮助白色区域内的民众的各种斗争；（2）坚决实行土地革命；（3）夺取反动武装；（4）保障和扩大苏维埃区域。

《决议案》进一步强调了党对红军的绝对领导和政治工作的地位，规定士兵

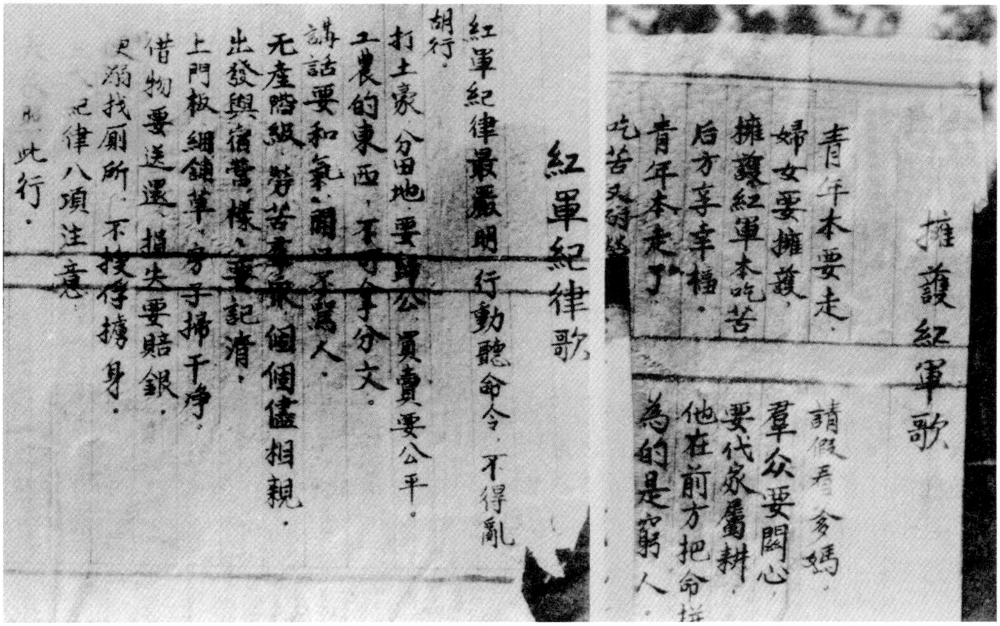

当年麻城乘马地区流行的《红军纪律歌》和《拥护红军歌》

委员会的作用和职权是："造成红军内部的民主精神，帮助政治部训练士兵，督促士兵做宣传群众、组织群众等工作"，并提出改良士兵生活的建议。对于政治工作，要求加强士兵的阶级意识和土地革命的教育。提高士兵进行宣传、组织群众的能力，"组织士兵俱乐部和消费合作社"，"加强士兵的识字运动"，提高士兵的政治文化水平。在军事训练方面，要"养成严格的军纪，加强游击战争的战术训练，加强连、排、班长的指挥能力和士兵的军事技术"。

《决议案》规定，赤卫队编为总队、大队、中队和分队，并区分为脱产的常备队和不脱产的预备队两种。明确赤卫队的任务，提出提高赤卫队的作战能力和军事素质，强调加强赤卫队的政治与军事训练。并且要求，苏维埃区域人民在 40 岁以下 16 岁以上者，须尽量武装，以扩大预备队，并为常备队不断输送新的血液。

对于红军的游击战术，《决议案》规定了七条原则：

（一）集中作战，分散游击；

（二）红军作战尽量号召群众参加；

（三）敌情不明不与作战；

（四）敌进我退，敌退我进；

（五）对敌采取跑圈的形式；

（六）对远距离的敌人，先动员群众扰乱敌人，次采取突击的方式；

（七）敌人如有坚固防御工事，不与作战。

这七条游击战术原则，是鄂豫边无数革命先烈流血牺牲的宝贵经验的总结，也包含有徐向前在东江坚持游击战争的经验。按徐向前的话说，"这些战术是形势逼出来的"。1958 年 11 月 21 日，徐向前与豫鄂皖三省党史调查人员谈话时曾说：那时部队基本上是采取游击战术。我和戴克敏、曹学楷也总结了一些经验，如《决议案》上写的。戴克敏还写了"八会"（会跑、打、集、散、进、退、知、疑）。这些都是实在的道理。敌进我退，既然打不赢，当然只好退；敌退我进，既然要发展，当然要进攻；硬打不行，就要诱敌打埋伏。这些都是在实际斗争中产生。当时游击队就是采取这些办法来对付敌人。这些战术是形势逼出来的。否则就不能生存，不能发展，不能打胜仗。

第二节　三战三捷三扩编

1930 年初，中央巡视员郭述申在鄂东北、豫东南巡视工作后，回到上海向党中央负责人周恩来汇报了三省边界地区的情况。不久，周恩来召集郭述申、许继慎和熊受暄开会。周恩来讲了当时的政治形势，指出湖北、河南、安徽三省边界地区的重要战略地位；宣布了中央关于统一鄂豫皖三省边区党的领导，建立鄂豫皖边区特委，统一鄂豫皖三省边区红军的军事指挥，建立中国工农红军第一军军部的决定。4 月，郭述申到黄安，在箭厂河召开鄂豫边区特委和红军领导干部会议，宣布了党中央的决定：成立鄂豫边区特委，以郭述申为书记；红三十一、

三十二、三十三师合编为红一军，许继慎任军长，徐向前任副军长、曹大骏任政治委员，熊受暄任政治部主任。

会后，部队即进行了改编。建立了红一军军部，三十一、三十二、三十三3个师分别整编为一、二、三师。由徐向前兼任红一师师长，戴克敏任政治委员。还由原三十二师一部及地方武装组成了独立旅。红一师800余人，二师600余人，三师及独立旅各300余人。全军共2100人。红一军还成立了归中央军委直接领导的前敌委员会。中央指定曹大骏任书记，委员包括军长、政委及各师师长。红一军与省委和特委发生横的关系，重大行动由特委和红一军前敌委员会联席会议决定。

5月，蒋介石同阎锡山、冯玉祥之间开始了酝酿已久、规模空前的军阀战争，双方投入前方作战的兵力共达100万人以上，后方顿形空虚。这种形势，为革命力量的发展提供了有利的时机。中共党内以李立三为代表的“左”倾错误却在这时恶性地发展起来了。

红一军成立后，前委决定军长许继慎率军部去商南、皖西向二、三师传达中央和特委的决定，整编队伍；徐向前带红一师向平汉路出击。这时，积极贯彻“立三路线”的“长江总行动委员会”给鄂豫皖边区的任务是：迅速发动武汉周围的地方起义，配合“以武汉为中心的全国总暴动”，切断平汉路，以进逼武汉，并准备联合红二军和红六军进攻武汉。徐向前和红一军领导人虽然实行了向平汉路的出击，但始终没有准备执行进攻武汉的指示。

6月，徐向前率红一师西出平汉路，首先袭占了杨家寨车站。那是6月中旬的一个晚上，徐向前率领部队从二郎店出发，突然奔袭杨家寨。这里驻着郭汝栋的第二十军两个连，睡梦中全部被歼。有的敌人被活捉时，还以为是做梦。直到红军发给他两块钱的路费，让他回家去，才完全清醒过来，连声道谢，说红军是“天兵天将”。这次夜袭，缴枪100多支。使一批新入伍的徒手兵，一下子有了钢枪。干部、战士个个喜笑颜开。战后，一师移驻黄柴畈，将后方赤卫军补来的300多人及数十名俘虏兵编入红军，将红一师的5个大队扩编为3个支队，辖12个大队，另加1个师直特务大队，全师共1200余人。

6月26日，郭汝栋从广水派出一个团，进至杨平口以南的郑家店；从花园派出另一个团，进至小河溪，挟愤而来，声言要为被歼的两个连报仇。新来的敌人大都是吸鸦片烟的“双枪兵”，加上后援不继，是个好打的孤立之敌。徐向前决定采取诱敌、伏击的战术，在杨平口附近消灭来犯的敌人。

29日拂晓，各部队按时到达指定位置。一支队在左翼山脚下埋伏，二、三支队集结在山上，都作好了战斗准备。等到中午，还没见敌人动静，有些人以为敌人不会来了。徐向前仍叫大家耐心等待。中午刚过，突然发现敌人尖兵，紧接着两路敌人经杨平口向东走来。中午的骄阳，热气阵阵袭人。这两路敌人不像行军打仗的样子，有的解开衣服，有的倒背枪支，拖着疲惫的步伐，一步一步地进入红一师伏击地区。徐向前看到敌已进入伏击圈内，一声令下，一支队的指战员一跃而起，迅猛地冲击，二、三支队也从山岭上压下去。顿时枪声四起，杀声震天，打得川军郭汝栋这支“双枪兵”四下乱窜，有的丢掉背包、烟枪纷纷向后跑，跑不动的跪在那里缴枪求饶。红一师战士如虎入羊群，横冲直撞；一面冲杀，一面展开火线喊话：“穷人不打穷人”，“缴枪不杀，发路费回家”。仅用两个小时，敌人一个正规团1000余人全部被歼。

杨平口伏击，是徐向前任红一军副军长兼一师师长后，指挥打的第一个大胜仗。战后，红一师重返黄柴畈休整，进行第二次扩编。全师三个支队扩编为3个团，每团2个营，每营3个连，共1500余人。

7月下旬，徐向前率红一师一、三团两团及师直特务大队，再次出击平汉路。攻克郝家湾车站后，转至青山口，得悉距该地40里的花园镇为新从武汉开来的敌钱大钧部教导三师第五团驻守。该敌惧怕红军袭击，白天挖壕，夜晚坐更，赶修工事。徐向前和党代表戴克敏交换意见，认为花园的敌人虽然装备较好，但属于训练部队，战斗力较弱，红军经过杨平口、郑家店战斗，士气正旺，决定出敌不意，夜袭花园。

28日晚，部队从青山口出发了。两个月前，这支部队只有几百人，短小精干，那时说走就走，行动非常迅速、灵活。可现在，1000多人，人多枪多，装备多，机关也大了。全师集合起来，用了近两个小时。各级干部又缺乏组织大部队行军的经验，出发后走了十几公里，后卫就掉队了。走在前的部队只好等待。及至进到花园车站东南15里地区时，天已破晓。徐向前心中十分焦急。失去了夜袭时机，还打不打呢？打吧，怕这支新部队白天作战受损失；不打吧，又觉得失去了一次大好的歼敌机会。他当即召集紧急会议进行磋商。决心正不好下，这时地方党来人说，昨夜镇内敌仓库着火，敌人为灭火折腾了大半夜，驻南街的敌八十三师留守连已撤走，敌人没有特别的戒备。得知这个情况，徐向前和政委当机立断：按原定部署——打！

天已黎明。部队轻装后，由师特务队化装成赶集的群众，首先清除了敌人外围的岗哨，随后，部队主力分路跟进。早上5时，太阳刚刚露头，红军主力突然从四面八方冲进花园街里。这时敌人正在洗漱，当发现红军时，有的丢下脸盆去拿枪已经晚了。顿时敌人大乱，八挺重机枪一枪未打，就当了“俘虏”。战斗不到三小时，大部分敌人被歼灭。只剩下敌迫击炮营在副团长的指挥下，依托李家祠堂的坚固建筑物顽抗。徐向前命令在祠堂周围堆积棉花、柴草，实行火攻。同时组织力量，展开政治攻势。在军事压力和政治攻势下，敌军士兵纷纷哗变，最后打死了敌副团长，缴械投降。

战斗结束后，战士们扛着缴获的武器弹药物资，高兴地走来。徐向前仔细地查看，忽然对走过来的战士问道：“敌人的迫击炮呢？”

“什么迫击炮？”

“就是刚才敌人用来打我们的炮，你们不知道哇？”他用手比画着。

“那玩意儿太重，我们没有要。”一个战士说。

徐向前忙说："赶快去找回来！那炮找都找不到，你们还不要！"于是，战士们赶忙跑回去，把 5 门迫击炮扛了回来。

袭击花园，又是一次出色的漂亮仗。这一仗全歼敌 1 个团 1400 余人，缴获重机枪 8 挺、迫击炮 5 门、枪 800 余支和大量物资、弹药。战后，徐向前率领红一师转移到小河溪地区，进行了第三次扩编。将原 2 个团各由 2 个营补充为 3 个营，还组建了一个机炮混成团。全师已达 3000 人。从此，鄂豫皖红军开始有了自己的炮兵。徐向前的威名，在红军内部，在敌人当中，广泛传开来。他指挥红一师，在一个多月内，三战三捷三扩编，打击了敌人，壮大了自己，鼓舞了群众。当地群众曾编了歌谣，庆贺这些胜利：

平汉游击五十天，
三战三捷三扩编，
红军声势震武汉，
革命烽火遍地燃。

8 月 22 日，徐向前率红一师在四姑墩与红二师、红三师会合。在此期间，许继慎率领红二、三师在皖西北一带活动，曾连克英山、霍山、罗田等县，取得了歼敌近 3000 人的重大胜利，打开了皖西北的局面，红二师发展到 1200 多人，红三师发展到 400 多人。从 6 月到 8 月，红一军的 3 个师分东西两线出击，连战皆捷，先后共歼敌 7000 余人，自身兵力扩展到 5000 余人，增加了 1 倍以上，红军的装备得到改善，军事、政治、后勤工作都得到了进一步加强，战术有了新发展，可以说，开始了从小规模的游击战向较大规模运动战的过渡。

9 月，鄂豫皖特委在周家楼召开会议，传达中央"关于争取一省数省首先胜利"的决议。中旬，红一军根据特委的指示从四姑墩出发，第三次西出平汉路，攻广水、信阳未克。遂放弃在铁路沿线活动的计划，移师豫南的陡河镇，将该地民团数百人消灭后，就地休整。

9 月 24 日至 28 日，中共中央在上海召开六届三中全会。会议在瞿秋白、周恩来主持下，指出李立三的错误，决定停止组织全国武装起义和集中全国红军进攻中心城市的行动，恢复党、团、工会的组织和经常工作，在中央结束了李立三"左"倾冒险主义的统治。但是，会议的精神传达到鄂豫皖根据地时又过了一段时间。

10 月上旬，根据前委的决定，许继慎、徐向前率红一军克息县，渡淮河，攻克光山、罗山县城，重新向鄂豫边区靠拢。

这一时期，红军三次出击平汉路，积极向外发展，取得了不少胜利，但也受到"立三路线"的影响。徐向前回顾这段经历时说："从这个时期军队的行动路线上不难看出，我们是跳跃式地行动。这跳那跳，不是有阵地、有计划、波浪式地向外发展。毛泽东同志在总结江西革命根据地的经验时说，根据地的发展，要采取'波浪式的推进政策'，很有道理。跳跃式的推进，不利于根据地的真正巩固和扩大。我们打了那么多胜仗，打开那么多地方，因为不是波浪式地推进，地方工作、政权工作一下子跟不上去，部队一走，一切都塌台，地盘又落到敌人手里……这些，都是受立三路线影响的结果。”①

红一军攻克光山后，召开了全军的党代表大会。会议检查了前委的领导工作，并进行了改选。会议是在贯彻立三路线的“左”的错误思想下进行的。徐向前率部出击平汉路被批评为“作战不力”，是“等待革命高潮到来”的“机会主义路线”。大会通过的政治任务、组织问题、宣传问题等决议案，都是要求进一步贯彻“立三路线”。会议还作出决定，将三个师混编。关于部队实行混编，在成立一军时中央就指示了，只是因为当时条件还不成熟而没有实行。许继慎、徐向前一直主张部队早日混编，认为这对于打破地方观念，使部队相互学习，战斗力相对平衡具有重要意义。他们为此做过很多工作。

光山会议后，部队进行整编，各师都召开了党的活动分子会议，传达党代表大会的决议。红一师由三个团合编为一、三两个团，师长刘英，政治委员李荣桂；原红二、三师合编为第二师，辖四、六两个团，师长孙永康，政治委员王培吾。除干部交流外，一、二两师各抽五个连对调。不久，又将军属独立旅、黄麻补充营与皖西中央独立一、二师合编为第一军第三师，师长萧方。各级党组织也健全起来。全军共六千余人。军长许继慎，政治委员兼政治部主任曹大骏，参谋长李昂茨。徐向前任副军长，免兼一师师长职务。

11 月上旬，夏斗寅部向南部进犯，黄麻地区吃紧。经前委讨论，决定放弃光山、罗山，南下击敌，并准备伺机向长江沿岸发展，打通与红十五军的联系。红十五军活动于鄂东地区的蕲春、黄梅、广济一带，原系红八军的四、五两个纵队。根据中央命令，10 月改编为中国工农红军第十五军，蔡申熙任军长，陈奇任政治委员。

11 月 30 日，红一军南下，一战于黄陂的姚家集，二战于黄安，因敌固守，两个攻坚战都没有奏效。转而以急行军，突袭刚刚进驻谢店的夏斗寅补充团的一个营，一举全歼该敌，稳定了麻城的局势。月底奔袭新洲，全歼郭汝栋的第二混成旅，缴获大批军用物资。战后，主动撤离新洲。12 月 1 日，红一军进驻但店，由中央派到鄂豫皖根据地任特委书记的曾中生派人向前委传达了六届三中全会精神。徐向前和前委领导人对三中全会纠正“立三路线”的决定完全拥护，决定放弃向长江沿岸和蕲、黄、广发展的计划，挺进皖西。

第三节 活捉岳维峻

1930 年 10 月，蒋、冯、阎军阀混战刚刚结束，蒋介石便调兵遣将，对红军和革命根据地发动了第一次大规模的军事“围剿”。这次“围剿”，以江西中央根

① 徐向前：《历史的回顾》，解放军出版社 1988 年版，第 112—113 页。

据地为重点，调集了 11 个师又两个旅，共 10 万兵力，鲁涤平为总司令，张辉瓒为前敌总指挥，兵分八路，采用“分进合击”的战术。对鄂豫皖根据地，则由武汉行营主任何成浚负责，并专设“鄂豫皖三省边区绥靖督办公署”，李鸣钟为督办，以便指挥收编的冯玉祥部队，充当“围剿”主力。敌人“围剿”鄂豫皖根据地的计划是：第一步，先造成“圆箍式”的包围；第二步，主力突入根据地，占领集镇，控制要道，寻找红军主力作战；第三步，分区“清剿”。共投入 7 个师，4 个旅，不下 10 万人。

红一军 11 月间奔袭新洲，歼敌向前推进的一个旅，实际是揭开了反“围剿”的序幕。接着奉命挺进商南、皖西击敌。12 月 6 日，红一军主力在商（城）南同第三师会合。12 月 14 日，攻克金家寨，打了反“围剿”的第二仗，歼敌四十六师 1 个团和民团共千余人，缴长短枪 1000 多支。16 日，又连克麻埠、独山等地。18 日，经两河口渡淠河，克青山店、苏家埠、韩摆渡，歼敌两个营。继而分兵两路，进逼六安县城。皖西革命根据地大部分恢复。红一军由于攻六安城作战不利，撤围南下后，徐向前率部在东西香火岭地区与敌四十六师激战竟日，歼敌 3 个团，缴枪 1700 余支、迫击炮数门、电台 1 部，打破了敌人对皖西的“围剿”。六安独立营扩编为独立师。

12 月上旬以后，原在蕲春、黄梅、广济地区活动的红十五军经皖西、豫南转到了鄂豫边苏区的黄麻地区，并即参加了反“围剿”作战。

年后，红一军留三师第七团在皖西活动，军部率一、二师向豫南进击，徐向前率部在商城二道河击溃吉鸿昌一个旅，俘敌数百，缴枪 400 余支、山炮两门。这是鄂豫皖红军第一次缴到山炮。余敌逃往商城，我军收兵进驻二道河。豫南反“围剿”也告胜利。

在二道河，曾中生派旷继勋与红十五军军长蔡申熙等到红一军，传达中央关于合编红一军和红十五军的决定。随后，红一军即开往麻城县的福田河，同红十五军胜利会合。两军根据中央决定，正式合编为红四军，归鄂豫皖特委直接领导。全军共 1.2 万余人，编为十、十一两个师，十师师长蔡申熙，政治委员陈奇。十一师师长许继慎，政治委员庞永俊。军长旷继勋、政委余笃三都是党中央新派来的。徐向前任参谋长，曹大骏任政治部主任。

在红一军转战皖西、商南的这段时间里，鄂豫边根据地受到国民党正规军 7 个师和 1 个旅的进攻，曾中生召开了原鄂豫皖边区特委和临近各县县委负责人的紧急会议，建立了鄂豫皖临时特委和军委，统一领导反“围剿”斗争。他组织红十五军和黄麻地区的地方武装与赤卫队，与敌周旋，支撑了局面。1 月 4 日，红十五军袭占麻城北部的福田河，从而跳出敌人包围圈。2 月初，鄂豫皖临时特委召开扩大会议，正式组成鄂豫皖特委和鄂豫皖军事委员会。曾中生任特委书记兼军委主席，蔡申熙、郑行瑞任军委副主席。会议进一步清算了李立三“左”倾冒险主义在鄂豫皖革命根据地的错误，总结了第一次反“围剿”的经验。徐向前出席了这次会议。他在这个会上第一次见到曾中生。

曾中生，又名曾钟圣，湖南资兴人，1900年出生。是黄埔军校第四期学生。1925年加入中国共产党。参加过著名的北伐战争，曾任国民革命军第八军政治部组织科长，担任过《武汉民报》主笔。大革命失败后，赴莫斯科中山大学学习，参加了中共第六次全国代表大会。1928年冬回国，在上海中央军委工作，1930年任中共南京市委书记。他是一位很有才能的军政兼优的领导人。

徐向前和曾中生会晤后，既生疏，又亲切。

徐向前对曾中生很敬重，见面时说："我早就听说过你！"

曾中生说："我在上海听说你到了这里。应该说我们是老同学。在武汉军校时，你当队长，我们见过面。"他谈笑风生，稳重淳朴，记忆力特强。说起黄埔军校许多同学的情况，又说起许多往事。

两位老校友，在农舍茅屋里，点着小油灯，亲切地交谈。从中央的指导方针，说到当时的斗争形势。交谈中，徐向前才知道党中央撤换了李立三的错误领导，换上了王明，但两个人却不知王明正推行一条比"立三路线"更"左"的路线。

"围剿"鄂豫皖革命根据地的敌人，经过一个多月的进攻作战，兵损五千，被迫转为守势。合编后的红四军，面临的紧迫任务是转入战略进攻，收复失地，扩展根据地，彻底粉碎敌人的"围剿"。特委决定了以红军主力突击敌弱点，调动敌人于运动中加以消灭，以一部分兵力配合地方武装，扫清后方的作战方针。红四军围攻麻城北部的磨角楼，由于在领导干部中"围点打援"的思想还不够明确和统一，仅歼敌五百余人。徐向前认为等于和敌人打了个平手，没赚到便宜，引为平分兵力、不讲战术的一个教训。

2月上旬，徐向前在会议结束后立即投入了新集围攻战的指挥。这是反攻的第二仗。新集是光山南部敌人的重要据点，三面环山，东临潢河，城墙高两丈余，全部用长方岩石砌成，易守难攻。红军包围新集后，以十师三十团担任主攻。强攻数日没有拿下。徐向前进一步察看了地形，决定改用坑道作业的办法开辟攻击道路。他命令部队秘密挖了一条四五十米长的坑道接近城堡，然后把几百斤炸药塞到棺材里，推进坑道引爆，一举成功。部队通过炸塌的寨墙冲入城内，全歼守敌千余人。从此，新集成为鄂豫皖革命根据地的首府。

2月17日，中共中央给鄂豫皖特委发来指示信，指出，国民党正调集30个师重新向红军进攻，红军的任务是"巩固赤区"向平汉线南发展，"后方地区是在鄂豫皖边"。根据这一指示，红四军第十一师3月1日攻克平汉线李家寨车站，截住一列兵车，全歼车上敌新编十二师一个旅，毙敌旅长侯镇华，缴获大批军火物资。5日，又克柳林车站，歼敌一个营，溃敌两个团。随后，以一部兵力向信阳进逼。红十一师的行动使敌人大为震惊。敌郑州"绥靖"公署主任刘峙，急令第六师主力集结信阳，并令该师三十八旅、骑兵一师、三十一师的九十一旅、第二十路军的六十三旅等部，由信阳、罗山向南推进；武汉"绥靖"主任何成浚也同时令新编第二旅固守广水，三十一师主力由广水向信阳，岳维峻第三十四师由孝感经花园沿平汉路东侧向北推进，企图南北夹击红四军。

3月8日夜晚，春雨绵绵，红四军驻地附近笼罩着茫茫一片夜雾。在军指挥部的会议室里，透着一点小小的亮光。一张桌子上放着一盏小煤油灯，军参谋长徐向前和军部的其他领导人围在桌旁。徐向前用铅笔在地图上点点画画，介绍说：敌人这次兵力虽多，共有四个师两个旅，但互不统属，各怀鬼胎。据获得的情报，目前北路敌人仍徘徊在信阳、罗山一线，三十一师也滞留广水附近，只有岳维峻的三十四师孤军北进，今天黄昏前已到达双桥镇。这股敌人，沿途不断遭到我地方武装的袭扰，十分疲劳，是一支疲惫的孤军。徐向前认为打这个敌人是有把握的。并说双桥镇四周都是山，地形条件好，便于隐蔽行动，又有当地群众和地方武装的配合。我们是“以近待远，以逸待劳”。迅速实施包围分割，有可能打一个歼灭战。

徐向前的意见得到军长、政委一致赞同。会上决定，红四军除留三十二团继续监视北路敌人外，集中五个团，对敌岳维峻三十四师实施奔袭围歼。各部队的具体战斗任务是：三十团由北向南，三十一团由东向西，对敌实施正面突击；二十九团向双桥镇西南方向迂回，断敌退路；二十八团和三十三团作为军的预备队。发起攻击的时间预定为9日拂晓。

双桥镇位于大悟县北，广水以东，九里关（大隧）以南，四面是山，澴水在镇东向南流去。春秋战国时代，吴王阖闾灭楚的柏举之战，伍员、孙武率领的吴军，有一路就是从这条通道攻楚的。

部队连夜冒雨向双桥镇挺进。天边露出一丝鱼肚白，雨渐渐停了。二十九团刚迂回到双桥镇西南罗家湾附近，县独立团和地方武装也占领了双桥镇东南的小魁山，对敌形成了包围态势。

9日拂晓，指挥部下达了攻击命令。三十、三十一团首先从西北和东北方向突破了敌外围阵地。敌军遭到突然攻击，仓皇组织反扑。敌师长岳维峻亲自督战，武汉行营还派出飞机配合。战斗非常激烈。徐向前和旷继勋站在一个小山头上，全神贯注地观察着战场情况的变化，子弹嗖嗖地在头上飞过，警卫员叫隐蔽一下，他们仍然站在那里动也不动。上午10时许，全面出击的时机成熟了，他们立即命令预备队投入战斗，迅速向敌人纵深猛插，直扑双桥镇敌指挥中心，很快就将敌分割成数块。敌军顿时大乱。岳维峻见势不妙，忙率一部分兵力向南突击。这时，前来参战的地方武装和群众，布满各个山头，呐喊助威，杀声震天。敌人心惊胆战，纷纷缴械投降。下午1时战斗结束，俘岳维峻以下官兵5000余人，缴获迫击炮10门、山炮4门、枪6000余支。北路敌人惧怕步岳维峻的后尘，不敢继续南下。至此，敌人夹击红军的企图彻底破产。

岳维峻是个老牌的陕西小军阀，追随过冯玉祥。胡景翼死后，继任河南省督办。他从孝感出发时，何等威风，何等趾高气扬，声言要与红军决一雌雄。他没有想到会当红军的俘虏。更没想到的是，双桥镇这一仗，败在他的老部下徐向前手里。

徐向前亲自审问了岳维峻，问他：“你认不认识我？”

岳维峻抬头看了看徐向前，说：“不认识。”

徐向前说："你不认识我！我在你的部队当过参谋哩！"

那是 1925 年，岳维峻任国民革命军第二军军长时，徐向前所在的第六混成旅直接归属岳维峻指挥。

岳维峻长叹一声，低着头说："蒙多多关照，多多关照！"

徐向前又问他："你对我们的战术有何看法？"

岳维峻摇摇头。他能说什么呢！只说出一句话："请不要杀我，我愿意答应你们提出的一切条件！"

双桥镇大捷，大壮了红军声威，宣告了敌人对鄂豫皖红军第一次大"围剿"的彻底破产。从此，在红军和人民群众中，流传着一个故事——徐向前活捉了老上司。

三个多月的反"围剿"，红军与地方武装、群众相配合，先后共歼敌 1.5 万余人。根据地进一步巩固和扩展，人口达 200 万，红军发展到 1.5 万多人。红军的战略战术有了新的发展，运动战成了红军克敌制胜的基本作战形式。远距离奔袭、奇袭；集中兵力，击敌一路；围点打援，运动歼敌；正面突击，两翼包抄；近战夜战等，已成为红军的主要战术手段。这些作战原则和战略战术发展运用成功，都凝聚着徐向前的智慧和心血。

第六章　威震中原

第一节　面临的考验

战场是考场，瞬息多变的战局，随时考验着指挥员的勇气、才能和智慧。复杂的党内斗争，也是考场，考验着革命者的品德和风格。从 1931 年春夏开始，徐向前一次次面临着两重考验。

中共六届四中全会，于 1931 年 1 月召开，从此王明上台，开始了第三次“左”倾路线的统治。中央派了康荣生到鄂豫皖口头传达了四中全会的精神。4 月上旬，鄂豫皖区第二次党代表大会在新集召开。大会作了一个拥护党的四中全会的决议。徐向前在前方指挥作战没有出席这次大会。

4 月中旬，敌人的第二次“围剿”已部署就绪。蒋介石调集了 11 个多师的兵力，限令“五月完全肃清”鄂豫皖红军。4 月 20 日，敌四十六师、警卫一旅等部的 7 个团进犯皖西革命根据地。鄂豫皖特委决定集中四军主力出皖西击敌。这时，四中全会后的中央派出的大员张国焘、陈昌浩已从上海来到新集；沈泽民等也已抵达皖西。于是由张国焘、陈昌浩、旷继勋率红十、十一师两个师由商南东进，于金家寨附近同红十二师会合（3 月下旬，特委将中央教导二师改编为红四军第十二师，军部警卫团和光山、罗山、黄安三县独立团合编为警卫师）。徐向前仍按特委原定计划带红十师二十八团留在鄂豫边攻打反动民团据点大寨山、打银尖。据点还没有打开，也随着投入了西线的反“围剿”战斗。

这次反“围剿”，红军主要是采取东西两侧往返机动，避实击虚，各个击破，待机反攻的战法，因而仅用一个多月时间即取得了胜利。先后共歼敌 5000 余人。北面的吉鸿昌部，因有联合红军反蒋的意思，作战并不积极。

5 月 12 日，反“围剿”的战斗还没有结束，张国焘召开会议传达中央决定，撤销中共鄂豫皖边特委，成立中共中央鄂豫皖分局、鄂豫皖省委和鄂豫皖军事委员会。分局的职权系直接代表中央实施领导，有权否定地方党委的决议或解散地方党委。中央指定由张国焘、陈昌浩、沈泽民、曾中生、舒传贤、徐宝珊、王平章、蔡申熙等 8 人组成分局，张国焘任分局书记兼军委主席，沈泽民兼省委书记，曾中生、旷继勋为军委副主席，陈昌浩为共青团分局书记。红军和地方武装统归军委直接领导和指挥。从此，张国焘总揽鄂豫皖党、政、军大权于一身。

张国焘，原名特立，江西萍乡人。早年就读北京大学，为1919年五四运动骨干分子之一。1921年参加中国共产党第一次全国代表大会。在党的多次代表大会上，曾被选为中央委员、中央政治局委员、中央政治局常务委员。在第一次大革命中，张国焘犯过右倾和“左”倾错误。大革命失败后，曾企图阻挠南昌起义，遭到周恩来、李立三等坚决反对。1928年6月，张国焘在莫斯科参加了中共第六次代表大会后，任中国共产党驻共产国际代表团副团长。1931年1月，被共产国际派遣回中国。在中共六届四中全会上当选为政治局委员和政治局常委。

张国焘以中央全权代表的身份来到鄂豫皖根据地不久，即对红四军的领导干部做了调整。旷继勋任红四军军长，曾中生任政治委员，下辖十、十一、十二、十三师。十师师长刘英，政治委员康荣生；十一师师长周维炯，政治委员余笃三；十二师师长许继慎，政治委员庞永俊；十三师师长徐向前，政治委员陈奇。随后，成立了培训干部的“彭（湃）杨（殷）学校”，由蔡申熙任校长，傅钟任政治部主任，李特任教育主任。

6月28日至30日，鄂豫皖中央分局召开第一次扩大会议。会上，红四军领导人曾中生、余笃三、许继慎等主张抓住敌暂取守势的有利时机，集中主力南下作战，以配合中央根据地的反“围剿”斗争。这一正确主张得到与会多数人支持。会议决定：红四军以少数兵力留在根据地巩固阵地，而以主力部队南下向外发展。

7月上旬，军委在商城西南的余家集召开会议，讨论红军的具体行动部署。不料，张国焘推翻原来的南下决定，认为要援助中央革命根据地，就需威胁攻占大城市。因此，要红四军攻英山，出潜山、太湖，进攻安庆，威震南京，限一月完成。红四军领导人不同意这个冒险主义的计划，主张消灭敌有生力量，巩固扩大根据地，以牵制敌兵力，即攻下英山后出蕲、黄、广地区，使之与鄂豫皖根据地连成一片。但张国焘仍按个人意见作出了决定。部队奉命作南下英山，东出潜山、太湖的准备。

7月中旬，红四军的领导又进行了改组。徐向前任军长，曾中生任政治委员，刘士奇任政治部主任。原军长旷继勋改任红十三师师长。他因在5月间给中央的报告中不承认前段工作是“立三路线”的继续，而受到中央的指责。

8月初，徐向前和曾中生率领红四军十、十一、十二师的5个团，冒着酷暑南下，直取英山。仅仅经过两小时激战，攻占了英山城，歼敌1800余人。仗是打胜了，徐向前和曾中生对下一步行动却忧虑起来。

在英山城的一幢小楼上，深夜还亮着灯。曾中生和徐向前摆起军用地图，彻夜不眠，反复研究这下一步棋，到底如何走才好。

曾中生考虑再三，说：“东出安庆，要通过四百里的白区，远离苏区，太冒险了。”

徐向前说：“是啊，安庆是敌人重兵设防的地方，我们只五个团的兵力能攻下它？跑四百里，去攻打大城市，那是自找苦吃！”

曾中生说：“我们不能硬着头皮瞎撞，安庆攻不得。”

徐向前说："绝对攻不得。"

经过反复磋商，政治委员曾中生最后决定：留十二师守英山，以十、十一两师 4 个团出蕲、黄、广。他一面部署部队前进，一面写信派人向张国焘报告，说明情况。

红军部队冒着酷暑分两路南下。一路，急行军 120 里，突然奔袭蕲春城附近的漕河镇，全歼敌人新八旅，活捉旅长王光宗以下 1600 余人，缴枪 1200 余支，乘胜进占浠水、广济县城，逼近武穴；另一路奔袭黄梅城，由于城壕水深，随即撤出，占领乡村。徐向前和曾中生灵活机动的指挥，使部队干部战士十分高兴。当地党组织和群众见红军归来，纷纷组织慰问，到处燃放鞭炮。被敌人摧垮的革命群众组织，又很快恢复起来。短短几天，红军就从敌人仓库和地主豪绅家中收缴了许多财物。光是银子就达 1800 斤，金子 20 余斤，大洋 7 万元。金子后来全部送到上海党中央，其他财物，解决了红军的吃穿。真是难得的胜利！接着，红军又在洗马畈地区歼灭敌人 3 个团的大部。

张国焘坐镇后方，得知徐向前、曾中生没按他的意见去攻安庆，大为恼怒。8 月 27 日，他以鄂豫皖分局、军委会的名义给曾中生、徐向前写信，指责他们"公开抗拒分局命令"，是什么"原则路线上的分歧"；严令部队"立即北返，不得丝毫停留"。

徐向前事先曾想到，红四军的行动可能受到批评，却没想到如此严重；曾中生似早已预料到后果，还没接到张国焘的来信，就与徐向前、刘士奇联名，向上海党中央写了信，申述红四军南下的理由。信中说："现在我们的战略是要巩固蕲、黄、广苏区，与皖西苏区、黄麻苏区打成一片，同时相机而据武穴（水不退仍然不能去），尤其是准备这一阵地的群众基础。敌人能来则集中力量而必消灭他数师以上，敌人不来则从宿松、太湖、潜山一带巩固阵地的发展而出安庆。""在战略上，如果想脱离根据地几百里的阵地，如我们由英山直取安庆等，不但做不到而且要发生许多不能解决的困难。如果勉强行之，必然成为单纯军事行动，根本忘却了巩固阵地的发展任务了。我们深深认识中央根据地胜利的伟大，就是有了强度群众基础的阵地所致。"

9 月初，部队奉命北返，在英山以南的鸡鸣河，曾中生召开了一次支部书记和指导员以上的活动分子会议，讨论了张国焘的来信。会上，群情激愤，通过申明书，决定派刘士奇回去向中央分局陈述意见。这件处理不当的事，更被张国焘抓住了把柄。于是，红四军南下问题遂成了一桩大罪！

9 月 13 日，陈昌浩到达麻埠红四军军部宣布中央分局免去曾中生军政治委员职务，由陈昌浩接任的决定。接着发生了在红军中开始"肃反"抓人的事。十师参谋主任柯柏元、二十八团团长潘皈佛等 20 余人相继被捕。这突如其来的变故，使一直在前方指挥作战的徐向前感到迷惑不解。

徐向前问陈昌浩："被抓走的好多人，都是贫苦农民出身，土生土长的，有的是看着长大的，怎么成了反革命？这是怎么回事？"

陈昌浩说："你不知道，8 月初，我们在后方破获了一个反革命团体，叫 AB 团，成员多是岳维峻的旧部。他们准备 9 月 15 日暴动，要炸毁医院，抢走岳维峻。在一些县委、区委里也发现了改组派，牵涉到我们部队呢。现在逮捕的都是改组派、反革命。"

徐向前被弄得更糊涂了。在苏区和红军中前一两年也搞过肃反，也抓过一些人，大多是地主恶霸的狗腿子，或是敌人派来的探子。而现在抓的，大都是在一起打游击的，平时没有什么异常表现，怎么一下子就成了反革命、改组派？说这些人是反革命吧，过去长期在一起战斗、生活，确实都是些好同志；说不是反革命吧，又拿不出证据来，脑海里始终是一个疑团。

遵照中央分局的命令，徐向前率领部队西返。部队一面行军打仗，一面在陈昌浩主持下继续"肃反"。一天，部队行至商城以西余家集时，徐向前正在路旁山坡上看着部队经过，见队伍里有两副担架抬着人，他问身边的陈昌浩："谁负伤了，抬的是什么人？"

陈昌浩说："没有谁负伤，许继慎、周维炯是'反革命'，逮捕了。"

徐向前听后，真怀疑自己的耳朵不好用，怎么许继慎成了"反革命"啦！他想起红四军南下发生的那件事：攻克英山后，一个自称钟蜀武的人，带了蒋介石的特务头子曾扩情的一封亲笔信，来找红十二师师长许继慎。信中闪烁其词，大意是欢迎许带部队投蒋，"定将受到最优厚的待遇"。许继慎当即将钟某逮捕，连人带信送交军部处理。徐向前和曾中生对钟某进行了审讯，随后，就转送中央分局处理。根据许继慎的一贯表现和他们对他的了解，他们在给中央分局和党中央的报告中明确表示：许继慎"在组织上不会有什么问题"，这次敌人来找他，"完全是敌人用各种阴谋来破坏我们"。徐向前熟悉许继慎的历史和为人：他是黄埔军校第一期学生，北伐战争中担任过叶挺独立团的营长、团参谋长。来到鄂豫皖红军后，在红一军、红四军又一起工作。他作战勇敢，指挥灵活，为人正派，这样的同志，怎么也成了"反革命"？至于周维炯，更是一员战将，是大家都了解的好同志，怎么也被捕了呢？

面对许继慎、周维炯两位师长被逮捕，徐向前痛心极了，他质问陈昌浩："怎么搞的嘛，把师长都抓起来了，也不给我说一声！"徐向前事前都一无所知。

陈昌浩对徐向前的这种不满和抗议采取不理的态度。他认为"肃反"抓人，是他职权以内的事，况且又是张国焘的决定。那时中央有规定：政治委员是代表政权与党两个方面来领导军队的，政治委员在政治上、在党内比同级军官权限大。政治委员是红军中最高的领导者，是党和政府的代表，有最后的决定权，甚至有权逮捕同级指挥员。

9 月底，部队到达白雀园。张国焘亲自到红四军主持"肃反"。这年冬天，"肃反"又从红军部队扩展到地方机关。为了防止部队发生异动，张国焘等还决定，以营为单位拆散混编，中央分局和鄂豫皖省委还组织了巡视团，派到各师，监督"肃反"。"肃反"的对象主要有三种人：一是从白军中过来的，不论是起义的、投诚的还是被俘的，不论有无反革命活动，一律要审查；二是地主富农家庭出身的，不论表现如何，也要审查；三是知识分子和青年学生。一时间，把红军中留鹅头、戴眼镜、镶金牙的，还有读过几天书的，都说成是富农，加以清洗。只要念过几年书，识几个字的，似乎是天生的反革命。张国焘还说："工农同志在工作中犯了错误，党可原谅三分，倘是知识分子同志犯了错误就要加重三分。"正因为有这种"理论"，"肃反"中知识分子和青年学生被捕、被杀的特别多。省委书记沈泽民还有一套"理论"，那就是从"那些思想意识不好的与非无产阶级观点的分子找反革命线索"，从平时"对富农不坚决斗争"的人身上，就能"找到反动派的组织"。把革命与反革命的界限搞混了，党内两条路线的斗争与同反革命分子的斗争纠缠在一起了。不重事实，不深入调查研究，轻信口供。只要有两个人说他是反革命，就把他逮捕审讯，非要他承认不可，不承认就严刑拷打。结果严刑逼供，揭发"同伙"，后方扯到前方，军队扯到地方，越扯越多，越扯越离奇。几个人一起吃一顿饭，就说他是"吃喝委员会"，反革命；两个人在一起说几句话，就说是搞秘密活动，是"改组派""AB 团""第三党"。白色恐怖笼罩着鄂豫皖苏区，搞得人心惶惶，熟人见了面也不敢说话。就连王树声、倪志亮这样的老革命，见了徐向前也不敢多说话了。

"肃反"开始时，徐向前还能参加一些会议，还有某些发言权，随着运动的深入，保卫局抓人越来越多，徐向前在会上提出不同意见，引起了张国焘的不满，后来就干脆只让他负责部队训练和作战指挥。徐向前意识到张国焘对自己不信任，只好每到一地找一个僻静的庙宇、祠堂，作为临时指挥所，把地图挂好，专心了解敌情，分析情况，部署作战行动。但是，共产党员的政治责任心驱使着他，又不能不关注部队中的"肃反"情况和被捕人员的命运，并且尽力之所及，保护同志免遭杀害。他保护了不少干部，周希汉就是其中的一个。

徐向前本来不认识周希汉。那时，周希汉在伙食班帮助写伙食账。而徐向前喜欢吃锅巴，有时到伙房转转。一天，徐向前来到伙房，见到一个不认识的小青年，长相又机灵，就问："你叫什么？什么地方人？怎么过去没有见过你呀？"周答："我叫周希汉，本地顺河集人。是来帮助工作的。"他还把为什么来这里帮助工作的原因对徐向前讲了。原来，周希汉在四军十三师三十八团当战士。"肃反"开始的时候，团里把他当作富农，开除出党，送回老家。周希汉回家后，就找苏维埃政府，让县苏维埃政府开个证明，证明他家是贫农，请部队恢复他的军籍。这样，他又回到部队，在炊事班帮助工作。徐向前听了，翻看他写的账本，见字写得不错，就说："你愿意跟我在总部当个书记员吗？"周希汉说："我没干过，怕干不好。"徐向前说："没关系，慢慢学就会的。"周希汉到总部后，在徐向前的帮助下，进步很快。没想到 1932 年初，打豆腐店的时候，周希汉给直属部队号房子，因当地有两个相同的地名，号房子的时候出了点差错，张国焘把他骂了一顿，硬说是有意破坏，让保卫局把他抓起来审讯。徐向前回到总指挥部，警卫员说保卫局抓走了周希汉。徐向前说："快到保卫局，把周希汉要回来！"过了一会儿，警卫员回来报告说：“保卫局的人说，周希汉是改组派，不能放。”徐向前听了非常生气，亲自来到保卫局。只见周希汉已被捆绑起来，准备拉去杀头。徐向前严厉地质问：“什么改组派！周希汉是贫农，是我的书记，我了解他，快给我放啦！”在徐向前的干预下，周希汉才捡回一条命。

“肃反”扩大化的错误，在苏区，在红军中像一场瘟疫，继续蔓延着。一批又一批的好干部、好同志被逮捕杀害。谁也不会想到，一年之后，徐向前的爱人程训宣也无端被以“肃反”的名义杀害。那是1932年反四次“围剿”中的事。那时徐向前在七里坪一带指挥作战。一天，他让警卫员把破袜子给他妻子程训宣送去，让她抽空补一补。往常，衣服、袜子破了都是徐向前自己缝补。在长期的战争环境里，他学会了一手针线活。会做件背心，缝补点破衣裳，打草鞋。这次因为作战忙，抽不出空，所以才让程训宣缝补。

警卫员气喘吁吁地回来了，神色非常紧张。

徐向前问：“出了什么事啦？”

“她被抓走了。”

“为什么？”

“不知道，说是‘反革命’！”

说起程训宣，当地的妇女都说她是好样的。她1911年出生在黄安县七里坪程伍德村的一个贫农家庭。没念过书，性格开朗，爱说爱笑。1928年，吴光浩率红三十一师回黄麻老区活动，她冲破封建旧礼教的束缚，投入革命队伍，从事妇女工作。她为人正派，工作积极，对党忠诚，很快就加入了中国共产党。后来经曹学楷和倪志亮的介绍，于1929年下半年同徐向前结婚。她家祖祖辈辈都是贫苦的农民。父亲为人忠厚，母亲虽然不认识字，但性格开朗，爱管“闲事”，是个热心肠的人。她姐弟五个，除姐姐幼年夭折外，都参加了革命。大哥程启光，1928年参加了中国共产党，参加过黄麻武装暴动，曾在红三十一师当特务队长；二哥程启宗，1925年参加共产党，也参加过黄麻武装暴动，暴动失败后，随起义武装上了木兰山，不幸被敌人抓去杀害；弟弟程启波，当时在司令部当勤务兵。程训宣本人长期在本地工作，勤勤恳恳，任劳任怨，事事都走在前面。这样一个好同志，怎么可能是反革命呢！究竟是为了什么？徐向前问过一些人，但没有问出个究竟。程训宣被捕后，保卫局用了种种刑法，严刑拷打，逼她承认反革命，并要她揭发“同伙”。她始终不承认自己是反革命，最后被杀害了。

直到长征抵达延安后，徐向前见到鄂豫皖苏区的保卫局长周纯全，问他：“为什么把我老婆抓去杀了，她究竟有什么罪？”周纯全此时只好说老实话了：“她没有什么罪。当时抓她，就是为了搞你的材料。”

在“肃反”中，许多共产党员、革命战士被无辜杀害。据当时看管“犯人”的人讲，许继慎、周维炯被杀之前，在严刑拷打之下，没有什么口供。周维炯在被杀之前，还义正辞严地痛斥张国焘等：“我不是反革命，你们才是反革命！老子二十年后还是要革命！”表现出一个革命者坚定的无产阶级立场。在“肃反”

中，被张国焘加以“改组派”“第三党”“AB 团”等莫须有的罪名，先后逮捕、杀害的红军排以上干部和革命战士，就有 2500 余人。地方上大批优秀干部也被杀害，其中有原鄂东北特委书记徐朋人，黄麻起义的组织者之一、鄂东军党代表戴克敏，黄安农民政府主席曹学楷，鄂豫皖军事委员会副主席郑行瑞等。“肃反”，严重地削弱了鄂豫皖苏区党和红军的力量，也激起了广大群众的强烈不满和反抗。一些地区贴出标语：“张国焘是杀人刽子手！”“打倒帝国主义张国焘！”有的地方还把县政治保卫局给砸了……

尽管苏区群众痛恨张国焘恣意抓人杀人，但他们对共产党和红军始终是拥护和热爱的，不曾动摇对党的信念。黄安县仙居区的群众为了反抗“肃反”，掩护区乡干部逃入山里。他们上山之前，仍给区政府送去五百多担大米和一千多双鞋袜，在信中还特意写明，这是送给红军的。忠于革命事业的红军指战员，不少人虽然被捕被杀，仍然是前仆后继，英勇战斗。一些被诬为“反革命”而遭逮捕的干部、战士，被暂时放出来参加“突击队”，冲锋陷阵，与敌人搏斗，其中不少人献出了生命。徐向前同广大指战员一样，大敌当前，始终以大局为重，他压抑着内心的悲痛，把全部精力投入反对敌人“围剿”的斗争。许多年之后，他回顾这段历史，沉痛地说：“鄂豫皖根据地的‘大肃反’，不是孤立的，那个时候，是教条主义者统治中央的时候。教条主义、主观主义、宗派主义搅在一起，在全党，在各个根据地，搞‘肃反’，搞扩大化。”“历史的教训，值得注意。我们的子孙后代，一定不要再重演。”[①]

第二节　围困黄安城

经过第一、二次反“围剿”，鄂豫皖革命根据地得到进一步巩固和发展，红军发展到 3 万人。游击战争也猛烈发展，独立营、团、赤卫军发展到 20 多万人。为了统一指挥，加强红军建设，迎接更大规模的作战行动，中共中央决定成立红四方面军。方面军下辖四军和二十五军，共四个师，即十师、十一师、十二师和七十三师。原红四军军部改编为方面军总部。徐向前任总指挥，陈昌浩任政治委员，刘士奇任政治部主任。

1931 年 11 月 7 日，黄安七里坪的河滩上，红旗招展，欢声雷动。苏区军民热烈欢庆十月革命胜利 14 周年，热烈欢庆中国工农红军第四方面军成立。那一天，举行了阅兵式。除七十三师留在皖西活动外，方面军总部及各师部队都整整齐齐列队在河滩上。王树声担任阅兵式总指挥。徐向前、陈昌浩骑马检阅部队。当时年仅 30 岁的徐向前总指挥，穿着洗得平平整整的灰布军装，神情严肃而威武。阅兵后，他发表了简短有力的讲话。他指出：红四方面军的成立，是鄂豫皖苏区红军进一步发展壮大的标志，是党领导鄂豫皖苏区人民和广大红军指战员四

① 徐向前：《历史的回顾》，解放军出版社 1988 年版，第 161、162 页。

年英勇斗争的胜利成果。他号召全体指战员，团结一心，戒骄戒躁，为彻底粉碎敌人的“围剿”而努力奋斗。

红四方面军的成立，是鄂豫皖革命根据地发展史上的一件大事，自然也是徐向前革命生涯中的一件大事。他的名字和红四方面军是紧密地联系在一起的。

“小小黄安，真不简单；铜锣一响，四十八万；男的打仗，女的送饭。”这是1927年11月黄（安）麻（城）起义时第一次解放黄安县城的动人情景。四年后，黄安苏区军民在徐向前的统一指挥下，又发起声势浩大围攻黄安的战役。

自从中央苏区粉碎敌人的第三次“围剿”之后，敌人在对中央苏区实行报复的同时，在鄂豫皖苏区周围也增加了兵力。但是由于“九一八”日本帝国主义向中国东北发动武装进攻之后，全国掀起了声势浩大的抗日反蒋浪潮，国民党统治阶级内部各派的斗争也在加剧。这使得蒋介石集团难于应付。他们对鄂豫皖苏区的“围剿”终因兵力不足，迟迟没能部署就绪。趁此时机，红四方面军采取进攻策略，开始南下作战，徐向前选定的第一个目标就是黄安城。

黄安城，是南线敌人离根据地中心区最近的一个重要据点，处于根据地和游击区的包围之中。守敌六十九师战斗力不太强，9月从豫西移驻黄安后，屡遭红军游击袭扰，士气低落。但是，该师师长赵冠英（人称“赵瞎子”）是湖北的地头蛇，惯匪出身，奸诈狡猾。自到黄安城后，修筑了许多工事，碉堡林立，构成了一个比较完整的防御体系。同时，黄安守敌还可得到宋埠葛振山三十师、麻城张印相三十一师、黄陂葛云龙三十三师、孝感敌四十四师的策应。对黄安这股敌人实行强攻显然不行。红军火力不强，也没有炸药及其他爆破器材，以现有的武器装备去强攻敌坚固设防的据点，只能增加无谓的伤亡。徐向前想采用诱敌出城，在运动中予以歼灭，但是，老奸巨猾的惯匪赵冠英能出来吗？宋埠、麻城、黄陂的敌人如果来援，怎么对付呢？

经过几天深思熟虑，徐向前召开军事会议，提出长期围困、逐步削弱、创造条件攻城歼敌的作战方案：第一步，以十二师进攻城西敌据点，以十一师和黄安独立团拔掉城南桃花和高桥河据点，扫清外围，切断敌联系，以十师三十团为预备队；第二步，围城，并准备打击宋埠、黄陂方向可能来援之敌；第三步，条件成熟时，发起攻城，歼灭守敌。会上，大家热烈地进行了讨论，都认为徐总指挥提出的作战方案，既可行，又稳妥。如果能全歼黄安守敌，就可以粉碎敌人的围攻。于是，围困黄安的战役部署决定了。战役发起时间定在11月10日晚。

黄安县党组织和政府得知红军南下攻城，立即组织群众踊跃支援。运粮草、送弹药、抬担架，妇女们组织慰问队、救护队，为红军烧茶做饭，洗衣服，看护伤病员。群众中流行这样一首歌：“快来！兄弟姐妹们！排好队，呼口号，欢送我红军。攻下黄安城，活捉赵冠英，……快送，快送糍粑，快送草鞋，拥护我红军。”各地的赤卫军和游击队就在敌人据点附近积极活动，打岗哨，砍电线，烧哨棚，散传单，伏击敌人粮道、交通线，使敌人昼夜不得安宁。

徐向前指挥红军经过10天战斗，拔掉了敌人外围据点，歼敌2000余人，切断了守敌与外地的联系。第一步计划已顺利完成。接着调整作战部署，以十二师和黄安独立团继续围城，十一师在永佳河至桃花一线构筑多道防御阵地，准备打击来援的敌人，以三十团作为总预备队。

红军攻占桃花、高桥河等地后，完全切断了黄安守敌与宋埠、黄陂敌人的联系。黄安城内给养日渐减少，敌士兵仍着单衣，饥寒交迫。敌人接济黄安守敌的300担棉衣以及大批军需品也被红军截获。赵冠英派去请救兵的代表刘存吾，还没有给主子复命就当了俘虏。赵冠英久等不见援兵，于11月22日派出三十师两个旅向南出击，企图打通与宋埠的联系，但在郭受九一线遭到红军十二师三十六团的顽强阻击，只得龟缩回城。23日，敌又以两个团兵力再次向南出击，先头部队一度进至障山，但被红军迎头痛击后狼狈溃逃。这两次作战，共歼敌1000余人，缴枪700余支，迫击炮1门。

一天，红军获得情报：宋埠葛振山三十师两个旅企图经永佳河向北增援。徐向前当即决定：以十一师部队诱敌深入，待敌进至主阵地前，集中兵力从两翼迂回包抄，予以歼灭。12月7日，十一师部队接敌后，以三十三团在大小峰山稍作阻击，即按计划撤至五云山、周家坳一带的第二阵地。敌占领桃花后，于8日向第二阵地发起攻击。十一师部队予敌杀伤后，又撤至障山的第三阵地。敌人见红军节节后退，以为得计，于9日集中两个团的兵力发动猛攻。红十一师以一部兵力依托阵地坚决抗击，主力向敌两翼猛插，展开坚决的反击，将敌一个团大部歼灭，余敌连夜逃回宋埠。至此，敌第一次增援遂告失败。

12月18日，敌人组织第二次增援，以黄陂三十三师的三个旅和宋埠三十师的一个旅，从歧亭、宋埠之线，分两路大举北援。右路之敌猛攻大小峰山，左路之敌猛攻独山、研子湾高地，先后占领了桃花、五云山等地。20日，敌在优势火力掩护下，从午后起猛攻障山阵地，突破前沿，逼近红十一师指挥所。此时，被围的赵冠英认为时机已到，即组织突围。

下午4时许，方面军指挥部驻地已能听到两面敌人的枪声。很明显，若不把增援的敌人击退，让它与城内守敌会合，围攻黄安战役就要功亏一篑。在这种紧急情况下，徐向前一面命总部手枪营做好战斗准备，一面带着参谋和警卫人员，骑马飞快奔向阵地前沿。他来到障山主阵地一个山包的后面，一个人站在一棵马尾松树下，不时地用望远镜向前方观察。山下就是战场，负责打援的十一师正在那里与敌人激战。子弹到处乱飞，迫击炮弹不时地在山腰上爆炸。他仍然泰然自若地观察战场情况，身旁的马尾松被射来的子弹打得枝落满地。他不时把手向后挥挥，像是赶苍蝇似的，说上两句："讨嫌，讨嫌！"

当时的手枪连连长秦基伟，在《故乡的战斗》[①]一文中，生动地叙述了这次作战和徐向前在前线指挥作战的情景：

"……我军经过了十多天的穿插、分割的外围战斗，敌人城外的整个防御体

① 载《星火燎原》选编之二，战士出版社1979年版，第402页。

系已被彻底打乱”。“敌曾两次前来增援，都被我军击退……”

“一天拂晓，敌人集中其全部兵力，趁我一个前卫排一时的疏忽，突破了我军阵地……”

“情况非常紧急……我们全连刚跑出村庄，便远远地看到徐向前总指挥带着几位参谋和警卫人员，骑着马，向着枪声最密的一个山头飞跑。我们二连经常跟随徐总指挥活动，因此不论干部和战士，都非常熟悉总指挥。特别在战斗中，我们都摸到了一个规律：哪里的战斗任务最艰巨，哪里的情况最危急，徐总指挥就出现在哪里。……”

“我们一口气赶到打援部队的最后一个山峰背后，……唯有总指挥一个人，站在山顶上几棵马尾松下，用望远镜向前瞭望。敌人的子弹，在他身边‘嗖嗖’地叫，打在马尾松上，飞到他的脚边，掀起一股股尘土。总指挥这种在紧急情况下仍从容不迫地进行指挥的情形，我们看到过无数次了。”

“……忽然，总指挥身子向右一侧，右胳膊上流出了鲜血。我马上跑过去，总指挥看我想去照顾他，左手向山下指，高声向我喊着：坚决把敌人压下去！……”

徐向前总指挥负伤，更激起了指战员对敌人的愤恨，各路红军都在向敌人猛扑。三十团由倒水河西岸向敌左翼迂回，三十五团配合三十三团从障山以东王家湾向敌右翼包抄，三十二团协同三十一团和手枪营由障山正面向敌反击。附近的群众和赤卫队、游击队也纷纷投入战斗。顿时漫山遍野，红旗招展，杀声震天。各部队的掌旗员高举着红旗，哪里敌人多就冲向哪里，红旗指向哪里，战士们就杀向哪里。敌人遭突然打击，惊慌失措，溃不成军，争相逃命，丢下尸体1000多具，800余人缴枪投降。红军乘胜追击，直逼宋埠。企图突围的黄安守敌，刚一露头就被打了回去。担任围城的十二师和黄安独立团，结合军事打击，对敌开展强有力的政治瓦解工作。黄安守敌经红军20多天的围困，已是弹尽粮绝，待援又无望，军心更加动摇。不少人黑夜潜出城外投诚。

12月22日，黄安天气晴朗。上午9时，一架飞机飞到黄安上空。敌人还以为是他们的救星来了，纷纷从白雪覆盖的工事里跑出来，呐喊呼叫。敌人师部也忙着在地上摆标志，好让飞机空投。正当敌人欢喜若狂的时候，飞机扔下的不是大米白面，而是炸弹、迫击炮弹和大捆大包红军的宣传品。顷刻间敌人乱作一团，他们万万没有想到日日盼，夜夜盼，盼来的却是红军的“列宁”号飞机。

说起这架“列宁”号飞机，还有一段有趣的故事。那是1930年1月的一天中午，一架双翼德国容克式高级教练机降落在宣化店东南的陈家河。驾驶员还以为那里是国民党统治区，他坐在驾驶舱里一动不动，不断向围拢来的人群吆喝：“赶快去报告当官的，想办法给弄点汽油来。”等他看清围着他的都是苏区赤卫队员时，才发觉自己同飞机一起当了红军的俘虏。这架飞机是四川军阀刘湘的军用飞机，刚从美国买来不久。驾驶员龙文光，这天从南京驾机回四川，因迷航油料耗尽而被迫降落。经过教育，龙文光愿意留在根据地服务。1931年2月新集解放后，徐向前和红军领导人命令把飞机运到新集，并由龙文光、钱钧和其他几个懂得机械的人把飞机安装好，重新涂上一层灰色的油漆，机翼两端漆上了两颗耀眼的红星。这是中国工农红军拥有的第一架飞机。为了对伟大革命导师列宁表示敬意，特区苏维埃把它命名为“列宁”号。特区苏维埃还成立了航空局，修建了飞机场，并通过被俘的敌师长岳维峻，从国民党方面弄来了汽油。1931 年 8 月 9 日傍晚，“列宁”号远征到武汉，进行侦察和示威飞行，吓得武汉的敌人赶快实行灯火管制。事后，敌人的《扫荡报》刊登消息说‘共军‘列宁’号飞机近日曾连续骚扰潢川、汉口等地，我方幸无死伤。现有关军方，已通令各地严加防范。”

黄安守敌遭“列宁”号轰炸后，更加慌乱。红十二师三十五团乘敌惊魂未定，一举攻下城北的课子山，将敌人压入城内。12 月 23 日夜，总攻开始。三十五团从城西北角首先突入敌阵地。敌人节节后退作最后挣扎。赵冠英把仅有的一点机动兵力组编成所谓“敢死队”，亲自训话，给他们打气，许愿突围冲出去的，当官的高升一级，当兵的升为官长。他还说：“一定坚持到最后五分钟，不成功便成仁！”赵冠英把这些替死鬼支使向南门突围后，让一个随从装扮成他的模样，骑着他的大白马向外跑，而他自己却化装穿上大褂，利用夜暗，偷偷从西门溜走。

突围的敌人刚一出城，就遭到徐向前指挥的红军的坚决打击，除少数敌人突围逃跑外，绝大部分都被打了回去。红军随即尾随敌人进城，与敌人展开巷战。城外赤卫队员和乡亲们也自动拿着长矛、梭镖、铁铲、木棒，高喊着：“活捉赵瞎子！”从四面八方追赶敌人。秦基伟带领的手枪营第二连，一直追到高桥，全部消灭逃跑的敌人。与此同时，黄安守敌也全部被歼。赵冠英溜出西门，刚跑到河边就当了俘虏。

此飞机原是四川军阀刘湘的，1931 年被徐向前所部缴获，改名为“列宁”号。这是中国工农红军的第一架飞机，曾配合红军参加黄安战役

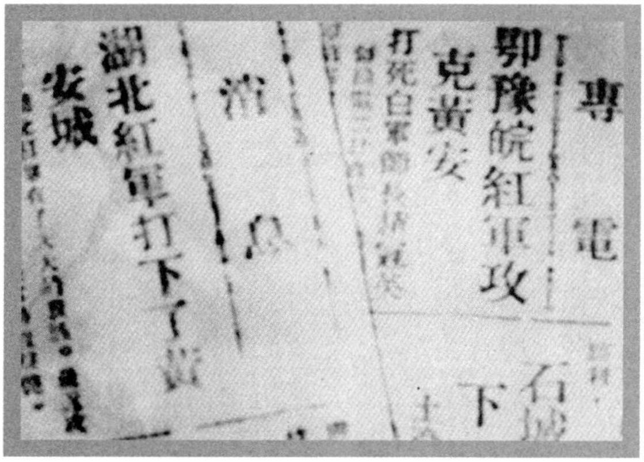

当年有关黄安战役的报道

这次战役，历时 43 天，共歼敌 1.5 万余人，俘敌师长赵冠英以下官兵近万人，缴枪 7000 余支、迫击炮 10 余门、电台一部。这是徐向前任方面军总指挥后攻下的敌整师设防的第一个坚固据点，是运用围点打援、运动防御与攻坚结合的成功一战。

这次战役后，徐向前命令用缴获的一部 15 瓦电台，组建了无线电通信部门，正式与中共中央建立直接的无线电通信联系；随后又与江西苏区和湘鄂西苏区沟通了无线电通信联系。

黄安城第二次解放了，黄麻起义时飘扬过红旗的城堡，如今又招展一片红旗。苏区人民载歌载舞放声高唱：

> 我们工农红四军，南下胜利大得很，
> 夺取了黄安城，消灭匪军一师整，
> 活捉赵冠英，反动派一网打尽……

总指挥徐向前面对广大军民欢庆胜利的动人情景，也按捺不住内心的喜悦。但是，他没有更多的时间去分享胜利的喜悦，又忙着设计下一次战役了。

第三节　苏家埠大捷

黄安战役后，1932 年 1 月中旬，徐向前又乘胜组织商（城）潢（川）战役。这次战役，他再次运用围城打援的战术，在豆腐店地区以 10 个团的兵力，击溃敌 19 个团的兵力，使刚刚投入鄂豫皖战场的蒋介石嫡系部队一出马就大败而归，敌第二师遭到歼灭性的打击，师长汤恩伯也被撤了职。商城守敌五十八师惧怕重蹈黄安覆辙，也弃城南逃，红军不战而克商城。这次战役，歼敌 5000 余人，缴枪千余支。随后，红军乘胜北上，围固始，克三河尖，敌军闻风丧胆，纷纷退守光山、罗山、潢川、麻城、宋埠等地，依托工事坚守。此时，豫南敌军正如刘峙给南京政府特急电中说的，“因防剿已久，以种种困难，非惟无功，每多失利，官兵志气衰惫，又不愿剿办，似此情形，极为焦灼，深恐一旦溃决，不可收拾”。皖西敌军，也企图沿淠河东岸据点固守。

两军对垒，智勇者胜。高明的棋手，每走一步，都必经深思熟虑。走第一步时，就想到第二步、第三步以至更多的步子。徐向前全局在胸，在组织每次战役之前，都事先准备一个腹案，有个初步打算，并且随着情况的变化发展，不断修改完善。常言说："智者千虑，必有一失"，"三个臭皮匠胜过一个诸葛亮"。他在作出重要决定之前，都要反复听取别人的意见。

在固始地区，徐向前获悉皖西敌陈调元部已进占苏家埠和青山店，准备继续向根据地进攻。为了定下对敌之策，在方面军总部的军事会议上，他一面抽烟，一面细心听取大家的发言，这时候天空正飘着雪花。瑞雪兆丰年，虽然前一年全国遭到了大水灾，但在鄂豫皖苏区却是个少有的丰收年。徐向前无暇考虑更多，他现在想的是怎样把这次战役行动安排更周到些。

这时敌人的部署是：陈调元在六安至霍山一线部署了 12 个团，以苏家埠为枢纽，沿淠河东岸构成一线防御。在六安县城，驻有岳盛瑄的四十六师师部和五十五师的一六三旅，还有一三七旅和警备二旅的各一个团；在马家庵驻有一三七旅旅部及二七四团；在韩摆渡驻有警备二旅的一个团；在苏家埠驻有一三八旅全部和一三六旅旅部及一个团；在青山店驻有一三六旅的另一个团；在霍山县城驻有警备一旅。敌人的二线兵力的配备是：合肥驻有五十五师另两个旅，潜山驻有五十七师，蚌埠驻有第七师，距六安、霍山都比较近。从敌人的布阵中，徐向前找出了皖西这个弱点。决心继续采取"围点打援"的作战方针，东出皖西，首先将苏家埠、韩摆渡、青山店等地敌人包围分割，吸引援兵，在运动中歼灭一部，然后再吃掉这个点上的敌人。会上，有人提出：

"敌人吃过几次亏，会不会不来呀？"

徐向前说："我想万一不来，再走下一步。"

会议最后决定东出皖西的部署：由陈赓率十二师留在商潢地区，牵制豫东南之敌，总部率十、十一师东进，在独山同七十三师会合，然后东渡淠河。具体部署是：以红二十五军七十三师和霍山独立团围困青山店并负责阻击霍山出援之敌，以十师包围苏家埠，如该敌向青山店求援，则在青山店以北选择有利地形，坚决予以阻击；十一师进击韩摆渡之敌，并准备阻击从六安出援之敌。战役预定于 3 月 22 日拂晓发起。

3 月 18 日，徐向前率领方面军总指挥部和第十、十一师由固始向皖西地区挺进。在独山镇与七十三师、霍山独立团会合后，于 21 日晚由青山店以西的两河口渡过淠河，各部队按照原定计划，分别向目的地进发。青山店的敌人被包围后，22 日中午，苏家埠敌两个团赶忙出援，进至芮草凹以南地区时，与红十师先头部队二十九团遭遇。红军先敌抢占了大花尖高地，敌被迫在金杯塘以东一带凭借断崖进行顽抗。

徐向前来到十师指挥部，一面听王宏坤汇报，一面用望远镜观察前方情况，只见部队正与敌人激战，就问："攻小山包的是哪个部队？"

王宏坤说："二十九团，老部队，很能打仗。"接着又把二十八团和三十团的位置作了报告。

对十师这支部队，徐向前太熟悉了。他自从 1929 年夏天来到鄂豫皖边区后，就同他们朝夕相处。这个部队许多人的名字和脾气习性，他都可以一说出来。他看到敌左翼暴露出弱点，对王宏坤说："赶快命令二十八团和三十团向敌左翼迂回，坚决消灭敌人。"部队接到命令后，迅速插向敌左翼侧后。敌人发觉处境危险，即向后收缩。敌人一收缩，顿时陷入混乱。十师的三个团分成两路，向敌人猛攻，敌人全线崩溃，一个营被歼，余敌退回苏家埠。十师乘胜包围了苏家埠。与此同时，十一师也向韩摆渡、马家庵守敌发起进攻。敌人仓皇逃入六安城。

23 日，六安守敌为解救苏家埠守敌，派出两个团的兵力，经马家庵沿淠河南下。敌先头部队刚过韩摆渡，便遭到红军的夹击，被歼一部，余敌来不及退回六安，一个团缩进韩摆渡，一个团逃入苏家埠。红军遂将韩摆渡包围。至此，苏家埠、韩摆渡、青山店之敌被分割包围。

苏家埠，位于淠河东岸，与皖西北苏区隔河相望，是敌人的一个重要据点。敌人经过多年经营，构筑了坚固的防御工事。在苏家埠的北、东、西三面，环绕着一道沟深 2 米、底宽 3 米的城壕和一丈多高的土城，设置了 5 道栅门、5 道吊桥、5 座炮楼。此外，在镇外还构筑了高大的木城。在韩摆渡、青山店，敌人都构筑了坚固的工事。

徐向前召开团以上干部会议，研究下一步的具体行动方案。他在会上说："苏家埠、青山店和韩摆渡等敌人据点，寨墙高、壕沟深，工事坚固。而我们呢，一是没有几门炮；二是炮弹、手榴弹也不多，缺乏攻城器材，强攻是不行的。现在，我们已将敌人包围分割。我们要把工事修好，给他来个长时间的围困。敌人出来，就依托工事把它消灭。敌人增援，就在运动中予以歼灭。这样，既可充分发挥我军善于野战的特长，又可避开我们缺乏攻城器材和经验的弱点，做到以我之长击敌之短。"他更强调两点注意事项：一是围困的目的首先在于打援，以便更多地歼灭敌有生力量，各围困部队要做好持久的准备。陈调元老奸巨猾，不看准是不会派出援军的。这就需要时间，要有耐心。二是如果敌人来援，担任打援的部队必须速战速决，否则，就会陷于两面作战的被动地位。他还分析了敌人可能来援的几种情况，指出霍山守敌只有一个旅，抽不出更多的兵力来增援；六安敌兵力不少，合肥还有一个师，要准备他们从那个方向增援。要把六安方向作为打援的重点。

会上大家一致同意徐总指挥的意见。决定下一步的方案是：以十师二十八团和三十团围困苏家埠守敌；十一师三十二团和六安独立团包围韩摆渡；七十三师和霍山独立团除继续包围青山店外，准备打击霍山来援之敌；十一师三十一、三十三团在六安西南的平头岗、樊通桥一线，占领有利地形，构筑工事，准备打击六安出援之敌；十师二十九团为总预备队。此外，六安、霍山两县的赤卫队，在各该县城附近开展游击活动，配合主力部队作战。

中共六安县委发动广大群众支援红军作战。每天给红军每个师运粮的就有一千多人，加上打柴队、运输队、洗衣队、担架队、慰问队，动员民工一万人以上。在苏家埠、青山店、韩摆渡前线，到处歌声阵阵，手车辚辚。担负围困任务的部队，在群众的大力支援下，昼夜抢修工事，仅用一个星期的时间就完成了环绕敌据点构筑交通壕、盖洞、掩体等工事的任务。苏家埠、青山店、韩摆渡等地守敌，已成瓮中之鳖。

敌四十六师师长岳盛瑄鉴于苏家埠、韩摆渡两地守敌处境危险，急忙于3月31日命令六安、霍山两地敌军派兵增援。当天，北面之敌五十五师一六三旅、警备二旅一个团和一三七旅二七三团，共四个团的兵力，在飞机掩护下由六安出动。岳盛瑄也亲到十里桥督战。敌先头部队两个团已进至苏家埠北的凉水井、桂家老坟一带。徐向前总指挥带领参谋人员亲临前线，不时用望远镜观察战场的变化情况。看到敌人队形已混乱，认为反击时机已到，便命令二十九团投入战斗。号音一响，按照原定计划，十一师三十一团、三十三团在西，二十九团在东，像一把铁钳，向敌人发起猛烈攻击。经过激战，敌先头部队被击溃，敌二七三团被全歼，敌团长也当了俘虏。敌警备二旅的一个团溃不成军，仓皇地逃入苏家埠。岳盛瑄见先头部队失利，率一六三旅退回六安。南面霍山出援之敌也被红七十三师击退。青山店守敌独立团冒死突围，被歼过半，残敌一部绕过淠河西岸逃入苏家埠，另一部逃至霍山东北舒家庙被地方武装歼灭。

3月31日，方面军总部移驻苏家埠以东的朱大院墙，徐向前和前线指挥部驻苏家埠东南一里多路的永慧寺。

徐向前在地图前面站着，思考着连日来的作战情况。根据情报，敌人这次增援失败后，岳盛瑄惧怕六安被围，除放下一个团踞守外，已于4月4日率部退守六安以东的金家桥了。徐向前在地图上找到金家桥的位置，认为敌人经打击后，六安、霍山两地敌人已无力再援，可以实行第二步计划了。随即调整作战部署，以十师二十八团和三十团、十一师三十二团和六安独立团分别继续围困苏家埠、韩摆渡；以地方武装和赤卫军监视六安、霍山守敌；集中七十三师全部、十师二十九团、十一师三十一团和三十三团，共六个团，就地休整，待机歼敌。

4月正是黄梅季节，阴雨连绵。红军的交通壕里积满了没膝深的水。作为方面军的总指挥，徐向前只要有空，总是要到各部队去看看战士们的生活情况。这天，他来到十师的一个连队。战士们见到总指挥来了，大家像忘了在“水沟”里似的，围拢过来。

徐向前关切地问：“有没有生病的，敌人据点里有什么动静？”

一个班长回答说：“大家身体都很好，没有病号。老乡们送来大米、猪肉，真像天天过年。敌人开始还很神气，常常打枪打炮，现在死气沉沉。听说镇内早已断粮了，敌人把老百姓所有能吃的东西都抢光了，军马杀完了就吃老鼠、鸟、猫、狗，现在有的已在吃人肉了……”

徐总指挥当即命令部队：“加强政治攻势，分化瓦解敌人。”苏家埠四周红军的政治战更加活跃起来。红军战士向敌喊话，地方党和政府派出宣传队，日夜呼叫。不知是哪位能人，还编出这样的“劝降诗”：

老乡老乡，快快缴枪。放下武器，红军有赏；若不缴枪，困饿死光！来当红军，前途亮堂；愿回家乡，发给光洋。优待俘虏，人身保障；早日来归，早见天光。

老乡老乡，不要打枪。本是穷人，理应反蒋。为蒋卖命，为的哪桩？上有父亲，下有儿郎；一年到头，难见妻房。长官待你，何处一样？长官洋面，鱼肉鸡汤。你们吃糠，树皮啃光；更有兄弟，饿死床上。飞机运粮，有啥指望？

红军围城，铁壁一样。“待援”“突围”，都是妄想。今日觉醒，不要上当。调转枪口，对准刘王（指刘玉林、王藩庆两个旅长）。活捉陈贼（指陈调元），欢庆解放。

在红军的军事围困和政治攻势下，敌军心更加动摇，携械投降的日多。敌警备二旅一个团副哀叹：“被围达二十余日，外绝援军，内乏粮秣，马匹食尽，皮制之马鞍与皮鞋等，亦都视为珍品。共军则白饭大肉，隔壕举碗相呼，军心沮丧。”岳盛瑄眼看苏家埠、韩摆渡守敌日益危殆，连连向安徽省主席陈调元呼救。此时的陈调元，也是智穷力竭，无能为力，只能向蒋介石频频告急。

4 月下旬，蒋介石委派皖西“剿共”总指挥厉式鼎率 3 个多师 15 个团约 2 万人从合肥等地增援出来。

“敌人来了那么多，打不打，是个难下决心的事。如果打不垮他们，附近只有韩摆渡的一个渡口，又逢河水猛涨，我军没有退路，弄不好要被压下淠河‘放鸭子’。打仗，要想困难的一面，不能只想胜利的一面。把不利条件，有利条件，败的可能性，胜的可能性，通通估计清楚，才好下决心。敌众我寡，背水作战，决心不大好下。这个时候，张国焘不想打了。陈昌浩支持我的意见，打！”①

徐向前同政委陈昌浩当即决定：留下两个团，在地方武装的配合下，分别继续围困苏家埠、韩摆渡，集中两个师的主力，共七个团的兵力，在戚家桥、樊通桥一线，依托既设阵地和有利地形坚决阻击来援之敌，力争予以歼灭。随即命令七十三师在樊通桥以东地区担任正面阻击；十师主力位于右翼，十一师主力位于左翼，伺机迂回包抄，合击敌人；另以七十三师一个营和六安独立团进至陡拔河以东佯作抵抗，诱敌深入。

5 月 1 日，诱敌部队与敌接触后，边打边撤。敌先头部队第七师第十九旅紧紧尾追，渡过陡拔河。5 月 2 日天降倾盆大雨，河水猛涨。已过河的敌第十九旅孤军深入，遭到猛烈阻击，伤亡惨重，士气顿挫，处于背水作战的不利境地，便仓皇后撤。而敌后续部队因不明情况，仍继续前进，以致人马拥挤，互相践踏，混乱不堪。红军乘胜冲杀，敌中弹落水的不计其数。敌十九旅大部被歼。尚未过河的敌人，见先头部队失利，慌忙抢占附近的老牛口、婆山岭等高地，妄图凭险顽抗。此时，按照徐向前总指挥原定计划，十一师主力已由六安城南的七里井、

① 徐向前：《历史的回顾》，解放军出版社 1988 年版，第 183—184 页。

五里塘、大头岸等处迅速向敌右侧后迂回；十师主力和七十三师一部也由戚家桥经庙岗头以南，向敌左侧后包抄过来。

徐向前指挥红军经过两天的激战，将敌分割包围，并捣毁了敌指挥机关。敌总指挥厉式鼎见势不妙，穿上士兵服装，企图逃跑，但最后还是当了俘虏。厉式鼎见抓他的都是年纪轻轻的小红军，还不服气，要求见红军总指挥。

战士风趣地回答："我们总指挥忙着哩！"

"我要见你们军长。"

"军长也不得空呢！"

厉式鼎低头不语。他哪里晓得，此时徐向前总指挥正在指挥红军，准备最后解决苏家埠、韩摆渡守敌了。

5月8日，困守苏家埠、韩摆渡的敌军，在内无粮草，外无救兵，突围无望的处境下，被迫全部投降。苏家埠守敌缴枪时，还举行了投降仪式，官兵列队迎接红军。

历时48天的苏家埠战役胜利结束。这次战役，共歼灭敌第七、十二、四十六、五十五、五十七师和警备一、二旅等3万余人，其中俘虏皖西"剿共"总指挥厉式鼎以下官兵2万余人，缴步枪1.2万余支、机枪171挺、炮43门、电台4部，击落敌机1架。这是鄂豫皖红军在徐向前指挥下取得的一次空前的伟大胜利。5月23日，中华苏维埃临时中央政府发的贺电中说，这次胜利，"给予全国反帝国主义反国民党的革命运动无限的兴奋，更加强了苏维埃红军对于全国革命运动的领导"。

红军在苏家埠地区作战期间，敌张钫部第二十路军进驻潢川，趁隙南犯，进占双柳树、仁和集地区，修筑工事据守，并准备继续向前推进。徐向前回到商城得知这一情况后，立即决定歼灭双柳树、仁和集的敌人，收复潢川、光山南部根据地。

6月12日，徐向前先以十师出光山南部，牵制郜子举新编第十二师；另以十一师秘密打到光山以北、潢川以南的璞塔集、彭店地区，割断潢川守敌与双柳树、仁和集之敌的联系，准备打援；而以十二师进攻双柳树，以七十三师和少共国际团进攻仁和集。因敌人的防御体系被我突然割裂，仅五天时间，战役即胜利结束。总计歼敌8个团和反动民团一部，毙伤俘敌近万人，缴枪7000余支，收复并进一步扩大了潢、光南部根据地。

从1931年11月到1932年6月上旬，经过黄安、商潢、苏家埠和潢光四大战役，红四方面军先后共歼国民党军6万余人，其中成建制被歼的正规部队近40个团。蒋介石对鄂豫皖革命根据地发动的第三次"围剿"尚未展开即被粉碎。鄂豫皖革命根据地和红军得到了迅猛发展。根据地面积扩大到4万余平方公里，人口达350余万，拥有26个县的革命政权，红军发展到4.5万人，地方武装、赤卫队也发展到20万人以上。这是鄂豫皖革命根据地发展的极盛时期。

第七章　反“围剿”失败与西征

第一节　大兵压境

在徐向前组织指挥发起黄安战役的时候，1932年5月5日，南京国民党政府同日本帝国主义签订了卖国的《淞沪停战协定》，接着就以向美国借得的1200万美元作军费，购买大批军火。蒋介石在“攘外必先安内”的口号下，积极准备对红军的大举进攻，妄图彻底摧毁各个革命根据地。在国民党第四次全国代表大会上，蒋介石还特别提出鄂豫皖苏区的“危险”，决定把它作为进攻的主要目标。

蒋介石鉴于过去几次“围剿”作战指挥者不得力，这次决定“御驾亲征”，亲自担任鄂豫皖三省“剿匪”总司令，任命李济深为副总司令。6月12日，蒋介石在庐山召开军事会议，确定“围剿”红军的部署：首先集中主要力量消灭鄂豫皖、湘鄂西两区红军，然后全力进攻中央苏区。企图以重点进攻、分区“围剿”的办法，达到各个击破红军的目的。为便于指挥，蒋介石把他的总司令部设在汉口，副部设在蚌埠。下组左、中、右三路军。除了何成浚指挥的左路军专门对付湘鄂西苏区外，中路和右路军全力负责“围剿”鄂豫皖苏区。根据红军获悉的情报，敌总兵力共26个师又5个旅，30余万人，另有4个航空队。

敌人对鄂豫皖苏区第四次“围剿”迫在眉睫，红四方面军总指挥徐向前和政治委员陈昌浩向鄂豫皖分局建议，提出红军必须立即进行准备，以对付敌人的进攻。然而，当时中共中央给鄂豫皖红军的任务是：“除以二十五军巩固皖西北新发展的根据地外，主力应向西行动，扩大与巩固鄂东区，以一师以上的兵力过平汉路，配合红三军行动，消灭徐源泉、萧之楚主力，造成平汉路两旁孝感、武胜关间比较巩固的新根据地，必要时可重新进攻黄陂、威吓武汉，调动敌人进攻湘鄂西力量，求得战争的解放，以造成包围武汉的形势。”[①] 作为鄂豫皖中央分局和军委会主要领导人的张国焘，更是被红军近年以来取得的胜利冲昏了头脑，对形势作了极为错误的估计。他认为：“目前已根本消灭‘围剿’”，“现在是我们由冲破包围已经进到消灭敌人包围的时候。”根据中央的训令，他提出红军当前的作战计划是：第一步，进逼罗山，破坏京汉路，并以歼灭新到这一带的敌第二、

① 见《中央为反对敌人“围剿”给苏区的军事训令》(1932年6月)。

八十师和第十五路军为目的；第二步，沿京汉路南下，歼灭宋埠、黄陂一线之敌，威逼武汉。

国民党第三次“围剿”失败后，改变了策略，对中央苏区暂取守势，而集中主力对付鄂豫皖苏区，将他的主力所谓“王牌”部队大部分都拿出来，集结于平汉路北起信阳，南至武汉一线。敌人的战术是：“纵深配备，并列推进，步步为营，边进边剿”；遇红军主力，则据地固守，待援合围；击破红军主力后，则并进长追，四面堵截。计划第一步攻占黄安、七里坪、新集和商城等要地，将红军主力驱出鄂豫边境；第二步，实施东西夹击，将红军主力压迫至长江北岸，聚而歼之。同时，提出“三分军事七分政治”的口号，编组保甲，实行“连坐法”，强化各级反动党政机关和反动地方武装，动员外逃的土豪劣绅“回乡执政”，以配合其军事进攻。

6 月下旬，根据中央分局的决定，徐向前率领红军主力由潢川地区西进，并以红十二师向京汉路信阳——广水段出击。6 月 25 日，攻下鸡公山，歼敌三十五师一个团。此时，红军已连续作战 7 个多月，部队十分疲劳，而且病号日增，战斗力显著下降。因此，徐向前、陈昌浩再次向中央分局建议，停止在京汉路的作战行动。6 月 27 日，部队向河口地区集结休整。

在黄安县城西北三十多公里，有一个山区小镇夏店。山区的气温已经比较高了，阵阵热风，吹得山坡上的松竹习习作响。红军来到这一带集结休整，小镇更加热闹了。张国焘在这个小镇召开中央分局会议。除了随红军行动的中央分局委员外，鄂豫皖省委书记沈泽民也赶来参加会议。

会上，徐向前再次提出暂时停止进攻作战的建议。他说：敌人已经开始的军事行动，从目前的情况看，还只是在边沿区进行小规模侦察性的进攻活动，我们可以用一部兵力警戒敌人，主力放在鄂豫皖边界地区，一脚踏在苏区，一脚踏在白区，一面休整，一面掩护地方开展工作，开辟新区，巩固老区。同时可以就食新区，减轻老区人民的负担。这本来是一个切实可行的建议。可是，张国焘和沈泽民对迫在眉睫的“围剿”仍然漫不经心，反对红军进行休整。沈泽民说：“这次东征作战，我们已经取得了伟大的胜利，尤其是六安、霍山地区，胜利更大。胜利了要再胜利，不能停止进攻，敌人这次‘包围会剿’，都是国民党的残余武装，没什么了不起。他们布置还未就绪，我们要趁此时机，采取积极进攻的策略，红军主力应乘胜南下，围攻麻城。”

沈泽民是 1922 年加入中国共产党的老党员，曾留学日本，住过莫斯科中山大学和红色教授学院，当过中共中央宣传部长，对革命忠心耿耿，有能力，有热情，只是缺乏指挥作战的实践经验。加上这时王明“左”倾的影响，他的思想不能摆脱“左”的一套。因此，意见常常和张国焘一致。徐向前很尊重沈泽民，可是，总感到他的意见距离实际太远，又难以说服他。

会上，围绕着红军下一步行动问题，展开了激烈争论。陈昌浩在军事问题上支持徐向前的意见。张国焘先是摆出听取意见的姿态，不说多少话，最后，他作出决断说："现在已转变到我们同敌人决胜负的时候了。决胜负的战争，不是你死就是我活，绝不是马马虎虎的小事情。我们要趁热打铁，才能成功。红军下一步的任务是，要实施不停顿的进攻，围攻麻城，夺取麻城，以实现威逼武汉的计划。"

后来事实证明，张国焘和中央分局决心南下围攻麻城，是第四次反"围剿"斗争中最为失策的行动。当时，如果能按照徐向前、陈昌浩的意见去做，红军主力选择适当位置，抓紧时间进行休整，抽出一部兵力，配合地方武装，肃清苏区内反动民团，进一步巩固根据地，敌人发动"围剿"时，红军仍可处于主动地位。以红军主力南下夺取麻城，决定已经作出，红军就没有时间进行反"围剿"的准备工作了。一招不慎，全盘被动。

决定围攻麻城后，7 月 6 日，徐向前率领第十、十一、十二、七十三师和黄安独立第一师，向麻城地区开进，以迅雷不及掩耳之势，包围了麻城守敌，并在麻城以北红石堰、七里桥地区全歼敌三十一师九十三旅，生俘敌旅长章祖卿以下官兵两千余人。随后，又在中馆驿包围敌三十师九十二旅，切断麻城守敌与外部的联系。但是，麻城敌依托坚固城墙，久攻不下。

徐向前同陈昌浩研究，考虑到麻城外围地势平坦，敌工事坚固，强攻不易奏效，加上援敌已与守敌靠近，于是以黄安独立师继续监视麻城守敌，主力向西南出击，占领仓子埠，进逼黄陂县城。武汉守敌极为恐慌，蒋介石见麻城被围，情况危急，于 7 月 7 日急令第三十师由黄陂出援，遗防由汤恩伯八十九师接替。又急令汤恩伯八十九师在黄陂西祁家湾地区防堵；以五十四师水运阳罗，向仓子埠兜击，同时，令麻城、宋埠之敌三十、三十一师亦派主力向西南出击，企图配合堵击部队夹击红军。

红军上述一系列作战行动，虽然给敌人以一定的打击，但并未打乱敌人的"围剿"部署。正当徐向前率领红军主力围攻麻城的时候，东线敌徐庭瑶纵队于 7 月 7 日向霍邱县城进犯。

霍邱县城位于淮河以南十公里处，溯淮河可东通蚌埠，北到颍上、阜阳；出县城向东七公里是东湖，过湖越淠河可到寿县，有铁路与合肥相通；县城西是西湖，与淮河相连。这里三面环水，只有南面一条道路可通六安、商城。这样的地形是很难防守的。苏家埠战役后，红二十五军军长旷继勋奉命率七十三师一部北上，在攻占淮南重镇正阳关后，乘胜攻占了霍邱县城。他们虽然加固了工事，组织训练群众方面也作了一些准备，但是，在敌人大规模军事"围剿"的情况下，要守住这个孤点，显然是不可能的。在敌人以飞机、火炮为掩护发起的猛攻下，至 9 日，城外已全部失守，红军被迫退守城内。

徐向前接到旷继勋关于决心坚守霍邱县城的报告，认为再不能死守此城。应撤至城外，占领有利地形，相机歼灭来犯之敌。于是立即派蔡申熙去霍邱，可是已经来不及了，敌已攻入城内。巷战中，红军战士们子弹、手榴弹打光了，终因众寡悬殊，一个团的守城部队全部损失。旷继勋利用夜暗脱险。

与此同时，西线敌陈继承纵队于7月10日由罗山地区南犯，卫立煌纵队于7月下旬由孝感地区向西推进。敌情已经非常严重。可是，张国焘不仅无视当前严重的敌情，而且夸大围攻麻城以来所获胜利的意义，令红军再次围攻麻城。他提出：打下麻城、宋埠、岐亭、黄陂，打到武汉去，实现数省政权的首先胜利，完成准备同帝国主义直接作战的先决条件。

红军处处被动。总指挥徐向前几乎成了军委主席张国焘手中的一个棋子，搬来搬去。徐向前在难言的苦恼中，只得拼出全力，争取摆脱这种被动的局面。8月2日，徐向前和陈昌浩率领红十、十一、七十三师等部，冒着盛夏酷热，再次围攻麻城。8日，红十一师攻占大陡坡山，全歼敌1个团。随后，积极作强攻麻城的准备。就在这个时候，敌人已经向苏区大举进攻了。北线敌人已进至大新店、宣化店、花山集一线；东线敌人进至霍邱南之河口、丁家集及淠河一带；西线敌人进至夏店、蔡店、长轩岭等地，都已逼近根据地中心区域。蒋介石见几路“进剿”军未遇到红军的有力阻击，于是下令改变步步为营、稳扎稳打的战术，于7日发起总攻，要各部队以疾速秘密的手段，深入根据地中心区，逼迫红军于一隅而歼灭之；命令担任主攻的陈继承纵队于14日前占领七里坪。

当红军河口独立团与来犯的敌人接触时，中央分局已获得急报，但仍令徐向前加紧围攻麻城。及至敌陈继承纵队占领了吕王城，向七里坪急进，卫立煌纵队向河口突进的时候，张国焘才感到局势严重，惊呼：“今天打出了一个厉害的敌人来了。”于是赶忙决定放弃围攻麻城的计划，要徐向前、陈昌浩率红军主力星夜向西转移，迎击敌人。红军处于更加被动的境地。

麻城到黄安，相隔百里之遥。当地人说：“麻城到黄安，九十当一百三，会走走一天半，不会走走两天。”徐向前心急如焚，率红军硬是一个夜晚赶到了黄安。黄安群众得知红军回来，人人欢腾，成群结队，分列道旁，敲锣打鼓，吹喇叭，欢迎红军，并给部队送去糍粑、猪肉、鸡蛋、花生、鞋袜等慰问品。连日苦战的红军指战员深受鼓舞，不少人中暑晕倒后清醒过来，立即追赶部队参加战斗。红十二师师长陈赓看到这种情景，深受感动，连连说：“多么好的战士呀！”

徐向前这时的心情，也和陈赓师长一样，真是感慨万分。他回想着一个多月的作战，没法不埋怨张国焘的瞎指挥。若是那次会议上接受他和陈昌浩的建议，不南下围攻麻城，怎么也不会落到今天这处处被动的局面。可是，已经晚了！现在只好在被动中求主动，在艰难中求胜利了。他振作精神，飞马向前。他的性格同他的名字一样，不管处境多么难，道路多坎坷，总是向前，向前！

8月11日中午，陈赓率红十二师在黄安以西下徐家、冯寿二地区与敌先头部队第十师遭遇，趁敌立足未稳，突然发起攻击，给敌以很大杀伤。当时，蒋介石对第十师失利甚为恼怒，急电卫立煌纵队加强防守，并命陈继承第二纵队限14日以前占领七里坪。“如有违误，当予以最严厉之处分。”

13日，红军主力赶到黄安地区，敌已筑好工事固守。徐向前让部队原地休息准备战斗，自己带了几个人来到前沿的一个山包，观察情况。这一带是海拔

200 米以下的丘陵地，地面起伏较缓，许多小高地错综连绵，山头都被敌人占据，正在加修工事。徐向前蹲在山头上，抽着旱烟沉思起来。这些天，他总想寻求一个战机，出敌不意，歼灭敌人一路，扭转一下被动的局面。可眼前的现实是敌人依托工事，居高临下，以逸待劳；红军却疲于奔命，跑了整整一夜。如果立刻发起进攻，不是“以我之长击敌之短”，而是恰恰相反。这时，有情报说，敌人正向红军两翼迂回。徐向前奋力站起，匆匆跑回山下指挥部。

此时，张国焘已从后面赶来，正和陈昌浩躺在一间屋里休息。两个人见徐向前走来，几乎同声问：

“情况怎么样？”

“为何听不到枪声？”

徐向前说：“部队正停止待命，我看应该立刻转移。”

“转移？”张国焘从铺上跃起身来。他正寄希望于一战扭转局面。

“是不是情况对我不利？”陈昌浩从徐向前的神情里似乎觉察到情况不妙。

徐向前于是把他观察的实情和分析讲了一遍。他果断地说：“如不转移，两侧敌人迂回上来，更不利了！”三个人又经过一番争论，这才决定：部队连夜撤出，转移去七里坪，再寻找机会打击陈继承纵队。

七里坪是红四方面军的诞生地。当地群众久经革命战争的锻炼，对共产党领导的苏维埃革命运动始终忠贞不渝。现在，听说红军要在这里打大仗，立即全力支援。这时，新谷还没有登场，粮食极为困难。但是群众硬是将仅有的一点稻米拿出来，供部队食用。他们还从田间选择早熟的稻谷，现收现打，送给红军。鸡、鸭、猪、蛋，源源不断地送到部队。乡亲们的举动，使广大指战员深为感动。徐向前不顾疲劳，忙着部署作战，下决心要打好这一仗，一鼓气把敌人打下去。当天下午 1 时许，敌第二师两个团攻到悟仙山大寨，红军趁敌仰攻，展开猛烈反击，当即将敌两个团大部歼灭于阵前。敌二师师长黄杰急调第八团增援，并令右翼第六旅十一团在柳林河西岸占领周田附近高地策应；敌第三师第九旅十七团也向南延伸。红军参战部队，冒着敌人猛烈的炮火和飞机的轮番轰炸，徒涉倒水河，一举突破敌前沿阵地，与敌人展开肉搏。战斗的激烈程度，为鄂豫皖苏区前所未有。敌第二师全线溃退，其第八团和十一团大部被歼。红军乘胜追击，直插白马斯河，攻占了黄杰的指挥所。敌陈继承得悉第二师惨败，急令其预备队第八十师增援，令左翼第三师向第二师靠拢，第二师残部则退守笔架山，陈继承并亲到第二师阵地“督战”。红军再接再厉，反复冲杀，与敌第二、三师彻夜激战，肉搏十余次。徐向前鉴于天色将明，敌据险顽抗，且后续部队已到，而红军伤亡较大，后续兵力不足，再攻也攻不动了，于是决定连夜撤出战斗，扼守倒水河以东酒醉山至古风岭一线阵地。战局转成相持状态。

七里坪这一仗，徐向前是下决心要打好的，集中了十、十一、十二、七十三师和黄安独立师，共五个师，都是能打的部队。黄安独立师也是很有战斗力的，把敌二师师长黄杰的司令部都占领了，把司令部的电话机都缴来了。但是，由于红军伤亡很大，兵力不足，没有后续部队，把前面的敌人打垮后，再攻却攻不动了，只好转移再找机会。后来得知，敌第二师惨败的当天晚上，敌人召开了紧急会议，会上，敌军将领意见分歧，陈继承与各师长都主张退兵，唯独卫立煌主张坚守。卫立煌这一动议，深得蒋介石的赞赏。因此，敌在占领金家寨后，蒋介石命令改称为“立煌县”，以示嘉奖。

在冯寿二、七里坪的两次作战，虽给敌人以很大杀伤，但没有击破敌的一路，因而也就没能使整个战局发生有利于红军的变化；相反，却使红军受到重大伤亡和消耗，作战继续处于被动地位。正如徐向前后来说的：我军在冯寿二、七里坪两次作战，虽给敌第二、十师以沉重的打击，共歼敌五千余人，但是，这两次作战，我们在战役指挥上也有错误。首先是初战时机选择不当，过早与敌实行决战。同时，我们没有充分利用苏区的有利条件，给敌人制造困难，打击敌人较弱的一路，实行各个击破。在主观上，我们虽然也想寻找敌人弱点，想在运动中歼灭敌人，但因方法不对，总是实施迎头堵击和正面反击，所以未能如愿以偿。虽然歼敌一部，但未能溃敌一路，因而也就未能改变整个“围剿”的严重形势。

七里坪战后，红四方面军主力北移檀树岗、新集。9 月 3 日，敌陈继承、张钫两纵队五个旅进犯新集。红四方面军主力在胡山寨地区与敌激战后，向皖西转移。途中，张国焘、徐向前、陈昌浩联名致电中共中央，报告近期作战情况。电报说：“敌分路合进，每路均三师人，互相策应，我军已与敌转战一月。在黄安、七里坪两次激战，敌第二、十、八十九师受重挫，退回黄安补充。敌第三、八十、八十三师又取道新集西北，协同五十八师及张钫部进攻，激战三日，敌第三、八十师又受重挫。因敌分路合进，我军尚未能消灭敌一路，现正移师皖西，首先消灭进攻金家寨之敌。七里坪、新集已自动放弃。”电报还提出：当前红军最大的困难是补充人员不易。现有伤病员近万人，四分之三是烂脚病，缺医缺药。要求中央“紧急动员各区红军及工农群众急起策应我军”。

中央局接到电报后，当时在前方的周恩来、毛泽东、朱德、王稼祥等曾复电鄂豫皖分局，建议红四方面军采取诱敌深入，运用广大的游击队，实行扰敌、截敌、袭敌与断绝交通等，疲劳与分散敌人，在运动中选择敌人薄弱部分，猛烈打击与消灭敌人一部后，迅速转移，以便各个击破敌人，粉碎敌之“围剿”。这时的红四方面军已失去实行中央局这个建议的条件，张国焘面对敌人重兵分路合进，决定红军退出汤家汇及金家寨，转至英山苏区燕子河一带。在这里，张国焘召集陈昌浩、徐向前、曾中生等研究下一步的军事行动。决定以郭述申和独立四师师长徐海东等带少部兵力及地方武装，在皖西和潜太地区扰敌后路，主力红军则先取英山，再向黄麻地区转移。

10 月上旬，红四方面军主力经罗田、团陂、新洲、八里湾等地，回到黄安地区。这时徐向前已率红军主力转战两个月，在苏区内兜了一个大圈子。虽然广大指战员英勇奋战，给敌以很大杀伤，但由于没有击溃敌人的一路，没能粉碎敌之“围剿”。徐向前后来说：这次反“围剿”作战，在战争指导上也犯了许多错误，不应该屡次只是与敌人正面死拼，打硬仗，消耗自己，应该采取机动灵活的战术，集中自己的优势兵力，选择适当的时机与地形，乘敌之隙与疲惫之际歼其一路，以粉碎其“围剿”。当时，敌人那么多，不让他们闯进苏区是不可能的，从正面硬顶也是顶不住的。中央苏区第五次反“围剿”所以失败，也是因为实行“分兵把口”“短促突击”。我们在四次反“围剿”中是从正面顶住敌人打，这在作战指挥上就显得笨拙。主要是那时各级指挥员军事水平很低，战术素养不好。其次，过去红军部队还比较小，虽然小部队作战经验还很丰富，但缺乏打破敌人大兵团“围剿”的经验。我们在黄安地区作战时，原想在战役上造成优势，就把围攻麻城的部队撤了下来，争取在对当面之敌作战上处于优势，但因贻误了时机，并未形成优势（敌后续部队跟上来了）。随后，我们又把几个主力师全部集中在七里坪，也想争取优势，消灭敌之一路，在战役战斗上造成自己的优势，使自己由内线变为外线作战，但在战术行动上很笨拙，总是在正面和敌人打。那时，我们能否从敌人侧翼打呢？能不能在运动中打敌人呢？能不能诱敌深入呢？我想并不是没这个可能的。有些问题，我们也是提过意见的。但是，分局领导是很主观的，听不进别人意见。当时我们也不很高明，但就连我们那些意见也不接受。他们自以为是，因此，一误再误，一错再错，以致发展到不可收拾的地步。

第二节　突破重围

红军兜了一个大圈子，回到黄麻老根据地，只见到处断垣残墙，满目疮痍，群众无米缺柴，生活非常艰难。尽管如此，乡亲们见到子弟兵又回来了，愁云满布的脸上又绽开了笑容，战士们不顾疲劳，帮助乡亲们重建家园，荒凉的山村又出现了生机。根据地遭敌蹂躏，乡亲们受苦受难，连续作战八九个月，战士们疲惫不堪，此情此景，徐向前何尝不难受。因此，在部队到达河口地区后，他就准备让部队在这里休整，抓紧时间补充，另找战机，部署新的作战。谁晓得红军一到，就与敌一师、八十八师遭遇。原来，敌人发觉红军主力已跳出其合围圈后，即命胡宗南部第一师和八十八师、第十三师在麻城、黄安地区堵截，卫立煌、陈继承两纵队赶忙掉头向西尾追。

敌人的追堵，又使徐向前的休整计划落空了，于是赶忙布置战斗。经过激战，将敌八十八师一个旅和胡宗南的一个团全部击溃，歼敌 2000 余人，缴枪 1000 余支。9 日下午，敌第二师由冯秀驿向河口东红军据守的仙人洞、邹家集、两河口一线阵地猛攻。红军以刺刀、手榴弹打退了敌人七八次冲击，毙伤敌近千人。红一师政委甘济时在战斗中牺牲。

傍晚，天下着雨，徐向前从前沿阵地返回指挥部，刚想休息一下，突然接到报告：蔡申熙军长身负重伤，生命垂危。徐向前急忙起身，冒着雨，奔向红二十五军指挥所。脚下是崎岖的路，身上雨水浇，心中惴惴不安。他和蔡申熙同属黄埔第一期毕业，是生死与共的战友。他知道，蔡申熙是 1924 年加入中国共产党的老党员，革命军中有胆有识的将领。他率领的红二十五军是方面军的一支主力。他在战略战术上，有许多远见卓识。现在反围攻斗争吃紧的关头，可不能没有他啊！

徐向前赶到蔡申熙身旁，只见他呼吸短促，脸上十分痛苦，断断续续地说：“向前，我……不……行了，你要……”

徐向前紧握他的手，安慰说：“你不要多说话了，好好养伤！”

“唉！”蔡申熙叹了口气，像是有许多话要和老同学讲，但是嘴唇动了几动，最后向徐向前挥挥手，意思是快去指挥作战吧。

徐向前向医生嘱咐了一番，要他们全力抢救，精心护理。他怀着希望又冒雨奔向指挥部。然而，热忱并不能战胜死神。第二天，蔡申熙牺牲了。这位北伐时就在国民革命军中任营长、团长，参加过南昌起义和广州起义的共产主义战士，1928 年后，曾任中共江西省委军委书记、中共中央长江局军委书记。从 1931 年 1 月率红十五军与红一军合编为红四军，此后，与徐向前战斗在一起。他的牺牲，使徐向前心中十分悲痛。

鄂豫皖苏区的中心区域已被敌人占领，红军处境更加困难。这时，摆在面前的问题是：继续在苏区打，还是跳到苏区外面去打？10 月 10 日晚，在敌人紧逼的情况下，张国焘在河口以北的黄柴畈召开了紧急会议。到会的有沈泽民、陈昌浩、徐向前、徐宝珊、王平章、吴焕先等领导人。对于红军下一步的行动，意见又出现分歧。张国焘认为两个月来，红军经过几次战斗，都未能击溃敌人，现在已经完全处于被动地位。苏区大片土地已被敌人占领，红军已无回旋余地，只有跳出敌人的包围圈，才能保存红军的力量。沈泽民提出，红军主力不应脱离苏区，应该留下来继续坚持游击战争，以待时机。徐向前不赞成上述两种意见，主张红军主力拉出苏区去打，待机重返苏区。他认为在敌强我弱，红军在苏区内既已失掉以运动战的方式歼灭敌人的机会，又没有回旋余地的情况下，将内线作战转变为外线作战，调动和歼灭敌人后再回苏区的办法是可行的。争论结果，最后决定：留下七十五师和地方武装，由沈泽民负责，坚持游击战争，方面军总指挥部率十、十一、十二、七十三师和少共国际团跳出苏区，到平汉铁路以西活动。

这次会议是仓促召开的，对部队下一步的行动计划与安排很不周密，会后也没有在部队中进行传达动员，只是在一些干部中作了简单的布置。广大指挥员甚至不少高级干部，都不了解这次行动的意图与计划，只知道要过铁路，准备同贺龙的部队会合。徐向前不晓得张国焘脑子里怎么想，他想的是在河南、湖北交界的桐柏山西部一带鄂豫边区有块根据地，原属红三军活动的地区。准备到那里让部队休整一下，敌人来了再杀它个“回马枪”。

这时的大别山区到处一片凄凉景象。敌人奸淫烧杀抢掠，使得根据地内青山秃了，河水染红了，村不见炊烟，田不见禾苗，到处是断垣残墙。徐向前几年来走遍了这里的山山水水，对当地的乡亲和山村都很熟悉！他恋恋不舍，心情沉重。但他总想，能出去兜个圈，还要回来。没想到，这次转移，竟是越走越远。

10月11日黄昏，红四方面军第十师、十一师、十二师、七十三师和少共国际团，共13个团、2万余人，携1.5万支枪，由四姑墩向西进发。第二天拂晓，在广水与卫家店之间越过铁路，天刚一亮，敌第十、八十三、八十八师就跟着来了。红七十三师后卫团被切断。激战三小时，才将敌人击退，把丢失的行李、电台抢了回来。13日，红军左右两个纵队在铁路以西陈家巷地区会合后，开始了漫长的征程。

蒋介石企图消灭红军于大别山区。打算落空后，又重新调整部署，令卫立煌率十师、八十三师及独立三十四旅等，跟踪追击；胡宗南第一师在北面沿花园至襄阳的公路，萧之楚四十四师在南面沿京山至宜城的公路，实行平行追击；原在襄阳、枣阳、宜城地区的刘茂恩六十五师和冯鹏翥六十七师，则依托沙河堵击。他划分了所谓“围剿”区，严令各部：“如匪在该管部队区域之界线以内窜出者，该管部队长官概以纵匪论。”为了统一“追剿”部队的作战指挥，以“收指臂相助之效”，蒋介石还将萧之楚四十四师和刘培绪独立三十七旅统归卫立煌指挥。敌人总的企图是，将红军主力围歼于襄（阳）枣（阳）宜（城）地区。

徐向前率领红军，在大洪山区且行且战，向西转进。部队冒着蒙蒙细雨，踩着没胫的泥泞，在崎岖的山间小道上艰难地行进。19日拂晓，到达枣阳以南四十余公里的新集以西地区。这里，南面是大洪山，北面是桐柏山，西面是武当山，红三军曾在这里开展过游击战争。枣阳西南部曾经建立过苏维埃政权。这个苏区曾与鄂豫皖苏区保持过联系。部队到达这里之前，徐向前同张国焘、陈昌浩商量，准备在这里略事休整，待机打回鄂豫皖苏区。可是，当部队到达时，那里的苏区政权、军队早已不存在了，只留下一片断垣残墙的荒凉景象。部队正在准备弄饭吃，敌八十三师就追上来了。徐向前立即命令红十一师组织阻击。经过激战，打退了敌人多次进攻，迫敌后退了数里。为了给第二天的反击造成有利态势，徐向前命令红十二师派部队迅速占领新集西南十公里的制高点乌头观。显然，控制这个高地，对保障红军右翼和下一步作战都极为重要。可是，因山上的寨子有地主武装防守，十二师攻击不得力，行动迟缓，没有拿下来。当天晚上，敌第十师和独立三十四旅赶到，占领了这个制高点。

20日晨，敌以八十三师和独立三十四旅全力向宋家集、吴家集红军阵地发起猛攻，企图左右钳击，合围歼灭。徐向前分析当面敌情，认为进攻的两个师又一个独立旅并不占优势，敌第十师遭红军多次打击，还心有余悸；独立三十四旅本是川军改编，战斗力也不强，若击溃其一路，其余敌人就好解决了。因此决定，以十、十一师扼守宋家集、吴家集一线，十二师扼守关门山、刀锋岭阵地，依托有利地形，予敌以一定杀伤后，集中力量向敌独立三十四旅发起猛击，实行两面夹击，予以歼灭。战斗开始发展还比较顺利，敌三十四旅伤亡惨重，敌旅长罗启疆也被击伤，向后溃退。只有乌头观敌人凭险顽抗，红十二师久攻也没能夺下，致使围歼敌三十四旅的计划不能实现。黄昏，敌四十四师一个旅由双河场赶来增援，战斗才呈相持状态。

21 日，敌集中兵力又向红军发起猛攻。下午，有一股敌人突破了前沿，攻到指挥所附近，情况十分危急。张国焘此时已不知所措。徐向前果断地决定，把指挥所的工作人员和警卫连约 300 人集合起来，准备战斗。他说：“大家听我的命令，等敌人靠近了再打。”敌人正往上爬，200 米、100 米、50 米，越来越近了，只听一声号令：“打！”这支小部队一齐开火，一阵手榴弹，打得敌人血肉横飞。十一师师长倪志亮、政委李先念获知总部被围的消息也立时率部来援，终于击败敌人，保证了总部的安全。这一天的战斗，从早到晚，战士与敌人多次肉搏，双方伤亡惨重。入夜，西南方向的敌军范石生五十一师向红军侧后攻击；北面的胡宗南第一师也从襄（阳）花（园）公路压来，已形成合围态势。为摆脱被动局面，徐向前与张国焘、陈昌浩研究决定，从敌人防守比较薄弱的西北方向突围。

“枣阳新集战斗，是我军转移以来打得最凶恶的一仗。”徐向前后来说，“这次战斗，如果不是我军失去先机占领制高点乌头观之利，情势会好得多。我们虽歼敌不少，但自己伤亡也大。三十一团团长林维权、三十三团团长吴云山都牺牲了，十师师长王宏坤负了伤。像吴云山、林维权，在全军是数得着的团长，打仗机智英勇，死得很可惜。”“敌众我寡，四面受敌，部队被迫突围，向北转移。这样一来，我企图在外线寻机歼敌、打回根据地的计划，即告失败。”①

22 日上午，部队到达襄阳西南十余公里的土桥铺地区时，敌刘茂恩六十五师已经摆好阵势。这时，红军因连日行军作战，得不到休息，已经极度疲劳。徐向前既要组织部队行军，又要指挥作战，走了一整夜，两条腿都迈不动了。张国焘已累得不能说话，用手势向徐向前表示要他指挥。徐向前让人找来一根木棍，拄着爬上一个山头。

红军战士看见总指挥又上来了，累倒的爬起来，负伤的坐起来。徐向前向战士们大声说：“敌人又开始向我进攻了，打炮，不管，打机关枪，也不管。准备好，等他靠近了再打！”战士们按总指挥的命令，隐蔽在山顶上。敌人不见红军的动静，一边往前冲，一路高喊：“兄弟们，冲啊！共军没有子弹了，抓活的！”敌人正在得意忘形地向山顶上冲的时候，红军居高临下，一阵手榴弹，夹着猛烈的射击，把敌人给打了下去。

这次战斗，缴获了不少武器，带不走只好挑好的带上，其余的砸坏或埋起来。

入夜，红军胜利地通过沙河和襄（阳）花（园）公路，继续向西北转进。

新集和土桥铺两次战斗，是红军撤出鄂豫皖苏区后进行的两次最大的战斗，共歼敌 3000 余人，缴获炮 5 门、机枪 30 余挺、枪 1000 余支和弹药 100 余箱。这两仗，虽然没能给敌人以歼灭性的打击，但粉碎了敌企图在襄阳、枣阳、宜城地区围歼红军的计划。

10 月 22 日夜，红军经枣阳以西的隆兴寺、七方冈，向西转进。这时正值深秋，所经地区，由于连年军阀混战加旱灾，田园荒芜，庐舍废墟，荆棘漫野，满

① 徐向前：《历史的回顾》，解放军出版社 1988 年版，第 216—217 页。

目凄凉，当地群众大多迁居外逃，甚至数十里内渺无人迹。敌人追到此地，也哀叹：“粒米未见，勺饮难得，军行所至，尽皆露营”，“凄凉景象，俨同塞外”。[①]

红军冒着严霜冷雨，忍饥耐寒，昼夜行进。25日，在新野以西构林关地区再次突破刘茂恩部的堵截，经厚坡、下瓦亭、马镫铺，于29日到达淅川以南的宋湾。这时，鄂豫皖中央分局致电党中央，报告了近日的情况。电报说：“我军十九日与敌第十、八十三、四十四师及独三十四旅在随西之唐河（注：应为新集）激战竟日，首先击破敌八十三师，次日，三十四旅及十师全部阵地亦被冲破，四十四师始终严守阵地。敌据主要点迫近我军。四方面军二十二日突围至枣阳西之土桥铺，遇刘镇华部据险阻渡河点，后面敌人又迫近，但终将刘镇华部突破，夺路向新野、邓县入淅川。现已到淅川南十五里之宋湾。”电报最后说：“我军虽因每日作战，长期行军，甚为疲劳，但士气仍是极旺，随时可与敌决死战。”

徐向前率部继续西进，于11月初到达鄂豫陕交界的南化塘。这里，北面是秦岭山脉和伏牛山，南面是武当山和汉水，山高谷深，交通闭塞，粮米较丰。方面军总部作了研究，准备在这里发动群众，建立根据地，并向党中央报告红军撤离鄂豫皖的原因和打算。但是，部队才休息了三天，工作还没开始，敌四十四师、六十五师、第一师、五十一师又跟踪而来。在敌人三面进逼的情况下，红军只好迅速转移，经鄂陕交界的漫川关，进入汉中。

漫川关是鄂西北进入陕南的一个隘口。这里崇山峻岭，地势险恶，土地贫瘠，居民稀少。当红军进到漫川关以东康家坪、任岭地区时，杨虎城部三个团已据漫川关防守，堵住了去路。胡宗南部的两个旅也由郧西赶至漫川关东南任岭、雷音寺、七里峡、古庙沟一线。敌四十四师也抢占了漫川关东北的张家庄、马家湾一线，六十五师和五十一师也尾追至漫川关以东大沟口、当山地区；第四十二师则经漫川关以北的石窑子向南压来。在这里，敌人共动用了五个师又三个团的兵力，企图将红军围歼于漫川关以东十余里长的悬崖峡谷之中。

面对这个危急情况，怎么办？张国焘极力主张把部队化整为零，分散突围。他说这样目标小，行动方便。

徐向前抽着旱烟不语。张国焘在节节失败的情况下，变得谦虚多了。又问：“向前，你的意见怎么办？”

徐向前说：“敌人要的是我们分散，以便各个击破，分散突围，不能啊！”

陈昌浩在一旁说：“向前，你决定吧！”

徐向前说：“根据情报，北面敌兵力较小，又是敌人两股部队的接合部，是个弱点，可以从那里突围！”

敌情不允许他们多讨论，最后按徐向前的意见，一致决定：以一部兵力牵制当面之敌，集中力量从北面敌接合部实行突围。以十、十一师各一部牵制当面之敌，十二师在七十三师的配合下，在北面夺路前进。

---

① 转引自《红四方面军战史》。

徐向前的习惯是，哪里情况急，任务重，就到哪里去。他布置任务后，来到十二师指挥所。师长正向三十四团交代任务。他们见到总指挥，分外高兴。

徐向前问：“任务明确了吗？”

“明确了。”许世友说，“总指挥放心，一定会突过去。”

徐向前深知三十四团的战斗力强，更熟悉许世友这员战将。他从小在河南登封县的少林寺当过和尚，练就了一身好功夫，好力气，因受不了寺里的压迫，没学完师就跑了出来，参加农民革命斗争。他参加过黄麻起义，作战勇猛，执行命令坚决。现在，把掩护全军突围的重任交给他，总指挥是放心的。尽管这样，徐向前还是严肃地再次对许世友说：

“这次突围，关系全军的生死存亡，决不能掉以轻心啊！”

“保证完成任务！”许世友说罢跑步而去。

入夜，红十二师三十四团，在七十三师二一九团的配合下，向敌四十四师展开猛烈的冲击。这一仗，三十四团的第二营500多人，伤亡300多人，最后只剩下100多人，还是死打硬拼。战斗中，许世友发现附近的一挺机枪突然不响了，他一看，才知射手已牺牲，便把手枪往腰里一插，一个箭步上去把机枪抓到手上，向敌人猛射。

经过反复冲杀，终于夺取了北山垭口，从张家庄至马家湾之间敌四十四师两个旅的接合部，打开了一条通路。红军利用黑夜，沿着小路向北急进。山道崎岖狭窄，仅能容一人一骑通行，大部分火炮和炊事用具都扔掉了。二一九团团长韩亮臣也牺牲了。

天亮突出包围圈，脱离了危境。

正当敌人说什么徐向前部“仅剩下五千余人，毫无战斗力”“衣不蔽体、食不得一饱”“不死于炮火，即死于冻馁”的时候，徐向前率领红军从漫川关突围而出。队伍经野狐岭陡峻山地，沿一条上是峭壁、下是深谷的羊肠小道夺路北上。部队将笨重的东西通通扔掉，徐向前有个皮包，里面还有块怀表，也在险道行军中失落。部队翻过野狐岭，攻占了竹林关，一路攀岩涉水，于11月15日到达陕西商县西面的杨家斜。

第三节　跨秦岭越巴山

红四方面军本来准备从商县以西取道凤凰咀去镇安、柞水一带。当走到凤凰咀以东时，遇上胡宗南部阻击，只好避开敌人，折而向北。部队抵曹家坪后，总部开会决定兵分两路越秦岭，一路走汤峪，一路走库峪，向关中平原转进。

11月下旬，四方面军进入关中平原。这时，国民党北路军总指挥兼陕西省主席杨虎城急忙调孙蔚如十七师在王曲、子午镇一带阻击，而尾追的敌人第一、六十五、四十四、五十一、三十五等师，也扑向关中；敌第二、四十二两师，沿陇海路西进，企图合围徐向前率领的红军。红四方面军先后在王曲、子午镇等地同敌展开激战。在王曲镇歼敌四个营。子午镇一仗，又击溃陕军一部。十一师政委李先念在战斗中负伤。徐向前这时正在李先念身旁，他派人扶着李先念转移，自己接着指挥战斗。

12 月初，红四方面军到达户县以南的彷徨镇，部队分两个梯队前进，张国焘带十一师、七十三师先行；徐向前、陈昌浩指挥十师、十二师殿后。第二梯队在彷徨镇尚未出发，敌人又围上来了。徐向前紧急指挥部队实施反击。激战数小时，歼敌胡宗南师一部及陕军警备旅数千人。第一梯队闻讯返回接应，战斗已临近结束。战斗中红十师代师长曹光南不幸牺牲。

在这里，四方面军总部收到中共中央 11 月 7 日来电。电文指出："（一）虽然在临城战役中，红军获得伟大的胜利，击溃敌人九师主力，坚强了自己。但是由于对于国民党崩溃过分估计及由此而产生的对四次'围剿'严重性的估计不足，使我们不得不离开原有的根据地，这是很大的损失。（二）现在任务是要红四方面军在鄂、豫、陕边建立新的根据地，发动当地的群众的革命斗争，给红军主力以整理补充，并尽量扩大红军，以准备向敌人反攻。继续向西入陕与长期行动是不适当的。（三）迅速与红第二军团取得联系与行动的呼应。特别是在向敌人反攻准备时期，这有极重要的意义。（四）帮助领导鄂豫边区，恢复鄂豫边苏区，发动在这些区域中的游击战争，最高限度地发展土地革命的斗争，这是创造与巩固鄂豫边苏区的不可分离的步骤。（五）红军主力整理休息补充之后，应取向回发展的方向，造成时时威胁襄樊及武汉形势，所以与鄂豫皖苏区取得密切的联系，是十分必要的。"

中央的这一指示，远远脱离了红四方面军当前的实际。此时客观的形势使这个计划无法实现。当 12 月 2 日红四方面军到达周至县以南马召镇附近的新口子时，又为敌骑兵所阻，不能通过，后面又有追兵，要回鄂豫边区已经不可能了，只有翻越秦岭，向南发展。

秦岭在地理上是中国南方与北方的重要分界线，又是黄河流域与长江流域的主要分水岭，海拔在 2000 米以上，北坡到处是峭壁悬崖，极难攀登。古人说："蜀道难，难于上青天。"秦岭比之蜀道，其难处有过之而无不及。此时已是严冬，山上更是雨雪交飞，寒风刺骨。可是，部队还是撤离鄂豫皖苏区时的装束，着单衣，穿草鞋。在进入陕南商雒地区时，曾准备解决部队的冬装问题。但这一带不但不产布匹，手工纺织业也少得可怜，当地群众平素布料已经缺乏，哪来布匹供给军用。徐向前和广大指战员都身着单衣，他虽然身体不大好，仍然很少骑马，坚持步行。同战士们一起，白天行进在崇山峻岭之间，夜间宿营于悬崖老林之中。沿途人烟稀少，粮食缺乏，指战员们饥寒劳累，艰苦异常，每当从队列中看到徐总指挥一样吃苦，大家的情绪就高昂了。他们发扬刻苦耐劳、团结友爱的精神，战胜前进道路上的一个又一个困难，经过七天的艰苦行军，翻越几座海拔 2000 米至 4000 米高的大山，途经老君岭、厚畛子、下佛坪、都督河、黄柏源等地，于 12 月 9 日抵达城固西北约 40 公里的小河口。

部队到达小河口后，曾中生、旷继勋、余笃三、张琴秋、朱先等由于对张国焘在红军撤出鄂豫皖苏区后的无止境退却感到怀疑和不满，准备派人到中央去报告，后改为由曾中生以书面形式向张国焘陈述大家的意见，要求停止向西北无止境的退却，争取在陕鄂一带创建新的根据地；希望张国焘能采纳大家的意见，并将这一意见转报党中央。张国焘得知这一情况后，12 月 10 日在小河口召开师以上干部会议。会上，大家对张国焘提了不少意见和批评，并要求把方面军今后的行动方针报告中央。张国焘一方面表示欢迎大家提意见，并在会上宣布成立前敌委员会，以示加强集体领导，随后还委任曾中生为西北革命军事委员会参谋长，张琴秋为总政治部主任；另一方面，对大家提出的意见不置可否，更不上报中央。徐向前带先头部队出发，未出席此次会议。

小河口会议后，红四方面军的部队继续南进，在秦岭出口处许家庙、沈贤村击溃敌十七师五十一旅两个团的堵截，于 12 月 11 日进入汉中平原的城固地区。因为那一带回旋余地小，决定去大巴山北麓的西乡、镇巴一带立脚。当晚，全军开抵城固以西汉水岸边的沙河营。在茫茫夜色中，汉水滚滚奔流，波涛怒吼，像猛兽似的，拦阻着红军的脚步。先头部队的战士穿着单薄的衣服，聚集在汉水岸边。怎么办啊？后边是敌人的追兵，前边又无桥过江。就在这个时刻，一个高大瘦削的身影出现在战士们面前。啊，徐向前总指挥来了。

“同志们！”徐向前大声说，“这条汉水挡不住我们，我派侦察员骑马探过，这儿水不深，完全可以蹚过去！”

听说可以从此蹚水过去，大家都松了口气。可是，数九寒天，浅滩处已结着亮晶晶的冰凌，又使人望而却步。

徐向前像是猜透了战士们的心，手在夜空中一挥，说：“同志们，水是冷啊，下去走几步就不觉得冷了。现在，我们只有从这儿蹚过去，别的路是没有的。你们说怎么办？”

“蹚过去！”大家齐声吼着，“蹚，蹚！”

战士们的回答声还没有消失，徐向前带头下了水，脚步咔嚓咔嚓踩碎了岸边的薄冰，瘦削的身影向江对岸移动。

警卫员一看，急了，拉着马追赶，呼叫。徐向前回头向警卫员命令说：“把马拉回去，驮伤号！驮伤号！……”

这时，在徐总指挥身后是红十一师的一群看护员和伤兵，大家听说总指挥不骑马涉水，一个个搀扶着，走向冰冷的汉水。

尾追的敌军梦想着汉水会助他们一臂之力，没想到，红军夜涉汉水，又把他们甩掉了。渡过汉水，徐向前要人清点了全军人数，共 1.44 万人。

12 月中旬，红四方面军进驻西乡以南的钟家沟地区。方面军领导人了解到陕南一带连年干旱歉收，粮食极缺，大军久驻给养有很大困难。从陕南党的地下工作人员提供的情报得知，四川军阀正在混战，川北敌人的防务极为空虚，红军回旋的余地也大，特别是川北一带有共产党领导的革命游击战争和农民运动。为此，红四方面军在钟家沟召开团以上干部会，决定挥师入川。

1932年12月17日，红四方面军以七十三师二一七团为先遣队向川北进军，大队人马于19日开拔。徐向前随十二师行动。途中翻越的大巴山，当地人称“二百一”，上山要走70里，山上要走70里，下山要走70里。而这210里的崎岖山道，由于兵匪袭扰，行人绝迹，路径多为荆棘所掩没，当时又值隆冬，冰雪封山，红军从离开鄂豫皖苏区后，历时已两个多月，转战3000余里，体力消耗很大，衣单鞋缺，如今再过这大巴山，真是比登天还难。

徐向前为解决翻越巴山的御寒、照明和引路问题，费尽苦心。他规定每人带一把稻草，准备黑夜当火把联络用，以及在冰雪路上用做防滑的铺垫。他还叫衣服单薄的人用稻草编成蓑衣披在身上，并说，路上散落的稻草，可以给走在后面的人做路标。

红军指战员按照总指挥选定的行军路线，每人夹着一捆稻草，开始了征服大巴山的进军。山高，挡不住战士的脚底板；路险，难不住红军的钢铁意志。大巴山终于被征服了。

第八章　“巴山来了徐向前”

第一节　分兵直下通南巴

1932年寒冬，徐向前率领红军攀鸟道，履冰雪，战风寒，翻越人迹罕至的大巴山，直下通江县城。接着，兵分三路展开：徐向前率十一、十二师西进巴中；陈昌浩、王树声率七十三师北取南江；王宏坤率十师东向万源。张国焘率总部及后方机关坐镇通江及苦草坝。一月之内，红军连战皆捷，共歼敌3个团，溃敌8个团，占据通江、南江、巴中三座县城及周围大片地区。在共产党员张逸民影响下，南江北部的土著武装任玮璋部2000余人，起义参加了红军。“斧头劈开新世界，镰刀割断旧乾坤。”大巴山下一派天翻地覆的景象。人们纷纷传说着：

“红军好厉害哟！”

“龟孙子田冬瓜[①]快垮杆喽！”

“红军不拿百姓一针一线，对穷人像兄弟一样哟！”

“红军首领是哪一个？”

“说是有个徐向前！”

“天下未乱蜀先乱，天下已平蜀未平。”四川，历史上就是封建统治者最难控制的地方。孙中山高举义旗，号召推翻清政府，四川人民率先响应，发起轰轰烈烈的“保路运动”，促进了辛亥革命的爆发。然而，这场革命，只把清朝皇帝赶跑了，人民的斗争果实，被大地主、大军阀侵吞，实际上以失败而告终。四川境内，“诸侯”蜂起，连年混战。蒋介石的中央政府和中央军鞭长莫及，只得暂时睁一只眼闭一只眼，容忍所谓“川人治川”和军阀割据的现状。红军入川前，全省分别为刘文辉、刘湘、田颂尧、邓锡侯、杨森、李家钰、罗泽州、刘存厚等军阀分割控制。1932年10月，一心想当“四川王”的刘湘，同刘文辉展开争夺成都的大混战，全省大小军阀多被卷入。12月间，“二刘之战”再次爆发。以川北为大本营的第二十九军军长田颂尧，站在刘湘一边，倾其主力30个团西出成都参战，后方仅有10几个团防守。红军一举进据通南巴，就是利用了这个有利时机。

通南巴地区，位于川陕边。背靠巴山天险，俯视川东盆地，层峦叠嶂，林木

① 当地人民给军阀田颂尧取的绰号。

际天，河川纵横，土地肥沃，地势险峻，南低北高，进可攻，退可守。当红军翻越风雪大巴山的时候，徐向前知道四川军阀正在混战，进军川北，有可乘之隙。但是，红军能不能在这里站得住脚，搞块根据地，他还吃不准。入川一个多月，他跋山涉水，多方调查，初步掌握了川北的敌情、民情、出产及山形地貌，深感进军通南巴是招好棋，只要政策对头，把群众发动起来，红军就一定能够立脚生根，创造红彤彤的新天地。

川北人民在田颂尧的残酷统治下，长年挣扎在饥寒交迫、水深火热的境况中。军阀混战，更给群众带来了无穷无尽的灾难。正如一首民谣倾诉的："军阀梳子梳，豪绅篦子篦，甲长牌头刀子剃，收款委员来剥皮。"军阀加在人民头上的苛捐杂税，名目繁多，仅田赋税一项，就已收到五六十年以后了。贩卖鸦片烟，是四川军阀的生财之道，巴中一带又适宜种鸦片。田颂尧命令农民将大片良田变为烟田，以供其盘剥和挥霍，川北成了兵匪为患，烟毒遍地，民不聊生的人间地狱。群众曾奋起抗捐税，闹公堂，吃"大户"，盼"共产"。对此，成都的一家报刊也直认不讳："政治的腐败登峰造极，军官的蛮横亦是不可多见的。一方面要扩充军队以购买装备，另一方面要堆集财富，在此两种欲望之下，便只有尽其剥削人民的能事，设立种种的苛捐杂税，田赋一年征收十年、二十年，都是极平常的，于是人民生产力经营力低落了，农村开始崩溃，军人还是安然地剥索，于是农民逃荒，土地荒芜。这样一个背景，便正是共产党蔓延滋生的佳地。"①

红四方面军入川，田颂尧继续在成都参加混战。他在川北一角割地称雄，从未和红军较量过，认为乘虚而入的红军，不过是些东流西窜的"残匪"，就更不放在眼里了。追击红军的胡宗南、刘茂恩等蒋介石的嫡系部队，要从陕南入川"进剿"，田颂尧怕请神容易送神难，拒绝他们进来。盘踞宣汉、达县的老牌军阀刘存厚，忧心忡忡，致信田颂尧示意他罢战成都，回兵"剿赤"。田颂尧满不在乎地回信说："区区之灾，何以老师费心！"他的如意算盘是，待成都之战取胜后，再"班师回剿"，通南巴仍是田家的天下。

徐向前后来回忆说：当时，蒋介石和四川军阀之间，四川军阀本身之间，都有矛盾。我们利用这种矛盾，一是四川军阀正在成都混战，盘踞川北的田颂尧出兵参战，后方空虚，首尾难顾。二是四川军阀历来割地自雄，不愿意让蒋介石的势力进川。所以，追击我们的刘茂恩部已经从陕南进万源，又退回去了；胡宗南部已经从汉中进到川陕交界的地方，爬上了巴山，但四川军阀也没有让他们进川。假定那时没有四川军阀的混战的局面，我军入川，他们就会一致对付我们，红军处境就困难得多嘛！假定那时四川军阀和蒋介石之间没有矛盾，蒋介石就可以从汉中调部队过来，两边一压，我们不仅很难进川，就是进去了也不容易站稳脚跟。②

红军总部设在通江县城，徐向前和前线指挥部驻巴中。部队经过两个月的

---

①《川军剿匪之经过》，《复兴月刊》第3卷第6、7期合刊。

② 徐向前：《历史的回顾》，解放军出版社1988年版，第257页。

艰苦转战，有了落脚地，有了粮食吃，有了衣服穿，涤尽满身征尘，面貌焕然一新。战士们兴高采烈地说：

“红军就是离不开山，离了大别山，到了大巴山。”

“有山就有红军，通南巴可真是落脚的好地方！’

红四方面军领导人决定：抓紧时机，深入发动群众，开展土地革命斗争，建立以通南巴为中心的川陕革命根据地，并充分做好迎击敌人进攻的准备工作。徐向前根据周围的敌情，将三个师部署于巴中、南江一线，对付田颂尧的反扑；以一个师部署于通江及其以东地区，牵制刘存厚部，并保障战略后方的安全；另以少许兵力监视陕南的敌人。

川北没有经受大革命洗礼，共产党的活动一直处于薄弱状态，群众对共产党知之甚少。红军新来乍到，要立脚生根，关键在于发动群众。徐向前和陈昌浩要求各部队组成工作队，分片包干，分兵发动群众，打土豪，分田地，建立各级红色政权和群众组织。徐向前在一次干部会上说：“天下穷人是一家，群众对你有了‘一家人’的感情，才能相信你的宣传，跟你闹革命，否则，雷打他也不会动弹的。要使群众相信，红军就是穿上军装、拿起武器的穷人，是穷苦人自己的队伍，是全心全意帮助穷人翻身解放的。”工作队的干部、战士按照徐总指挥的指示，深入到老乡家里，什么脏活累活都干，很快就打破外地人同本地人、军队同老百姓之间的界限。

农民渴求土地和粮食。“打倒土豪劣绅”“土地归农民所有”“破仓分粮”“平分土地”等口号，有极大的动员力、号召力。有了红军撑腰，“精巴子”们敢于起来向地主老财讨还血泪债了。土豪劣绅丧尽往日的威风，被农民踩到脚下。每次开仓分粮，就像赶集似的，从四面八方涌来衣衫褴褛的人群，互相诉说着红军的恩德，欢天喜地，领回了分得的粮食、财物。

1933 年 2 月中旬，在通江县城召开了川陕省第一次工农兵代表大会。大会宣布以《中华苏维埃宪法大纲》为根本大法，通过了《川陕省苏维埃临时组织法大纲》，正式成立了省工农民主政府，将现有地区划为红江、赤江、赤北、南江、巴中五县和巴中特别市及陕南特区，建立各级苏维埃政权机构。赤卫队、儿童团、宣传队、俱乐部、洗衣队、缝纫队、运输队、代耕队、耕牛农具合作社等，如雨后春笋般地建立起来。从县城到乡村，结成一张纵横交织的巨网，把大多数贫苦农民团结和组织起来。依靠这些组织，红军的粮食、兵员、服装、运输等问题，都较好地得到解决，少数地主武装的叛乱活动，也及时被粉碎了。

川北妇女勤劳而勇敢，是一支革命生力军。徐向前率红军刚翻过大巴山，就见打赤脚的女孩子跑来，主动给部队带路。田野里、山坡上，见到的多是妇女在劳动，砍柴、背粮、挑粪、耕田。有些妇女身后背着娃娃，照样干活。妇女们挣扎在水深火热中，流行的说法是：“马有笼头猪有圈，婆娘有个男子汉。”“只有男州，没有女县。”她们不仅受军阀、地主、官吏的剥削压迫，而且受夫权的统治。男子大都染有抽鸦片的恶习，“瘾君子”的劲头上来，卖儿、卖女、典妻，使妇女的命运更为悲惨。红军来了，提倡男女平等、婚姻自由，规定妇女有选举权和被选举权，使她们见到了天日。第一次省工农代表大会，就有 30 多名妇女代表出席，有 11 名被选进省苏维埃机构工作。广大妇女积极参加革命活动，踊跃参加妇女委员会，参加红军。方面军组建了妇女独立营（后改编为独立团），成为中国工农红军的唯一正规妇女武装队伍。

川北的土匪很多，啸聚在高山密林间，打家劫舍，绑架杀人，群众恨之入骨，叫他们“棒老二”。红军入川后他们与逃进山林的恶霸地主、散兵游勇狼狈为奸，经常偷袭红军，残害革命群众。各种封建会道门组织也在土豪劣绅的操纵下，发展会员，囤积枪支，伺机发动叛乱。巴中有个“盖天党”，会员达 2000 多人。徐向前、陈昌浩采取军事打击与政治瓦解相结合的方针，令各部队剿灭土匪，解散会道门组织，一批土匪和会道门头目、骨干，被活捉公审。群众高兴地说：“有红军在，我们再也不怕‘棒老二’了！”

为了分化敌人，红军总部以张国焘、徐向前、陈昌浩的名义，致书刘湘、杨森、刘存厚等人，提出互不侵犯。陕南的孙蔚如部是西北军的，与蒋介石有矛盾，与川军井水不犯河水，是红军的重要争取对象。红军总部曾派出徐一新等去陕南与孙蔚如谈判，双方达成互不侵犯默约。

2 月的川北，春意盎然。葱绿的群山，散发出沁人心脾的清新气息。“爆竹一声除旧岁”，一年一度的新春佳节来临了。通南巴的人民在欢庆翻身解放的节日里，自编自唱一首山歌：

红军同志来这方，夺回了地夺回了田，
半夜三更出太阳，夺回了房产夺回了权。
一打虎，二打狼，穷人从此伸腰杆，
穷人掌印坐天堂，有吃有穿比蜜甜。
昂首阔步挺腰杆，锄头下面开金花，
压迫剥削一扫光，锄头下面长粮棉。
财主见了把头低，大爹干活哼小调，
老爷见了躲一旁，婆婆走路像风旋。
乾坤扭转来，这场喜事是谁办？
世道变了样，巴山来了徐向前。

节日对于徐向前已几乎是陌生的了。多年戎马生活，使他从未安安静静地过一次新春佳节。无忧无虑、无牵无挂欢度春节的情景，只保留在对童年生活的回忆里。春节，他正在巴中县城的一座房舍里，全神贯注地思考着对付敌人反扑的作战计划。外面的节日气氛，像是与他无缘。几名参谋不声不响下棋、看书，谁也不去干扰总指挥。谁都知道总指挥的习惯：在他集中精力思考作战计划时，最需要的是沉静。只有电台工作人员送来电报，才能暂时打断他的沉思。

入川以来，徐向前不断考察通南巴的地形，地图上的一些山岳、河川、隘路、村庄，都深深留在他的记忆中。如果敌人发起进攻，采取什么作战方针？主力向哪里集中？决战的战场选在什么地方？如何组织反攻？都是他日夜思索着的问题。

红军总指挥部电台室，也弥漫着紧张、严肃的工作气氛。电台是红军的耳目，首脑机关的神经中枢。早在1931年，党中央就从上海派了受过专门训练的宋侃夫、王子纲、徐一新、蔡威等到鄂豫皖苏区，组成了红四方面军的电台小组。当时红军没有电讯器材，主要靠从敌人手里缴获；有时也通过党的地下工作人员从城市里购买。徐向前异常重视电台工作的建设，规定各部队缴获的电讯器材一律上交总指挥部。他经常同电台工作人员吃、住、行军在一起，帮助他们解决工作和生活中的实际困难。特别是在艰难的西征转移途中，他十分注意电台小组的安全，选最好的马给他们用，突围时派部队保护他们，被敌人切断时无论如何也要先把他们接应回来。现在电台小组探知田颂尧即将回师进击通南巴的信息，正不分昼夜侦听敌人电讯联络，分析敌人的种种动向，随时向总指挥部传递。

从情报获悉，四川军阀的成都混战暂告结束，蒋介石任命田颂尧为川陕“剿匪”督办。田颂尧宣誓就职后，委任二十九军副军长孙震为“前敌总指挥”，主力部队开始东调。军情越来越紧急了。方面军总部决定在通江召开紧急军事会议，商讨粉碎敌人进攻的对策。徐向前总指挥带上参谋和警卫人员，翻山越岭，从巴中赶到了通江。

通江是座一面傍水、三面临山的小县城。人口不多，只有几百户人家，远不及人烟稠密、商业兴隆的巴中县城那样繁华、热闹。在城里有座小巧玲珑的公园，红军来到后命名为“列宁公园”。站在公园的小山包上，就能俯瞰县城的全貌。尽管这里十分偏僻，交通不便，但却有座修筑得相当坚固、讲究的天主教堂，矗立在县城中心，与一些破旧不堪的民房成了鲜明对照。离教堂不远，是座颇具规模的孔庙，正殿和两厢的偏殿足能容纳四五百人。西北军委和方面军总部的办公机关就设在教堂和孔庙里。

军事会议在列宁公园张国焘的办公地点召开。出席会议的有张国焘、徐向前、陈昌浩、王树声、曾中生、周纯全、傅钟等人。表面看来，红四方面军的主要领导是三巨头：张国焘、徐向前、陈昌浩。但实际上，大权在握的是张、陈二人，张国焘有中央代表、西北军委主席、中华苏维埃副主席的身份，一贯搞家长制统治。陈昌浩虽然最年轻，但曾是莫斯科中山大学的活跃人物。他能写能讲，又是方面军的总政治委员，说话很有分量，有时连张国焘也不得不让他几分。有一次，陈昌浩签署布告，把自己的大名写在前面，张国焘名列第二。张国焘看后自然不舒服，但又不便质问陈昌浩，曾私下对别人念叨：“是军委主席大还是总政委大？这样签署布告行吗？”平时，陈昌浩拿定主意要干的事，张国焘一般都同意，如果徐向前持不同意见，他们就两票对一票，使徐向前孤掌难鸣。但是，张国焘和陈昌浩对徐向前的军事才华又不能不倚重和依赖。只是在政治方面，很少要徐向前参与重大问题的决策。徐向前分工管作战，大部分时间在前线，因这次要确定抗击敌人的战略方针和部署，张国焘才要他赶回后方参加会议。

从实际出发，规定战略战役方针和战术原则，是徐向前用兵的重要特点之一。他在发言中首先分析了周围的敌情、川北的地形特点和敌人可能进攻的主要方向，建议以“收紧阵地”“决战防御”的方针打破敌人的围攻。即先以少许兵力，卡住山险隘路峡谷，凭险坚守，节节抗击，逐次向心退却，诱敌深入，消耗和疲惫敌人；待敌人兵力分散、疲劳沮丧攻势衰竭时，我军再举行反攻，重点突破，两翼迂回，一举歼敌。针对有的人留恋以往的战法的思想情绪，徐向前说：“这与鄂豫皖不同，那里的情形适合打运动战，搞‘围点打援’，搞远距离奔袭，这里就得靠阵地战和运动战相结合，要搞新的打法。我们的退却是为了反攻，退却的终点要看情况而定，必要时准备放弃通江，但是绝不能离开根据地，退到巴山以北去。”

他的发言，引起了热烈讨论，许多人深信徐向前的指挥才能。完全同意这一新的作战方针。会议确定作战事宜由徐向前负责，政治动员、群众工作、后方工作、肃反工作、支前工作由张国焘、陈昌浩、周纯全等人负责。

会后，徐向前即返抵巴中前线，向各师进行具体部署。

第二节　田颂尧的“三路围攻”破产

2 月 18 日，坐镇阆中的田颂尧令孙震率主力 38 个团共 6 万余人，分左中右三路向通南巴进击。这就是田颂尧的“三路围攻”。大巴山下，响起了雷雨交加般的枪炮声。

敌人的战役企图是：以前敌总指挥孙震亲自率领的左纵队 17 个团为主攻力量，直扑南江，进而沿巴山南麓猛插猛进，切断红军西突的道路；以中纵队的 10 个团和右纵队的 11 个团为助攻力量，分别进击巴中、通江；再以南面的杨森部和东面的刘存厚部相机配合，从而将红军消灭在大巴山下，至少是压回陕南境内。这是田颂尧、孙震根据蒋介石“着重左翼，防匪西窜”的指令制订的计划。蒋介石认为，只要红军被压到大巴山以北，他即可动用嫡系部队胡宗南、刘茂恩部继续追剿，将红军一网打尽。

徐向前总指挥将红七十三师、十一师扼守于北起南江的三江坝，南至巴中的曾口场一线，抗击敌左纵队；十二师屏障于巴中至通江以南，对付敌之中、右纵队和杨森部；十师置于通江以东，抵御刘存厚部，形成扇形运动防御阵势。鉴于敌军来势凶猛，兵力雄厚，他要求各部队充分利用有利地形，依托工事，发扬勇猛顽强的战斗作风，硬着头皮顶住，在战役的第一阶段争取以少量兵力，大量消耗敌人。

南江的木门、长池、三江坝，是敌人的主突方向。敌人的大部队，黑压压地密集冲锋，企图强行从这里突破。“我军当时兵未齐集，只以四团不足，战敌二十四团于长池、木门、三江坝一带者十日十夜。侯家梁第一仗，我三十二团一团灭黄振贵部三团，缴获七百余枪，机关枪二、迫击炮二、俘虏五百，敌跳岩死伤几千人。二战于高壁集，溃敌何瞻如部三团。三战于中魁山，敌王（铭章）、何（瞻如）、黄（振贵）三部六团密集而进，敌死伤奇大，数上两千。四战于青岗梁，董（衡之）师之五、六两团全溃乱，缴获甚多。”① 仅十天时间，红军即歼敌左纵队五千余人。

与此同时，向巴中、通江方向进击的敌人也遭到红军的顽强阻击。

3 月 8 日，红十一师阵地八庙垭失守。八庙垭是南江至巴中间的重要防地，徐向前总指挥得知后，天不亮就从巴中赶到那里，组织部队反击，采取正面攻击和两翼迂回的战法，一举歼敌一个团零一个营，毙敌团长何济民及代理团长何柱，夺回了八庙垭。此后，因敌攻势越来越猛，徐总命令全线部队边打边撤，逐次“收紧阵地”，至 3 月 18 日，先后放弃了南江、巴中两县城，将防线收缩到北起贵门关，南沿官路口、观光山、大明垭、杀牛坪、得胜山，东向麻石场，北经龙凤场抵竹峪关一线，与敌成对峙状态。徐向前率前指移驻通江城。

4 月下旬，敌人再次发起全线进攻，徐向前指挥红军灭敌一部后，于 4 月 29 日又主动撤离通江县城，收紧阵地于平溪坝、鹰龙山、鸡子顶、九子坡一线。川北的地势，南低而北高，愈是向北，山势愈陡险，愈利于我军坚守。像鹰龙山、鸡子顶、九子坡等要点，山险路隘林密，摆上几个连的兵力，就能顶住整团、整旅敌人的进攻。徐向前利用有利的地势，以少量兵力配以地方武装，坚守前沿阵地，消耗敌人，而将主力红军集中到方圆不及百里的空山坝地区，待机反攻。田颂尧被“胜利”冲昏了头脑，认为消灭红军“不过指顾间事”，于是一面抽回一部分兵力去成都平原继续参加军阀混战；一面令左纵队的 13 个团孤军冒进，进入空山坝以南的余家湾、柳林坝地区，企图一举消灭红军，“竟其全功”。东部之敌刘存厚本是虚张声势配合，这时见红军一退再退，也趁火打劫，赶紧派出 8 个团进占空山坝以东的竹峪关。这些昏头涨脑的军阀，过高估计自己的力量，没想到徐向前为他们失败的命运已作了巧妙的安排。

徐向前和他的总指挥部，此时正设在空山坝的半山腰里。

空山坝是巴山南麓一座海拔 2500 多米的高山。半山坡上有几间破旧的茅草房屋，隐蔽在茂林修竹之中。徐向前、张国焘、陈昌浩就住在这里。

连日来，徐向前几乎没安安稳稳睡一夜，他一直在考虑反攻的时机和部署。旷日持久的防御战，固然使田颂尧付出了上万人的伤亡，达到了红军消耗、疲惫、分散敌人兵力的目的，但是，红军自身的困难也与日俱增。战略退却已到无路可退的终点，阵地已收到无法再收的地步。苙草坝、泥溪场的南大门鸡子顶、九子坡一线，如被敌突破，红军就有丧失战略后方的危险。时值青黄不接的季节，粮食奇缺，部队一天吃不上一顿稀饭，靠野菜、蚕豆充饥。武器、弹药有耗无补，医药极端缺乏，伤病员得不到及时治疗，数量不断增加。要打破这些困

① 陈昌浩:《红四方面军斗争史略》1933 年 7 月。

难，唯一的办法就是及早反攻。徐向前和方面军其他领导人多次研究，他认为敌左纵队已经孤军深入深山狭谷地带，供应困难，士气沮丧，我军利用有利地形围歼冒进之敌是有相当把握的。于是确定了立即全歼敌左纵队的反攻部署。

兵不厌诈。为造成敌人的错觉，并解除翼侧刘存厚部的威胁，徐向前首先派一部兵力东出，突袭竹峪关，将刘敌的八个团打得落花流水。同时令王树声率七十三师，死死顶住敌左纵队的进攻，为反攻争取时间。接着，在空山坝召开军事会议，部署总反攻。田颂尧的前敌总指挥孙震被红军的"示形于东"所迷惑，以为红军主力东移，遂令左纵队发起更加猛烈的进攻，企图进占空山坝地区。

徐向前主持了空山坝的军事会议。各师的主要领导干部，均出席了会议。程世才在《空山坝大捷》① 一文中，记述了这次开会的情形：

"会议还没开始，徐总指挥拖着沉重的步伐在屋内踱来踱去，手拿着旱烟袋，慢慢地吸着，有时抬头看看墙上的标图，有时低头思考着什么，间或同干部们谈几句话，了解一下部队的情况。钟表的指针刚刚指到五时，他立即走到墙上挂着的那张用红蓝颜色标示的密密层层纵横交错的地图跟前，问道：

"'这张图大家都看过了吧？'

"'看过了。'同志们回答。

"'现在摆在我们面前有两条道路：一条是分兵把守，这样就会造成不利的形势，使苏区广大人民继续遭受军阀地主蹂躏；另一条道路就是在一个方向上集中优势兵力，歼敌主力一部，而后乘胜追击，粉碎敌人围攻……'这时，一位参谋走来让总指挥去接紧急电话。

"徐总指挥回到原来的位置，眼光凝注地望着前面，会场又宁静下来。他用清晰、明确的声调说：'刚才是七十三师师指挥所打来的电话，说敌人还是采取人海战术，集中攻击我小坎子阵地，我军伤亡不小。小坎子是通向空山坝的咽喉，万一丢失，就会影响全线反攻。因此，我命令他们不惜任何代价，坚持到反攻开始。'

"徐总指挥冷静地考虑了到会每一个同志的意见后，立即作出了决定：集中七十三师和十一师全部，分别担任左右两翼的主攻任务；十师的 1 个团在中间，十二师 1 个团为预备队，十师一部继续阻击竹峪关的敌人，十二师一部钳制德汉城方向的杨森部队。

"原定后天开始行动，现在决定提早到明天拂晓。"

5 月 20 日晚，各部队开始行动。红十一师担任从空山坝以北向敌左侧迂回、断敌退路的任务，徐向前亲自带着这支部队向敌后穿插。为全师开路的先锋部队是红三十三团。指战员们冒着瓢泼大雨，披荆斩棘，从人迹罕至的深山老林中前进。红军在这样恶劣气候条件下迂回包抄，是完全出乎敌人意料的。

为了争取时间接近敌人，徐向前和后续部队以惊人的毅力急进在崎岖泥泞的

---

① 见《艰苦的历程》，人民出版社 1984 年版，第 381 页。

山路和枝蔓杂错的密林中。他们浑身被雨浇得透湿，身上被划破的伤口与泥污混在一起。徐总的偏头痛发作了，腿也好像不听使唤，步伐越来越沉重。他间或在大树边上靠一靠，一会儿，便又拄着棍子，加入急行军的行列。

5 月 21 日上午，部队陆续到达阵地，筑起了工事。这时，红军右翼纵队也完成了迂回任务，敌左纵队的 13 个团全被包围在柳林坝、余家湾地区。机不可失，时不再来。下午 4 时，徐总发出总攻击令。红军像饿虎扑羊似的向川军扑去。敌总指挥孙震发现四面八方都有红军，才慌了手脚，赶忙突围逃命。这里的地形本来不适于大部队运动，翻过一岭又是一岭，走出一谷又是一谷，山险隘路一旦被截断，插翅也难逃。徐向前已将一部兵力卡住垭口、谷口，以大部兵力向敌猛烈穿插，分割围歼。

经三昼夜激战，红军全歼敌 7 个团，溃敌 6 个团，敌左纵队被彻底摧垮。可惜红军在余家湾以西的大两路口配置兵力不足，被孙震率一部夺路而逃。敌中纵队和右纵队见左纵队溃败，吓得抱头鼠窜。徐总令部队沿南江方向和通江、巴中方向猛打穷追，扩张战果。

四川军阀最重保存实力，惯打滑头仗。溃败时，官兵往往把枪支、弹药、银圆、衣物等沿途丢弃，让敌方去拣，以便自己争取时间逃命。这次溃逃，敌又玩出边跑边丢财物的花招。但是，徐向前指挥的红军军纪严明，这一招毫无用处。各追击部队根据徐总的命令，一律不去打扫战场，猛追快进，消灭敌人。川军从未见过如此凶猛的追击战术，大批大批当了俘虏。红军一鼓作气，直趋广元、苍溪、仪陇附近，沿途共俘敌 6000 余人。

至 6 月中旬，反三路围攻战役胜利结束，历时 4 个月的战役战斗，红军先后共毙伤敌 1.4 万余人，俘敌旅参谋长李汉城以下万余人，把田颂尧多年积蓄起来的兵力搞掉近二分之一。以通南巴为中心的革命根据地，扩展到 3 万平方公里，人口逾 200 万，进入一个巩固和发展的新阶段。

第三节 三次进攻战役

红军粉碎田颂尧的三路围攻，震动了川军，鼓舞了人民，方面军猛烈扩展达四万人。6 月底，徐向前、陈昌浩在旺苍县的木门场召开了军事会议。会上，由徐向前总结了反三路围攻的经验，并提出摆在红军面前的中心任务是：整编队伍，加强训练，提高战斗素质，为粉碎敌人的新围攻和发展川陕根据地，做好充分准备。会后，红四方面军再次进行整编，由原来的四个师扩编为四个军。总指挥徐向前，政委陈昌浩（兼总政治部主任），副总指挥王树声，政治部副主任傅钟、曾传六。红十师改为四军，军长王宏坤，政委周纯全，政治部主任徐立清，共三个师八个团；红十一师改编为三十军，军长余天云，政委李先念，参谋主任文建武，政治部主任张成台，共三个师八个团；红十二师改编为九军，军长何畏，政委詹才芳，副军长许世友，参谋主任王学礼，政治部主任王新亭，共两个师六个团；红七十三师改编为三十一军，军长王树声（兼），政委张广才，政治部主任黄超，共三个师七个团。方面军直属机关有参谋处、总经理部、总医院、彭杨学校和警卫一团、二团、妇女独立营等单位。

木门会议后，红军各部队掀起了大练兵的热潮。练兵，是徐向前历来重视的。从在鄂豫皖苏区起，红四方面军就形成了平时练兵和战地练兵相结合，走到哪里练到哪里的苦练传统。徐向前常说：红军打仗主要靠有生力量，我们的有生力量就是人，是有高度阶级觉悟和杀敌本领的指战员。只有平素勤练、严练、苦练的部队，到了战场上才能以小的代价争取大的胜利。他根据川北的地形特点和作战对象，提出大练兵运动的主要训练内容是：（1）各级指挥员的组织指挥能力；（2）河川战斗、山地战斗和夜间战斗的演练；（3）四大技术（射击、投弹、劈刺、土工作业）的训练；（4）政治教育和纪律教育。他要求通过大练兵，把部队的军政素质大大提高一步，迎接新的战斗任务。

这时，正当酷暑季节。徐向前经常带上参谋人员，头顶烈日，跋山涉水，去各部队检查训练情况。有时，还在伸手不见五指的夜晚，跟部队一道夜练。他发现有些干部只顾完成训练任务，对卫生工作不注意，部队中患疟疾、疥疮、痢疾、烂脚病、日射病的人不断增加，当即指示部队：在完成训练任务的同时，大力开展卫生工作。他还亲自写了《简略卫生常识》一文，提出防治常见病、传染病的一些具体措施，如不吃或少吃凉拌生菜，吃要洗净；饭要做熟，剩饭、剩菜要加热消毒，腐烂变质的食物不要吃；天天要洗脚、擦澡；常剪指甲，常理发；到了宿营地要挖厕所，不随地大小便；衣服常洗，被褥常晒等。

军阀田颂尧在川北勒令群众种植鸦片，每年收税达20万银洋。结果，造成了三多：种鸦片的多，吸鸦片的多，迷信鸦片的多。男女老少，不论生大病小病，都靠吸鸦片治疗。敬神敬祖，也把鸦片当供品，庙里的菩萨、土地老爷，嘴上抹的尽是烟膏子。人们说笑话：川北连老鼠都想抽大烟！大量新兵入伍，其中抽大烟的不少。这是红军入川后遇到的一个特殊问题。刚入川时，不准抽大烟者参军，扩红数量受很大限制；后改为先入伍后戒烟的办法，才解决了兵员补充问题。反三路围攻后，成千上万的贫苦农民参加红军，大多染有抽鸦片的恶习。部队不仅无法进行正常训练，且屡有败坏纪律的现象发生。方面军总部和地方政府相配合，在军内军外开展广泛的禁吸鸦片烟的运动。徐向前和各级领导机关、领导干部，宣传吸鸦片的害处，严禁吸毒、贩毒，推广戒烟的经验；政治机关专门编出教材，发到连队，教育和鼓励新战士戒烟；医务部门制造了戒烟药丸，供应部队。经过大量艰苦细致的工作，红军战士中的吸毒者才终于绝迹。

最令徐向前头疼的是“肃反”。反三路围攻期间，张国焘借口部队“不纯”，进行大“肃反”，名单由他和陈昌浩及保卫局掌握，说抓谁就抓谁。有许多英勇作战的指战员被诬为“反革命”，被抓被杀。有的部队一个山头守不住，指挥员就成了“反革命”，关押起来，严刑逼供，株连一大片，杀头的杀头，罚苦工的罚苦工。红九军二十三团政治委员陈海松年仅20岁，作战勇敢，是个优秀干部，也被保卫局列入黑名单，要抓起来。徐向前得知后气愤地给陈昌浩打电话：“同志，你们想干什么？我们的部队从鄂豫皖打到四川，是拼命过来的，哪来那么多‘反革命’嘛！现在弄得人心惶惶，仗还打不打呀？命还要不要呀？”由于他的力争，保护了陈海松等人。李先念在十一师，也没照保卫局的黑名单抓人，保护了不少同志。在木门会议上，大家对“肃反”意见极大，迫使张国焘、陈昌浩停止了“肃反”。但是，仅仅过了个把月，张国焘便以反对“右派”和“托陈取消派”的名义，又一次掀起了“肃反”的浪潮。

这次“肃反”，张国焘主要矛头指向小河口会议期间批评过他的曾中生等一批领导骨干。诬蔑曾中生是“右派”，“与托陈派、改组派、AB团、第三党联合起来，形成小组织的活动”，先后秘密逮捕了曾中生、旷继勋、余笃三等高级干部。张国焘亲自出马审讯。

徐向前听说曾中生被捕的消息后，极为震惊，打电话问陈昌浩：“逮捕曾中生有什么根据？我对曾中生是了解的，党中央也了解他，绝对不是反革命，不能这样对待他！”陈昌浩支吾搪塞，说：“这是张主席决定的，不过是‘审查审查’罢了。”

曾中生被关押审讯期间，正气凛然，一直坚持同张国焘斗争，拒绝写所谓承认“错误”的“自首书”。他身陷牢狱，心在军中，奋笔疾书了著名的《与“剿赤”军作战要诀》。对四川的敌情、地形、敌人作战特点和红军战斗要领作了通俗的阐述，成为红四方面军的重要军事教材之一。长征途中，曾中生终于被张国焘秘密杀害。这次“肃反”，旷继勋、余笃三等领导人和不少曾在战场上英勇杀敌的干部、战士被处决，四川白区党组织派来川陕苏区的二百多名党团员，几乎全被杀光。按照张国焘手里的“黑名单”，还包括部队的一些师、团、营长，但因徐向前、李先念及各军主要领导干部坚决抵制，且部队又将担负新的作战任务，这些“黑名单”上的人才得以幸免。

作为一路红军的统帅，徐向前总指挥时时注视着战局的发展变化。在红四方面军全军大练兵中，他每日想的，是下一步怎么办？大练兵运动后期，他更集中全力计划外线出击和进一步扩展根据地。他认为当时的客观形势，利于红军发起外线进攻。一方面，川陕苏区经过第二次党代表大会、第二届工农代表大会的召开和土地革命、镇压反革命的开展，红色政权愈加巩固；红军经过扩编和训练，战斗力明显加强。另一方面，苏区周围的田颂尧、杨森、刘存厚等几股军阀慑于红军威力，躲进老窝各保自己；而东南部实力最雄厚的刘湘，正忙于“安川”大业，与刘文辉争雄，暂还顾不上回头对付红军。这样，红军趁势出击，对敌各个击破，进一步扩大根据地，解决苏区财力物力的困难，这不仅是必要的，也是完全可能的。于是，徐向前接连指挥了三个战役：

第一个是攻打田颂尧部的仪陇、南部战役。

根据地缺盐，是个大问题。由于敌人严密封锁，食盐运不进来，军民没有盐巴吃，一两盐巴值一块光洋，昂贵到那么个程度也不容易买到。徐向前建议首先发起攻打田颂尧部的战役，占领南部境内的盐井，解决食盐问题。经方面军领导磋商取得一致意见后，即作出了战役部署：以四军牵制仪陇以东的杨森部、刘存厚部；以三十军、三十一军各一部西向嘉陵江边的广元、苍溪、阆中进逼，牵制两敌；而以九军全部去担任主攻仪陇、南部的任务。

8月12日，徐向前命令部队出击。经半个月的时间，九军克仪陇全县及嘉陵江以东南部地区，占领了一百多口盐井，胜利实现了战役企图。同时，三十一军和三十军分别进占了广元、昭化、苍溪、阆中的一部分地区。共歼敌三千余人，缴枪千余支。大片盐井开工生产后，基本解决了根据地的缺盐问题。

第二个是营山、渠县战役。

营山、渠县位于川陕苏区以南，是杨森的防地。杨森早年毕业于四川陆军讲武堂，原系刘湘为首的速成系势力的重要人物之一。依靠刘湘的赏识和北洋军阀吴佩孚的扶助，不断擢升，爬上了二十军军长和四川军务督办、省长的宝座。1925年，发动“统一之战”，妄图吞并全川，被刘湘等军阀联军打败，只身逃往汉口。后公开向吴佩孚宣誓“效忠”，借助吴的力量回川，收拾残部，重整旗鼓，占领了广安、岳池、南充、营山、渠县一带。在他的防区里，苛捐杂税，名目繁多，每月收进的税款达52万元之多，供其任意挥霍。红军入川后曾致函希望他与红军共同对付其他军阀，但杨森未予理睬，反而派兵进攻红军。红军反三路围攻胜利后，杨森为保存地盘和实力，一面派出代表与红军谈判，向红军提供情报和医药等，要求“互不侵犯”；一面在军内和防区加紧防共、清共，各地设立“清共委员会”，强化保甲组织，大肆逮捕和处决共产党嫌疑分子，口号是“宁枉杀一百，不走漏一个”。当时，杨森二十军前哨据点已伸进巴中以南的玉山场、鼎山场，突出于仪陇和江口中间。在红军根据地要向西南、东南发展的情况下，它就像个拳头从正南抵住红军胸部，极大限制红军的回旋余地。而在敌人新的围攻到来时，它又像把尖刀，可直插巴中、南江，危及红军腹心地带。

徐向前总指挥从战略全局着眼，主张发起营山、渠县战役，坚决斩断杨森伸进来的这只拳头。但是，当他将战役计划提交方面军其他领导人讨论时，负责掌握同杨森秘密谈判的张国焘、陈昌浩才告知他，红军已同杨森有“互不侵犯”的口头协定。徐向前认为，问题不在于要不要和杨森开谈判，而在于对这个反复无常的军阀究竟怎么看，认为红军没有必要被杨森的某些口头保证捆住手脚。他分析了打和不打杨森的利弊关系后指出：打是上策，不打是下策，如果杨森同意红军改造他的部队，真心实意和红军联合，有那样的把握，当然可以不打，但这种把握是不存在的。陈昌浩支持徐向前的意见，主张打。张国焘也未反对。打杨森的决心就这样定下了。

杨森的二十军辖六个混成旅，共两万余人。兵力从巴中县属的玉山场、鼎山场起，由北而南，沿蓬安、营山、渠县、南充，直至岳池、广安一线，利用山险要隘，梯次配置，易守而难攻。徐向前的决心和战役部署是：出敌不意，中央突破，两翼迂回，首先歼灭其突出部玉山场、鼎山场之第三混成旅；进而乘胜向纵深发展，力争消灭营山、渠县的两个混成旅。攻击部队由九军、三十军及四军一部组成。

9 月 22 日，大雨滂沱。徐向前选择了这一敌人意想不到的时机，命令九军和四军十一师连夜从东西两侧向敌迂回，配合正面的三十军待次日拂晓发起攻击。部队虽然有不少新兵，但经过 3 个月的训练和仪南战役的实战锻炼，已经掌握了复杂地形和恶劣气候条件下的野战本领。尽管大雨如注、山高路滑，又是夜行军，但各部队均能神速、隐蔽地按时到达指定地点。23 日拂晓前，三十军从正面突击，九军和四军一部从背后突击，将玉山场、鼎山场之敌打得不知所措，乱成了一团，不到两天，就解决了战斗。杨森手忙脚乱，赶忙增兵营山、渠县、蓬安防堵；同时接连发电刘湘告急求援。徐向前亲率部队冒雨前进，向纵深突击。29 日，攻下渠县城北之险要据点楼佛寺、杨家寨；30 日，克达县的石河桥；10 月 3 日，解放营山；6 日，占领蓬安对面的周口。是役历时半个月，共歼杨森部 3000 余人，缴枪 2500 余支，根据地向南扩展百余里，有 90 多万人民群众得到了解放。

第三个是攻打刘存厚的战役。

金色的 10 月，秋风送爽，稻米飘香。川陕苏区的人民群众喜盈盈地，一庆胜利，二庆丰收，掀起踊跃缴纳公粮的热潮。大路小路上，肩挑背背的男女老少络绎不绝，把一担担、一篓篓的稻谷，送交政府和红军。徐向前和随从人员，正向通江以南的得胜山进发，准备召开军事会议，部署攻打刘存厚的战役行动。刘存厚是一个老牌军阀，老百姓称他“瘟牛”，盘踞在宣汉、达县（绥定）、万源、城口一带，共有 15 个团，2 万余人。在长达 300 余里的防地里，兵力呈一线式配备，分兵把口，后方空虚。在得胜山军事会议上，徐向前总指挥确定了奇袭刘存厚的战役部署：先以一部兵力沿嘉陵江东岸积极佯动，造成西进的态势，麻痹刘存厚；以主力 10 余个团秘密向东线集结，出敌不意，发起攻击。战法是中央突破，两翼迂回，争取将敌一网打尽。

各部队开始行动后，刘存厚真的误以为红军在西线攻打田颂尧和杨森了，悠闲自得，没多少戒意。10 月 17 日拂晓前徐向前下达攻击令，红军突然出现在东线，分左中右三路纵队打向刘存厚的腹地。敌人遭此突然袭击，全线崩溃。红军 19 日克宣汉，20 日克达县。当红军先头部队抵达县城郊时，刘存厚还在府中饮酒扶乩，听到枪响，才知红军兵临城下，惶惶然带上家眷细软，出城逃命去了。21 日红军又克万源，刘存厚的独立王国遂告覆灭。

徐向前于 20 日抵宣汉后，与陈昌浩接见了川东游击军派来的联络代表，对他们主动配合红军作战表示敬意，并立即派出九军副军长许世友率一部兵力急赴宣汉以东的南坝场增援，协助川东游击军和群众解决困在该地的溃敌约八个团。在南坝场附近徐向前会见了王维舟，随后即率四军一部向南猛追敌主力部队廖雨宸部。

川东游击军是 1931 年夏由中共四川省委派王维舟去宣达地区组织起来的。那里是王维舟的家乡，又是他长期从事地下活动的地方，以前发动过两次游击战争，有广泛的群众基础。游击军成立后，在中共川东军委和梁（山）达（县）中心县委的领导下，曾不断给刘存厚部以打击，在梁山万里槽、宣汉南坝场、达县蒲家场等地创建了数块游击根据地。红四方面军入川后，王维舟曾派人去通南巴联系，因沿途敌人警戒森严，派出的人有去无回，未能如愿。这次红军发起宣达战役，王维舟得到信息后，召集紧急会议，连夜部署，发动附近的数万农民拿着鸟枪、大刀、梭镖、扁担参战。许世友率九军一部抵南坝场与川东游击军会师后，依靠广大群众的有力配合，将敌八个团全部击溃。月底，在宣汉召开群众大会，川东游击军改编为红三十三军。王维舟任军长，杨克明任政治委员，罗南辉任副军长。川东游击军与红军会师，在宣汉城西门外广场上召开了数万人的群众大会。"大会上群情激动，全体游击队员兴高采烈，几十里外的群众都赶来庆祝。大会之后，宣汉全城如同过年一般，到处红旗飘扬，家家张灯结彩，鞭炮声不绝，群众自发的欢迎活动延续了三天三夜。"[①]

正当宣达地区喜庆解放的时候，徐向前总指挥率军像疾风扫落叶似的，一气将溃敌赶到了开江、开县地区。宣达战役仅用了 11 天的时间，将敌 6 个团全部或大部歼灭，生俘敌旅长以下官兵 4000 余人，缴枪 8000 余支，子弹 500 余万发，银圆百余万，棉布 20 万匹，棉衣 2 万余套，还有兵工厂、被服厂、印刷厂、造币厂及库存的大批粮食等物资。这是红四方面军入川以来的一次特大收获。

三次进攻战役的胜利，使川陕根据地进入鼎盛时期。红四方面军扩展到近 8 万人，根据地达 4.2 万余平方公里，人口 500 余万。根据地西抵嘉陵江东岸，东至万源、城口，南达营山、渠县及开江、开县地区，全川军阀为之震动。蒋介石气急败坏，电责"陆军第二十三军军长刘存厚御匪无方，轻弃防地，着即褫职听候查办"。并令就职不久的四川"剿匪"总司令刘湘迅速纠合各路军阀全力"剿赤"，如有"剿匪"不力者，将严惩不贷。

在川陕边，一场更大规模的战争风暴，就要来临了。

① 王维舟：《我的回忆》。

第九章　粉碎六路围攻

第一节　刘湘的一枕黄粱

成都平原的“二刘之战”，终以刘文辉败北退居西康而告结束。踌躇满志的刘湘，决心以其第二十一军为基干，回师“剿赤”，以完成他的“安川”大业。蒋介石对四川军阀停止内争深表嘉许，特任命刘湘为四川“剿匪”总司令，拨款200余万元，枪万余支，子弹500万发资助，并限令三个月内将徐向前指挥的红军“肃清”。

1933年10月4日，刘湘在成都宣誓就职，并发出通电：“谨拜新命，克日前往，誓扫赤气，用奠邦国。”这天，何成浚代表蒋介石到会监誓，各路军阀亦派出代表参加，商号悬旗，学校放假，把刘湘“有匪无我”之气焰着实渲染了一番。

刘湘的总司令部设在成都。他聘请“一贯先天大道”的头头外号“刘神仙”的刘从云担任最高顾问。经过一番紧密磋商，制定了六路围攻红军的“进剿”计划。具体部署是：以第二十八军为第一路，总指挥邓锡侯，率18个团，由广元、昭化、剑阁出动，进击木门、南江方向，阻止红军“西窜”；以第二十九军为第二路，总指挥田颂尧，率24个团，由苍溪、阆中向巴中方向进攻，并阻截红军“南窜”；以新编六师和第二十三师为第三路，总指挥李家钰、副总指挥罗泽州，率15个团，由南充、蓬安向巴中东南方向进击；以第二十军为第四路，总指挥杨森，率12个团，由广安、岳池向鼎山场、通江方向进击；以刘湘之第二十一军主力为第五路，总指挥王陵基，率24个团，由开江、开县向宣汉、达县、万源方向进击，并负责支援各路；以第二十三军和陈国枢部为第六路，总指挥刘帮俊，率18个团，由开县、城口向万源方向进击。刘湘投入“进剿”川陕根据地的兵力，共达110余团，约20万之众，妄图分三期围歼红四方面军于大巴山下，实现其“三个月内”完成“剿赤”大业的梦想。

11月16日，刘湘下达第一期总攻击令，同时颁布赏罚令及“封锁匪区条例”。但各路军阀，尤其是邓、田两军，疑虑重重，直至12月上旬，在刘湘一再催促下，才相继投入战斗。

早在11月中旬，徐向前就在东线率部追击刘存厚溃军时与刘湘的第五路第二十一军遭遇，打响了反六路围攻的第一枪。敌人装备精良，又是军阀在川西会战的胜利之师，气焰嚣张，攻势猛烈。徐向前在杨柳关、永兴场一线，指挥红军与敌激战五昼夜，共杀伤敌军五千余人。但因敌众我寡，红军遂转入内线，撤至南坝场、宣汉、达县一线与敌对峙。

这时，六路敌军虽尚未全部投入战斗，但从侦察的情报获悉，敌人大规模围攻川陕根据地已是为时不远的事。徐向前火速返回通江，与方面军其他领导人研究粉碎敌人围攻的对策。徐向前回忆说："面对四川军阀联合进攻的严重形势，我们一面令前线部队抗击敌人，一面在通江开会研究对策。办法有两条：一条是积极防御，诱敌深入。和反三路围攻一样，收紧阵地，节节抗击，待机反攻，重点突破。一条是广泛发动群众。党政军民总动员，一切为了战争的胜利。"①

通江会议决定，东线为主要防御方向，配以四军全部、九军和三十军各两个师，以及三十三军，共二十余团，对付敌之五、六两路，由徐总亲自指挥；西线为牵制方向，配以三十一军主力、三十军和九军各一个师，共十余团，对付敌之一、二、三、四路，由副总指挥兼三十一军军长王树声、三十军政治委员李先念共同指挥；另以三十一军的两个团监视陕南方向敌军。各县区的地方武装和游击队、赤卫军，就地配合红军作战。各县党政军民领导机关，组织"战斗委员会"，统一领导对敌作战、运输粮食和弹药、坚壁清野、扩大红军和地方武装等项工作。

12 月 7 日，川陕省工农民主政府召开了粮食会议，紧急布置公粮的集中、保管和运输工作。11 日，中共川陕省委召开了第三次党代表大会，确定当前的紧急任务是深入群众中去，动员和组织广大群众参加革命战争，以最大的决心和努力保卫川陕革命根据地，坚决粉碎刘湘的进攻。由八万红军、九万多地方武装和广大苏区群众构成的人民战争的汪洋大海，显示出它要吞噬一切敌人的巨大威力。

12 月中旬，刘湘的第一期总攻正式开始。在东线，敌五、六两路在飞机和强大炮火掩护下，分路强渡州河、前河。徐向前指挥红军乘敌半渡之际，发起反击，经两天激战，歼敌三千余人后，主动放弃宣汉、达县，将部队撤至庙场、井溪场、东升场、双河场、碑牌河、北山场一线。利用山险隘路，构筑工事，继续抗击敌人。

宣汉、达县、万源一带，是刚刚解放的新区，土地改革尚未进行。刘湘发起进攻后，一些地主、富农、会道门头子见有机可乘，便在罗文坝南北地区和万源附近，发动了拥有五六千人的所谓"神兵"叛乱。"神兵"们个个身披红布，头扎黄表纸，喝了朱砂酒，手提大刀，像一窝蜂似的乱冲乱砍，他们高喊"神兵来了""刀枪不入""真神护身打不死"等，攻到哪里就抢到哪里。徐向前对于这些所谓"神兵"，早已领教过。1929 年秋，他刚到大别山区，就碰到过"红枪会"惹麻烦。那帮反动的会道门，被地主豪绅利用，也是喝朱砂酒，赤着膀臂，端起红缨枪乱冲。红军战士们开始还迷信，怕红枪会真会刀枪不入。徐向前领导红军，采取军事打击和政策攻心，很快把"红枪会"收拾了。如今来到四川，又遇

① 徐向前：《历史的回顾》，解放军出版社 1988 年版，第 345 页。

"神兵"。为了不让他们扰乱后方安全，他当即命令四军、三十三军各派出一部兵力，经过一天多的战斗，全歼了这批乌合之众。

12月下旬，急于在围攻红军中夺取头功的王陵基，又向东线发起突击。分左右两个兵团，步步为营，稳扎稳打，平推并进。徐向前组织部队节节抗击，杀敌甚众。次年1月间，红军将阵地收缩至固军坝、罗文坝、马渡关至红灵台一线。王陵基被"胜利"冲昏了头脑，认为红军在"全线崩溃"，即令所属各部不惜任何代价，猛烈推进。23日夜，徐向前令红三十军向冒进的敌左翼第四师发起反击，将敌十二旅大部歼灭，敌左翼兵团的攻势顿时瓦解。

马渡关要隘系从宣汉、达县通向万源、城口的交通枢纽，是国民党川军右翼兵团的主攻方向，徐向前派九军副军长许世友、政治委员陈海松率主力一部扼守，指挥所就设在这里。他决心利用王陵基急欲抢占马渡关的心理，利用有利地形，予以重创。王陵基原为刘湘部下的一名师长，骄横跋扈，号称"万县王"。他早就觊觎"军座"的位置，担任第五路总指挥后，颇想大显身手，以便青云直上。他对刘湘以"刘神仙"为高级顾问，任意干预他的军事部署极为不满，曾致电刘湘，声言"钧座之命，绝对服从；刘妖之言，誓死反对"。这次，他的左翼兵团遭红军沉重打击后，他便亲自坐镇，指挥右翼兵团向马渡关猛攻。从1月24日至28日，红军与川军双方在马渡关前展开一场激烈的阵地争夺战。川军第八旅为主攻部队，先以大炮、飞机猛烈轰击红军阵地，而后组织步兵强攻。川军善爬山，进攻前先把鸦片抽足，凭借"烟劲"爬坡登高，冒死冲锋。徐向前要求部队沉着应战，打近战，打巧战，打阵前反击，以小的代价换取大的胜利。红九军在许世友、陈海松组织指挥下，凭借在山险要隘筑起的层层防御工事顽强抗击。每当川军步兵发起冲锋时，红军按兵不动，五百米不打，二百米不打，单等进入几十米之内，步机枪、手榴弹一齐开火，红军指战员在一片杀声中，跳出工事，冲向敌群，用大刀砍，用刺刀挑，仅头两天，红军即杀伤川军千余人。

在红军的顽强防御面前，王陵基暴跳如雷，他疯狂叫嚣："我不相信红军是三头六臂，马渡关就打不下来！"他将所部及一部土匪队伍组成若干敢死队，答应首先攻下马渡关者将赏光洋三千元，并亲率两个手枪大队和一个独立团到阵前督战，对于畏缩不前者均就地枪决。川军在王陵基的利诱威逼下，向红军发起了更加疯狂的进攻。马渡关周围的山上山下，处处硝烟弥漫。

徐向前站在山坡上用望远镜观察战斗情况，及时派参谋人员向许世友、陈海松传达战斗命令。徐总亲临前线指挥，随时当机立断，使红军指战员从战术到意志，都得到极大的加强和鼓舞。激战终日，杀得川军积尸盈野，敢死队变成了死亡队。

马渡关之战，红军共歼灭川军三千余人。在达到大量消耗和杀伤敌军的目的后，徐向前遂于1月28日夜间率军转移了。川军第三师虽进占了马渡关，但伤亡惨重，士气低落。王陵基只好暂停进攻，令所部就地休整。这时，国民党川军左翼兵团被阻于东岳庙、石龙场一线，右翼兵团中路第三师进抵马渡关及其以东的花池山一线。右路第二十三军之郝耀庭部，则冒进到沿山场以东的马鞍山地区。敌我双方暂呈对峙局面。

西线红军在王树声、李先念的指挥下，节节抗击川军第一、二、三、四路的进攻，亦杀伤川军甚众。至1月中旬，西线红军撤至北起旺苍坝、南沿东河至千佛岩、尹家铺、鼎山场一线，继续抗击和牵制敌人，配合东线作战。地方武装和赤卫军在东西两线的战斗中，是红军的得力膀臂。广大群众在川陕省委各级战斗委员会的组织领导下，组成数十万人的运输大军，运送粮食、衣服、弹药、伤员，有力地支援了红军。

连日鏖战，徐向前连吃饭和休息都顾不上了。为了粉碎敌军的围攻，他一直在考虑反攻的时机、地点问题。川陕根据地的兵员、人力、物力、财力毕竟有限，旷日持久地打下去，显然对红军不利；红军的作战方针应是积极防御而不是消极防御；逐步收紧阵地目的是消耗和疲惫敌人，伺机转入反攻。只有实行反攻，才能扭转战役态势，变被动为主动，赢得大规模歼敌的胜利。徐向前作为总揽全局的指挥员，他审时度势，反复思考，认定东线红军实施反击的时机和条件已经具备：一是敌军经过两个多月的消耗，伤亡万余人，疲惫不堪，补给困难，被迫停止了全线进攻；二是敌右路之二十三军郝耀庭部冒进突出，与左、中两路拉大了距离，便于红军实行“腰斩”，乘胜进击；三是敌东线预备队尚在宣汉、达县一带，与前线距离较远，中间有一段“空白”地带；四是敌军各部正准备过春节，军心涣散。据电台侦听得知，王陵基已回万县过节。徐向前分析了这一切，决定利用当前有利时机，向东线敌军发起大规模反击，首先消灭冒进突出至马鞍山地区的郝耀庭部和中路第七旅，得手后转入总反攻。

徐向前用兵，向来善于发挥各部队的特长，把它们用到节骨眼上去。他在川陕根据地通过实战和训练，培养了一批各有特长的主力师团：有的善于进攻，有的善于防御，有的善于夜摸夜袭。反击部署确定后，徐向前决心集中擅长进攻的四军第十师、九军第二十五师、三十军第八十八师，作为出击的拳头。

2月10日夜，徐向前下达攻击令。三个主力师在统一号令下，分别向马鞍山、毛坝场等地猛进猛插。11日拂晓前发起攻击，经一天激战，红八十八师和十师攻占马鞍山，全歼郝耀庭部，郝被击毙。徐向前和陈昌浩率红二十五师直取胡家场，当天歼敌精锐第三师七旅大部，进而向马渡关敌第八旅逼近。但这时川军第二十三军和三师余部已迅速靠拢，利用山险隘口和优势火力，拼命阻击红军前进。经两天多的激战，红军未能突破敌阵地，徐向前决定停止反击，令部队就地构筑工事，与敌对峙。马鞍山反击战历时五天，红军在宽20里的地段上向前推进了30余里，歼敌两个多旅，给正在庆祝“胜利”、准备过春节的川军以沉重打击。匆忙从万县赶回前线督战的王陵基，被刘湘召往成都，撤职查办，软禁起来。第五路总指挥由一师师长唐式遵接任。

徐向前指挥的红军，在欢庆胜利中，度过了新春佳节。

第二节　收紧阵地屡挫重兵

刘湘的第一期总攻，损兵折将近两万人，后勤供应也呈现难以为继的状态。为继续发起总攻，刘湘宣布向万县、重庆等地富商绅豪“借款”100万元，第五路军“防区”一律明令封仓的条文是：“凡一家存谷三十石，封十石；存五十石者，封二十石；存六十石以上者，封存一半。封仓人员受贿一百元以上者枪毙。”

1934年春季，刘湘令川军连续发起第二期、第三期总攻。在东线，唐式遵令所部向红军发起重点进攻，企图突破红军防线，直取万源、通江。徐向前指挥红军利用有利地势，坚守红灵台、老鹰嘴、毛坪一线，不断予敌以重大杀伤，使唐式遵一筹莫展，叫苦不迭。他致电刘湘称：“职部当面左翼为老鹰岩，右翼为罗大湾，数十要隘，形如肝叶，昔王三槐据此一线，附者数万，清兵相持数载，不得寸进，因罗斯举引导，清兵由保宁、南、巴进攻通江，破匪老巢，乃告崩溃，形势所关，今古同辙。”恳请刘湘从西线突击。但西线各路军阀各保实力，谁也不愿冒死突进。至4月底，刘湘的第三期总攻又告失败。东西两线的红军，共杀伤川军两万余人，逐步收紧阵地，主动放弃巴中、南江，形成西起贵民关，经观光山、杀牛坪、得胜山，东至大面山、花萼山的防御圈环，刘湘黔驴技穷，捧出高级顾问刘“神仙”登台拜印，挂上“剿匪”总司令部前方军事委员长的头衔，统领各路军阀，准备发起第四期进攻。徐向前在《历史的回顾》中，记述了那位刘‘神仙”：

“‘神仙’名刘从云，是个野心勃勃、踌躇满志的会道门首领。从20年代起，他就在四川组织‘一贯先天大道’，结交权贵，网罗道徒，自称‘刘备转世’，妄图‘治国平天下’。后与刘湘深交，鼓吹‘以神治军’，‘一川不容二流（刘）’，积极为刘湘夺取四川王位出谋划策。刘湘为控制军心，完成并吞全川的霸业，令其二十一军大小军官通通入道，拜‘神仙’为师。这次进攻我根据地，损兵折将，久战未下，刘湘眼见各路军阀灰心丧气，疑惧日增，便想出了借助‘神仙’号令全军的把戏。成都军事会议期间，刘湘亲自率领各路总指挥举行拜师仪式，向刘从云顶礼膜拜，执弟子礼。据说，事后杨森大发牢骚：我妈死了我都没有磕头，今天是我最大的耻辱，我是为我的几万人拜福！”①

6月下旬，刘湘第四期总攻开始，共投入140余团的兵力。在东线，刘湘孤注一掷，将其总兵力的五分之四，计80余团10万多人投入战场。刘从云拈香卜卦，扬言“三十六天内”消灭红军。

面对敌人的强大攻势，7月上旬，方面军总部在万源前线召开军事会议，研究作战部署。会上有人提议放弃川陕根据地，北进汉中，另找出路。徐向前不同意这种主张，他认为虽然红军的困难越来越大，敌人的攻势越来越猛，但红军战胜敌人还是有条件的，绝不能轻易脱离根据地。他说：“汉中那里我们去过，回旋余地不大，又没有群众基础，去那里有什么出路呀！现在唯一的出路是硬着头

---

① 徐向前：《历史的回顾》，解放军出版社1988年版，第355页。

皮打，消耗敌人，待机反攻。”根据敌人的进攻态势和兵力部署，他判断下一步将重点夺取万源。因此，主张红军利用万源一线山高林深的有利地形，实施决战防御；“擒贼先擒王”，首先疲惫和消耗敌第五路刘湘的精锐，创造反攻条件，解决了这一路敌人，全盘就活了。

革命战争是民众的战争。没有人民群众的大力支持，红军要独立支撑如此旷日持久的战争，是不可能的。徐向前深深知道这一点。就拿运输来说，由于川北山势险峻，河川狭窄，走车行船极为不便，任务是异乎寻常的艰巨。红军作战所需大批粮食的运送，弹药的供应，伤病员的转移，无不靠人力背、抬、挑。两山之间，看去近在咫尺，但从这个山顶到那个山顶，就得日出走到日落。没有大批的人力从事运输工作，仗就没法打。徐向前在前线指挥作战，经常关心后方动员工作。为保证前线的胜利，各级苏维埃政府动员男女老少齐出动。从前线到后方，从东线到西线，形成了一支日夜奋战、川流不息的运输大军。据不完全统计，仅反六路围攻中参加运输工作的群众，即达一百多万人次。他们和红军一起，为保卫红色政权而战。这是红军战胜敌人的根本保证，也是徐向前充满必胜信心的主要原因。

7 月中旬，果不出徐向前所料，川军开始了以万源为主攻方向的全力猛攻。刘湘为夺取万源，颁布了奖惩条例，以三万银圆作为攻克万源的奖赏；规定指挥官必须亲临前线督战，畏惧不前者就地枪决。刘“神仙”亲自窜到万源，给官兵打气。敌第五路总指挥唐式遵不敢怠慢，亦到前线坐镇督战。敌以第一师及王三春、陈国枢等部攻甑子坪、花萼山，迂回万源东侧；第六路廖雨辰、汪铸龙两师攻大面山，迂回万源西侧；以第二、三两师从万源正南的玄祖殿、孔家山突击。徐向前总指挥以一部兵力坚守阵地，将主力部队置于二线休整训练，准备把钢用在刀刃上。

为夺取万源，川军唐式遵部整天以人海战术整师整旅的兵力向红军阵地猛攻；营以下军官组成敢死队，带头冲锋。陈国枢下属的王三春部都是土匪、亡命徒，为领取白花花的大洋，手持短枪，光着膀子上阵。川军的一次冲锋被打退了，接着组织第二次、第三次、第四次；一个团攻不动，就用两个团、三个团、四个团。尤其是刘湘的“王牌”部队和“模范”教导师，依仗其拥有大批轻重机枪、迫击炮、山炮和充足的弹药，攻势更猛。他们还以供应鸦片作“动力”，让“双枪兵”攻击前先过足大烟瘾。每次进攻，川军都先以强大炮火猛轰目标，而后实施密集冲锋，漫山遍野，大吼大叫，一轮接一轮地反复冲击。坚守在各个阵地上的红军指战员，发扬敢打敢拼、勇猛顽强的精神，人在阵地在，决不让敌人夺去一个阵地。他们在前沿阵地的堑壕里挖上避弹坑藏身、壕顶铺上树干、树枝和厚厚的土层形成盖沟，防备敌炮火的轰击；当敌人接近阵地时，步机枪一起开火，手榴弹开花，滚木雷石齐下，打得川军成堆成堆地伤亡；阵地被川军冲进，红军就和敌人肉搏，直至杀退敌人。坚守在老鹰寨、青山的三个连，抗住川军两个旅的轮番进攻。总部教导队的一百多人，顶住敌人一个团，血战一天后，只剩下三十多人，阵地依然在手。

大面山是座海拔一千多米的大山，是川军的主攻目标之一。红军由九军副军长许世友和政委陈海松率二十五师防守。许世友在《万源保卫战》中叙述了激战的情景和徐向前的战场指挥：

“我们从望远镜中看去，山坡上、山谷里，到处是敌人，就像数不清的狼群，往我们山上扑来。……我们的战士一个个从工事里跳出去，杀奔敌人，和敌军混战成一片。……这样的反复冲锋，一个上午就有五六次、七八次之多。……眼看着熟悉的战士、干部在肉搏中倒下，眼看着敌人冲上了盖沟……我们的大刀是纯钢的，能连砍十多个铜圆不卷刃，但在厮杀中有时也砍卷了刃，长矛更是捅得弯弯扭扭的。……情况实在危急时，我们军、师干部，把八角帽往下一拉，也带了敢死营出击。敢死营配备有冲锋枪、大刀；一冲出去，就把敌人杀得纷纷倒地。”“打了一两仗，总指挥徐向前同志就亲临大面山前线视察。他见我们阵地坚固，敌人没有能够上山一步，表示满意。巡视完毕，徐向前总指挥在棚子里坐下来，详细告诉我们敌我情况。他说，大面山是敌人主攻方向之，是全线的重点阵地，一定要坚守。右侧的三十军，左侧的四军，都打得很好。最后他站起来笑笑说：‘考验是很重的，可是我们有从百战中打出来的战斗作风——硬！’”①

夜摸夜袭是徐向前一种拿手的战法。每当夜晚，疲劳不堪的川军往往三五成群，躺在地上抽鸦片烟。徐向前摸着这一规律，常在夜晚命令部队派出小分队，乘“双枪兵”吞云吐雾之际，实行突然袭击，打得敌人措手不及，心惊胆战，整夜不得安宁。

万源保卫战的日日夜夜，徐向前总指挥经常冒着枪林弹雨，到前沿阵地。大面山、孔家山、花萼山上，都留下了他的足迹。在红四方面军指战员的战斗经历中，总指挥亲临前线早已不算新奇的事情了。指战员总是劝总指挥快些离开前沿。徐向前总是笑笑说：“前沿才好哪，走得近看得清，我待在后方怎么指挥打仗呀？你们不也是在前沿吗？”有时，他在前线用望远镜观察两军激战的情形，敌人的子弹“嗖嗖”地从身边穿过，炮弹在附近开花，他若无其事，继续观察。他认为，指挥员亲临前线，及时了解实战情况，是决定战役战斗胜利的重要条件之一。有些东西，不是靠坐在指挥所里就能摸到的。所以，每次重要的战役战斗，尤其是战局最吃紧、最关键的地方，他都要亲临其境，根据战场的实际情况贯彻作战意图，调整战斗部署，变换战术要求，处置意外情况。在徐向前的影响下，红四方面军各级指挥员都养成了指挥靠前，身先士卒的战斗作风。万源保卫战期间，许多军、师、团的干部经常轮流到前沿阵地，和战士们一起吃野菜，住盖沟，抬伤员，带领部队奋勇杀敌。

从7月下旬到8月上旬，川军共发动五次大规模进攻，伤亡万余人却未能前进一步。刘“神仙”一次次地拈香卜卦，选定黄道吉日下令进攻，预言稳操胜券，结果是一次次地损兵折将。时值盛暑，天气炎热，疫病流行，敌军抓来运送粮食和作战物资的民夫，又大批大批地逃亡，供应出现了严重困难，弄得士气极坏，

①《星火燎原》选编之二，战士出版社1979年版，第453、454页。

官兵怨声载道，大骂刘“神仙”害苦了他们。

红军总反攻的时机终于到来了！

第三节 “将在外，君命有所不受”

总反攻，是最激动人心的时刻。

积极防御的战略方针要求，一切的退却、防御，保存有生力量，消耗和疲惫敌人，目的只有一个，就是为总反攻创造条件，争取决战的彻底胜利。这是防御战中的最后阶段，也是最精彩、最活跃的阶段，徐向前从战役开始时就渴望这一阶段到来，一切心血为这一阶段创造条件。他这时的心情，就像在漫无际涯的惊涛骇浪中驾驶航船的舵手，已经看到岸边的目的地一样。

月亮西沉，黎明的朦胧光辉穿过密林，投向总指挥所。整夜没有合眼的徐向前，仍疲倦地伏在案上制定反攻计划。他决心从万源西南的青龙观，奇袭突破。据侦察，那里是国民党川军第六路二十三军的汪铸龙师驻守。该敌原系刘存厚残部，是被红军打怕了的，处于第五路右翼一、二、三师和左翼第四师之间，是东线敌军最薄弱的环节。青龙观地势险要，易守难攻，也是刘从云、唐式遵意想不到红军会进攻的地方。红军从这里突破，不仅出敌不意，且便于分割其第五路，达到迂回包抄刘湘主力的目的。为确有把握实现这一决心，徐向前带领四军、九军、三十军和九十三师的领导干部去青龙观附近勘察地形，找上山采过药的老农访问，广泛听取下级指挥员的意见，确定将奇袭突破的任务交给具有丰富夜摸经验的二七四团。经方面军总部作战会议共同研究决定，反攻部署为：第一梯队由三十一军一个师，四军、九军各两个师，共 14 个团组成，担任主攻任务；第二梯队由三十军两个师和三十三军一个师组成，协同第一梯队向纵深发展，迂回歼敌。其余部队在现地坚守，相机配合反攻。一、二梯队的部队，在万源保卫战期间一直处在二线休整训练。指战员们个个摩拳擦掌，早就盼着在总反攻中给敌人以致命打击。他们纷纷写决心书、请战书，要求上级把最艰巨的战斗任务交给自己。

攻击时间定在 8 月 9 日深夜。这天下午，徐向前亲自到二七四团，检查夜袭的准备工作，进行战斗动员，在详细分析了当时有利条件及可能遇到的困难后，向干部们说：“我们的阵地已经收缩到了最小限度，不能再收缩了，必须打出去。现在反攻的时机已经成熟，夺取青龙观是关键的一仗，只能打好，不能打坏，相信你们一定能完成任务，为全军开辟一条胜利道路。要胆大心细，隐蔽行动，摸上青龙观就是胜利。全军都在看着你们，等候你们的好消息！”为了让突击部队吃上一顿饱饭，他令总经理部（即后勤部）调拨了一部分稀有的土豆来，蒸给大家吃。

徐向前的关怀，给了二七四团的指战员以极大的鼓舞。深夜，该团副团长易良品率领五十多名突击队员和二营先行。行前，指战员都换上了厚厚的软底鞋，鞋上绑好便于行路爬山的铁马子，还用绳子捆住马嘴，棉花包住马蹄。他们穿过崎岖难行的山间小路，悄悄向青龙观摸去。

一切都很顺利。突击队按照预定计划，神不知鬼不觉地从青龙观北面的悬崖绝壁处沿着葛藤、树杈、绳索攀缘而上，摸进了山顶的险关敌旅部所在地——天鹅抱蛋，中心开花，打响了总反攻的第一枪，趁守敌张皇失措之际，大部队沿两侧的山路猛攻而上，仅两个多小时即歼敌千余人，一举抢占了青龙观。徐向前又连夜挥军突进，将汪铸龙师摧垮后，几天之内，直下敌纵深庙垭场、河口场、龙池山等地，像一柄利刃，将敌军阵地劈成两半，造成了分割包围刘湘主力部队的有利态势。刘湘的主力第一、二、三师在东，已被闪电般进击的红军抄至后方。徐向前率前指在宣汉的马渡关地区，决定红军主力左旋，截断东面敌军的退路，打一个歼灭战。东面的阵地呈斜形，红军横插过去，越过一条小河，卡住山垭口，溃退的敌人就插翅难逃。但这时，远在通江洪口场的张国焘打电话给徐向前要部队西旋，攻打范绍曾第四师。徐向前认为，西面不是刘湘的主力，与红军处于平行地位，你还没旋过去，敌人就会跑掉，只能打个击溃战。因此，他力主东旋，不同意西旋，但在电话里和张国焘讲来讲去，硬是讲不通。陈昌浩同意徐向前的意见，也反复向张国焘陈述东旋的理由，但张国焘就是听不进意见。这次“马拉松”式的电话，竟打了五六个小时，最后，张国焘竟不耐烦地喝问：“你们听不听我的意见？听，就按我的意见办；不听就算了！”这样，徐向前、陈昌浩只好命令部队西旋。

西旋的结果，不出所料，劳而无功。范绍曾见红军西旋，慌忙带上部队逃跑，五昼夜竟南窜 400 余里。徐向前见兜不住敌人，令部队停止追击，回师东旋。但东边的敌 3 个师已经撤逃至宣汉附近的马家场、东升场一线，筑起防御阵地固守。至此红军的东线反攻遂告结束。徐向前眼见即将到手的胜利成果被张国焘的瞎指挥断送，痛心不已！

东线川军自从攻夺万源以来，付出 1.3 万多人伤亡代价，最后竟全线崩溃，一退数百里，又被红军在追击中毙伤俘上万人。西线各路军阀的部队大为震动，惶惶不可终日。执掌军事指挥大权的刘“神仙”更是手忙脚乱，六神无主，一逃了之。刘湘的官兵感到受了“神仙”的欺骗，通电要求将其“明正典刑”，以除妖孽，以快人心。刘从云被迫辞职，刘湘也于 8 月 23 日致电蒋介石，声称：耗资一千九百万元，官损五千，兵折八万，难乎为继，请免四川“剿匪”总司令等职。

红军反六路围攻的最后一幕，是西线的黄猫垭歼灭战。

东线反攻没有达到预期歼敌目的，徐向前遂转而从西线想办法。西线红军在王树声、李先念指挥下，逐次收紧阵地，从通江以北的鹰龙山起抵碑坝，坚工防御，有力抗击敌一、二、三、四路的多次进攻，配合了东线红军的决战防御和反攻。西线川军眼见东线刘湘主力业已溃败，转攻为守，调整部署，企图沿小通江河西岸的山地筑垒防御，与红军对峙。时间就是胜利，必须抓住时机寻歼西线敌军。徐向前令东线主力红军，冒雨向通江东南的麻石场、刘坪一带集结，向西突击。从 8 月 28 日起，连续突破敌两道防线，兵分三路，向巴中、仪陇、营山方向，追击第三、四两路的溃逃之敌。

9月11日，徐向前、李先念率三十军及九十三师克巴中，准备进而从西北的黄猫垭、旺苍坝地区，对敌第一、二两路实施大纵深迂回，同西线红军合力歼敌。张国焘又来电话反对，要搞浅迂回，令部队向巴中正北的长池方向进击。徐向前说这样迂回太浅，很可能还是追着敌人屁股打，张国焘不听。电话中讲来讲去，没有结果。张国焘最后很不高兴地说："你们不听我的话算了，随你们的便吧！"

放下电话，徐向前直叹气，说："可惜呀，可惜！眼看到手的一块'肥肉'吃不到了呀！"

李先念说："'将在外，君命有所不受'嘛，你叫我们往哪里打，就往哪里打，我们听总指挥的！"

徐向前说："好！我们来个机断专行，这回就是犯了错误也不听他的，错了我负责！"当即令程世才先紧急集合身边一部兵力，沿仪风场、雪山场火速奔向黄猫垭，他说："一定不能让敌人跑掉，我们随后就到！"

红军和川军展开了抢时间、比意志的急行军。川军第二路田颂尧部发现三、四两路溃逃后，已令部队西撤。

红军经一个多月来的连续作战，日夜追击，疲惫到了顶点。跑着跑着，有人就一头栽倒路边的草丛里，呼呼地睡起来。害烂脚病的人拖着红肿的双腿，吃力地赶路。铺满苔藓的小路，又湿又滑，跌得战士们浑身都是泥污、伤痕。疲乏饥饿的战马，摇头摆尾喘着粗气，拿鞭子抽也不想动弹。行进队伍的距离越拉越长，掉队的人越来越多。经一天一夜急行军，赶到黄猫垭的才刚够一连人。

黄猫垭战斗前线指挥所旧址。1934年9月14—15日，徐向前、李先念指挥了此次战斗，这是反六路围攻的一次决定性战斗，歼敌1.4万余人

黄猫垭地势险要，四周是崇山峻岭，卡住正面的山垭口，就能挡住川军西撤的道路。这时，川军打前站的人员正大摇大摆地向黄猫垭走来，他们做梦也没想

到会在这里当了俘虏。程世才带领的红军先头连队从俘虏的口中得知，大股敌人还在后面，于是立即投入紧张的战斗准备。入夜，第二路敌人的先头部队果然冲上来了，企图夺路而逃。程世才指挥部队死死顶住敌人。掉队的战士，陆陆续续地赶来，立即投入战斗。拂晓前，敌人的兵力愈来愈多，攻势愈来愈猛。恰好，徐向前、李先念率大部队赶了上来。总指挥向程世才简要问了一下情况，长长地舒了一口气，高兴地说："好！这下我们可要痛痛快快打个歼灭战啦！"旋即令部队展开，包围敌人。

9时许，徐向前下令发起总攻击。经半日多激战，红军全歼川军10余团，计毙伤其旅长以下官兵4000余人，俘旅长以下万余人，缴获长短枪7000余支，迫击炮40余门。

在夕阳映红的黄猫垭的山岩上，徐向前不断地挥手，向漫山遍野的振臂欢呼的他的钢铁战士们致意。

十个月的反六路围攻，胜利结束。东西两线的红军和地方武装，先后共歼敌8万余人，缴枪3万余支，炮100余门，击落飞机1架。空前伟大的胜利，令人鼓舞和振奋！为表扬战役过程中功绩突出的部队，方面军总部在11月上旬召开的毛裕镇党政工作会议上，分别授予九军七十三团以"攻如猛虎"、七十五团以"守如泰山"的奖旗；授予三十军二六三团以"钢军"、二六五团以"夜老虎"的奖旗；授予三十一军二七四团以"夜袭常胜军"、三十三军二六九团以"百发百中"的奖旗。同时，表扬四军二十八团、三十三团和三十一军二七一团、二七九团等团队。会上张国焘作了形势与任务的报告，陈昌浩作了党政工作报告，徐向前作了军事工作报告。这次会议着重总结了反六路围攻以来的党政工作经验，通过和制定了《红四方面军政治与党务工作决议案》《团政治处暂行工作细则》《军师政治部的暂行工作细则》《红四方面军军训》《各军革命竞赛条例》。会议对全面加强部队的政治思想工作，激发广大指战员的革命英雄主义精神，有重要推动作用。

1934年11月中旬，在巴中清江渡召开了军事会议，系统地总结了红军入川以来作战的基本经验。徐向前在会上指出：敌人对付红军的方法是，防御时采用碉堡政策，经济封锁，反动游击；进攻时实行步步为营，稳扎稳打，分进合击。针对敌人的方法，红军的全盘战略应是大大发动赤区和白区的群众斗争，积极进行瓦解敌军的工作，不断提高红军的战斗力，以战胜敌人。对付敌人围攻的战略方针是决战防御，即利用川北的有利地形，逐次收紧阵地，诱敌深入并予以大量消耗，保存自己的有生力量，待造成有利条件即集中兵力反攻，以迂回包围手段，大量歼灭敌人。在战术上，则以各个击破来对付敌之分进合击；发挥夜袭作战特长，对来敌据险扼守；以广泛的游击战争，来打破敌之封锁围困和配合主力红军运动作战。

这些，就是徐向前在川陕苏区时期的军事思想，当然，也是广大军民鲜血和汗水的宝贵结晶。

第十章　川西会师

第一节　冲破“川陕会剿”

1934年秋，正当红四方面军胜利结束反六路围攻战役之际，江西革命根据地的中央红军，因第五次反“围剿”失败，开始了战略转移。

消息传到红四方面军，领导人都深为震动。徐向前纵观全国红军的处境，感到中国革命又处在一个严重困难的关头。他期望中央红军行动顺利，也为红四方面军的前景忧虑。他亲自向电台负责人交代：要随时注意侦听、破译敌人的电讯，及时向党中央和中央红军提供情况。电台工作人员理解徐总指挥的心情，日夜守在电台旁，随时将得到的中央红军的行踪报告方面军领导人。徐向前和总部机关人员，把从空中截取的情况，经过分析筛选，用电台不断通报给中央红军。

蒋介石为实现其对各地红军各个击破的诡计，在挥军大举围追堵截中央红军的同时，加紧“川陕会剿”的部署。他令辞去四川“剿匪总司令”之职的刘湘于10月22日“复职”，并在南京亲自接见他，面授机宜。年底，蒋介石又以“刘湘及川中内外绅士迭请中央派兵入川”为口实，着嫡系部队胡宗南一部，由甘入川，接管了川北咽喉要地广元、昭化的防务。在川陕苏区周围，蒋介石重新部署的“会剿”兵力达200个团以上，企图以稳扎稳打、筑碉封锁、步步为营、南北夹击的合围战术，置红四方面军于死地。

川陕苏区虽然取得反六路围攻的胜利，但经过十个月的战争消耗，在徐向前和他指挥的红军面前，是这样一个局面：兵员、物力、财力已达枯竭的地步；大巴山下，到处是荒芜的土地，饥饿的人群；野菜挖光了，盐井破坏了，伤寒、痢疾等疫病广为蔓延，夺去了许多人的生命。人民和红军都面临饥荒、疫病的严重威胁。如果没有一定的时间休养生息，医治战争创伤，要再对付国民党军大规模“会剿”，的确是心有余而力不足了。

在这样的严重形势下，究竟怎么办？这是徐向前和红四方面军其他领导人日夜考虑的问题。在11月初召开的毛裕镇政工会上，曾确定了当前的中心任务：全力巩固反六路围攻的胜利果实，在继续坚决进攻中来准备应付更大更残酷的战争，以达到消灭敌人，冲破“川陕会剿”，“赤化全川，争取西北首先胜利”。但这毕竟只是号召性的，并不是解决钱、粮、衣、药等实际困难的具

红军时期任红四方面军指挥的徐向前

体措施。张国焘愁眉苦脸，提不起精神来。会议期间同徐向前闲谈时，他拖着悲观的腔调说："你看将来怎么办？现在苏区物力、财力很困难，如果刘湘再发起新的进攻，该怎么个打法？我们去汉中行不行？"

徐向前不同意离开川陕苏区。他回答说："原来我和先念同志主张趁敌人溃退时，派一部兵力从南部渡江，跨嘉陵江两岸发展，你没有同意，现在敌人增兵固守已不好办了。汉中地区是去不得的，南面是巴山，北面是秦岭，回旋余地不大。我们还是依托老区想办法为好。"

11月中旬，在巴中清江渡召开的军事会议上，方面军领导人正式讨论了下一步的战略行动计划。这一计划，是委托徐向前准备和提出的。主要内容是：依托老区，发展新区，以打击胡宗南部为主要目标，夺取甘南的文（县）武（都）成（县）康（县）地区，将川陕根据地，发展为川陕甘根据地。

徐向前提出川陕甘计划的着眼点在于：第一，川陕甘边的胡宗南部是蒋介石的嫡系，"川陕会剿"的主力部队。该部虽战斗力较强，但同四川军阀和陕南的西北军均有矛盾，处境孤立。四川军阀是被红军打怕了的，西北军对红军敬而远之，红军集中主力打击胡宗南，他们很可能袖手旁观。而消灭胡宗南部，正是粉碎蒋介石"川陕会剿"计划的重要一着棋。第二，文、武、成、康地区位于汉水和白龙江流域，人口不少，也较富庶，利于红军解决物资和兵员问题，摆脱眼前的困难。第三，依托老区，向川陕甘边发展，进退自如，回旋余地大，不致造成无后方作战的危险。

会上，徐向前充满信心地说："我看这个计划是能够实现的。只要我们集中三个军以上的精锐部队突然出击，不惜花上大的代价搞掉胡宗南，我们的武器弹药就能得到很大补充。有了新的根据地，兵员问题、粮食问题也好解决，对付敌人新的'会剿'就好得多了。"

会上，张国焘、陈昌浩等人均认为徐向前的分析判断正确，是一个比较切实可行的计划，表示赞同。会后，部队开始了大规模的整训。准备执行新的作战任务。

1935年1月中旬，中共中央召开了具有伟大历史意义的遵义会议，纠正了王明路线的领导，实际确立了毛泽东的领导地位，使中国革命走上了正确航道。会后，中央红军向川黔边的赤水河进军，拟从泸州至宜宾一带渡江北上，向川西北转移。

这时，胡宗南的丁德隆旅刚奉令入川，进据广元、昭化，另有两团抵三磊坝、羊模坝一线，以固广、昭侧背，一个团开进川陕边的阳平关，遥为策应。红四方面军总部为实现"川陕甘计划"，粉碎蒋介石的"会剿"，决定趁胡宗南部刚刚入川，立足未稳，先取广昭，后击甘南。1月22日，徐向前率军发起广昭战役，以一部兵力逼近嘉陵江东岸的广元，而以主力11个团连夜涉水渡江，向敌侧背三磊坝、羊模坝地带出击，切断两城敌军的联系，完成了对广元、昭化的包围。24日开始攻城，但因敌军凭坚固守，红军久攻难克，胡宗南又不出兵来援，吸打援敌的计划难以实现，相持下去十分不利。

2月初，徐向前、陈昌浩决定撤围回师，另图发展。

正当徐向前指挥广昭战役之际，中央红军已离开遵义，向赤水城前进。1月22日，中共中央及军委致电红四方面军领导人，通报了中央红军的战略行动方针，要求四方面军积极策应。电称：

"为选择优良条件，争取更大发展前途计，决定我野战军转入川西，拟从泸州上游渡江，若无障碍，约2月中旬即可渡江北上，预计沿途将有许多激烈的战斗，这一战略方针的实现，与你们的行动有密切关系。为使四方面军与野战军乘蒋敌尚未完全入川实施'围剿'以前，密切的协同作战，先击破川敌起见，我们建议：你们应以群众武装与独立师团向东线积极活动，钳制刘敌，而集中红军全力向西线进攻。因我军入川刘湘已无对你们进攻的可能，你们若进攻刘敌，亦少胜利把握，与我军配合作战距离较远，苏区发展方向亦较不利；西线则田部内讧，邓锡侯部将南调，杨（森）、李（家钰）、罗（泽州）兵单力弱，胜利把握较多，与我军配合较近，苏区发展亦是有利的。故你们宜集结部队完成进攻准备，于最近时期，实行向嘉陵江以西进攻。"

不言而喻，这提出了一个牵动全局的行动方针问题。

2月初，徐向前率军从广元、昭化回川陕苏区后，出席了方面军总部在旺苍坝召开的会议，讨论策应中央红军渡江北上的问题。这时，中央红军因在赤水城和土城受阻，一渡赤水，改道向古蔺、叙永前进。会上，大家讨论来讨论去，找不出立即执行中央战略方针的好办法来。原因有三：一是苍溪、阆中、南部一带处嘉陵江中游，江阔水深，对岸沿江及纵深地带有邓锡侯、田颂尧两军几十个团筑垒防守，红军又缺渡河船只，如无一两个月的时间作准备，就难以完成渡江西进的任务。二是川陕苏区的东部、南部有刘湘、李家钰、罗泽州、杨森等部共一百多个团的配置，如红军主力渡江作战，川军乘虚进击，川陕苏区就有丧失的危险。三是像四川那样的地形，山险路隘，派出少部兵力远离根据地作战，等于拿肉包子打狗，有去无回。

会议经过反复讨论，决定立即投入强渡嘉陵江、策应中央红军北上的准备工作，一面由三十一军和总部工兵营大力收集造船材料，隐蔽造船，并进行强渡江河的训练；一面派一部兵力进击陕南，接应红二十五军，并迷惑和调动沿江的守敌北向，为在苍溪、阆中一带渡江创造战机。

2 月 3 日，徐向前率 12 个团的兵力突袭陕南。十多天内先后攻占了宁强、沔县和阳平关等重镇，歼灭国民党军 4 个多团，俘敌团长以下 4000 余人。蒋介石赶忙集兵向川陕边境增援。胡宗南部丁德隆旅由广昭调阳平关地区；邓锡侯部的五个江防团北进接替广昭的防务；第四十九、六十、六十一等师，亦向陕甘南部移动。红军达到了虚晃一枪、调动敌人的目的。2 月中旬，红军回师川北，拟从嘉陵江中段渡江西进。

2 月 16 日，中央军委致电红四方面军领导人，改变了拟从泸州上游渡江向川西转移的计划。电文说："我野战军原定渡过长江直接与四方面军配合作战，赤化四川，及我野战军进入川黔边继续向西北前进时，川敌以 12 个旅向我追击并沿江布防，曾于 1 月 28 日在土城附近与川敌郭、潘两旅作战未得手。滇敌集中主力亦在川滇边境防堵，使我野战军渡江计划不能实现。因此，军委决定我野战军改在川滇黔边广大地区活动，争取在这一广大地区创造新的苏区根据地，以与二、六军团及四方面军呼应作战。"此后，中央红军在毛泽东等的组织指挥下，声东击西、四渡赤水，调动和打击敌军，扭转了长征以来被动挨打的局面。

徐向前从陕南率军回师后，立即投入紧张的强渡嘉陵江的准备工作。眼下中央红军虽暂时放弃了向川西转移的计划，但红四方面军陕南战役已达到调动敌人北向的目的，同时东线在敌人进逼下，已放弃了城口、万源等地，方面军的后方机关也转移到南江地区。徐向前认为红军趁势从嘉陵江中游西渡，实现"川陕甘"计划，机不可失，而且，也便于下一步策应中央红军北上。方面军领导人取得一致意见后，分工由徐向前制订战役计划；东线红军逐步收缩，向嘉陵江东岸集中。

3 月初，徐向前先率一部兵力，克苍溪、仪陇，歼守敌五个多团，而后带参谋人员沿江勘察地形，选择强渡点。

春日的嘉陵江，碧波浩渺，两岸层峦叠嶂，郁郁葱葱。徐向前一行，沿着苍溪附近的山间小路，走一程，停一程，详细观察和标记沿江的地形、水情、敌情。本来，红军已控制了除阆中县城以外的北起广元、南抵南部的嘉陵江东岸一线，各部队经反复侦察，也掌握了敌军的江防部署，并提出了渡河点的预案。但徐向前还是放心不下，非要沿江看一看不可。他最讨厌"纸上谈兵"。每当定下战役决心，尤其是选定战役突破口，事先都要亲自出马，到现场反复调查研究，直至弄清情况，确有把握为止。

晓行夜宿，沿江跋涉三四百里，徐向前终于选定了在苍溪附近至阆中以北的 3 个渡河点。主渡点位于苍溪东南的塔子山、石家坝一带。对岸守军是田颂尧部，兵力不强，又是红军的手下败将。塔子山雄峙于江东岸边，居高临下，利于红军发扬火力，掩护部队强渡。山后是块宽阔的平坝子，集结部队和船只都较理想，不易被发现。此处江面开阔，水流平稳，船渡亦比较有利。对岸又是一片平滩，越过平滩为丘陵起伏地，易于部队迅速展开，向纵深发展。徐向前计划：实施重点和多路突击相结合的战法，以三十军为主攻部队，从塔子山强行突破后即向剑阁、剑门关方向进攻，协同三十一军消灭该地守敌；以三十一军从苍溪以北之鸳溪口渡江，直插剑门关，进而向广元、昭化进攻，保障右翼安全；以九军从阆中以北附近渡江，尔后以一部协同三十军向北进攻，另一部消灭阆中、南部之敌，保障左翼安全；以四军为第二梯队，接上述第一梯队于苍溪地区渡江，主力相机向梓潼方向发展；方面军炮兵营配置于塔子山上，掩护三十军强渡。各部队据此进行部署和准备，层层深入政治动员，大力开展河川战斗的训练。

“万事俱备，只欠东风。”剩下来的问题是赶造船只。徐向前向主管这一工作的川陕苏维埃副主席余洪远交代：“日夜突击，提前完成造船任务，你们缺什么我们调给你们什么！”隐蔽在各渡河点不远处的造船队，集中了工兵营和大批的木匠、铁匠、船工，把群众从各地运来的木料、门板、碎铁、破布等，充分利用起来，日夜奋战。至3月下旬，共造好上百只木船和三座竹制浮桥。渡江前夕，组织大批人力，抬到各渡点附近隐蔽起来。

国民党川军在北起广元、南至南部数百里的嘉陵江西岸沿线及纵深，共有53个团的配属。邓锡侯部21个团置于广元、昭化地段，预备队在剑门关。田颂尧部32个团置于广昭以北至南部地段，预备队在阆中、苍溪以西的思衣场。由于川军防线绵长，兵力分散，又未意想到红军会从嘉陵江中游的宽阔江面上强渡，这就为红军实现战役企图提供了难得的机会。

3月28日夜，徐向前发出渡江命令。塔子山上的几十门大炮和轻重机枪一齐开火，掩护着满载渡河勇士的六七十只木船，飞速驶向对岸，一举攻占了滩头阵地，全歼守敌一个营。红军后续部队趁势架起浮桥，陆续渡江疾进。川军的江防被冲开了！

拂晓前，徐向前在塔子山附近接到报告：三十一军、九军分别从各自的渡河点强渡成功。他命令第一梯队留守人员注意保护好船只和浮桥，保证大部队顺利通过，并令第二梯队的四军准备跟进，投入战斗。一轮红日冉冉升起，徐向前带着前线指挥部人员，站立在塔子山前，目不转睛地望着生龙活虎、渴望杀敌立功的年轻指战员，一批批地从浮桥上、木船上渡过江去，急浪般沿着对岸的丘陵起伏地带滚滚向前。待主渡部队的半数兵力已经过江后，他才缓缓地走到江边，踏上浮桥，向对岸走去。

红四方面军的左、中、右三路纵队胜利渡江后，左翼九军和四军一部连克阆中、南部两城，折而北进，抵思衣场地区；中路三十军及九军一部攻占剑阁；右翼三十一军直指剑门关。徐向前在中路，抵剑阁后要副总指挥王树声立即率八十八师星夜向剑门关疾进，会同右翼三十一军一部，火速抢占这一横扼川陕通道的险关要隘——敌整个江防部署的战略支撑点，为下一步的进击创造条件。

剑门关自古以来，就以“插翅难渡”的险要地形而著称，为历代兵家所重视。

那里的地形特点是南攻容易北攻难。北面，山岩峭立，山势险峻，的确有“一夫当关，万夫莫开”的地形条件；南面则不同，地势由低而高，坡度较大，容易进击。东西两侧的高山，是川军的重点防守区域，一旦被红军攻占即可形成从东、西、南三面攻关的态势。4 月 2 日中午，王树声令部队发起攻击，经激战后攻占了东西两侧的制高点，尔后全力攻关，仅半日时间即解决战斗，全歼守军三个团。接着，红军又乘胜推进，攻占了昭化。至此，渡江战役的第一阶段即告结束。

战役第二阶段是进击。国民党军的江防部署被打破后，正慌忙调集兵力，调整部署，形成新的防线。田颂尧部逃向射洪、盐亭、三台地区集结，邓锡侯部一部退向广元以北，一部沿梓潼、绵阳、彰明、中坝、江油固防。徐向前决心趁川军慌乱之际，西进涪江流域打击邓锡侯部，尔后挥军进取甘南，打击胡宗南。4 月上旬末，徐向前令右路部队向北推进至羊模坝、三磊坝地区并围广元，中路一部出青川、平武，以固右侧安全；以中路主力和左路全部直取江油。邓锡侯为保障成都及其老巢绵阳的安全，一面令被围在江油的 1 个旅凭坚死守；一面亲率 18 个团赶来增援。徐向前决定以 1 个师继续围城，另 3 个多师布于江油以南，形成口袋阵势打援。4 月 14 日、15 日，红军与川军激战于塔子山、雉山关一带，将援敌击溃，歼敌 4 个多团，乘胜追击，克中坝、彰明、北川。中旬末，北部的青川、平武也落入红军手中，仅江油围攻不下。

蒋介石派驻重庆“会剿”红军的“参谋团”判断：红军“企图以江油、彰明为新根据地；因江油、中坝两点，给养便利，既可进扰川西，又能退据川甘边区，即再向东窜，亦属自如。”[①] 令川军和胡宗南部队从四面八方加强防堵和合围，拟将红军渡江部队与川陕苏区的联系切断。徐向前这时深感兵力不足，不断打电报给张国焘、陈昌浩，催后续部队来援，及早进击甘南。但张国焘却迟迟不表态，原因是他已决定放弃川陕根据地，正忙着部署“大搬家”。至此，嘉陵江战役宣告结束。

嘉陵江战役历时 24 天，红军在徐向前的指挥下，勇猛顽强，神速果断，连克阆中、南部、剑阁、昭化、梓潼、平武、彰明、北川等 8 座县城，控制了东起嘉陵江、西至涪江纵横二三百里的广大地区，共歼川军 1 万余人，创造了红军战史上大规模强渡江河作战的范例。只是由于丧失进击甘南的战机，未能达到预期的战役目的。这使徐向前十分痛心和惋惜。同时，由于张国焘决定只留下刘子才、赵明恩等 300 余人枪就地坚持斗争，实际上等于完全放弃川陕根据地。徐向前认为，如果把三十三军留下，开展游击战争，局面会好得多。

第二节　两军会师前后

1935 年 5 月上旬，红四方面军领导人在江油附近召开会议，讨论行动方针。为摆脱受敌人南北夹击的不利局面，策应中央红军北上，会议决定主力向川西北

① 见国民党《参谋团大事记》。

发展，在川康边建立根据地。根据会议确定的战略方针，部队陆续撤离梓潼、剑阁、中坝、彰明等地，向北川、茂县一带进发。

这时，中央红军已渡过金沙江，准备经西康省的东南部北上，与红四方面军会师。徐向前带领九军、三十军经北川、墩上、土门，攻占茂县。“迎接中央红军北上”的号召，成了鼓舞部队的巨大动力，沿途写的许多宣传标语，都突出了准备会师的内容。尔后，红四方面军一部沿岷江流域南下，控制汶川、理县一带；另一路四军、三十一军一部北进至松潘、平武以南的镇江关、片口等地，与胡宗南部对峙。方面军总部驻茂县，徐向前率前指驻理县下东门。

北川、茂县、理县一带，地势高寒，多高山、峡谷、急流，系汉人和藏、羌、回等少数民族的杂居地区。藏民占人口多数，汉人约占十分之一。徐向前和红四方面军其他领导人，严令部队执行民族政策和纪律，通过“通司”（翻译）大力宣传红军的宗旨，尊重少数民族的风俗习惯，发动贫苦奴隶、牧民、农民起来分田地、牛羊、财物，组织政府和武装，并坚持打击进行破坏活动的上层反动分子，使广大藏民摆脱了重重枷锁，认清了红军和白军的区别。他们像敬“神”一样地敬信红军，帮助红军带路、探消息，运送物资，转移伤员，提供粮食等。只有少数受反动头人欺骗很深的人，钻进深山野林里，不时地出来偷袭红军。

在这里流传着徐向前带头吃糌粑的故事。用青稞粉和酥油混合而成的糌粑，发酵后的酸马奶，烧得半生不熟的牛羊肉，都是藏民的主食，也是他们招待红军的好东西。红军要发动群众、组织群众、宣传群众，要在这里生活下去，就得从生活习惯上来一场“革命”，学会吃糌粑、青稞、酸奶等。尤其是糌粑，味腥膻，吃不惯的人很难往下咽。一些军师干部来前指开会，徐向前就用糌粑招待大家。有些干部硬是不吃，徐向前带头抓一把糌粑吞下去，风趣地说：“为革命吃糌粑！谁不爱吃糌粑，谁就不想革命到底！”这样一说，哪个愿落个“不想革命”的名啊，纷纷抓糌粑吃。徐向前还要求大家多节约和储存一些粮食，留给中央红军，留给伤病员。他听说远在几十里地以外发动群众的傅钟病倒了，便把自己干粮袋里仅有的半袋大米叫警卫员送去。傅钟每提起这件事，就激动地说：“向前同志那是‘雪中送炭’啊！”

为迎接中央红军，从总部到连队上上下下，都捻毛线，织毛衣毛袜，打草鞋，捐献粮食、药品、衣物，谁都想为两军会合贡献一份力量。5月下旬，红一方面军胜利通过天险大渡河，经天全、芦山、宝兴走向川西北。喜讯传来，红四方面军总部立即派出李先念率一部兵力翻越海拔4000多米的红桥山，进占懋功、达维，进行策应。行前，徐向前向李先念交代，要他从各部队多抽些炊事人员，带上炊具，配给一方面军。他说：“我们西征时吃过苦头，炊具丢了，炊事员跑散了，部队没饭吃。这次要先帮助兄弟部队解决吃饭问题！”

6月12日，徐向前在理番代表红四方面军领导人亲自起草了致毛泽东、周恩来、朱德等的信件，详细介绍了川西北的敌我态势，表示：红四方面军及川西北数百万工农群众，正准备以十二万分的热忱欢迎我百战百胜的中央西征军。建议："西征军万里长征，屡克名城，迭摧强敌，然长途跋涉，不无疲劳，休息补充亦属必要，最好西征军暂住后方固阵休息补充，把四方面军放在前面消灭敌人，究以先打胡先打刘何者为好，请兄方按各方实沉商决示知为盼。"这封机密的信，徐向前派警卫员康先海带一个警卫班送到懋功去。他再三叮嘱："信一定要送到毛主席手里。"

李先念率领的先头部队 6 月 12 日在夹金山下同一方面军胜利会师。很快，毛泽东、周恩来、朱德、张闻天等抵达，亲切会见了李先念等红四方面军指战员。中央领导人听取了李先念关于川西北情况及红军今后行动方向的建议，对红

1935 年 6 月，徐向前所率红四方面军先头部队与红一方面军前锋在夹金山下达维镇会师

四方面军的英勇斗争给予鼓励。会师的喜讯，很快传遍两支红军的机关、连队和川西北的县城。

两个方面军的指战员，来自山南海北，四面八方。他们各自有着不同的经历，操着不同的乡音，素昧平生，萍水相逢。但是，他们都是工农子弟、工农红军，为中国人民的解放而奋斗，为共产主义理想而奋斗。战友的情意，共同的理想，打破了一切界限，使他们一见如故，胜似亲人。两军的团结友好气氛，在当时中国红军的《红星报》上，曾有如下两则生动的报道：

1935 年 6 月，红一、四方面军会师后，毛泽东代表中央政府将一枚红星奖章授予徐向前。这是党中央对徐向前和红四方面军的褒奖

"'太阳'纵队二十一日在懋功开了一次干部同乐会，四方面军驻懋功部队的干部亦全部参加。在未开会之先，唱歌呀、谈话呀，两方面军干部互相谈说战绩呀，整个的会场，充满着欢快的表情。

"同乐大会正式开幕了。首先是党中央和总政治部的代表博古同志与朱总司令的演说，告诉了全体干部目前的有利处境，两大主力会合的意义，与我们的战斗任务。接着，便是五大碗的会餐。这时有同志起来报告'猛进'剧社到了，掌声大起，表示欢迎他们的盛意。

"会餐以后，晚会开始。首先有'火线'剧社的小同志的唱歌和跳舞；接着有'火线'剧社与'太阳'纵队的一些名角演《十七个》的名剧；最后，'猛进'剧社表演《破草鞋》。这两出戏无论在剧（情）上或者在艺术上都是成功的。边章武同志的京调，李伯钊同志的跳舞，都博得了大家的各处的掌声。会场空气盛极一时，为反攻以来第一次！

"二十三日上午，'太阳'篮球队与四方面军驻懋功部队的篮球队举行友爱的比赛，开始是分开打，以后又混合打。球艺虽由于双方的长期行军与作战而表现着生疏，但活跃的精神，英勇的表演，处处都显示出百战百胜的英勇健儿的大好身手！"

会师的喜讯，使徐向前心中充满着欢乐。这时，北面、东面的敌人为防堵红军，正加紧筑碉前进。红四方面军不时与敌激战。徐向前不断发出指令，要求前线部队坚守阵地，以杀敌立功的实际行动欢迎中央红军。红四方面军各部队还把慰问中央红军的物品，如衣服、草鞋、毯子、皮衣、毛衣、袜子、袜底、牙粉、粮食等一批批地送到了中央红军驻地。从北川、茂县、理县至懋功沿途，处处是欢迎两军会师的醒目标语，是络绎不绝地运送慰劳品的马队、牦牛队。

红一、四方面军的会师，使蒋介石各个击破红军的企图化为泡影。

会师后的红军一、四方面军，总兵力十万余人。6 月 26 日，中共中央政治局在懋功县属之两河口召开会议，讨论战略行动方针。28 日，作出《关于目前战略方针的决定》。接着，中革军委制订了《松潘战役计划》，要求红军“迅速、机动、坚决消灭松潘地区的胡敌，并控制松潘以北及东北各道路，以利北向作战和发展”。《松潘战役计划》规定一、四方面军分组为左、中、右三路军，另有岷江支队、附右支队、懋功支队等向黑水、芦花、黄胜关一带集中，迂回攻取松潘。徐向前率中路军，陈昌浩率右路军，分别从理县、茂县北进。7 月初，张国焘从两河口返回，经下东门见到徐向前，简要讲了中央红军的情况和攻取松潘的计划，便匆忙回茂县去了。7 月 6 日，徐向前、陈昌浩分别率军出发，徐向前率中路军的十余个团，沿黑水河岸蜿蜒前进。一路上又要防备敌机轰炸，又要对付藏人反动武装偷袭，又要拔除敌人盘踞的堡寨，每天只能行进五六十里。

徐向前与彭德怀在维古河畔的会见，是两军会师中的一段生动插曲。那是在快接近黑水的途中，徐向前接到彭德怀一份电报，说三军团已进抵黑水，为迎接四方面军，他已带部队上来。徐向前异常高兴，立即发报表示热烈欢迎，并约请彭军团长到维古河的渡口会面。翌晨，徐向前和随行的通讯排，骑上战马飞也似的向维古河畔驰去。金色的阳光透过朦胧的雾气投向大地，白色的浪花在急流的维古河面不停地涌现，两岸的山丘、树木分外静谧，给原野涂上一层神秘的色彩。虽然已是 7 月，但高原地带的早晚，却带着一缕寒意。徐向前一行人马跑得汗津津的，抵维古河边后，沐浴着凉爽的空气，朝地图上标有铁索桥的方位走去。维古河是岷江的支流之一，宽约二三十米，水深流急，水寒刺骨，难以徒涉。平素人来人往，就靠铁索桥。铁索桥是交通落后的川西北的常见桥梁，两岸拉起几根并排的铁索，铺一些木板，走在上面晃晃悠悠，不习惯的人会觉得头晕目眩，胆战心惊。徐向前走到渡桥的位置一看，桥索已被破坏，要想渡河比登天还难。

正在这时，河对岸出现了一支蜿蜒而来的小队伍。走在最前面的一个人体魄健壮，中等身材，穿一身灰布军装，戴一顶斗笠，走到岸边后直向徐向前等人挥手呼喊；徐向前也挥动八角帽答话，但因水声太大，谁也听不清对方说什么。彭德怀的名字，徐向前早就听说过；徐向前的名字，彭德怀也不陌生，但两人从未见过面，所以谁也不敢断定对方就是自己要会见的人。过了一会儿，徐向前见对岸戴斗笠的人朝他打了打手势，接着扔过一块小石头来。石头上用小绳拴着一张纸条，上面写着：“我带三军团之一部，在此迎接你们！——彭德怀。”徐向前高兴极了，马上从记事本上撕下一页纸，正正规规地写上：“我是徐向前，很想见到您！”也拴在石头上甩过河去。彭德怀得知是徐向前在对岸，高兴地挥动大斗笠，频频向他亲切致意。

当天，通讯部队在河面拉起了一条电话线。徐向前和彭德怀第一次通话，互相问候，约定次日在维古河上游一个名叫亦念的地点相见。次日，徐向前带人翻过两座大山，到达亦念时已近正午；彭德怀也同时到达。但令人失望的是，这里的铁索桥也遭破坏，双方仍然是隔河相望。徐向前的随从人员在一段河面上找到了另一种渡河工具——溜索。一条绳索横贯河岸，上面悬着个用竹条编的筐子，里面坐着一个老乡，正向对岸滑来。徐向前因急于同彭德怀会面，等那老乡过河来，自己也像老乡那样坐进筐子，用脚向岩石猛力一蹬，借劲向对岸滑去。等他到达终点跳出筐子，彭德怀快步迎上，两双手紧握在一起。彭德怀风趣地说："徐总指挥，还不知道你有这种本领呢！"徐向前说："我这是大姑娘上轿头一回呀！"逗得周围的人哈哈大笑。这是两位威震敌胆的红军高级将领的第一次会见，也是传奇式的会见。

革命的路，艰难而曲折。两军会合后的团结战斗气氛，被张国焘的分裂主义野心，投下了愈来愈浓重的阴影。

早在两军会合前夕，毛泽东等从北上抗日和粉碎蒋介石围追堵截计划的总指导思想出发，就提出了在川陕甘边创建根据地的方针。6 月 16 日，朱德、毛泽东、周恩来、王稼祥致四方面军领导人的电文中指出："为着把苏维埃运动之发展放在更巩固更有力的基础之上，今后我一、四方面军总的方针应是占领川陕甘三省，建立三省苏维埃政权，并于适当时期以一部组织远征军占领新疆。"张国焘和陈昌浩于 6 月 17 日复电：同意向川陕甘发展，组织远征军，占领青海、新疆，首先集主力打。两军会合后，为统一对战略方针的认识，6 月 26 日中央政治局于两河口召开会议。会议期间，毛泽东、朱德、周恩来、张闻天、博古都同意北进计划。而张国焘则又提出南下川康边的计划，被大家否定。6 月 29 日，中央政治局召开常委会议，研究形势和组织问题，决定增补张国焘为中革军委副主席，徐向前、陈昌浩为中革军委委员。

两河口会议后，中央派出李富春、林伯渠、李维汉、刘伯承等到红四方面军慰问，并传达会议精神。这时徐向前、陈昌浩已率军北进。当李富春抵理县时，张国焘提出了统一军事指挥，充实总司令部的问题，要求军委设常委，决定战略问题；徐向前、陈昌浩参加总司令部工作，以徐为副总司令，陈为总政治委员。李富春因事关重大，立即向中央作了报告。接着，在张国焘的授意下，川陕省委一些人也向中央提出类似要求。陈昌浩在行军途中则致电中央："请焘任军委主席，朱德任总前敌指挥，周副主席兼参谋长。中政局决大方针后，给军委独断专行。"所有这些，实质就是张国焘要取毛泽东等的领导地位而代之。张国焘还在公开场合与私下谈话中，散布"中央政治路线有问题""一方面军的损失和减员应由中央负责""遵义会议是不合法的""军事指挥不统一"等，进行挑拨和煽动。张国焘是老资格的中央政治局委员，只有他能出席中央政治局的会议，又是红四方面军的最高领导人，他散布的话很容易迷惑和欺骗人。

毛泽东、周恩来、朱德等十分珍视两军的团结，强调一、四方面军都是党领导的红军队伍，大敌当前，没有内部的团结一致，便无法战胜敌人，实现既定的战略方针，一切有损两军团结的言行都是错误的、危险的、有害的。毛泽东亲口对一、三军团的领导人说过："会师了，要讲团结，不要批评。"但是，有的教条主义者却指责四方面军有“土匪作风”，“政治落后”，撤离鄂豫皖和退出通南巴是“逃跑主义”，甚至写文章公开批评。这也给了张国焘以挑唆的借口。张国焘公开对下面讲：他们是洋鬼子，修洋头，穿西装，戴眼镜，提着菜盒子，看不起我们四方面军这些“老土”，不想要我们！

对于两军会合后出现的复杂局面，徐向前是没有思想准备的。两军会合后，他的主要想法是要离开四方面军，到中央做点具体工作。原因是张国焘一直对他“用而不信”。他与张国焘、陈昌浩虽共事好几年，但在许多问题上合不来，心情一直不愉快。在理县的一天晚上，徐向前和陈昌浩谈到两军会合后的前景时，就说：“我这人能力不行，在四方面军干不了。现在中央来了，有不少能人，你看是不是由刘伯承同志来替我，他是军事理论家，也有丰富的实战经验。”陈昌浩颇感突然，忙问：“那你准备干什么去？”徐向前诚恳地回答说：“我到中央去，随便分配什么工作都行，反正是能力有限，做点具体工作吧！”陈昌浩不同意，说是先别考虑这件事。那些对四方面军的片面指责，也使徐向前反感。这支部队，是从鄂豫皖的一支三百来人的游击队发展壮大起来的，打过许多硬仗、恶仗，不愧是一支党领导下的铁的红军队伍。尽管部队有这样或那样的缺点，但本质是好的，是坚决打蒋介石的，是实行土地革命的，是听党的话的，是和人民群众血肉相连的，是竭诚欢迎党中央和兄弟的红一方面军的到来的。不看主流，把四方面军说的一团漆黑，他认为这对两军团结没有任何好处。

徐向前后来回忆说：会合的时候，毛主席主张讲团结，强调有些分歧不要说，还是团结起来。但不晓得那时为什么说退出鄂豫皖，退出通南巴是逃跑主义，又是什么政治落后、土匪主义等，当时听了是反感的。我说我们是拥护第三国际实行土地革命么，打游击的时候我们的臂章上都写着拥护第三国际，实行土地革命，莫非我们打蒋介石打错了吗？

徐向前当时脑子里的一些问号，也正是红四方面军广大指战员心目中的共同疑问。但是，作为身负重任的总指挥，他不仅自己不谈论这些事，而且严格要求下属不要瞎议论，要顾大局，讲团结，相信党中央、毛主席会妥善处理和解决。在芦花、黑水，徐向前主动建议调一方面军一些干部来四方面军当参谋长，调四方面军的三个建制团充实一方面军，以便两军互相学习，取长补短。党中央采纳了徐向前的建议。

中共中央和军委为团结四方面军的广大指战员，实现北上创造川陕甘根据地的方针，对组织作了必要的调整。7 月 18 日，任命中革军委主席朱德仍兼红军总司令，张国焘任总政治委员。7 月 21 日，决定组织前敌指挥部，以徐向前兼总指挥，陈昌浩兼政委，叶剑英任参谋长。各部队的番号和军政首长更动如下：原一军团改为一军，军长林彪，政委聂荣臻，参谋长左权。三军团改为三军，军长彭德怀，政委杨尚昆，参谋长萧劲光。五军团改为五军，军长董振堂，代政委曾日三，代参谋长曹里怀。九军团改为三十二军，军长罗炳辉，政委何长工，参谋长郭天民。原四方面军部队番号不变：四军军长许世友，政委王建安，参谋长张宗逊。九军军长孙玉清，政委陈海松，参谋长陈伯钧。三十军代军长程世才，政委李先念，参谋长李天佑。三十一军军长余天云，政委詹才芳，参谋长李聚奎。三十三军军长罗南辉，政委张广才，参谋长李荣。中央还明令指示："一、四方面军会合后一切军队均由中国工农红军总司令、总政委直接统率指挥。"这一决定，充分体现了促进两军团结和照顾大局的精神。

在7月中旬中共中央抵芦花时，徐向前第一次见到了毛泽东、周恩来、朱德、张闻天等领导人。毛泽东的安详大度，周恩来的锐敏和口才，朱德的平易近人，张闻天的学者风度，都给徐向前留下了深刻的印象。当时，中央领导最关心的是敌情，详细询问徐向前。他将周围敌人的兵力部署、各敌的作战特点及装备情况，一一详细作了介绍。这次见面，毛泽东代表中央政府亲自将一枚红星奖章授予徐向前，以表彰他在四方面军的杰出贡献。

7月21日，徐向前出席了中央政治局在芦花召开的政治局扩大会议。会议由博古主持，出席的有毛泽东、周恩来、朱德、张闻天、王稼祥、凯丰、邓发、李富春、刘伯承、张国焘、陈昌浩等。这次会议，是为统一对四方面军的认识而召开的。

会议首先由张国焘报告四方面军从鄂豫皖反四次"围剿"以来的发展情况，他的评价是：总的说，四方面军的战略战术一般是正确的，但缺点错误是有的，不承认在鄂豫皖和川陕苏区有路线问题。徐向前在发言中介绍四方面军的特点。他说：红四方面军干部土生土长得多，文化程度差，但积极学习；军事知识差，但能干；作战后即讨论研究经验教训。部队作战，书面命令少，没有参谋业务处的工作，作战计划等都是上面指挥员直接制订。从鄂豫皖到四川的战争过程中，执行纪律和进行政治工作很注意，但执行纪律不适当的现象常常发生。作战时领导干部层层下去指挥，一个师就由师长下去带一个团，师政委带一个团。这样，战斗虽勇敢坚决，但干部伤亡大，现还没有很好地纠正。集体领导差，对军事问题的决定非常秘密，运动兵力迅速，决定问题快，动作灵敏，指挥集中，但打退敌人后指挥就分散了，常误事。射击、手榴弹操练很勤，有很大进步。夜战很好，主要是干部亲自看阵地，有记号，大量利用手榴弹攻击，丢得准，以二七四团、二六五团夜战最好。总之，红四方面军工农干部多，军事理论训练少，战略战术是弱些，但主要是从实践中积累经验。

徐向前发言后，陈昌浩又介绍了红四方面军的政治工作情况。他俩因忙于指挥部队行动，第二天的会议未参加。

第二天的会上，邓发、朱德、凯丰、周恩来、张闻天、毛泽东相继发言，博古作结论。大家肯定了自张国焘到鄂豫皖后，红四方面军是执行了中央正确路线的，因此，才有胜利和发展。同时，也指出了领导工作中的某些不足之处。毛泽东说：从鄂豫皖到现在，国焘领导是没有问题的，路线是正确的，其他个别问题不正确。鄂豫皖的反"围剿"准备不足；通南巴只是1933年9月上半月注意了地方政权的建设；放弃通南巴是严重错误，找不出任何理由说明为何要放弃。在鄂豫皖几次没有打退敌人，因为没有准备，那时退出是正确的，但通南巴是打退了刘湘，在胜利后进攻中放弃的，是不对的。周恩来则认为撤出鄂豫皖不对；撤出通南巴是为了迎接中央红军，是正确的。最后博古作结论说：同意总的估计，国焘执行了四次“围剿”后党的路线。[①]

那时，经过遵义会议后，党内民主讨论的气氛较浓，在政治局会议上，不同意见可以自由发表。显而易见，这次会议，中央对张国焘仍是采取积极团结的方针，对四方面军的功绩作了充分肯定的评价。张国焘想搞名堂，便找不到“借口”了。

徐向前、陈昌浩于7月22日率军从芦花出发，向毛儿盖进军。芦花会议开出个什么结果则不知。徐向前一路想的是如何消灭敌人和北上的问题。中央的北上方针，创造川陕甘根据地的计划，徐向前完全拥护，陈昌浩也同意。他们原来就有过这种设想。徐向前满心希望中央不再发生分歧，作为一个军事指挥员和开路先锋，他一路想的是怎样为创造川陕甘根据地打开通路。

由于松潘那带地形险要，敌胡宗南部兵力众多，凭碉固守，红军火力差，攻击难以奏效。军委召集会议，决定放弃攻打松潘的部署，改为执行夏洮战役计划。并决定一、四方面军组成左右两路军北上。

正当部队忙着做北上准备的时候，张国焘又节外生枝，要中央开会解决“政治路线”问题。8月4日至6日，中央政治局在毛儿盖附近的沙窝召开了扩大会议。原定四方面军参加会议的名单有徐向前、陈昌浩、傅钟等人，后来又改为只由张国焘出席。会议作出了《中央关于一四方面军会合后的政治形势与任务的决议》，肯定中央的政治路线是正确的，并明确指出：“由于一、四方面军的会合，革命战争经验的交换，指挥的统一，红军战斗力不但在数量上增加而且在质量上也增强了。一、四方面军在中国西北部的活动，将大大推动西北少数民族反帝国主义与反国民党的斗争，使西北广大地区土地革命的斗争进一步尖锐化，使共产党苏维埃红军的影响大大地扩大。同时西北各省是中国反动统治及帝国主义力量最薄弱的地区，在地理上又接近世界无产阶级祖国苏联……，这更造成苏维埃与红军发展的有利条件。”决议重申了6月18日中央政治局确定一、四方面军首先北进取得甘肃南部的创造川陕甘根据地的战略方针，并对加强两个方面军的兄弟团结、互相学习取长补短以及开展反倾向斗争等问题，作了阐述。会上，补选了陈昌浩、周纯全二人为中共中央政治局委员，徐向前为中央委员，何畏、李先念、傅钟为中央候补委员。陈昌浩任红军总政治部主任，周纯全任副主任。

会后，徐向前从张国焘、陈昌浩的谈话中听出，会上又发生过不愉快的争执，张国焘对中央领导很不满意。徐向前说：“这些事情我管不了，现在的问题是部队在这里没有粮食吃，吃黄麻吃得嘴都肿了，我们不能待在这里挨饿，得赶快走。等找到有粮吃的地方，你们再争吵去！”

根据中央关于一、四方面军组成左右两路军北上的决定，左路军由一方面

① 上述几人发言摘引自1935年中央政治局芦花扩大会议记录。

军的五军团、九军团（已分别改称五军、三十二军）和四方面军的九军、三十一军、三十三军组成，由总司令朱德和总政委张国焘率领，以马塘和卓克基为中心集结，向阿坝地区开进，然后东进至班佑地区向右路军靠拢。右路军由一方面军的一、三军团（即一、三军）和四方面军的四军、三十军组成，由前敌总指挥徐向前、政委陈昌浩率领，以毛儿盖为中心集结，向班佑、巴西地区开进，待与左路军会合后共进甘南，执行夏洮战役计划。中共中央和军委随右路军行动。

8月10日，徐向前、陈昌浩于毛儿盖公布了《右路军行动计划》。几天后，朱德、张国焘率左路军向阿坝开进。20日，徐向前在中央政治局召开的会议上，明确阐述了自己的看法："原则上的问题，以前已决定，当无可争。我们应坚决先从洮河右岸前进，从岷州方向突破向东。如果不能走时，再从洮河左岸向东突击。战略方针当然是向东。"陈昌浩的意见也是这样，并受到了毛泽东的赞扬。会后，由毛泽东整理了大家通过的《关于目前战略方针之补充决定》，作为正式文件。

8月21日，徐向前、陈昌浩下令右路军出动，兵分两路，向北进发。从毛儿盖到班佑地区，中间须经过一片纵横数百里的茫茫草地。不论一方面军或四方面军，都没有草地行军的经验。当徐向前率前锋部队到达草地边沿时，远远看去，像灰绿色的大海似的，不见山丘，不见村舍，不见林木，不见道路，东西南北，茫茫无际。据带路的"通司"说，草地尽是泥潭，一不小心陷到里面就会送命；气候多变，夜间奇寒；人烟稀少，走几十里路才能看到一两户人家，都是过游牧生活的藏民。徐向前命令部队充分做好物质准备和思想准备，一定要征服大自然设下的难以逾越的障碍。

一两天后，征服草地的进军开始了。天气令人莫测地变幻着。中午还晴空万里，太阳高照，烤得人们汗流浃背喘不过气来；下午，突然黑云密布，雷声隆隆，暴风雨夹杂着一阵阵冰雹，铺天盖地而来。黑夜来临，气温骤降，达零度以下。草地上到处是草墩子和泥沼，人们只能踩着草墩子行进，一不小心陷进泥沼，越挣扎便陷得越快越深，直至被泛起的水泥完全吞没。沿途的水大都含有毒汁，喝下去又吐又泻。四野茫茫，找不到粮食。野韭菜、野芹菜、草根、马鞍、皮带……都成了红军充饥的食物。草地行军，夺去了许多红军指战员的宝贵生命。

徐向前的前敌指挥部随三十军行动。为使后续部队减少伤亡，胜利通过草地，他令开路的前锋部队沿途标上安全路标；要求各部队组织有经验的人挖野菜，摘野果，不认识的东西不要乱挖乱吃；伤病员一律带走，不准丢弃；牺牲的人就地掩埋，不许暴尸荒野；除必要的运输辎重的牲口外，其余的可以宰杀，供部队食用。他特别强调发扬革命乐观主义和团结友爱精神，用集体的力量克服困难，从绝境中求胜利。各部队根据徐总指挥的要求，不断加强思想动员和组织工作，用各种形式鼓舞士气，增强信心，加强团结，以藐视一切困难的英雄气概，前仆后继，向着既定的目的地行进。在一篇题为《小宣传员们》[①] 的文章中，生

---

①《星火燎原》选编之三，战士出版社1980年版，第369页。

动地记述了红军过草地的生活片段：

“虽然饥饿与寒冷日夜威胁着每一个人，但人们并没有消沉，草地中的文娱生活还是非常活跃。大家拖着疲倦的身体，束紧了腰带，边走边唱。顺口溜，家乡小调，杂七杂八，好不热闹。

“一天，部队露营在一个斜坡上，演出队分组向部队进行了慰问演唱。组长带着我们到了一个连队，同志们都鼓掌欢迎我们这些‘娃娃兵’。

“会场中燃起了一堆篝火，连队的同志们坐在四周，我们几个人站在中间，被火烤得热乎乎的。

“演唱开始了，第一炮是‘童子舞’。五个人先跑了几个‘8’字形，一面跳着一面唱：‘牛皮本是好东西，哟嗨，吃多了就要胀肚皮，好东西，哟嗬嗨！’刚刚唱完，同志们就哈哈地笑起来了，还来和我们握手。一个大个子把‘小皮球’拉过去，在自己的衣袋里摸了老半天，掏出一小把青稞来，递给他说：‘拿着吧，小兄弟！’

“此时此地，这是比生命还宝贵的东西，‘小皮球’怎能好意思收呢！他说：‘你吃什么？’

“‘没关系，还能顶几天！撑得住！……’

“最后‘小皮球’无可奈何地收下了。

“这时候，部队情不自禁地高歌起来了，歌声响彻云霄，震动了夜色茫茫的草地。……”

这些“娃娃兵”，就是徐向前率领下的三十军二六七团宣传队的小红军。

第三节　以团结为重

徐向前、陈昌浩率领红四军、三十军（一、三军团和中央纵队走另一路），经过五天左右的艰苦行军，终于胜利通过了被称为绝境的草地，于8月下旬到达班佑地区。这时，中央纵队和一军团也抵巴西；三军团殿后，仍在行进途中。巴西、班佑地区，有一些喇嘛寺庙和民房，有粮，有水，有牛羊，对于刚从草地过来的红军，简直像是另一个世界一样。

距离巴西、班佑一百多里的上下包座，是通往甘南的要地，由胡宗南部驻守。迅速占领包座，打开北进通道，是摆在右路军面前的紧急任务。

上包座环山傍水，居高临下，是控制这一地带的主要制高点。守敌一个团，驻扎在山顶，利用山险路狭，修筑许多碉堡，并备有大批粮食，构成了可以长期固守的防御阵地。胡宗南得悉红军北进的消息后，又调其伍诚仁第四十七师向包座疾进，进行增援。徐向前到达班佑后，就派人侦察地形、敌情，开始了攻打包座的战斗部署。他鉴于三军团还未上来，一军团又相当疲劳，因而向党中央和毛泽东建议，攻打包座的任务，由四方面军部队承担。毛泽东批准了这一建议。徐向前的具体部署是：三十军为主攻部队，以八十九师二六四团（善攻坚）攻击大戒寺之敌；以八十八师两个团和八十九师另两个团伏于上包座西北地区山林中，准备打援；四军为助攻部队，以一部攻击求吉寺之敌，配合三十军解决战斗。一军团作预备队，集结于巴西和班佑地区待机，并负责保护党中央的安全。

8 月 29 日，徐向前命令部队发起攻击。当夜，二六四团连续排除了一些碉堡，歼敌两个连，但大戒寺其余守敌仍凭借后山的工事顽抗。30 日夜，敌援军先头部队进抵大戒寺以南。为诱使援敌全部进入伏击圈内，一网打尽，徐向前令埋伏的主力部队继续注意隐蔽待机，攻打包座的部队则适当后撤。31 日，敌师长伍诚仁率师部进驻包座以南，令三个团兵力沿包座河东西两岸进击，企图“迫匪于上下包座附近而歼灭之”。三十军代军长程世才、政委李先念见敌人已经进入红军的包围圈内，下午 3 时，下令发起反攻。埋伏在山林间的红军，像无数把尖刀，突然插向敌军，将其截成数段，激战至夜半，敌四十九师大部被歼。总计毙伤敌师长伍诚仁以下 4000 多人，俘敌 800 余人，缴获长短枪 1500 余支、轻机枪 50 余挺及大批粮食、牛羊，打了两军会合以来的第一个漂亮仗。党中央和毛泽东等领导人十分高兴。战斗结束后，一方面军还派出宣传队，前往包座进行慰问。

通路已经打开，但严重的党内斗争又爆发了。张国焘本来就对中央的北进方针心怀不满，满腹狐疑，左路军出阿坝不远，他便借口地理、天候、粮食等困难条件，拟令部队返回阿坝，妄图改变北进方针。9 月 1 日，徐向前、陈昌浩、毛泽东致电朱德和张国焘，指出目前的敌情、我情、地理情况，极有利于按原定计划向甘南发展。因此，“右路军须以主力向前推进，以不突出西固、岷州线为度。第一步以一、三两军控制罗达地区，四军、三十军主力控制白骨寺地区，其一部控置（制）包座。这样控置（制）了两条平行东向路，并随时可与胡敌五个旅有把握的作战，决不会被敌截断，更不是从间隙偷出封锁线。候左路到达，即以一支队向南坪方向，又一支队向文县方向佯攻胁敌，集中主力从武都、西固、岷县间打出，必能争取伟大胜利”。

9 月 3 日，张国焘致电徐向前、陈昌浩并转中央。内称：“（甲）上游侦察七十里，亦不能徒涉和架桥，各部粮只能吃三天，二十五师只两天，电台已绝粮，茫茫草地，前进不能，坐待自毙，无向导，结果痛苦如此，决于明晨分三天全部赶回阿坝。（乙）如此，已影响整个战局，上次毛儿盖绝粮，部队受大损；这次又强向班佑进，结果如此。再北进，不但时机已失，恐亦多阻碍。（丙）拟乘势诱敌北进，右路军即乘胜回击松潘敌，左路备粮后亦向松潘进。时机迫切，须即决即行。”这样“北进”和“南下”之争，再次成为牵动全局部署和影响红军命运、前途的斗争焦点。

徐向前、陈昌浩对于张国焘的这种突然变化，甚感焦虑。他们商量，认为既然北进是毛儿盖会议政治局讨论决定的方针，且右路军占领包座后又打开了北进通道，无论如何，都不应变更原决定。徐向前对陈昌浩说：“目前箭已在弦，非进不可。主力合而后分，兵家大忌，还是要劝他们上来。”但是，他又考虑从组织上讲，前敌总指挥部是接受红军总部指挥的，如果总部和中央的意见不统一，下面执行起来很为难。所以，他和陈昌浩商定：一是准备抽一个团出来背粮食、带向导，前去接应左路军；二是发电报陈述意见，劝说张国焘执行中央的决定。9月8日，由徐向前、陈昌浩共同发出急电致朱德、张国焘："胡不开岷，目前突击南、岷时间甚易。总的行动究竟如何？一军是否速占罗达？三军是否跟进？敌人是否快打？飞示，再延实令人痛心。""中政局正考虑是否南进。毛、张皆言只（有）南进便更有利，可以交换意见；周意北进便更有出路；我们意以不分散主力为原则，左路速来北进为上策，右路南去南进为下策，万一左路若无法北进，只有实行下策。如能乘（敌）向北调时（取）松潘、南坪仍为上策。请即明电中央局商议，我们决执行。"当晚，党中央领导人通知陈昌浩、徐向前去周恩来住处开会，会议一致通过，向左路军领导人发出如下电报：

朱、张、刘（伯承）三同志：

目前红军行动是处在最严重关头，须要我们慎重而又迅速的考虑与决定这个问题。弟等仔细考虑结果认为：

（一）左路军如果向南行动，则前途将极端不利，因为：

（甲）地形利于敌封锁，而不利于我攻击，丹巴南千余里，懋功南七百余里，均雪山、老林，隘路。康、炉、天、芦、雅、名、邛、大，直至懋、抚一带，敌垒已成，我军绝无攻取可能。

（乙）经济条件，绝不能供养大军，大渡河流域千余里间，术如毛儿盖者，仅一磨西面而已，绥、崇人口八千余，粮本极少，懋、抚粮已尽，大军处此有绝食之虞。

（丙）阿坝南至冕宁，均少数民族，我军处此区域，有消耗无补充，此事目前已极严重，决难继续下去。

（丁）北面被敌封锁，无战略退路。

（二）因此务望兄等熟思深虑，立下决心，在阿坝、卓克基补充粮食后，改道北进，行军中即有较大之减员，然甘南富庶之区，补充有望。在地形上、经济上、居民上、战略退路上，均有胜利前途。即以往青、宁、新说，亦远胜西康地区。

（三）目前胡敌不敢动，周、王两部到达需时，北面敌仍空虚，弟等并拟于右路军中抽出一部，先行出动，与二十五、（二十）六军配合行动，吸引敌人追随他们，以利我左路军进入甘肃，开展新局（面）。

以上所陈，纯从大局前途及利害关系上着想，万望兄等当机立断，则革命之福。

恩来、洛甫、博古、
向前、昌浩、泽东、稼祥
九月八日二十二时与此同时，即 8 日 22 时，张国焘以朱、张的名义电令徐、陈：“一、三军暂停向罗达进，右路即准备南下，立即设法解决南下的具体问题，右路皮衣已备否？即复。”接电后，陈昌浩改变了态度，同意南下；徐向前不愿把左右两路军分开，也只好表示南下。由陈昌浩将他们的意见报告了中央。党中央当天再电“国焘同志并致徐、陈：陈谈右路军南下电令，中央认为是完全不适宜的。……中央认为：北上方针绝对不应改变，左路军应速即北上，在东出不利时，可以西渡黄河占领甘、青交通新地区，再行向东发展。”9 日，张国焘电复徐向前、陈昌浩并转党中央，仍坚持南下。声言：“南下又为真正进攻，决不会做瓮中之鳖。”

鉴于张国焘公然对抗中央的北进方针，劝说无效，命令也无效，9 月 10 日，党中央率一、三军团单独北进。

9 日晚，毛泽东来到徐向前的住处，问道：“向前同志，你的意见怎么样？”实际上想看看徐向前的态度。徐向前说：“两军既然已经会合，就不宜再分开，四方面军如分成两半恐怕不好。”毛泽东没再说什么，遂告辞而归。

这时，一军团已在俄界，党中央连夜率三军团开拔，向俄界集中。10 日凌晨，徐向前、陈昌浩才得知一方面军单独北进的消息。徐向前回忆说：“那天早晨，我刚刚起床，底下就来报告，说叶剑英同志不见了，指挥部的军用地图也不见了。我和陈昌浩大吃一惊。接着，前面的部队打来电话，说中央红军已经连夜出走，还放了警戒哨。何畏当时在红军大学，他跑来问：是不是有命令叫走？陈昌浩说：我们没下命令，赶紧叫他们回来！发生了如此重大的意外事件，使我愣了神，坐在床板上，半个钟头说不出话来。心想这是怎么搞的呀，走也不告诉我们一声呀，我们毫无思想准备呀，感到心情沉重，很受刺激，脑袋麻木得很。前面有人不明真相，打电话来请示：中央红军走了，还对我们警戒，打不打？陈昌浩拿着电话筒，问我怎么办？我说：哪有红军打红军的道理！叫他们听指挥，无论如何不能打！陈昌浩不错，当时完全同意我的意见，作了答复，避免了事态的进一步恶化。他是政治委员，有最后决定权，假如他感情用事，下决心打，我是很难阻止的。在这点上，不能否认陈昌浩同志维护团结的作用。那天上午，前敌指挥部开了锅，人来人往，乱哄哄的。我心情极坏，躺在床板上，蒙起头来，不想说一句话。陈昌浩十分激动，说了些难听的话。中央派人送来指令，要我们率队北进；陈昌浩写了复信，还给张国焘写了报告。”①

“哪有红军打红军的道理！”徐向前在关键时刻的这句话，字字千钧，表现了一个伟大无产阶级革命家、军事家对党和红军团结的珍视！它将永远镌刻在中国革命的伟大历史丰碑上。

---

① 徐向前：《历史的回顾》，解放军出版社 1988 年版，第 452—453 页。

第十一章　南下和北上的岁月

第一节　困惑与磨难

历史是曲折的，在革命的征途中，徐向前又遇上了一条“之”字路。

1935 年 9 月，徐向前、陈昌浩率红四方面军的九军、三十军及红军大学部分人员，按照张国焘南下的命令，再次穿过茫茫草地，返抵毛儿盖。随后向松冈、党坝一带集结。

徐向前本来就话语不多，如今什么话都不想说了。回顾三个多月以来与中央红军由会合而分开的曲折历程，他感到前途坎坷，心情异常沉重。在穿过草地时，他和三十军政委李先念坐在一个山包上休息，只说了一句话：“我也不懂，红军和红军闹个什么劲！”行进的队伍，也失去了往日活跃的气氛。谁都说不准南下会怎么样。大地被凄风寒雨笼罩着，田野一片迷茫。

张国焘不顾党中央的警告和朱德总司令的一再劝阻，顽固坚持其分裂主义和南下方针，要把红四方面军及五、九军团拖到川康边去。为掩人耳目，混淆视听，他于 9 月中旬发布了《大举南进政治保障计划》，诬蔑党中央和中央红军的北进是“右倾机会主义的逃跑路线”，说什么只有大举南进，才是真正的“进攻路线”。事实上，张国焘的“进攻路线”是完全错误的。从政治上说，它与党中央的北上方针相对立，完全脱离了全国波澜壮阔的抗日救亡运动，因而只能使红军处于愈来愈孤立的境地；从军事上说，南下遇到的对手，并不是什么“川敌残部”，而是蒋介石追击红军的数十万大军；从根据地的条件来说，所选择的川康边的少数民族杂居区域，地瘠民穷，人烟稀少，不利红军的生存和发展。因此，这条“进攻路线”的碰壁和破产，是不可避免的。徐向前意识到了南下道路的艰难。他沉默中痛苦地思考着。然而，对于同蒋介石有着血海深仇的红军指战员来说，“进攻”却具有磁石般的吸引力。这些来自鄂豫皖和川陕根据地的英雄儿女，一听说南下是去打蒋介石，不少人又摩拳又擦掌。张国焘正是利用了广大指战员对反动派的阶级仇恨心理，以售其奸。

10 月 5 日，张国焘在卓木碉召开了高级干部会议，会址在一所喇嘛寺里。黄昏后，军以上负责人陆续来到寺内。朱德、刘伯承、徐向前、陈昌浩都到了。会议由张国焘主持。他一面慢条斯理地作报告，一面察言观色。张国焘的攻击矛头主要指向“毛、周、张、博”。他诬蔑中央红军是“向北逃跑”，“右倾机会主义”，“分裂红军”，大言不惭地以列宁和第二国际决裂、另立第三国际的历史作类比，为其另立第二中央的反党行为张目，声言要“开除毛、周、张、博的党籍”，“撤职查办叶剑英、杨尚昆”。有的人发言慷慨激昂，甚至攻击党中央，表态拥护“张主席”的决定。

徐向前表情严肃，坐在一个角落里，一言不发，“吧嗒吧嗒”地猛抽烟。纷繁复杂的党内斗争，使他心里乱如麻团。在变幻莫测的政治风浪中，他第一次碰上了最棘手的局面。他一时理不出头绪来，只好用沉默来对待这一切。

张国焘“请”朱德和刘伯承发言。刘伯承讲了一番革命形势和加强红军团结的话，话里有话，反对张国焘那一套。朱德总司令语重心长地说：同志们哪，大敌当前，要讲团结嘛！天下红军是一家，红军是一个整体，是在党中央统一领导下的。大家都知道，我们这个“朱毛”，在一起好多年了，全国和世界都有名。要我这个“朱”去反“毛”，我可不能反呀！不论发生多大的事，都是红军内部的问题，大家要冷静，要找出解决办法来，可不能叫蒋介石看我们的热闹！

徐向前对朱德总司令十分敬仰，从南昌起义开始，他就听说了朱德的大名。在东江、鄂豫皖和川北的年代，徐向前总是把朱德、毛泽东视为不可分割的整体。他对朱德平易近人、艰苦朴素的品德，尤为敬佩。他对朱德说的“天下红军是一家”，“大敌当前，要讲团结”，完全同意。尽管会上有人示意要他发言，要他反对中央，他始终没有发言。

在这次会上，张国焘公然宣布成立所谓“中央政治局”，“决议”开除“毛、周、张、博”的党籍和“下令通缉”他们。张国焘的分裂主义已发展到登峰造极的地步！

朱德总司令后来回忆这段历史的时候说：“那段时间张国焘造反。我们当时的处境很困难，但碰上困难有什么办法呢？坚持吧！”“他那几天想叫下边互相打架，下边有人要打架，我反对。我对他说：我们现在是如何支持下去，下面再打架，就活不下去了。要不要命？我们都要命。我威胁他，打架被制止了。”“这时他又搞了个‘中央’，我说：要搞，你搞你的，我不赞成。我按党员规矩，保留意见，以个人名义做革命工作，不能反中央。一直和他斗，我们人少，但理直气壮。我们的办法是，他搞他的，我们做我们的工作。只要革命，总会到一块的。”①

徐向前在《历史的回顾》中说：“会后，张国焘找我谈话，我明确表示，不赞成这种做法。我说：党内有分歧，谁是谁非，可以慢慢地谈，总会谈通的。把中央骂得一钱不值，开除这个，通缉那个，只能使亲者痛，仇者快，即便是中央有些做法欠妥，我们也不能这样搞。现在弄成两个中央，如被敌人知道有什么好处嘛！”

10月7日，红军总部发布了《绥（靖）崇（化）丹（巴）懋（功）战役计划》，规定红军主力采取秘密迅疾手段，分由观音铁桥及党坝沿大小金川两岸夹

① 朱德与红二方面军战史编写组同志的谈话。

河并进，配合夺取绥靖、崇化。随即分取丹巴、懋功，以作南下出天全、芦山、邛崃、大邑的依托。另以一部牵制并扼制鹧鸪山、马塘、梭磨、梦笔山一带之敌，以使主力得以各个击破敌人，夺取目的地。

10月8日，部队分为左右两路纵队，先后向大小金川沿岸急进。

大小金川地区，地形复杂，利守难攻。沿途多深山峡谷，要隘急流，不便大部队展开。大金川沿岸的绥靖、崇化、丹巴一线，由刘文辉部的两个旅防守；大金川以东之小金川沿岸的懋功、抚边、达维一线，由杨森部的四个旅另一个团驻守；达维以东的日隆关、巴郎山等地，由邓锡侯部一个团驻守。红军按原计划发起战役后，首先由右纵队抢占绰斯甲附近的观音铁桥渡河，以便左右两军夹河而进，隔岸呼应。但是，右纵队抢渡受阻，延迟了出动时间。11日，率左纵队行动的徐向前临时决定由四军立即出动，从党坝地区抢渡大金川，三十军及二十七师跟进。左纵队抢渡成功后，即沿河急进，攻克绥靖、丹巴、抚边、懋功、达维、日隆关、巴郎山等地。至20日，战役结束，共溃敌刘文辉、杨森部六个旅，歼敌三千余人。这一战役的最大缺点是未能集中优势兵力击敌。当右纵队渡河受阻后，按兵不动十多天，任务全由左纵队承担。这样，等于只有一半的兵力投入战斗，其余一半则陷于无用武之地。左纵队兵力不足，无力乘胜围歼逃敌，结果只打了一个击溃战。

10月20日，红军总部又发布了《天芦名雅邛大战役计划》，决定：以主力乘胜速向天、芦、名出动，彻底消灭杨、刘，并迎击主要的敌人刘湘、邓锡侯部，取得天全、芦山、名山、雅州、邛州、大邑广大的根据地为目的。对康定、汉源、荥经、灌县方向，采取佯攻姿态配合主力行动。徐向前日夜精心筹划，决心要打好这一仗。这时，敌人的防御部署是：以刘文辉部防守金汤及泸定至汉源、雅安一线；以杨森部防守宝兴至大硗碛一线；以邓锡侯部防守宝兴以东大川场至水磨沟一线；以刘湘之模范师9个团集中守天全；另从绵竹等地抽调18个团向西增援。

红军共分三路纵队进击：右纵队以四军、三十二军组成，由丹巴经金汤攻取天全，并以一部向汉源、荥经活动；中纵队以三十军、三十一军九十三师、九军二十五师组成，先进占宝兴、芦山，而后向名山、雅安及其东北地区进攻；左纵队为九军二十七师，除一部巩固抚边、懋功、达维外，主力向东伸进，威胁灌县、大邑之敌。另以五军团为右支队，巩固丹巴地区；以三十三军为左支队，留驻马塘、两河口，相机威胁理县、占领威州。徐向前和陈昌浩随中纵队行动。

10月24日红军发起攻势。仅半个月的时间，即攻克宝兴、金汤、天全、芦山等地，占领了邛崃山以西、大渡河以东、青衣江以北和懋功以南的广大地区，毙俘敌1万余人，击落敌机1架，造成了进可横扫川西平原的态势。

天、芦、名、雅、邛、大一带，崇山峻岭，森林丛错，悬崖峭壁，道路崎岖。红军以惊人的毅力和神速动作，连续翻山越岭，勇猛追敌。充分表现了红四方面军的旺盛攻击能力和顽强、果敢、迅猛的战斗作风。

战局打开后，西取康定、泸定，还是东进川西平原？是摆在部队面前的突出问题。张国焘提议，重点夺取康、泸，以道孚为战略后方，在川康边立脚发展。徐向前和陈昌浩则认为：天全、芦山一带粮食和人口较多，便于补充和发展，主张在此与敌决战，得手后趁势推向川西平原。他们于 11 月 7 日发电给张国焘，提出：如马上进西康，补给困难，减员更大，力量分散，天气极冷。目前仍在此寻机打敌，先打开左翼局势，然后配合四军夹击天全。此地决战得手，则东出或西进均易，西进只是万一之路。张国焘未再坚持他的意见。徐向前、陈昌浩遂挥军向名山、邛崃地区进击。这时，刘湘为确保川西平原，屏障成都，已调集主力前来防堵，在名山、夹门关、太和场、石碑岗一线梯次配置，兵力共达 80 余团。徐向前决定以 1 个师围困名山，以一部钳制荥、汉方向之敌；以主力对名山东北方向之敌，取中央突破两翼迂回的战术，力求将敌分割全歼。

战役发起后，进展相当顺利。这一带地形多是平川和水网地带，敌人靠大量明碉暗堡防守。红军发扬了近战、夜战的特长，打得敌人抱头鼠窜。14 日，占王家日、朱家场、太和场等地。16 日，扫敌 200 多座碉堡后攻占百丈关重镇；接着将援敌 6 个旅击溃，沿百丈通邛崃的汽车路猛打猛追，相继占领黑竹关、治安场、王店子。此时前方仍有优势敌人防堵，徐向前遂令先头部队停止追击，构筑工事，准备对付敌人反击。在追击中，由于红军紧紧咬住溃退的敌人不放，敌机分不清哪是白军，哪是红军，无法投弹、扫射，只能在上空盘旋一阵飞走了事。

11 月 19 日拂晓，敌十几个旅在飞机大炮掩护下，从东、北、南三面向突出于百丈地区的十余里长弧形红军阵地猛烈进攻。徐向前亲临前线指挥部队与敌血战。在敌机的疯狂轰炸扫射下，百丈附近的房舍、村落成了一片火海。红军战士一次又一次地与冲上来的敌人肉搏格斗，鲜血染红了稻田里的泥浆。敌人的后续部队越增越多，像蝗虫似的，一群接一群地向百丈地区云集。战斗持续了七昼夜，红军毙伤敌 1.5 万余人。徐向前和陈昌浩考虑连续血战十分不利，乃命令部队撤出战斗，转移到北起九顶山，南经天品山、王家口至名山附近之莲花山一线，凭险防守。

百丈战斗红军伤亡近万人，被迫转入防御，处境日趋艰难。四川军阀主力集中于东面的名山、邛崃地区；薛岳部 6 个师向南面的雅安、天全地区集结；五十三师李抱冰部则部署于西南之康定、泸定地区。他们采取稳扎稳打办法，实行堡垒战术，在巩固既有阵地的基础上步步推进。

时值隆冬，雨雪连绵，寒苦异常。粮食没有来源，部队经常靠挖野菜、土豆充饥。徐向前虽多次命令后方部队想办法打野牦牛，但漫山皆白，打牦牛的队伍不仅收获不大，许多人还得了雪盲症，无法继续行动。这里又是少数民族杂居区域，生产落后，物资缺乏，人口稀少，经过发动群众虽有些人参军，但为数寥寥，难以弥补红军的战斗减员。所有这些，使徐向前更加明确地认识到：张国焘的南下方针是错误的。这时在广大指战员中也引起了日益增长的怀疑和不满。

南下期间，徐向前一直忙于在前线指挥打仗，有时回总部去汇报军事情况才得见到朱德总司令。这期间朱德一直不放弃同张国焘的原则斗争，总是劝张国焘，说他这个“中央”不是中央，要他服从中央的领导。朱德对红军部队的作战指挥不干预。因为红军要生存就要消灭敌人，保存自己。徐向前对朱总司令这种原则性和灵活性相统一的态度，由衷敬佩。

一天，中央红军直接打电报给徐向前和陈昌浩，告知在直罗镇打了胜仗的喜讯。徐向前拿上电报，兴冲冲地找到张国焘，说：

“出个捷报吧！中央红军打了胜仗，对我们的部队是个鼓舞。”

张国焘冷淡地回答：“不要管他们，用不着出捷报！”

这使徐向前很反感。他觉得这人对中央红军打了胜仗都要封锁消息，不让下面知道，可见他心中是怕中央了。

不久，从共产国际回来的张浩（林育英）打电报给张国焘等人，传达了共产国际高度评价中央红军到达陕北的行动，接着，中共中央又把“十二月决议”（瓦窑堡会议决议）的内容电告红四方面军。1936 年 1 月下旬，张国焘在任家坝召开会议，讨论中共中央的决议。徐向前态度鲜明地支持中共中央的决议和朱德关于谋求党内统一和放弃川康根据地北上抗日的观点。陈昌浩的态度也有较明显的转变。张国焘见大势已去，先是致电张浩表示“一切服从共产国际的指示”，继又表示“原则同意”中央路线，作出了急谋党内统一的姿态。

中共中央为团结红四方面军的广大干部，争取张国焘的转变，采取了积极的方针。1 月 24 日，由张闻天致电朱德，电称：

“党内统一一致，才是挽救殖民地危险，才有利于中国革命。接读来电至为欢迎，兄与国焘兄均党内有数老同志，此间同志均取尊重态度。弟等所争持者为政治路线与组织路线之最高原则，好在国际联络已成，尽可从容解决。既愿放弃第二党组织，则他事更好商量。

“兄处组织仿东北局例，成立西南局直属国际代表团。暂时与此间发生横的关系。弟等可以同意。原有之西北局、北方局、上海局、南方局的组织关系照旧，对内对外均无不妥。特复。”

2 月 14 日，林育英、张闻天又致电朱德、张国焘：

“三电均悉，兄等对政治决议既原则上同意，组织上亦用西南局，则对内对外均告统一，自是党与革命的利益，弟等一致欢迎。”

关于战略方针，电报中提出：“育英动身时曾得斯大林同志同意，主力红军可向西北及北方发展，并不反对靠近苏联。四方面军及二、六军团如能一过岷江、一过长江，第一步向川北，第二步向陕甘，为在北方建立广大根据地，为使国内战争与民族战争打成一片，为使红军真正的抗日先遣队，为与苏联红军联合反对共同敌人——日本，为提高红军技术条件，这一方针自是上策，但须由兄等估计敌情、地形等具体条件的可能性。”

“二、四方面军在现地巩固的向前发展，粉碎围剿，第一步把苏区迫近岷江；第二步进入岷沱两江之间。这是夺取四川计划，但需估计堡垒主义对我们的限制，需不失时机以主力跃入堡垒线外，在外消灭敌人，发展苏区。二、六军则靠近川南苏区，在云贵川三省之交建立根据地，与四方面军互相呼应。”

“四方面军南渡大渡河与金沙江，与二、六军取得近距离会合，甚至转向云贵滇川发展，寻求机会的前进。以上三种方针请兄等考虑选择之。”

这时，天全、芦山地区薛岳部正集中6—7个师的兵力与川军配合，向四方面军进逼。方面军领导人一致决定，执行北上方案，率军向道孚、炉霍一带转移，伺机策应二、六军团北进。

第二节 心中升起新的希望

1936年2月下旬，红四方面军按照《康（定）、道（孚）、炉（霍）战役计划》分为三个纵队向道孚、炉霍、甘孜进发。徐向前率一纵队行动，经过两次过草地，又苦战几个月，他的身体相当虚弱，晚上一般不参加总部的会议，提前休息。但一路上他仍坚持步行，把马让给伤病员骑。每当警卫员劝说他骑马，他总是说：“天冷，走路比骑马暖和。”

从丹巴至道孚，要翻越海拔5000多米的折多山。主峰党岭顶天矗立，终年积雪。冰雪晶莹，空气稀薄。徐向前从当地群众中得知翻越折多山要两天路程，每天下午山上起风暴，要通过主峰党岭，必须赶在正午以前。他细心地计划了路程，命令部队头天下午整装出发，向半山腰前进。他和指战员们一样，拄着木棍，顶着风暴，一步一步地攀登。为了安全通过这座大山，前锋和后卫部队均配属电台，与总指挥和军部保持联络。入夜，风暴越来越大，部队不得不停止前进。战士们一堆一堆挤在一起御寒取暖。拂晓，部队继续前进，山上的空气越来越稀薄，大家拖着冻得麻木的双腿，你挽我扶，气喘吁吁。被汗水浸透的衣服，转眼冻成了冻筒；漫山皆白，在阳光反射下不少人刺得像“睁眼瞎”似的。一些体弱的战士，走着走着，一头栽下去就长眠不醒了。徐向前看到这些情景，心如刀绞。他一次又一次发出命令，要把病伤的同志保护好。正午前，徐向前和先头部队终于胜利通过党岭。他下令把一面红旗插在顶峰，让鲜艳夺目的红旗在风雪中飘扬，给后续部队指引奋力前进的目标。

3月15日，方面军机关总部抵道孚，继后进驻炉霍。接着，三十军占领两康东北部重镇甘孜。至4月上旬，红军控制了东起丹巴，西至甘孜，南达瞻化、泰宁，北连草地的大片地区。徐向前命令部队积极筹粮准备北上。这时，到达陕北的中央红军和十五军团已东渡黄河进行东征。红二、六军团正转战在滇西北地区，拟北上与四方面军会合。朱德总司令和方面军总部决定：四方面军就地休整，准备接应红二、六军团。

4月中旬，徐向前和陈昌浩派出三十二军和四军一部，进占雅江、两俄洛，将李抱冰敌阻止于雅江以东，以确保二、六军团北进时翼侧的安全。红四方面军全军动员，积极进行迎接二方面军的准备工作。在一次干部会上，徐向前说：“红军就像一家弟兄，一、二方面军好比是老大、老二，我们是老四。上次我们和老大哥的关系没搞好，这次可要注意呀，和老二只能搞好，不能搞坏。不然，人家就说老四太没道理了。”一番话把干部们都说笑了。

红四方面军自南下以来，减员很大，从原来的 8 万余人减至 4 万余人。为此，方面军重新进行了整编。总指挥徐向前，政治委员陈昌浩，副总指挥王树声，参谋长李特，政治部主任周纯全，辖 6 个军 19 个师。第四军军长王宏坤，政治委员王建安，辖第十、十一、十二师和独立师；第九军军长孙玉清，政治委员陈海松，辖第二十五、二十六、二十七师和教导师；第三十军代军长程世才，政治委员李先念，辖第八十八、八十九师；第三十一军军长王树声兼，政治委员詹才芳，辖第九十一、九十三师；第五军军长董振堂，政治委员黄超，辖第十三、十五师；第三十二军军长罗炳辉，政治委员李干辉，辖第九十四、九十六师。另有妇女独立团、骑兵师、四川抗日义勇军、金川省军区、红军大学等部。

5 月间，东征的红一方面军回师陕甘苏区。这时党的抗日民族统一战线政策，愈来愈得到东北军、西北军和各阶层爱国人士的支持和赞同。红一方面军同张学良的东北军秘密达成了团结抗日协定。形势正急剧地发展着。经中共中央领导人来电与张国焘反复磋商，以及经朱德、刘伯承、徐向前、陈昌浩的一再催促，张国焘终于同意北上，于 6 月上旬宣布取消了他的第二中央。“会合二方面军，准备北上抗日”的口号，激励着全军指战员。7 月初，红二方面军领导人贺龙、任弼时、关向应、萧克、王震等到了甘孜，会见了朱德、张国焘、陈昌浩等。徐向前因在炉霍准备组织队伍先行北上，未能参与会见。红二方面军政治部主任甘泗淇在一份政治工作报告里，叙述了两军会合的情形：

“看见了四方面军的整齐严肃与其阶级友爱的热情，使我们感觉了无限的兴奋。”“甘孜已普遍的建立了番民的独立政权与群众武装，我们到绒坝岔时，即有番民的劳动妇女跳舞唱歌慰劳我们，并有番民群众高呼口号，使我们在精神上感觉非常愉快。”“党、军、政机关努力下，筹集了大批粮食供给我们，并有当地政府慰劳了一些牛羊。给养上比前得到了改善。……”

7 月 2 日，徐向前率中纵队从炉霍出发，向甘南进军。接着，四方面军的左右两个纵队和二方面军亦陆续开拔。徐向前和红四方面军的部队，又一次开始了穿越草地的艰难行军。他们这是第三次过草地了。由于事先准备较充分，这年草地里雨水稀少，故减员比头两次要少得多。行军途中，红二方面军政治委员任弼时不顾疲劳，分别同朱德、刘伯承、张国焘、陈昌浩、傅钟等个别交谈，交换促进党和红军团结的意见。

在草地里，徐向前才见到任弼时，这是他俩第一次会见。徐向前对任弼时提出的通过召开六中全会（共产国际派代表参加）来消除分歧、加强团结的倡议表示赞同，他并向任弼时讲了自己对党内问题的一些看法。大意是：

（一）中央和毛泽东同志的北上方针是对的。自己当时没有跟中央走，是不想把四方面军分成两半，而且主力队伍也不是一个人能带得动的。

（二）大敌当前，团结为重。张国焘另立中央，很不应该。但是谁说话他都不听，朱老总的话他也不听，现在取消了“中央”，对团结有利。北进期间，最好不谈往事，免得引起新的争端。

（三）一、四方面军会合，我们很高兴。但中央有的同志说四方面军是军阀呀，土匪呀，逃跑呀，政治落后呀，太过分了，伤害了四方面军的感情，我和四方面军许多指战员都想不通。

（四）我们从参加革命起，就表态拥护第三国际，臂章上也是那样写着的。由共产国际出面解决以往的分歧，我赞成。

任弼时对徐向前很敬重，他认为徐向前的看法是积极的，态度是真诚的。他满怀信心表示：愿为促进党和红军的团结而努力。

甘南守敌王均、毛炳文、鲁大昌等部得悉红军北上的消息，慌忙布防，企图构成西固至洮州、天水至兰州两道封锁线，阻止二、四方面军出甘南。8 月 5 日，朱德、张国焘发布《岷洮西战役计划》，要求四、二方面军以迅雷手段，速出甘南，先机夺取洮、岷、西地区，以利继续北进。据此，徐向前和陈昌浩从包座率四方面军先行。8 月 9 日攻占腊子口，10 日占大草滩、哈达铺，逼近岷州；20 日克洮州、旧城；26 日克渭源；9 月 7 日克通渭。从而打破了敌人的封锁线，为北进创造了有利条件。

三个方面军大会师，指日可待。徐向前心中充满新的希望。

第三节　甘南的风波

1936 年，是一个风云变幻的年代。中共中央根据二、四方面军北上，两广事变发生，日本企图进攻绥蒙割断中苏联系等情况，对红军的战略方针和行动计划有一个新的考虑。其要点是：红军必须利用这一时机，配合东北军，首先造成西北抗日局面，以占领兰州，打通苏联，巩固内部，出兵绥远为基本战略方针。8 月 9 日，中共中央在致张学良的信中提出：“占领兰州是整个计划的枢纽，其方法：用东北军守城，红二、四方面军攻击城外之毛炳文，胜利后红军一部转向兰州上游给马步芳以打击，然后以一部取甘、凉、肃三州，一部取宁夏配合东北军之一个军出绥远抵御德王的进攻，树起抗日的旗帜，红军之另一部，则在陕甘宁交界控制黄河东岸，并准备南下策应东北军主力抵抗蒋之进攻。”

8 月 12 日，中共中央致电朱德、张国焘、任弼时，要求二、四方面军尽力夺取岷州地带，控制洮河两岸之一段，作为临时根据地，伺机配合东北军行动，完成“打通苏联，巩固内部，出兵绥远，建立西北国防政府之任务。由此任务之执行以配合并推动全国各派统一战线，达到大规模抗日战争之目的”。这时，陈昌浩正指挥九军、五军围攻岷州县城，因城坚难摧，连攻未下；朱德、张国焘、任弼时驻岷州以西之三十里铺，徐向前率前指住漳县。徐向前根据中央的部署和红军总部的指示，令四军一部克渭源，三十军一部逼近陇西，造成了威胁兰州的态势。不久，中央又发电征求西北局领导人的意见，大意是：依据现时力量，假如以二方面军在甘南、甘中策应，而以四方面军独立进取青海及甘西，直至联系新疆边境，兄等认为有充分之把握否？张国焘在电话中问徐向前："把握如何？"徐向前说："问题不大，四方面军有这个力量夺取甘西。"接着，徐向前即令参谋人员收集河西的敌情、地形资料，准备适时挥军西渡黄河，独力进据甘西，接通新疆。

8月25日，中共中央将调整后的战略发展计划报告共产国际中共代表团，指出："如果苏联方面能答应并且能做到及时的确实的替我们解决飞机大炮两项主要的技术问题，则无论如何困难，我们决乘结冰时节以主力西渡接近新疆与外蒙。"具体部署为：（一）以一方面军约1.5万人攻宁夏，其余保卫苏区。（二）以四方面军12月从兰州以南渡河，首先占领青海之若干地方作根据地，待明年春暖逐步向甘、凉、肃三州前进。（三）以二方面军位于甘南，成为几块苏区的联系。"以上是基于从今冬至明年以占领黄河以西为基本方针之作战计划"，如各种条件不允许，"则我们只好决心作黄河以东之计划，把三个方面军之发展方向放到甘南、陕南、川北、豫西与鄂西，待明年冬天再执行黄河以西的计划"。但暂时放弃占据河西的计划有下列损失："甲、将被迫放弃现有陕甘宁苏区，这是非常不利的。乙、红军发展方向不是与日本进攻方向迎头，而是在相反方向，即不是抗日方向而是内战方向。丙、因此也就无法避免与南京在军事行动上发生冲突。丁、日本帝国主义有利用此时机截断中苏关系的可能。戊、宁夏、青海、甘肃等反革命也将利用明年大大加强其堡垒主义，将更加投靠日本，使得尔后红军西进发生困难。"由此可见，西进计划是中共中央和毛泽东力主实现的最新战略方针和部署。9月上旬，西北局[①]提出了两个战略行动方案：一是红军出西北，据黄河以西的甘、宁、青三省地区；二是出川、陕、豫、鄂。中央复示："你们提出的出川、陕、豫、鄂方案，是一种向南京进攻的姿势，只在不能出西北及与南京谈判决裂之时，才是可行的与必须的，我们已把此点电告国际，我们向国际提出亦是出西北与不得已时出东南两方案。"为保持出西北或出东南的机动性，中央已令贺龙、任弼时、关向应、刘伯承率二方面军向陕南交界的凤县、徽县、成县、康县一带进击，由四方面军继续发展甘南根据地。

两广事件和平解决，蒋介石吃了定心丸。当即命令开赴长沙向两广施加军事压力的胡宗南部迅速返回西北，以实现其"攘外必先安内"的"灭共"计划，并趁机分化东北军和撤换张学良。9月14日，毛泽东电告彭德怀："远方（按：指苏联或共产国际）回电已许我们所请，请用全力准备宁夏工作。"同时，党中央电告朱德、张国焘、任弼时："国际来电同意占领宁夏及甘肃西部，我军占领宁夏地域后，即可给我们以帮助。"

整个红军迫在眉睫的问题是：如何应付胡宗南部？如何实现打通国际路线的

---

① 二、四方面军北上途中，中共中央于1936年7月21日批准成立以张国焘为书记、任弼时为副书记的西北局，统一领导两支部队。

计划？围绕这个问题，发生了新的分歧。

陈昌浩主张四方面军应集中主力于现地区，伺机北出通渭、静宁、会宁地区，配合南下的一方面军夹击敌胡宗南部。“将来四方面军主力应向陇东北地区发展，使二、四方面军形成重新夹击敌人。”

朱德、张国焘认为，中央前次来电主张西渡黄河，在西宁、宁夏、甘西地区发展，不得已时才向川、陕、豫、鄂发展，“估计目前情况，我一、二、四方面军应以两个（方面）军渡河为宜，一个（方面）军尽量在黄河右岸活动，现在应加紧准备。”同时，“用极善意态度向张学良部联络……对毛（炳文）王（均）也加紧办外交缓和他们，使胡宗南陷于孤立。”

9 月 13 日，朱德、张国焘、陈昌浩在岷州三十里铺磋商后，共同向中共中央（并徐向前）提出如下作战方案：

“为先机打破敌之既成计划，争取抗日友军，造成西北新局面，一、四方面军乘胡敌在西北公路上运动之时机，协同消灭其一部。二、四方面军尽力阻止和迟滞胡敌西进。”具体部署为：

（一）我一方面军主力由海原、固原地区向静宁、会宁以北地区活动，南同四方面军在静、会段以袭击方式侧击运动之胡敌，并阻止其停滞静宁以东。

（二）我二方面军以主力在徽、两、凤以北地区。并以一部进到宝鸡活动，虚张声势，扬言：二、四方面军即直出汉中，与一方面军（向南）会合，以牵制王均于天水地区和吸引胡敌不敢长驱西进为目的。二、四方面军除以九十三师主力即向静会段以南地区活动外，以一部机动兵力集结陇西、武山，并适时以八团以上兵力打击静会间之胡敌，相机打通一方面军。

住在漳县的徐向前接到电文后，反复思考，有不同看法。他主要考虑两点：第一，大敌当前，在西兰公路附近与敌决战不利。那里交通方便，利于敌人运动和增派援兵，红军如南北夹击不成，反会遭受敌人的左右夹击。第二，陕甘北地区人口稀少，仅 40 万人，9 座县城，粮食困难，不便大部队集结。因此，他向朱德、张国焘建议，以一部兵力速围马步芳的家乡河洲，吸引马敌，主力乘虚从永靖以南的莲花渡过黄河，进据古浪、永登、红城子一带，与兰州的东北军配合，控制这一战略枢纽地区，休整补充，为策应一方面军西渡黄河，共取宁夏，打通苏联，创造有利条件。但是，他的建议没有被采纳。

中共中央接到朱德、张国焘、陈昌浩 9 月 13 日建议电后复电称：彼此意见大体一致，“唯我们意见四方面军宜迅以主力占领以界石铺为中心之隆静会定段公路及其附近地区，不让胡敌占领该线，此是最重要着”。复电还指出，一方面军主力不宜离开陕甘宁边区南下作战，“对东敌作战宜以二、四方面军为主力，一方面军在必要时可以增至一个军协助之”。这样，在西兰通道与胡敌决战的任务，事实上就要由四方面军为主承担。徐向前意识到，这一仗很难打，但准备硬着头皮干。

张国焘见中央要四方面军迎击胡宗南部而不是一、四方面军南北夹击，心怀疑虑，迟迟不表态。经中央连电催促，张国焘被迫于9月中旬末在岷州召开西北局会议，讨论行动方针。会上，陈昌浩与张国焘发生了争论。陈昌浩主张立即按照9月13日的方案和中央要求，北上静、会地区，与胡宗南部决战，会合一方面军。张国焘则认为，既然一方面军主力不能南下，四方面军独力与胡敌决战不利，应即西渡黄河，进据古浪、红城子一带，伺机策应一方面军渡河，夺取宁夏，实现河西计划。会上，多数人赞成陈昌浩的意见，否决了张国焘的方案。接着，以朱德、张国焘、陈昌浩的名义发布了静宁、会宁战役纲领。朱德当即电告党中央:“亲译密电悉，已释疑虑，现迅速取得会合在会宁道上，以便消灭胡敌。”

正当徐向前等紧张调动队伍准备北进之际，张国焘连夜骑马赶到漳县。进门就说：“我这个主席干不了啦，让昌浩干吧！”徐向前、周纯全、李先念等不知发生了什么事件。他们请张国焘坐下来，有话慢慢地说。张国焘满腹怨气，讲了他和陈昌浩在岷州会议上的争论，显得很激动，还掉了泪。他说：“我是不行了，到陕北准备坐监狱，开除党籍，四方面军的事情，中央会交给陈昌浩搞的。”

徐向前等比较了两个军事行动方案，认为张国焘的意见，不是没有道理。因为四方面军的部队已是三过草地，消耗很大，疲惫不堪。装备也大不如前，每个战士的子弹多则二十来发，少则几发。如果开进西兰通道那种便于敌人运动的地区，与优势装备的胡宗南决战，显然无取胜把握；弄得不好，部队会被压到黄河以东、西兰通道以北的地带，利于敌人全力北向，对付一、四方面军。根据张国焘提出的方案，徐向前等人对着地图，反复磋商，当场确定了如下的具体行动部署：四方面军以两个军从永靖、循化一带渡过黄河，抢占永登、红城子地区作立脚点；以一个军暂在黄河渡口附近活动，吸引和牵制青海的马步芳敌；以两个军继续布于漳县、岷州地带，吸引胡宗南部南下，而后这三个军再渡河北进。主力出靖远、中卫方向，配合一方面军西渡黄河，共取宁夏。徐向前回忆说：“这个方案，一是避免了在不利地区同敌人决战；二是吸引胡敌南向，减轻了对一方面军的压力；三是并不违背中央关于两军先取宁夏、后取甘西的战略企图；四是便于解决四方面军的就粮问题。”[①]21日晚，张国焘把这个方案电告朱德总司令。

朱德原先以为张国焘先去漳州，是组织部队北进执行静会战役计划的，没想到会出现新的分歧。他一面着陈昌浩先赴漳县，一面电告党中央：“我是坚决遵守这一原案，如将此案推翻，我不能负此责任。”当天，他和西北局其他委员也分别赴漳县会商。会商的结果，一致同意按新的方案行动，并将这一方案报告中央。随后，徐向前即带先头部队向洮州进发，调查行进路线。各部队亦奉命迅速筹足八天干粮，待命行动。

9月26日，党中央复电，不同意这一行动方案。复电指出：四方面军有充分把握控制隆、静、会、定大道，不至于受重击，而一方面军可以主力南下策应，二方面军亦可向北移动钳制之。“背后，粮食不成问题。若西进到甘西只限

---

① 徐向前:《历史的回顾》，解放军出版社1988年版，第498页。

制青海一面，尔后行动困难。”当天，朱德、张国焘、徐向前、陈昌浩连续致电党中央，陈述四方面军采取新方案的理由，中央均未同意。9月27日，中央明令四方面军部队立即北上。徐向前在洮州以北向老乡调查的结果是：黄河对岸已进入大雪封山季节，天气寒冷，道路难行。他即返回洮州向朱德、张国焘汇报，这时才看到了中央的来电。经过讨论，大家一致决定，按中央的命令北上。29日，方面军总部下达了北进静、会地区的命令。

第四节　会宁会师

红四方面军的4万多人，奉党中央和方面军总部的命令，于9月30日开拔，分五路纵队向北急进。10月7日，一、四方面军的先头部队在会宁城下胜利会师了！捷报传来，徐向前笑逐颜开。他怀着异常激动而喜悦的心情，催马扬鞭，昼夜兼程，向会宁方向急驰。10月的陇东，秋高气爽，高原连绵，气势磅礴，蔚为壮观。蓝天下飘游着朵朵白云，山丘上偶尔闪现出的黑白间杂的羊群，前锋部队在大路上扬起烟雾般的征尘。这一切，使徐向前忘记了征途的疲劳。

古城会宁，是陇东的军事重镇和交通枢纽。东跨隆（德）、泾（源），西障临（夏）、定（西），北控海（原）、靖（远），南蔽秦（安）、陇（西），素有“陇秦锁钥”之称。古名会州，系通往西域的必经之路，因屡遭兵灾、震灾、旱灾，明代将其改称会宁，含有消灾除难，永保安宁的意思。全县不足3000人口，十年九旱，粮米匮乏，极端贫困。河沟里的水又苦又涩，吃了会浮肿、拉稀，老百姓全靠地窖储存雨水、雪水维持生存。家家都有一个地下水窖。水窖的大小和储水量的多寡，几乎是衡量贫富的标志。水就是生命。人们逢年过节或走亲戚、串门子，送馍不送水。馍是礼物，水是一点儿也不兴送的。这已是传统风俗习惯。

为迎接红二、四方面军北上，党中央令聂荣臻率红一方面军一部南下，攻占了会宁。陈赓师长率红一师进驻县城后，即把国民党军队、政府和地主老财的大小水窖查封，派人看护起来。同时，发动部队和群众，打扫院子、房屋、街道，张贴标语、宣传品，把这座古城，装扮得面貌一新，充满盛大节日的气氛。

10月9日，徐向前一行抵会宁，受到陈赓和红一师指战员的热情欢迎。会师门外，人潮如涌，红旗招展。徐向前见到自己的老部下、老战友陈赓格外高兴。陈赓五年以前在鄂豫皖苏区红四方面军十二师任师长，1932年四次反“围剿”作战中负伤后，先送到上海治疗，而后又转向中央苏区。久别重逢的战友叙说不尽分别后的思念之情。两个方面军的干部和战士再次相会，也分外珍惜战友之情。许多人穿过熙熙攘攘的人群，热烈地拥抱、握手，互相问候，亲切致意。人群里爆发出一阵阵笑声和掌声。三个一伙，五个一堆，问寒问暖，叙长叙短，革命的情谊比海深。

朱德总司令一行来到会宁，使两军会师的炽热气氛达到了顶点。国际友人马海德医生是两军会师的目睹者，他这样记叙了当时的朱德：“瘦得像个精灵，可是身体强壮结实，长得满脸胡须，穿着一身破烂皮袄。”“朱德最令人惊异的是，看上去根本不像一个军事指挥员，倒很像红军的父亲。他两眼锐利，说话缓慢、从容，总是露出和蔼的笑容。他随身带着一支自动手枪，枪法精良。烟抽得很厉害。他 50 岁，可是显得老得多，满脸皱纹；但他动作有力，身体结实。他的司令部好像蜂窝一样，通讯员和各级指挥员川流不息地你进我出，电话铃声始终不停，电报也收发不断。”“政治委员张国焘是个又高又大的胖子，满脸红光。我真不了解，人人都瘦下来，他怎么还能那样胖。”“多么动人的会师啊！人们抛下了武器悲喜交集地相互拥抱起来，或是手挽着手走来走去，频频询问其他同志的下落。朱德完全被这种气氛感动了。”①

红四方面军总指挥部设在会宁县城的一所大院里。一批批的慰问信、慰劳品和书籍、文件、不断地送到这里，表达了中共中央和红一方面军广大指战员的亲切关怀。徐向前、陈昌浩、李卓然代表四方面军指战员致电党中央和红一方面军，表示祝贺与感谢。中共中央在复电中高度评价这次会师的伟大意义，指出：“我们的这一在抗日前进阵地的会合，证明日本帝国主义的强盗侵略是快要受到我们全民族最坚强的抗日先锋队的打击了，证明中国民族抗日统一战线与抗日联军是有了坚强的支柱了，证明处在水深火热之中的全国同胞是有了团结御侮的核心了，证明正在抗日前线的爱国工人、爱国农民、爱国学生、爱国军人、爱国记者、爱国商人、英勇的东北义勇军，以及一切爱国志士是有了援助者与领导者了。总之，全国主力红军的会合与进入抗日前进阵地，在中国与日本抗争的国际火线上，在全国国内政治关系上，将要起一个决定的作用了。”

10 日，红军一、四方面军各派出一部分队伍，在西津门（现称会师门）内的文庙广场上举行联欢会。“三个方面军西北大会合，让我们手拉手，向敌人冲锋！……”嘹亮的歌声，在会宁上空回荡。大会紧紧围绕着一个中心——庆祝会合、团结对敌，开得声情并茂，全场欢跃，感人至深。大敌当前，寇深祸亟，再也没有比革命队伍内部的团结更重要、更宝贵的东西了。会师前，一、四方面军的领导人和领导机关，都曾发出指示，层层进行动员，教育部队消除一切偏见和隔阂，互相学习，互相尊重，加强团结。徐向前曾反复向各军的领导干部交代：团结是生命，团结就是力量。一定要加强对部队的深入教育和严格要求，绝不容许任何破坏两军团结的现象发生，凡是不利团结的话不说；一切妨碍团结的事不得做。

欢聚一堂的两军指战员的心，像大西北的骄阳一样的炽热。张国焘的南下方针曾使两军蒙受分裂的灾难、痛苦和挫折，人们痛定思痛，记忆犹新，现在重新聚会，并肩战斗，这是付出了何等重大的代价才换来的啊！徐向前一向严肃、庄重、寡言，几天来嘴角上总是挂着难以掩饰的笑意。他兴致勃勃地出席总部的会议，制订作战计划，下达作战命令，阅读党中央发来的文件、函电，研究敌情，

① 转引自：《伟大的道路》，生活·读书·新知三联书店 1979 年版。

整编队伍，夜以继日，忙个不停。这时，红四方面军的领导人，异常关心抗日民族统一战线问题。他们除了认真阅读共产国际和党中央的有关文件外，还请红一师的领导介绍与友军建立统战关系的经验。徐向前认为，这是新形势下出现的新问题，对于一直同蒋介石军队血战的红四方面军来说，还是陌生的、新鲜的，有些干部甚至是一时难以理解的。他强调，在共产党即将同国民党谈判的情况下，在红军即将与东北军、西北军保持经常接触的情况下，各级领导干部特别需要认真学习中共中央的路线、政策，保持清醒的头脑。

红四方面军各部队的对敌宣传口号，鲜明突出了这样的内容："欢迎国民党官兵和红军联合抗日""日本人杀到绥远来了，为什么你们还要来打抗日红军""停止内战，一致抗日""国民革命军与抗日红军联合起来，打倒日本帝国主义"等。红军部队和地方干部对付地主豪绅，一般也不再采取扫地出门、群众斗争或砍脑壳的办法，而是派人把他们找来，晓以红军宗旨和抗日大义，警告他们不得进行危害红军和群众的抗日活动。限他们捐款、捐粮、捐牛羊，交出"抗日费"后取保释放。只对于个别民愤极大、有现行破坏活动者坚决镇压。

这时，中共中央向高级干部提出要利用一切可能，开展对国民党上层人士的统战工作。朱德总司令曾以个人名义致书国民党将领王均、毛炳文等人，规劝他们顾全大局，与红军联合抗日。据内部情报，国民党第一军军长胡宗南曾私下对张学良流露怨言"剿匪是无期徒刑"；还说徐向前是他的同学，等打一仗再讲和。徐向前根据中央指示，以黄埔同学的关系给胡宗南写了一封信。全文如下：

宗南学兄军长勋鉴：

黄埔学别，忽又十年，回忆旧情，宛然如昨。目前日寇大举进攻，西北垂危，山河震动，兄我双方宜弃嫌修好，走上抗日战线，为挽救国家民族于危亡而努力。敝部已奉苏维埃政府与红军军事委员会命令，对于贵军及其他国民党军队停止攻击，仅在贵军攻击时取自卫手段，一切问题均函商洽，总以和平方法达到停止内战一致抗日之目的。非畏贵军也，国难当前，不欲自相残杀，伤国家力，长寇焰也；若不见谅，必欲一战而后已，则敝方部队已有相当之准备，逼不得已，当立于自卫地位，予必要之还击。敝部我军仅为抗日之目的而斗争，麋愿与贵军缔结同盟，携手前进。蒋校长现已大悟，实为佩服，吾辈师生同学之间倘能尽弃前嫌，恢复国共两党之统一战线，共向中华民族最大敌人日本帝国主义决一死战，卫国卫民，复仇雪耻在今日。吾兄高瞻远瞩，素为弟所钦敬，虽多年敌对，不难一旦言欢。特专驰函，征求吾兄高见，倘蒙惠予采纳，停止军事行动，静候敝党中央与蒋校长及贵中央之谈判。如承派员驾临，敝部自当竭诚欢迎。时危事急，率尔进言，叨在同门，知不以为唐突也。专此顺叩戎绥！

学弟徐向前手字

十八日

红军的纪律，是徐向前极为关注的。多年来的带兵经验告诉他：越是胜利，越需要强调纪律；越是困难，也越需要强调纪律。由于两军胜利会师使全军沉浸在喜悦之中，而胜利容易使人陶醉，松懈麻痹，飘飘然。加上部队进入粮缺水少的新区，遇到许多意想不到的困难，蛮干不讲纪律的事也曾发生。徐向前要求从总指挥部的每个工作人员起，都要做执行纪律的模范，如有违犯军政纪律的现象发生，各级领导必须进行及时而严肃的处理。红四方面军对纪律作过十条规定，这时又重申和强调，要求各部队据此进行教育和检查。十条规定的内容是：（1）不拿穷人一针一线；（2）不乱拿穷人粮食；（3）对穷人态度要和蔼；（4）爱护枪不要弄坏；（5）节省子弹勿乱打；（6）对群众要宣传红军主张；（7）火线上要对白兵宣传；（8）占城市注意收集机器医药；（9）得物资要先顾伤员同志；（10）到地方要研究地形道路。

有一天，部队送来了一批缴获的好军马到总指挥部来，总部决定拨给骑兵师专用。可是，这批矫健、剽悍的军马，惹得陈昌浩和参谋长李特的两个小警卫员李培基和小霍眼红起来。他们经过一番“密谋”，偷偷用自己的坐骑去换了两匹好马回来。这事被反映到徐向前和陈昌浩那里，他们便立即把两个“红小鬼”找来盘问，气氛是严肃而紧张的。两个警卫员才十四五岁，一见总指挥和政委亲自出面过问，胆都吓破了，只好一五一十地把偷换马匹的经过说出来。陈昌浩指着鼻子大发雷霆，差一点儿要打人，声言对他们要以军法从事。徐向前一言不发，来来回回地踱步，最后才说：“你们这两个小家伙，人还没长大，胆子可不小呀，竟敢私自调换马匹。你们不知道这些马是给骑兵师打敌人用的吗？在总部首长跟前工作，连纪律都不懂，还得了吗？”他既严肃又亲切地告诉他们：我们是革命的队伍，每个人不论职务高低、年龄大小，都要严格遵守革命纪律。没有纪律的军队就像一盘散沙，是不能打胜仗的。在总部工作的同志，尤其不能搞特殊，任意违犯军纪。“你们自己看，这事怎办吧！”两个警卫员答不出话来，吓得直打哆嗦，只是抽抽地哭泣。徐向前和陈昌浩交换了一下眼色，接着说：“我看你们两个小鬼还是到警卫营给我蹲几天禁闭，好好地想一想。也用不着派人押送了，你们自己去！”这两个小警卫员才如释重负，恭恭敬敬告别总指挥和政委，转身走到警卫营营部，向营长报告说：“我们犯了错误，总指挥叫我们来蹲禁闭！”警卫营长一听，乐得哈哈大笑。

这件小事，对部队影响很大。一传十十传百，大家都知道首长的警卫员偷马坐禁闭了。尽管当时都处在极端困境和残酷的战火环境中，而红军战士一直保持着高度的组织性、纪律性。许多年后，当地一些七八十岁的老人回顾当时的情景，仍满怀深情地说：四方面军的部队真可怜，男男女女，穿得怪单薄的，饿得面黄肌瘦，我们看着都心疼。他们对咱穷人可真好，有说有笑，又唱又跳，不拿老乡们一点东西，也不发脾气，还给我们挑水、扫院子、分浮财。他们不愧是人民的子弟兵啊！

第十二章　悲壮的征程

第一节　奉命西渡黄河

革命的航船，像在大海的怒涛中颠簸、飘摇、转舵，正沿着新的航向前进，由中日民族矛盾和国内阶级矛盾掀起的巨浪，此伏彼起。“红军三大主力会宁会师前后，党中央和毛泽东同志规定的战略总任务是：团结内部，联合友军，粉碎蒋介石的灭共计划，首先造成西北抗日局面，以达逼蒋抗日，停止内战，组成全国抗日民族统一战线，动员一切力量战胜日本帝国主义的目的。”①

形成西北地区的抗日局面，离不开下述条件：整个红军在大西北的集中和发展壮大；红军与东北军、西北军“三位一体”联盟的巩固，并从秘密联系状态转为公开联合状态；扫清陕甘宁青四省的反动势力，特别是河西“四马”（马步芳、马步青、马鸿逵、马鸿宾）的势力，建立红军和友军可靠战略后方；从宁夏和新疆方向打通国际路线，打破日本割断中苏联系的企图；给蒋介石的“进剿”部队以有力打击，粉碎其“灭共”计划。在这些条件中，最关键的又是红军占领宁夏和甘西，打通与苏联的联系。正如党中央和毛泽东指出的：“打通苏联为实现全国抗日战争首先为实现西北新局面进行部分抗日战争之重要一环。”②

打通苏联，红军才不致被限制在陕甘苏区这一仅有 40 万人口的“弹丸”之地，而能够放开手脚，跨黄河两岸发展，建立广阔的后方根据地，并保持便于机动回旋的战略退路，避免对日作战开始后陷于背腹受敌的不利境地。打通苏联，红军和友军才能不断取得苏联的军事和经济物资援助，借以抵抗优势装备敌人的军事进攻，而这对缺乏武器装备和供应物资的一支抗日大军来说，在战争初期的重要意义是不言而喻的。打通苏联，能极大地振奋友军，坚定友军，更加巩固红军与他们的联盟，活跃那些主张联俄联共抗日的力量，逼蒋抗日，促进抗日民族统一战线的早日形成。

这些，就是当时的历史实际，是当时党的战略方针的基本出发点。三个方面军会师的战略企图，就是为了西渡黄河，先取宁夏，后取甘西，完成从两个方向

---

① 徐向前：《历史的回顾》，解放军出版社 1988 年版，第 501 页。

② 1936 年 8 月 12 日中共中央致朱德、张国焘、任弼时电。

打通苏联的任务。

坚持“攘外必先安内”的蒋介石，对于红军三大主力在西北的集中，如芒在背。他对张学良、杨虎城与共产党的秘密联系早有所闻，一直不安。这时他处理两广事件已经脱手，便赶紧调兵向西北急进，下令组织“通渭会战”，并准备亲赴西安督战。他的如意算盘是：一方面，调集30万大军和100架战斗轰炸机，对红军进行最后的“围剿”，争取将红军主力歼灭于黄河以东的陕甘地区；“残部”则予以收编。另一方面，强迫张学良、杨虎城执行其“灭共”计划，并在战争中削弱他们的力量。如不服从，则将他们调离西北，逐步肢解，免留后患。这是一个极其反动而阴险的计划。

10月上旬末，张学良把蒋介石“通渭会战”的部署通报给中共中央，提议红军及早进行宁夏战役，控制河西，接通苏联。党中央鉴于形势紧迫，专电征询各方面军领导人的意见。朱总司令和张国焘9日抵会宁，当即找徐向前、陈昌浩研究下一步的行动计划。

中共中央和中央军委权衡轻重，决定提前执行宁夏战役计划。1936年10月11日，发布了《十月份作战纲领》，主要内容如下：

甲、根据目前敌我情况，为着集中一切力量克服困难条件完成基本作战任务起见，十月份作战纲领拟定如次。

乙、四方面军以一个军率造船技术部迅速进至靖远、中卫地段。选择利于攻击中卫与定远营之渡河点，以加速度的努力造船，十一月十号前完成一切渡河准备；四方面军主力在通（渭）马（营）静（宁）会（宁）地区就粮休整，派多数支队组成扇形运动防御，直逼定西、陇西、武山、甘谷、秦安、庄浪、静宁各地敌军附近，与之保持接触，敌不进我不退，敌进节节抵抗，迟滞其前进时间，以期可能在十月份保持西兰大道于我手中。

丙、二方面军进至通渭马营以北界石铺以南地区，休息数日，转进至静宁、隆德线以北地区休整，派支队伸出静隆线以南，威胁胡敌侧翼，滞其西进，准备尔后以主力或一部接替一方面军在固原北部之防御任务。

丁、一方面军之西方野战军主力保持同心城间之枢纽地段及豫旺城于手中，其第二师相机袭占庄浪，待二方面军到达静隆线后北上归还建制；第一师及陈支队暂在黄河海原间威胁与抑留于学忠部使不敢东进，尔后逐渐西移归还主力；二十八、二十九两军集中定盐地域，一部逼近灵武，准备居民条件，完成侦察任务，独（立）四师确保环曲苏区，其余东方部队任务不变。

戊、攻宁部队准备以一方面军西方野战军全部及定盐一部、四方面军之三个军组成之，四方面军之其余二个军及二方面军全部，一方面军之独（立）四师组成向南防御部队，可能与必要时，抽一部参加攻宁。

己、攻宁开始时机依造船情况决定，但至迟十一月十号前须完成一切攻击准备。

庚、十一月十号前各部注重休息、补充、扩大，尤特别注意训练，以便有力的执行新任务。

规定三个方面军统由朱德、张国焘分别以总司令、总政委的名义，依照中央与军委的决定实施指挥。《十月份作战纲领》的各项任务，亦由“朱、张两总及各方面军首长以个别命令行之”。中央这种顾全大局、不咎既往的做法，使大家很兴奋。

依据《十月份作战纲领》的要求，朱德、张国焘召集徐向前、陈昌浩、李先念传达中央的指示，明确规定四方面军的作战任务：一是南向西兰通道地区，形成扇形运动防御，拒阻南敌的进攻；二是迅速完成造船任务，以三个军渡河攻宁。造船任务由三十军政委李先念负责。

严重的敌情和《十月份作战纲领》的要求，使红四方面军面临重大的考验。在优势敌人的围攻防堵面前，既要控制西兰通道在手，从东、南、西三个方面以扇形运动防御顶住敌人的进攻，又要突击完成造船任务、选择渡河点，突破黄河天险，这意味着红四方面军的五个军，将处于多面对敌，前后作战的艰难地位。一头失利，全局皆非，宁夏战役计划就有流产的危险。徐向前、陈昌浩、李先念都深深感到，这是一副十分沉重的担子。

冷静的头脑，顽强的意志，卓越的指挥才能，丰富的作战经验，使徐向前在部队中享有很高的威望。凡属军事行动和战役指挥方面的问题，政委陈昌浩一般都尊重他的意见，看他的决心。徐向前分析了敌情，认为敌人的企图是将红军压迫于渭水以北、黄河以东地区，聚而歼之，形势相当严重。四方面军两个拳头对敌。而部队又因连续行军作战，补给不足，减员较大，疲惫不堪；地形也不利，全是光山秃岭，不便大部队隐蔽和防御；黄河天险又障碍于前，要南阻敌攻、西渡黄河，任务是相当艰巨的。但是，红军也具备若干有利条件：一是从各种情况和迹象判断，敌人尚未完全弄清红军会合的战略企图，如突然西渡黄河，进击宁南，出敌不意。二是向红军进攻的南敌主要是胡宗南、毛炳文、王均、关麟征等部，他们虽属蒋之嫡系，但互存戒心，各保实力，联合作战时很难形成拳头，快速突进。红军争取渡河的机会是存在的。三是会宁会师和“打通国际路线”的战略任务，给了部队以有力鼓舞，士气高昂，求战心切，决心打好会师后的第一仗，完成党中央和军委赋予的光荣使命。四是部队有强渡江河的经验，按现有技术力量，每天能造两三只木船；一方面军正帮助收集木料、铁钉、工匠，渡河工具问题不难解决。五是有党中央和毛主席的直接关怀和指挥，有一、二方面军的有力配合，还有东北军的暗地策应等，红军的作战不是孤立的。只要把任务向部队交代清楚，做好政治动员，恰当分配兵力，实现宁夏战役计划，有相当大的把握。

徐向前与陈昌浩确定了如下的具体部署：以三十军作为抢渡黄河的先头部队，立即开赴靖远附近，绝对秘密地隐蔽造船，选择渡河点，迅速完成渡河攻宁的一切工作；以四、五、三十一军，沿会宁、界石铺、华家岭、马营、通渭、宁远镇、葛家岔、静宁等地，梯次配置，构筑工事，进行扇形运动防御，节节抗敌，尽量迟滞其前进时间；以九军置于会宁至靖远之间，作为机动部队。如三十军渡河成功，九军即迅速跟进；如渡河不成而南敌突进，则以四、五军牵制敌之翼侧，以三十一军及九军反击南敌，为三十军渡河争取时间。这一部署经军委批准后，红四方面军全军上下，层层发动，投入了迎击南敌、西渡黄河的紧张准备工作中。

"黄河之水天上来。"源自巴颜喀拉山的黄河，犹如一柄倚天巨剑，把大西北的黄土高原劈成两半，纵贯甘肃、宁夏两省，穿过内蒙古库布齐大沙漠，折而东流。在甘肃境内，河床狭窄，水流湍急。河水卷走大量泥沙，穿过许多峡谷，漩涡密集，浊浪雷奔，乍合乍散，削壁飞石。古老的黄河，没日没夜地吼叫，似在吞噬它要吞噬的一切。

马家军为防止红军渡河，早已将河东岸的大小船只、羊皮筏、牛皮筏掠劫一空，水手也大都被他们抓走。三十军奉令开到靖远附近后，在政委李先念、代军长程世才的组织指挥下，立即集中造船材料和人员，突击营造木船。李先念当过木匠，造船有办法。他将造船地点选在离靖远约 40 里路的大芦子村庄的一片柳树林里，目标隐蔽。党中央和军委获悉三十军造船所需之石灰、桐油、铁钉不够，缺少工匠，便命令红一方面军火速从前后方收集材料，聘请技术人员，进行支援。

10 月 19 日，军委电令："三十军渡河以至少备足十个船开始渡为宜，恐船过少，载兵不多，不能一举成功。"党中央、军委的关怀和兄弟部队的大力支持，使三十军指战员及船工队员深受鼓舞。他们不到半个月的时间。即成船 16 只，每船可容 10 多人，一次即能运送近两个连过河。另外，还从靖远附近找到一只能够运送 100 多人的大船。渡河工具，已不成问题了。

八十八师师长熊厚发，亲自组织、训练二六三团作渡河前锋。熊师长是湖北黄安人，贫农出身，念过五年私塾，虽年仅 23 岁，但已是个能征惯战的疆场"老将"了。他 1930 年参加红军、从战士、班长、排长、指导员、连长、营长、团长步步升为师长，屡建功勋。在徐向前心目中，这位年轻的师长活蹦乱跳，打起仗来却异常老练、沉着、勇猛，不仅敢打敢拼，而且善于动脑筋，抓住敌人的弱点，出奇制胜。他带领的二六三团在川陕苏区反六路围攻中曾荣获"钢军"的称号，并出色完成过强渡嘉陵江先头部队的任务。以二六三团作渡河前锋，徐向前是有较大把握的。

据侦察，靖远一带黄河河面较为开阔，水流较稳，由人工划驶的木船有 40 分钟左右即可到达对岸。两岸是一丛丛梨树林，有些梨树已有数十年或上百年历史，树干粗大，枝叶繁茂，便于部队隐蔽和集结。对岸的马家军兵力呈一线式配备，只要红军渡河成功，突破其防线并不困难。徐向前、陈昌浩和三十军领导人决定，以少部兵力围困和严密监视靖远县城的守敌，围而不攻，迷惑敌人；渡河先遣部队则全部隐蔽在靖远以南的沿河村和梨树林里，准备从靖远上游突破。

这一带群众长期遭受马家军的欺压和掠夺，见红军态度和蔼，纪律好，要渡河消灭马匪军，他们高兴地把藏起的粮食、梨子拿出来慰问红军。有些躲到外地的船工跑回来，主动帮助红军修船准备参加渡河。由于群众心向红军，大部队在这里集结、造船、演练，始终未被敌人发觉。

10月16日，蒋介石下达“进剿”令。18日，国民党西北“绥靖”主任兼第三路军司令朱绍良颁布《剿匪计划纲要》，宣称：“本路军以歼灭会宁、静宁、通渭附近之朱徐等股匪主力之目的，以第一军及三十七军由东西方面夹击，而以第三军由南向北进击，求匪于该附近地区而歼灭之。”21日，敌总攻开始，次日，蒋介石亲自飞抵西安督战，决心在最短期间内“剿灭共匪残余”，并逼令东北军、西北军参战。敌人在飞机、大炮的掩护下，漫山遍野，密密层层，像一群群黄蚁，向红四方面军的前沿阵地华家岭、界石铺、马营、通渭、静宁一线冲击。西兰通道附近的宁静村庄和山冈，炮火连天，地动山摇。顶住南敌的进攻，是渡河执行宁夏战役计划的先决条件。红军第四军、三十一军和五军的战士们，平均每人仅有三五排子弹和两三枚马尾手榴弹，打退敌人的几次冲锋就消耗得差不多，最后只能同敌人肉搏。敌人一次次冲进红军的阵地，战士们一次次地用大刀、刺刀将敌人消灭，从敌人手里夺来武器、弹药，继续坚守。红五军副军长罗南辉在华家岭战斗中壮烈牺牲。鉴于敌人来势凶猛，多路突击，齐头并进，红军硬顶下去损失太大，徐向前遂下令四、五、三十一军边打边撤，逐步向会宁一带收缩，利用山丘扼守，尽力控制会宁至靖远的大道，寻机诱歼敌人。

这时，中央令朱德、张国焘赴打拉池，会见一方面军司令员彭德怀，商讨宁夏战役部署。中央指出：三十军渡河以备足10只船为宜，原定20日渡河，是否推迟数日，依具体情况而定。20日，朱德、张国焘率红军总部及红军大学一部分人员，离会宁去打拉池。他们行前交代，前线作战事宜由徐向前和陈昌浩负责，按《十月份作战纲领》的要求，机断处置。朱德紧握徐向前的手说：“向前同志，你们的担子可不轻啊！我们会到彭德怀同志，就马上和你们联系。”

22日，徐向前率方面军总部离开会宁，抵甘沟驿指挥作战。徐向前计划以九军一部及三十一军、四军、五军全部在会宁附近迎头痛击前进之敌。但这时，一个意外的严重情况发生了：敌三十七军在7架飞机的助战下，猛扑红五军阵地，激战一昼夜后，红军被迫退出会宁城，全军伤亡800余人（占五军兵力的四分之一）。红军防线，被打开了缺口。如敌继续向纵深突进，红军从靖远地区渡河的计划将要落空。在此千钧一发的危急时刻。徐向前异常镇静、沉着，他令五军军长董振堂在会宁城北的三十里铺一带，利用山丘坚工防堵，不许后退一步；同时，火速从左右两翼的四军、三十一军抽出四个团的兵力，投入五军阵地；另以九军第二十五师控制甘沟驿，作二线预备队。至23日，敌虽占领了华家岭、马营、通渭、静宁、会宁、界石铺等地，但红四方面军的整个防御阵线并未被打乱。它像一只收紧的铁拳，有力地抗击着敌人的进攻。

战局的发展，使红军渡河计划的实施，刻不容缓。徐向前的心一直悬在三十军能不能迅速突破黄河天险的问题上。

朱德总司令和张国焘于23日抵打拉池。彭德怀已先行到达。他根据中央的意图首先提出战役计划的要旨，朱德、张国焘表示完全同意。根据中央军委的指示，当即命令三十军首先渡河，九军跟进，如渡河不成，南敌跟进，则以九军配合南线部队击敌。

23日晚，李先念、程世才奉命率部队进入黄河岸边的丛林地带隐蔽集结，准备渡河。首先由程世才、熊厚发指挥二六三团的先遣连，从红咀子渡口偷渡。先遣连连长是该团一营营长赵海丰，指导员是三营教导员周纯麟。全连都是挑选出来的有作战经验的机智、勇敢、懂得水性的战士。

午夜，徐向前下达渡河的命令。先遣连把早已运到岸边的木船推下水去。16只木船迅速向斜对岸驶去。十多分钟后，船身受到急浪和漩涡的袭击，飘摇、颠簸得厉害，前进的速度也减慢下来。舵手和划手们使尽全力拼命保持船身的平衡和驶向，以避免被急流冲走或卷翻。划不多久，船身靠"岸"了，战士们纷纷从船上跳下，才发现这是河中心的一片浅滩，前面还有河水阻隔。等他们驶回东岸时，已近拂晓，有一只船被激流卷走，十多个人献出了生命。第一次偷渡就这样失败了。

情况报告到总指挥部。徐向前下达了死命令：分秒必争，另选渡河点，请老船工掌舵，一定要从这一带突破。同时，命令四军、三十一军和五军坚决阻击南敌，迟滞敌人前进。总指挥的脾气，部属都熟悉：他一锤定音，令行如山，绝不轻易改变。红四方面军敢于和善于打硬仗、恶仗，是同徐向前的这股硬劲分不开的。这时，党中央已获悉蒋介石抵西安督战的消息，连电红军总部和彭德怀，令三十军立即渡河。三十军领导人决定由程世才率八十八师和二六三团的领导干部重新选择渡河点。经过周密勘察，渡河点选在靖远以南40里处的河抱口。这是一个老渡口，岸边山岩峭立，河面较窄，对岸是一片平滩，据老船工说，只要把稳了舵，渡河不成问题。

黑沉沉的夜，漫天的星星发出微弱的光芒。从蒙古沙漠地带吹来的干风，透着寒意，枯黄的树叶，一阵阵地飘落下来。在大芦子的红四方面军总指挥部里一片沉寂。参谋、勤务员，心里都七上八下，今晚渡河能成功吗？紧张、焦虑、等待、期望，攫住了每个人的心。徐向前在电话机旁踱来踱去，如豆的灯光照着他清瘦的面庞和高大的身影。他不停地抽烟袋锅。午夜，电话铃响了，李先念兴奋地报告：三十军渡河成功。总指挥徐向前心里像一块石头落了地。他发出命令："立即向总部和军委发报！"

三十军的后续部队，一批批地渡过黄河。两岸的枪炮声、喊杀声、欢呼声划破沉寂的夜空。呈一线式配置的马家军河防阵地，一处突破，就像黄河决口似的，越扩越大，所谓的"突不破的防线"彻底崩塌。

朱德、张国焘、彭德怀在打拉池获悉三十军渡河成功后，立即致电中央军委和徐向前、陈昌浩："钳制西兰大路十月份在我手中之任务已大体完成，三十军渡河成功，开辟了执行之（新）任务的第一步胜利。""根据中央军委前次关于战略方针指示，我三个方面军在这一期间以占领宁夏地区，扩大甘北地区和尽力巩固陕甘宁赤区，以及维持和扩大西兰大道以北广大活动地区，吸引胡、毛、王、关诸敌于西兰大路一带，接通远方，争取抗日统一战线的公开形成为战斗目的。”具体要求：第一，四方面军主力应速渡河，抢占一条山、五佛寺、永登、红城堡等一带地区要点，控制五佛寺渡河点和拦阻兰州方向北进之敌；留出一部机动部队，于一条山、五佛寺之线，以便将来必要时协同一方面军在中卫、灵武段渡河。河东前线部队，尽量迟滞和吸引会宁方向的敌人。该掩护部队将来均必须渡河，其一部可于掩护任务完成后从靖远下游至五佛寺段渡河。第二，一方面军主力应速集结同心城一带地区，准备渡河技术，从金积、灵武、中宁、中卫段或五佛寺渡河，并准备直取定远营。第三，二方面军接替一方面军之对南防御任务，控制海原、固原一线。①

26日凌晨，中央军委同意九军渡河。电称：“三十军、九军过河后，可以三十军占领永登，九军必须强占红水以北之枢纽地带，并准备袭取定远营，此是极重要一着。”据此，徐向前、陈昌浩命令九军继三十军跟进，五军担负警戒渡口和监视靖远守敌的任务。四军、三十一军继续阻击南敌。方面军总指挥部跟三十军、九军行动。

白天敌机轮番轰炸扫射，封锁河面，部队渡河只能在黄昏后至拂晓前。每天夜里，大小木船和牛羊皮筏子一起出动，穿梭般地来来往往，手电筒和提灯的光亮在波涛滚滚的河面上晃来晃去，犹如无数萤火虫翩翩起舞。至27日拂晓，红三十军、九军及方面军指挥部渡河完毕。29日，中央军委同意三十一军渡河，但因彭德怀建议留该部在河东作战，30日军委又改变命令，着已经开到河边的三十一军折向麻春堡开进。当天，南线敌军关麟征师向靖远突进。负责控制靖远两岸船只及监视靖远守敌的五军无法向打拉池靠拢，遂奉朱德、张国焘的命令，全部撤至河西的三角城地区，看守船只，休整待命。

红军三个军渡河成功，指战员充满着胜利的喜悦和信心。为了红军的生存和发展，为了人民的利益和民族的解放，面前虽有千难万险，他们毫不畏缩，向前，向前！

第二节　一条山激战

11月初的河西地带，寒气追人，风沙扑面，干涸的河川，荒凉的戈壁滩，枯黄而带刺的骆驼蓬草，黄河沿岸连绵不断的黄色山梁，使大地如同冬眠的冷血动物，冷漠、僵硬，没有半点儿生气。

黎明时分，徐向前跨上战马，带着参谋和随从人员，驰向附近一个小山包上。他举起望远镜，观察地形地貌。眼前的荒凉景色，犹如《吊古战场文》所描绘的：“浩浩乎！平沙无垠，夐不见人。河水萦带，群山纠纷，黯兮惨悴，风悲日曛。蓬断草枯，凛若霜晨。鸟飞不下，兽铤亡群。……”

① 彭德怀于10月27日致电党中央，说明25日有他署名的这份电报是发后才给他看的，并声明无效。

自秦汉以来，这一带是征马嘶鸣、战鼓如雷、白刃交加的古战场。中国的汉回民族为保卫疆土，屡屡与入侵的匈奴等异族统治者厮杀。现在，徐向前挥军布阵，将在这片古战场上，与马家军一决雌雄。

渡河后的红军共 2.18 万人。战役展开的首要一环，是控制一条山、五佛寺等战役枢纽地段，打开北进宁夏的通道。下一步则向宁南进击，乘胜取中卫和定远营，并策应一方面军西渡。徐向前和陈昌浩决定，以三十军为前卫军，猛打猛进，抢占一条山、五佛寺地区，控制五佛寺渡口；以九军攻占锁罕堡、打拉牌等地，屏障三十军，遏阻西南方面的援敌；以五军殿后，驻三角城休整和看守船只，警戒兰州方向的来敌；总指挥部和总直机关、医院、妇女团等居中。徐向前的总指挥所设在三角城至一条山之间的一个小围寨——赵家水。

赵家水，背靠光秃秃的山丘，前临铺满鹅卵石的干涸河川，住着几十户人家。村名虽带“水”字，其实水像油一样贵重。这是一个缺乏地下水源的地带，掘地几十丈深，也挖不出水来。老百姓种田不叫种田，叫“闯田”。种子下地后，碰上几场透雨，闯过了干旱关，收一季就能对付两三年。“闯”不过去则颗粒无收，只能背井离乡，逃荒要饭。平时，老百姓的食用水大都靠人拉水车运来，男女老少常年不洗脸。人们渴望有水，便把一些地点与“水”联系起来命名，如赵家水、野狐水、喜集水、福禄水、眼井堡、大卢塘、三塘驿、一碗泉等。一条山因形而得名，它横卧在一望无垠的戈壁滩上，断断续续，犹如被斩成数截的巨龙。当地有一个神话传说，也与水有关。

相传从前祁连山里住着一位修炼成仙的老道。一天，有个道童犯了教规，老道为了考验这个徒弟是否诚心改过，便命他前往东海赶两条活龙回来降雨，以解除河西地带的干旱，不然，要将他永远革除教门。道童欣然受命，带着老道赐予的仙剑，跋山涉水，果然从东海赶了两条龙回来。可是，当走到一条山地带时，这两条龙已是精疲力竭，奄奄一息。道童坐在路边望着两条龙正犯愁，一位农妇路过。道童便请她朝地上跺三脚，震一震，看龙是不是还活着。农妇狠劲地跺了两脚，见龙纹丝不动，向道童说：“我跺了三脚，它们动也不动断气了。”道童自惭无法回去向师父交差，抽出仙剑将二龙斩成数截后，遂横剑自刎。被斩的龙身变成一节节的山，从东到西摆了几十里。农妇深感内疚，愧悔自己没有跺三脚。于是，向乡亲说明原委，动议修筑庙宇纪念道童和二龙。庙宇命名双龙寺，又名碧云寺。人们年年来庙里顶礼膜拜，香火不断，祈求道童和双龙惠泽这片干枯的土地。

渡河红军在“打通国际路线”“配合一方面军夺取宁夏”的口号鼓舞下，英勇展开进击。蜷缩在一条山村寨的马家军，很快被三十军的先头部队消灭。李先念和程世才的军指挥所设在双龙寺里。他们将兵力部署就绪后，即由程世才亲率八十八师两个团出击，一举攻克离一条山 30 多里的五佛寺，控制了那里的渡口和船只。与此同时，九军在孙玉清军长、陈海松政委的指挥下，也消灭了打拉牌等地的守敌，并将锁罕堡的 600 多敌人围困起来。河西部队初战的胜利，为开展宁夏战役创造了有利条件。

河东的敌人，正齐头并进，全力向北压迫。红军企图在海原、打拉池一线歼敌一两个师的计划，未能实现。10月30日，中央军委电示红军总部："九军、三十军暂控制眼井堡大路、三塘驿、五佛寺，休息待机。"11月1日，朱德、张国焘在关桥堡会见林育英后2日致电徐向前、陈昌浩，说苏联援助红军的军用物资已准备好了，何时到达定远营尚待通知；河西的部队要准备单独北进宁夏，去定远营取援助物资。河东部队有与敌暂成相持状态的可能。

这一重大变化，意味着宁夏战役计划的推迟，使徐向前焦虑不安。他和陈昌浩分析了面临的困难：部队渡河时，每人只带了三四天干粮，此地人户稀少，粮缺水少，绝非大军久留之地；三面临敌，背水作战，地形开阔，不便红军隐蔽集结和运动，相反却利于敌骑兵的突袭。红军坚守待机，势必被动挨打，困难会日甚一日，部队如单独北进取定远营，通过腾格里大沙漠至少需四天以上的行程，缺粮、缺水、缺骆驼，很难完成任务，且苏联的军用物资何时到达指定地点还是未知数，孤军深入该地有极大危险；河东敌人有向宁南增兵企图，战机丧失，宁夏战役计划有流产的危险。徐向前、陈昌浩根据以上分析决定：一面令各部队在现地待命，坚工防御，准备迎击马家军的反击；一面向军委详陈面临的实际困难，建议河东部队力争按原计划渡河，进行宁夏战役，此计不成，则河西部队准备向凉州、大靖、古浪、永登线发展，伺机配合河东部队进击宁南或打通远方。请军委早日明确河西部队下一步的行动方针。

这时，马步芳、马步青已纠集五个步骑旅赶到一条山地区，向九军、三十军的阵地猛扑。军阀马步青、马步芳是长期盘踞甘肃和青海省的土皇帝。他二人既是同胞手足，又为争夺势力范围互相倾轧，积怨颇深。马步青和马步芳共有正规军3万余人，民团10万余人。红军渡河后，蒋介石即委任马步芳为西北"剿匪"第二防区司令兼新二军军长，统一指挥新二军和马步青的骑五师。

红军渡过黄河控制一条山地带，使马步青极为惊恐。他深知徐向前的部队能征惯战，自己手中的有限兵力，绝非对手。如若红军西进凉州，他安身立命的老巢就有被端掉的危险。马步青是个不学无术的军阀，头脑简单，少谋无断，遇事全靠周围的一批亲信出谋划策。他除连续打电话向马步芳告急求援外，当即召集其"高参"人员，筹划紧急对策。马步芳为防止红军西进，威胁青海和甘西，同时趁机染指马步青的地盘，接到兄长的告急电话后，即慷慨应允立即派出3个旅又4个团的兵力，驰抵前线参战，但提出两家的部队，要统归马步芳的前线总指挥马元海调度使用。马步青和他的"高参"们左盘右算，觉得这样固然能够应急于一时，但终非善策，倒不如及早同红军妥协，让红军北进宁夏或西进青海，把战火烧到别人的防地，自己保住地盘，坐山观虎斗。因而派出其兽医处长张志坚先赴前线与红军接头，自己随后亦从永昌赶到一条山附近的寺儿滩，等候谈判消息。但是，这时马步芳的两个骑兵旅已从青海赶来参战，把正向红军阵地偷偷接近的张志坚击毙。马步青的妥协打算，遂化为泡影。

从 11 月 2 日起，马元海指挥马步芳、马步青的 3 个骑兵旅、2 个步兵旅及反动民团一部，向一条山地区的红军阵地猛犯。徐向前命令三十军、九军坚决顶住，决不许丢失已有阵地。

守在一条山庄的三个团，在李先念的组织指挥下，沉着应战，英勇抗击。每座土房都是一个战斗堡垒，打得马家军人仰马翻。村庄前沿有些房屋被敌人占领了，指战员们就组织反击，洞壁翻墙，肉搏格斗，重新夺回来。在一条山庄以南，三十军政治部的近百人被两千多马家军包围在一个小围寨里。政治部主任李天焕将仅有的两个步枪排、一个手枪排和机关干部、勤杂人员组织起来，多次打退敌人的进攻，一直坚持到太阳落山。一条山庄的围敌刚被击溃，李先念当即派出八十八师师长熊厚发率一部兵力向南出击，救出了政治部的人。次日，被九军包围在锁罕堡的马步青六百多人，经一再争取，表示愿意接受中共联合抗日的主张，交出部分粮食撤回凉州。锁罕堡这个重要据点遂为红军占领。经四天激战，红三十军、九军共毙敌骑五师参谋长马廷祥以下千余人，迫使马家军停止了攻势。

11 月 3 日，中央书记处收到共产国际中共代表团来电，内称从宁夏运送物资已不可能，可否派部队从新疆方向接运物资。当日，中央军委致电徐向前、陈昌浩："所部主力西进占领永登、古浪之线。但一条山、五佛寺宜留一部扼守，并附电台，以利交通后方行动。"4 日，徐向前、陈昌浩致电红军总部："目前战役计划已决定，务请速战，迟则敌齐头难决战斗。关麟征师、马鸿宾师既有令开石咀子，如不速战，则该两敌若先我出中卫、宁夏后，使宁夏战役更难速完成。我方情况实不允许久控制现地区，等配合右岸行动。"5 日，红军总部复电徐、陈，令河西部队应不受一切牵制，独立消灭马步芳部，"首先占领大靖、古浪、永登地区，必要时应迅速占领凉州地区"，独立开展新的局面。

中央军委和红军总部的这一决定，给了河西部队以较大的机动余地。6 日，徐向前制订了《平（番）大（靖）古（浪）凉（州）战役计划》，报请军委批准。这一战役计划，以集中主力西进，首先消灭平番（即永登）、大靖间的马步芳野外部队，进占大靖、平番、古浪、凉州地区作立脚点，伺机策应河东部队渡河作战为目的。8 日，毛泽东、周恩来电示："徐陈向凉州进，作战时集中兵力打敌一旅，各个击破之。"

有件偶然的事，更加强了徐向前的西进决心。一天，红军驻守一条山的团队忽将一名外国人"俘获"，送到赵家水总指挥部。这个外国人个头不高，穿一身皮衣服，有着一副标准的军人姿态。自称是蒙古红军带着 900 匹骆驼的运输队，奉命从苏联径来中国给红军运送军用物资的，但途中遭到宁夏马家军的突然袭击，货物全部被截去，他只身逃脱，前去找红军联系，报告情况。陈昌浩在苏联留过学，懂些俄语，反复盘问后觉得所谈情况比较可靠。他和徐向前商量，一致认为到定远营取军用物资的可能性已微乎其微，中央令河西部队西进占领大靖、古浪、凉州地带，显然是希图从新疆方向打通国际路线，争得援助物资。为保证河西部队党政军的统一组织领导，他们向军委提议成立西北前敌委员会，以陈昌浩、徐向前、曾传六、李特、熊国炳、杨克明、王树声、李先念、陈海松、郑义斋、李卓然等 11 人组成。

11 月 8 日，中央及军委提出了《作战新计划》。总的意图是放弃夺取宁夏的原计划，将河东三个方面军的主力组成南路军、北路军，分别从延长、延川地区和神木、府谷地区东渡黄河入晋，进行大规模的战略转移，继续逼蒋抗日，争取与阎锡山、蒋介石达成停止内战、一致抗日的协定；河西部队则组成西路军，以在河西创立根据地，直接打通远方为任务，准备以一年完成之。显然，这是一个带根本性的战略变动。但是对于如此重大的变动，徐向前、陈昌浩事前事后均一无所知。

根据上述新的战略行动计划，11 日，中央正式命令河西部队组成西路军。为统一领导，批准成立西路军军政委员会，由陈昌浩任西路军军政委员会主席，徐向前任副主席。

第三节　孤军苦战河西走廊

为实现《平（番）大（靖）古（浪）凉（州）战役计划》，河西部队于 11 月 9 日按指定位置集结完毕，当夜向西开拔。第一纵队三十军和第三纵队五军居右翼，由一条山、吴家川向大靖前进；第二纵队九军和总部直属队居左翼，由镇虏堡地区经松山城、干柴洼向古浪前进。徐向前、陈昌浩随三十军行动，王树声随九军行动。这时部队衣衫单薄褴褛，许多人赤脚穿着草鞋，武器弹药极端缺乏，在寒冷、饥渴、疲劳和风沙中同敌人拼搏，伤病员逐日增加。三十军进至大靖附近，守敌第五师祁明山旅固守不出。为争取时间，李先念率军绕道而行，包围了土门子，迫使守敌骑五师工兵营投降。与此同时，左翼红九军亦进至干柴洼地区。11 日晨 7 时许，敌骑五师两个旅、一百师一个旅在反动民团配合下，分由东、西、南三面向干柴洼猛扑。激战到晚，九军将敌击溃，主力进至横梁山地区，继续打击追堵之敌。

在大靖附近，徐向前、陈昌浩收到中央军委 11 月 11 日的来电。内称："由于河东还未能战胜胡毛王各军，妨碍宁夏计划之执行，我们正考虑新计划，但河东主力将与西路军暂时的隔离着。"来电还征求意见：西路军单独西进接通新疆有无把握？如返河东有何困难？

陈昌浩召开了军政委员会，听取大家的意见。徐向前在会上列举了五六条理由，说明西进新疆的必要性：一、可以解决西路军的战略靠背问题；二、能拿到苏联援助的武器；三、回过头来再打马家军，易如反掌；四、对河东红军和友军，能起到有力的鼓舞和策应作用……

讨论中，大家赞成徐向前的意见，一致认为，东返与西进比较，困难更大。于是，会议决定西进。计划第一步进占凉州、永昌、大靖略作休整补充。第二步进占甘州、肃州，准备接通新疆、蒙古。决心在甘州、凉州、肃州、永昌、民勤地区创造根据地，不在万不得已时，不放弃凉州、永昌。当即将这一意见报告了中央。13 日，中共中央书记处致电共产国际：“蒋介石部队已将红军主力与红军渡河者从中隔断，渡河者现组成西路军，受徐向前、陈昌浩指挥，人数 2.2 万，令其依照国际新的指示向接近新疆之方向前进。”15 日，中央电复西路军：同意向凉州前进。并说新疆接济正准备中。

得到中央的明确电复，徐向前立即将部署作了调整，命令部队迅速西插。13 日，九军进占古浪城，吸引了马家军向古浪地区集中。三十军乘虚向西疾进，先围凉州，进占城西四十里铺。当时，马步青就在凉州城内，兵力空虚，见西路军大队人马绕城行进，吓得连夜组织民团、商团登城点起无数的灯笼，虚张声势。后接到西路军派人送去的函件，知是借路打通抗日路线，只要不作对抗和追击，红军便无夺取凉州之意，才松了一口气，终日紧闭城门，作壁上观。三十军继以一部西进，18 日克永昌，21 日克山丹，控制了河西走廊的中间地带，为全军开辟了西进的通道。随后，徐向前令五军跟进，去山丹接替三十军防务，三十军集中在永昌至凉州西北四十里铺一线，休整待命。

此时，出人意料，九军在古浪遭敌包围，一仗下来，兵力损失达三分之一，给整个战局带来了不利的影响。

古浪是进入河西走廊的咽喉要地。南北两面临山，沿红凉山西进古浪，只有一条“马不并骑，车不同轨”的狭路，地势险要，古称虎狼关。城西是一道平川，直通凉州。王树声、孙玉清、陈海松根据这里的地形，以红二十五师扼守城西南方向，红二十七师扼守城东北方向，并重点布防于两面山头的制高点。16 日拂晓，马元海指挥三个骑兵旅、两个步兵旅并四个民团，向九军阵地发起突然袭击。九军仓促应战，被优势敌人夺去了城外的制高点，压进城内防守。该城城垣曾因地震毁坏，缺口甚多，极不利于坚守。经三昼夜血战，双方各损伤 2000 余人，九军被迫突围。徐向前急令三十军派出部队接应。

古浪战斗的失利，使九军减员增至三分之一，排以上干部伤亡极大。军参谋长陈伯稺、二十五师师长王海清、二十七师政委易汉文等壮烈牺牲，军长孙玉清负伤，部队元气严重挫伤。对此，徐向前甚为震惊和痛心，心头蒙上了一层浓重的阴影。

古浪战斗失利的主要原因是麻痹轻敌，死打硬拼，没有及早组织突围。为此，陈昌浩将九军军长孙玉清撤职，派原三十一军参谋长李聚奎前往九军，进行整顿。徐向前令三十军在四十里铺负起遏阻追敌的任务，置九军于二线进行休整，总结教训，调整建制，争取早日恢复元气，以利再战。

这时，中央军委来电，要求西路军停止西进，在永凉地带建立根据地。陈昌浩表示，西路军在这里建立根据地不成问题，能够完成任务。徐向前皱起眉头，语重心长地说：“昌浩同志，现在可要好好估计估计形势哩。九军被搞了这样一家伙，与过去的形势可不同啦。我们究竟怎么个打法，在这带能不能站住脚，这里有没有建立根据地的条件，都是问题。关键是看敌我力量的对比，一厢情愿是不行的，我看还是大家好好讨论讨论吧！”陈昌浩对形势的严重性估计不足，认为九军的损失完全是该军领导人指挥失误造成的，而不是马家军有战斗力的表现。他漫不经心地说：“现在形势已经好了，马家军基本上已被我们击溃，有什么可顾虑的？”徐向前再也无法按捺，异常严肃地说：“你的估计是毫无根据的。所谓‘基本击溃’要有个标志，就是我们转入进攻，敌人转入防御。但现在呢？是敌人在进攻我们，我们在防御敌人。敌人有根据地，有补充、有兵员，能支持长期作战，而我们则相反。你这个结论，根本站不住脚！”

这天晚上，徐向前和陈昌浩争得面红耳赤，谁也无法说服谁。漫漫寒夜，窗外的西北风夹着黄沙凄厉地呼号，使这场争论显得愈加恼人。徐向前、陈昌浩裹着羊皮大衣，踩着取暖的烤火盆，相对而坐；他们时而争吵，时而沉默。陈昌浩认为徐向前是右倾机会主义，徐向前认为他头昏脑涨，根本不从实际情况出发。他们的争论毫无结果，在默默无语中不欢而散。最后，陈昌浩利用召集干部会议宣布撤掉九军军长孙玉清的职务之机，怒气冲冲地说：“马家军基本上已被我们击溃，形势大好，在永凉地带建立根据地的条件是具备的。不相信这一点，就是夸大敌人的力量，灭自己的威风。”会后，陈昌浩还找了军政委员会的一些人个别谈话，准备对徐向前的“右倾路线”开展斗争。因多数人不同意才罢休。

争论暂时平息下去了。徐向前没有放弃自己的观点。

11 月 21 日，徐向前、陈昌浩率总指挥部从凉州城外进抵永昌城。行前，有情报说河东的毛炳文部已奉令开赴河西，增援“二马”，对付西路军。徐向前判断，“二马”是地方军阀，最怕蒋介石的部队借“剿共”的名义侵夺其地盘，他们为示强而拒毛，必将倾力寻西路军决战。根据这带的地形、给养、民情等条件，西路军与敌人决战是不利的，迫不得已时应坚决放弃永昌、凉州，向敌力空虚的甘西地区进军，按原定的计划行事。这时，李先念向总指挥部报告，马家军以 5 个团的兵力向四十里铺的三十军阵地发起猛攻，红军因子弹缺乏，全靠大刀、长矛拼杀，与敌激战三日，歼敌 2400 余人，仍未能阻止敌人的攻势，坚持下去困难很大。徐向前同意三十军西撤一步，至永昌东南的六坝、八坝一带继续阻敌。另据五军军长董振堂报告，山丹地区也有敌人的骑兵活动。西路军不进不退，面临强敌前后夹击、分割包围的危险。

为争取主动，摆脱困境，徐向前于 11 月 24 日亲自起草电文向中央反映实际情况，请求重新考虑西路军行动方针。他指出：第一，马敌现虽伤亡 5000 人以上，但能抽大批民团壮丁补充，人马子弹均有，仍然继续与我拼战。第二，马敌战术系以骑兵四出活动，以成团密集队形猛攻堡寨。黄昏后畏我夜战，即退守堡寨。反复攻某点不得手时，则集兵猛攻另一点。大部乘马，进退均速。我方胜则难缴获，败即无生还。第三，永凉地带，地形开阔，区域狭小，无树少房，尽是堡寨，不便我军迂回抄击。第四，我每守一堡寨，须一营以上的兵力，激战终日，即可耗尽弹药，矛刀、刺刀又少，难阻敌攻。九军现有 4600 人，步枪 1800 支，每枪平均子弹不足两排；五军不足 4000 人，枪弹更少；三十军近 6000 人，步枪 2000 余支，每枪子弹仅二三排；骑兵师人马约 500，人、弹有耗无补，无日不战，敌骑到处骚扰，扩红、弄粮、筹资、交通均受限制。拟壮大骑兵，但筹马困难。第五、九军激战古浪，受大损失，正在休整；三十军激战四十里铺，子弹耗尽，全靠大刀拼杀，已伤亡 500 余人；五军更弱，指直在永昌，大部担任城墙守备的任务，敌马彪部有 3 个团正在永昌城郊附近活动。根据以上情况，“我们现无能集优势兵力，弹药太少，难在甘东地区灭敌”，请求中央军委迅速指示下一步行动方针。陈昌浩也在电文上签字同意。

25 日，中央复电，仍要西路军就地坚持，打开局面。并说：“毛炳文东撤利于你们发展，在你们打破马敌之后，主力应准备东进一步，策应河东。”徐向前不了解河东红军的战略企图，对上级的指示迷惑难解，但也不便再提异议。他和陈昌浩、李卓然等猜测：河东红军或许要在结冰期渡河西进吧！留西路军在现地不进不退，策应河东，恐怕就是为了达到这一目的。

西路军屯兵永凉地带，南迫西宁，北慑宁马，东窥河东，像是在甘、青、宁四马之间钉进一个楔子。甘青“二马”受到威胁最大。他们还怕西路军迟迟不走，蒋介石就会以“剿共”为借口，派嫡系部队深入河西，那样连马家的“祖业”也给霸占了。因而，连原来答应对西路军采取妥协让路方案的马步青，也改变了态度，加紧了同马步芳的联合。他们以骑兵为主力，配以大批民团，兵分三路，向西路军展开了新的攻势。

马家军长期受狭隘民族观念、宗教迷信和反共的教育，对红军和汉人怀有盲目仇根情绪，加之性情剽悍、野蛮、残暴，熟悉地形，适应天候，骑兵多，补给足。他们有时故意屯兵远处，诱红军远离阵地出击，利用其骑兵运动神速的特长，施行两翼包抄逆袭。西路军有的部队没有经验，就吃过出击的亏。

徐向前就是在这样的情势下，指挥部队顽强抗击敌人。从 11 月下旬至 12 月上旬，经凉州西北四十里铺之战，永昌东南八坝之战，永昌以南水磨关之战，永昌之战，山丹之战，先后共歼敌 6000 余人。但因自身有耗无补，大量减员，光彩病号达 2000 多名。气候越来越寒冷，部队越来越饥疲，像这样死死蹲在一条狭长的“弄堂”里，被动挨打，在徐向前的军事生涯中，还是破天荒第一次。

12 月 12 日，举世震惊的“西安事变”发生了。消息像闪电般在西路军中传播开来，指战员惊喜万分，奔走相告。徐向前是一个性情内向、不易流露感情的人，但也被“西安事变”的喜讯深深激动着，高兴地听取参谋人员陈明义、吴昌炽和电台负责人宋侃夫、王子纲等报告的每个消息。他指示他们要尽一切努力，收集有关情报和敌人动向，随时向他报告。

西路军军政委员会连夜开会，讨论西安事变发生后的情势，向军委提出了八条紧急动议，主要内容是：

党必须用全力推动这一事件的发展，实现全民武装抗日，应迫使蒋介石下令停止内战；分化与调动蒋介石嫡系部队，使其不能迅速与我作战；团结川、滇、桂、晋的力量，使西北和西南打成一片；速稳定西北抗日根据地，肃清甘、青、宁后方敌对势力，与新、蒙打通，取得国际的物质援助；争取将马鸿逵、马鸿宾调开，由河东红军以一部主力速占宁夏，与甘北打通，并与新疆取得联络；成立中国临时中央抗日委员会，成立国防政府，成立临时抗日联军革命军事委员会及总司令部，统一抗日武装的指挥；发动群众，广泛组织各种群众的抗日组织，并趁机扩红与巩固苏维埃及党的活动；促进张学良、杨虎城为民族利益坚决斗争到底。

不久，徐向前、陈昌浩即接到军委主席团电示：西路军目前应在现地加紧休整，一面争取二马抗日，一面准备接通兰州和以一部兵力适时占领安西地区，“总之，西路军是负责奠定抗日后方和接通远方之重大使命”。明确规定了西路军的行动方针。为争取苏联的支援，巩固西安战略总后方，18日，军委主席团致电徐向前、陈昌浩称：“你们任务应基本的放在打通远方上面，限明年一月夺取甘、肃二州。”于是，徐向前、陈昌浩立即动员部队，准备西移。

西安事变的风暴，也把河西马家军抛到了尴尬境地。宁夏的马鸿逵是有名的“滑马”，蒋介石被扣，吉凶未卜，他左不敢公开响应张、杨和红军停止内战、一致抗日的号召；右不敢配合何应钦的“讨伐”军出兵进攻红军和东北军，见人就痛哭流涕，装出一副可怜巴巴的模样。马步芳素以“野马”著称，与蒋介石早就有默契，他对张、杨的爱国行为暴跳如雷，拒不接受西路军提出的结成抗日统一战线的主张，也不同驻守兰州的东北军于学忠部缓和关系，而是一意孤行，与西路军和抗日力量为敌到底。马步青军权旁落，受制于马步芳，本来早已心怀不满，蒋介石被扣押后，见西路军来信主张谈判，共同抗日，内心不无波动，但慑于马步芳的威势，迟迟不敢表态。时何应钦的“讨伐”军已进抵潼关，东北军的主力亦向西安集中，准备会战。张学良考虑，胡宗南、毛炳文部有乘东北军主力向西安调动的机会，袭击天水、宝鸡、兰州等地的可能，且河西四马极不可靠，西安侧后方的安全缺乏保证，因而向共产党建议，由陕甘红军出动打胡宗南，巩固西安侧后方的安全，并希望西路军派出一部兵力东返出靖远，配合河东红军击敌。为此，中共中央曾征求西路军领导人的意见：能否以一部东进抵兰州附近，在于学忠处补充子弹、被服，而后东渡黄河，策应河东。

西路军已根据军委主席团的先前电令，作了西进的部署和准备。这时又要考虑东进，军政委员会展开了争论。会上，多数人主张按原计划西进，取得苏联接济后，再向东打。陈昌浩主张一部兵力东进，到兰州补充子弹、被服。徐向前认为，目前马敌的主力正集中在东边，而西面则是敌人防堵比较薄弱的环节，西进最为有利。如果东进，势必与优势敌人决战，根据西路军目前的实力，很难有把握取胜。要战胜马敌，须电请中央由兰州友军派出一部兵力西进古浪一带接应。会议最后决定，将上述意见报请军委主席团酌定，同时暂停西进的动员准备工作。24日，军委主席团电告西路军：“在整个战略方针上看来，西路军以东进为有利”，“你们接电后两天内，准备一切意见电告，正式的决定命令明天或后天电达”。25日，西路军军政委员会复电：“目前时局的开展，西路军利于东进，我们当坚决执行此任务。”徐向前连夜调动队伍，准备东进击敌。

正当军委对西路军的行进方向尚在考虑和同友军协商之际，西安的局势发生了根本性的转折。经周恩来努力，12 月 24 日，蒋介石答应“以领袖人格作保证”，接受张、杨和中共提出的六项条件，同意在他回南京后即派代表与中共直接谈判。中共中央考虑解决红军的驻地问题，是今后两党谈判的重要内容之一。从长远观点看，红军亟须得一人口稠密、物资丰富，利于同苏联接通的区域，以便进一步发展壮大自己，完成抗日救国的神圣事业。这个区域，自然是以黄河以西的兰州、凉州和宁夏地带最为理想。留西路军控制甘西，至为必要，可为将来谈判驻地问题创造条件。25 日，蒋介石在张学良的陪同下飞抵洛阳。军委主席团电示西路军领导人：“西安事变和平解决，前途甚佳，西路军仍执行西进任务，占领甘、肃二州，一部占领安西，开始西进的时机及如何作战，由你们依情况决定。”月底，西路军军政委员会决定撤离永凉地带，继续西进。

皑皑白雪覆盖着森林，祁连山脉像条看不见头尾的巨龙，披着银白色的鳞甲，横卧在高原上。大地在零下三四十摄氏度的气温下，变得像岩石般的坚硬。堕指裂肤的严寒，使伤彩号不敢坐担架，只能拄着拐棍，一步一步地随着队伍艰难地行走。呵气成冰，战士们的眉毛胡须挂满了冰花，被汗水浸透的衣服转瞬冻成了硬邦邦的冰筒。黎明前，停止前进的军号声吹响了，指战员们从附近找来枯树干枝，燃起一堆堆篝火，围着取暖。雄壮嘹亮的歌声响彻原野：

我们是铁的红军，
钢的力量，
工农的儿女，
民族的希望。
不打通国际路线，
不是红四方面军！

英雄的西路军儿女们，在与苦寒的搏斗中，送走了 1936 年的除夕之夜，迎来了新的一年。

1937 年 1 月上旬，徐向前指挥西路军连克高台、临泽（今蓼泉），就粮休整。五军主力驻高台，总直机关及五军一部驻临泽，九军驻沙和堡（今临泽），三十军和总指挥部驻倪家营子。三十军是当时人数最多、战斗力最强的一个军，摆在东边负责掩护全军，阻击追敌。徐向前、陈昌浩计划部队稍作休整后，便继续西进取肃州、安西，力争短期内取得苏联的接济，恢复部队的元气。

但是，这时河东局势又突然发生变化。蒋介石背信弃义，在南京扣押和“审判”张学良，同时调集 40 多个师的兵力，进逼西安。内战乌云，再次出现在陕甘上空。中共中央一面揭露蒋介石的阴谋，一面与东北军、西北军联合部署，准备粉碎蒋介石的军事进攻。中共中央和军委决定，西路军暂勿西进，留高台、临泽地区建立根据地，待机策应河东。5 日，军委电令西路军：“即在高台、临泽地区集结，暂勿西进。”7日、8日又连电西路军，要其集中全力击退尾追之敌，“动员全军在临、高地带，以消灭敌人来完成创造根据地的任务”。徐向前、陈昌浩建议调四军、三十一军西进来援，与西路军共同夹击马步青和马步芳，以保证这一任务的完成。军委因四军、三十一军正在三原、淳化一线，策应友军，无法抽调，故电令西路军加强团结，紧缩编制，人自为战，克服一切困难，独立完成任务。

徐向前、陈昌浩不了解河东的战略部署，对军委给予西路军的任务一再变动，提出了意见。张国焘即以个人名义发电给西路军领导人，强调“军委对西路军的指示是一贯正确的，对西路军是充分注意到的”，甚至批评西路军领导人“如果还有因过去认为中央路线不正确而残留着对领导的怀疑，是不应有的”。要求他们“应当在部队中，特别在干部中，提高党中央和军委的威信”。

1月16日军委主席团电示西路军：“目前关键在西安，西安局面如果转向有利发展，将使二马难于积极对付西路军。”“同意西路军在现地休整一时期，集中全力乘机向东打敌，争取尔后以一部西进条件下，并大大向东扩展甘北根据地。”徐向前、陈昌浩有苦难言，决定咬紧牙关，不说二话，坚决执行军委主席团的决定，在临泽、高台地区坚持下去。

蒋介石获释，张学良被扣，给西北马家军打了一针强烈的兴奋剂。尤其是“野马”马步芳，欣喜若狂。他在西路军主动撤离永昌、山丹后，大肆吹嘘，连电蒋介石“邀功”讨好，并派出代表团从西宁赴前线“慰劳”马家军，庆祝“胜利”。接着，又令其五个骑兵旅、两个步兵旅及炮团、民团共两万余人，尾追西路军，叫嚣“死力堵截，阻止西进和东进”，“消灭共匪于河西走廊”。

1月12日，敌军以一部兵力钳制临泽地区红九军、三十军，而以大部兵力绕道西进，插入红五军孤守的高台地区，发起了猛烈的进攻。董振堂指挥五军与高台群众并肩作战，坚守城池。他们把木箱、木柜等抬上城墙，装上土再浇水冻结，使城墙加宽加高，以利防守。由于该军原来只配有一部电台，置于临泽地区五军政委黄超处，故高台被围后，无法同外界电讯联系，取得兄弟部队的救援。为保住高台这个西路军的前进阵地，董振堂面对孤军奋战的危难局面，毫无惧色。他号召五军指战员：“坚决守住高台，我们人在阵地在，誓与高台共存亡！”每当敌人攻城最激烈的时刻，他挥舞着大刀在城墙上指挥作战。经一周激战，因原收编的部分民团叛变，突然打开城门，引敌入城。五军被迫仓促应战，逐街逐屋，与敌争夺。经九小时血战，军长董振堂、政治部主任杨克明以下3000多人壮烈牺牲，高台县城遂于24日晨沦入敌手。这时，西路军总部才从破译敌人的电讯中得知高台危急的消息。徐向前火速派出唯一的骑兵师500余人马星夜驰援。途中，遭敌优势骑兵的截击，血战一场后，红军骑兵师大部伤亡，师长董俊彦、政委秦贤道均献出了生命。

噩耗传来，徐向前、陈昌浩和西路军全体指战员都沉浸在极度悲愤之中。徐向前深深感到，高台战斗的失利给西路军造成更大的困难，而部队的拼命主义、复仇主义情绪又像野火般地蔓延着。他面色阴沉，用异常坚定、严厉的口气通知各军要冷静，要沉住气，要掌握好部队，不得轻举妄动。

马家军攻克高台后气焰嚣张，复掉头转攻临泽，以一部兵力攻击城外五军军部阵地，以另一个多旅的兵力猛扑临泽县城。城内红军多为直属队、总经理部的人员，武器装备少，战斗力量薄弱。他们面对强敌的围攻，男女齐上阵，前仆后继激战三天后，徐向前令守城人员突围，会同城外的五军一部，抵倪家营子。同时九军亦撤离沙和堡。西路军的1.4万余人，全部集结在倪家营子地区的43个屯庄里。

徐向前将兵力向倪家营子集中，就是为了突破马敌的重兵围堵，执行东进任务。

倪家营子位于临泽东南，分上、下营子，共有43个屯庄，是个人粮较丰的大自然村。南北长约16里，东西宽3—4里，靠南的屯庄与祁连山毗连。每年春去夏来，祁连山上的积雪消融，变成清澈明净的溪水流淌下来，滋润着这里的草木、庄稼、土地。这也正是家家户户积蓄用水的大好时节。每3—5家人合有一个“涝池子”，直径20多米，深度2米左右，供人们积水终年食用。粮食以小米、糜子、红芋为主，因水源较充分，产量较高。每个屯庄的四周都用厚厚的黄土砌成高达2—3米以上的围墙，方方正正，防御土匪、盗贼、野兽的袭击。大户人家的屯庄的院落，围墙修得更加坚固、厚实，四角并筑有高高的望楼和碉堡，能看出好几里地远。屯庄多以主要人家的姓氏命名，如李家屯、赵家屯、雷家屯等。这些距离不等、星罗棋布的屯庄，使外地人乍一进来，就像掉进了不辨东西南北的八卦阵一样。西路军刚到时，群众因受反动宣传的蒙蔽，大都跑进山里“避难”，十屋九空，景象凄凉。经过一段时间，老乡们听说红军纪律严明，不杀不烧不抢，才三五成群，陆续从深山老林里回来。西路军把各屯庄的群众组织起来，斗恶霸，分粮食，成立苏维埃政权，建立地区武装。

根据军委主席团的指示，1月21日，徐向前、陈昌浩决定率部东返。致电军委：“决今晚全军集结出动，走南大路，以十天行程达到古浪、土门地区，尔后向平番或靖远集中。”23日，西路军总指挥部率三十军全部到达西洞堡，王树声率九军进至龙首堡，拟稍加休整，继续东进。当时除随时准备对付敌人的突袭外，最难办的是大批伤病员和妇女、小孩无法就地安置，都是南方人，留下会被敌人识破，遭杀害。随军行动，又影响部队的机动力。24日徐、陈电告军委：“我方基本上坚决执行东进计划，但因情况变化，可能折转西进，或取民勤抢占定远营，或绕道大通再到西宁或平番。”军委当即电复西路军：你们行动方针，以便利击敌保存实力为目的，行动方向由你们自决。“如你们决定东进我们是赞成的，当派三十二军、二十八军适时到靖远河边，策应你们过河。”“为便利作战计划，彩病、小孩妇女望设法就地安置。”应“集结全军，切忌分散，用坚决战斗来完成东进”。同时，中央电示在南京的潘汉年转告蒋介石：西路军东进，并非增援西安，而是就粮困难；如蒋令马家军停止进攻，让出凉州及其各城给西路军，使该军有粮可食，即可停止东进。

1月27日，敌马元海令其第一百师手枪团和青海省宪兵团向西洞堡红军阵地袭来。敌步骑配合，分左右两翼围攻。三十军政委李先念见敌人兵力不多，提议组织反击，歼其宪兵团一路。徐向前在电话里详细询问了敌情和三十军的作战计划，高兴地说："我批准你们的计划，命令部队出击！"

下午3时许，以八十八师、八十九师为主力的出击部队，在响亮的军号声中冲出围庄，向宪兵团猛扑，将敌包围在空旷的戈壁滩上。敌左翼骑兵部队见西路军突然出击，慌了手脚，快马加鞭，一哄而逃。徐向前令三十军争取时间，速战速决，全歼敌人。敌宪兵团虽全是日式装备，但兵员多系缺乏实战经验的青年学生，突遭猛虎般的西路军指战员的包围和袭击，早已吓得晕头转向。不到4个小时，战斗即胜利结束，800多敌人被歼，红军共缴枪1200余支，并获被服、军毯、罐头等大批军用物资。但此时发现西路军企图东进的马步芳，已在东面调集重兵堵截。徐向前、陈昌浩考虑，西路军立即东进危险甚大，决定暂回倪家营子，伺机行动。

1月29日，马元海电告马步芳：红军大部离开甘新公路进入甘州南的倪家营子，占堡寨43处，星罗棋布于周围十里之地，总人数约有1.3万人。马步芳急于消灭红军，向蒋介石邀功请赏，遂将其防堵红军的主力及大量民团，火速向倪家营子地区集中，对西路军展开了全面围攻。从2月1日起，敌先后投入的围攻兵力有6个步骑旅及大量反动民团，共7万多人。西路军以寡敌众，与敌展开了一场为期40天的大血战。

西路军总指挥部设在下营子中心地带的一个坚固屯庄——廖家屯。徐向前为集中兵力，形成拳头，将部队收缩在下营子地区，以三十军扼守西南方向，九军扼守东北方向，两军阵地相接，构成了一个椭圆形的坚固防御体系。敌人的马队整天像潮水似的向西路军的阵地不停地冲击。五颜六色的黑马营、花马营、白马营、红马营的骑兵，奔驰在戈壁滩上，发出震人肺腑的嘶鸣，冲上来又退下去，退下去又冲上来，用白布裹着脑袋、蓄着络腮胡子、穿着羊皮袄的马家军，像醉汉似的，哇啦乱叫，挥舞着马刀，不断地冲锋。他们疯狂、残忍、野蛮至极，不分男女老幼，见人就砍。西路军的指战员们，胸中燃烧着杀敌复仇的怒火，以压倒一切敌人的英雄气概，与敌人血战，"一片土地一片血，一个战士一团火"。每个屯庄周围，每个指战员的面前，都是埋葬敌人的坟场。他们的子弹打光了，就用大刀、长矛、木棍、石头、树杈同敌人拼搏。围墙被炮火轰塌了，血肉就是屏障，前面的人倒下去，后面的堵上来，负伤倒在地上了，仍握紧武器，单等敌人来到跟前，拼上最后的力气搏杀。武器没有了，就抱住敌人用牙齿咬，用手撕，拔掉敌人的胡子，扼住敌人的喉咙，咬掉敌人的耳朵、鼻子、手指。在这块战场上，没有男和女、中壮年和青少年、轻伤员和重伤员、战斗人员和勤杂人员的区别，人人都是威武不屈的战士，他们用生命、理想迸发出的全部力量，以一当十，以百当千，与数倍于己的敌军反复拼搏，日夜厮杀。

红三十军二六三团九连的130多人，坚守在前沿阵地的一个屯庄里。从拂晓战斗到黄昏，全连最后只剩下9个人，而阵地却巍然屹立。著名的"夜老虎"团，侦知敌人在雷家屯存放着大批弹药武器，他们派一个排，借着夜色的掩护，神不知鬼不觉地穿过敌人的阵地，翻进了雷家屯的围墙。守敌一个排尚未清醒过来，即遭全歼。敌军火共有24车，被战士们通通点燃，爆炸声震天动地。

血战在继续，谁也难以预料战斗结束的时日。徐向前忧心忡忡，彻夜难眠。他的眼睛熬红了，面容愈加消瘦，脸色像铁石般的青硬。他从得到的情报和敌人进攻的凶焰判断，短期内敌人是不会停止攻势的。这样坚持下去，胜利的希望十分渺茫，危险甚大。总指挥部的所在地廖家屯，已屡遭敌人骑兵的袭扰。白天，徐向前除了用电话和电台指挥各部队抗击敌人外，经常要到屯庄的望楼和围墙上，观察敌人的动静，检查防御工事，鼓励指战员们保卫阵地。夜晚，他大都在电话机旁或电台旁踱来踱去，及时综合战斗情报，反复思索、分析、判断，设想着种种摆脱危境的方案。

战至2月中旬，西路军在倪家营子先后击退敌人的大规模进攻达八九次之多。总计毙伤敌前线总指挥马元海以下万余人，取得了惊人的战绩。但西路军自身伤亡亦大，兵力已不足万人，彩病号占三分之一。军政委员会讨论了当时的处境和行动方针，除陈昌浩外，一致支持徐向前的突围自救意见。最后，陈昌浩才勉强作出了突围的决定。

西路军突围进至威狄堡地区，又受敌阻。徐向前主张向祁连山转移，但陈昌浩反对所谓“右倾逃跑”，又决定连夜回师，继续固守倪家营子，这就注定了它最后失败的命运。

许多指战员对于一会儿东开，一会儿西进，迷惑不解。徐向前判断：西路军重返倪家营子，敌人势必迅速合围和猛攻，以求短期内歼灭西路军。他号召部队作最困难的准备，想尽一切办法收集粮食、用水，众志成城，战胜困难，在绝境中求胜利。同时，他和陈昌浩数电党中央，请求火速派部队西进来援。

敌人的围攻又开始了。他们依仗众多的兵力，对西路军层层包围，多路突击。许多屯庄的围墙、房屋已残破不堪，西路军指战员依仗断垣残壁坚守，伤亡越来越大，形势越来越险恶。敌人的进攻，不仅限于前沿屯庄，而且往往直插纵深，对红军心脏地区和后方的屯庄，进行包围和突袭。廖家屯仍是徐向前和总指挥部的所在地，也屡遭敌人围攻，在最危急的时刻，徐向前上到房顶，指挥战斗。他从这个房顶跳到那一房顶，指挥部队打击冲进屯庄的敌人。那矫健的身影，沉着威严的气概，激奋着指战员们英勇杀敌。24日，西路军电告中央军委：“敌骑日夜接近，步骑炮集中日夜交战，西路军不战胜此敌，必有极大牺牲，西进不可能时，东进亦不可能。”请求军委派八个团以上的兵力，西进向凉州地区进攻，以救援西路军。“不然我们只有抱全部牺牲决心，在此战至最后一滴血而已。”26日，军委主席团复电：“甲、固守五十天。乙、我们正用各种有效方法援助你们。”

经七昼夜血战，陈昌浩眼看部队损伤惨重，待援又无希望，这才和徐向前一同下决心，下令再次突围，向祁连山转移。陈昌浩这时也痛切地感到，重返倪家营子是最大的失策。徐向前没有埋怨他。风雨同舟，患难与共。在这种时候，两位领导人之间的紧密团结与合作，比什么都重要。

中共中央和军委对西路军的危难处境，极为忧虑。除紧急指示在西安谈判的周恩来强烈申述中共中央的严正要求，要蒋介石履行诺言，勒令“二马”立即停攻西路军外，于2月27日决定组成援西军，委任刘伯承为司令员，张浩为政委，出兵增援西路军。但指示以不影响和平大局，不使增援军又陷入困境为前提。3月5日，军委命令援西军从淳化、三原出动，向镇原方向开进。周恩来也在西安向顾祝同申明了援西军西进的理由，要国民党政府从两党共同抗日的大局出发，令“二马”立即停止进攻西路军。但这时显然已无法扭转局势了。

西路军从倪家营子再次突围后，急速转移到临泽以南的三道流沟地区，又被大批追敌包围。

三道流沟，是由东、南、西三条低洼的古流水沟形成的一块狭长地带，每条流沟里都坐落着一些稀疏的堡寨和房屋。流沟周围，多是戈壁滩和沙漠。被围在这里，大家已精疲力竭。听到军委已派出援西军的喜讯，无不高兴。徐向前、陈昌浩决心坚守防御，“死斗待援”。近八千人被围困分割在三条流沟里，整天被敌用“羊群式”的战术，轮番猛攻。太阳被硝烟尘土掩得暗淡无光，战地处处是刀光、血影和凄厉的马嘶声、喊杀声、爆炸声、枪炮声。待援无望，激战五天后，徐向前和陈昌浩命令部队突围，向祁连山里转移。

倪家营子战场遗址。1937年1月，西路军在此与10倍于我的敌马步芳部反复鏖战，血战20多天，终因有耗无补，不得已突围撤向祁连山

夜幕低垂，北风呼啸。积雪覆盖着的祁连山麓，无声无息地蜷伏着。敌人的宿营地里，篝火熊熊，人影幢幢。黎明时分，西路军的大队进入梨园口。徐向前将九军的两个团部署在山口的两端，卡住大门，三十军的两个团部署在二线，顶在中间，总指挥部和其余部队驻梨园堡，拟稍加休整后沿着峡谷转进深山老林，坚持斗争。年仅25岁的九军政委陈海松，指挥队伍经过屡次血战，虽然还保持两个团的建制，但实际上合共不到一千人。进入梨园口后，他不顾连夜急行军的疲劳，一会儿爬上这个山头，一会儿又爬到那个山头，不断察看阵地，部署部队完成把守山口、掩护全军的光荣任务。一轮红日高高升起的时候，远处的地平线上，突然卷起了滚滚烟尘。霎时又有大量运动快速的骑兵，采取迂回包抄的战术，从山前、山后、山左、山右兜了过来。这里的山包既不高，又不陡，敌人的骑兵在山地运动，如履平地，一个冲锋就能直接窜到山顶上来。九军的阵地，被敌骑冲得七零八落。经几个小时的血战，陈海松政委和七八百名指战员，全部壮烈牺牲。这时，三十军的二六三团、二六四团为掩护总指挥部和其余部队，也正在自己的阵地上与敌激战。二六四团被敌压迫在一道峡谷里，二六三团被分割到另一条山梁子上，都和马家军扭成了一团。大刀砍卷了，刺刀折断了，子弹打光了，喉咙嘶哑了，鲜血染红了峡谷。战士们衣服撕扯成碎片，几乎一丝不挂，在同敌人扭打、撕咬、格斗，抱住敌人，一同滚下山崖。二六四团全部拼光，二六三团也大部牺牲。他们宁死不屈，用鲜血和生命保卫了总指挥部和兄弟部队的安全。

12日，中央电示，为保存现有力量，西路军一是冲向中蒙边境，一是就地分散游击。黄昏时分，徐向前带着西路军仅剩的3000多人，边打边撤，13日进入山里的康龙寺地区。翌日，敌追兵又至。徐向前一直指挥在战斗的第一线。经一场血战，担任掩护任务的二六五团和二六七团又遭重大损失。部队被敌人冲散，已不成建制，纷纷越过他的指挥位置，向祁连山上败走。

这时，陈昌浩正以西路军军政委员会主席的身份，在康龙寺南石窝山顶召开有部分领导人参加的紧急会议。会议讨论确定的问题是：一、现有部队分散游击，坚持斗争；二、徐（向前）、陈（昌浩）脱离部队，返回陕北向党中央汇报情况；三、组成西路军工作委员会，统一领导各支队的行动。

会议进行的中途，陈昌浩派人找徐向前到会。徐向前略为安顿了一下队伍，匆忙赶到集会地点。他满脑子还是战场上生死搏斗的情景，对于这次会议提出的三个问题，毫无思想准备。然而陈昌浩却宣布军政委员会关于上述三个问题已决定了。徐向前对于决定部队分散游击没有表示异议，因为这既有中央电示的精神，也是目前客观条件允许的唯一出路。但是对于叫他离开部队，他明确表示了不同看法。他说："这支部队是我们从鄂豫皖带出来的，到了这个地步，我们回去干什么？大家都是同生死、共患难过来的，要死也死到一块嘛！"这是徐向前的肺腑之言。他知道两个领导人离开部队将要造成的影响。但是，陈昌浩带着不容分说的口气又说："这是军政委员会的决定。向前留在军中，目标太大，很不安全，不利于部队的分散行动。"这话当然也包括指他自己。

石窝会议遗址。1937 年 3 月，西路军军政委员会在甘肃的康龙寺地区石窝山顶上召开会议。会上决定成立西路军工作委员会，统一指挥部队，并决定由王树声、张荣、李先念和程世才率西路军余部就地分散游击，同时决定陈昌浩、徐向前返陕北向中央汇报

“你们走吧，赶快回去向中央汇报去。”还有人这样提出。

经过一番争论，会议终于还是作出了徐、陈离队的决定，并当即向中央发电报作了报告。会议还决定由李卓然、李先念、李特、曾传六、王树声、程世才、黄超、熊国炳等八人组成西路军工作委员会，由李先念统一军事指挥，李卓然负责政治领导。把西路军余部编成三个支队，分两路行动。一路由王树声、毕占云率领，由康隆寺向北依托祁连山打游击；另一路由李先念率领，从康隆寺向南深入祁连山区。

“……散会后，我还想动员陈昌浩，不要回陕北。我拉着他的手，恳切地说：昌浩同志，我们的部队都垮了，孤家寡人回陕北去干什么，我们留下来，至少能起到稳定军心的作用，我看还是不要走吧！陈昌浩很激动地说：不行，我们回去要和中央斗争去！我那时的确不想走，但没有坚持意见坚决留下来。事实上，李先念他们，并不想让我走。我迁就了陈昌浩的意见，犯了终身抱憾的错误，疚愧良深。”①

① 徐向前：《历史的回顾》，解放军出版社 1988 年版，第 550—551 页。

第十三章　走上抗日前线

第一节　奔赴延安

3月的祁连山，冰封雪盖，气温仍在零下二十多摄氏度，没有一点春意。遭到惨重失败的西路军将士的心更为凄凉。

1937年3月16日，徐向前、陈昌浩告别部队，启程东返。快出祁连山时，为缩小目标，把护送他们的警卫排和陈明义、肖永银等人遣散后，只留一名保卫干部在身边。走到西洞堡附近的一个山沟里，四周没有发现敌军，他们便停下来休息，叫保卫干部找点水来喝。

漆黑的夜，满天星星放射着寒光，四野寂然无声。徐向前刚刚离开喧嚣的战场，此时感到特别冷清。他一会儿坐一会儿走动。西路军四个多月艰苦征战，一幕幕闪现在他的脑际：指战员们渴望打通国际路线的赤诚的心，严寒不惧，艰苦不惧；男女将士露宿在冰天雪地之中，日日夜夜英勇拼杀，弹尽粮绝，饮雪吞毡，视死如归。多好的一支队伍啊！

快天亮了，找水的人还没有回来。徐向前和陈昌浩估计可能出事了，两人就赶快上了路。

第二天，徐向前和陈昌浩走到大马营附近的一个村庄，投宿在一个汉人家里，主人是个医生，原籍湖北，和陈昌浩算是老乡。住下来后，徐向前和陈昌浩都认为这里仍是是非之地，不好久留，决定明天早一点起来赶路。可是，第二天早晨起来，陈昌浩提出要在这里休息几天再走。徐向前说："我们要去汇报，哪能停在这里？停在这里，就等于束手待毙呀！"

陈昌浩说他拉肚子，感到身体不行，执意要停留几天。徐向前见他不肯走，只得独自一人匆匆上路。

徐向前在奔赴延安的路上不敢接近任何人，除了投宿和就食之外，尽量使自己的行动不为人们注意。有时晓行夜宿，有时夜间赶路，有时宿在群众家里，有时露宿在戈壁滩中，寝无正时，食无正点。一件白茬破羊皮袄和一顶"开花"的狗皮帽子，包裹着身躯和那又瘦又黑的脸庞，年方36岁，看上去像五十开外的老羊倌。

徐向前走在祖国西陲的大地上，却有与世隔绝的感觉，世间发生的事情，什么也不知道。此时，由王树声、毕占云率领的一路红军小部队，因力寡而不支，

祁连山野牛沟。徐向前翻过这座雪山，历尽千辛万苦回到陕北

大部壮烈牺牲，不少人被俘；九军军长孙玉清也在甘州南山落入敌手，余下的分散走在去陕北的路上。这些事他不知道。由李先念率领的一路，在青海巡堡以北的分水岭上，意外地收到了中央电台的呼号，得到了“设法进入新疆”的指令和陈云将前往迎接的通报。这样的喜讯徐向前也不知道。他所知道的只是他自己的行动：找党中央去。

在永昌至凉州的路上，徐向前意外地碰上了特务营的曹营长。平时大家都称呼他“曹大头”。两人相见，犹如亲人相逢。曹营长像每次侦察回来汇报敌情一样，讲述了部队分散后他所知道的一切。他关切地对徐向前说：“总指挥，可要小心啊！有专门抓你的布告，说抓到你有赏。”徐向前淡然一笑，说：“放心吧，天下还是咱们的。”

他俩一路走着。看不到树木，见不到人烟。风沙卷着上一年留下的骆驼草秧子滚来滚去。有时，经过他们曾经打过仗的地方，就停下来，谁也不说什么，默默悼念那些为革命而倒下去的男女将士。

一天到了黄河边，军人特有的警惕性，使他们没有直接到渡口去。远远地观察了一下，看到不远处有一个牧羊老人，便走过去同他搭话，问渡口好不好过。

老头憨厚朴实，说渡口有兵在那里盘查，说是要抓什么人。徐向前判断一定是马家的部队。他们避开渡口，向上游走去。走了十多里路，发现河中有人在摆渡，急忙走近一看，是个壮年汉子，正划着羊皮筏向岸边靠。他们上前同摆渡人打招呼。徐向前从兜里掏出两元法币（当时国民党政府发行的钞票），说："我们要去那边，劳驾送我们一下。"摆渡人接过钱，微笑着把他俩让到筏上，没问来历与去向，便朝对岸划去。

过了黄河，回民少汉人多，他们吃住方便多了，心情略为轻松了一点。到了打拉池，两人找了个车马大店住下来。这里是个小镇，有几家店铺，来往的外地人不多。徐向前急着想了解一下目前的局势，让曹大头出去找几张报纸来看。在这个偏僻小镇上，找张报纸难呢。一天，徐向前和曹大头在街上看到有卖旧衣服的，就用一个金镏子（戒指）换了身长袍和棉袄。他俩脱掉白茬羊皮袄，一个打扮像商人，一个像伙计，活动方便了。他们在街上从人们的闲谈中了解到，"西安事变"和平解决后，蒋介石回到南京把张学良扣押起来，强令东北军撤出陕甘边境，开到河南、安徽去了。这里已不属马家军的统治地盘，是邓宝珊的防区，离红军的陕甘根据地不远。

徐向前归心似箭，第二天就离开了打拉池，昼夜兼程，翻过六盘山，到了陇东重镇平凉。这时，国民党的队伍正往西开，街上人马嘈杂。徐向前在书店里买了张地图，找个旅店住下，关起门来和曹大头看着地图商量了一番。第二天清早，他们一路向东，日上三竿的时候，在一个村头路旁看到个农民摆摊卖馍，就停下脚买吃的。这时徐向前远远看到对面山上有队伍活动，便问那农民："你们北边的山头上驻的什么军呀？"农民答："是红军。"听到"红军"二字，徐向前和曹大头高兴得几乎忘掉了进食，匆匆付了钱，起身便朝北山走去。

事情往往就是这样，当你为一个既定目标奋斗的时候，尽管很坚定，但又感到渺茫、艰难、遥遥无期；而当目标达到的时候，又感到突然。徐向前简直不敢相信这是真的。他们经过一个多月的艰苦奔波，4月下旬的一天，在一个叫小屯的地方，遇上了带侦察分队执行任务的红四军参谋长耿飚，被迎到了司令部。

1937年4月30日，刘伯承派人把徐向前接到援西军总部镇原。老战友相见，悲喜交集。任弼时、张浩和杨奇清等也都赶来了，大家就像庆贺打了胜仗一样，欢迎徐向前的归来。当天，刘伯承向中央军委发了电报："我们的徐向前同志已于今日十九时到达援西军司令部。"同时电告了彭德怀和周恩来。

这一晚，大家谈到午夜。徐向前介绍了西路军在河西走廊一路征战的情况。谈到最后的失败，他感到很痛心。刘伯承说："胜败乃兵家常事嘛。你是四方面军的旗帜，你回来了，就等于西路军回来了，休整休整，咱们一块再干！"

徐向前在镇原休息了半个月，5月16日，同任弼时、杨奇清一起到了云阳，见到了彭德怀、左权等人。5月20日，周恩来从西安专程赶到云阳看望徐向前。这时周恩来已经剃去了长胡须，显得格外年轻。徐向前和周恩来从1925年在黄埔军校相识，十多年来几次相聚又分别。这次见面时，谈话的主题是"西安事变"

后的局势发展，是抗日民族战争的前途与战略。徐向前急于去延安向毛泽东等中央领导人汇报，因牙疾发作，周恩来和彭德怀、任弼时都让他到西安去治疗。于是便随周恩来一起去了西安。临行前，他把身上带的十多个金戒指交给了彭德怀，说："这是从石窝下山时，组织分给我作路费用的，路上只用了两个，剩下这些，我用不着了，全部缴公。"

在西安，徐向前住在红军驻西安联络处。这个联络处，是"西安事变"发生不久设立的，在北新街七贤庄 1 号院。林伯渠、谢觉哉都在这里。他们和周恩来一样都关心徐向前和西路军失散人员的命运，想方设法营救被俘的指战员。在联络处，徐向前还遇到了陈赓和宣侠父。

在徐向前到西安之前，他的消息一直没有对外间公开，为的是要国民党允许红军派部队到黄河沿岸接回徐向前、陈昌浩和他们的部队。徐向前到西安时，国共合作已有了新的进展。5 月间，国共双方组织了一个考察团，红军参谋长叶剑英和国民党军事委员会委员长顾祝同（又是重庆行营主任兼西安行营主任）为负责人，准备到陕北、陇东红军驻地考察。借这个机会，经周恩来安排，徐向前是考察团 28 个成员之一。

消息一公开，震动了国民党各界。顾祝同抢先会见和宴请了徐向前。在黄埔军校时，徐向前是第一期第一队的学员，顾祝同是教官，他讲课不大受欢迎，曾有一次发生过被学生轰下讲台的事。当时徐向前就在场。这次见面，徐向前避而不提黄埔的往事，而把话题转到抗日上，问："顾主任对抗战有何打算？"顾祝同抬起头，看看徐向前，说："我想先听听徐将军的高见。"徐向前语调平和地说："我没什么高见。当今之大计，莫过于民族独立；实现民族独立，莫过于民族团结；若要民族团结，首先国共两党要真诚合作。"徐向前停了一下，又说："我赞成国共合作，拥护蒋委员长抗战到底。要把民众发动起来，让全国人民都投入到抗战中去，胜利就一定是我们的！"徐向前有点激动，到后来声音高了一点。可是顾祝同听到"拥护蒋委员长"这几个字时，眼睛里闪出了一道光；当听到"要把民众发动起来"时却神情黯然。徐向前后来说，他们就是对群众不感兴趣，你一讲发动群众，他就听不进去。国民党输给共产党就是因为他们脱离了人民，失掉了群众。

徐向前在西安公开露面之后，没有随考察团去考察，他治好了牙病，6 月 18 日同周恩来一道飞向延安。

行前，周恩来安排了两架国民党军队的教练机。这种飞机，一架只能搭乘一人。周恩来乘坐的一架先起飞；徐向前乘坐的一架后起飞。起飞不久，前面那架就没有影儿了，前后失去了联络。徐向前是第一次坐飞机，舱内发动机的轰鸣声很大，驾驶员问他话，他完全听不清。结果，驾驶员写了个条子问："我们飞到了什么地方？"这可把徐向前给问住了。他没到过陕北，说不清到了什么地方。过了一会儿，看到下面有一条河，他判断可能是洛河，就让驾驶员顺河而上，没多长时间，看到一个飞机场，正是延安。他们上午 11 时 30 分从西安起飞，下午 3 时才到，在天空转了三个半小时。

徐向前一走下飞机，忙问周副主席到了没有，接的人说还没有到。徐向前吃了一惊，说："这下可糟了！"因为他已经领教过了，驾驶员辨别航向的把握性太差。这时接机的人也着急起来，担心出事。徐向前进到延安城里，才有电报来，说周恩来乘的那架飞机迷失方向，油不够，又转回西安去了。

延安，这座陕北的古城，有宝塔、清凉、凤凰三山环峙，隋朝称肤施县，明、清是延安府。中共中央迁到这里后，成了领导中国革命的中心，是革命青年向往的地方。徐向前到延安，被安排住在旧城东北角的一座窑洞里，距毛泽东、朱德住地不远。他进城的时候，看到街上到处贴着宣传国共合作、一致抗日的标语，抗日的气氛和国民党统治的西安成了鲜明的对比。在西安时，他不能外出，街里乱得很，安全没有保证，特别是他回来的消息传出后，成了一个大目标，各报记者都想找他抢个头条新闻。他只好深居简出，理个发也要化妆才能出去。延安不大一样，处处呈现生动活泼的景象。

毛泽东接见了徐向前。拉着他的手，亲切地说："向前，你受累了，辛苦，辛苦。祝贺你顺利归来！"说着，递给他一支烟，两人交谈起来。气氛轻松自然。

对西路军奉命西征和失败这件事，毛泽东问得很简单，但徐向前讲起来就不那么简单了，把他认为该说的话都讲了。他知道，在这里讲话，不是他一个人，而是受西路军全体将士的委托向党中央汇报。他讲得很具体，很实在。毛泽东听得很认真。关于西路军的失败，徐向前讲了自己的责任，心情十分沉重。毛泽东安慰他说："不要难过，留得青山在，不怕没柴烧。你能回来就好，有鸡就有蛋。"还说："西路军的广大干部和战士是英勇的，顽强的，经常没有饭吃，没有水喝，伤员没有医药。他们没有子弹，靠大刀、矛子就和敌人拼命，这种革命精神永远也不要丢掉。"这话使徐向前很受感动。

西路军失败后，1937年5月，徐向前回到陕北后留影

徐向前担心陈昌浩的安危，惦记着那些失散了的干部战士。他向毛泽东建议："再派人去找一找陈昌浩同志和那些失散的人。"毛泽东说："好，一定想办法营救他们。"告辞的时候，毛泽东对徐向前说："你好好休息一下，熟悉一下延安，再抽空去看看许世友他们

几个人。”

“许世友他们几个人”是怎么回事呢?

还是徐向前走在东返的路上的时候，延安开展了清算“国焘路线”的斗争，批判了张国焘分裂党分裂红军的错误。这是一场严肃的党内思想斗争，是至为必要的。但在个别单位波及的面宽了，使在抗日军政大学学习的四方面军的学员产生了不满情绪。当时许世友、王建安、洪学智、詹才芳等都在学习，他们议论说：在延安待不下去，就回鄂豫皖或川陕根据地，打游击去！这事不知被什么人告发了，添油加醋，说他们“要造反”，要“谋害毛主席”，被说成“反革命事件”，把他们关了起来。徐向前到延安之前，已召开公审大会，以“组织反革命集团”“拖枪逃跑”“叛变革命”的罪名，将许世友、王建安、洪学智、詹才芳等判了徒刑，打入监牢。其实，这完全是个冤案。毛泽东大概已经察觉到这个案子有出入，准备平反，正好徐向前回来了，就叫他去看看他们，要他去做工作。

徐向前到了监狱。许世友等见到徐向前，惊喜万分，争相问西路军的情形，谈他们所受的冤屈。徐向前心里很难过，同他们一一握手，安慰他们：要相信组织，相信党。

随后不久，许世友等人被平反释放。

第二节　出席洛川会议

延安的夏天来得比较晚，进入7月，才逐渐热起来。但抗日的热潮却来得比较早。满街的宣传标语，到处都能听到有关抗日的议论。5月召开的共产党的全国代表会议的精神向下传达之后，这种气氛更炽热了。

徐向前将西路军的情况向毛泽东以及朱德、张闻天、刘少奇、李富春、张国焘等先后作了汇报之后，如释重负，精神上感到轻松多了。但身体还非常疲劳，骨瘦如柴，像大病初愈。他不管这些，要填补几个月来由于与外界隔绝而形成的脑子里的“空白”，整天忙于阅读报纸文件。他认真看了毛泽东的《中国共产党在抗日时期的任务》和《为争取千百万群众进入抗日民族统一战线而斗争》两篇报告，对国际国内形势进行了分析。他确认日本人不会满足《何梅协定》所得到的利益，也不会满足“华北政权特殊化”。他们的胃口比这更大。他和一些领导人交谈时说，我们得做好准备。百日丧失东三省、十天热河全境沦陷的教训不能忘记。他带病接受了海伦·福斯特·斯诺女士（著名美国记者埃德加·斯诺夫人）的访问。他说：“红军是中国彻底拯救民族和社会的最忠诚的力量，它决心把这个使命坚持到底。”[①]

日本帝国主义的全面侵华战争，终于以7月7日卢沟桥事件为导火索而爆发了。

卢沟桥，位于北京西南15公里的永定河上（旧称卢沟河），建于金代，距今有800年历史。它以建筑艺术精湛而闻名中外，尤其是280根望柱上雕刻的485个石

---

① 徐向前：《历史的回顾》，解放军出版社1988年版，第568页。

狮子，个个神态殊异，吸引着中外游客。桥头立有清朝乾隆皇帝题的“卢沟晓月”汉白玉碑，为燕京八景之一。意大利旅行家马可·波罗称赞“它是世界上最好的、独一无二的桥”。它是京都西南的门户，为历代兵家必争之地。成吉思汗率军南下围攻中都（北京），在卢沟桥一带发生了激战；明末清军入关，卢沟桥再次成为战场。日本帝国主义全面侵略中国的战争，又从这里揭开了序幕。他们借口所谓正在演习的日军听到一声枪响，便发现一名士兵“失踪”，驻在丰台的日本军联队长牟田口廉也上校，要求进入中国军队驻地宛平城内搜查，当其无理要求遭到拒绝后，遂向中国军队发动进攻。这同他们制造“九一八”事件的理由很相似。那次，也是先说一个军事间谍中村大尉在东北失踪，接着又反诬南满铁路柳条沟段被中国军队炸毁，就开炮轰击东北军驻地北大营。看来，侵略者的逻辑就是这样。

徐向前为“七七”事变的枪声所震动。国共两党为敌十年，他在沙场上与蒋介石的“剿匪”反共军对垒了十年。那是势不两立、不共戴天的十年。然而，卢沟桥的枪声一响，民族仇恨超越了阶级对立，他积极拥护中共中央确定的国共合作、建立抗日民族统一战线、共同抗日的方针，决定放下旧仇，共雪民族之大耻。他参加签署了给蒋介石的通电：

“日寇进攻卢沟桥，实施其武装夺取华北之既定步骤，闻讯之下，悲愤莫名，平津为华北重镇，万不容再有疑夷，敬恳严令二十九军奋勇抵抗，中国革命本三中全会御侮抗战之旨，实行全国总动员，保卫北平华北，收复失地！

“红军将士咸愿在委员长领导之下，为国效命，与日周旋，以达保土卫国之目的，迫切陈词，不胜屏营待命之至。”

这是卢沟桥枪声传到延安之后，毛泽东、朱德、彭德怀、贺龙、林彪、刘伯承、徐向前 7 月 8 日联署给蒋介石的通电。同日，他们又致电宋哲元、张自忠、冯治安，支持二十九军的抵抗行动。中国共产党中央委员会也发出了“为日寇进攻卢沟桥通电”，呼吁全国各族各界“筑起民族统一战线的坚固长城，抵抗日寇的侵掠”。

7 月 13 日，徐向前出席了在延安召开的抗日紧急动员大会。会上，毛泽东号召全党、全国人民及全体红军将士，沉着地做好一切抗战准备，以便随时开赴抗日前线，打击日本侵略者。

形势越来越严峻。7 月中旬，由周恩来、秦邦宪、林伯渠组成的中共中央代表团，赴庐山与蒋介石商谈国共合作，建立抗日民族统一战线问题，蒋介石迟迟不作答复。8 月初，朱德、叶剑英等又去南京参加国民党政府召开的国防会议，再次就红军改编、国共合作、对日作战方针问题同国民党交涉。这时北平、天津已相继陷落，日军正集中兵力向南口、居庸关进犯；同时，向华东淞沪地区展开大规模的进攻，企图速战速决，3 个月内灭亡中国。

在这种形势下，中共中央根据毛泽东的提议，召开了“洛川会议”。徐向前出席了这次会议。

洛川，位于陕西省中部偏北，洛河中游，北魏时开始设县。这里北距延安 90 公里，是陕甘宁边区和国民党管辖区交界的地方。会址选在这里，主要是为了便于军队的负责人参加会议。当时，红军部队大多驻在西安附近。洛川是延安与西安间比较适中的地方。会议地址选在洛川东北十多公里的冯家村。村北有一条小河，叫介子河，当时人们以它分界，介子河以北是“红区”，以南是“白区”。冯家村在河南岸。村上百来户人家，吃水要到一二百米深的沟底去担。这是一次中共中央政治局扩大会。徐向前从西路军归来，第一次参加这样高级别的会议。他8月13日从延安出发，14日抵达洛川，住在城关一个教堂里。因为会期还没定，在城里住了八天。21日接到通知就到冯家村去了，住在一户农民家中。这家不富裕，但也不算差，院内整治得很干净，栽种的西红柿都红了。他住在这里，俨然成了这家的一个新成员，每天早晚要为房东担水。他身体不好，房东不让去，可他执意要锻炼锻炼。其他与会者也分散住在村子里。毛泽东的住处是位于村西南角上的一个村塾学堂，在大路边上，窑（房）后有一棵大槐树。这里有两孔窑，毛泽东住一间，另一间就是会场。

22日正式开会。出席会议的有张闻天、毛泽东、周恩来、朱德、任弼时、博古、关向应、凯丰、张国焘、彭德怀、刘伯承、贺龙、徐向前、张浩、林彪、聂荣臻、萧劲光、罗瑞卿、李富春、林伯渠、徐海东、周建屏。李富春当时是中央办公厅主任，担任会议记录。22个人，把会场挤得满满的。室内只有六七张桌子，有饭桌、有条桌，大小不一；凳子有长有方，高矮不齐。

张闻天主持会议，毛泽东代表中央政治局作报告。报告讲了军事问题，同国民党关系问题，党在抗战时期的基本任务问题。毛泽东全面论述了军事、政治形势，明确提出了军队的战略任务和作战的基本方针，以及如何正确处理国共两党的关系。会议讨论了这个报告。

陕北高原的仲秋时节，凉爽宜人。地处偏僻的冯家村，人们正在准备着秋收。他们还不知道日本帝国主义将要灭亡中国，不知道共产党的一批伟人正在运筹帷幄着保卫中国、驱逐日本侵略者的大计。会议讨论是很热烈的。张闻天、周恩来、任弼时、博古、彭德怀、朱德、林伯渠、张浩、林彪、凯丰、聂荣臻、张国焘发了言。讨论中多数人同意毛泽东的报告，有人也免不了谈了一些个人见解。如对独立自主的山地游击战方针问题，对选择时机分批出兵和留下一部分兵力守备陕甘宁边区问题等。毛泽东在总结发言中进一步强调了党在统一战线中的独立自主原则，对作战方针的提法作了一些变更，这就是：基本的是独立自主的山地游击战，但不放松有利条件下的运动战。毛泽东说：我们就是要插杨柳，让老母鸡下蛋。立足自己，吃饱了饭再说。

徐向前没有集中发言，除了插话就是听，听毛泽东的报告，听各位与会者有创造性的见解。毛泽东的报告给他的印象很深。他赞同毛泽东的意见。后来他说：“毛泽东同志的发言，给我的印象最深刻。他强调在国共合作抗战的新形势下，我党一方面要团结国民党、中央军及地方实力派，积极推动他们拥蒋抗日；另一方面，要提高警惕，坚持统一战线中的独立自主原则，在政治上、组织上保持我党的独立性，以免被蒋介石吃掉，重蹈第一次国共合作失败的覆辙。鉴于抗日战争的持久性、艰苦性，以及蒋介石企图驱使红军开赴前线充当炮灰的险恶用心，毛泽东同志提出了独立自主的山地游击战方针。因为没有独立自主，就会失去党对红军的领导权、指挥权，前途可想而知；不是着重于山地，红军便没有可靠的依托和周旋余地，充分发挥自己的战术特长，发展壮大自己；离开了游击战为主的作战形式，以几万红军去同几十万日军硬拼，那就等于送上门去被敌人消灭，这正是蒋介石求之不得的。有人主张以运动战为主要作战形式，红军兵力全部出动，开上去多打几个漂亮仗。毛泽东同志认为，根据现时的敌情我力，还不能那样干。他主张只出动三分之二的兵力，留下三分之一保卫陕甘宁根据地，防止国民党搞名堂。这些基本思想，表现出毛泽东的远大战略眼光及把握革命航向的非凡能力。”①

徐向前十分拥护这次会议通过的《目前形势与党的任务的决定》和毛泽东提出的《抗日救国十大纲领》。会上，他被选为中共中央军事委员会委员。这次扩大会选出的中共中央军事委员会委员有毛泽东、朱德、周恩来、彭德怀、任弼时、叶剑英、张浩、贺龙、刘伯承、徐向前、林彪等 11 人，毛泽东为主席，周恩来、朱德为副主席。

这次著名的会议，持续了四天，25 日圆满结束。会议的成功，给历史转折关头的中国带来了希望。历史永远记着这一页。

第三节　随同周恩来进山西

1937 年 8 月 25 日，徐向前被任命为一二九师副师长。

经过周恩来等人的周旋，同南京政府达成了协议，红军改编为国民革命军。蒋介石给了个番号，叫“第八路军”，任命朱德为总指挥，彭德怀为副总指挥，允许编三个师：一一五、一二〇、一二九师。这个消息，是在南京参加国防会议的叶剑英传到冯家村的。毛泽东决定，以新成立的中共中央革命军事委员会名义发布命令。8 月 25 日正式宣布，红军改名为“国民革命军第八路军”，红军前敌总指挥部改为“第八路军总指挥部”，以朱德为总指挥，彭德怀为副总指挥，叶剑英为参谋长，左权为副参谋长。红军总政治部改为“第八路军总政治部”，任弼时为主任，邓小平为副主任。

三个师的领导人，都是遐迩闻名的红军高级将领。一一五师师长林彪，副师长聂荣臻；一二〇师师长贺龙，副师长萧克；一二九师师长刘伯承，副师长徐向前。一二九师下辖三八五、三八六 2 个旅，1 个教导团，5 个直属营。编成这个师的部队有徐向前指挥多年的红四方面军的四军、三十一军，还有陕北红军第二十九军、三十军，独立一、二、三、四团和红十五军团的骑兵团，共 1.3 万多人。

对于徐向前任副师长，曾有一些猜测与传说。有的说，红军改编为八路军，开始是四个师，徐向前是四位师长之一，后来蒋介石给了三个师的编制，才让徐

① 徐向前：《历史的回顾》，解放军出版社 1988 年版，第 571—572 页。

抗战初期，徐向前任八路军一二九师副师长

向前当了副师长；还有的说一二九师师长开始是徐向前，是他主动提出当副师长。对于部属的一些议论，徐向前曾实事求是地做过解释。他对周围的人讲："革命就是为党工作，叫做什么就做什么。中央叫做的就坚决去做，我们是干革命的，不是为当官的呀。"

红军改编为国民革命军，在共产党的领导人中，已经酝酿了很久，在红军指战员中也已传说多时。为了民族的利益，为了驱逐日本帝国主义出中国，红军将士们接受了"国民革命军第八路军"这个名称，戴上了镶有国民革命军徽志的军帽。部队的名称改了，但为人民服务的宗旨没有变。他们中的很多人，都把缀有红五星的军帽珍藏着，一直到抗战胜利。

徐向前没有参加部队"改名换帽"的整编工作，也没有出席颁发第二次国内革命战争纪念章及抗日誓师大会。洛川会议一结束，毛泽东就对他说："你是山西人，和阎锡山是同乡，下一步，你和恩来同志去太原，做做阎锡山的工作。"徐向前接受了这个新的使命。

8月26日早饭后，徐向前做好了出发的准备，在外面漫步，意外地碰上了陈昌浩。两人相见，又惊又喜。河西一别不觉5个月，两人都很激动。徐向前说："你到哪去了，到处打听你的下落，就是无音信！"陈昌浩告诉他，分手后，本想住几天就走，谁想害了一场大病，只好留下治疗，病愈后又到汉阳老家住了段时间。两人边走边谈，徐向前说："党中央很关心你，现在回来就好了。我明天就要去山西，你好好休息，多多保重。"

洛川会议刚开过，与会者相继离开冯家村，一路向北回延安，一路向南去西安方向。那几天下雨不停，大家冒雨赶路。徐向前同朱德坐卡车向南，半路抛了锚，下车推了一段，弄得满身是泥，还是不能发动，只好弃车步行。第三天到庄里镇贺龙、萧克的指挥部，遇到了林彪、聂荣臻。次日同行，过渭河，在渭南乘火车去西安。周恩来已先到西安。9月5日午夜，与周恩来、朱德、彭德怀、聂荣臻、萧克、程子华一起坐上去潼关的火车，张治中也同车去山西。这是国民党陕西省政府主席蒋鼎文给安排的专列。

车到潼关正好天亮，渡过浊浪湍急的黄河，到达山西的风陵渡。登岸而行，徐向前别有一番感慨。十多年来，上海、广东、武汉、鄂豫皖、川陕、河西走廊，征战了大半个中国，如今又踏上故乡的土地了！

阎锡山已派他的上校秘书梁化之带着两节专列火车，迎候在风陵渡车站上。阎锡山为了搞独立王国而设的那种窄轨列车，车厢不大，人们坐上去，显得很局促。彭德怀上了车数落了一句："这个老西儿，真会算计。"朱德看了看徐向前，说："当心咧，我们这里也有老西儿哩。"把大家逗笑了。

5 日下午车抵太原。梁化之想安排周恩来一行住绥靖公署高级宾馆，被周恩来谢绝了。他对徐向前等人说："这里出出进进都是阎锡山的人，我们谈事情不方便，还是搬到彭雪枫那里住吧！"大家都表示同意。于是住进了八路军驻太原办事处，和彭雪枫他们住在一起。

徐向前过去不太了解彭雪枫，到这里才知道，他是 1936 年初，以中共中央联络代表名义来到太原的。他的任务是做争取阎锡山的工作。开始是秘密的，只和阎锡山的亲信梁化之往来。1937 年 7 月中旬，蒋介石宣布对日作战，承认陕甘宁边区政府之后，阎锡山对彭雪枫说："自今日始，你可以用红军和中共中央代表的名义，公开进行活动。"红军被改编为国民革命军第八路军那天，八路军驻晋办事处的牌子正式挂在太原成成中学的大门上。彭雪枫成了这里的负责人。

这时，山西的局势已日趋紧张。日本侵略军已逼近晋东北边境，攻陷张家口之敌，兵分两路，一路沿平绥路西进，直指大同；一路沿宣蔚公路南犯，意在突破恒山要隘，直取太原。攻陷南口之敌，则沿平汉路南下，企图夺取保定、石家庄，进窥娘子关，从晋东楔入。人心惶惶不安。

徐向前协助周恩来做了大量的与阎锡山谈判的准备工作。彭雪枫到这里一年多，建立了各种联系。统一战线工作已有相当的基础。在阎锡山组织的各种群众团体，如"自强救国同志会""牺牲救国同盟会"中，有一批秘密的共产党员积极发挥作用。1936 年 10 月间，薄一波回到山西任"牺牲救国同盟会"常务秘书，是"牺盟会"的实际负责人。阎锡山从空喊"自强救国"不讲抗日，到提出"守土抗战"，同意与共产党合作，允许八路军开赴山西前线作战，是与他们的努力分不开的。

9 月 7 日，徐向前跟随周恩来、彭德怀，还有彭雪枫，来到雁门关以西的阎锡山的岭口行营。这时，阎锡山正为日寇的进逼而焦急，他对周恩来一行的到来表现出很高的热情。

阎锡山善于利用同乡关系发展个人势力。山西有句民谣："会说五台话，就有洋刀挎。"在晋军中，阎以五台及附近各县如崞县、定襄、忻州等军官为亲信，做军中骨干，杨爱源、赵承绶、王靖国、李服膺等均属之。他很赞赏徐向前的军事指挥才能。有一次，他对部下说：徐向前缺粮少弹，蒋介石剿了他几年，都没剿垮，你们要多加留意。他未尝不想借国共合作之机，把徐向前拉过去，他曾说过"政治上依靠薄一波，军事上依靠徐向前"这样的话。

徐向前和阎锡山同是五台人。徐在东冶镇的永安村，阎在河边村，两村隔河相望。徐向前了解阎锡山的历史。他告诉周恩来，辛亥革命前，阎锡山东渡日本，就读于振武学校，冈村宁次是他的队长，板垣征四郎当过他的教官，土肥原贤二和他是同学，抗日战争爆发时，还保持着交往。阎锡山著有《军国主义谭》一书，

抗战初期，徐向前协助周恩来做了大量与阎锡山的谈判工作。这是二人在西安八路军办事处的合影

书中对日本军国主义的“武装和平”和德国的“铁血主义”表现了浓厚的兴趣。经过十年内战，徐向前对阎锡山看得更清楚了。他对周恩来说：“阎锡山对付共产党的手腕，不亚于蒋介石。”

周恩来很重视徐向前的意见。

在抗日问题上，这时阎锡山的心情是矛盾的。日军已经打到他的家门口，不抵抗吧，面子上过不去；打一下吧，又没取胜把握，生怕引火烧身，赔掉老本。所以，他喊出“守土抗战”之后，还私下说过：“抗日要准备联日，联共要准备剿共。”

在谈判中，阎锡山提出要一二九师到忻口正面堵击敌人。周恩来说：“我们不能，而且不赞成在正面同敌人硬拼，只能在敌侧后协同游击。”

当时，第七集团军总司令傅作义在大同，傅此时编在阎锡山的第二战区，但阎对他吃不透，不大放心，要周恩来、彭德怀、徐向前到大同走一遭，见一见傅作义，疏通关系，搞好大同会战。周恩来同意了。于是有 9 日的大同之行和与傅作义的一夜长谈。傅表示拥护民族统一战线主张，坚决抗战，服从阎锡山的统一调动。

第二天返回岭口，阎锡山又约去谈，主要是商谈坚守雁门关、茹越口、平型关、娘子关各要卡的国防工事问题。阎锡山要求周恩来帮助拟制第二战区作战计划，周恩来满口答应。当晚，和彭德怀、徐向前商量了一下，一夜工夫，计划写成了。第二天交到阎锡山手里，阎锡山看后十分吃惊，连声说：“共产党里真有人才！写得这样好，这样快。如能这样打，中国必胜。”

这次同阎锡山的谈判，徐向前说主要有三个内容：

一是坚持国共合作，共同抗日。对他的“联共”态度及“守土抗战”主张，给予了积极的评价，周恩来反复讲，希望百川先生不负国人期望，履行诺言，与我们合作抗战到底。还说：我们共产党主张建立各党各派各军各界人士的共同联盟，要使山西同胞不当亡国奴，只有联合起来，发动民众，共同抗战。经过反复商谈，阎锡山同意成立第二战区民族革命战争总动员会。

二是八路军进入山西后的作战地域和方针问题。周恩来指出，我党根据自己的兵力及战术特长，开赴冀察晋绥四省交界的地区，以山地战、游击战侧击西进和南下之日军，配合友军正面作战。当时一一五师已经入晋，正在侯马一带修火车路；一二〇师即将入晋；一二九师尚在整顿中。入晋八路军部队希望早日到达预定地域作战，要阎锡山给予支持和方便。阎锡山满口答应，同时扼要介绍了他的大同会战部署。阎锡山搞的是阵地防御战，南起娘子关，经龙泉关、平型关沿晋绥东部省界及北部外长城一线，筑有绵长的国防工事。主要想依托这些工事"守土抗战"，可以说对运动战和游击战相结合的战法一窍不通。

三是八路军的薪饷和装备补充问题。八路军薪饷短缺，装备很差，要同强敌作战，必须解决后勤供应问题。急需补充的物资，包括枪炮、子弹、炮弹、炸药、刺刀、手榴弹、军毯、皮衣、棉衣、通信器材及医药卫生材料等数十项，需在部队路过太原时解决。薪饷问题，要求与第二战区的友军同等待遇，不能厚此而薄彼。阎锡山满口答应，但后来只给了点棉衣和弹药，别的什么也未落实。

徐向前和周恩来一样，经常夜以继日地工作。会见各界人士，深入群众，利用一切机会宣传共产党的抗日主张。

太原城有不少五台人，在阎锡山的政府、军队和教育机关任职。徐向前就利用同学、同乡关系，开展统一战线工作。有时陪周恩来出去，有时单独出去。每天都安排得满满的，什么同乡宴、校友会、群众集会，徐向前是逢请必到，每到必讲话。外出多了，警卫人员怕出事，经常抱怨他。徐向前总是笑着说："放心吧，群众会保护我们的，阎锡山也不会把我们怎么样。"

太原国民师范是徐向前的母校，他曾陪同周恩来去做过讲演。讲团结起来，结成坚固的抗日民族统一战线问题。有一次周恩来讲了两个多小时，强调各界一致团结对外，反对西太后的"宁赠友邦，勿予家奴"的思想，号召有人出人，有钱出钱，有枪出枪。

一次，一批平津流亡学生集聚在太原教育公会自省堂。这些青年人，从"一二·九"运动就参加抗日救亡活动，但抗日战争真的打起来了，又束手无策。徐向前的老同学武尚仁、郑季翘到办事处请他给讲一讲。徐向前应邀到场，几百名热血青年高呼口号欢迎。他向学生介绍了共产党的抗日救国纲领，回答了他们提出的问题。徐向前说："要做好抗日工作，首先要有夺取抗战胜利的信心。不论在任何情况下，坚定不移，毫不动摇。没有这一条，就谈不上做好抗日工作。其次，要有过艰苦生活的准备。胜利一定属于我们，但胜利是靠流血流汗、艰苦奋斗得来。万事开头难，要知难而进，不能碰到困难就打退堂鼓。第三，最重要的，就是要宣传民众，组织民众，武装民众。山西省地广人多，山高林密，把群众发动起来，我方到处是营垒，是战场，是打击日寇的生力军，就能陷敌于灭顶之灾。离开了民众，只身奋斗，将一事无成。”青年们听了，都很高兴。

山西省政府主席赵戴文，是徐向前在太原国民师范读书时的校长，此人当过南京国民政府的内政部长，是阎锡山的得力助手。他听说徐向前回到了太原，专门约见叙旧。从前在学校里赵戴文没有和徐向前谈过话。如今徐向前作为共产党的谈判代表之一，又是红军的著名将领，赵戴文想起了徐向前曾是他的学生。于是便把徐请到家中重叙师生之情。当然，赵戴文请徐向前到家里做客的目的，比他和徐向前所谈的要重要得多。有的先生就是这样，在学生还是学生的时候，学生是不在他眼里的，当学生成名之后，他对“学生”的重视一下子提高了许多倍，并想方设法让人相信他就是这“学生”的导师。

赵戴文以请教的口吻问徐向前：“万一太原失守怎么办？”

徐向前说：“万一守不住，就要事先炸掉小钢厂、军工厂之类的工业设施，不能留给日本人。要组织民众，坚壁清野，把日寇困守在太原城内，逐步消耗和消灭他们。”

赵点头赞同，事后，还向阎锡山转述了这个意见。由于赵戴文兼任山西省总动员实施委员会副主任，徐向前着重向他谈了组织群众、武装群众的问题。他说：“现在虽然从省到村都成立了动员委员会，立了方案、章程，但实际上是采取抓夫、摊派的形式，强迫群众挖战壕、抬伤员、运送军需品，这不叫组织群众，也不符合动员委员会的要求。”徐向前看赵戴文愿意听，又向他介绍了红军的经验，说明“组织群众，要有真正的思想动员，要把群众武装起来，让他们自己保卫自己”。

赵戴文表示赞成这个意见，后来果真搞了一些“人民武装自卫队”。太原、临汾沦陷后，这些“自卫队”有相当一部分转到了八路军手中，成了坚持抗战的人民武装力量。

徐向前在太原还会见过一些开明士绅和新闻记者。

一位记者有这样一段记述：“徐向前，山西五台人，性缓，善说话，像一位小学校长，他跟萧克一样注重实干，对于此次晋北的军事活动都颇有力。他们认为为抗战而死，使民众获得幸福，这很值得的。”

著名的东北籍爱国人士杜重远先生有一段有趣的描写：“我到招待所把名片递入后，即有人请我进去。此时周恩来、彭德怀、林彪、萧克、徐向前诸先生都在内。周君一一介绍。在我未见他们之前，以为众家英雄必是方面大耳，竖眼立眉，牛头的鼻子，火盆的大嘴，或像剧院里的花脸张飞似的。不料相见之下，一个个都是彬彬有礼，状似一群教书先生。……谈起此次抗日的问题来，他们都是喜形于色，抱着极大的乐观。问他们的理由，回答得很简单，说‘全在于组织民众’。周说：‘这种长期的斗争，若不把民众组织起来，纵有优良的武器，都是无用的；何况我们的武器还不如人家呢。’徐说：‘组织民众须要深入民间，与百姓同甘苦，替老百姓解决困难问题，把国家民族的利益打在老百姓的利害一块，老百姓才肯拿出力量来，为民族、国家而奋斗而牺牲，所谓‘效死而去’，我们要能把老百姓的力量运用起来，我方到处是营垒，对方到处都是敌人……（就）不打而溃了。”

徐向前在太原着实忙了一阵子，还有些安排正要实施，10月1日夜间便接到了朱德、彭德怀的电报，要他速到友军部队中去开展统一战线工作。在他们和阎锡山谈判结束时，朱德、彭德怀和任弼时率八路军总部到了五台县的南茹村。接到电报，夜10时徐向前即告别了周恩来、彭雪枫和办事处的人，坐汽车出发。次日早6点钟，到五台县城。再往上走，山路狭窄崎岖，汽车不能通过，他只好乘马赶往南茹村。

这时毛泽东又有了新指示：以游击战争为唯一方向，重点控制五台山脉，形成恒山、五台、管涔三大山脉之间的广泛游击战争，配合晋绥军的正面作战。要准备敌人占领整个华北。统一战线和发动群众工作，应紧紧围绕开展敌后游击战争的任务进行。朱德、彭德怀、任弼时向徐向前传达了这个新指示后，让他带一个工作组，到友军中去开展工作。

10月初，阎锡山正在准备着忻口战役。在五台县的小豆村，徐向前见到了第六集团军总司令杨爱源，两人讨论了雁北局势。日军在平型关遭到八路军一一五师的严重打击之后，开始调整部署。骄横无忌的日军第五师团师团长板垣征四郎锐气大减，畏缩于平型关五天不敢下山；日军独立混成第十五旅团旅团长筱原诚一郎仓皇率部从同蒲路尚希庄一线向第五师团靠拢，突破茹越口，进占繁峙城；独立混成第十一旅团从绥远调头南进，经右玉、平鲁，进占朔县，又由阳方口越过内长城，占领宁武之段家庄地区。杨爱源担忧地说：看来崞县城、原平也难保住。阎锡山由岭口到了东山底，正在设置忻口防线。守广灵的七十三师师长刘奉滨作战负伤，部队调往忻州方向。台怀只有从天镇撤下来的李俊功一〇一师，金宪章的新编第二师和一个新编团留驻。徐向前说：“保定、集宁、沧县已经陷落，日军逼近了娘子关，忻口有没有把握守住？不管怎么样，我们还是配合你们打游击战，要打到敌人侧翼和后方去！即使整个华北沦陷了，我们也还是在敌后打游击。你们最好也不要用那种死守阵地的消极打法，工事靠不住。从几次和日军接触看，官兵作战还是很勇敢的，二〇三旅旅长梁鉴堂在茹越口以身殉国；在团城口，一个团长率部与敌人拼杀，二百多人同归于尽。但由于打法欠妥，阵地一个个失掉了。”徐向前还说：“敌军锐气不可怕，可怕的是自己部队没士气。部队还是得要有政治工作，多讲一些‘大日本皇军’可以战胜的道理，把官兵的士气振奋起来。”这是针对晋军士气低落的状况说的。杨爱源点头称是，说：“希望你们到山上走一走，也给弟兄们讲一讲。”

第二天，徐向前的小组到了五台山的大集镇——台怀镇，住在灵峰寺内。五台山以台怀镇为中心，周围寺庙有三百多处，形成了一个规模宏大的寺庙建筑群，号为“五台山佛教圣地”。那时部队到五台山上，多是住在寺庙里。

一住下来，紧张的工作就开始了。徐向前对随同工作小组的人说：“战事越来越紧，时间不等人，咱们的工作得往前赶，有部队的地方，都尽量去一下。”他们用游击战争的工作方式，经常是夜间赶路，白天工作。先后会见了李俊功、金宪章、田世俊等一些师团长官，还在杨林街、朱位、油坊街一些地方，举行友军下级军官谈话会、演讲会。分析抗日战争敌我双方的形势；介绍游击战争的战略与战术，发动群众及做好群众工作的方法，怎样开展政治工作；讲国共合作的必要性，希望大家团结起来，共同对敌，树立抗战必胜的决心与信心。

阎锡山部队的军官们很愿意听徐向前演讲，有的当场表示要向八路军学习，多打几个像平型关那样的胜仗。可是，由于阎锡山三心二意地打日本，下边虽有“守土抗战”之志，也难施展。不久，忻口战役失利，阎锡山指令部队后撤，命令一下，整个军心动摇，撤退成了逃窜，一片混乱。群众编了一首歌谣道：“十月山西人人忙，富人搬家忙，穷人心惶惶，军官丢部属，小兵扔大枪。”杨爱源跑得更快，一直逃到太原，为失守太原给阎锡山搬家做准备去了。徐向前感叹地说：“一个统帅失去了信心，纵有精良的部队也无法战胜敌人。”

阎锡山拥兵不守，一退再退，加上部队的纪律太坏，溃逃的散兵到处抢掠，这样就触怒了人民，山西乃至全国舆论大哗。阎锡山在这种压力下，忍痛处死了六十一军军长李服膺。李临死前大喊冤枉：“我是奉令撤退，罪不在我！”

第四节　故乡之行

徐向前到太原，距家乡不过半日行程了，彭雪枫等都曾向他提出：应当回去看看。徐向前何尝不想回家呀，12 年了！这 12 年，世界在变，中国在变，家乡情况怎样了呢？这么多年，他被国民党说成了“匪首”，家中的亲人怎样他都无暇顾及。

从大同、岭口回到太原，周恩来、朱德、彭德怀都劝徐向前回家看一看。周恩来看他是怕耽误工作，就说：“回家也是工作嘛。五台山区战略地位重要，是我们下一步开展游击战争的基地之一，你去走一趟，能扩大党的影响，为将来开展工作做点准备。”彭德怀说：“你和家人离别多年，回去看看，合情合理，不能让人家说共产党不讲人情嘛！”还让供给部拿出 60 元钱给老人买点东西。

9 月 16 日，正是中秋节前三天。徐向前早 6 时出发，中午过后到了东冶镇，从这里到永安村还有几里小路，不能走汽车，只好弃车步行。要到家了，徐向前很兴奋，走在弯弯曲曲的山路上，和警卫员说着童年的生活、风土人情。什么东冶白菜、建安大米、台山蘑菇等都在话题之内。说着，忽然看到前边有一位老人，背着口袋吃力地行走。徐向前一眼就认出是父亲的背影，但又不相信这么巧，走近一看，果然是。他轻轻叫了一声，老人愣住了，用惊疑的眼光看着这两个军人。徐向前站在他面前，恭恭敬敬地说：“大大（爸爸），我是象谦。”老人听到“象谦”两个字，眼泪就流下来了，警卫员接过老人肩上的口袋，徐向前搀扶着父亲，问：“娘好吗？”老人家用衣袖擦了擦眼泪，说：“她头年就过世啦。”一听这话，徐向前的脑袋轰的一下，一路的喜悦像是被一阵狂风吹得无影无踪了。

回到家里，姐姐、嫂嫂、妹妹、女儿，都很意外，恍如梦中相见，悲喜交集。消息很快传开了，村里热闹起来，亲戚、朋友、同学、邻里，都往“楼院徐家”

去，要看一看这个出在本村的能与阎锡山比高低的大人物。住在外村的两个姑姑也很快赶来了。院子里，人来人往，上房和东西厢房都挤满了人。徐向前热情招呼着来来往往的父老乡亲，一一回答他们的问话。

一位老太太挤到徐向前跟前说："银存呀，让我好好看看，人家说你长了红头发，蓝眼睛，猪嘴巴，当了什么'匪'，这是真的吗？"一句话逗得全屋人都笑了。徐向前也逗趣地说："那你还来看我，不怕把你吃了哇。"

还没见过爸爸的女儿松枝，又眼生，又不愿离开左右，当爸爸问她话时，却又害羞地躲开了。

老姑母的一双眼睛一直没有离开徐向前，她觉得，侄儿母亲不在了，姑姑应该尽母亲的责任。她看到徐向前穿得单薄，就说："银存，天快冷了，给你做一条棉裤吧？"徐向前完全理解老人的心，他对姑母说："姑姑，怕你做不起呀。"姑姑解释说："再怎么穷，一条棉裤还是拿得出来的。"徐向前意味深长地讲道："姑姑，我的同志有一万人，要做就得一起做呀，光我一个人穿暖了怎么行呢！"姑姑这才理解了向前的心。这件事很快传开了，后来彭雪枫不止一次把它作为故事讲给别人听，要大家想一想这短短几句话。

徐向前的父亲自从儿子走后，他对国事、政治时时留意，尤其对共产党和红军的动向更为关注，想方设法打听消息。有一年，曾有南京政府军的两名副官来看过他，两人口称是蒋校长派他们来的，问他家里有什么困难没有，知不知道徐向前的下落。徐向前的父亲回答很巧妙："自从象谦考上黄埔军校，就不知哪里去啦，连点音信也没有，我正要找你们蒋校长要人呢！"两名副官啼笑皆非，不得要领而去。

徐向前和家人、乡亲们的中心话题是抗日。人们心中有不少疑问。中央军撤退的风越刮越大，大家担心家乡沦丧，当亡国奴，问徐向前该怎么办？徐向前说："大敌当前，每个中国人都应当有所准备。要沉着应付各种情况，要准备着过战争的生活。日本人来了，你们就拉起队伍，上山打游击去！"他对闻讯前来看他的东冶镇"抗敌后援会"的负责人说：要做好抗日宣传，把乡亲们发动起来。不要怕日本人，不要当旁观者，有人出人，有钱出钱，有枪出枪，在战斗中求生存。有人提出组织游击队，要徐向前发枪发子弹。徐向前说："枪和子弹都可以给，但现在不行。当务之急还得自己想办法。红军的传统就是从无到有。没有一支部队是武装好了才去闹革命的。只要有抗日决心，就能想出办法武装自己。"一席话，使大家看到了希望，增强了信心。

徐向前的大姐和二姐的孩子都要求他把他们带到部队去，上前线打日本。徐向前尊敬两个姐姐，从小听她们的话。在他看来，姐姐们的话同母亲说的具有同样的效力。在姐姐没说话之前，一直没答应。当姐姐说"行"时，他才答应下来。①

---

① 后来这两个孩子在抗日战争中全部牺牲了。大姐的儿子郭富安同八路军副总参谋长左权一起殉难；二姐的儿子赵希圣阵亡于"百团大战"期间。

夜深了，人们陆续散去。一家人静下来又谈起了家里的事。姐姐、嫂嫂、妹妹都说，娘晚年很想他，病倒在炕上的时候，还不断呼唤他的名字。徐向前很悲痛，立即让女儿松枝掌着灯，来到上房西屋，在母亲灵柩（当地习惯，老年夫妇先死者可不下葬，而停灵柩于家中）前站了很久，很久。姐姐送来了打着“钱印”的黄表纸，替徐向前把它点燃……

第二天，在东冶镇沱阳学校群众大会上，徐向前用五台乡音又演讲着抗日救国的道理。

第十四章　转战晋东南

第一节　从晋北南下

1937年晚秋时节，晋北高原已经很冷了。战局日趋紧张。徐向前在友军中活动了半个来月，回到了南茹村总部。这时，晋北方向，敌陷崞县、原平后，正向忻口进击；晋东方向，攻陷石家庄的一路敌军，则向娘子关逼近。中共中央决定一二九师向正（定）太（原）路以南太行山区展开，发动群众。10月22日，朱德率八路军总部离开南茹村。26日，晋东天然屏障娘子关失守。朱德、彭德怀从寿阳景尚村发电报给徐向前，要他率七六九团南下昔阳归建，打击和牵制娘子关方向进犯之敌。

徐向前到了郭家寨，向七六九团团长陈锡联和副团长汪乃贵传达了总部的指示。七六九团是10月初由刘伯承率领进入山西的，他们刚取得夜袭阳明堡日军机场的重大胜利，士气很高。陈锡联和汪乃贵，红军时期都是徐向前的部下。鄂豫皖肃反时，陈锡联因和另外几个人一起买了油饼吃，被诬告组织“吃喝委员会”，给抓了起来。徐向前对张国焘说：“小鬼们嘴馋，懂得什么叫‘委员会’。”才把他放了。从那之后，陈锡联总说“是总指挥救了我”。汪乃贵是个粗人，没文化，收个电报，连自己的名字都不会签，据说记什么事还用过古代人的“结绳记事”的办法。他们两人作战都很勇敢，一进入山西，就憋足了劲，恨不得马上打个漂亮仗。那时徐向前曾耐心地对他们说：“不着急，日后有的是仗打。先‘占山为王’，像鄂豫皖初期那样，发动群众，搞游击战。到了山区，你们放开手脚自己干，独立自主嘛！这是毛主席的主意。要珍惜力量，注意研究日军的战术特点，积小胜为大胜，决不可死打硬拼。”陈锡联、汪乃贵牢记着徐向前的话。10月19日晚，由汪乃贵率领该团三营，偷渡滹沱河，突袭阳明堡日军飞机场，果然旗开得胜，仅经一小时战斗，即毁敌机24架，毙伤敌百余人。这些飞机是日军用于忻口战役的，被打掉了，对正在正面作战的友军是个有力的支援。陈锡联、汪乃贵一见到徐向前，就向他详细述说了夜袭敌机场的经过。汪乃贵说：“徐副师长，我要向你检讨，打掉了几架破飞机，连个师长、旅长也没捉到，三营营长赵崇德还牺牲了。”徐向前说：“还检讨什么，这是一个大胜利，我还要向蒋委员长给你们请功哩。不过，赵崇德牺牲了，很可惜，才23岁！”

徐向前率七六九团一路南下，27 日走到五台县永安村附近。大家都想到徐向前家看看，徐向前就把陈锡联、汪乃贵、范朝利、丁先国几个团的干部请到家中进午餐。嫂嫂给做的莜面窝窝、饸饹和羊肉炖山药。陈锡联等几个都是南方人，不晓得莜面吃多了会胀肚子；加上打仗、行军，很难吃上一顿饱饭，便大吃起来。徐向前说："这东西不能吃太饱呀，会胀肚子的！"

军情紧急，吃过饭就上路了。徐向前的父亲把他们送到村头，眼里含着泪水。大家都热情地向老人告别。徐向前说："回去吧，有机会还会回来的。"谁知，这竟是他们父子的最后分别，从这以后，徐向前再没回永安村。后来听说形势紧张时，乡亲们帮助把他母亲棺木下了葬，把他父亲转移到山上一个寺庙里，嫂嫂和侄儿不时送点米和面，经常照顾他的是一位本家人徐献荣。老人最后去世在那个庙里。

徐向前率部队继续南行，一过石窟，滹沱河北岸全是乱石滩，没有路，人马难行。下午宿营在坪上村，第二天继续顺太行山西脉南进，走的又都是山间小路。他们经过的李家庄、大白凹、下社、上社、兴道村、东坪村等地，这些地方闭塞落后，加上国民党军队四处抢掠，抓丁拉夫，群众只要一听说有军队来，就躲的躲，藏的藏。徐向前发现这个情况，对陈锡联说："俗话说'人过留名，雁过留声'，我们不能光走路，也得宣传宣传，做点群众工作。让大家知道八路军是人民的子弟兵，是真正打日本的。越在群众不了解我们的地方，越要严格遵守群众纪律，秋毫无犯。行动是最好的宣传，要让群众亲身感受到八路军是爱护他们的。我们要留下这个名。"部队照着做了，真有效，群众的情绪渐渐安定下来了。

徐向前行至盂县获悉，日军两个师团正从娘子关、石门口分路向阳泉、平定进攻。接到刘伯承的电报，要部队迅速向正太路以南开进。情况紧急。原计划从

为打击和牵制进犯娘子关的日本侵略军，徐向前在向一二九师干部作战前讲话

八路军一二九师开赴山西抗日前线

盂县经河底、平定，直达昔阳，因石门口、平定方向有敌情，遂改道由寿阳、平定间通过铁路。昼夜兼程，于 11 月 1 日晨通过正太路，与一一五师三四四旅会合。根据总部指示，七六九团暂归一一五师林彪指挥。这时，阎锡山已经放弃忻口。西向太原进击的日军，一路从寿阳西进；另一路从昔阳向平遥方向迂回。刘伯承、陈赓率三八六旅等部，在黄崖底伏击敌一〇九师团一三五联队，歼敌 300 余人；徐向前率七六九团配合一一五师三四三旅和一二九师三八六旅，在广阳、沾尚地区伏击敌二十师团一部，毙伤敌千余人。

战斗结束后，徐向前率七六九团赴昔阳归建一二九师。这时师部驻赵壁村，徐向前在那里会合了刘伯承、张浩、李达等领导人。

11 月 9 日，一二九师主力南移至和顺县石拐镇一带休整。徐向前在日记中写道："半月来，9R（七六九团）自杨白（五台地区）南移后，非行军即作战，三八六旅亦如之，故部队甚疲劳，须给予休息与整理。"

第二节　分兵发动群众

1937 年 11 月 8 日，太原失陷，华北的抗战局势发生了新的重大变化。以国民党为主体的正规战争结束，以共产党为主体的游击战争进入了主要地位。根据这个变化了的情况，毛泽东对八路军在山西的活动作了明确的部署。指出，吕梁山脉应成为八路军的主要根据地之一。必须以主力一一五师一部前往开辟工作；一二〇师在晋西北；一二九师在晋东南，准备长期坚持游击战争。

按照上述精神，一二九师在和顺县的武家庄、石拐镇两次召开干部和积极分子会，统一认识，进行具体的部署。会后，一二九师的官兵像种子一样，撒向同蒲路以东、黄河以北、正太路以南、平汉路以西的晋冀豫广大地区。七六九团北出平（定）昔（阳）线；宋任穷（政治部副主任）、王新亭（组织部部长）、刘志坚（宣传部部长）率工作团向晋东南；倪志亮（师参谋长）负责组建晋冀豫军区；刘伯承率师直驻辽县（今左权县），统驭全局，指导晋冀豫省委的工作。徐向前在石拐镇指挥三八六旅配合汤恩伯部，在和顺西部山区截击由正太路南进之敌，开展游击战争。

汤恩伯是蒋介石的嫡系，以参加南口保卫战而名噪一时。此时任第二十军团军团长兼第十三军军长。太原失陷后，蒋介石唯恐日军向河南推进，遂派他率部巩固山西，策应平汉线。可是太原失陷以后，国民党军队几乎到了望风而逃的地步。阎锡山向西转移，卫立煌（第二战区前敌总指挥）退到隰县、吉县一带，西北军冯钦哉（第二战区第十四军团军团长）、川军李家钰（第二战区第四十七军军长）、滇军曾万钟（第二战区第三军军长）信心大减。汤恩伯进到榆社看到这种局势，就再也没有前进一步。

11 月 18 日，徐向前和赖际发[①]应邀前往榆社与汤恩伯会商协同作战事宜；刘伯承与李达从辽县出发，也于同日到达城关一所学校里。

汤恩伯对一二九师领导人的到来，表面上很热情，屋里生着炭火，摆着烟茶，但徐向前看出了，他的精神状态不大好，脸上好像遮着一层云。汤恩伯见到徐向前，神情多少有些不大自然。1932 年初，汤恩伯在河南商城、潢川一带“进剿”红军与四方面军作战，被徐向前“围点打援”损兵大半，蒋介石一怒之下撤了他的职。虽说往事如烟，这件事却怎么也难以完全淡忘。

谈话倒也开门见山。汤恩伯部队的纪律不好出了名，刚进山西，老百姓就怨声四起，阎锡山也抱怨他。这使汤恩伯很苦恼，他问刘伯承和徐向前：“贵部政治工作出色，鄙部欲效法，不知从何做起？”刘伯承直言对答：“就是不要脱离群众，和群众打成一片。”徐向前说：“把老百姓看作是自己的父母兄弟姐妹，还能去干坏事吗？”汤恩伯苦涩地说：“有理，有理！”和汤恩伯谈的第二个内容，就是劝他不要退过黄河，鼓励他从大局着眼，支持山西战局。刘伯承说：“只要汤将军定下决心，本部一定积极配合。”汤恩伯表示愿意携手合作，同舟共济。

第二天早起，大雪纷飞，刘伯承、李达赶回辽县去了。徐向前要与榆社工作团谈地方工作的事，没有动身。早饭后，工作团的人还没到，徐向前与赖际发又去汤恩伯那里，与他交谈了两个多小时，重点是希望他认真考虑中共方面的意见，共同支撑山西抗战局面。汤恩伯说：留下可以，但要服从命令，上面如果让撤，也没办法。果然，没过多久，他便率部跑到河南去了。

连日大雪，晋中的黄土沟壑又变成了白色。徐向前和赖际发冒雪回到石拐镇，收到七七二团一份关于日寇在松塔镇大屠杀的报告。徐向前日记中记着：“该

① “秦赖支队”政委。“秦（基伟）赖（际发）支队”，是一二九师进入正太路以南组织的第一个游击支队。

地房屋被暴日烧完，人民被暴日屠杀殆尽。暴日到该地时，号召人民归家开会，人民受其骗归家，当全到会场时，那些残暴者却伸其血手一网杀尽。”这是徐向前接触到的日寇第一件血洗村镇事件（比南京大屠杀早22天）。他愤怒了！恨日寇的残暴，也恨国民党军重兵不战，给了日军肆虐之机。但他很冷静，当即指示各部队：抓紧发动群众，武装群众，扩大自身。

他把部队分散开来，一营，一连，甚至只有几个干部带几个兵，去发动群众。几天时间，以石拐镇为中心，辽县、和顺、昔阳以西，平定、寿阳、榆次以南，太谷、祁县、平遥以东，榆社以北，晋中广大地区，都有他派出去的小分队在活动。有的小分队，已经深入到了武乡以南。他在日记中写道：

“在游击战争中，应特别着重政治问题，军事问题是次要的。”[1]“取得群众的拥护与团结群众，游击队才能巩固与发展，不然，是无法站得住脚的。”

徐向前夜以继日地投入宣传群众、组织群众、武装群众的工作。新的游击队成立起来，他几乎都要亲自去讲话。平定区游击队，长凝区游击队，祁县游击队，太谷地区游击队，榆社工人游击队，寿阳游击队，他都去讲过话，有的还不止一次。他对这些群众武装提出严格的要求：第一，要有明确的目标。山西人民，要坚决为保卫华北抗战之堡垒——山西而奋斗到底，反对苟图偏安的幻想，反对妥协投降；第二，要有严密的纪律。服从命令听指挥。来自群众，要爱护群众，保卫群众的利益，深深扎根在群众之中；第三，要接受共产党的领导，在游击队中建立共产党的组织；第四，要克服困难，准备接受任何艰难困苦的考验；第五，要积极配合八路军作战。

晋中地区游击队发展很快。榆次附近的长凝区，十几天，游击队就发展到120多人，各村都有自卫队，担负放哨、警戒、封锁消息的任务。那里有一条小河，游击队在河南活动，河北的日军就不敢过河。游击队刚刚建立，干部素质跟不上，有的临战动摇。针对这一点，徐向前组织了速成干部训练班，训练7天10天不等。刘伯承很重视这件事。薄一波[2]也感到游击队干部缺乏训练，不适应形势的需要，曾选派49名干部，送到徐向前那里学习如何开展游击战争。后来，1937年12月，在徐向前建议和主持下，“晋冀豫军政学校”正式成立，400多农民、工人、学生出身的学员，集中在辽县大营盘内，接受完全的军事训练。徐向前亲自兼课，讲游击队的组织与任务，游击队的行动纲领，游击队战术与侦察，与大部队配合作战，发动与组织群众，建立铁的纪律，树立长期艰苦奋斗精神等。这所学校，曾引起日本人的注意，电台还发了消息，说：在山西南方某处，办了一所“共产学校”。

徐向前十分重视改造各县、区政权。这时那些政权机构的头头脑脑，多系国民党的骨干，对八路军不信任、不支持，甚至千方百计刁难、限制、破坏。徐向

① 他在这里指的政治问题就是争取群众。
② 当时为山西七大行政区之一的第三区主任，管辖晋中、晋东南十三县。

前感到，政权不在共产党手里，啥都干不成。他的办法：一是“统”。部队开进一个地区，先与国民党的县长、区长谈判，晓以民族大义，争取合作抗日。谈妥几条，协议在手，他们违犯的话，便可名正言顺地“兴师”问罪。二是“挤”。“釜底抽薪”，发动群众，减租减息，争取一切能够争取的力量。八路军有了广大群众的拥护和支持，就不怕他们捣乱。有些顽固的县、区长，见势不妙，只得卷起铺盖溜走，政权便落入抗日军民手中。三是武装打击。对勾结日寇的汉奸政权，一经发现，则坚决铲除，绝不留情。“秦赖支队”在西坑村，发现那里的村长、地主勾结起来，秘密组织“维持会”，便将他们一网打尽。

在改造区、县政权时，有这样一个故事：榆社县长是徐向前的远房亲戚，部队筹粮、筹款、扩兵，他不答应。徐向前找到他说：“你不答应，我们就建立自己的政权。”那位县长说：“我是一县之长，要听我的，八路军不能搞政权。”徐向前不听他那一套，筹粮、筹款、扩兵，照常进行。没办法，那位县太爷卷铺盖走了。

这一带，跑散的国民党官兵甚多，打着“抗日军”“游击队”的牌子，为非作歹，扰害群众。这是一大祸患，直接危害抗日根据地的形成与巩固。徐向前发表了《告散兵书》，欢迎他们投奔八路军。条件是打日本强盗，为民族解放，不侵犯民众利益，共同艰苦奋斗。不愿留者，放下武器，发给路费，开证明让其回归故里。继续流散乡里，危害抗日军民的，则以破坏抗战论罪。

经过这一系列的工作，晋东南抗日游击武装和根据地建设蓬勃地发展起来了。

第三节　反六路围攻和长生口战斗

1937 年 12 月下旬，日军第二十师团分六路向晋冀豫根据地北部大举进攻。这是日本侵略军战略方向转变的具体行动之一。八路军在山西战略支点的形成和游击战争的开展对日军的威胁越来越大。因此，日军在占领太原之后，便开始分路向八路军占领区实施围攻。

日军的六路围攻是 22 日开始的。这时徐向前正在领导着“晋冀豫军政学校”的教学。围攻先从松塔打响。从寿阳出动日军 2500 多人，并有飞机 3 架，平射炮、曲射炮 10 门相配合，向驻松塔之七七二团进攻。平定方向 500 多日军向驻西寨之七六九团进攻。阳泉方向 300 多日军经上龙泉、广阳向马坊进攻。同时，由榆次、长凝出动 200 多人，经阔郊向马坊进攻。由太谷出动 600 多人，经范村折向水晶坡。另一路由昔阳出动 700 多人，经关帝庙出击和顺。

徐向前和刘伯承指挥部队开始了反击敌人的六路围攻。

松塔方向战斗最激烈。七七二团在团长王近山指挥下，激战两日，毙敌百余人，王近山和三营营长负伤，部队减员 60 余人，撤至南军城。前方告急。24 日，徐向前亲临前线指挥。

日军采取粘网式的诱歼战术，暴露侧翼，引诱攻击，缠住一部，然后以其主力突然扑向外翼。徐向前不为敌所制，以主力军与游击队相配合，内线外线相

1937 年徐向前在晋东南的留影

配合，避敌正面，击敌弱点，伏击运动之敌，求得局部歼敌。按照他的部署，七七二团和平定游击队在内线，先以小股部队诱敌主力，然后以主力绕到敌人屁股后头，猛攻其背，打得日军首尾不能相顾。在龙泉、沾尚两次用此法，均奏效，歼敌四百多人。七六九团、汪乃贵支队、“秦赖支队”在外线，积极配合，广泛出击，毙敌二百以上。

时值隆冬，日军长途奔袭，夜宿无屋，日食缺粮，地形又不熟，本想速战速决，但被徐向前的游击战缠住了。战至第五天，没有占到便宜，在马坊、西砦放火烧了村庄之后，便向正太路沿线退去。

日军原想以大规模的围攻，消灭八路军有生力量，从而破坏共产党的威望，动摇军民坚持抗战的信心。结果，适得其反。反六路围攻是一二九师进入正太路以南第一次取得的胜利，也是 1937 年最后一个大仗。这次胜利，对群众、对部队都是个鼓舞，增强了坚持游击战争的信心。

1938 年元旦，徐向前在辽县邀请在辽绅士和各区、村长，举行新年宴会。会上，他阐明了共产党的抗战根本战略，介绍了人民抗日武装的建设，同时用反六路围攻和各次战斗的胜利，说明华北抗战是能够坚持下去的，希望各界人士支持抗战，同舟共济，渡过难关，保卫华北，保卫山西！

抗日军民庆贺胜利，日寇被激怒了，要用全力“围剿”共产党和八路军。

2 月初，一二九师在辽县召开干部会。邓小平作了政治报告。邓小平是石拐镇会议时到一二九师的。他是红七军领导人，出席过有名的遵义会议，原任八路军政治部副主任，徐向前没有与他一起工作过。几天过去，感到这个人有魄力，才思敏捷，讲话实在，是一位老练的政治工作领导者。他接替张浩任师政治委员。张浩奉中央调令离开辽县回延安。这位又名林育英的著名领导人，工人出身，待人诚恳坦白，有独立见解，患有严重肺病。他回到延安不久即病逝。

会上，刘伯承总结了太原失守后，晋冀豫根据地的创建工作，提出了今后任务：发动群众，建设政权，尤其是扩大武装。徐向前讲了反六路围攻的经验和游击队的建设。他强调：“游击队领导要坚强，纪律要严格。”他以反六路围攻为例说：“平定游击队作战顽强，是因为领导好，作风严；相反，有的游击队一听到枪声就跑散了，清点人数只剩几个人。这种状况不能担负起配合主力作战的任务。在游击战进到主要地位的形势下，游击队要像正规部队一样，加强教育，严格训练。”

2月下旬，第二战区决定反攻太原，按照《反攻太原计划》，以十八集团军为基干，配属国民党若干正规军统由朱德指挥。一二九师的任务是与一一五师三四四旅协同，截断正太路。此时，一二九师师部驻吕家村。与一一五师三四四旅协同，在正太路担负阻击石家庄方面的援敌的任务。刘伯承、徐向前接到电令后，即改变原计划，决定向政太路东段井陉进击，以七六九团袭击日军重要据点旧关，吸引井陉的援敌西出；七七一团、七七二团伏于旧关和井陉间的长生口地区，围歼援敌。

22日凌晨，七六九团三营袭击旧关。当部队冲入街心时，发现日军已有准备，占据着后山工事，居高临下顽抗。七六九团处于十分不利的情况下，占领街内一座小庙，歼敌10余人，天亮前撤出旧关。七七一团和七七二团向长生口方向设伏，先头部队刚到路边，就与敌援兵遭遇，遂改变计划，实施运动中歼敌，200多日军被消灭一部，接着又打退另一股援敌，一直追到井陉城下。这一仗，歼敌荒井丰吉少佐以下130多人，击毁敌汽车5辆，少有缴获。两个团也伤亡了100余人。

在刘伯承、徐向前部署长生口战斗时，晋东南日军占领了长治，企图进攻临汾。第二战区反攻太原计划停止实施，朱德令刘伯承、徐向前急速率部南移，参加晋东南对敌作战。

第四节　响堂铺伏击战

1938年3月上旬，一二九师南下邯（郸）长（治）大道以北的襄垣、武乡地区，寻机打击邯长大道上的敌人，破坏其交通线。

邯长大道东起平汉线上的邯郸，西至山西的长治，中经武安、涉县、黎城、潞城等地，横贯太行山脉，与临屯公路相连。黎城东阳关内外的一段公路，是日寇的运输线。刘伯承打算选择黎城和潞城之间的神头岭下的神头村作为伏击敌人的中心地区。他和徐向前、邓小平拟定了作战方案，于3月11日给朱、彭总副司令去电作了报告。12日，朱德、彭德怀复电称：“同意相机袭取黎城、潞城，占领东阳关，打击增援队。我们准于14日到达沁县以南之阎家沟、白家沟附近，请小平、向前来本部开会，伯承留部指挥。”

徐向前在八路军总部开会期间，朱德对他说：“你在太原见了阎锡山，在榆社见了汤恩伯，来到这里再见见曾万钟吧。”于是，这天他同朱德到了国民党第三军军长曾万钟那里。曾万钟原属滇军，抗战开始编入第二战区，用兵保守，战绩平平，同徐向前初次见面，表现友好。讨论晋东南局势，商谈协作破敌之策，态度还算积极。可是他不敢把部队分散去打游击，怕把老本丢了。

徐向前向他介绍了一二九师出师以来打游击战的经验。说：“在日寇长驱直入、深入内地的形势下，游击战是甚为有效的形式。反六路围攻如果不是游击战争，没有游击队的配合和群众的支持，是难以取胜的。把正规部队分散，发动群众，开展游击战争，不仅不会削弱，相反，还会不断发展壮大。”说到这里，徐向前用征询的目光看了看曾万钟，“曾将军不妨一试。”

曾万钟正窘于如何作答。这时传来了刘伯承在神头岭地方指挥陈赓旅和七六九团歼灭日军1000多人的胜利消息，曾万钟对徐向前说：“贵师初到晋东南，就取得了如此战果，旗开得胜，令人钦佩，可敬可贺！”

3月下旬，侵入晋南、晋西的日军，虽然连遭打击，但为了配合津浦作战，相机进攻潼关、西安、陕甘宁边区，仍继续向黄河各渡口猛犯。邯（郸）长（治）大道和从长治到临汾的公路上，日军汽车往返不断，日夜运送兵员和作战物资。为了破坏日军的战略计划，迟滞其行动，刘伯承、徐向前和邓小平决定在适当地点，对敌的运输部队进行一次较大的伏击战。刘伯承要到总部去开会，行前提议，这一仗由向前指挥。

徐向前遂派出便衣侦察组，从各个方面收集日军兵力部署情报。

日军在神头岭失利后，邯长大道沿路警戒有加强。黎城到涉县间增设了东阳关据点，驻兵150余，涉县守军增至400人，黎城千人有余。公路上常有汽车运输队经过，十几辆、几十辆、百多辆不等。

从黎城到涉县，经东阳关、王后岭、上下弯、响堂铺、河头村、椿树岭、河南店，响堂铺附近公路是沿河而行，路南陡，路北缓到河底。徐向前同旅、团指挥员陈赓、陈锡联等经过调查研究，一致意见在这里设伏。徐向前说：“这是一个理想的设伏地，在路北设伏，便于隐蔽，又便于出击；而敌人退无路，守无凭借，且此地居中，是东阳关和涉县两个敌人据点增援的最远距离。”

响堂铺伏击日军运输队的战斗，定在3月31日。

26日，徐向前和邓小平率部从下良出发东移，向设伏地域运动。从神头岭战斗后，部队转移到下良、强计以南地区休整。刚刚打了大胜仗，又经过短期休整，干部战士情绪高昂。这时虽然连日小雨，山上还有雪，道路泥泞，春寒逼人，但是，战士们听说又要去打伏击战，他们把寒冷抛在了脑后。

30日晚饭过后，部队带着一日干粮，从秋树垣、马家峪、庙上村隐蔽地向响堂铺进发。徐向前命令各团：31日拂晓前进入阵地；严密封锁消息，做好隐蔽、伪装和防空；由干部组织良好的观察；以电话和确实的徒步通信保证联络畅通；机关有关部门准备好打扫战场、收集战利品和收容伤员。

午夜，邓小平率师直属队进到佛堂沟。31日凌晨，部队进入伏击地域。徐向前的指挥所设在响堂铺路北的后狄村山坡上。七六九团在响堂铺以东，位于杨家山、江家庄一线；七七一团在响堂铺正面位于宽漳、后宽漳一线；七七二团位于师指挥所右后方的马家拐。陈赓的旅指挥所在七七一团的阵地后面。设伏阵地，多是背阴处，坑坑洼洼里积雪刚化，深夜又结了一层冰，战士们忍受着寒冷，都在等待着，徐向前守着电话机，心情和全师指战员一样，希望一切都在预料之中而不发生意外。

意外的事偏偏发生了。一阵急促的电话铃声，指挥所紧张起来。电话里是陈赓旅长的声音："七七二团报告，东阳关之敌200余人进到马家峪；长宁东南高地有敌骑兵，向我侧后运动。"陈赓判断，可能敌人发现了我设伏企图，欲从右翼侧击，截断后路。他请示徐向前副师长："是不是把主力撤回到庙上村、鸭儿山去截击敌人？"

这突如其来的情况，给徐向前提出了这样的问题：如果是敌人发现了设伏企图而将计就计，包抄后路，那是很危险的，这就应该撤出阵地，放弃这次战斗或别作他图；如果不是这样，盲目撤出，失掉胜利的机会，那是没打败仗的败仗。徐向前在思索、判断着。

"撤不撤？"陈赓又打来电话问。这时他已把埋伏在路南的两个连撤到了路北，防备万一。

指挥部里，大家都紧张地注视着徐向前。

"料敌计险，必察远近……将之道也。"徐向前两眼盯着地图。他判断：情报不可靠。如果敌人发现设伏企图，决不会只派这么点兵力前来"打草惊蛇"。遂拿起电话对陈赓说："没有我的命令，原计划不得变更。部队不能动，要严密埋伏，不得暴露。情况先不要向下传。"

放下电话，徐向前又对参谋说："你们注意，敌情没搞清之前，不要向邓政委报告。我们在前面，不能报告不明不白的情况，给他出难题。"接着，就派邓仕俊和另一位参谋，到东阳关和苏家蛟方向探听虚实。反复叮嘱："一定要把情况搞确实。快去快回！"

参谋出发了，徐向前拿出大烟斗，装了满满一锅烟，站在地图前，使劲地抽着……

约两小时，参谋回来了。得到的情报，完全如大家所希望的那样：东阳关方向，敌人没有异常动静；警戒分队看到的"敌骑兵"，是几头驮驴，由老百姓赶着向北去了。

听完参谋的汇报，徐向前高兴地说："好！太好了！"遂向邓小平报告了事情发生的经过，并告诉他："仗是可以打的！"

8点半钟，日军180多辆汽车排着长龙式的队伍，由黎城经东阳关，向响堂铺路段开来。9点左右，完全进入设伏地域。顿时，步枪、机枪、迫击炮，一齐开火，沉寂的山沟一下子沸腾起来。

日军被这突如其来的打击弄得张皇失措，车在山沟里乱冲乱撞。就在敌人混乱之时，埋伏一夜的战士，犹如猛虎下山一样冲了上去，用手榴弹、刺刀解决那些顽抗之敌。日军从东阳关和涉县出动的援兵，也被埋伏在那里的部队打了回去。激战两个多小时，战斗结束了。这一仗，毙伤敌400多人，180多辆汽车全部被摧毁。日军第十四师团山田辎重队两个汽车中队遭到了毁灭性的打击。缴获甚多。

下午5时，日军出动10多架飞机，对响堂铺狂轰滥炸。但徐向前已率领部

1938年3月31日，徐向前指挥一二九师部队在邯（郸）长（治）公路的响堂铺（河北涉县属）伏击敌人。激战两小时，歼敌400余人，击毁敌汽车180多辆

队转移到了秋树垣一带。陈赓风趣地说:“这不是打我们的，是给死鬼子吊丧的。”

40多年后，徐向前有七言诗一首回顾这次战斗：

巍巍太行起狼烟，黎涉路隘隐弓弦。
龙腾虎跃杀声震，狼奔豕突敌胆寒。
扑天火龙吞残虏，动地军歌唱凯旋。[①]
…………

响堂铺战斗的规模同徐向前在鄂豫皖、川陕根据地指挥的诸战役是不能相比的，但在抗战初期的游击战中，算是一个不小的胜利。问题还不在这里，可贵的是在紧急关头，“特别是在后路上的苏家蛟，风传有敌人到来，我们老练的高级指挥员能沉着判断其不确，而未放弃这次胜利的战斗。”[②]

战后，当徐向前见到刘伯承时，刘伯承向他道贺说：“向前还是当年之勇，沉着果敢！”

① 见《将帅诗词选》，辽宁人民出版社1987年版。
② 引自《一二九师战斗总结》1938年。

第五节　在反九路围攻作战中

指战员们带着胜利的喜悦，返回到西井和南北委泉。徐向前对缴获的日军官兵的信件发生了兴趣。他让翻译把那“有意思”的翻译出来给他看。

“山西的道路与河北全然不同，差不多都是山岳地带，道路也全是石头，相当受苦，并且当地抗日思想特别激烈，每日都受敌袭。”（高见安作3月28日写的家信。）

“向高高的山顶推上车辆，向水泄不通的敌阵冲锋前进，整天和饥饿苦斗，要碰到中国特有的游击战，那就是前进五里又倒退五里的战斗，真是说不尽的劳苦！”（清吉家信）

“附近之敌是朱德所率的共产军，他们利用天险施行游击战，实在难战之极，同时又长于宣传，甚至村民也反抗我们，所以在这里非时刻留神不可。”（在潞安警备部的一个士兵写的。）

“虽然是膺惩之圣战，但转战数月，把一个人变成狂暴性、粗鲁性，加之看到战场上煞风景的寂寞情形时，好不被乡愁所恼。”（武藤部队的一个士兵写的。）

“山西现在常下着雨……在雨夜或是闪闪的星光下站着或是走着，浮上脑里来的总是家里或小孩的事……你是在怎样挂念着我啊……据说四月上旬又有大攻击。”（代正忠诚3月27日给他老婆波子的信。）

徐向前看完这些信，对身边的人说：“日军官兵受不了‘三苦’，一是受不了长期征战之苦；二是受不了八路军打击之苦；三是受不了远涉重洋与家人分离之苦。思乡、厌战、愁苦，对游击战恐惧，给我们战胜日本帝国主义准备了条件。”他选出几封，拿到干部中去读，用敌人提供的“教材”，激励部队，进一步树立坚持游击战争的信心。

“四月上旬又有大攻击”，这是一个重要信息。总部获得的情报，证实了这一点。日本开始调动第一〇八师团和第十六、二十、一〇九师团及步兵二十八旅团酒井隆部，外加骑兵、炮兵、工兵、辎重兵，10多个联队，3万多人，分九路向晋冀豫根据地实施围攻，企图用“分进合击”的手段，将八路军主力消灭在辽县、榆社、武乡地区。

朱德、彭德怀制定了粉碎日军围攻的方针：采用运动战、游击战的作战原则。4月6日，一二九师在西井召开团以上干部座谈会，讨论对付大围攻的对策。徐向前就刘伯承讲的向外游击、先发制敌的意见，补充了三点：一是集中主力，隐蔽待机，击敌一路，首先消灭从武安、涉县西来之敌；二是以一部兵力与地方武装结合，发动群众，空舍清野，破坏交通线，多方游击和袭扰各路敌人；三是机动作战，内线外线相配合，要活打不要死打，击敌一路不得手时即迅速转移，寻找战机，击敌另一路。

会后，邓小平和陈锡联去辽县指挥北方各部，动员群众，空舍清野，布置后方工作。

10日，刘伯承、徐向前率部在涉县、武安间的鸡鸣铺山地设伏。部队在阵地上埋伏20个小时，不见日军动静，只好撤出阵地。战士们很扫兴。徐向前判断是汉奸告了密，敌人未敢出动。陈赓对战士解释说："每次都要有把握打着敌人，那是不可能的。只好有待第二次。敌人未走，消灭敌人是有机会的，而且很多。"

当晚获悉，敌情有了变化。正太路之敌已进皋落，企图占和顺；涉县之敌经索堡进到上下清泉；长治之敌占了襄垣。朱德、彭德怀令一二九师再西移，配合国民党曾万钟部作战。

日军第二十师团七十七联队，由洪洞进犯安泽、沁源，被一一五师一部、决死一纵队和友军十七军给堵住了；酒井隆二十八旅团一步兵联队附骑兵、工兵、炮兵和辎重各一部，由太谷、祁县进犯子洪口，在东西团城地方，遭到国民党军一六九师、九十四师的阻击；敌一〇九师团两个大队由太谷、榆社，经长凝，向阔郊、马坊进攻，以榆社为目标，前进没多远，就受到"秦赖支队"的钳制。敌十六师团兵分四路进攻，一路是一个联队，由平定、昔阳经和顺，向辽县进攻，由于国民党军没有积极抗击，使敌人顺利到达辽县；第二路也是一个联队，由平定、昔阳，经皋落，向辽县进攻，在松烟镇附近，被曾国华、汪乃贵两支队截击，颇有伤亡；第三路是一个大队由元氏、赞皇西攻浆水，被一个支队和地方武装迎击；另一路是两个大队由涉县攻麻田，遭到了国民党军骑兵第四师和一二九师一部的钳制；第一〇八师团一个联队由长治经襄垣、西营、下良进迫辽县；步兵工藤联队附骑、炮、工、辎和一个大队，由屯留、虒亭，向沁县进攻，被曾万钟军打了一下，没有堵住，即占领了沁县、武乡，逼近榆社。这后两路均为苫米地旅团长指挥，是此次向晋东南围攻的主力。

按照朱德、彭德怀指示，一二九师从鸡鸣铺撤出后，向武乡、榆社间进发。这时，各路日军开始向晋冀豫根据地中心进犯。

4月12日，徐向前在西进途中，顺路到国民党骑兵第四师王奇峰师长那里，与他交换了作战意图，商量如何相互配合，协同作战。夜11时赶到桐峪。第二天他在去左会的路上，得知襄垣方向之敌进到洪水，民房已经化为灰烬。曾万钟部由洪水西向东转移。

14日去贾豁途中，徐向前看到榆社方向火光冲天。据报告，敌由榆社返回武乡。徐向前对刘伯承说："他们把武乡烧光了，估计不会久住，很快就会撤出来。"刘伯承点点头，同意这个判断。

15日下午到马牧、东西黄岩。黄昏时七七二团报告，武乡之敌向东撤退。徐向前听到这个情况，感到这是追击歼敌的好机会。他对刘伯承师长说："鬼子辎重骡马多，他们从来不习惯于夜间行动。这一次，他们又不是逃命，更不知道我们离他们只有三十多里路。他们背的'包袱'大，又有牛车，走不快的。我们现在是轻装，行军速度要比鬼子快得多。只要不被鬼子发觉，到天亮就可以追上。"刘伯承听了徐向前的分析，果断地说："追！"一声令下，陈赓将部队分为左右两路：七七二团、六八九团在左，七七一团在右，七六九团为预备队，沿浊漳河两岸山地猛追。陈赓亲率七七一团先行。经武乡、小河、黄红坡，在南窑科地方，发现巩家垴有敌侧翼警戒部队四五百人。为避免暴露企图，该团即在上下牛家庄隐蔽起来。敌未发觉，继续东行。

这时，日军大部已过长乐村，其辎重尚在白草延附近，而七七一团已到达白草延对岸之郑峪村、张庄以北高地，与七七二团两岸并行。刘伯承、徐向前看这是一个好机会，遂令两团相对突击，将敌拦腰斩断。日军辎重人马被压制在长乐村以西之型村、李庄、白草延、马庄一线的一个狭窄的河滩隘路上，无法展开。在一二九师两侧部队猛烈地攻击下，人马尸首和辎重遍布河滩。战至中午，已过长乐村之日军主力一千余人返回解围，被七七二团一部和六八九团截住，战斗十分激烈。为争夺要点，与敌反复冲锋七八次，才将敌打退。下午，日军一〇五联队从辽县、蟠龙方向来增援，实施反突击，炮火十分猛烈。陈赓在日记中写道："此时炮轰如雨，战斗之激烈实为抗战来所罕见。"

此时，国民党第三军曾万钟部，就在蟠龙附近。如果他们能在蟠龙一线截击援敌，一二九师的压力会小一点，可是他们没有尽力。原定是一二九师配合他们行动，结果是一二九师唱主角，他们却成了观战者。事后，陈赓讲：这次战斗若得到曾万钟的三军很好配合，将苫米地旅团歼灭是无疑的。真是最可惜的一件事！

由于国民党军不能配合，一二九师弹药消耗很大。为避免过大牺牲，刘伯承、徐向前遂以七六九团和六八九团各一部布成游击网，阻击与迷惑敌人，主力撤至云安村、合壁村一带隐蔽待机。一场恶战始告结束。

这次战斗共消灭日军1500多人。整个反九路围攻打掉敌人4000以上。缴获60多支步枪，3挺轻机枪，战马10余匹。一二九师伤亡800多人。七七二团团长叶成焕头部负重伤两日后牺牲。这是一个重大损失。

长乐村战斗的胜利，把蒋介石给"感动"了，战斗结束，他给一二九师发了"嘉奖电"。但对坐山观虎斗的曾万钟没有一点制裁。

长乐村战斗是粉碎日军九路围攻具有决定意义的一战。敌人在这里遭到歼灭性打击后，其他各路纷纷回窜。八路军各部乘胜追击，又在沁源以南及沁县、沁源间，辽县、和顺间，有力地打击了敌人，先后收复了辽县、黎城、潞城、襄垣、屯留、沁县、沁源、高平、晋城，使长治之敌陷于孤立。4月下旬，长治之敌经白晋公路和曲（沃）高（平）公路向同蒲路南段撤退，又被一一五师三四四旅、决死一纵队截击，伤亡近千。至此，日军对晋冀豫根据地的九路围攻被彻底粉碎。

反九路围攻结束后，在辽县召开了县长、绅士及各村长座谈会。会上，徐向前报告了反九路围攻的经过及胜利的意义。

关于这次反围攻胜利的意义，徐向前在一篇文稿中归纳如下：

其一，经过半月的反围攻作战，不仅打破了敌人企图用分进合击战术驱逐或消灭八路军的计划，而且歼灭日军4000多人，收复县城18座（八路军收复12

座，友军收复6座），最后反将日军赶出晋东南，以太行山为依托的晋冀豫地区，基本上为八路军所控制，这就进一步奠定了晋冀豫抗日根据地的基础，为游击战争的大发展，创造了有利条件。

其二，广大人民群众更加看清了日本帝国主义的狰狞面目，进一步密切了八路军同广大人民群众的关系。日军此次围攻，采取大烧大杀的手段，所到之处，烧光杀尽方休。洪水、武乡、蟠龙等镇，均化为灰烬。蟠龙镇为辽、武间之大镇，平时商业颇繁盛，日军经过，一火焚之，少数房屋未着火者，门窗家具也毁坏殆尽。对人民群众的屠杀更惨不忍睹。武乡境内的马村，被杀者六十多人，妇女多是奸后再杀死，连七八岁的幼女也不放过，惨景难书，敌人用血与火教育了群众。人民从屠刀下醒悟过来，“不抗日活不成”“不把日寇赶出去，大家不得安宁”。同时，也进一步看清了八路军才是真正抗日的队伍。于是，纷纷起来，协助八路军作战。在反围攻过程中，晋东南人民，空舍清野，困扰敌人，给八路军带路送信，报告敌情，运送伤员，使部队耳目灵聪，行动自如，能适时地集中兵力打击敌人。

其三，反围攻过程，对以往根据地建设的工作，是一个很好的检验。在襄垣、武乡一带，为了避免同国民党的摩擦，反围攻前撤回了八路军派出之工作人员。这样，原先建立起来的游击队多被改编，加上成分复杂，此次反围攻中，这些游击队和各村之自卫队没起多大作用。而在正太路以南、平汉路两侧之昔阳、辽县、临城、赞皇等地却相反，由于共产党坚持了确实的领导，这些地方的游击队，有力地打击和迟滞了敌人的进攻。这就说明，根据地建设，必须实行独立自主的方针，坚持共产党的领导。任何犹豫和动摇，哪怕是微小的，也会招致损失。

第十五章　平原造“人山”

第一节　进入冀南

抗日战争进入第二年，共产党领导的游击战争，不仅向着山地，而且向着平原蓬勃发展。1938 年 4 月 21 日，毛泽东、张闻天、刘少奇发出开展平原游击战争的指示。指出：根据抗战以来的经验，在全国坚持抗战与深入群众工作两个条件之下，在河北、山东平原地区坚持游击战争也是可能的；党与八路军部队在这些地区应尽量发动最广大的群众走上公开的武装斗争；秘密的抗日斗争，只有在敌人统治的城市与铁道附近，才成为主要形式；应即在河北、山东划分若干游击分区，并在军区成立游击司令部，有计划有系统地去普遍发展游击战争，并广泛地组织不脱离生产的自卫军。

根据这个指示，朱德、彭德怀令一二九师主力与一一五师三四四旅一部，迅速由太行山区向冀南、豫北平原及铁路沿线实施战略展开。刘伯承、徐向前、邓小平 4 月下旬在辽县西河头召开会议，研究具体行动部署。会议决定全师主力以平汉铁路为分界线编为左右两路纵队，左纵队为“路东纵队”，由七六九团和一一五师六八九团及曾国华支队组成，由徐向前率领，向冀南挺进；右纵队为“路西纵队”，以三八六旅主力组成，由陈赓率领，向邢台、沙河一带展开，配合路东纵队的行动。

4 月 26 日，路东纵队从辽县出发，与徐向前一起出发的有一二九师政治部副主任刘志坚。指战员们沐浴着和煦的春光，在太行山中崎岖不平的路上行进。晓行夜宿，一路行经寒王镇、东西喂马、松烟、青家砦、将军墓等地。在将军墓，徐向前召开了党的活动分子会议，发动骨干讨论进入冀南如何打开局面。

对冀南平原，徐向前早有所图。1937 年 12 月初，冀南地方党曾派人到一二九师，说国民党的军队都跑了，各县政府塌了台，乱得很，请八路军去收拾局面。当时刘伯承、徐向前商量决定，先派几个人去看一看。于是，令张贤约带领几名干部，名义上叫先遣支队，进入冀南的沙河、邢台一带。任务是了解情况，配合地方党发动群众。接着于 12 月中旬，一二九师制定了“路东计划”，又派孙继先、胥光义带三十多名营连干部，组成挺进队，进入冀南平汉路以东的任县、隆平、尧山等地活动。队伍很快发展到三四百人，并且将部分农民和收编的地方武装，组成了两个游击支队。1938 年 1 月初，徐向前和张浩向朱德、彭德怀、刘伯承提出：“我们重要的是发动人民，使地方武装与敌对峙持久。现敌人不只很注意铁路（平汉路）西，路东亦然”，“我们在路西已可站住脚，目前应迅速将路东的基础建立起来。”之后，一二九师派三八六旅副旅长陈再道、李菁玉（晋冀省委书记）率由步骑兵六个连队组成的东进纵队去冀南，会同孙继先、胥光义支队，在南宫地区消灭了一些土匪、伪军，站住了脚跟，力量不断扩大。3 月中旬，一二九师政治部副主任宋任穷又率骑兵团、重机枪连和马玉堂的地方独立支队开赴冀南，进一步巩固和扩展了以南宫为中心的冀南抗日根据地。

这一次，徐向前亲自率部来冀南了。5 月 1 日，部队由平庄向平汉路接近，此时陈赓率七七二团，陈再道率东进纵队，张贤约、张南生率本支队同时由四面向邢台进逼。由于部署周密，夜晚十点徐向前率部安全进入路东地区，没费一枪一弹。

5 月 2 日，徐向前进入冀南的第一个县城——巨鹿。

当晚举行了欢迎会，县长、开明士绅及一些名流应邀出席。这些人没见过徐向前，脑子里装的都是反动宣传灌输的那一套。所以他们听说欢迎徐向前，精神都很紧张，不敢多说话。骑兵团团长王振祥和政委邓永耀，把各位宾客一一介绍给徐向前。他微笑着与他们握手，紧张的空气才渐渐缓和下来。第二天，县政府设宴为徐向前洗尘。席间，徐向前回答了他们的问题，深入浅出地讲解了共产党的抗日主张，号召当地人士维护抗日民族统一战线，合力打击日寇。徐向前的讲话，坚定而朴实，给与会者留下了深刻的印象。通过这次会见，国民党关于徐向前“青面獠牙”之类的反动宣传不攻自破。人们私下议论：“徐将军是一位文雅的人、朴素的人”，“徐向前是一位精干的将领”。后来，当王振祥把人们对徐向前的印象的这一变化告诉他时，他只是一笑置之。

1938 年，徐向前与一一五师东进抗日挺进纵队负责人在南宫的合影。左起：徐向前、符竹庭、宋任穷、萧华

5 月 7 日，徐向前进入南宫城，住在北街华兴烟草公司院内。从此，八路军在冀南的部队统由徐向前指挥。他的领导集体有陈再道、宋任穷和刘志坚。徐向前后来回忆说：“就是我们四个人，合作得很好。”

当时冀南的情况十分复杂。邯郸、邢

台、威县、丘县、南和、临清等县城及其附近地区，均为日伪军占领；枣强、冀县、衡水、武邑、景县、阜城为赵云祥的民军二路盘踞；南宫城附近及枣、冀、武强、清河等地又有反动会门六离会活动。政府号令不行。还有一些非敌非友的杂牌武装插花并存，犬牙交错。八路军虽占有南宫、巨鹿、武城、清河、广宗等县城及附近地区，但行动受到极大的限制。

“冀南根据地必须扩大”。徐向前在听了陈再道、宋任穷等介绍情况之后，下了这样一个决心，同时，拟定了先在威县、临清、平乡交通线上打击敌人的行动计划。

徐向前讲了作出这一决定的理由：第一，主力新到冀南，须积极消灭可能消灭的敌人，提高与树立八路军的威信，提高人民与政府的抗日信心；第二，部队多，活动地域小，不扩大根据地，后勤供给将发生困难；第三，也是最重要的，就是客观形势发展的要求。

会议经过讨论，徐向前、陈再道、宋任穷、刘志坚一致意见首先是向南展开。向北，有赵云祥的民军二路；向东，有六离会；唯有向南，打击日寇与汉奸，这同开辟冀南工作的基本任务是一致的。

5 月 10 日，部队开始行动，第一个目标是打威县。手段是“围点打援”，袭击威县，消灭临清、平乡、邢台出援之敌。然而，战斗没有得到预想的结果。徐向前在制定计划时，主要之点不在攻城，而在打援，可是偏偏在打援部队中发生了问题：当攻城打响之后，敌人自知力薄不支，当即派出信使出城去平乡求援。这正是徐向前求之不得的。可是敌人信使出城之后，却被七六九团截留了，之后，也没有采取其他诱敌出援之法，打援计划遂告流产。七六九团和五支队打援没有成功，六八九团袭击威县城造成了强攻。牺牲一百多人，失枪百余支，只获得毙伤日军百余人的战果。

这不是战斗部署的失误，而是由于部队在执行过程中发生了不该发生的过失。

这次战斗尽管不理想，但也有积极的效果。驻在威县的日军清水所部遭此袭击之后，非常恐慌，五天后即弃城西窜；临清日军高桥部队和伪军高德林部也十分震惊，他们都先后逃往邢台。威县不攻自破。

威县战斗的第二天，徐向前派往夏津任津浦支队政委的王育民，行经南宫以东李家庄，被六离会杀害，所携电台被抢走，一行 42 人幸存者只有七八名。六离会是当地的会门组织，为八卦教的分支。八卦为乾、坤、震、巽、坎、离、艮、兑。“离”为第六位，象征火，崇尚红色。六离会的信徒们都身穿红衣。这个组织有汉奸在暗中操纵，专事破坏抗日活动。徐向前意识到，对反动六离会若不迅速采取行动，此地工作将大受阻碍。但他考虑到，会门组织的成员多是受蒙骗的群众，不宜单靠武力解决，于是决定一方面对群众进行政治宣传；一方面派出谈判代表，与六离会的组织者协商解决冲突问题。可是谈判被拒绝，派去的代表被扣留，对方还采取先发制人的手段，纠集万余人，武装进攻八路军，扬言要把八路军赶出河北去。

这时，徐向前与陈再道、宋任穷、刘志坚商量，认为六离会的反动行为，迫使八路军动武，你不打它，它就不让你生存下去，于是决定用武力镇压。部队开始行动前，在干部会上，徐向前说：“打六离会不能像打日本人那样铁匠打石匠——实打实地干。要知道，六离会的人大多是本地的老百姓，有被迫的，有受骗的，他们的亲戚朋友都是我们抗日团结的对象，打死一个得罪一家，就会削弱抗日力量。所以，我们的方针是七分政治三分军事。用武力把他们镇住就行了，要多做反正的工作，多做瓦解的工作。”

5 月 16 日，六离会在南宫东南之张马、甘狼冢一带向八路军进攻。会徒们身穿红衣服，头扎红头巾，胸前戴有六离会的会徽，武器皆为梭镖、大刀之类，红缨、红杆、红飘带。据说，战前每个人都要吃写在黄裱纸上的朱砂符。他们相信吃了这种符可以刀枪不入。针对他们没枪没炮善集团冲击的特点，徐向前采取了西方古战场上常见的方队防御方法，一连或一营为一方队，待六离会冲来时枪炮齐发，把他们击退。但不追杀。就这样，经过几个反复，六离会的乌合之众疲劳了，士气颓丧，全部溃散，为首者被抓获。

为了揭露六离会的反动面目，教育广大群众，八路军在小屯村召开了群众大会，当众揭露六离会头头破坏抗日、杀害八路军人员的罪行，处死了六离会的反动首领。宣布取缔六离会组织。接着派出工作队分赴各村发布告，贴标语，开展政治宣传，动员六离会成员交“包袱”（一种红布包，内有法衣、符等迷信物品），脱离组织。这种对策十分有效，六离会在各地的组织纷纷解散，绝大多数会徒都洗手不干了，主动把“包袱”、矛子、大刀交出来，并揭发为首者的罪行。在一二九师战史中记载了打击六离会的行动：“镇压了一批首恶分子，揭露了他们利用会门反对我军，破坏抗日的阴谋。结果，争取了群众，建立了政权，巩固了冀南的中心区。”

第二节　平原地的“人山”战略

徐向前从戎十余载，多在山区转战，莲花山、大别山、大巴山、祁连山、太行山，差不多都踏遍了。对山地的作战指挥可说已纯熟自如，到了平原确有新鲜之感。冀南平原，除了孤独的尧山之外，平沙无垠，林木稀疏。这对世居这里以农为生的老百姓来说，不会感到有什么不便，而对指挥作战的将领来说，却成了大问题。更何况一支弱小的军队，要以游击的形式在这里进行持久抗战！无怪乎当时有人断言：平原地区无山地依托和隐蔽，是不可能开展游击战争的。

对于在平原坚持游击战争，徐向前开始也不是胸有成竹，但对中共中央在河北、山东平原地区广泛发展游击战争的正确方针，他有坚决贯彻的决心。在进入冀南最初的日子里，他就给李聚奎出了一个题目：讲一讲开展平原游击战争的问题。用意是发动大家都来研究这个问题。他自己更是为此花费了许多精力与时间。他是位讲究实际的人，贯彻中央方针的决心与信心，不是凭热情与冲动，而是本着科学的态度，注重研究冀南的地形、民情条件，敌人的活动规律，总结斗争经验。5月21日，《群众》周刊[①]刊出了他写的《开展河北的游击战争》。在这篇文章中，他明确提出了平原建造“人山”的思想，深刻阐述了人民战争的伟力。

他认为开展河北游击战争，在中国的持久抗战与取得抗战胜利上，是有其伟大意义的。河北游击战争的展开，可以破坏日寇在平汉、津浦两大铁路干线的交通运输，使日寇的资源掠夺，物资补充，兵力转移，陷于麻痹的状态，可以使日寇利用中国人打中国人的阴谋归于泡影；而且在扩大抗日的阵地，充实抗日的力量，和在供给抗日的资源上，对全国的抗战有极大的帮助。

他对一些人提出的问题作了耐心的解释：河北的地形，除西北两面的一部分是山地外，其余都是广漠无垠的平原地，如果单从战术上的眼光看来，游击队在平原上的活动，自然没有像山地那样多的地形上的便利，相反敌人的机械化的兵种或骑兵，倒有较便利的条件了。因此或许有人会怀疑到平原地开展游击战争，也许会不可能，有些人说游击队既无山地依托与隐蔽，自然地形上的帮助是很少的，而人的两条腿又哪能跑过机动的汽车或坦克车呢？不错，在平原地上进行游击战争，上面这些困难，确实是存在着的，但这仅仅只是困难，不能因此作出平原地无法进行游击战争的结论，否则必然会否认华北广大平原地区的游击战争，这种观念，对于开展河北的持久抗战、扩大抗战的阵地，与充实抗战的人力、物力，是非常有害的。游击队活动的依托，一面是地形上的便利条件，如山地森林等；另一面是与广大人民的结合。但游击队要自己能巩固和发展，并进行机敏的灵活的动作，其主要条件是取得广大人民的拥护与帮助，过去宝贵的经验，都是这样告诉我们的。周恩来同志说：“军队与游击队是鱼，而人民是水。”这个比喻是最正确不过的。

他提出了著名的创建“人山”的思想：河北是人口较稠密的区域，假如我们能在河北平原上，把广大人民推动到抗日战线上来，把广大人民造成游击队的“人山”，我想不管什么样的山，也没有这样的山好。

他说：人民的力量是最伟大的力量，也只有这伟大无比的活动的人的力量，是日寇无法战胜的力量。我们要在平原地开展游击战争，就必须把广大的人民造成“人山”。但是如何能把散处的人民造成团结的“人山”呢？那就必须在人民中进行广泛的深入的教育说服和宣传组织等艰苦工作，提高人民的民族意识与政治觉悟，使人民本身的利益，与抗日的利益联系起来，使每个人民认识到要想自己不受日本的蹂躏，那就只有为中华民族的自卫战争而牺牲一切，为民族的生存而奋斗到底，这是每个人民的天职，是每个人民应担负起的责任。凡是苟安贪生，把个人利益看得比国家民族利益高的观念，是极端有害的，殊不知，“皮之不存，毛将安附？”整个民族亡了，个人还有什么？

他说：日寇因感到兵力的不敷分配，交通的难于维持，于是在到达之处，便

① 中共中央长江局机关刊物。

收买汉奸，成立伪组织、维持会与清乡军、光复军等，企图利用汉奸的政权以实现其以华制华的毒计，而补其兵力不足之弱点；同时大杀大烧，镇压日益开展的人民抗日运动，并用阴谋诡计，挑拨离间，分裂抗日军队与人民的团结，但这些并没有收到好的效果，在中国的民族觉悟中与抗战团结之下，受到了严重的打击。日寇的奸掠烧杀，激起中国人民仇愤的心理。

他说：无论从主观上客观上说来，造成“人山”的条件是具备的。但是必须指出，空喊是不成的，我们必须有进行这种工作的决心，一切的游击队必须有良好的纪律，具有抗日的高度积极性，在一切行动中，真正表现自己是为民族利益而斗争。真正站在保护人民利益的立场上，才能造成“人山”，这是政治上最主要的工作。

为了实现上述战略思想，徐向前还提出了一整套具体的战术要求和详尽的组织计划。其要点是：甲、利用村庄，只能作为袭击的掩护，不能作为固守的据点。乙、组织骑兵支队，但不应过大，过大即有笨重之累。丙、一般游击队的组织也不应过大，但在许多游击队中必须要有基干游击队，其周围组成若干小游击队，配合基干部队作战。丁、游击队的主力应位于可以四面周转的地区，其根据地或休整场所应多取几个。戊、组成小的脚踏车游击小组，向远距离的行程上活动。

从战略全局出发认识一个行动的意义，从具体条件中寻找解决问题的方法，这是徐向前指导工作的一条原则。在徐向前等的组织下，河北各地游击战争的火焰很快燃烧起来了。

创造“人山”，把冀南建成巩固的抗日根据地，一个关键的问题是必须尽快扩大自己的武装。当时，冀南被称为“司令如牛毛，主任满天下”的地区。这是国民党军队败退和日寇占领军兵力不敷分配的情况造成的。国民党军队败走，政权垮台，各县政权被日本人组织的维持会所取代，局面一片混乱。各色武装蜂起，他们巧立番号，独树旗帜，自称司令。有的纯粹是土匪，有的标榜为民军，有的名曰义勇军，还有带着迷信色彩的会门武装。对于这些武装，陈再道、宋任穷到冀南后，运用抗日民族统一战线的政策，做了一些团结和争取的工作，有的实现了收编，有的建立了统一战线关系，但基础很不巩固。徐向前分析了收编、改编这些武装的可能性、必要性，提出了进行这项工作的基本方针：凡属不愿投降，不甘为日寇驱使，而愿意同八路军共同抗日及自愿参加共同抗战者，应一律欢迎并予以下列的保证：

一、与八路军新四军的主力部队同等待遇，一视同仁。

二、不缴枪。

三、不改编，保持其原有干部与编制，如因适应战争环境和提高战斗力，而在组织上必须适当的调整时，亦应先取得他们同意，而不应出以勉强。

四、帮助其进步。

在冀南改造与收编各色武装，按照徐向前提出的这一方针进行了卓有成效的工作。收编段海洲的“青年抗日义勇军团”和赵辉楼的“民众抗日自卫军”都是成功的例子。

对“青年抗日义勇军团”，陈再道、宋任穷已经做了大量的争取工作。徐向前到南宫，段海洲先派秘书陈子平到南宫求见，后又亲自登门反复表示愿率六千弟兄接受八路军的收编。徐向前除鼓励他的正义行动，向他宣传共产党的抗日主张，讲清八路军的严格纪律外，明白地告诉他：收编时队伍不拆散，保持原有的干部和编制。为了统一序列，名称叫八路军青年抗日游击纵队。段海洲表示完全接受，很快将部队带到南宫以西苏村整顿。但是，这支部队毕竟是政治不纯，没有经过严格训练与考验，尤其是那些旧军官和土匪出身的人，不愿受八路军纪律的约束，把自己的小山头拉走了。他们过不惯艰苦生活，又没有一个坚定的政治目标，没多久，段海洲本人也溜了。剩下的只有一千多人。徐向前把这一千多人叫作段海洲部队的“实力”。徐向前认为收编段海洲这样的武装的意义，不在于他留下了多少部队，而在于他没有被日本人收买去，也没有被其他人利用，这就是一份力量。

赵辉楼的“民众抗日自卫军”和段海洲的部队不同，它是在共产党的影响下发展起来的。即使这样，在收编前，还是做了大量的争取工作。徐向前先是在南宫召见赵辉楼的政治主任赵月舫（后改名赵光远），在了解和掌握大量情况之后，又与赵辉楼面商。赵辉楼表示愿意接受八路军的领导，恳切要求将所部改编为八路军。徐向前最后与他商定两条：

第一，受八路军领导，编为冀豫抗日游击支队，编 3 个团，每团 2 个营；第二，暂住束、晋、藁、赵地区及石家庄一带。

商妥之后，赵辉楼感到没有“八路军”这个牌子不行，第二天又向徐向前提出一定要在部队番号加上“第八路”三个字。徐向前依允了，番号定为“八路军冀豫抗日游击支队”，司令员赵辉楼，政治委员赵月舫。两个月后派汪乃贵任副司令员。这支部队在徐向前亲自关怀和共产党的领导下，健康地发展，且多有建树。

在徐向前领导下，冀南收编和改造伪军、土匪和游杂武装的工作颇有起色，到 6 月底，已有大小数十股武装和 20 余县的民团、保安队编入了八路军的队伍，东进纵队迅速扩大，猛增到 1.85 万多人，拥有 1.15 万多支枪，下属 18 个团与支队。冀南根据地也像燎原的烈火一样，急速地向外扩展着，以平汉路为西界，向南到了漳河北岸，向北到了石家庄、藁城、晋县一带，而东北方向已经延至津南的南皮、乐陵、庆云区域，向东至运河以东的恩县、高唐，连接聊城。三年后，徐向前以“在建军中怎样争取和团结旧式地方武装”为题，总结了收编各色武装的经验：

第一，首先得承认这些武装一般地都存在某些落后的弱点，而这些弱点又不是完全不可改变的，但改变这些弱点是一个艰苦的较长期的过程。

第二，应从他们现有的政治水平出发，来注意教育他们和逐步提高他们，因此适当的迁就与让步是必要的。

第三，在组织的调整和各种制度的建立上，同样不能要求过高，而应在其政治上逐渐提高之后，在其自觉的自愿的条件下，才能顺利进行。

第四，应善于具体分析他们本身内部各种分子不同的水准，而使其先进者推动落后者一同前进。

第五，在军政纪律与战斗行动上，我们应以自己的模范行动来教育说服他们，并应善于等待和帮助他们以其自己的经验，来认识我军的特点。

第六，为着更有效的克服这些部队在政治上、组织上和行动上的各种弱点和缺点，发展其长处，适当的鼓励是必须的，而且是重要的。

徐向前在总结中强调，为了贯彻实现中国共产党争取和团结这些武装的方针，以求扩大抗日力量，给敌伪势力和投降派以最大的打击，必须注意上述几个问题。要深入地开展两条战线的斗争，特别要克服“左”的关门主义倾向。

创造“人山”，扩大与巩固冀南抗日根据地，徐向前全力解决的另一个问题是建立抗日的民主政权。国民党军队南退，各处政权塌台，土匪强人四起。这一方面给冀南人民造成了极大的痛苦，是坏事，而另一方面又为八路军建造“人山”提供了条件。人民渴望有一个民主政权，结束当前的混乱局面。徐向前进入冀南两个星期，就在给刘伯承、邓小平、彭德怀的电报中提出“路东工作将大大开展，干部成大问题，能拿在我们手上的十五县无县长，请刘邓设法抽调一批干部来”。

当时，建立政权同收编各色武装的工作是联系着的。常常是解决一个县的武装，同时也就建立一个县的政权，派出一个人当县长。为使县长合法化和手续简便，徐向前创造的经验是：进入县城以后，就召开群众大会，请那些有名望的人士参加，会上宣布某某为这个县的县长，问大家同意不同意，举手通过。群众对八路军有好感，很容易通过。

为了建立政权的工作，中共冀南区党委办了“县长训练班”。王任重当时任冀南区党委的宣传部长，参加了这项工作。部队每到一个县城放一个县长。像撒种子一样。当然，在群众基础比较好的地方也有选举产生的。还有一种方法，就是用武装把汉奸县长抓起来或赶跑，然后派人去接替，在枣强县就是这样。

枣强县的杨玉昆，自称中央直辖忠义救国军第三路。这个人是打着抗日旗号的汉奸。他占着的那个地方，八路军去筹粮他不让，筹款更不准，派人去交涉，他又把人扣住不放。从各方面获得的情报证实，他与德州日军有来往。于是，徐向前决定逮捕他。一天，徐向前和刘志坚带着七六九团和骑兵团，奔到杨玉昆驻地，逮捕了他。在搜查他的司令部时，发现了两张委任状，其中有一张是日本人给他的。把杨玉昆押在南宫，他的部下结伙跑到南宫闹事，找徐向前要他们的杨司令。他们气势汹汹地质问徐向前：

“你们为什么抓我们的司令？”

“为什么下我们部队的枪？”

“这是破坏抗战！”

“把杨司令交出来！”

徐向前开始没动声色，在他们越叫喊声越高的时候，只听“啪”的一声，徐向前拍案而起，怒目环视，厉声对他们说：

“你们的司令是好人是坏人，你们知道吗？他是中国人的司令还是日本人的司令，你们知道吗？他来到枣强为什么不打日本人，为什么要抓八路军的人，你们知道吗！”说到这，徐向前拿出日本人给杨玉昆的委任状，举到闹事人面前，说：“你们看，这就是你们杨司令的真面目！你们问为什么抓他，因为他是汉奸！”

闹事的人不声不响地退出去了。七六九团于5月25日进入枣强县城，收编了城内部队，随之，建立了抗日民主政权。

冀南多数县政权的建立，为组建冀南行政主任公署奠定了基础。8月8日，毛泽东、刘少奇电示徐向前、邓小平、宋任穷：“我们一般方针要加紧建立与强固各县政府，推选或委派得力同志去任县长，并可派临时专员……为此有请杨秀林（即杨秀峰）去路东并带干部暂时主持冀南政府的工作的必要。”

8月14日，冀南行政主任公署在南宫宣告成立。这一天，五十多个县的军政民代表齐集南宫，举行空前的盛会，一致选举杨秀林、宋任穷为正副主任，地方名流和国民党人士如刘季兴、孟夫堂先生等均担任了重要职务。至此，冀南抗日根据地的基础更加巩固。作为党政军民活动中心的南宫城，被人们称为“小北平”。

第三节 再度会晤卡尔逊

1938年7月中旬，徐向前在南宫又一次会见伊万斯·福代斯·卡尔逊。

卡尔逊是美国的少校军官，在海军服役，1930年前曾两度驻中国上海任美国情报官，抗日战争开始，又受罗斯福的委托来到中国。他到根据地考察，是毛泽东同意的。卡尔逊和埃德加·斯诺曾目睹了日本侵略军进攻上海的情景，当了解到共产党在敌后领导游击战争的重要意义后，决定到敌后对八路军进行实地考察。他请斯诺通过在上海的八路军代表，把他写给毛泽东的电报发到延安去。很快接到了欢迎他去的回电。通过共产党的地下工作人员的安排，他顺利到达延安，不久又转入华北敌后考察。

1938年1月7日，卡尔逊在辽县拜会了徐向前。那次会见时间很短，徐向前谈话中曾说：“有统一战线中的独立自主和依靠民众的游击战争这两个法宝，最后胜利一定是中国人民的！”这给卡尔逊留下了深刻的印象。半年之后，他们在南宫又见面了，而且同住在华兴烟草公司的一个院子里，于是他们继续了在辽县的谈话。

这时邓小平也在南宫，这使卡尔逊喜出望外，得以同时访问这两位八路军著名领导人。他们断断续续谈了两天。

1940年，卡尔逊在纽约出版了《中国的双星》。其中有一章题为《在南宫会见徐向前和邓小平》，就是记述这次会见的。书中有如下一些描述：

……经过五天的艰苦路程之后我们到达南宫。非常幸运，我又见到徐向前将军。他还像我在辽县看见他时的那样和蔼和满面笑容，但是也瘦了一些，而且看起来他很疲倦。

南宫是一个水果之乡。当在这里逗留的两天之中，我们谈话时，小鬼们便拿来桃、梨和苹果。朱德的总政治部副主任（按：此时为一二九师政委）邓小平当时正在这里视察，他也跟我们谈了话。

这里有一种冀中所缺乏的沉着和自信。我试图分析一下这种不同的原因，感到这种不同在于领导人是沉着而自信的。这些八路军的人是满怀自信心的。他们在为生存而战的漫长年月里，深入而全面地考虑了整个社会、经济和政治关系问题，他们的主张是肯定的和明确的。而且，他们对自己的军事战略和自己运用这个战略的能力，也具有无限的信心。

河北省南部地区（用中国话说叫“冀南”）位于构成冀中南部边缘的那条公路以南，介于西边的平汉铁路和东边的山东大运河。它的南部边缘是在大名以北不远的一条线之间，河北省在那里变窄，像一只平底锅的锅柄，一直伸延到黄河边。这个地区大约有 8000 平方英里，面积约和美国的马萨诸塞州相等。

日本人一度占据了从东到西横贯这个地区的一条公路，它把两条铁路联结在一起了，结果是人民遭受很大损害。在日本人向前推进时，中国的正规部队已经南逃了，人民只好自己想办法。有些人成了土匪，而另外一些人则试图组织起来，保护一些具体的地区。但是他们没有基本的计划，而且他们的活动也很分散。

徐向前告诉我：“那是在 12 月间，这一地区的某些城市的代表来到辽县我师的师部，要求我们去帮助组织游击队。当时我们正忙得腾不出手来，所以我派了 3 个训练有素的非武装人员和他们一起回去。几个星期之后又接着派了 24 个人，1 月间又派来 4 个连。这些部队组织了巨鹿和南宫的人民，并为我们在这儿创建了一个根据地。3 月间，宋任穷带着一个骑兵团开到这里，扩大了发展规模。在响堂铺打败了日本人之后，我率领主力部队到达这里。”

“你们在响堂铺是怎样打败日本军的？”我问道。

他回答说：“那是 3 月 31 日，一支约有 3000 人的日本纵队，带着 180 辆卡车通过一个关口向山西开来。我们突然从侧翼对他们发动攻击，打死近 1000 人。[①] 但是战果中最出色的是烧毁了他们的全部车辆。”

我非常想知道他们是怎样对待中国土匪的。“你们消灭了他们吗？”我问。

他回答说：“在我们向他们说明了他们正给中国人的事业造成危害之后，他们还是欺压人民，否则我们是不会消灭他们的。”然后他对我讲了土匪必须满足哪些条件才能被编入八路军。他们必须同意：

坚持抗日直到日本撤出中国；

服从八路军的命令；

接受八路军的政治教育和政治工作人员；

① 卡尔逊当时记述的敌军数字有误。

不危害人民；

定期提出收支详细账目的报告；

实行八路军的薪饷标准（等级是战士每月 1 元，指挥员每月 5 元）；

吃同样的伙食。

他说，汉奸部队（指编入日军的中国部队）必须通过消灭日本人来证明他们的诚意。

“仅仅这个地区，大约有 5000 名汉奸部队官兵向我们投诚了。”他说着慢慢地笑了。

我说：“徐同志，在我们谈条件的时候，我想具体知道每一个八路军战士都宣誓遵守的抗日救国十大纲领。”

当我们谈话时，邓小平一直在大吃水果。这时他靠在椅子背上，积极地参加了谈话。

他说：“这些原则是：收复失地；开展我们所有军队的集体行动；动员人民；铲除汉奸和机关中贪官污吏；建立一个民主政府；和日本、朝鲜和台湾农民一齐开展反法西斯运动；没收汉奸的财产用之于抗战；改善人民的生活，提高人民的教育秩序；检举并逮捕汉奸；最后，也是最主要的是实现抗日民族统一战线。”

在他指出这几点时，我心里暗暗用我在山西、河北观察到的活动来和这些原则对照。我看到了实行每一项原则的具体事例。自离开晋西黄河地区以来，在我们访问的每一个地方，人们都非常强调发展统一战线。

雨季正在开始，滂沱大雨下了两天，这使我们延迟进发。但是，这也为和徐向前、邓小平谈话提供了更多的机会。

邓小平在参加八路军之前，当过工人。他在法国待过一段时间，并在那儿研究劳工运动。邓小平个子矮些，身体结实健壮，他的思想极为敏锐。

一天下午，我们讨论了整个的国际政局，他对情况了解的范围之广使我大为吃惊。他讲的一则消息使我感到震惊。

他说：“去年，日本从国外购置的战争物资有一半以上是美国提供的。”

“你肯定这一点吗？”我问。我知道美国主要同情的是受侵略的中国一方，在我在中国内地旅行的 8 个月里，当我考虑到这件事时，我一直认为美国人会拒绝把战争物资卖给一个侵略的国家，这是不成问题的。我太天真了！

他对我说：“是的，这消息是战争第一年结束时，从美国发的一则电讯中说的。”

这使我感到难过。我说这则电讯的报道准有错误，我不能相信美国人会有意助长我在过去一年来在这里所亲眼见到的大屠杀和苦难。

徐向前进来了，话题重新回到当地的局势问题。我向他问到这个地区的现状。

“现在日本人只守着铁路沿线的城市和我们南面的大名城，这个地区的土匪已经肃清了。但是南边的一些地区并没有这么幸运。不过有一位很不错的人负责掌管大名与黄河之间的五个县，他名叫丁树本。我们曾给他一些帮助。”

他想了解我打算怎样回汉口去。

我回答说：“我想看看山东的情况，然后我希望能在黄河那边到郑州以西找到一条路线。”

他对我说：“如果你难以找到一支护送队的话，回到这里来，我会设法送你过去的。”后来他的这个诺言对我很有用处。

会见徐向前和邓小平之后，卡尔逊到鲁西北去，行抵临清，孔庆德已带着小分队在城外数里远的地方迎接他。这就是徐向前为他做的安排。在卡尔逊一行离开南宫时，徐向前还曾赠送他们路费 50 元，每人 1 双草鞋，1 个水壶，还给他们做了衣服。徐向前对卡尔逊说：“延安太苦了，这里好一些，以后有什么困难再来找我。”

第四节 和鹿钟麟的较量

1938 年 9 月 15 日，国民党政府河北省主席鹿钟麟进入南宫。从此，在冀南掀起了摩擦与反摩擦的激烈斗争。

鹿钟麟曾是冯玉祥的部下。“北京政变”时，他是旅长，逮捕曹锟，抗击吴佩孚，把溥仪逐出皇宫，都出过力。特别是把末代皇帝溥仪赶出紫禁城这件事，他一直引为骄傲。他是在不久前由蒋介石委任为“河北省政府主席”的，此行负有“收复失地”的使命。

徐向前根据中共中央关于与河北省府合作的指示精神，指示在南宫的部队、各阶层人士和群众组织，组成欢迎队伍，迎接鹿主席的到来。鹿钟麟在城外数里，就看见道路两旁站满了人，有数千之众，对这热烈的场面，他感到很满意。

接连几天，南宫的气氛都是热烈的。行政主任公署和南宫县政府召开了各方代表欢迎鹿钟麟座谈会。徐向前、朱瑞（时任中共中央北方局驻太行区代表）、杨秀林、宋任穷、陈再道等几位领导，也都去鹿钟麟的驻地，向他介绍冀南的情况。大家都抱着团结一致，共同抗日的真诚愿望。

双方会谈中，徐向前提出请鹿钟麟以省府主席名义，对已经选出的行署、专署领导人和各县县长正式加以委任，让人民群众更加增强在各级政府领导下坚持抗战的信心。

鹿钟麟对徐向前说：“我新来乍到，一无枪炮，二无军队，今后抗战还要多靠你，多靠八路军。大家同舟共济，遇事互相商量。”话讲得很好，但对“委任”这样的实质性问题未明确表示可否。

对于鹿钟麟的这种态度，徐向前分析，他可能有难处，蒋介石交给的“使命”在身，周围又有一批“眼线”，身不由己。徐向前对宋任穷他们说：“一次谈不成不勉强，以后还可以慢慢地谈嘛。”

冀南平原建造“人山”的工程，没有因为鹿钟麟来而放松。各级抗日政权相继树立在民众面前，各界人士都在注视着，看它是真抗日的还是假抗日的，是为民的还是为官的。他们看到，新政权的政绩是：向富户筹粮筹款，救济贫民；组织秋收运动，把收获的权利给农民；实行二五减租，减轻民众负担；发布对付日寇进攻办法，如自卫和避难办法、空舍清野办法、防匪防特办法等。最使人信服的，是政府工作人员不贪污受贿，不敲诈勒索，公正廉洁。这成了八路军能够坚持下去的关键。

保卫政权的民众武装也有相当的发展。除游击队外，还有各村的自卫队，以政权为中心的各类民众团体也已达到更加完善的程度。可是，这一切却使鹿钟麟深感不安。到冀南一个月时，他在给国民党中央党部社会部部长陈立夫的一份电报中说：本省前以处特殊环境之下，党务中断已久，各地民运团体已领导无人，遂于无形中停顿解散。本部抵冀后，各县民运，共产党早着先鞭，其组织系统：县、区、村各设民族革命战地动员委员会，内分总务、组织、宣传、动员分配、人民武装、锄奸六部。其中，最关重要之组织、人民武装二部，皆为共产党分子把持，全县之民众团体，如：妇女救国会、农人救国会、工人救国会、店员救国会，悉由该会领导，各民众团体县会之上，均设有冀南总会，以求集中力量。八路军东进纵队政治部，实为各县动委会及冀南民众团体各总会之发号施令总机关。本部外察实情，内凛职责，深知另组民众团体，难免发生摩擦，令共党将领导权完全交出，绝非共党所愿。今后对民运工作之领导与组织，应持何种态度，采何种方式，亟盼详为指示，以资遵循。

陈立夫的回电是：融合军事政治积极进行，绝不可稍事退让，其组织方式亦只可因地制宜，分区督导，统一指挥，似不必拘定于形式。

有了陈立夫的电示，鹿钟麟更加坐不住了。他四处网罗反共武装势力，以孙良诚为游击总指挥，将民军赵云祥部及杂色武装胡和道等部也拉了过去。在他能指挥的队伍中，张荫梧的力量比较大。他还与山东的反共专家沈鸿烈（山东省政府主席）结成“冀鲁联防”，同八路军搞摩擦。

9 月下旬，胡和道勾结枣强县的会道门组织，向八路军东进纵队独立团驻姚屯的 1 个连进攻，杀害战士 13 人，抢去步枪 17 支，后又指使“白极会”包围枣强县城，声言要“撤换县长驱走八路”。不久，赵云祥又将新河县抗日群众团体“战委会”解散。

10 月底，鹿钟麟以南宫县长赵鼎新纪念“双十节”大会迟到和写工作报告不合格式，对他不尊重为理由，提出撤换赵鼎新的县长职务。同时，另外委任了一批专员、县长、区长，致使冀南出现了双专员、双县长、双区长的混乱局面。

11 月中旬，日寇对冀南施行第一次“扫荡”，南宫失守。鹿钟麟等人仓皇逃往枣强，杨秀林的行政主任公署机关转移到广宗活动。“扫荡”被粉碎后，日军放弃南宫。鹿钟麟抢先返回，竟以冀南行政主任公署“不知去向”为借口，宣布予以撤销。徐向前和他的助手们回击的方法也颇巧妙。他们当即派一个营的兵力进驻南宫，以“保护”鹿主席的名义，保卫行政主任公署，如果反共武装前来挑衅，就以危及鹿主席的安全为由，坚决予以反击。鹿钟麟对此也无可奈何。

鹿钟麟为了加强自己的力量，还与山东沈鸿烈串通一气，合作反共，妄图合伙把八路军挤出冀南。鲁西北的聊城有一支武装，是范筑先领导的。范是山东省第六区督察专员兼保安司令，同时又是聊城县长。他的部队有 30 多个支队，号称铁军。鹿钟麟、沈鸿烈要把这支武装改编成能与八路军对抗的队伍。其实，徐向前早就做了联合范筑先的工作。鹿、沈终未得逞。

徐向前对鹿钟麟有利于抗日的言行给予支持，对其取消抗日政权等削弱共产党的做法坚决反对，对其挑起的武装摩擦坚决回击。他的具体对策是：

动员群众造成反对解散救亡团体、收编八路军枪支和取消主任公署的运动；加紧战事动员，各地开庆祝会，宣传八路军反扫荡的胜利；各专员、县长坚决拒绝交权，各军政团体组织请愿团向省府请愿；等等。

经过冀南党政军民的共同努力，鹿钟麟排挤八路军、取消抗日民主政权的企图未能得逞。中共中央对冀南这段工作表示满意，指示“要总结过去的经验以供‘七大’讨论”。

由于紧张工作和过度疲劳，12 月中旬，徐向前大病一场，一连数日高烧不下。下旬，刘伯承率师直属队和三八六旅补充团到达南宫。1939 年 1 月初，邓小平参加中共六中全会后回到一二九师。刘、徐、邓这三位领导人又在冀南会面了。这时正是日军第二次对冀南大“扫荡”，2 月间占领南宫，形势非常严重。鹿钟麟也逃到冀西。他在离开冀南时嗟叹：“我到冀南来，这个地方不欢迎我，除了巨（拒）鹿，就是束鹿。”5 月 22 日，鹿钟麟叩电行政院长孔祥熙，电文说：“我军在冀南区仅职一部与少云部，兵少力单，长此以往恐有意外，如无有力部队前往镇压，政令无法推行……”流露出他奉命挑动摩擦，饱尝苦果的满腹哀怨之情。

第五节　粉碎日寇的“大扫荡”

冀南根据地建造“人山”的工程，并不是在和平的环境中进行的，而是在日军对冀南的扫荡与进攻的形势下进行的。建立政权，收编各色武装，联合友军，反对国民党顽固派的摩擦，以及组织与发动群众，都是“人山”工程的组成部分，其最终目的在于打败日本帝国主义。

国民党政府迁都重庆不足一年，广州、武汉等重要城市就相继陷落。徐向前以他的政治敏感和军事战略眼光，断定日本人一定会回过头来对付八路军。他说：“我们在冀南搞的这个样子，对日军后方有威胁，估计日寇占领武汉之后，很可能掉过头来剿我们。我们要有准备。”他的判断是对的。卢沟桥事变发生后 15 个月，日本出兵百万，伤亡数十万，耗费数十亿，军队锐气日减，国际舆论纷起谴责。日本不得不对侵华方针作些调整。日军逐渐停止向国民党军队进攻，而以主要力量转到后方“扫荡”八路军根据地。这就使抗日战争进入一个新的阶段，即毛泽东预言过的抗日战争三阶段的第二阶段——相持阶段。在这个阶段中，冀南以及其他许多共产党领导的抗日根据地都遇到了更大的困难。“扫荡”与反“扫荡”一次次展开。

还在 1938 年 10 月下旬，徐向前就在南宫召集了营以上干部会议。他在动员报告中，要求各部队在困难环境下坚持游击，保卫冀南根据地，在八路军处于暂时劣势的情况下，要保存自己的有生力量。他提出了如下反“扫荡”措施：（一）尽快筹集大批粮食、衣物、款项，做好物资准备。（二）采用多挖路沟、设路障及破坏道路、空舍清野的方法，迟滞敌人。（三）分散作战、灵活制敌。不要死守县城和村落，而是依托广大乡村分散游击，与敌周旋，会躲会藏会打，不打则已，打则必胜，昼伏夜袭，打了就走。（四）坚决镇压汉奸，警惕国民党制造摩擦，防止新编杂色武装倒戈等。会后由行政主任公署下达了紧急动员令。

日军对冀南的第一次“扫荡”是从 1938 年 11 月 15 日开始的。出动的兵力有独立混成第三旅团及一一四旅团各一部 3700 多人，先后占领了隆平、故城、武城、恩县、高唐、夏津、南宫、临清等县城。鲁西北之东阿日军 300 多人攻占聊城，范筑先先生以及姚第鸿、张郁光壮烈殉国。冀南军民按照徐向前确定的方针，空舍清野，化整为零，活跃在广大平原乡村中打击敌人。徐向前率指挥机关主要活动在南宫以南、威县以北、清河以西、广宗以东地带。历时 16 天，反“扫荡”结束。军民协力共作战 28 次，毙俘敌伪 600 余人，迫使日军撤出了冀南中心区。

这次反“扫荡”，虽然迫使日军撤出冀南中心区，但宁晋、永年、故城、恩县、高唐、聊城等则为敌所占，形成由东南西三面包围冀南中心区的态势。徐向前估计到，这个形势意味着日军很快要来第二次更大的“扫荡”。

果然，1939 年 1 月，日军更大的“扫荡”开始了。距前次结束时间仅仅一个月。这次“扫荡”，日军动用 3 万多人的兵力，分 11 路向冀南中心区进攻，企图消灭或驱逐冀南八路军，控制冀南枢纽地带。这时刘伯承、邓小平均在南宫，他们认为“目前冀南整个局面正处严重关头”，商定采取“先溃后收拾”的方针。即让出主要的县城、据点，避实击虚，经过一段消耗敌人的时间，再转入反攻。他们将冀南和进入山东的部队分成 5 个战斗集团，“完全以游击姿势，分区活动，在保持有生力量的原则下，经常以小部队保持与敌接触，但不放松有利时机消灭敌人”。

“扫荡”日军分东西两线出动，采取稳步推进战术，向八路军压来。2 月份即占领了大部县城，接着又进一步控制乡村要点，压缩八路军回旋余地，使冀南军民陷入极端困难之中。但是，冀南军民在刘伯承、徐向前、邓小平的指挥下，不失时机地打击敌人，日军每占一地都要付出相当代价。由隆平进攻邢家湾的日军，中途受到阻击，40 里三天方到，伤亡百余人。平乡日军东犯广宗、威县，半月没有达到目的。曲周日军步骑百余进占安儿寨，全被消灭。宁晋日军进占大杨庄，遭八路军夜袭，200 余人全部丧生。在香城固地方日军步骑 200 余、汽车 9 辆，全部被歼灭。从德州往临清沿河行驶的日军汽船 9 只，被击沉 1 只，30 多

1939 年 2 月 10 日，一二九师三八六旅在南宫附近的香城固伏击战中，一小时内歼敌两个中队。这是缴获的日军野炮和弹药之一部分

人毙命……

后来，日军又以南宫、巨鹿、威县、广宗等地为重点，反复“扫荡”。刘伯承、徐向前、邓小平率主力转入豫北，经南乐、清丰、濮阳，直至滑县、淇县一带。3 月间，太行山区吃紧。刘、邓率主力一部返回太行，徐向前和刘志坚率一部兵力重新回到冀南中心区南宫、威县、清河一带，指挥军民继续进行反“扫荡”作战，至 5 月间，前后大小战斗达 400 多次，杀伤敌伪军 5000 多人，坚持了冀南平原根据地。

一年前，毛泽东曾说：“能否在平原地区建立长期支持的根据地，这一点现在还没有证明”[①]。冀南的实践表明：是可以的！那么，取得这一成功的关键在哪里呢？宋任穷在总结冀南五个月艰苦游击战争的经验时说：“造成‘人山’，支持平原游击战争，是一个非常重要而不可缺少的条件。没有民众的帮助，平原游击战争的支持是不可能的。”这和徐向前初到冀南时提出的在平原地创造“人山”的战略思想是完全一致的。

① 毛泽东：《抗日游击战争的战略问题》，《毛泽东选集》，人民出版社 1964 年版，第 389 页。

第十六章　山东一年

第一节　第一纵队司令员

冀南抗日根据地的局面一经奠定，新的使命又促使他转向另一个战场。1939年6月初，徐向前和朱瑞奉命一起去山东。

这时，抗日战争的形势严峻复杂。日军除将武汉会战的兵力大部回调外，还从其他地区和日本国内调集一些部队，集中“扫荡”抗日根据地。汪精卫已经公开投靠了日本帝国主义；国民党顽固派积极推行“溶共、防共、限共”的反动政策，山东以沈鸿烈为代表的顽固派，推行限制八路军发展、驱逐八路军出鲁的政策。共产党领导的山东抗日武装力量，需要加强统一集中的领导。

要徐向前和朱瑞到山东工作，中共中央计议已久。3月间，八路军总部、北方局领导人就向中共中央提议，派徐向前和朱瑞到山东加强并统一党政军的领导。此事直到6月才定下来。

随同徐向前、朱瑞去山东的干部，多是朱瑞从八路军总部、野战政治部和抗大一分校选调的，有罗舜初、王建安、徐黎平等军事指挥人员，还有谢有法、刘志超、李竹如等政工干部。徐向前只带有一个警卫小分队、一匹马、一辆自行车。自行车在那时被看作是“洋玩意儿”，这也是他唯一比别的干部“特殊”的地方。

徐向前一行从威县北东大成出发，一路向南，经威县南贺伍庄、馆陶南阎庙、大名东张铁集，从范县开始东进，走梁山、靳口、泗皋，在楼德以西过津浦路，继续向东，经东石莱、西石莱、白马关，于6

1939年6月，徐向前到山东任第十八集团军第一纵队司令员，统一指挥山东、苏北、淮北的八路军

月29日到达沂蒙山区的代庄，与郭洪涛（中共中央山东分局书记，原为苏鲁豫皖省委书记）、张经武（山东纵队指挥）、黎玉（山东纵队政治委员，原为山东省委书记）会合。

沂蒙山区位于山东中南部，因沂山、蒙山、沂河而得名。荀况、诸葛亮、王羲之、刘勰、颜真卿等著名历史人物，有的出生在这里，有的曾在这里施展过才华。诸葛亮出生的古阳都城，就在沂南县的前后黄疃地方。现在，这里成了山东军民抗击日本侵略军的指挥中心。

徐向前、朱瑞到代庄的第二天，原在山东的几位领导人给他们汇报了情况。郭洪涛报告了山东根据地开创经过及反“扫荡”经验，张经武报告山东军事问题，黎玉讲了山东纵队的政治工作。

在徐向前到山东之前，黎玉和张经武领导的山东纵队有2.5万多人，开辟了沂蒙山区和胶东等根据地。罗荣桓和陈光率领的第一一五师一部，创建了泰西根据地，后又进入新（泰）宁（阳）费（县）泗（水）边一带，接着向鲁南抱犊崮山区发展。还有萧华率领的挺进纵队在冀鲁边一带活动。这些根据地和游击区，是山东人民和共产党领导的山东境内各部队进行抗日战争的主要依托。

徐向前虽是初到山东，但他在一年以前却已参与了开辟山东抗日根据地的工作。在冀南工作期间，他曾两次邀见聊城专员范筑先，与其建立了统一战线关系，并指挥津浦支队活动在高唐、夏津一带，与范筑先相互配合，坚持鲁西北的抗日斗争。

张经武、黎玉1938年8月下旬从延安带160多名干部去山东，10月下旬经冀南到徐向前那里。当时总部拟从津浦支队抽一个营去山东作基干，徐向前考虑山东游击战争战略地位重要，是向苏、皖发展的一个重要通道，又是毛泽东等中央领导十分关注的地方，曾全力予以支持。

开辟冀鲁边，也是徐向前对山东根据地建设的一个重要贡献。1938年5月中旬，徐向前根据毛泽东等领导人的指示，曾与陈再道、宋任穷提出了组织一个纵队出胶济路南活动的方案，得到刘伯承的赞同，后来改为派曾国华支队和孙继先支队出兵天津以南、旧黄河以北的冀鲁边一带。出发前，徐向前和当时任冀鲁豫省委书记的李菁玉研究决定，由省委宣传部部长马国瑞负责领导这两个支队。徐向前对马国瑞说：“你带五支队和津浦支队到冀鲁边一带，开辟冀鲁边区的工作。战略上以乐陵为中心，先向北发展，建立津南政权，然后向南发展，搞黄河以北的鲁北一带，与清河区打通。”按照徐向前的部署，马国瑞率曾国华、孙继先两支队于6月30日过津浦路，进入冀鲁边区。接着萧华率一部来到这里。各路抗日武装相配合，先后在新海、南皮、宁津、吴桥一带，接连打了几个胜仗，冀鲁边的抗战局面得以迅速展开。9月16日，徐向前、陈再道、宋任穷、刘志坚给党中央写信，提出“津浦路东以萧华、符竹庭、马国瑞、杨靖远、李启华等五同志组织军政委员会（实际是八人，后增了曾国华、孙继先、邢仁甫），萧华为书记，统一军政党领导”的建议，得到中央批准。徐向前并向中央和总部提出整编冀鲁边部队，组成八路军挺进纵队，由萧华任司令员的建议，也得到批准实施。到1939年上半年，冀鲁边区的武装力量已扩大到两万余人，并发展到津南、鲁北广大地区。

徐向前到山东，正赶上日军对鲁中地区发动第一次大“扫荡”。这次“扫荡”是6月1日开始的。日军两万余人以津浦、胶济、陇海路东段及烟（台）潍（县）公路要点为出发地，分十路合击沂蒙山区。驻扎在莒县、沂水、蒙阴等地的国民党军队刚一接触就溃散了。日军“扫荡”的巨大压力，全由共产党领导的根据地军民承担。徐向前听了情况介绍之后，即全力投入反“扫荡”的指挥。

当时山东纵队已有十来个支队，三万多人，但成立时间短，战斗经验少，干部缺，装备差，头一次遇上敌人这么大规模的进攻，处境非常艰难。好在沂蒙山区地形便利，不像平原地那样无依托，加上部队指战员多是本地人，熟悉地形、民情，借助青纱帐和群众掩护，辗转游击，顽强地抗击着敌人的进攻。有一个18人的小分队，在岱崮山抗击500多日军的进攻，最后被逼到一个断崖上，子弹打光后全部跳崖牺牲，被誉为“十八勇士”。

“扫荡”延续到7月中旬。反“扫荡”一结束，徐向前即开始着手统一建制，健全领导机构。8月，经中央批准，正式组成八路军一纵队，徐向前任司令员，朱瑞任政治委员，统一指挥山东和苏北的八路军各部队。原苏鲁豫皖省委改为山东分局，由郭洪涛、徐向前、朱瑞、罗荣桓（一一五师政委）、黎玉、张经武、陈光（一一五师代师长）、彭雪枫（时任新四军游击支队司令员）组成，郭洪涛任书记。继而成立山东军政委员会，朱瑞、徐向前、郭洪涛、罗荣桓、黎玉为委员，朱瑞任书记。8月10日、18日，《大众日报》两次刊登徐向前、朱瑞的就职通电。电称：

案奉
国民革命军第十八集团军总司令朱、
副总司令彭委令开

兹委徐向前为第十八集团军第一纵队司令员，朱瑞为政治委员，统一指挥山东与苏北境内所有第八路军各部队，等因奉此，遂于七月中进抵鲁南就职视事。自维轻材，难膺重寄，绠短汲深，每虞殒越，惟了兹国难，只有勉竭驽骀，在总司令于、副总司令沈、韩诸公领导下，追随各友军之后，为坚持抗战，坚持统一战线奋斗到底。敬恳时赐南针，以匡不逮，谨电奉闻，伫候明教。

郑重地发表这样的通电，是出于开展对敌斗争、建立抗日民族统一战线的需要，有其重要的影响。徐向前到山东后，引起了军界、政界、舆论界的重视。在以后的数年间，国民党统帅部一直把山东八路军称为“徐向前部”。

第二节　坚持独立自主

在徐向前等到山东之前，山东地区曾一度受王明“一切经过统一战线”主张的影响，在一些事情上未能坚定地贯彻独立自主方针。中共中央指出：山东方面过去退让太多，如接受取消北海行政公署及北海银行；未能于省府、县长西逃时普遍委任自己的县长；有些已委任的，复接受沈鸿烈命令撤销；秦启荣形同汉奸，多次向我进攻，未能给予有效还击。如上述情形不加改变，山东创建根据地与坚持抗战是要受挫折的。

徐向前认为，坚持独立自主最重要的问题是巩固与扩大根据地，建立与巩固抗日民主政权，发展与扩大共产党领导的正规部队与地方武装。

“根据地内有自己的政权，才能可靠。”这是徐向前在冀南同鹿钟麟较量得出的一个重要认识。他到山东后一个突出的感觉，就是政权建立的不够。就因为这一点，他把鲁南称为游击区，或者称不是巩固的抗日根据地。因为没有政权，八路军的物资供应发生困难，连徐向前司令员的吃饭问题都受到威胁，有时竟到断粮的地步。国民党政府不给八路军粮和钱，几万部队穿衣、吃饭、医药、装备供给困难可想而知。此外，没有民主政权，也不好发动群众。徐向前常说，你在时（指八路军）把群众发动起来了，你一走，群众失去了支柱，都散了，像流水一样过去了。有了民主政权则无此弊。

为了建立抗日民主政权，徐向前曾亲自到国民党鲁苏战区总司令于学忠那里谈判，明白告诉于学忠，共产党要在根据地内建立政权。

于学忠是张学良的亲信，实际上并不是东北军的嫡系。1927 年 6 月以前，他还在吴佩孚手下任军长，吴佩孚倒台后，才被张作霖父子邀去，到了东北军。张学良没有因为他是吴佩孚的部下而冷落他。恰恰相反，对他采取了信任态度。这使于学忠很感激。据说，张学良走后，他不仅忠于职守，还把张学良的战马养在身边，他不骑，也不准别人骑，以表示对张学良的忠诚。

于学忠热情地接待了徐向前。谈话是友好的，只是于学忠不赞成八路军搞民主政权，他说：“你们抗日，就不要搞地方政权了，八路军是军队，不能搞政权。你们也搞政权，我这个省政府怎么搞哇！”

徐向前说：“我们是抗日的军队，要搞抗日根据地，就得建立政权，发动群众。有了政权，有了群众才好打日本鬼子。”

于学忠说：“你们不搞政权，也可以抗战呀！”

徐向前说：“我们的部队抗战得吃饭，没有自己的政权就没饭吃。你们的政府，一不给我们粮款，二不给我们枪弹，连应该发给八路军的薪饷都不给，我们不搞政权怎么办！”

经徐向前反复解释，于学忠虽然同意了八路军可以在根据地内搞民主政权，但说“要合乎法律”。意思是要经过省政府核准与委任。徐向前只接受他的前半句——搞民主政权，不接受后半句——“要合乎法律”。他知道，要合乎蒋介石的法律，就不可能有共产党的政权。

这次接触后，徐向前在向毛泽东等领导人的报告中这样评价于学忠：一般问题经解释后，尚不坏，于仍站在第三者的立场，但思想太旧，与沈矛盾。

徐向前在山东建立民主政权采取了三种方式。

一是条件成熟的地方建立民选政权。如在冀鲁边、鲁西、鲁南和胶东。1939年夏季，敌人对沂蒙山区大“扫荡”，国民党的县长都跑掉了，政权垮台。利用这个机会，先后在莱芜、新泰、蒙阴、沂水、临朐、东平、平阴、宁阳、长清、泰安等县建立了抗日民主政权。到1940年3月间，全山东有完整与不完整的民选县政权40多个，11月近80个，年底发展到90多个，还有1个行政主任公署，14个专署，250多个区政权。此外，还成立了山东省参议会，由进步人士范明枢任议长。成立了战时工作推行委员会，黎玉任主任委员，实际是行使省政府的职权。

二是建立“两面政权”。即在敌占区、敌之“巩固区”、铁路沿线和中心城市，利用敌伪政权中的进步分子或秘密派人进去，进行抗战工作。徐向前曾回忆说：“有一些名为伪政权，实际是我们的人，像电影《平原游击队》里那样，我们过铁路时，他喊‘平安无事哟’，送我们过铁路。我们临走时，把他绑在树上。敌人来了骂他为什么不报告！他就说：‘你看，他们把我绑在树上，我怎么去报告呀。’就蒙混过去了”。①

促使国民党控制的政权实行某种程度的民主化是第三种形式。这是一项长期而又非常艰难的工作。办法首先是揭露那些政权腐朽、堕落、不民主的丑恶现象，公之于众，让民众去分析、鉴别，认识改革的必要。其次是要求开放民主，要求使用各党各派的人才，要求减轻民众负担，改善人民生活。第三是发动群众组织宪政促进会，用以打破蒋介石长期“训政于民”的做法。1940年2月，山东全省宪政促进会成立，徐向前被选为执行委员。

此外，徐向前认为，在政权的外围普遍组织群众性抗日救亡团体，是巩固根据地和政权不可缺少的一个环节。经过全山东共产党和八路军的一致努力，群众组织发展很快。妇女救国会、工人救国会、农民救国会、自卫团，是群众组织的主要基干，连同文化界、教育界，以及儿童组织，到1940年4—5月间，参加的人数已达300万以上。他们在参军参战、供给部队给养、抢救战场伤员、破坏道路、捉拿汉奸、报告消息、掩护共产党和八路军工作人员等方面，发挥了重要作用。

在群众组织中，妇女工作尤为活跃。朱瑞在总结他和徐向前到山东一年的工作时，对妇女工作甚为满意。他说：“各种工作（指民运工作——注）尤以妇女工作为最活跃与坚持，大部分有组织地区的妇救会，都能作掩护、慰劳、盘查及一般参战工作，清河一个村子妇女曾把60多个战士掩护起来。……她们做事认真、负责、坚持，有克服困难的精神，她们在敌人‘扫荡’下，组织与工作十分

---

① 1981年3月与访问者谈话。

坚持。”[①]

徐向前很重视发动妇女工作，又很重视妇女的作用。1940 年的妇女节，他给山东妇女题词两则，号召迅速把妇女发动起来。

第一则为纪念三八妇女节而题：“纪念三八必须把妇女工作迅速的猛烈的广泛的深入的开展起来。”

第二则为庆祝鲁南妇救联合会成立而题：“没有广大的妇女起来参加抗战建国，则抗战建国的伟大事业的胜利与完成是绝对不可能的！因之为求抗战必胜，建国必成，就必须把妇女工作迅速的猛烈的广泛的深入的开展起来！”

他对妇女工作的重视与支持，受到了妇女拥护与尊敬。鲁南妇女救国总会召开成立大会时，妇女们推举徐向前为名誉主席团成员。

第三节　打击顽固派

徐向前进入沂蒙山区抗日根据地只一个多月，就接连发生了国民党顽固派向八路军进攻的严重事件。

1939 年 8 月 4 日，胶东国民党顽固派郑维屏部，在文登西部葛家集杀害八路军办事处干部三人；赵保原（国民党军暂编十二师师长）部进攻八路军掖县根据地，捕杀共产党地方工作人员及家属。9 日，秦启荣（国民党第三游击纵队司令）率部在莱芜以北雪野地方，袭击了八路军山东纵队四支队司令部；五天以后，又在淄河流域围攻山纵两个营达十天之久。这就是有名的“雪野事件”和“淄河事件”。在这之前，3 月间，也是这个秦启荣，在博（山）益（都）边之太和镇，伏击山纵第三支队过路部队，政治部主任鲍辉以下一百多人惨遭杀害。

徐向前感到，这比冀南的“摩擦”要严重得多，已经从以政治摩擦为主，转向以军事进攻为主，不采取相应的手段对付，根据地的建设将面临极大困难。他把情况报到延安。9 月，毛泽东在一次与中央社、扫荡报、新民报三社记者谈话时说道：“那里的张荫梧、秦启荣是两位摩擦专家。张荫梧在河北，秦启荣在山东，简直是无法无天，和汉奸的行为很少区别。他们打敌人的时候少，打八路军的时候多。”

秦启荣反对共产党和八路军不是孤立的。徐向前知道，山东顽固派的首领是沈鸿烈。据说，沈鸿烈曾在张作霖部队中干过；抗日战争爆发时，担任国民党海军第三舰队司令兼青岛市市长，日军从青岛登陆，他不战而逃，比韩复榘跑得还快。可是很会开脱，告了韩复榘不战而逃的状。有人说他是因出卖韩复榘有功，才得到蒋介石的赏识。他逃到徐州不到一个月，蒋介石杀了韩复榘，委任他为山东省政府主席。秦启荣和沈鸿烈，一个在台前，一个在台后，他们打日本外行，反对共产党很内行。他们对共产党和八路军是见人就捉，见枪就下，见干部就

---

① 朱瑞：《山东工作报告》1940 年 11 月。

杀，有损抗战的力量，亦在所不计；还说宁亡于日，不亡于共；日可以不抗，共不可不打。其反共的狰狞面目暴露无遗。

在冀南时，徐向前曾会见过沈鸿烈，同他谈过抗日的问题。沈鸿烈对抗日表现不热心，只是反复要求徐向前限定八路军在山东的游击队人数，划定占领地及防区。徐向前反问他："你们在山东的部队限额是多少？你们的防区划在什么地方？"沈鸿烈无话可答。徐向前还说："抗日需要多少游击队，我们就发展多少；抗日需要到哪里，我们就到哪里。在中国的土地上，总不能让日本人横行，而对抗日军民加以限制吧！"那次会谈无结果而散。

徐向前到山东后，沈鸿烈接二连三地向八路军进攻。同时，以政府名义勒令八路军将诸城、海口交还政府，极力推行分化孤立、封锁给养、武装威胁、收买缴械等反共反八路军的政策。山东纵队有一个统计数字，1939 年 6 月到 12 月，国民党顽固派向山东纵队所属部队进攻 90 多次，杀害军民 1350 多名，还扣押干部战士近千人。这就是说，山东纵队的战斗力，半年多就叫顽固派给消耗掉 2000 多人，而在这段时间里，山东纵队同日寇、伪军作战 200 多次，消灭敌伪 4500 多人，本身仅伤亡 1200 多人。

徐向前认定：顽固派已对八路军和抗日根据地构成了严重威胁，不对他们进行反击，抗日根据地就保不住，就无法进行抗日战争。在斗争中，徐向前采取了区别对待的方针。

首先把于学忠和沈鸿烈区别对待。徐向前进入山东不久就发现了于学忠与沈鸿烈有矛盾，认为于学忠更有团结与争取的可能。这个认识后来被实践证明了。1940 年毛泽东给徐向前通报消息说："重庆来电称，山东方面于学忠始终没一电来攻击和告发我们，顽方颇不满，最近似加强对于之压力，故有小摩擦云。于已成东北军之孤臣孽子，处境艰困。对于应极力争取，于我有利。"

沈鸿烈则是另外一种情况，他对共产党有誓不两立之慨，制造政治摩擦，又制造军事摩擦，然后颠倒黑白，反诬八路军进攻了他。他向蒋介石、何应钦、白崇禧等国民党中央首领告徐向前的状，嫁罪于人。在一份电报中他这样写道：

"前奉何总长电，对八路军停止冲突，当饬属遵照，惟近徐向前，集中莱博新蒙沂八路近万人，从亥起向新四师秦教导团进攻，请予派人帮助剿办……"国民党中央的一些首领们则以沈的诬词为据，督促所属向共产党八路军进攻。何应钦在重庆的一次演说中公开说什么：徐向前不打敌人，专打沈军，沈军收复鲁村，徐又夺去，等等。

因此，徐向前对沈鸿烈取孤立与打击的方针，对于学忠则以争取团结为主。在于学忠、沈鸿烈以下，徐向前又把秦启荣等顽固反共者和其他一些国民党将领区别开来。山东地区国民党军队为数众多，最多时大小达 200 多股，20 余万人。这些部队的首领中，有倾向抗日的较进步者，有消极抗日、积极反共的顽固派，也有徘徊于左右之间的中立分子。对他们的政策分别为团结、打击、争取。打击的对象主要是秦启荣。徐向前说："那时，同我们搞摩擦的不只是秦启荣一个人，还有王洪九（国民党游击第十支队司令）和张里元（国民党游击第一纵队司令）等人。王洪九驻地靠日本人的据点很近，很容易同日本人勾结起来，不好武装解决。像他这样的情况，我们采取了警惕他暂不动他的方针。张里元这个人和王洪九有区别，和秦启荣更不一样，他虽然和我们不能很好合作，但我们到他的防地里，他也不把你怎么样，你路过他的防地去打日本，他也让你过去，对于这样的人，我们采取了尽量争取的方针。至于对秦启荣，我们大家是比较一致的，非反击他不行。”[①]

1939 年 8 月下旬，徐向前亲自部署了山东纵队在鲁中淄河流域的反顽战役。这次战役，有一、三、四三个支队参战，由山东纵队指挥张经武和参谋长王彬在前线指挥。连战几天，拿下淄川、博山以东之峨庄、太河、朱崖等地，把秦启荣顽军消灭一部，收编一部，缴枪 2000 多支，残部逃到张（店）博（山）路以西去了。除这次反顽战役之外，一一五师和山东纵队其他各支队，也在各地区开展反顽斗争，打击了国民党顽固派的嚣张气焰。“这样一来，”徐向前总结胜利时说，“我们根据地的范围扩大了，抗日民主政权得到了巩固，使得我们能够更有力地去对付日寇的‘扫荡’与进攻。”

对顽固派的军事打击只是最后手段，更多的是政治和舆论的打击。政治方面，就是广泛发动群众，建立共产党领导的抗日民主政权，发展军队，巩固根据地，强化在统一战线中的独立自主地位。舆论，这是政治斗争不可缺少的一环，同时也表现了徐向前等共产党人对付国民党顽固派的斗争艺术。徐向前这位严肃的军人，对舆论斗争并不外行。他到山东之后，以他的地位和声誉，很快赢得了山东的舆论界。他通过接待记者访问、公开发表演讲、赠言题词、发表通电等各种方式，提醒人们注意顽固派反共反八路军的投降妥协危险。

第四节　新“扫荡”的破产

卢沟桥事变两年多，抗日战争进入相持阶段的特点日益显露出来。徐向前曾预言日军对共产党领导的抗日根据地的“扫荡”将愈演愈烈，提醒军民早做准备。他指出，这种相持阶段的“扫荡”，与战略进攻阶段有不同的特点，可以称之为新“扫荡”。新“扫荡”有新特点，对付新“扫荡”要有行之有效的办法[②]。

徐向前曾明确地向山东根据地军民指出敌之新“扫荡”的特点：把后方转变为前线，以碉堡形成巩固的点与线，“扫荡”不平衡，次数加多，规模变小，时间短促，烧杀与封锁并用，以“游击战”对游击战，同时强化汉奸政权，利用汉奸、特务进行破坏，顽固派摩擦全面化。他要求全体军民正确认识自己的力量，由于敌人“扫荡”加剧，游击区逐渐缩小，八路军暂时还将处于劣势，根据地建

---

① 1981 年 3 月与访问者谈话。

② 徐向前：《历史的回顾》，解放军出版社 1988 年版，第 653 页。

设困难将增多。他提醒大家，不要有不切实际的天真想法，要反对太平观念，反对失败主义，反对妥协投降；要坚持、忍耐，用有利自己的游击战争去消耗敌人。他号召每一个指战员、事务员、工农学商、各阶层、男女老幼，都明确树立“一切为了迎接敌人的新‘扫荡’”“一切为了粉碎敌人的新‘扫荡’”的思想。

军事打击是粉碎新“扫荡”的主要手段。根据当时的主客观条件，徐向前提出粉碎敌人新“扫荡”的原则和战术：

——基本上采取游击战，但要争取运动战，只有巧妙地把游击战与运动战配合起来，才能各个击破敌人的分进合击。

——正规军游击兵团，灵活的适时的集中力量寻求运动战。在敌人“扫荡”的数路围攻下，用游击战来粉碎敌人的“扫荡”是不可能的，因此要机动的集中兵力击破敌人一路，或机动的来打击敌人。

——要善于保存自己的力量，不要被敌人所暗算。不会保存自己的力量与不肯积极打击敌人，都是没有前途的。

——力争主动，反对被动，反对防御。在战略上说，游击战是防御的，在战役战术上应采取进攻的方法，无论游击战或运动战，在进攻敌人时固然是主动，在不利情况下，适时退却，转移另求机会，也是争取主动。如像有人分兵把口子那样做自处防御地位，都是不了解争取主动权的原则的。

——加强正规兵团的补充、整顿、训练，是刻不容缓的任务。

——整理地方游击队，扩大游击队，加强对游击队的训练。

——加强主力兵团及地方游击队部队的政治工作。

——注意交通联络与侦察网的建立。必须在事前确保这些工作的健全而严密，保证在任何战斗环境中，不至受到严重损害。

——游击队与主力兵团，要达到确实有机的配合。主力兵团孤军奋斗，游击队单独游击，双方都不能完成其任务；同时也不能使游击队在斗争中有迅速的锻炼与进步。只有游击队与主力兵团配合作战，才能打击敌人，粉碎敌人的扫荡，使游击队走上正规化的道路。

——要与友军密切配合作战。反对隔岸观火、坐观成败的恶习，发扬互相策应、互相帮助的优良作风，至于专门制造摩擦、减消抗日力量的罪恶行为，必须予以彻底肃清。

这些思想和原则，对山东军民粉碎日寇新“扫荡”，发挥了重要的指导作用。

徐向前为研究敌人的特点和克敌的方法，不知占去了多少个夜晚和白天，也不知熬去了多少心血和脑汁。他有时头疼起来难以忍受，就用手枪敲自己的头，为的是缓解一下痛苦。这个举动每每使初见者吃惊。这个病是从哪年开始的，是什么原因造成的，他自己也说不清楚。长期战争生活的操劳，事业心的驱使，都是重要原因。

日军对山东各根据地的“扫荡”，除1939年6、7月间对鲁中大“扫荡”之外，还有对泰西区的“扫荡”，对鲁西、鲁南的“扫荡”，对鲁北、胶东、冀鲁边的

“扫荡”……在反“扫荡”作战中，有名的战斗有一一五师的“梁山歼灭战”“白彦战斗”，山东纵队第一支队的“五井战斗”、第二支队的“孙祖战斗”、第四支队的“杨家横夜袭战斗”、挺进纵队的“王八寨战斗”、东进支队的“马坊、重坊战斗”……这些战斗，都程度不同地给日伪军以杀伤。

有人问徐向前，你在山东时日军扫荡了多少次？他说不出数字来，只是回答：“那时部队整天就是到处游击。”他记得，部队在一个村子一次住宿超过 3 天都很少，但是往往这个部队走了，另一个部队又进来。由于游击区范围小，部队整天转来转去，碰在一起是经常的事。徐向前经常活动在岸堤、马牧池、青驼寺、垛庄、岳庄、界湖、孙祖一带。他习惯找老房东，上次在这家住，这次还要到这家。有的房东他很熟，有时一进村就被接去了。熟悉的房东还请他喝过酒。徐向前本不善饮酒，但山东老乡直率真挚的性格，往往使他不能谢绝，不喝反而要伤感情。这给他留下了许多难忘的印象。

抵抗日寇的“扫荡”，反对国民党军投降妥协危险，巩固八路军独立自主的地位，都要求山东的部队有一个大的发展与提高。在这方面，徐向前花费了许多心血。他尤其注重提高部队的质量。他常说质量是基础。有人才，有干部，有好的素质和作风，部队的发展就容易。

徐向前注重以严肃的态度总结战役战斗的经验教训。他常说：经验教训是我们很多同志的鲜血所写成的，是他们为民族为国家奋斗的献礼，我们应深刻地郑重地来接受这些宝贵的财产！每次战斗之后，指战员们陶醉在胜利的喜悦之中时，他便开始了他的有意义的工作。

实际战斗的检阅，使他很快发现他过去没有接触过的山东诸部队的强点与弱点，像山东纵队这支刚刚组建不久的部队，强点在于部队的政治素质较好，有决心与侵略者作斗争；但它的弱点是不可避免的。干部战术修养差，单独行动把握小；不善于集中最大限度兵力抓住敌弱点争取歼灭战；不会作遭遇战、埋伏战、袭击战；射击不准确，射击无规律，乱消耗子弹；行军力不强，动作迟缓，常失战机；战场纪律不好，常发生忽视命令、修改命令、临时脱逃的现象；战场政治工作制度未建立。

根据斗争形势和山东部队的实际，徐向前提出了武装力量建设的“九化”：“1. 主力兵团正规化。2. 地方武装基干化。3. 游击队组织化。4. 自卫团普遍化。5. 党的领导绝对化。6. 战斗力顽强化。7. 行动积极化。8. 生活艰苦化。9. 纪律严肃化。”

根据这个目标，他还提出了一套具体的办法：

——大量培养、选拔、聘请干部，“聘请各种人才”，如骑兵、技术兵、炮兵人才，技师、技术人才，如无线电人才，只要愿意真正抗日，都欢迎他们来参加八路军。使山东真正成为抗日根据地，需要各种人才开辟树立各方面的工作。

——加强军事和政治训练。

——加强参谋、机要工作和军需供给工作，开办参谋人员训练班，学习参谋业务，制定参谋工作制度，要求技术参谋进到战术战略参谋。

——解决军需供给，自力更生，开源节流，这是以减轻人民负担为出发点的。每个干部发一块银圆，规定要自买鞋穿。部队用槐树花、谷草灰染布。在战斗中注意收集弹壳，打一枪后，马上把弹壳收藏起来，不只要收集自己的，而且还要收集敌人遗弃的。

奖励节省、爱惜公物、反对浪费贪污是节流，自力更生发展生产即是开源。当时鲁南有两个炸弹厂，一个炮弹厂，两个刺刀厂，一个机枪厂。清河有小炸弹厂一所，可造洋锹。胶东有兵工厂，可造炸弹、炮弹、步枪、机枪、掷弹筒、迫击炮，还可翻造子弹。除此之外，各区还有纺纱、织布、制革、造纸、鞋袜等小工厂。胶东、鲁南还有金矿，月产黄金 12 两。他们在金融流通、统制贸易等方面也有所开辟，由共产党控制的北海、鲁西银行及分行年发行新钞 700 万元，泰山农民合作社还发行地方票。节约、生产、金融、贸易，用以解决每年每人平均 130 元左右耗费的大部分，大大减轻了民众负担。

把山东纵队推进正规化军队的行列，徐向前的努力主要是解决质量、数量和物资三大问题。他在山东的时间不长，但是在发展山东的武装力量方面取得了可观的成绩。徐向前后来回忆说："在山东军政委员会的统一领导下，由于各部队的积极努力，广大人民群众的支援，山东我军的发展与扩大是比较迅速的。山东纵队 1939 年 6—7 月间部队的数量是 2.5 万人，到 1940 年我离开时，主力和地方基干部队达到了 5.1 万人，还不包括拨给兄弟部队的 3.2 万人。一一五师在 1940 年初是 5.8 万人，到 9 月就发展到 7 万多人。"①

1940 年 6 月初，徐向前接到中央通知，要他赶回延安出席中共第七次代表大会。6 月 7 日，他带着一个警卫小分队从青驼寺出发，踏上了去延安的路。

---

①《忆在山东一年》，载《星火燎原》1982 年第 1 期。

第十七章　在陕北

第一节　回到延安

经过200多天的艰难跋涉，徐向前和他带领的50多人于1941年元旦的前夕到达延安。和战场上比，这里紧张而有秩序，艰苦而有欢乐。即将到来的新年，给迎接它的人们增添了不少乐趣。

徐向前知道，到了延安，除了精神安慰之外，没有多少物质的东西供人们享受。陕甘宁边区被日本人封锁着，也被国民党封锁着，经济是极端困难的，财力还要靠各根据地支援。徐向前从山东出发时，就给中央带了50万元法币。一路上，他还担负着护送这批款子的任务。到延安时，有人想留一点作返回时的机动费用，当时任军委后勤部长的叶季壮也同意留给他2000元，徐向前断然不肯，对办事人员说："现在中央财政很困难，每一笔钱都应用到抗战中去。这笔钱是根据地人民用血汗积累的，我当司令员的只有上交的责任，没有留下来支配的权力。"催促办事人快去交款，直到看到收条才放心。

1940年底，徐向前从山东返回延安，准备出席中共第七次代表大会

开始一段时间，总政治部把徐向前安排住在小砭沟北面的一座窑洞里，与傅钟、黄克诚、张经武为邻；后来，中央机关安排他住王家坪，与朱德在一起。没几天，毛泽东在杨家岭接见了徐向前。他向毛泽东面交了朱瑞给党中央的关于山东一年情况的长信。毛泽东同他谈得很高兴，问了很多事情。最后告

诉他："七大"还没确定日期，要他先休息，学习文件，抽时间给大家介绍介绍敌后的情况。

徐向前回到延安，有一件高兴的事，见到了久别的妹妹徐达（占月）。徐向前有两个姐姐一个妹妹。大姐名先月，是因为第一个出生而得名；二姐春月，是因为春天生的；妹妹占月也有点讲究，当时家里人认为已经有了两个女孩，不应该再生她，用奶奶的话说是"多超余"，可是偏偏她又占上了一个位置，故名占月。这就可以想见她在家庭中的地位了，再加上兵荒马乱之年，更没人看重她了。她从小又多病，两岁时得了天花，满脸满身都是小水泡，无医无药，已经气息奄奄，家里人以为她活不成啦，就把她放在地上的一块席片上，等她的最后一口气。徐向前看到苍蝇在妹妹身上嘬食脓水，心里很难受，便坐在她旁边给她打苍蝇，扇扇子，喂她水或米汤。她意外活下来了。病好了，脸上却留下麻子，视力也受到了损害。徐向前的哥哥姐姐们都为老妹妹的未来担心，怕找不到一个好婆家。那时徐向前正在读书。他曾对母亲说："等占月长大了也叫她念书，念书识字，就可以找点事做。"占月长大了，由于家庭生活所迫，她不能上学。父亲外出教书把她带在身边，教她读书识字，打了一点基础。后来考中了太原女子师范学校，读了几年。以后在太原第二女子高小谋得了一个教师职位。抗日战争爆发之初，学校停课了，她决定到延安去找二哥徐向前。有人告诉她，找八路军办事处就能有办法。于是她找到了在太原负责办事处工作的彭雪枫。彭雪枫给她写了一张纸条，让搭乘一辆去延安的汽车。她到延安时，徐向前正在晋东南前线，组织上便送她到陕北公学学习，在那里她加入了中国共产党。次年又到妇女党训班学习。1939 年初到延安女子大学任干部科副科长。徐向前很想念老妹妹，一次，邓小平回延安开会，他请他代为看看妹妹。邓小平到延安第二天就找到徐达，鼓励她好好学习，努力工作。还给了她 5 元钱，怕她不收，说是哥哥给的。这次徐向前从山东回到延安，兄妹相见后的心情是可以想象出来的。哥哥为妹妹走上革命道路而高兴。

2 月，中央又向山东派一批干部。在这批干部出发前，徐向前和张经武去送行，要对山东工作有所嘱咐。早晨，他们从王家坪骑马出发，往延安南门外七里铺会见这些人。中途，在一条小道上，前边一匹马突然受惊狂跳，徐向前躲闪不及，被马踢中，造成左腿胫骨骨折。从此腿部肿胀，经常处于低烧状态。朱德、叶剑英等多次到住处看望，让他按医生的处置卧床静养。但他静不下来，人躺在病床上，脑子里想的却是战场和工作。

创伤与精神的折磨，使徐向前食欲下降。但他不肯来特殊的。一次，军委办公厅的管理人员给他送去两只鸡、几斤水果和一包白糖，并说：军委首长挂念他的伤情，生活上用什么就跟管理科说一声。徐向前说："感谢办公厅的关心，但东西不能收。我现在有 16 元钱的保健费，还有 5 元钱的津贴费，有困难自己可以解决，不能接受特殊照顾。"送东西的人不肯将东西带回去，医生也坚持要留下。徐向前劝导他们说："前方打仗有多少指战员牺牲和负伤，有的伤员连起码的治疗条件都没有，我怎么能接受特殊照顾呢！"就这样，鸡、水果、白糖全都交来人带回去了。

他不吃好菜好饭，又长期卧床，使平时就有的便秘症加重了。他让警卫员到西北菜社买了几斤四川泡菜，用以刺激食欲。后来又让人买了些肥猪肉，炼成油，装在小罐里。吃饭时，把馒头切成片，在木炭火上烤焦，抹点猪油，撒点盐。当他半卧在床上吃的时候，还对身边人说："好吃，能增加营养，又能治疗便秘。"床铺是用条凳架的硬板，上面仅铺了一条从山东带来的薄褥子。医生怕他生褥疮，就向管理科反映。管理科立即赶制了一床黑面白里儿的粗布被子。徐向前很不高兴，责怪医生不该背着他去管理科要东西。医生解释是病情需要。徐向前说："病情需要，我们可以商量解决，能想出办法，就不要伸手去要，现在是艰苦时期，后勤工作困难很多，我们要尽量不给他们找麻烦。铺得薄好解决嘛，咱们有棉衣、棉裤，还有大衣，现在天气转暖穿不着了，垫在底下省得放在别处占地方。一举两得，何乐而不为！"说完起身让床，叫人把棉衣和大衣铺好，试了试，微笑着说："你们看，这不是很好嘛。"便叫人把那床被送了回去。

他躺在病床上，经常找从山东根据地来的人谈话，询问那里的情况。他与张经武等研究磋商有关山东工作的大计，向总部提出意见。也曾亲自起草了发往山东的电报，针对山东局势提出：

在目前投降、内战空前危机时局下，独立支持山东抗战，扩大巩固山东抗日根据地，应成为山东党政军的重要任务。在山东，目前应发展鲁南，恢复北沂蒙根据地，求得与鲁南、清河、胶东打通，逐渐向南发展。彻底消灭秦启荣残部，使徂徕山、莲花、岷峪、抱犊崮连成一片，两面配合，束缚东北军在沂山、九山地区。要坚决消灭沈秦等顽军，争取中间派，速求我们在数量上居绝对优势。要真正建立强有力的单独的军区工作。多选有威望的地方领导干部，担任军区工作，另派有经验的干部帮助之，做到与地方群众有血肉关联的保证，真正能坚持各个地区群众性的游击战争，巩固民主政权，团结群众扩充主力军，解决正规军的地方性。

工作，在病床上也要不停地工作，这是徐向前养病生活的基本内容。他与病床为伴半年多，还写了总结抗战经验的几篇文章，如《敌寇在华北战略战术的演变及其特点》《在建军中怎样争取和团结地方武装》等。

第二节　任联防军副司令员

1942 年 5 月，中共中央决定统一晋西北和陕甘宁两个地区的军事指挥，在延安设立陕甘宁晋绥联防司令部，由贺龙任司令员，关向应任政治委员，徐向前任副司令员兼参谋长，林枫任副政治委员。

从 1939 年蒋介石秘密颁布"限制异党活动办法"和"处理共党实施方案"后，紧接着就出现了以包围陕甘宁边区为特点的第一次反共高潮，和以"皖南事变"为标志的第二次反共高潮。陕甘宁晋绥联防司令部成立时，国民党正在酝酿第三次反共高潮。胡宗南对以近 10 个师包围陕甘宁边区感到兵力不足，电陈蒋介石："如我陕甘部队被异军突破，则西北全局瓦解"，"根据匪情判断，权衡全局，似应调整战略配置"。他请求再调赵锡光、范汉杰两个军至关中，加强进攻共产党中央根据地的力量。这样严重的情况，使中共中央军事委员会不得不作出应付事变的准备。设立联防司令部就是这个准备的一部分。中共中央军事委员会明确规定："凡直属联防司令部指挥的各兵团，从 5 月 21 日起即与联防司令部直接发生关系并接受其命令。"

9 月 15 日，中共中央军事委员会又发布命令，将联防司令部与留守兵团司令部合并为联防司令部。徐向前仍为副司令员，参谋长由张经武接替，增补萧劲光为副司令员，高岗为副政治委员，免去林枫副政治委员，改任一二〇师及晋西北军区政治委员。为统一军事指挥，贯彻精兵简政，将联防司令部与留守兵团司令部合并后，除指挥晋西北部队外，直接指挥陕甘宁边区各部队，留守处及留守兵团司令部名义保留。

在贺龙的领导下，联防司令部的各项工作很快展开了。徐向前十分主动地支持贺龙的工作，两人的关系相处得很好。

联防司令部首脑机关设立后，第一步工作是整编部队。当时在陕甘宁边区的部队中有一种倾向，有人看到敌后根据地军队发展了，根据地扩大了，便不问情况，不看环境，主观上硬想扩大队伍，不搞精兵简政，搭空架子，结果没搞好根据地工作，也没培养出一批干部来。徐向前认为，在当前时期，客观形势要求大后方根据地军队不是再求发展，而是紧缩，不是求数量的扩大，而是求质量的提高。边区部队如果在数量上再求扩大，这对部队的巩固与质量的提高不能不有妨碍。

整编从何处入手？徐向前同贺龙商量，认为第一是改变头重脚轻的现象，紧缩指挥机关，充实连队，提高工作效能，提高战斗情绪。第二是裁减骈枝机关，使机关精干，事权集中，行动统一。裁减的人员到哪里去？徐向前主张抽出大批干部、人员、马匹用到生产方面去，这不仅能使工作灵敏，经费节约，而且可以有力地发展生产使军队自给自足。第三是确立统一的工作制度：生产制度、供给制度、干部统一调配制度。发扬优良传统作风，克服那些形式主义、公式主义、缺乏对新事物的敏感的旧作风。

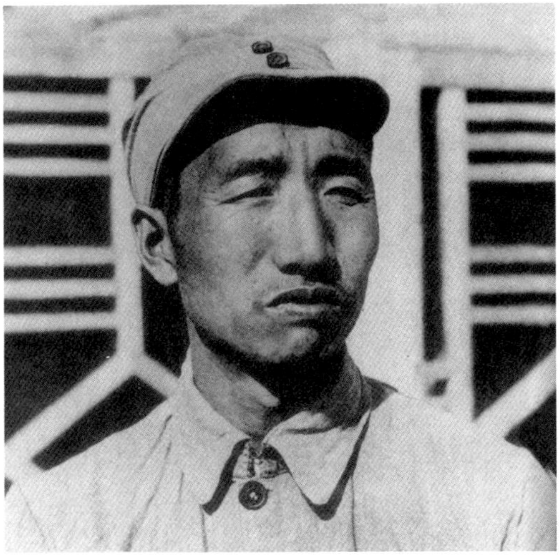

1942 年 5 月，任陕甘宁晋绥联防司令部副司令员兼参谋长时的徐向前

在整编中，徐向前还提出下决心抽出大批干部进党校及军事学院

学习，以培养与积蓄人才，备将来之用。应利用边区较好的环境扩大军政学校，有计划地培养军政人才。

根据联防司令部的要求，从 6 月上旬开始，边区部队进行整编。本着缩小机关，减少层次，充实连队战斗力的精神，将各独立团、队整编为旅，依各旅情况编一至两个主力团，其余编成小团。整编后部队番号及防地更加统一与明确：三八五旅驻防陇东分区，三五九旅驻防直属区，警备一旅驻防关中分区，警备三旅和骑兵大队合编为骑兵旅驻防葫芦河。1943 年又调回独立一旅驻防绥德分区，三五八旅屯兵大凤川，新四旅屯兵金盆湾。总兵力有 3.65 万人。

发展生产，努力使部队经济自给自足，是联防军司令部成立后一项经常性的中心任务。有一次，毛泽东还特地跟徐向前谈了抓好留守兵团生产的事，定了“发展经济，保障供给”的方针。徐向前没有搞生产的经验，虽然生在农村，长在农村，但他没有成为一个职业农民。学生、店员、老师、军人，是他走过的生活道路。不过他对眼前的新任务有一种认真的精神和不屈的干劲。为了落实毛泽东的指示，徐向前在整编中加强了生产领导工作。

陕甘宁边区是地瘠人稀的地区，处在日军与国民党军两层经济封锁之中，部队领不到一文军饷，经济困难，物资奇缺。怎么办？毛泽东曾尖锐地指出三条路：饿死；解散；自己动手。饿死是没有一个人赞成的，解散也是没有一个人赞成的，自己动手才是出路。

徐向前的回答也是这样的：在这样的困难情况下，我们为求得生存，为求得战争的胜利，就必须发展部队的生产，拿定以军队自己的力量建家立业的决心。只要我们自己不束手待毙，别人是不能把我们困死的！

按照毛泽东、朱德的思想，徐向前把生产方针概括为：实事求是，发展生产，长期打算，建家立业，着重发展农业、手工业、运输业、畜牧业，实现自给自足。他要求各机关单位都组织生产委员会，有的设生产科长或经济副官，组织、领导、督促生产的进行；规定生产计划，检查计划落实；总结生产经验；研究与改进生产方法及生产技术。完成任务与超过者给予奖励；不完成任务给予批评；对特别努力的人与有较大贡献的人，给予荣誉奖（主要是高中级干部）。

“反对浪费，提倡节约”。徐向前十分注意开源节流。他强调严格供给制度，提出了“一切生产归公，一切分配经过供给部门”的有力措施。规定供给工作的中心任务是改善连队、机关、学校的生活，包括物质的与精神的，照顾多数；规定军政首长应遵守供给制度，供给干部要铁面无私，照制度行事。

大生产运动，几乎遍及陕甘宁边区的所有角落。毛泽东有他自己的一块耕地，朱德参加生产的方式是拾粪积肥，周恩来、任弼时都被评为纺线能手。徐向前自己也有一块地，种的是白菜，当年获得丰收。

毛泽东在延安提出搞生产时，徐向前还在前线。联防司令部时期的大生产运动是在各部队已有的基础上发展起来的，取得了很好的效果。使部队的家底子逐渐厚实起来，生活也有了明显改善。它不仅使面临危急境况的共产党人得以渡过难关，还造就了政府与人民、领导者与下级、干部与战士之间十分融洽的关系。这种关系使共产党的威望达到空前的高度，为战胜日本帝国主义，也为后来战胜蒋介石，创造了一个重要的条件。

设立联防司令部的目的，简而言之就是保卫延安，就是防备蒋介石军队对边区的进攻。蒋介石发动两次反共高潮之后，积极准备第三次。第三次规模更大，目的更明确，那就是在他们封锁包围边区，困死共产党人未达目的之后，发动内战，直接武装进攻陕甘宁边区。兵力已增至 80 个师以上。面对这一形势，徐向前在联防司令部整编就绪后，即按照中央指示和他同贺龙商定的方案，进一步调整防务部署。他同王震等从延安出发，向南到甘泉，向东到黄河，沿黄河向北，仔细察看了地形，并向中央作了汇报。

徐向前对粉碎蒋介石的进攻充满信心，他说：有广大人民支持，有国际民主势力支援，有毛主席正确路线的领导，打退三次反共高潮，争取时局好转是完全可能的！

然而，这一次蒋介石没敢行动。由于共产党中央及时揭破了蒋介石的阴谋，由于蒋介石发现边区有充分准备，由于蒋介石内外交困难以自拔，他终于把伸出来的手又缩了回去。

第三节 出任抗大校长

1943 年初春，延安军民都在积极准备春耕，徐向前正在满怀信心地抓联防司令部所属部队的春耕生产。一天，毛泽东把他找去，问了一下近日情况，对他提出了新的工作安排：

“向前同志，你去办抗日军政大学，怎么样啊？”

“我？”徐向前有点作难，说，“主席，你让我搞军事学院[①]，还没理出个头绪，又让我当抗大校长。我过去没搞过教育，还是派别人去吧。”

“都想过了，还是你去合适。你是师范生，又是黄埔生嘛。”

“主席，顶好让我去打仗。”

“仗也要你打。现在，你还是去办学校。”

“办学，我没有经验……”

“开始我们也不会打仗嘛，后来不是会了嘛。你去那里当校长，把军事学院也带过去，还是李井泉当政委，让何长工当副校长。你先把领导机构组织起来，就有办法了嘛。”

毛泽东还谈了办校的一些具体设想，事情就这么定下来了。

当时，党中央和毛泽东总的意图是，为准备反攻保存干部、培养干部。

3 月中旬，徐向前从延安出发，经四天行程到达抗大总校校部所在地的绥德

---

① 1943 年 2 月，中共中央军委任命徐向前为军事学院院长。

1943 年 3 月，徐向前任抗日军政大学校长。这是他在给学员作报告

县西山寺。不久，李井泉也到了这里。抗大的领导班子正式组成。中央任命徐向前为校长，李井泉为政治委员，何长工、彭绍辉为副校长，陈奇涵为教育长，徐文烈为政治部主任。这时，抗大总校刚从敌后迁回（在此之前，抗大总校设在河北省邢台县浆水镇）。同时，中央又决定将设在晋察冀根据地的二分校、晋西北的七分校、延安三分校（即军事学院）与总校合并。合并后新的学期统称第八期。

徐向前到达绥德，一面建校，一面接收学员。从 1943 年 4 月至 6 月，中心任务是整编机构，端正思想，建家立业。为便于管理教育，他们将抗大编成三个教育基本单位，即抗大总校、二分校和七分校。

整编中干部教员缺乏是一个大困难。物资可以通过生产解决，干部怎么办？徐向前很苦恼。他除了从学员中解决一部分，又请求军委从延安编余人员中调来一部分。

抗大总校从敌后迁回陕北，军事学院与二、七分校合并，重组编制，加上不能很快投入正课等因素，使干部和学员的思想甚为动荡，甚至出现了一些无组织无纪律的行为。针对这种情况，徐向前确定的方针是加强思想教育，严格规章制度。

思想教育，徐向前是从抓革命军人品质入手的。他要求学员和干部树立革命的人生观，有坚定的党性，服从组织，服从纪律，发扬自我批评精神；相互关心，上下一致，做执行政策的模范；反对自由主义，反对极端民主化，以无产阶级思想战胜小资产阶级思想和农民意识。要求学校各级干部以身作则，认真负责，克服“学生老大难管，队长政指怕管”的松弛现象。他首先从自己做起。抗大返回陕北初期，有些人仗着自己是从前线回来的，以功臣自居，行为不羁。看戏没有票硬往里闯，不让进就大吵大闹。徐向前整顿这种坏现象，就在有文艺晚会的时候，搬个板凳往剧场门口一坐，也不说什么。自他这样做了之后，晚会的秩序就好得多了。

徐向前每天起床很早。学校规定干部和学员都要出早操。而他在学员出早操之前就出了“早操”，做完他的跑步、爬山、打太极拳等“自选项目”后，回来检查出操情况。校部机关有的干部不愿按时起床，他就到宿舍去看。看看贪睡者都有谁。有的人说：“徐校长早晨到宿舍去转，看到我们没起床，也不说什么就走了，可是，他不说，比批评几句还难受，下回再不敢睡早觉了。”

那一段，徐向前还兼任中央处理委员会主任，下面有中组部的一个工作组，负责考察从敌后调回的干部，向中央提出分配意见。团职以上干部他要亲自谈话。尽管这样紧张，他还经常到分散在百里以外的单位检查工作，帮助解决问题。

为了建家立业，徐向前提出了“首长负责，亲自动手，建立革命家务”的口号。全校教职学员，一面自建一部分校舍，一面开展了生产运动，有农业、商业、作坊，还有其他副业，当年收入近 30 万元。

整编就绪之后，从 1943 年 8 月至 1944 年 11 月，中心任务是整风审干和开展大生产运动。

整风占用时间最长，经历了曲折的进程。整风的领导机构为抗大总学习委员会，按中央指示，由徐向前、何长工、李井泉、徐文烈及各部部长、各大队政委组成，徐向前为学委会书记。

1943 年 8 月 14 日，总学委会颁发《关于学校整风学习的决定》，标志着抗大整风的开始。《决定》确定的总方针是“清算思想，清算历史，检查工作，审查干部，四种工作有机的密切的配合进行”。

前两月为第一阶段。内容是学习文件，思想整风，和风细雨。徐向前和何长工、李井泉比较一致的思想是“要稳不要急”。徐向前还给大家讲红四方面军肃反扩大化的教训，用以提醒大家不要再蹈覆辙，因此，这段秩序比较正常。

10 月中旬，上级派整风审干工作组进驻抗大，抗大整风进入第二阶段。在工作组指导下，提出“全面突破特务嫌疑分子”的口号。其方法是康生“抢救失足者”的那一套，有“坦白运动”“劝说运动”“开大会”“作报告”“集体劝说”“个别谈话”等。康生说：“现在的时间是紧迫的，他们要在这紧迫的时间中挽救自己，而共产党员们也要在短促的时间内抢救他们。”中央直属机关已经坦白 450 人，还不是他的理想数字，他认为“还有一些失足的人至今没有向党坦白”。结果不能不导致逼、供、信和扩大化。毛泽东曾力图纠正这些做法，提出审查干部九条方针，但已经刮起的风并没有立即煞住。整风工作组进驻抗大之后，仍是搞“即席坦白”“五分钟劝说”。还有一种叫“照相”，在开会时，人一批一批地到台上去站着，看你脸色有没有变化，若坦然自若，面不改色，即被认为没问题；若神态拘谨，面红心恐，就有被定为嫌疑分子的可能。怀疑压倒了信任，使一些人蒙受了冤屈。抗大总校当时有排以上干部 1052 人，坦白分子、嫌疑分子达602人，占总人数的57.2%。伤害最大的是干训队，总人数496人，两种“分子”达373人，占75.2%。10月下旬，徐向前回延安去了。他在延安虽然经常过问学校的运动，但左右不了形势。

12月下旬，中共中央、毛泽东开始下决心纠正整风中的偏差。抗大整风才开始摆脱那种“左”的做法，转入运动的第三阶段。学校总学委会召开整风工作总结会议，徐向前因在延安没有出席，由李井泉、何长工主持。当有人到延安向徐向前请示汇报工作时，徐向前说：审查干部要慎重，不要轻易给人家定反革命、奸细、特务。要注意调查真实材料，可以到晋西北去调查，也可以到延安调查。有了可信的材料，才能说他是个啥。从这时开始，实际上停止了群众性的审查运动，转入专职干部和骨干、积极分子为主的甄别复查。学员和一般干部组织起来学习文件，参加生产劳动。

转入甄别复查阶段后，徐向前从延安给何长工、李井泉写信，专门谈了做好各种人员的思想工作问题。他指出要发动大家敢于起来说话，积极进行批评与自我批评，使积极分子了解，过去有些方法是错误的，如逼、车轮战等。使搞错了的起来辩白，得伸其冤，向党靠拢。使真正坏人和图隐其奸者，得暴其恶。他提出了几点值得注意的事项：

一、自我批评必须先在领导干部、积极分子中搞通，才有力量，才能实事求是，不致在大翻案中迷失方向。

二、自我批评必须态度要诚恳，程度要适当，说话有分寸，必须是实事求是的精神。

三、领导干部、核心积极分子进行了自我批评之后，必须有计划、有组织、有领导地发动坦白者、半条心的人、两条心的人进行自我批评。

他在信中说：大翻案是必然的，最近党校开展批评后，有许多人也翻案了，不要怕。被冤屈的人，说些不满意的话，发些牢骚，我们不必着急。他还就大胆使用干部的问题提出了意见。

抗大整风后期的工作延续的时间较长，进行得比较细致。在中共中央正确指导下，徐向前亲自关怀整风、审干工作，经过甄别复查，那些“坦白分子”“嫌疑分子”基本都平了反。在整风审干期间，抗大的大生产运动并没停止。1944年的生产总收入达4.76亿元，比头一年翻了好几番。

因为整风审干的关系，《抗大总校第八期的教育计划》，延至1944年底才付诸实施。其实，这个计划早在建校之初，就进行了充分酝酿，在这年的6月12日就已正式颁发了。这个计划被认为积累了抗大各期教学经验，是一个比较系统完整的教育计划。它体现了徐向前为战争培养干部、以适用为主的思想。

《计划》对学制有明确规定，修业期限为两年，第一年为预科，第二年为本科。

《计划》用毛泽东的三句话作为抗大“传统的教育总方针”，即：“坚定正确的政治方向，艰苦朴素的工作作风，灵活机动的战略战术。”在这个总方针下，规定了七个教学原则：（一）根据敌后作战的需要决定教学内容；（二）在教学实施过程中照顾对象的特点；（三）军事、政治、文化教育相互结合；（四）教学与实践相结合；（五）教学与生产相结合；（六）发扬批评与自我批评的精神；（七）坚持教学上的群众路线。

徐向前认为，只有发扬中华民族的传统精神，才能打赢这场民族战争。因此，《计划》要求教学中必须做到中国化、大众化，做到理论与实际的一致性。

由于整风占去了一年又四个月，抗大的教学没能完全按《计划》实行。1944年12月1日正式开课，到1945年3月，这四个月以文化教育为主，而文化教育又以国文为主，算术为辅，在国文教育中则又以军队应用文为重点。1945年5月至7月三个月，除了继续以文化教育为主之外，又进行了中国共产党第七次代表大会文件的传达与学习。8月8日，苏联对日宣战。9日，毛泽东发表《对日寇的最后一战》的声明，抗战形势迅即变化。根据参加总反攻的需要，第八期学员提前毕业，一部分赴各方战场，一部分开赴东北，一部分留下分配工作。抗大的历史使命即告完成。

徐向前于这年的4月因患肋膜炎，住进延安柳树店和平医院治疗，高烧不止，病情持续了两个多月，以至连中共第七次代表大会也未能出席。抗大后期的工作，他虽无日不萦回脑际，但已无力具体过问了。

第四节 参加整风

抗日战争中著名的延安整风运动，是一场马克思主义的教育运动。整风实际上是从1941年5月的延安高干整风学习会议开始的。徐向前在联防司令部和抗大工作期间，一直参加高级干部的整风学习。

1941年5月，毛泽东在延安干部会上作《改造我们的学习》的报告，这是整风学习的开始。9月，中共中央成立高级学习组，毛泽东为组长，王稼祥为副组长。1943年2月，中共中央党校举行开学典礼，毛泽东作了《整顿党的作风》的报告，号召全党开展以“反对主观主义以整顿学风，反对宗派主义以整顿党风，反对党八股以整顿文风”为内容的整风运动。接着成立了由李富春等21人组成的中央学习总委会，负责领导全党的整风学习。

1942年10月19日，徐向前以中共西北局委员的资格出席了西北局高干整风会议。这次会议持续到第二年的1月14日方才结束。

西北局高干整风会议，开始提出要整顿党、整顿政府、整顿军队，整顿学校，整顿财务等“七整”，并设有专门的委员会准备整顿方案。贺龙与徐向前负责整顿军队。

这个会议开始一段受到了毛泽东的批评，主要是说会议讨论的都是些细枝末节的问题，而把党内存在的根本思想倾向、自由主义、对党闹独立性的问题给忽略了，“流入到讨论纯实际问题的漩涡中去了”。经毛泽东指出之后，会议改变了开法，停止了小会讨论，“七整”合并进行，有40多人在大会上发言，揭发边区肃反中的错误，主要是批评陕北省委书记郭洪涛和中央代表朱理治执行王明路线，逮捕刘志丹等许多对根据地建设有贡献的人，造成边区肃反扩大化。在整风期间，中央要求每个高级干部都写“整风学习笔记”。徐向前以严肃认真的态度，写下了许多笔记。有的是学习认识，有的是自我批评，有的是个人对如何改进思想方法与工作方法的规划。徐向前在笔记中留下这样一些语句：

过去的机会主义、盲动主义，都是对国际国闪的事件、中国的社会与历史不彻底了解的缘故，把主观愿望当作了实际。

各苏区的肃反错误的惨痛的血的教训与山东湖西肃反的教训，主要是既不了解反革命派力量，并夸大了，又不了解自己。

敌后根据地政策的摇摆不定，主要是没有对中国各阶层状况的精密调查研究，故发生政策上忽左忽右的现象。

调查研究是方法，但它的意义更远大。调查研究的目的是对客观事物、中国社会、中国历史、国际国内的情况及变化等事物的了解、认识，辨明其发展规律，决定正确的政策。

认识世界，改造世界，坚持理论与实践的统一。

为把调查研究扎扎实实坚持下去，徐向前给自己立了十条规矩，用以约束自己。

1. 长期性。是经常的工作，不是一时突击工作。

2. 彻底性。对每一个问题务须弄个水落石出。

3. 具体性。不仅注意问题的正面，还务须注意各个侧面，免挂一漏万。

4. 真实性。反映真实的材料，不要出以臆断。

5. 计划性、组织性。明确目的，不能无的放矢，也不无矢求的。

6. 批判性。兼听不兼信，仔细研究各种反映。

7. 抓住中心，要有准确的时间、地点和问题。

8. 深入各阶级，利用各阶层的干部。

9. 多去底层，不能忽视大多数。

10. 甘当小学生，不耻下问。

在讲到关于党内不正之风的表现与危害时，徐向前写道：

主观主义、宗派主义、党八股，其遗祸无穷的地方，就在于以死板的公式、抽象的原则去指导工作。也就是说，把死板的法则生硬地套在活生生的多样多变的事物上，这样一来，在思想上就束缚了并停滞了对新鲜事物的认识与理解，更进而主观地把一切革命过程中的复杂问题看成死的不变的固定的东西。

这种思想表现在工作上，必然会形成守旧、生硬的做法，只知墨守成规，不知在新环境下创造新的做法，所谓“万应药方”“老一套”“公式主义”“只看过去不看将来”，也就会成为工作中占统治地位的作风。

正确的作风和方法应该是以马克思主义的精神与实质，应用在中国的具体环境中，来解决中国的现实的具体的革命问题。

贯彻中央决定也是这样，要掌握其立场和方法，按照具体的情况，如不同地区、不同部门、不同时间，适应情况灵活的运用。也就是以具体的矢来射具体的的；另一方面，更重要的，是善于以新的经验来丰富中央的政策、决定，并进一步发挥它的精神。某一问题的提出，都有其具体的条件，时间性、空间性……

例如：

我们不能把内战时代的战术，机械地应用来对付日寇；我们也不能把抗战初期的战术，单纯地应用来对付今天的日寇，因为具体的敌情不同了。

我们不能把公开环境下的一套组织形式，拿去秘密环境下应用，因为斗争的形式不同了。

我们不能把领导党的一套方式，完全拿去领导群众团体或军队，因为具体的对象不同了。

…………

在西北局高干整风会上，徐向前本着实事求是的原则，以严格要求自己的态度，批评了自己，也批评了别人，批评别人是在肯定成绩的同时指出其不足。他的发言，体现了毛泽东给大会指示的方针：不要抹杀成绩，也不要光讲成绩。要两点论。徐向前在西北局高干整风会议发言中，对陕甘宁边区留守部队的工作成绩给予了肯定。他说：边区的军队，执行了党中央、军委的路线，我们保卫了边区，巩固了河防；我们自己的部队巩固了，生产自给了。同时他也指出了边区部队的缺点，如：对西北局领导不够尊重，对党的政策执行得不够，对建设根据地认识不足，有“想打出去”的思想，还有危害群众利益的行为，等等。但他对部队，对干部，包括对有错误的干部，是充分信任的，对克服缺点错误是充满信心的。他说：我们部队的干部是经过长期斗争锻炼的，他们有丰富的经验，基本是好的品质，是能够改造的。我们不虚伪，愿意讲真理，党的政策是可以掌握的，思想方法是可以改造的，小资产阶级的思想是可以克服的。我们可以掌握到马列主义正确的思想方法，可以掌握到党的政策来认真地执行。

延安整风的意义是巨大的，留给每一个参加者的印象是深刻难忘的。徐向前认为这次整风主要收获为三个方面：第一，必须坚持理论与实践相统一的原则；第二，必须坚持正确的路线和策略；第三，必须正确地进行党内斗争。他始终对延安整风给予高度评价，认为“整风是一次普遍的马克思主义教育运动，也是党的建设发展史上的重要里程碑”。他“从中受到的教益，是终生难忘的”。[①]

第五节　身在病床，心系战场

1945 年 8 月 15 日，日本政府宣布无条件投降。中国人民抗日战争取得了

① 徐向前：《历史的回顾》，解放军出版社 1988 年版，第 688—689 页。

胜利。

抗日战争的胜利毕竟来之不易，徐向前和全国人民一样感到喜悦，兴奋。可是他又感到遗憾。一位久战沙场的将军，此时不是在前线的战火中，而是在病床上迎来了胜利。这种遗憾的感觉，当然并不奇怪。

就在几个月前，毛泽东来医院看望过徐向前。徐向前曾向毛主席请求说：“日本鬼子快投降了，再不让我打仗就没仗可打了！”

毛主席亲切地劝慰说：“身体还未痊愈，还是继续安心静养，以后国民党是不会叫你闲着的。”

对待疾病，徐向前是和对付敌人一样作了顽强的斗争的。

这时的延安，没有足够的医疗器材，缺乏良好疗效的药物，甚至也没有必需的营养保证，要战胜结核性胸膜炎这样的顽症，该是何等困难啊！患有同样肺病的关向应等，已经不幸被夺去了生命！

徐向前以长期革命斗争生活中锻炼出来的、战胜一切困难的精神，像指挥作战一样，决心下定，要用最大的毅力和坚强的意志与病魔搏斗。他以革命军人高度自觉的组织纪律性，做到了无条件服从医嘱：

医生说“戒烟”。他一下就把吸了几十年并且吸得很凶的烟戒了。

医生说“绝对卧床休息”。他就成日成月地躺着，连一句闲话也不讲。

为保证徐向前得到静养，贺龙司令员专门给医护人员和警卫战士作了交代，尽量谢绝同志们的探视。

中共第七次代表大会，是在抗日战争即将胜利的前夕举行的。这次大会，中共中央制定了“放手发动群众，壮大人民力量，在我们党的领导之下，打败侵略者，建设新中国”的总路线。徐向前在这次代表大会上，当选为中央委员会委员。在七大和这之后，毛泽东等一再讲，抗战胜利后的内战危险，提醒全党和军队高级干部精神上要有准备。

1945 年 8 月 13 日，毛泽东在延安干部会议上作了《抗日战争胜利后的时局和我们的方针》讲演，他更加明确指出：“蒋介石要坚持独裁和内战的反动方针”，“我党所采取的方针是明确的和一贯的，这就是坚决反对内战，不赞成内战，要阻止内战”。“人民得到的权利，绝不允许轻易丧失，必须用战斗来保卫。我们是不要内战的。如果蒋介石一定要强迫中国人民接受内战，为了自卫，为了保卫解放区人民的生命、财产、权利和幸福，我们就只好拿起武器和他作战。”

徐向前从考入黄埔军校，就与国民党、蒋介石打交道。如果说开始只是蒋校长的一名学生，看不出老师的本性，大革命失败后，经过十年内战，他彻底认清了那位校长，确是不会“放下屠刀，立地成佛”的人物。在抗日战争中，徐向前在冀南、山东领导抗战时，不断与国民党顽固派进行斗争；到了延安联防司令部，又直接面对着不抗日、却始终包围封锁边区的几十万胡宗南军队。事情非常清楚，国民党蒋介石绝不会放掉任何消灭共产党的机会。徐向前在病中，总想着要和这伙老对手重新较量一番。

由于中国共产党和中国人民坚定地反对内战，也由于美国顾忌世界民主舆论，蒋介石于8月14日至23日，3次电邀毛泽东到重庆进行和平谈判。中国共产党为了尽一切可能争取和平，揭露美国帝国主义和蒋介石的真面目，毛泽东、周恩来、王若飞到重庆同国民党进行了和平谈判。

8月26日，在《中共中央关于同国民党进行和平谈判的通知》中指出："中国反动派的内战阴谋，可能被挫折下去。"国民党"在内外压力下，可能在谈判后，有条件地承认我党地位，我党亦有条件地承认国民党的地位，造成两党合作（加上民主同盟等）、和平发展的新阶段。"同时，这个对党内的通知还告诉全党，绝对不要因为谈判而放松对蒋介石的警惕和斗争，如果国民党还要发动内战，中国共产党必定站在自卫立场上，坚决彻底干净全部消灭来犯之敌。

就在国共和平谈判期间，国民党在美国援助下，又在积极进攻解放区，除了包围陕甘宁边区的军队外，直接进攻解放区的国民党军队已达80万人。一切有解放区的地方，都在打仗，或在准备打仗。在徐向前的家乡山西，军阀阎锡山集中了13个师的兵力，在日伪军的配合下，侵入晋东南解放区。人民解放军晋冀鲁豫军区部队，按中共中央"针锋相对、寸土必争"方针，进行了上党战役，歼灭进犯军2.5万人，狠狠打击了国民党反动派的气焰。由于中国共产党采取了这种坚定的立场，迫使蒋介石在谈判中不得不同意"和平建国的基本方针"，1945年10月10日，国共双方代表签订了"会议纪要"，宣布"坚决避免内战"，建设独立、自主和富强的新中国的"双十协定"。

蒋介石不遵守政协决议和停战令。他认为已有了充分准备，认为可以在三个月至六个月的时间内消灭全部人民解放军。于是，以1946年6月26日大举围攻中原解放区为起点，发动了对解放区的全面进攻。

徐向前在病床上，渡过了一个又一个危险关头，病情一天天向好的方面转化。在这一系列事件进程中，他始终密切关注事态的发展。当他能够起床做少量活动时，就以多种方式锻炼身体，散步，打打拳，以自己喜好的粤曲拉拉胡琴，或是敲敲扬琴。虽说琴技实不高明，却是调节身心、增进体力一种方法。5岁的女儿鲁溪，听到琴声也会天真地说："爸爸又在杀鸡哩！"这同样会给他增添乐趣，笑上几声。

徐向前是1945年冬天出院的。他离开柳树甸和平医院之后，作为毛主席的客人，住到延安枣园。他坚持每天下午散步。有时遇到毛泽东、朱德等中央领导人也在散步，谈论中说到关于对付国民党进攻的军事问题，徐向前也直率地插上几句自己的看法。比如有的地区要不要打和能不能打，他就直截了当地说："要打！怎么不能打！"他郑重地向毛泽东说："看来要狠狠打一家伙，不打是不行的。"毛泽东说："对，只有打才能推迟和制止内战的发生。蒋介石一定要打内战，我们也不怕。"

一谈到打仗，徐向前既兴奋又不安。他这样个身体，走几步都要喘几喘，怎么上前线，怎么领兵啊！在毛泽东等人面前，他又尽量打起精神，摆出身体好转的样子。

1946年上半年，中央领导人考虑让徐向前去中原局工作，但细细了解他的身体状况，远远谈不上已恢复健康，更不能胜任紧张的工作。徐向前自己希望上前线打仗的要求难以实现。他极力克服病人常有的烦躁情绪，每天阅读些文电、战报，参加重大的会议，悉心研究、分析战局和中央、军委对各解放区作战的指示。当他把注意力集中在战争问题上时，精神和体力似乎好多了。

1946年五四青年节，是徐向前和黄杰结婚的日子，关于“婚礼”的情况，当时给徐向前担任警卫的张双优有如下的叙述：

徐向前与黄杰1946年在延安结婚时的留影

“那天是个假日，我陪首长走到苏部长家，有位女同志已先在那里，正和苏部长的爱人说话。后来，他们四人打扑克。苏部长的警卫员小王忽然问我知不知道首长今天来这里有什么事？我说不就是休息来玩玩呗！他唉呀一声：‘你们首长今天是来结婚的呀！那位女同志是保育院的黄院长。’我赶紧给家里的同志打电话，叫他们快作准备。内心里直埋怨首长，这么大的事也不言一声。当我跟随首长他们两人步行回到家时，见到大伙正在打扫屋子，首长笑着说了一声：‘嗨！小鬼！’”

“婚礼”就是这么简单，这么平平常常。这正是战争年代革命家们“成家”的一个缩影。

黄杰，一位久经考验的革命老战士，湖北江陵人，在武汉军校女生队学习过，1928年加入中国共产党，曾任中共松滋县第一任县委书记，组织领导过九岭岗暴动，后长期在上海中共中央领导机关工作。1946年5月，任延安第二保育院院长。

7月间，在一次中央会议上讨论如何以自卫战争粉碎蒋介石进攻，谈到山西战局，说到进攻太原的问题。有的认为，太原是阎锡山经营了30多年的老巢，兵力很强，人民解放军在山西地区的力量，一时尚不足以制胜。徐向前从各方面分析了敌我情况，认为完全可以击败阎锡山。毛主席对徐向前的发言，表示很赞赏。两年后中央派徐向前担任太原前线司令员兼政委、总前委书记，不能说不和这次发言有关系。

在全国规模内战爆发的时候，国民党用于进攻解放区的兵力，正规军共达160万人，人民解放军的总兵力约为120万人，在数量上和装备上都居于劣势。

各解放区军民，在中共中央和各中央局、分局的领导下，英勇地抗击了蒋介石军队的进攻，在不到三个半月的时间内，歼灭了进犯的蒋军 35 个旅。蒋介石从全面进攻，改为重点进攻陕北和山东两解放区。中共中央和人民解放军总部所在地延安成了进攻的重要目标。

11 月 18 日，中共中央发出《关于放弃延安的指示》。同时，决定将一部分机关、医院、保育院，以及老弱妇幼和负伤或患病的干部先行疏散到晋绥解放区。徐向前也属于疏散之列，并被指定为一支高干小分队的小队长。

离延安前几天，毛主席在欢送徐向前等即将疏散的一部分领导干部会上，说战争还要打三年、五年，或者十年，告诉大家要有这样的精神准备。

和徐向前同乘一辆敞篷卡车往绥德疏散的，有徐特立一家、王明一家、郑位三一家，还有王前、黄杰和她们的孩子，连同警卫人员等共二十多人。卡车只有驾驶室内司机旁边一个座位，徐向前就请徐特立坐，而徐老硬让身体最衰弱的徐向前去坐，互相推让很久，结果徐特立以“小队长应当在前面指挥和负责全队安全”为理由，让几个警卫员把徐向前推进驾驶室。

同行的人数虽然不多，徐向前仍感到带队的责任很重。根据自己多年的经验，他判断胡宗南在准备进攻延安之前的此时，必然会派出飞机先来侦察情况和封锁交通，一路上对可能出现的空袭十分警惕。将近绥德城时，他刚一听到飞机声，就果断地叫司机停车，命令全体立即下车隐蔽，由于卡车上下十分不便，有的人很不情愿地慢慢吞吞，不想下来，徐向前严厉地说：“不行，赶快下车去！”当大家进到公路边的窑洞里，敌机扫射的机枪声猛响起来。这时，大家才认定徐向前这位小队长指挥得当，如果不早些下车，枪响起来再急急忙忙往下跳，非摔伤人不可。

徐向前到绥德不到一个月，就再也按捺不住了。他想到前线正迫切需要有经验的军事指挥员，决心上前线去。他的夫人黄杰完全理解他的心情，也知道对他的病来说，呼吸到前线的空气甚至比服药更有疗效，当然最同情和支持他。徐向前向中共中央写了报告，要求去太行解放区。

中央很快就发来复电，批准徐向前去太行地区休息，俟健康情况允许时，再到晋冀鲁豫军区担任副司令员工作。

虽是一年中最寒冷的时节，且绥德往东已无法通行汽车，徐向前身体虚弱，不能长久骑马，但他毫不踌躇，决定步行也要出发。警卫战士们哪肯让病中的他走路，几乎是强行把他抬上担架。

徐向前一行在朔风怒号中，渡过了浊浪翻滚的黄河，登上东岸，不远，到了柳林。天空飘起雪花，又正值除夕，徐向前决定在这里过年。1947 年元旦，晋绥军区司令员贺龙来给老战友夫妇拜年。三天后，天气放晴。徐向前一行到了离石口，贺龙又来道别，并告诉说已和陈赓联系好，由太岳部队派人到汾河迎接他，护送通过晋中敌占区。徐向前踏上了风雪平原。

第十八章　降伏“卧牛”

第一节　要“打鼠如虎”

1948 年初春，大地还没有解冻，徐向前便出现在晋南前线的临汾城下。

徐向前患结核性胸膜炎已三年多。这时，虽有所好转，但身体仍很虚弱。早在日本投降前夕，他卧病在延安和平医院，曾向前往看望他的毛主席表达重返前线的愿望。毛主席劝慰他安心养病，不要着急，意味深长地说：“以后国民党是不会叫你闲着的！”1946 年 11 月，中共中央决定主动放弃延安，徐向前随一部分领导干部疏散到绥德。住了二十多天，他再也待不住了，便给中央写了请求到太行工作的报告。

1947 年夏季，徐向前奉命到晋冀鲁豫军区任第一副司令员。这时，解放战争已进入第二个年头。自 6 月 30 日晋冀鲁豫野战军主力在鲁西南地区强渡黄河，人民解放军进入了反攻，由内线作战转入外线作战，由战略防御转入战略进攻。

1947 年 6 月，任晋冀鲁豫军区第一副司令员的徐向前，担负消灭阎锡山军队、解放山西的任务

8 月下旬，刘邓大军越过陇海路，挺进大别山；晋冀鲁豫野战军陈谢兵团，由晋南强渡黄河，挺进豫西地区；西北野战军转入反攻。9 月，晋察冀野战军于月初对平汉路北段之敌发起攻势作战；华东野战军主力在打破国民党军的重点进攻以后，于月初挺进鲁西南地区。10 月，华东野战军的内线兵团，向胶东地区之敌发起攻势作战；东北野战军紧接着全东北范围的夏季攻势之后，在长春、吉林、四平地区和北宁线锦州至义县地区发起了大规模的秋季攻势。

所有这些战场上的攻势，组成了人民解放军全面进攻的总形势。人民解放军的大举进攻，使解放战争达到了一个转折点，标志着战争形势的根本改变。

此时，在晋冀鲁豫军区范围内处于内线的敌军，主要是在旧中国反动军阀中挣扎时间最长、残酷统治山西人民近40年之久的阎锡山。这个土皇帝还占据晋中的平川地区，即同蒲路中段北起忻县、南至灵石及本段内汾河两岸略呈柳叶形的地区，以及晋南的运城、临汾和晋北的大同这三座孤城，希图凭借那十几个残存据点的坚固工事，负隅顽抗。此外，还有一部分胡宗南的军队，在运城、临汾协同阎军驻守。

1947年底，徐向前根据中央指示，首先指挥运城战役，拔除了晋西南战略要点运城，控制了陇海路与潼关要冲，扼住了临汾胡宗南部退陕增防西安的通路，策应西北野战军主力更有力地进行保卫中共中央和陕甘宁边区的作战。徐向前率领临时指挥所来到晋南，统一指挥临汾战役。

临汾——这座晋南最大的城市，相传是唐尧建都的地方，历来是军事重镇。自从纵贯山西全省、沟通华北与西北交通的同蒲路建成以后，这里是南段的枢纽，地位益形重要。临汾城筑在汾河东岸一片冲积而成的黄土高地上，城外地势比城内低，黄土垒砌的城墙，黏结得非常坚固，基部最厚处有30余米，墙面如牛背，倾斜向上，高达14米，顶上有10米宽，可并行3辆大车；城周长近10公里；城外的东南部又加修了一座护卫城，高厚度略次于主城，周长3公里多。整座城，西傍汾河，南、东、北三面均为开阔地。从远处看，宛似伏在汾河边上的一头黄牛。所以，临汾又称“卧牛城”。据当地人说，临汾城在历史上没有被攻破过，连闯王李自成被射瞎一只眼，也没有降伏得了这头“卧牛”，气得把盔甲挂在城外一棵树上撤兵而去。于是后人把那挂盔甲的村庄，称为“挂甲屯”。

人民解放军收复运城，临汾已成为晋南的一个孤立据点。阎锡山自上党战役惨败后，为保住晋南，更加积极经营临汾防卫，不断加修工事。集中在临汾的兵力，除胡宗南的三十旅和阎锡山的六十六师两支正规军队外，还有逃到临汾的4个伪专员公署和14个流亡伪县政府所属的各种杂牌武装还乡团、保警队等，整编成的8个团，总兵力近2.5万人，统归阎锡山的第六集团军副总司令兼晋南地方武装总指挥梁培璜指挥。梁培璜，保定军校毕业，是阎军中较有作战经验的将领。

2月19日，徐向前在给中央军委的报告中表示：“临汾敌兵力虽多，但蒋阎军内部矛盾甚深，派系复杂，指挥不统一，战斗力一般不强，我攻下运城后，均极恐慌，且城大不利防守，只要我们准备周密，攻克不成问题。”

“攻克不成问题，”表明了徐向前的必胜信念。半月前从军区出发时，他就对夫人黄杰说过：“这次出去，打不下临汾不回来！”

事实上，打临汾并不是轻而易举的事。军区野战军相继南征后，留在内线的多数部队，是由各分区的独立营、县大队、游击队等地方武装为基础组成的。兵员不充实，新战士较多，装备极差，尤其缺乏重火器。部队没有攻击强固据点的经验，在思想上、组织上、作风上都存在着很大的地方性、散漫性与游击习气。朱总司令指定晋冀鲁豫军区，要培养出专门的攻坚部队，要专门研究攻坚的各种问题。

显然，徐向前指挥这支队伍完成攻打临汾的任务，困难是可以想见的。这时，直接给徐向前当助手的，负责司令部工作的是参谋处长梁军，负责政治工作的是宣传部长任白戈，后勤工作由队列科兼管。指挥所下属各科成员，来自不同单位，互不熟悉，有的参加革命不久，还缺乏作战经验。在这种情况下，身患疾病的徐向前，只有“事必躬亲”，在使用干部时，不得不“手把手”地教，以提高他们的工作能力。

有一次，侦察科汇报材料上写着：“蒋胡军的一个七排长因殴打一名阎军的士兵，引起两部之间的冲突。这个七排长被阎锡山的部队抓住打了个半死，几乎引起双方的火并械斗。”徐向前看后觉得这个情况重要，可是军队的编制，只有“七班长”和“七连长”，都不会有“七排长”。他找来写报告的参谋，说：“我揣想，你是把‘齐排长’误听成‘七排长’了。侦察参谋，还出这个笑话！同志呀，在了解和反映一个情报时，一定不能粗枝大叶，似是而非！”侦察参谋这才恍然大悟，惭愧得不敢抬头。徐向前又耐心地说：“当然，这是个军事素养的问题，要靠平时的积累，要多学习，要有广泛的知识。作为一个侦察参谋，只有靠平时的积累，才能对获得的情报进行筛选，真正达到去伪存真，去粗取精。”他的这番话，使年仅 20 岁的侦察参谋留下了极深的印象，感到受益匪浅。

军区各参战部队，于 2 月中旬相继到达翼城后，整编为含第八、第十三两个纵队和太岳军区部队共五万余人的野战集团。同时，军委又电令吕梁军区部队接受徐向前所给予的协同作战的任务。有关战役的后勤事宜，徐向前在从军区出发途经阳城时，已召开过太岳区党委、行署及军区联席会议作了部署。地方支前的组织工作，由裴丽生负责。

为了不失时机歼灭可能逃跑的敌人，徐向前部署：以八纵二十四旅位于浮山、大阳以西地区；太岳一部位于洪洞、赵城以东地区，控制同蒲路东侧；以吕梁军区指挥的西北野战军独立第三、七两旅隐蔽在汾西地区，控制同蒲路西侧。主力集结翼城、曲沃地区，如敌逃窜，即以东侧两旅占领要点，阻击敌于赵城以南地区，西侧两旅截击从汾河西岸北逃的敌人，并迟滞南下接援的敌人。为不过早地暴露行动企图，决定在战役发起时主力即以一天半急行军北上投入战斗。如敌固守不动，各部即隐蔽集训待机。

2 月 21 日至 23 日，前指在翼城召开了营以上干部动员大会。徐向前特别指示工兵连排干部也参加。首先由八纵司令员王新亭总结报告运城攻坚战的经验。23 日，徐向前作攻打临汾动员报告。绝大多数干部虽已久闻徐向前大名，但还是头一次见到他，都兴奋地尽量挤得靠近他坐。

徐向前在报告中，传达了朱德总司令关于为了解放内线敌占城市、要求培养专门攻坚兵团的指示，要求与会的全体干部，认真虚心学习运城攻坚经验。徐向前指出：朱总司令给我们这个任务，是光荣的、艰巨的。本军区今后的作战任务，在本区说来，就是要肃清内线的残余敌人及其残留的据点。在全国范围说来，要配合外线作战，同时要把晋冀鲁豫军区的野战军培养成为专门的攻坚部队。苏联红军，有善于野战的，有善于攻坚的，有善于巷战的。这样，各有专门的装备，各有专门的经验，作起战来非常便当而有力量。今后去收复国民党占领的许多大城市，需要多次的进行大规模的攻坚战斗。本军区春季攻势第一个战役计划，主要的对象就是临汾。关于临汾战役的意义，徐向前指出：这个战役，不仅影响本区，还将有力地配合西北和黄河以南的野战军作战。打下临汾后，晋南就没有敌人的残留据点了，晋冀鲁豫军区就可和晋绥和西北连成一片。要加强部队的训练教育，要学习自己过去的经验，要向外国的军队，尤其是苏联红军学习。也要向本国的敌人学习。学习的重点，是攻坚的战术和技术。干部和战士学习要各有重点，干部基本上是学战术，但要懂得技术；战士基本上是学技术，但要与战术结合起来。勇敢和技术结合起来，勇敢与智慧结合起来。

针对阎锡山所说的临汾是“打不破的铜墙铁壁”，徐向前指出：在人民解放军面前，没有什么不可攻破的“铜墙铁壁”。阎锡山一贯是“乌龟战术”，胆小如鼠，轻易不敢伸头，估计不敢在解放军围攻临汾时派兵南援，但仍要充分做好围城打援的准备，要把“老鼠”当作“老虎”打；一个指挥员，首先一条，要胆大心细，打以前要心细，一打开了，就要胆大，要有“打鼠如虎”的精神，把弱敌当作强敌打，把强的敌人，当作更强的敌人打；一个指挥员，在平时就要善于管理部队，要有民主作风，要善于训练部队；各级指挥员，都应该养成良好的作风，军队的战斗作风应该是：谨慎、细致、迅速、果敢、沉着，不怕困难，不叫苦，胜不骄、败不馁。

徐向前一向重视加强军队中的政治工作。他在报告中着重提出，在部队中要开展三大民主运动，要求干部要爱兵，他说：“每个干部必须懂得，有了士兵才要干部，不是有了干部才要士兵，在战场上，真正冲锋陷阵的要靠士兵，因此军队干部要明确树立为兵服务的思想。这并不是说干部不重要，干部之所以重要，在于他能带好兵打好仗。军队中真正广大的群众是士兵，所以我们不管做军事工作、政治工作、后勤工作，都要看到士兵。”同时，他要求干部一定要有整体观念、政策观念，要加强党的领导，开展批评与自我批评，来保证政策纪律的彻底行。

25 日，徐向前亲自率领与会的全体干部，观看了第八纵队组织的火力、坑道爆破、突击三者结合的实兵演习，检查了模拟临汾城墙的目标被破坏的程度。在现场对各部队领导作了指示。

大会后，各部队展开练兵运动，积极进行攻临汾的各种准备工作。

部队需要训练，干部需要培训，作为一个高级指挥机关，更需要精通业务的一批参谋人员。这时指挥所只有十几名干部，人手虽少，徐向前仍要求他们多多深入连队，收集基层的情况和各种思想反映，不要蹲机关。个别参谋于是暗暗叫苦，徐向前看透了他的心思，严肃地说：“不掌握下情，发指示、下命令就是无源之水。”他教育指挥所机关干部：“你们要敢于承担事情。对一个干部，首先看他干不干，只要干，只要努力，哪怕有些事干不好，即使犯点错误，也不要紧。”

大家看到徐向前身体不好，担子那么重，总是殚精竭虑地工作，都从心里非常敬佩。叫苦的不叫了；畏难的，积极勤奋起来。部队的军事训练、政治工作、后勤保障工作，都不断加强。在紧张而繁重的工作之暇，为了使干部增加对作战地域的历史、地理、文化、民情、风俗方面的知识的了解，徐向前常给大家讲一些山西的历史掌故，讲尧舜禹汤、春秋战国、晋分三家等历史故事，讲韩侯岭地名的来历。他强调前方指挥所是前线的高级指挥机关，要特别注意政策问题。决不能随心所欲，感情用事。既要听下边的意见，又要独断、善断。还说过去在红四方面军时，指挥作战最怕张国焘到前线来。他一来前线瞎指挥就出乱子。

有一次，他和任白戈谈起柳宗元的《晋问》，文中说到临汾人民具有一些好的传统：生活俭朴，反对铺张浪费；乐于礼让，反对争权夺利；温和而不暴躁，能和睦相处；居安思危，注意防止人为的灾祸；讲求实际，能安适愉快的生活。

任白戈说：“这些很值得我们政治部门注意研究，在处理军民关系和执行城市政策时要加以考虑。”

徐向前说：“柳宗元是山西人，他把临汾人民群众在这个中国古代文化发源地带，由长期历史条件下陶冶的政治远见和道德修养，说成是唐尧那个‘圣贤’的个人模范作用和民主作风教化出来的，实际上，他是借题发挥，对自己那个时代的政治黑暗抒泄不满，表明自己的主张。他的政治思想，虽然不失为一种美好的愿望，但在封建社会中是无法实现的，不过，有些合理的因素，还是值得我们借鉴。”他要任白戈根据中共中央关于《纠正土地改革宣传中的“左”倾错误》、《关于民族资产阶级和开明绅士问题》和《城市工商业政策》等指示的精神，结合临汾和部队的实际，拟订一个《关于执行城市政策纪律的〈政治训令〉》，下发部队。

徐向前还说：“临汾城的文物、庙宇、古迹不少，都是我们民族文化的财富，要尽一切努力保护下来。要使部队懂得这样一个道理：城市是政治经济文化中心，乡村离开城市就不行，但中国革命的特点，是由乡村到城市。一开始，我们打开一个城市，站不住脚，要撤出来。现在形势不同了，我们凡打下一座城市，就是人民自己的！”

“我们部队从打游击战到打运动战，发展到现在打攻坚战，我们训练部队打攻坚战，研究攻坚的战术技术，为的是把城市打下来，而攻打城市，为的不是破坏城市，而是要保护城市。”

“临汾城一定要攻下来，还有学校、机关、工厂、企业、医院、仓库和一切公共建筑，都要力加保护。”

徐向前在和梁军谈作战问题时，要他在具体制定攻城作战方案中，要从战术上，把城市保护问题考虑进去。并指示成立临汾城防司令部和城市管理委员会，负责处理入城后的各项工作和执行纪律检查。

3 月初，西北战场传来捷报：胡宗南派整编二十九军军长刘戡率领两个整编师的四个旅驰援宜川，结果，连同守军一个旅被西北野战军全部歼灭，近 3 万人无一漏网，刘戡本人亦被击毙！胡宗南慌了手脚，再也顾不得与阎锡山协防临汾，急着想撤走三十旅回陕，可是通路已断，只有靠飞机空运。

节气到了惊蛰，春耕季节已经近了。考虑到作战需要动员大量人力、畜力运输物资，为避免过多影响人民群众的生产，徐向前决定趁早攻取临汾。3月5日，阎军六十六师的一九六团及三个保安团，进到襄陵南的古城地区。当晚，徐向前即令十三纵提前出发，西渡汾河，配合吕梁部队作战，先歼灭此股敌人，并肃清临汾西岸外围之敌，尔后，再转河东，按原计划作战。

3月6日一早，徐向前向军委报告自己的部署："八、十三两纵及太岳部队，攻坚训练与三查、民主运动，最迟者可于八日以前全部结束，决按原定计划，十日开始行动。第一步，先扫清临汾外围之敌，作攻击城垣准备。此时如晋中阎敌南援，决先歼之于霍、赵问，再攻歼临汾敌。如晋中敌迟疑，一切攻城准备已完成，即拟一举攻克临汾，再向晋中发展。"临汾战役尚未打响，徐向前已在胸中开始绘制着下一步的晋中战役蓝图。

时近中午，徐向前正坐在院子里草垛旁的躺椅上，边晒太阳边批阅文电。参谋送来情报：今天清晨，胡宗南偷偷派来一队大型运输机，在临汾城南的尧庙宫机场降落，接运三十旅，已将旅长尹瀛舟及约一营人运走了，明天还要来飞机继续空运。徐向前看着，不禁皱起了眉头，然后，拿铅笔在上面重重地写上4个字："失之过迟！"他当机立断，随即吩咐参谋处长梁军，马上给部队下达紧急出动命令，并向军委报告要提前攻打临汾。

命令立刻传达下去，要点是：八纵全部立即出发，以急行军于明晨天亮前赶到临汾城南抢占机场；太岳部队全部出动，以急行军，于明晨到达临汾城北，与八纵以向心合围的态势逼近城郊；十三纵完成河西歼敌任务后，迅速移河东向临汾城郊压缩包围；吕梁部队控制汾河以西，监视敌人和担任打援。

命令下达后，指挥所的人员整理文件、装具，准备前移，徐向前在院子里从容踱步。下午3点多钟，他命接通八纵王新亭司令员的电话，但联络不上，大概王司令员已经上路。他随即写了一张手令：

"不能让敌人跑掉！我们的两条腿，一定要跑到敌人的飞机前边，不能叫敌人逃走，最好是在敌机降落以后发起攻击，缴获它几架飞机。"

两名年轻的参谋，乘上唯一的中吉普车去追部队。徐向前大声向登车的参谋说："必须在部队宿营以前把命令送到，亲自交给王司令员！"话音刚落，随即坐进也是唯一的十轮卡车驾驶室，率领指挥所干部朝临汾方向进发。

战役发起时间，比原定的时间提前了三天。部队正在练兵，许多人仓促忙乱起来，一些干部认为"卧牛城"又搬不走，是"瓮中捉鳖"，何必提前3天？有人甚至说："就让三十旅跑掉，临汾城不是更好打吗？"

徐向前想的正相反，他认为放跑三十旅，等于加强胡宗南在西北战场的力量，就达不到预定的牵制敌人、配合西北野战军保卫党中央和边区的战略目的；当面敌人，只有三十旅较强，让它逃走而轻易地攻下临汾，就不能取得真正的"攻坚"经验，完不成培养过硬的"攻坚"兵团的任务。

3月7日清早，一夜没有休息的徐向前，直等到两名参谋带着八纵于行军途中拟定的作战方案回来复命。接着，又看了译电员送上的八纵已占领机场的战报，才如释重负。

在主力部队连续 16 小时急行军，赶路 130 里到达尧庙宫时，按原攻城方案，已集结在浮山、大阳镇以西的八纵二十四旅，因距离较近，奉令首先打响了抢占机场的战斗。当时，10 架飞机已经降落，敌军正列队等候上机。埋伏在机场南面的二十四旅的战士，在信号弹的闪光中猛烈开火，两架敌机被击中，其余 8 架敌机，没等停稳，又慌忙滑行上跑道起飞。几个敌军官，爬上吉普车朝城里逃跑，后边跟着几百名夺命逃奔的下级军官和士兵。机场迅即为解放军占领，胡宗南的空运计划破产了。

刚刚到达的部队，忘掉了疲劳，立刻各自按照预定的目标展开进击，夺取了敌部分外围主阵地。“卧牛”一下子被紧紧捆缚起来，梁培璜叫苦不迭。

八纵的指战员为开头取得胜利而情绪振奋。头天下午还在埋怨不给时间准备的人，这下子都为徐向前用兵之神速而赞叹不已。

徐向前详细了解了全部战斗细节，表扬了八纵。但他自己却并不感到满意，因为没能缴获它几架飞机，而这又是由于部队缺少这方面的知识的缘故。他指示梁军记下这个问题，准备考虑对敌空军斗争和今后解放大城市抢占机场作出战术指示。

第二节　“不痛快的艰苦战斗”

寒意犹浓的春分时节，连日雨雪霏霏，天空一片迷茫，敌机被迫中断了空袭，部队正加紧作全线攻击的准备，“卧牛城”外出现了激战前夕特有的沉寂。

3 月 21 日，徐向前的记事本上记载着：本月来围城作战情况和问题；两日后攻打东关部署要点；下步晋中战役须提前布置事项；关于建军问题，拟向军委提请参考的个人意见……

傍晚，徐向前在距城约 10 公里的东堡头村窑洞里，接到八纵电话报告：二十四旅王墉旅长下午 4 时阵亡。他强抑悲痛，含泪询问详细经过，方知王墉在城北兴隆殿阵地一个旧碉堡内，通过枪眼察看地形，被敌冷枪打在枪眼“外八字”形斜壁上的跳弹击中而殒命。

年仅 33 岁的王墉，原是北平大学生，参加过“一二·九”运动，蹲过国民党的监狱，是一位文武双全、智勇兼备的优秀指挥员。他身材魁梧，很注意军容仪表，气宇轩昂，无论训练作战，都是以身作则，对下要求严格而又合理。平时深入连队，许多战士的名字，他都能叫得上来，在部队里威信很高。这次抢占临汾机场，王墉率部连夜奔袭，神速地按时完成任务，表现了英勇善战，雷厉风行的战斗作风。他的牺牲，使徐向前沉思怀念很久。

22 日，徐向前给军区王世英副参谋长写了一封信，除了讲部队教育问题，打下临汾后的第二步行动计划等之外，还写了这样一段话：

“这次攻临尚未进入决定作战，八纵因干部看地形不隐蔽，亡营长一，副营长一，伤营长一，挖交通壕因土质松，连日阴雨天又解冻，又挖得大与宽，致土塌下，压死者数十人，我已下了一个训令纠正这一现象，但昨天二十四旅旅长王墉同志又到前方地堡看地形，被敌冷枪击中头部而牺牲，真正令人不胜悲愤！我已再下教令，规定看地形的办法，并令前面有些地堡须改修者改修，改造枪眼须内八字，进出口须改在侧面。总之这种伤亡太无谓，必须严正引起各级干部确实注意才好……”

部队从 3 月 22 日夜开始，攻临汾东关和南北外围据点。炮兵把城墙轰开了一个宽十米的口子，但因射击技术不熟练，口子轰开得晚，步炮协同不好；外壕内沿只爆炸一次，突击部队通过不便，三十八旅未能突入；三十九旅攻入电灯公司，因连过两道外壕耽误时间，只歼敌一个连，敌退守南半院，形成相持；八纵和太岳部队攻北门外“日本坟”、兴隆殿两高地（与城墙同高），须连续爆炸三道又深又宽的外壕与障碍物，攻上去占领一群碉堡，歼敌一排，在敌炮火与反扑下，又退到外壕。苦战一天一夜，消耗弹药甚多而未成功。

23 日的作战行动，对徐向前说来，具有试探的性质。这是因为：第一，敌人城防工事的构筑情形和防御能力还摸不清；第二，新升级的部队，虽经前段整训、练兵，但实际战斗力如何，领导干部的组织指挥能力如何，均有待从实践中真正了解。既然“知彼知己”的程度都不充分，任何军事家也不会在一开始就拿出全力，企图侥幸取胜。

首次试攻东关虽未成功，但许多战士和基层干部表现得十分英勇。升为主力部队不久的十三纵三十九旅，担任攻打外围据点，在攻入电灯公司与敌形成相持后，战士们以“能进一尺不退一寸”的无畏气概，坚守阵地，顽强奋战；一一五团一连五班班长毛德兴等七勇士，发挥尖刀作用，连破敌三道战壕，攻陷两座碉堡，为部队向纵深发展，开辟了道路。三十八旅一一二团突击连战士李海水，因负伤没有来得及撤退，隐蔽在东关外壕内，他把别的连队的十几名伤员组织起来，连续打退敌人多次反扑，一直坚持到次日上午。最后，李海水奋不顾身地把一个五公斤的炸药包投向敌群，掩护战士们安全撤回阵地。这些事例表明，新部队同样具有极大潜力。战斗失利的主观原因，在于干部领导、指挥的缺点和错误。24 日后，三十八旅二次攻东关，二十四旅三打兴隆殿，太岳部队三打“日本坟”，均未成功，主观原因仍在干部。为此，徐向前颁发了训令，要求各级干部，必须动脑筋，兢兢业业，周密细致，虚心检讨。他对李海水英勇顽强、机动灵活的英雄事迹非常重视，亲自打电话表扬并颁发嘉奖令，命名一一二团七连为“李海水连”，号召全体人员学习李海水“对同志高度热爱，对敌人极端仇恨”的英雄行为。在这一号召下，临汾前线各部队掀起了学习李海水的热潮，有力地促进了新部队的军政建设。

在攻打东关的战斗中，徐向前曾给在后方的夫人黄杰写信说：“攻临汾东关与城附近据点大战已开始，敌人凭坚工深壕固守，攻下临汾歼灭敌人是一艰苦战斗，但大家信心高，打下不成问题，只是时间或会拖长与消耗大而已！”对自己的身体状况，他在信里说：“我自出发后，身体尚称平顺，有时虽感疲乏，但注意休息一二天即恢复原状，估计尚可勉力支持下去。”“昨日整夜未睡成觉，但今天精神亦不算坏，近来因事忙，话说多时常感觉胸背有些酸困与痛，但只要注意休息后，可少恢复，勉强下去还可以，只要不走路、不久坐即可支持下去。”

要少说话、不走路、不久坐才可支持下去，足见徐向前是在以何等坚强的毅力与病魔拼搏！

31 日，在团以上干部会上，徐向前作了攻临汾战斗初步经验总结报告。他首先自我批评说：在战役指导上，开始对敌人工事持点估计不足，想着在短时间内，以小的伤亡解决战斗。战斗部署改变几次，开始企图打东关同时准备登城，没有集中最大火力，兵力有些分散。但是他有力地指出，东关外围争夺战，正好锻炼了部队，也摸到一些敌人防御工事的底；敌人有 5 个正规军，已经被我军消灭了 2500—3000 人。他强调指出：攻坚战斗，是一个不痛快的艰苦战斗，必须细心调查研究敌情工事，必须周密组织战斗。关于攻坚的手段，当前主要是用坑道破城。要实行“土行孙”的战法，钻到地下去。他还就战术上应改进之点和政治工作等问题，提出了明确的要求，号召各部队再接再厉，为降服“卧牛”而战。

徐向前重新部署：八纵主力二十三旅，由东关东北面依托电灯厂攻东关城，十三纵主力三十七旅，位于三十八旅上两次攻击地域攻东关城，并集中全线的八二迫击炮以上之火炮，掩护攻击。规定 4 月 10 日为登东关城日期。

解放运城时即担任主攻的八纵二十三旅，已具有坑道爆破攻坚的经验。旅长黄定基，作战英勇，负过三次伤，曾荣获特等杀敌英雄奖章。临汾战役发起之初，二十三旅攻下尧庙宫后，徐向前曾命他们从城南攻击。黄定基当时派六十七团三营，首先以掩盖交通壕逼近。由于部队通宵作业，先头七连进入阵地后，连哨兵也疲乏得睡着了，被敌人偷袭，一度失去阵地。为此，黄定基心想，肯定要挨批评了。不料徐司令员把他叫到指挥所去当面交代：“城南这个地形，看起来是敌人的弱点，外围没有支撑点，一下就可以进到城下。但实际上是敌人的强点，它居高临下，我们不便于兵力、火器的展开，所以不要光批评部队。看来，这个地方作登城地点和突破口不行，你们把城南阵地放弃，移到城北‘日本坟’以西，去做好配合全线攻击的准备。”这番话，使黄定基大受启发，觉得原先自己只看到一个连阵地的得失问题，眼光实在太狭小了。他从心底里佩服徐司令员的用兵。其实，徐向前还有更深一层的用意：主力调到城北，便于及时迎击被诱引来援的敌人。

经过与敌人在地面争夺外壕的英勇奋战，及在地下精心进行坑道作业，到 4 月 9 日，二十三旅已先后完成四条坑道，十三纵也完成两条坑道。4 月 10 日，突击团及二梯队进入阵地，各种火炮也先后做好射击准备。下午 4 时，徐向前在炮兵开始火力准备的隆隆声中，来到离东关不远的一处房屋制高点观察和指挥。6 时，坑道一齐点火爆破，二十三旅的三条坑道炸开两个缺口，一宽 57 米，一宽 25 米，两个突击营乘尘烟腾起，发起冲击不到一分钟就登上城头，迅即向纵深发展。三十七旅因经验不足，两条坑道一条爆破处距城墙尚有 8 米，另一条的点火装置因故障而没有起爆。徐向前当机立断，命令三十七旅突击队循二十三旅的突破口跟进。两旅突入，据守各要点的敌人被歼后，敌六十六师师长徐其昌，率少数残兵逃入临汾城内。凌晨，东关落入人民解放军手中。

第三节 “坚持最后五分钟”

人民解放军攻占东关的胜利，鼓舞了自己的士气，极大地震慑了敌人。

阎锡山曾于4月3日任命六十一军副军长娄福生为梁培璜的副总指挥，乘小飞机偷降临汾城内，协助守城，不料，进城没有几天，就丢了守城的主要屏障东关。“卧牛”屁股上连尾巴带后腿被砍去了一截，看来只能“卧”以待毙了。此时，国民党正在南京选举“总统”，蒋介石在“国民大会”上宣称：决心保卫临汾。阎锡山三次打电报，令梁培璜“人尽物尽，城存成功，城亡成仁”。梁培璜一面将三十旅移至城外，争夺地面阵地，一面要求派飞机支援。

徐向前总结打东关的经验，决定以坑道爆破为主的战法，打下临汾本城。为分散敌兵力，他于15日调整部署：以十三纵由城南门以东地区，八纵由城东南以东地区，太岳部队由城东北地区，同时攻击前进，掩护破城坑道作业。17日，他向军委和军区报告了攻东关的战果、伤亡情况和下一步行动计划。20日，中共中央、军委给徐向前和前指发来贺电：“庆祝你们歼灭阎敌六十六师及肃清临汾外围和攻占东关的胜利。你坚持近迫作业，坑道爆破，并控制主力，决心长时间夺取临汾的计划是正确的。”

守城敌人在东关尝过“土飞机”的厉害之后，也在绞尽脑汁，采取反坑道战的种种措施。他们挖掘大量丁字形反坑道，在坑道内，遍设听音缸，发现动静即实施对挖，临近时炸毁对方坑道。在地面，则以各种手段侦察解放军坑道口的位置，窥得迹象则以飞机、炮火猛烈轰击，还派敢死队袭扰坑道。为了粉碎敌人的反坑道战术，徐向前命令部队与敌展开了对挖、对听、对炸的斗争。困难一天比一天多。坑道通过城下外壕，进入了非常艰苦的阶段。由于严重缺氧，掘进速度缓慢，为加强坑道掘进的保密，战士们挖土改用三股齿、小铁铲，脚缠破布棉絮走路。因为敌人的反坑道又密又多，攻城部队主坑道得不断拐弯，每前进一步都要付出很大的代价。徐向前不顾身体有病，几次进坑道察看，和战士们一起研究改进作业方法。鉴于坑道作业劳动强度很大，他指示要保证每人每天有两顿饭能吃上肉，会吸烟的人，每天发给50支装香烟半包。

徐向前日夜关注着坑道的进展。每天夜深了，他还不肯休息。直到他听到八纵二十三旅“今夜进展顺利”的报告，才站起来说：“好！看来今夜我可以睡得着觉了！”

时节已过清明，四野一片嫩绿。东堡头村上空，时有敌机盘旋侦察，或者任意扫射一阵。徐向前还和往常一样，只要没有特别紧急的情况，总是在上午抽时间走出指挥所，散步深思，对头顶上的敌机似乎不闻不见。跟随他的警卫员，这时正好一路采摘一些野菜。他们知道，这类野菜，经炊事员老毛略事加工，徐司令员吃起来津津有味。但是，同好者实在不多。只有一次，任白戈尝了尝，还评

土工作业小组日夜赶挖坑道，以保证攻城的成功

论说：“哦，有点甜味，难怪《诗经》上讲，‘谁谓荼苦，其甘如荠’呢！”说着，大家都笑了起来。

4月24日，滕代远、王世英由冶陶来前线慰问。徐向前听滕代远传达了中央去年十二月会议的精神，又听王世英副参谋长汇报了最近军工局利用硝酸铵化肥改制炸药成功，炸药的供应已找到新的来源的情况，感到非常欣慰。

4月27日，前指召开团以上干部会，由滕代远传达毛主席在中央去年十二月会议上的讲话。28日，徐向前在会上作《围打临汾以来的几个问题》的报告。他在报告中，着重讲了对攻坚战的认识问题。他说，“攻坚是啃骨头，要求牙齿要硬要利，否则就啃不下来，如果碰到硬骨头，啃起来又费力又费时，而且还吃不饱，因此，攻坚战斗是非常艰苦的战斗。”他指出：“在现阶段中，我们必须以较小的伤亡和消耗，去换取敌人较大的伤亡与消耗。”他严厉批评了一个连长瞎指挥、对战士不负责任的错误。他说，一个人长大成一个兵，是很不容易的，叫战士去爆破，不组织火力掩护，拿人去同敌人拼，那绝不是勇敢，而是愚蠢和罪恶！最后，他总括地说：“自三月七日开始临汾战役以来，在这五十天的紧张顽强斗争中，我们攻取了东关，歼灭了六十六师和杂顽大部，俘敌四千以上，毙伤敌四千以上，现在敌人援兵无望，突围有被歼灭的危险，守城信心更加动摇。但我们也要估计到，敌人只有死守一条路，必然做垂死挣扎，我们也只有坚决打下临汾一条路，所以须要进行激烈的顽强的战斗，才能最后歼灭敌人而竟全功。如同运城战役一样，现在我们又已到了‘坚持最后五分钟’，发挥最后顽强性的时候了！”

在临汾决战即将展开之际，傅作义纠合阎锡山突然出兵攻石家庄。4 月 30 日，中央军委致电徐向前，指出“我必须保卫石家庄，除从应县急调六纵三个旅南下位于阳泉外，难于再抽兵力，临汾攻克是否有把握？并是否能于短期内攻克？是否可以抽调两至三个旅北上，位于太谷附近威胁阎锡山军？如阎攻击阳泉则向阳泉会合六纵歼灭之。盼复。你部无论临汾攻克与否，第二步全力对阎作战，各个歼灭阎军，保卫石家庄。”

徐向前冷静地分析了当前形势，认为坚决攻下临汾即保卫了石家庄。乃于当晚电复军委：敌以炸药、毒气破坏攻城部队土工作业，故进展甚缓，肃清城东与城南外壕前面及坑道内之敌，尚须 3—5 天。只要坑道成功，攻下临汾不成问题，预计尚需时约 15 天。为防敌乘隙东犯，徐向前建议中央军委是否先将驻赵城准备阻援之晋绥独三、七两旅由彭、罗率领东移太谷以南，协同太行地区牵制阎敌；若敌东进，即移阳泉，协同六纵歼东进之敌，待兵团攻下临汾、北出晋中时，再西返协同作战。电报发出后，徐向前连夜调整部署。翌日清晨，军委来电称：阎锡山已集结一部兵力，有于日内向娘子关方向攻击模样。在阳泉附近解放军仅有两个小团，无防御能力，六纵在应县向阳泉走须要 12 天时间，要徐向前即派两至三个旅兼程开至太谷附近，向太谷一带敌军举行有力攻击，牵制敌人，同时主力继续攻击临汾不变。

情况如此紧急，徐向前当即报告军委，除吕梁军区彭、罗两旅外，再抽出太岳一个旅，统归彭绍辉、罗贵波指挥，北上晋中策应。并下令免除太岳部队攻城任务，以八纵接替其攻城地区及攻城坑道，以十三纵接替八纵东城门以南原二十二旅攻城地区及坑道。同时，于 5 月 1 日颁发为解放临汾的《紧急动员令》，号召临汾前线“全体指战人员以百倍紧张的精神紧急动员起来，扫除一切倦怠、松懈、烦腻、迟疑的现象，坚决、勇猛、积极、顽强，坚持最后五分钟，争取解放临汾的最后胜利！”

第四节　临汾告捷

5 月 2 日，军委复电，同意徐向前的部署，并令北上部队均立即由驻地出发。徐向前当即将彭、罗等可争取于八九日赶到太谷以南，以及该部作战行动计划等详报军委。次日，军委复电，认为甚好，同时指出：“你处攻打临汾行动仍按原计划进行，不宜性急，为能更有把握攻下临汾，如必要可照预定日期再延长若干时日。”

徐向前深知，征战中有把握的取胜，总是靠周密的部署和士兵的勇敢和智慧才能实现。他看到敌外壕内工事异常复杂，有一处部队五攻没有拿下，于是专门把攻击该处的营、连、排、班长，找到指挥所来座谈。他鼓励大家各抒己见，弄清究竟为什么原因打不下来。在他发扬军事民主，集中群众智慧的精神带动下，部队普遍召开了“诸葛亮会”，极大地调动了指战员研究战术、技术的积极性。

5 月 7 日，徐向前给朱德、刘少奇、滕代远、薄一波写了《克临东关以来作战情况综合报告》。报告中说：现战斗之关键在夺取外壕，战斗正在地上地下同时进行。双方争夺已半月，六十天作战，我伤亡约九千至一万人（内有四千人归队），但部队情绪仍极高涨，普遍反映说，我们是打强了，不是打弱了，信心更打高了。新部队说，经过这样锻炼，也成主力了。

但是，攻坚战毕竟意味着“庞大消耗”，这对于长期习惯于在游击战与运动战中，主要以缴获敌人补充自己的一些领导干部和后方机关人员来说，的确是从未经历过的。临汾已经攻了六十来天，结局未卜，如此旷日持久地再打下去，弹药实在难以为继，敌人又威胁到石家庄，必须全力以赴去保卫。在这种形势下，“莫如放弃临汾，回师东向，集中力量保卫石家庄”的议论，在一部分人中提了出来。

朱总司令得悉此种议论，当即写信给晋冀鲁豫军区领导，指示决不可自动放弃临汾，嘱全力给徐向前一切支持，一定可以攻下。朱总司令的指示，适时地增强了军区领导和后方机关夺取临汾战役全胜的信心。不过，徐向前对这些情况并无所知。在他看来，临汾城内粮食弹药和兵力物资都有限，阎锡山又不敢派兵来援，就是只围不打，梁培璜也支持不了多久，哪有攻不下的道理！他对王新亭说，就是胡子打白了，也要把临汾打下来，打不下来你和我到五台山当和尚去！他说的虽是笑话，但确实表明了他的坚定的决心。在这段时间里，他抽空看了几本新近得到的苏联小说，还常练写毛笔字。晚上，他到作战值班室去时，参谋们总是准备好笔墨，让他写字休息。他也提笔就写，写完不是揉了扔掉，就是拿来点烟抽。

已经长期被围困在“卧牛”城里的敌军，此时虽说不是弹尽粮绝，也到了物资难以为继的时候。生活待遇最好的三十旅，也长期吃不到油了，牲口因无饲料，大批杀掉充食，七千余名伤员无药医治。蒋介石和阎锡山从南京、太原派飞机输送的粮、弹、菜、药和日用品，空投下来，又有不少落进解放军阵地。梁培璜在绝望之际，竟穷凶极恶地推行所谓“肃清伪装”，宣布撤离阵地是“伪”，不愿当兵是“伪”、妇女不愿慰劳、不愿与军人结婚是“伪”，并指派专以杀人为务的督战队，施行镇压，企图以此维持残局。搞得城内杀气冲天。人民急盼解放军解救。

临汾告急，阎锡山既不敢南援，也不敢再东进。傅作义见阎锡山因一个师被解放军六纵队歼灭已没胆量与其配合行动，又见冀中的解放军严阵以待，他那攻打石家庄的喧嚣也偃旗息鼓了。

经过两个多月的苦战，临汾指日可下。徐向前内心充满着宁静和喜悦。5 月 10 日，他在给黄杰的信中说：“攻下临汾指日可待，因敌人已伤亡惨重，弹药奇缺，再打一时已无兵可守，现我已打到城边，控制了外壕，只要再过几天，坑道成功，便可大功告成。我已数年不直接指挥打仗了，这一次出马就遇了一个硬桃核，而部队又多系新成立的，战斗经验不多，战斗力不很高，真是使人焦心，现真算熬过难关。只要最后打下临汾，真算开始过了难关，大家信心亦会提高，以后难关尚多，必须‘过五关斩六将’才可算是个老部队，但第一难关过后，真算稍稍打下了一点基础，以后也就算好办了。……离冶陶时积雪满地，现已麦穗如浪，时光虽快，而临汾将下，思之心将释然矣！”

徐向前对总攻临汾的部署作了最后的调整。决定：十三纵三十七旅由大东门以南炸开缺口登城，三十八旅位城南助攻，三十九旅位城西南之东赵西村地区堵溃；八纵二十三旅在右、二十四旅在左，于大东门以北并肩登城，二十二旅位于城西北汾河西之刘村、芦道线堵溃；其余部队控制城北，担任助攻。为保证攻城确有把握，他指示攻城各部队，突击队至少要准备两个。同时，亲自检查了突击队准备情况。16 日晚，八纵战士在坑道内隐隐听到附近有敌人对挖的声音。情况紧急，眼看仅有的最后两条坑道有被破坏的危险。徐向前当机立断，决定将总攻时间提前一天。

16 日，智穷力竭的梁培璜收到阎锡山的电报：“胡（宗南）部已空运抵太原，日内即协同高倬之、沈瑞两军南下，临汾之围指日可解。”17 日正午再接阎锡山电：“晋中局势已变，南下部队暂缓赴临，短期内仍须苦力支撑。”此时，解放军攻城部队两条坑道已完成装药，一条装黑色炸药 1.24 万斤，另一条装黄色炸药 6000 斤。敌人已经坐在火山顶上了。

15 时，十三纵集中 5 门山炮、4 门野炮先行射击，八纵也以平射炮突然开火，将大东门北一段城墙上的敌火力点全部摧毁。19 时，伴随着暗红色的闪光和天崩地裂般的轰响，浓烟尘土腾空而起，两处近 40 米宽的缺口炸开，突击队的勇士向那里发起冲锋。

突击队员迅速从爆破口冲向临汾城头

此时此刻徐向前正站在城东麦地里。天气并不热，但他敞开军服的衣襟，全无半点病容。身旁的参谋们都奇怪，不知他是哪来的这股力量。爆炸成功后，他放下举起了好一阵的望远镜，脸上露出少有的笑容。

不一会儿，王新亭来电话报告，部队已经入城向南北及纵深发展，徐向前立即追问：“你在什么位置？”

“我现在突破口，准备跟部队进……”

“天这么黑，你进去干什么？还不赶快给我下来！”徐向前给两眼高度近视的王新亭司令员，下了这样一道既严厉又亲切的命令。话语急切而直率，声音中饱含着爱护之情。

“那……好吧！”王新亭完全领会的回答。

徐向前放下电话，给军委和军区拟了如下的电稿：“八纵全部十九时五十分已攻入临汾，刻已进入三个团，正巷战中。”这时，他长长地舒了一口气，觉得一阵疲乏袭来。

18 日傍晚。被俘的总指挥官梁培璜脑袋低垂站在徐向前面前。他夜里逃出城跑掉了鞋，狼狈不堪地光着脚板。徐向前先令人拿双鞋给梁培璜穿上。问他：

“你是保定军校几期的？”

“第三期。”

“打了几十年仗，难道没有记住‘无必救之军者，则无必救之城’这条城防基本法则吗？”

“知道。……”

“明摆着临汾是座孤城，阎锡山远水救不了近火，胡宗南自顾不暇，蒋介石更帮不上手，你为什么还要在这里死守？”

梁培璜无可奈何地叹气。

徐向前又问他为何使用毒气？他企图抵赖。直到指出种种证据，他才认罪。再问他原来有何打算。他答：“贵军如果晚两天攻城，我们就要突围了。估计西山是个缺口，想从那里逃往西安。”

徐向前“哼”了一声。说：“到处天罗地网，走不了哇！”说完，即吩咐把梁培璜的家属找上，让他们团聚。这时，这个“保卫临汾总指挥部”的总指挥，真有点不相信自己的耳朵了。

另外的三个副总指挥，娄福生遁入西山，昼伏夜行，最后化装成商人逃回太原；三十旅副旅长谢锡昌，六十六师师长徐其昌，逃出城十来天后，都俯首就擒。

19 日，军委复电徐向前，庆贺攻克临汾的胜利，同意部队休整半月和关于下一战役的计划。复电说：“你这次以新成立之兵团，取得攻临汾经验，将为继续消灭阎锡山敌据点开展胜利道路，望于休整中总结此次战役经验电告。”

部队入城之后，徐向前率领参谋人员来到战地，从外壕内到城墙表里、上下，对各处敌人工事的火力配系，亲自一一察看。他特别到五攻没有拿下的地方细看了一番。

在坑道轰开的突破口现场，徐向前和各部队的领导干部，登上城头席地而坐。他说：“我们在临汾这一仗是伤亡大、胜利大、锻炼大！”“我们用鲜血换来的攻坚经验很宝贵。虽然又有新的作战任务在等着我们，但是一定要利用这个间隙时间，好好总结，积累起来。以后还有更坚固的城市等我们去攻打。”

告别临汾之前的最后几天，徐向前写下了《临汾战役经过和主要经验》《临汾敌之防御配系及工事构筑的实际情形》和《临汾战役战术总结》等长篇文字报告。在接见新华社晋南前线记者时，他说：“此次临汾作战所以能取得完全的胜利，主要是由于人民的支援。如广大民兵、民工直接参加战勤工作，后方的供应始终保证了部队的顺利进行作战。如要论功行赏，那第一功就该归之于后方的支援。”

6 月 4 日，徐向前抵洪洞参加八纵召开的庆功大会。在会上宣读了中央给临汾前线全体指战员的贺电，根据各部队民主评定，将一面“光荣的临汾旅”旗帜授予战功最显著的八纵二十三旅。

1948 年 6 月，徐向前在解放临汾战斗庆功大会上讲话

攻打临汾的经验，得到了中共中央的高度评价。毛主席在 6 月 1 日给东北野战军领导的电报中说：“徐向前同志指挥之临汾作战，我以九个旅（其中只有两个旅有攻城经验），攻敌两个正规旅及其他杂部共约两万人，费去七十二天时间，付出一万五千人的伤亡，终于攻克。我军九个旅（约七万人）都取得攻坚经验，是一个很有意义的大胜利。临汾阵地是很坚固的，敌人非常顽强。敌我两军攻防之主要方法是地道斗争。我军用多数地道进攻，敌军亦用多数地道破坏我之地

道，双方都随时总结经验，结果我用地道下之地道获胜。”[①]

临汾既下，晋南全境解放，晋冀鲁豫解放区和晋绥、西北解放区已连成一片，阎锡山的统治区域缩小，处境更加孤立。徐向前和他指挥的部队北上晋中，与敌决战的日子就在眼前。彻底打倒“土皇帝”阎锡山，解放山西全省已为期不远。

①《毛泽东军事文选》（内部本），第461—462页。

第十九章　横扫晋中

第一节　成竹在胸的计划

1948 年 5 月上旬，中共中央为加强对大区的领导，任命刘少奇为华北局第一书记，薄一波为第二书记兼华北军区政委，聂荣臻为第三书记兼军区司令员，徐向前、滕代远、萧克分别为军区第一、第二、第三副司令员。17 日，成立华北野战军第一兵团，徐向前兼任兵团司令员兼政委。中央赋予徐向前一兵团的任务是：发起晋中战役，固定在晋中打阎锡山，直至攻克太原。根据这一决定，华北局和华北军区明确规定一兵团的当前任务是：保卫晋中麦收，削弱阎军力量，相机在运动中歼敌一至两个师。

初夏的小麦田，黄灿灿的麦穗在阳光下闪烁。盘踞在晋中平原十几座县城里的阎军，驻军司令部又挂起了“军食司令部”的牌子，这是一年一度发出的即将开始抢麦的信号。往年，一到这时候，晋中的群众，满腹愁肠，小孩子唱出歌谣：“麦子麦子不要黄，黄了不够交公粮！”今年，童谣换成了“麦子麦子慢慢长，解放军来了你再黄！”徐向前所指挥的解放军解放临汾，活捉梁培璜，歼灭两万五千多阎军的喜讯，已经在晋中平原上传开了。人们心中升起了希望。

中共中央和华北局关于一兵团任务的决定，正是徐向前成竹在胸的计划，还在进行扫清临汾城外围据点的作战时，3 月 22 日，徐向前在东堡头村就给军区领导写信，提出：“打下临汾后，第二步行动计划，则拟向晋中作战……兵力可集中八纵、十三纵，太岳八个团，晋绥吕梁八九个团，兵力约在六万上下，打阎军与开展晋中局面，当较有把握。”临汾战役结束后，5 月 25 日，徐向前向军委和华北军区提出，为了准备晋中战役，须组织统一的后方指挥部，作出动员民力的计划，成立新的野战纵队的建议，并就组成太原军区提出了具体意见。

5 月 31 日，徐向前在给中央、华北局的报告中说：“此次晋中作战时间较长，且均在新区作战，除在军事上予阎匪以歼灭性打击外，更主要在政治经济上给阎匪之反动统治机构以彻底摧毁，以保卫壮丁，保卫粮食，发动群众，创造今后攻取太原之条件。”为此，他建议，抽调足够数量的干部，随着军事的发展进入新区工作，并建议对党、政、军人员进行新区政策教育，强调“无论军事、政治、经济各方面，均应统一步骤，特别在政策上务求一致”。

中央同意和采纳了徐向前的意见，作出了相应的决定，其中包括决定立即组成太原军区，受华北局领导，调罗贵波任中共太原区党委书记兼军区司令员和政委。在晋中作战期间，由徐向前、周士第负责指导太原区的党、政、军、民工作，并直接指挥太原军区及其所属的地方部队。

人民解放军攻克临汾之后，阎锡山慌了手脚，急忙召集高级将领布防“保卫”晋中，“固守”太原。阎锡山的作战方针是：固守点线，以攻为守，以一部兵力据守晋中各县城乡据点，控制晋中平原通往山区隘口要地；以其主力机动于铁路、公路沿线，摆出一副与人民解放军周旋决战的态势。他认为，依照这种布防，可以“永保晋中，万无一失”；退一步说，一旦晋中不保，太原城里有兵有粮，城池坚固，且可求得美蒋军援。他认为徐向前指挥的“游击队”用挖地道的土办法能打下临汾，绝对攻不破太原。阎锡山在一次军事会议上说：“第三次世界大战就要爆发了，美军在我国登陆，形势更加有利。太原是军工基地，枪炮弹药都能制造，城防工事是全国最坚固的。还有晋中十四个县和一支坚强的野战部队，以及地方保安部队，太原固若金汤，共军攻占绝对不可能。共军在临汾伤亡两万多，大大损了元气，不可能很快恢复。我们不仅要永保晋中万无一失，而且要‘以城复省，以省复国’。”“现在是，万事俱备，只欠东风，‘一跑万有，一跑万胜’，我们要按这个‘十六字诀’打‘运动战’。战机好，就从太原出去打，看见形势不好，就跑回太原来，寻找战机，再出城消灭共军。”[①] 就在这个会上，阎锡山起用高倬之为“闪击兵团”司令，又拨出 18 列火车给野战军总司令赵承绶，作为野战军进出太原之用。

对于阎军的动向，徐向前早就作了周密的调查研究，胸中酝酿了相应的对策。他在兵团召开讨论战役计划的会议上说：阎锡山的“十六字诀”纯属无稽之谈，它实际上是“一事无备，东风不吹”。但是，我们对他的“一跑万有”的“跑”字，要十分注意。不要以为他出动那么多部队布防晋中，是要与我军决战。其实他最怕损失兵力。他出动的野战军，名为打仗，实际上是时刻准备“跑”。我们的正确方针是抓住战机，不使敌人轻易跑掉。阎锡山的地盘已越来越小，到目前只剩下被解放区四面包围的晋中这片柳叶形的孤岛，大同已成为悬在北方的孤城。阎锡山与外界的联系，只能依赖不牢靠的空中通道。虽然太原有军火工厂，弹药还可维持，但是粮食全部要由晋中各地供给。这是他不可能集中兵力固守太原，而不得不找上门来挨打的根本原因。现在关键的问题，是如何有计划地造成敌人的错觉，将它的主力而不是小股，诱引出巢，给以出其不意的攻击。徐向前基于这样的分析，提出要超额完成华北局和军区交给的任务，争取消灭阎锡山四至六个师的计划。

当然，摆在徐向前面前的局势，显然是严峻的。阎锡山在晋中尚有 3 个集

① 郑东：《从晋中战役到解放太原》，《山西文史资料》第 14 辑，山西省政协文史资料研究委员会 1983 年版，第 71—72 页。

团军、3个总队、22个保安团、21个警备大队，共13万人之众。而人民解放军参加作战的是第八、第十三两个纵队、太岳军区部队、吕梁军区部队、陕北警备旅、晋绥、太行与太岳及北岳军区部队各一部，总共46个团，约6万人。从兵力对比上是13∶6，从装备上，阎军仍优于徐向前统帅的部队。且阎军有林立的碉堡、据点，攻取不易。

由于以上实际情况，以及徐向前部在经过72个日夜的苦战后，亟待休整，消除疲劳，因此，在兵团作战会议上，有人提出“胃口”不宜过大，相机歼敌1—2个师较为稳妥。对于这种意见，徐向前给予否决。他指出，艰苦的战役刚刚结束，按常规理应休整。但是打破常规，正可出敌不意，攻其无备。因战机稍纵即逝，如不抓住，则后悔将迟。他果断决定按歼敌4—6个师部署，并说：“错了由我负责。”

在6月4日，也就是八纵召开解放临汾庆功会那天深夜，徐向前向军委报告了自己的决心：“战役第一步，以分进合围态势，割裂阎匪防御体系，斩断其交通，分割包围其要点，肃清外围某些据点，清剿地方杂匪，确保晋中麦收；第二步，相机攻取某些要点，诱敌主力与我决战，而于野战中求得消灭其主力一部，以达削弱阎匪实力，缩小阎占区，创造攻取太原之有利条件。”中央军委同意了徐向前的部署。后来，战役的进程和结局证实了这一决策的正确性。

第二节 “亲训师”的覆灭

为了保证晋中战役计划的顺利实施，不让阎军知道人民解放军的作战意图，在战役发起前，徐向前组织了一些地方部队佯作主力，进军风陵渡，并在该地发动群众，征集船只，摆出要横渡黄河的架势。同时释放了一些俘虏，让他们放出徐向前部主力将支援西北战场的消息。

6月上旬，徐向前派遣吕梁部队进入孝义和汾阳地区活动，同时部署太岳部队由南向北挺进，相机攻占灵石县城，他率兵团主力则由太岳山区东侧隐蔽向晋中敌侧背地区开进。

6月7日，十三纵自临汾向东进发。经安泽后，于山区北转沁源、沁县等城，向太谷、祁县以南的来远镇、神堂头、箭壑一带集结。10日，八纵自洪洞出发，向东入山后，经岳阳镇、祁县开向沁源、平遥交界之王和镇地区待命。这时，《人民日报》刊登出《徐向前将军谈临汾胜利意义》的文章。这就进一步造成徐向前部正在休整的假象。

一切按既定部署进行的时候，徐向前却回到了长治。在那里，他亲自到军区图库，要了一张五十万分之一的沁县地图，聚精会神地看着。一切是那样有条不紊而又不声不响，以至连司令部的参谋人员也弄不清徐向前心里到底在想什么。所以，当他向管理图库的参谋索要沁县地图的时候，那位参谋一时手忙脚乱，几乎翻寻不着。因为他也以为部队要过黄河去支援西北作战，所准备的都是豫西和豫北方向的图，根本没有想到首长会要属于老区、位于北边的沁县的地图。

6月11日，吕梁军区部队一部突然出现在汾阳、孝义以西的高阳镇地区，威逼汾阳、孝义两城。12日，沿同蒲铁路北上的太岳军区部队一部，解放了晋中南端的灵石县城。13日，阎锡山指派其三十四军军长高倬之，率“闪击兵团”等部共13个团的兵力，以所谓“藏伏优势”和“三个老虎爪子”的战术，向心合击高阳镇。人民解放军吕梁部队坚守阵地牵制敌人。阎锡山又派其“亲训”的第七十二师和“亲训”炮兵团前往增援。晋中战役的帷幕就这样拉开了。

徐向前在晋中决战中指挥作战

徐向前在长治得到报告，知道敌军主力已被诱调出巢，当即率领兵团指挥所向子洪口要隘兼程进发。这时，他的身体显然仍较衰弱。有时不能乘车骑马，不得已只好坐担架。

昌源河谷，两侧群峰耸立，是晋东南通往晋中的孔道。白晋公路经长治盆地入山，越过沁县北面的分水岭、来远镇，就依着河的东岸前行，沿途只见悬崖峭壁，待到子洪口，才豁然开朗，好一片晋中平原，就在脚下。在这势险路窄、两山峡谷的咽喉之地，阎锡山构筑了星罗棋布的碉堡群，其中最为坚固险要的白狮岭据点，在子洪镇南侧，居高临下，控制着公路的出入口，阎军称为坚不可破的“金刚岭”。整个要塞区，由敌三十七师严密防守，是从东面山区进入晋中平原最重要的门户，距盆地中央、同蒲路转折点的祁县，不过15公里。

当敌“闪击兵团”被吸引到汾河西高阳镇地区，受到吕梁军区部队坚决抗击，形成对峙的时候，祁县及其南面平遥敌人的守备力量大为空虚。徐向前为减轻吕梁军区部队所受压力，即提前于18日令主力第八、第十三两纵与太岳军区部队，以突然动作，拦腰侧击介休至祁县间东南山口的敌据点，并前出同蒲铁路东南平川作战，意在诱引“闪击兵团”回援，在它回窜途中予以包围歼灭。

高踞子洪口山头的阎据点碉堡群，虽具有很强的防御能力。但人民解放军有了临汾攻坚经验，并不难攻取，只是需要消耗时间，不利于突然发起战役。考虑到驻防要塞的敌人只会固守，不敢脱离工事出战，徐向前决定避实就虚，暂时不去夺取。乃令十三纵于19日黎明前，乘黑夜绕过白狮岭，直出山下，以三十七、三十九两旅，分头突袭守敌不足一个团的菩萨村与元台沟两个据点，以三十八旅插至东观镇与子洪镇之间，监视、阻击东观镇敌人的出援。

6月19日，清晨4点30分，战斗发起，敌人从睡梦中惊醒，仓皇应战，后因山上并无动静，以为不过是“小股游击队”活动，便凭借坚固工事抵抗，等到判明是徐向前野战部队奇袭，顿时惊慌失措，军心动摇。到下午4时许，两处据点都被攻占，守敌全部被歼。初战获胜，敌人的子洪要塞被隔断在后，成为一着死棋。与此同时，八纵与太岳部队也分别攻占了平遥、介休东南山口的东西泉、段村、洪山等多处要点。吕梁八分区部队在汾阳东北神堂头地区重创阎军第七十师，毙其师长侯福俊。

徐向前指挥主力拔除上述据点，歼灭封锁山口的小股敌人，打开了晋中敌人的“大门”，即乘猛虎下山之势，出现于平遥、祁县地区，作宽正面展开，近迫同蒲铁路，给敌人以严重威胁。北面集团则按计划向忻（县）太（原）、榆（次）太（谷）间破击，攻歼小据点，斩断铁路交通线，牵制敌军。

阎锡山原以为徐向前兵力有限，只会沿同蒲路向北逐步推向晋中，绝没有料到会大踏步前进，向自己的腹心杀来，更没想到徐向前对子洪要塞置之不顾，而“金刚岭”的守军，又竟然连眼皮下面通过的大部队也没有发现，不仅没有把住门户，甚至也没有采取一点阻滞行动，起到争取时间的作用。他为保住老巢——太原的绝对安全，急命高倬之回师东“跑”，并强作镇定，令榆次、太谷驻军南下祁县与之靠拢，以观动静。

20日晨，徐向前得报，晋绥方向敌三十四军已开往介休。他即决心集中八纵、太岳部队堵截，以彭、罗主力追击，在运动中求得先歼三十四军主力于平遥、介休地区；令十三纵将主力转至祁县以南、洪善以东地区，切断平、祁间的交通，以隔绝南北两敌的联系。为与部队保持最近距离，以及时实施指挥，当天中午，徐向前率领指挥所由山上的三贾村下到平川。自此，直到战役结束，无论烈日酷暑或是狂风暴雨，也不管食宿的条件如何艰苦，带病的身体怎样疲乏，他的指挥位置始终在前面，有时只有一副担架、一部电台、一个通信排、两名参谋、几个警卫战士，轻装紧随，有一次，甚至距敌人不到2000米。

傍晚，大雨如注，八纵二十四旅首先进入介休、平遥之间铁路线上的张兰镇北的大甫村，冒雨连夜准备阵地；二十三旅一部当晚攻占平遥西南的桥头镇，并

我军占领晋中门户——祁县子洪口要隘百狮岭。阎锡山曾把百狮岭吹嘘为攻不破的“金刚岭”

就地布防。至此，徐向前的“口袋”已张好，专等敌人来钻。

21 日晨，阎敌配属“闪击兵团”的“亲训师”和“亲训炮兵团”，以多路纵队，经张兰镇沿同蒲铁路回撤，进到平遥的大甫村和曹村后，一下子钻进了徐向前设置的“口袋”。预伏的第八纵队和太岳部队，采取中间突破和前后夹击的战法，将敌人压缩到铁路西与汾河东狭窄河滩地区，与它展开激战。阎锡山的“亲训师”和“亲训炮兵团”，是他的“王牌军”，被称为“精神支柱”。抗战胜利后，由阎锡山“挽留”的原“日军山西派遣军”——双手沾满中国人民鲜血的日本军官担任顾问和教官，以阎的亲信为师团长和各级“肃伪”基干特务，用“军国主义”精神培养成的一支“铁军”，充分暴露出阎锡山一贯崇拜和勾结日本军国主义者的汉奸面目。因名为阎锡山亲自训练，所以被称为“亲训师”和“亲训炮兵团”，它的装备、待遇，都比别的军优越，反动、顽固性也特别突出。不过成立才一年多，没有实战经验。这次遭到迎头拦截包围，经过三个小时的激战，终于全军覆灭。这次战斗，共歼敌 7000，其中打死近 3000，俘虏中还发现几个日本人。缴获崭新的山炮 24 门，重迫炮 12 门。只有敌师长陈震东负伤率少数人逃逸。

高倬之见势不妙，带着他的“闪击兵团”慌忙逃回平遥县城。由该县县城向北逃窜的敌暂编第四十师，也遭到第十三纵队的堵截。

21 日晚，十三纵三十七旅攻占梁官村，歼守敌 1 个连。当夜又包围祁县东南敌守备要点张名村，发起攻击后，遭敌反扑，被迫撤出；这次攻击，虽成为得失相当的击溃战，但使敌平祁间的交通大受威胁。

是夜，兵团指挥所人员从报话机得知敌十九军军部率暂编第四十师及“亲训师”残部，拟由平遥向北开往祁县。徐向前认为这是一个很好的歼敌机会。为不让敌人发觉已知其情况并利于今后继续侦听，他向团以上干部发出命令：使用报话机，只准收听，不准讲话，任何人不得违犯纪律。同时决定，以十三纵主力迅速出动，于洪善车站以北地区实施伏击，以吕梁部队东渡汾河实施堵击。

23 日早晨 8 时，敌由平遥进至洪善车站，因接受了“亲训师”被歼的教训，唯恐中埋伏，便就地构筑工事，装作守备的模样。中午，敌离开铁路线分三路转向西北，企图绕路开向祁县。由于汾河水涨，吕梁部队没能及时东渡，敌暂编第四十师一个团及太原民卫军乘隙窜入祁县，其余的被压缩在北营村内。到晚上，敌十九军军长温怀光和暂编第四十师师长曹国忠见情势危急，率少数人逃回平遥。

次日，北营村的敌人死命抵抗也无济于事，强行突围，被全部歼灭在北营村外野地。祁县敌三十三军曾出动三个团驰援，也被击退。当天下午，太岳部队一部攻克张兰镇，将“亲训师”残部及暂编第四十五师“老虎团”歼灭。至此，晋中战役的第一阶段结束。正如徐向前在三贾村临下山前给军委报告中所设想的：“在运动中歼高匪即晋中战局大大展开。”

据敌十九军军部被俘人员供认：此次阎军集中兵力“闪击”进入汾孝地区的人民解放军，是因为“侦悉”八纵已过黄河南，十三纵返回河北，一个地方纵队沿汾河与同蒲路两侧北上，所以才用重兵团出动而全力抢粮。结果遭到惨败。

取得歼灭敌“亲训师”“亲训炮兵团”和暂编第四十师大部的胜利，全军指战员们兴高采烈，称颂“徐老总真是神机妙算，连敌人都乖乖地听他调动！”人人信心十足地期待着更大的胜利。

徐向前及时向中央军委作了总结报告。他认为此次获胜的主要原因有三条：一是主动调动了敌人，以吕梁部队在汾孝地区佯动迷惑敌人，诱阎锡山以其所谓五大主力师全部出动，创造了野战歼敌的条件。二是部队行动秘密、突然，敌事先未发觉，战斗发起后，敌部署完全错乱，星夜北撤，给了我军以打歼灭战的良机。三是在战斗中我军火力高度集中。报告还提到此次作战存在的弱点及需要解决的问题等。

毛泽东主席看了这个报告，立即加上批语转发全军。批语说：“我们很需要此种战役总结报告。希望各兵团在每一战役结束后，不论胜负及胜利大小均向军委作一总结报告，以利交流和总结经验。”

第三节　生擒赵承绶

眼巴巴盼着“闪击兵团”报告“万有、万胜”消息的阎锡山，等来的却是亲自训练的七十二师与暂编第四十师相继被歼的噩耗。远在南京的蒋介石，却还在给他打气，说共军主力已开往中原、西北、华东和东北战场。山西只有地方部队数万，要他大胆决战，保卫晋中。阎锡山急令野战军总司令赵承绶和副总司令原泉福（日本人，原为日军驻长治的中将旅团长）前出祁县统一指挥作战。除当时已在各地驻守的三十四、三十三军及暂编第九总队等部队外，随同的机动部队，是由日本人组成的暂编第十总队（大部为原泉福旧部，总队长为日本人晋树德），用来保卫野战军司令部。

徐向前兵团指挥机关有的参谋人员闻报后，看到在兵力对比上，敌人又增大了优势，不免有些担心。徐向前却高兴地说："来了才好！日寇战犯原泉福一贯骄傲自大，赵承绶昏聩无能，做不了原泉福的主，我们正可利用敌人指挥官的这些弱点，加上自己的努力，寻找机会把它吃掉！"在徐向前看来，敌人能从强固设防的太原城出来，这是求之不得的。现在消灭它，比以后去攻坚消灭它肯定容易，所以让他来吧，多多益善。此时，他脑子里酝酿的，已经不只是争取歼敌4—6个师了。

6月26日，徐向前电报军委、华北军区，决心集中主力在祁县、平遥以东地区与敌决战，而把重点放在消灭敌三十四军上。具体部署是：以十三纵位北面监视东观之敌；太岳部队插洪善、平遥间，监视平遥之敌；八纵一部插洪善、祁县间堵溃打援；吕梁部队位汾河东岸，配合八纵主力由北依涧正面攻击，首先歼灭三十四军；由太行二分区和北岳二分区部队组成的肖文玖集团在榆次以南地区积极活动，配合主力作战。但是，这时敌人已越打越滑，对于徐向前分割歼灭这一手，非常警惕。其第三十四军和三十三军始终紧紧靠拢，白天出战，夜间即龟缩在铁路沿线据点。加上个别部队指挥员对敌情判断有误，处理失当，因而分割围歼敌三十四军的计划没能实现。

29日，徐向前召集各纵队首长开会，决定修改作战方案。他分析了阎锡山的心理状态，认为阎锡山虽然摆出了与解放军决战的架势，但绝不敢叫赵承绶指挥的野战军继续南移，离太原过远。假如我军主动继续北移，把歼灭敌人的战场放在太原以南，倒可以诱敌出来，有可能前截后逼，在运动中歼灭敌人有生力量，置赵承绶于死地。如果阎锡山仗着战场离太原较近，敢于派守城部队出援，我军可回师将它"吃掉"。这对以后攻取太原，更为有利。关于战场的设置，徐向前认为：榆次守敌暂编第八总队、太谷第九总队、徐沟冲锋枪大队，战斗力均弱，唯祁县守敌第三十七师两个团加地方武装2000余人，有一定战斗力。如先行围攻全歼，那么，榆次、太谷、徐沟、祁县间的犄角形地带，敌人守备空虚，距铁路线不远，正是我军在运动中歼灭赵承绶集团军的好战场。会议一致同意徐向前的分析和决定。

这天傍晚，白狮岭西坡山脚下八洞村的兵团指挥所刚平静些，徐向前到了作战室，询问了各处战况，接着和大家闲谈起来。他问几个年轻的参谋有没有看过《水浒》《三国演义》，知不知道刘关张桃园结义的故事，又问张飞有什么特点？有人回答，张飞性急暴躁，作风很粗。徐向前说：'别看张飞这个人性情急躁，但是他粗中有细，政治上，立场坚定，敌我界限分明，不像关羽，听了曹操几句好话，就把他放跑了！"有人问对刘备应该怎么看，徐向前说："刘备光讲仁爱，对部下、士兵似乎很体贴爱护，可是原则性不强，打东吴最后一仗，他感情用事，部署失当，结果被陆逊火烧连营，差点儿连自己也当了俘虏。这些历史故事，对我们也是有所启发的。我们作战，对敌人固然要狠，对自己的部队有时也要‘狠’，为的是不丢失战机。我们领导机关，宁可让下边埋怨，怪我们不关心体贴部队的困难，也不能因为部队疲劳叫苦就心软，动摇决心。我们疲劳，敌人也疲劳，就看谁能坚持最后五分钟。这个道理，等打完仗。他们就会懂得了。”

30日上午。各部开始按照命令行动。徐向前决定打开子洪口，拿下白狮岭据点，使后方的粮、弹等物资，能通过白晋路运出来。该处由敌暂编第三十七师一个营的300余人凭险防守，地形复杂，工事坚固，攻取实属不易。但十三纵三十九旅一一七团早在北营村战斗之后，就受领夺取白狮岭要塞的任务，干部们利用战隙，进行抵近侦察，并根据缴获的敌《金刚岭守备方案》，展开军事民主，选择恰当的突破点和隐蔽的突击道路，深入地进行政治动员工作，使担任攻击的部队信心很高。因此，7月1日5时战斗发起后，部队动作勇猛、迅速，步、炮、工协同密切，充分发挥了“单兵爆破，小组突击”战术手段的威力，以极小代价，攻克了要塞。敌营长率十余人逃抵三十七师师部后，被赵承绶就地枪决以泄愤。

当天，十三纵主力进占东观镇，使兵团后方运输确保安全。

八纵因连续行军作战，生活补给又差，部队十分疲劳，加上烈日下在山地运动，速度甚缓。王新亭曾电话请求，给部队稍事休息，说大家实在走不动了。徐向前答复：“不行！走不动，爬也要爬到指定的位置上！”他又解释说：“新亭呀，告诉大家，现在还不是休息的时候，运动战，就是打活战，要求动作要快，等歼灭了敌人才能休息。”

徐司令员带病坚持指挥作战，白天坐担架，在毒日头下赶路，把作战地图摊在膝头上；晚上开会、写文电报告，常常熬到天明。大家知道这情况后，如同受到了一股巨大力量的驱使，脚步也轻快了。然而，正在转战途中的徐向前，心情却十分沉重，因为碰到十三纵野战医院的一支担架队，他停下来看望伤员，发现由于天气太热，治疗又不及时，有的伤员伤口已经生蛆，有的屎尿在床无人管。这种令人无法容忍的失职现象，怎能叫他不生气！他把兵团和纵队卫生部门负责干部找来，狠狠批评一顿，要求各纵队野战医院都必须立即整顿，并要兵团卫生处派人检查验收。他亲自打电话给十三纵政治部主任郭林祥，要求一定把伤员的工作抓好。

6月30日，狡猾的敌人发觉太岳军区部队向北移动，即停止对洪善东南地区进攻，回师保卫他的“心脏”。三十三、三十四两军由祁县沿铁路东开，利用沿线一系列县城与据点作为依托。7月2日，三十三军主力已集结太谷地区，三十四军及十总队也抵东观镇一线。徐向前随即决定变更部署，以“前牵后逼”战法，诱歼赵承绶集团。

7月2日，太岳部队按照徐向前新的作战部署，昼夜兼程，北进至榆次和太谷间的铁路沿线，协同太行部队展开破击战，并构筑工事。赵承绶发觉铁路切断，侧背受威胁，感到情况极为严重，如果不控制东阳镇地区，特别是夺回董村，就与榆次和太原的大本营失掉联系而成为孤军。于是急令一部兵力攻击东阳镇解放军阵地，并以三十三军主力七十一师、暂编第四十六师1个团、暂编第九总队等共9个步兵团和1个炮兵团，在飞机和装甲车掩护下，轮番猛攻董村。赵承绶和三十三军军长沈瑞亲临指挥。

董村防线能不能坚守住，是能不能堵截住赵承绶集团予以歼灭和取得晋中战役胜利的关键。坚守董村的四十一团伤亡严重，有一个连只剩下9个人，仍英勇抗击。敌装甲车曾一度开进村口，被徐英小组由房上投炸药包击退。徐向前守候在电话机旁。太岳军区司令员刘忠报告：部队已经坚持了好几天，十分疲劳，伤亡又大，请示能不能后撤稍作休整。徐向前斩钉截铁地回答："不行！再疲劳也要打，把钉子钉在那里，坚持最后五分钟，坚持到最后一个人，也要守住阵地！"

命令传达到前线，战士们互相鼓励说："徐司令员号召我们坚持最后五分钟，这就是为人民立功的时候！""我们能打下临汾，就能守住董村！"有一个营的指战员，子弹打光后，英勇地进行白刃格斗，打到只剩下几个人，还在坚持战斗。前线指挥员在电话里向徐司令员报告这些情况时，徐向前告诉他："你防守董村的这个部队是好样的，就是要那样坚决守住，不能让敌人跑掉！"

周士第副司令员于6月下旬去中央汇报晋中战役作战计划，7月5日从中央返回前线，在下八洞村传达毛主席关于晋中战役的指示。指示内容是：保卫麦收这个口号很好，可以动员广大人民参加。晋中人民要收麦子，阎锡山要抢麦子，这是一场极其严重的斗争。敌人要抢粮，就要出动，你们就有机会在运动中消灭敌人。阎锡山还有14座县城，只要再打掉一两个，敌人就会慌乱了。此次战役是保卫麦收的战役，但是战役的重心，还是要放在消灭敌人方面，消灭了敌人，就是最有效地保卫麦收。毛主席还说：要达到消灭敌人、保卫麦收的目的，要经过艰苦的战斗才行。不但要善于打运动战，而且要善于打阵地战，不但要会攻，而且要会防。毛主席的指示，使徐向前等兵团领导对晋中战役的指导思想认识更统一了。部队中随即提出了"消灭敌人就是最有效地保卫麦收"的口号。

阎军连续四昼夜猛攻董村防线，伤亡已近千人。赵承绶眼看由董村向北跑已无指望，遂指挥其主力，于7月6日夜间撤离铁路线，妄图由榆次和徐沟间夺路北逃太原。

当天深夜，徐向前得悉敌军已西撤的情况，高兴地对周士第说："肥肉送上门来了，有便宜就得赚哪，这一回要紧紧把它抓住，决不能放跑了，现在的关键是先把赵承绶包围起来，稳住，等部队赶上去再从容不迫地打，我们兵力不太够，要一口一口地吃。"周士第完全赞同。于是，徐向前当即命令：以十三纵全部并八纵二十二旅，跟踪追击由东观镇向徐沟逃窜的三十四军，插入徐沟、尧城镇以东、子牙河以南地区，切断敌往徐沟逃路；以肖文玖集团由东阳侧击，西插车辋东西一线，与十三纵接通，切断敌向榆次逃路；以太岳军区部队在东阳以南地区堵击三十三军，以吕梁主力独立第三、七两旅自汾河以西东进，位于榆次西南永康地区打援堵溃；留八纵主力二十三、二十四两旅攻下祁县后，兼程北上投入战斗。

为攻取祁县城，徐向前亲自拿笔计算需要使用多少门炮和多少发炮弹，和周士第一起仔细计划攻城方案。这段时间，吕梁部队根据徐司令员的命令，在汾河以西纵横扫荡，打击敌人抢麦，攻占了开栅镇等据点。7日晨解放了交城，逼退清源之敌，控制了太汾公路北段，独立第三、七两旅即向永康地区急进。

7日下午6时，八纵用炮打开缺口登城，经四小时激战攻下祁县，全歼守敌三十七师师部及所属两个团和保警队，俘敌师长雷仰汤以下3200余人。从而把平遥、介休、汾阳、孝义、文水等县之敌与太原完全隔断。

7日晚，十三纵与八纵二十二旅不顾极度疲劳，赶到指定位置，与车辋东西一线的太岳军区部队和晋中部队接合，宛如两臂环抱，将赵承绶集团包围于大常镇东西一线长10余公里、南北不足5公里的狭长地带，即徐向前在6月29日作战会上预设的歼敌战场。为了防敌突围逃跑，而部队位置变动快，通信联络不易，使用报话机又不妥，徐向前命作战参谋杨弘骑上快马，连夜向祁县至徐沟一线的部队下达命令：各部赶快收拢部队，如果一时收不拢，有一个班走一个班，有一个排走一个排，有一个连走一个连，旅长走前边，追上去加强包围圈，包围起来后作两面工事，先不要打，但必须守住，敌人要来就打回去，要是敌人在谁的地段跑出去，就唯谁是问！

由于部队已经连续20多天行军作战，人员伤亡之后又没来得及补充，不少连只有二三十人，打扫战场都相当吃力，而被包围的敌军建制基本上还是完整的。因此，纵队领导都感到这个仗不好打，希望多有一点准备的时间；兵团机关的参谋也颇有些担心。然而，徐向前司令员的决心毫不动摇，他明确答复："非打不可，有意见打完仗再提。做好工事可以吃饭睡觉。总之有一条，不准让敌人突围。谁让敌人跑了就找谁是问！"

对于部队的困难情况，作为兵团司令员的徐向前心中是一清二楚的。他在8日上午致军委、华北局的报告中有如下的陈述：

临汾战役伤亡1.5万余，另逃亡2000余人；晋中战役伤亡5000人；共减员2.3万人。临汾战役后，补充新兵1600人，俘虏6000余人，伤员归队6000人，共13600人。至晋中战役，俘虏大部尚不能补充，因须进行一定教育。现部队3个纵队轻重武器及炮兵已大体配就，但连队极不充实。八纵一个主力团，每连战斗员最多者66人，少者27人。十三纵三十七旅为人数最多者，每营多只两个步兵连，每连两个排，每排两个班。部队目前正连续作战，不给敌以喘息机会，力争在野外歼灭阎军主力，及攻取某些必要据点，以造成围攻太原之有利条件。否则，增加今后攻太原很多困难，支付更大代价。但连续战斗必将大伤部队元气。为此，恳请迅速补充新兵1.5万人（每纵5000人）。

兵员补充有待时日，当前战斗刻不容缓。八纵打下祁县，又增许多伤亡，二十四旅七十一团伤员已占三分之一，团的干部大部带伤。8日凌晨，北沙团长接到兵团命令，把部队集合到城西，打算进行一个简短动员，可是晨曦中发现根本无人在听，因为战士几天几夜没有休息，都抱着枪睡熟了。部队疲劳程度，由此可见。

本已无心恋战，意欲逃跑的赵承绶，此时如集中全力向徐沟一点冲击，以其装备和两个军部、四个师、一个总队的兵力，按说尚有可能突围，但上层指挥出现了徐向前所说的“原泉福一贯骄傲自大，赵承绶昏聩无能，做不了原泉福的主”的情况。原来，赵承绶在离开太谷之前，原泉福就提出应当坚守太谷作依城野战，理由是太谷城的兵站积存有很多粮草弹药，可与共军周旋。只因其他多数将领反对，说太谷一带全是平地，无险可守，一座孤城坚持不了几天，这才一致同意向北转移。待到中途，因阎锡山发觉前景不妙，电令赵承绶立即从小路和田埂撤回太原。赵承绶找原泉福商量，原极力反对，骂阎锡山胆小鬼，叫他不要怕，把部队集中起来“同共军决一死战”。赵承绶无法，只好听原泉福的摆布，没有集中兵力突围，反而分兵三路向解放军进攻，企图“一决雌雄”，这就为解放军部队赶上巩固包围圈赢得了时间。

8日开始，阎军一路三十四军暂编第四十六师一部，由胡村向西攻解放军十三纵一一七团墩坊村阵地；另一路三十四军一部，自东、西贾村向东南方向的解放军十三纵一一五团阵地进攻；又一路为敌暂编第十总队一部，自大常向东北方向的解放军车辋村阵地猛犯。解放军刚刚到达，边打边修工事，顽强阻击。其中突向徐沟方向的敌三十四军一路，相继攻占了“三李青”、东楚王庄等地，徐沟敌人出动来援，情况一度十分危急。战斗中三十八旅旅长安中原不幸负重伤牺牲。部队伤亡很大，但十分英勇，终于夺回东楚王庄等阵地，打退徐沟方向接应的敌人。另两路敌人，也被十三纵三十九旅和萧集团坚决堵住，兵团领导称赞他们立了大功。

9日，八纵及时赶到“三李青”以南一线，十三纵已巩固了北面阵地。徐向前及时调整部署，以十三纵位于北及西北，八纵位于西南，萧集团位于东北，十五纵位于东及东南，紧缩包围圈，困敌于东西20里、南北不足10里的范围内。赵承绶和原泉福这才发觉形势不妙，但再想突围逃跑，已为时晚矣！

在八纵从祁县进抵徐沟东南的张楚王与东、西怀远地区时，兵团指挥机关已前移徐沟以南之张家庄。当敌向东楚王进攻的关键时刻，徐向前的指挥位置，距敌人不到两公里。此时，包围圈已最后完全形成，敌3万余众，被紧紧包围在仅占13个村镇的狭小地域，成为釜底游鱼了。

晋中平原的村镇，较大较密，一般在四周筑有坚固围墙，房屋大部是青砖结构的瓦房，相当坚固。被围的敌人又相对集中，可以凭借这些村镇房屋和沿村野战工事据守，且有空军轮番出动助阵。徐向前兵团与敌人的总兵力相比，并没有占绝对优势。徐向前考虑了这一情况，认为不能同时对这些村镇进行攻击，决定采取集中兵力、火力，逐个进行村落攻坚，以战斗小组逐屋爆破、逐屋夺取的战法，由西向东逐步压缩包围圈，最后全歼敌人。为了不给敌人以喘息的时间，将部署作了调整。

夜深了，徐向前还守在电话机旁，了解各处情况，询问总攻任务下达后，各团的具体部署。当作战参谋把电话摇到二十三旅一个团指挥所时，连连呼叫好久，才听到回声。原来那边值班的参谋疲劳过度，虽听见耳机里的讲话声，口里也回答，却困得没有拨开话筒的发话开关！经过一场虚惊，大家联想到司令员也该休息了，便劝他回屋睡觉。徐向前仍不肯离开岗位，直等到周士第巡视部队回来，拿“我在这里，你还不放心吗”的话督促劝说，才算起了作用。然而，大规模的围歼战，再有几个钟头就要开始了，他还能睡多少时间呢！

7月10日晨6时，总攻的信号弹升起。十三纵向东、西贾村的敌人发起了攻击，八纵开始对戴李青敌人猛攻。至12日，大常镇、南庄被全部攻占，残敌退缩到紧靠小常村赵承绶集团军总部的西范村。战斗中，敌第三十四军军长高倬之被击伤，又一次化装逃向太原。

两天的激战中，敌机不断前来助阵。徐向前命令组织对空射击，先后命中两架。敌飞行员跳伞后落入阎军阵地，向赵承绶报告“四周都是共军，我们已经完全被包围了！”赵承绶无可奈何，原泉福也不再提“与共军决一死战”的话了。阎锡山这时急命令所有部队迅速脱离战斗撤回太原。

被压缩包围在西范、小常、南庄、新戴四个村里的赵承绶野战司令部和残部，面临末日，恐慌万状。他们已把粮食吃光，连骡、马、羊、犬也没有剩的。阎锡山每日派8架飞机空投食物，也无济于事。赵承绶急电太谷九总队长郭熙春率部向小常方向出击，以接应主力返回。郭熙春反而弃城向榆次“走为上”了。

7月15日拂晓，徐向前命令100多门火炮猛击西范村敌阵地。10时左右，十三纵两个旅和八纵一个旅由村西、北、南三面突破敌阵地前沿，敌人拼命顽抗，不断反扑，形成对峙。次日晨，解放军再组织攻击，垂死的敌人竟施放毒气，三十九旅两个突击连全部中毒。但是，这一切不能阻止解放军部队攻击前进。最后，赵承绶集团总部及三十三军两个师与暂编第十总队残部约一万余人，被压缩在小常村一处，覆灭的局面已定。

攻占西范不久，兵团侦察科从报话机里听到阎锡山呼告赵承绶，说郭宗汾的“南援兵团”就来接应，另派飞机到小常增援，等飞机一来就突围，向北与郭宗汾会合。徐向前得此报告，当即令十三纵抽出一部兼程北上，配合萧集团插到潇河以北地区，待郭宗汾南渡即断他的归路，主力则于解决赵部后往北迎战，两面夹击，吃掉阎锡山送来的“加餐”。又考虑到阎锡山军打坚守防御战还能抵挡一阵，不如来个“围三阙一”，利用赵承绶的逃跑心理，将他放到野外来打，就可加速解决，使主力及时北转再收拾郭宗汾。于是命十三、十五两纵放松小常东北角的网，从其余方向逼近，使敌必然突围，脱离设防阵地时，在野战中予以歼灭。

16日上午，原泉福带着几个随从，刚从西范村狼狈溃逃到小常，被解放军一发迫击炮弹击成重伤。他死前对总部的参谋处长哀叹：“没想到徐向前的厉害，十总全完了！”[①]

---

① 郑东：《从晋中战役到解放太原》，《山西文史资料》第14辑，山西省政协文史资料研究委员会1983年版，第75页。

7 月 16 日下午，解放军攻占小常村。缩在避弹坑里的野战军总司令赵承绶、军长沈瑞和参谋长曹近谦等，被一一活捉。村外失去指挥的敌人，被赶到一片无地形、地物可以利用的野地，一群群地放下武器。戍百个日本军官都扔下指挥刀和望远镜，低垂着脑袋高举双手。在一间满是日本兵的大屋里，为首的日军官，拦住冲进去的战士问道："你的太君的徐向前？"这位战士大声说："是的！"日军官转头一声呼叫，满屋敌人立即乖乖投降。

落日余晖还没有消失的时候，几名身着将军服的战俘，被解到兵团机关院子里。徐向前冲着赵承绶问："还认识吗？""认识。"回答的声音很低沉。哪能不认识呢？十多年前的事，是不会忘记的。1937 年秋，为了与阎锡山商谈联合抗日事宜，徐向前作为中共代表团成员来到太原，彼此见面多次，在一次集会上，赵承绶还把徐向前介绍给他的部属说："请俺们五台徐向前将军训话"！此情此景，记忆犹新。

晋中一役，山西保安副司令兼野战军总司令赵承绶等 16 名将官被我军俘获，阎军主力第七集团军总部及 5 个军部、9 个师部全部被歼

在指斥其使用毒气的罪责之后，徐向前问赵承绶："你看我们作战指挥上有什么缺陷？"

"战败的人，哪能看出缺陷！要能看出来，哪能走到这一步！"赵承绶的头耷拉得更低了。

警卫员搬来凳子，徐向前招呼他们坐下后，说："看你们为阎锡山打了这么多年，该是多么不合算！你们应当认清形势，太原已经成了一座孤城，要选择自己的道路，站到人民一边，为解放太原做些事情。"见他们连连点头，又说："太原还有多少粮食？能维持多久？"

“唉！”赵承绶长叹一声，回答说：“谁人不知！阎锡山历来是不准管粮的问枪，管枪的问粮。不过，据估计也只能维持几个月的样子。”

“那你看是不是回城里去劝劝阎锡山，叫他和平解决吧。我们可以保证人身、财产安全。”

“我损失了他这样多军队，我回去，他非杀我的头不行！”赵承绶苦笑说。

“你可以写信去劝说，这件事过些日子再谈，今天先休息吧。都很辛苦了嘛！”

参谋人员把赵承绶等带走之后，徐向前得到这样的报告：由郭宗汾率领的阎锡山的“南援兵团”，徘徊在怀仁、王都、张庆，始终没敢过河。南边的枪炮声一停，就迅速折回榆次去了。

在围歼赵承绶集团的战斗打得正酣的时候，徐向前的目光已转向太原了。15日晚，他和周士第报告军委，提出拟在完成榆次以南作战后，即行北上，完成对太原的包围，有可能即夺取太原的意见。16日，军委复电同意。

电报是毛主席写的。同时，毛主席还有一电给粟裕等和华东局、中原局。电报说：“我徐向前同志所部三个纵队，于攻克临汾伤亡一万五千人之后，仅休息二十天即北上作战，连续歼灭阎锡山军七个师（等于旅）又四个军部（等于整编师部），现尚包围敌两个师，又两个总队（略等于旅），又一个军部，又一个总指挥部于榆次以南正歼击中。向前所部仅一个纵队有二万余人，其余两个纵队各一万余人，此次大战估计将伤亡万余。军委正令该军于完成榆次以南作战后，立即抢占太原飞机场，准备夺取太原。此种情形，望宣示干部，鼓励士气。”①

赵承绶部被歼之后，晋中孤立守点的国民党军纷纷向太原逃窜。徐向前指挥的部队，以“横扫千军如卷席”之势，乘胜追击，敌人则是“兵败如山倒”，风声鹤唳，草木皆兵，溃不成军，慌乱至极。解放军追击中，几个战士追击着上百的敌兵，敌兵只知道拖着枪跑，顾不上停下来还击，直至累倒在地，乖乖缴枪投降；人民群众也纷纷跑出来抓俘虏，清源县有个老农，拿着扁担，一下缴了十几个敌人的枪；三位新华社前线记者，俘敌37名，还缴了两门炮，两挺机枪，十多支步枪。继围歼赵承绶集团后，解放军又先后歼灭敌暂编第九总队、第四十三军军部、第七十师全部和六十一军军部，第六十九师、暂编第三十七师、第四十师各一部。从忻县南逃太原的暂编第三十九师，被陕甘宁晋绥联防军部队全歼于小豆罗村。21日，解放军解放了除太原以外的全部晋中县城，各部队直逼太原城下。

晋中战役，以歼灭阎锡山10万余人、解放晋中全部土地而胜利告终。中共中央、华北局，各个野战军，还有华北各行政区的党、政、人民团体的贺电，雪片似的飞来。中共中央贺电的全文是：

聂荣臻、薄一波、徐向前、滕代远、萧克、贺龙、李井泉、周士第诸同

①《毛泽东军事文选》内部本，战士出版社1981年版，第434页。

志及华北和晋绥人民解放军全体同志们：

庆祝你们继临汾大捷后，在晋中地区歼灭敌一个总部、五个军部、九个师、两个总队及解放十一座县城的伟大胜利。晋中战役在向前、士第两同志直接指挥之下，由于全军奋战，人民拥护，后方努力生产支前，及各战场的胜利配合，仅仅一个月中，获得如此辉煌的战绩，对于整个战局帮助极大。现在我军已临太原城下，最后地结束阎锡山反动统治的时机业已到来。希望你们继续努力，再接再厉，为夺取太原，解放太原人民而战！

中国共产党中央委员会

一九四八年七月十九日

在传达中共中央和各方发来的贺电时，徐向前反复说："不要因此而骄傲"，我们只是在"战役指导上，没有犯严重错误"。他的谦逊和严以律己的精神，在部队干部中留下了深刻的印象。后来在总结晋中战役时，他说：晋中战役，是华北野战军一兵团刚刚成立后进行的一次大规模运动战、歼灭战，创造了以寡击众，以少胜多的光辉战绩。这是广大军民用血汗换来的胜利果实，也是人民战争战略战术思想显示威力的有力证明。就以后勤供应而言，一个月就消耗粮食近 1000 万斤，烧柴 600 万斤，民工 523 万个工作日。如果没有群众的这种支援，部队连饭都吃不上，还打什么仗呀！战斗中，行军支前的民工拿起武器参战，消灭敌人，押送俘虏，弥补了我兵力短缺的困难。新区群众抢粮保粮，给我军带路、送情报、转移伤病员，争取和瓦解敌军，也起了重大作用。尤其是战役的后阶段，参战的群众甚多，追击敌人，捉拿俘虏，缴获战利品，声势浩大，充分体现了人民战争的优越性。晋中战役的胜利，是广大军民共同谱写的一曲人民战争的凯歌。

徐向前一向认为，战争的胜利，不能只靠士兵的勇敢，必须有智勇双全的优秀指挥员。在总结报告中，讲到指挥员的素质，他特别强调指出："当一个指挥员要胆大心细，尤其是团以上指挥员，要深思熟虑，但不要把深思熟虑变为犹豫。孙武子说'始如处女，后如脱兔'，各种条件具备以后，要英勇果敢，不顾一切。最后一口气，即是胜败分水岭。胆大心细，以少胜多，以多胜少，这个素质要锻炼修养，向古人学，向敌人学，向别人学，自己学习，取人之长，除自己之短才行。"

第二十章　攻克太原

第一节　“九月会议”前后

晋中战役，像一场风暴席卷晋中平原，徐向前兵团一举歼灭了阎锡山10万余人。一月之内，14座县城换了人间。人民解放军乘胜从四面八方，逼近了山西省会太原城。人民群众兴奋地传说着：

“徐向前的队伍要攻打太原了！”

“阎锡山土皇帝快坐不住了！”

历史上巧合的事很多。太原，不仅是徐向前故乡的首府，太原还有徐向前的母校。1919年，徐向前曾在阎锡山创办的太原国民师范学校速成班读书。若论关系，阎锡山还算是徐向前的师辈。那时，谁也不会想到，二十多年以后，历史会开这样大的玩笑：阎锡山的命运，最终拿在徐向前的手里。

太原，素为兵家必争之地。在日寇占领时期，就在这里修了坚固的防御工事。阎锡山为了“保卫太原”，又日夜加修碉堡。这座30万人口的城市，不仅有钢铁厂、兵工厂、机械厂等80多个工厂，还特设了一个“碉堡建设局”。这个局，在“留用”的日军专家指导下，汲取中外城市设防的经验，专门研究如何修筑碉堡。还巧立名目，在山头上的称“守山堡”，山坡上的称“护山堡”，山沟里的称“伏地堡”。北起周家山，南达武宿，西从石千峰，东至罕山，在所谓的“百里防线”内，有各式碉堡5000余座，星罗棋布，相互关联，越接近城垣，碉堡密度越大。在南、北机场等数十处重要据点，均以若干大水泥碉为骨干，以地碉为卫星，环以外壕、劈坡，加设副防御物，构成防御体系，名之为“要塞”。太原东部的牛驼寨、小窑头、淖马、山头，称为“四大要塞”。双塔寺有大碉13座、小碉35座；黄家坟有大小碉160余座，密密层层，望之如林。阎锡山以此自夸，说太原是抵得住100万大军的“碉堡城”。他还说：“地球转动一天，工事就要加强一天”。“要把每个阵地，都修成能经得起一万发炮弹轰炸的永久性工事”。

7月21日，蒋介石冒雨由济南飞抵太原。为了给阎锡山吃“定心丸”，蒋介石许诺继续空运援军。还接见了山西高级军政要员，把太原捧为“反共模范堡垒”，号召所有国民党军事将领向阎锡山学习。还给已经到达太原的第三十师团以上军官每人发金圆券5000元。阎锡山对蒋介石表示绝对服从，要以“火海战术”打败徐向前的“人海战术”。

阎锡山为防守太原，把从西安来的三十师，扩编为三十军，把从榆林来的八十三旅，改为八十三师，相应提高两部将领的职务，以笼络“客军”；另一方面，疯狂抓兵，重新恢复六十一军军部，重建十九、三十三、三十四、四十三4个军部和8个师、两个总队；又新编了工兵师、迫炮师、机枪总队，还把被解放军俘虏后释放回来的残兵，编入“雪耻奋斗团”，连同为数不少的保安团、民卫军等，再加上“留用”的3000多日本军人，太原的兵力约10万人。

摆在徐向前面前的，不仅是要攻夺太原这座“碉堡城”，还要准备进城以后的许多工作。他抱着多病的身体，夜以继日地工作。既要统筹考虑，解决被阎锡山搜刮数十年的人民生活的困苦，又要研究制定新区的城市政策；还要修复铁路交通，解决部队的粮食、被服供给，训练大批干部。为此，报请中央军委批准，主力部队在临战前休整两个月。

部队转入休整，总指挥部奉中央军委命令，组成以徐向前为书记、周士第为副书记的前敌委员会。7月23日，召开了前委第一次会议。会议讨论制订了部队的整训计划，拟定了进攻太原的作战指导原则。徐向前提出的指导原则是：切实完成太原市的包围围困，控制南北机场及若干外围二矿，断绝其外援及粮弹燃料的补给；在军事上逐步攻取必要的外围据点，消灭其有生力量；从政治上瓦解动摇敌人，以造成攻城有利条件；开辟攻城道路，完成攻城准备，然后一举攻取它。

为争取和平解放太原，华北局和军区派出工作组，到太原前线。军区副参谋长王世英想利用旧关系，亲自潜入太原，与阎锡山谈判。徐向前当即表示，不能进城去。抗日战争初期，他曾随同周恩来，亲赴太原与阎锡山举行过谈判。那时民族矛盾尖锐，阎锡山出于需要，一度与八路军友好，还说什么“军事上要靠向前”。后来蒋介石反共，阎锡山便撕下了假面具，坚决与八路军为敌。解放战争开始后，徐向前来到山西，也曾亲自做高树勋的工作，做被俘的高级将领的工作，想通过他们争取阎锡山，然而毫无收获。徐向前认为，如今虽然兵临太原城下，阎锡山尚有10万人马，还幻想第三次世界大战爆发．要他放弃抵抗不可能，他是不会与共产党谈判的。王世英和军区工作组人员，想要试试阎锡山的态度，便请来了阎锡山的一位老师，问他愿不愿进太原见阎锡山。那老秀才年近八旬，表示愿意入城。于是，军区工作组便以徐向前的名义，给阎锡山写了封信。大意是，太原已是孤城，劝他认清大局，以太原30万人民生命为重，还是和平谈判解决为上。谁知，阎锡山非但不听忠告，竟连师生的情谊都不顾，把老秀才杀害了！

消息传来，大家为之震惊和义愤。徐向前向王世英说：“你看，你要是进城去，脑袋早已搬家了！反动派不打不倒，我们只有一条：打！”

如何取胜，如何以小的代价夺取“碉堡城”，这是徐司令员日夜思虑的问题。他在病中，白天开会，夜深人静了，还躺在木躺椅上，摆着地图，精心计算兵力、火器的配备。部队展开练兵整训，他终日抱病工作。

8月4日，在榆次相立村，又举行了前委扩大会议。团以上干部都到了。大家看到徐司令员身体瘦弱，却精神很好，都对攻打太原充满了信心。会议历时6天，有表扬，有批评与自我批评，更多的是谈经验，找教训。9日，徐司令员作了关于晋中战役的总结报告。会议根据中央军委批示同意的“围困、瓦解、军事攻击”的作战方针和前委关于攻取太原准备工作的指示，徐司令员号召全军加紧准备，求得在思想上，战术、技术上，政治、后勤工作上，完成攻打太原的准备。

中央军委对徐向前的身体十分关怀。8月11日，军委在批复前委扩大会议情况报告和整训具体计划的电报中提出：“向前同志即利用整训期间来后方休息，本月中（旬）后，先来华北局及中央一谈。”

徐向前也想借此机会，到石家庄的医院检查一下病，更想见到华北局和中央的领导。他决定16日启程。就在前一天，太岳军区部队正式升编为华北野战军第一兵团第十五纵队。徐向前认为应该祝贺，提笔书写了这样一段话：

“钢是炼成的，钢铁般的队伍是经过艰苦奋斗的过程锻炼出来的。我们是人民的队伍，我们必须加强学习军事和政治，不怕艰苦，排除困难，才能锻炼成为毛泽东式的、钢铁般的队伍。”

他想到再过几天，十三纵队要召开祝捷庆功大会，等不及参加了，便提笔写下：“争取更大的胜利，消灭更多的敌人，为功上加功，为光荣上加光荣而奋斗不懈。——敬赠给十三纵队的战斗英雄们。”

第二天，是预定启程的日子。徐向前却一直忙到下午5点多钟，又赶到十五纵队成立大会的会场。越战越强的这支地方部队，随着革命形势的发展壮大，今天正式升级为野战军了，这是一件多么可喜的大事，他哪能不挤出时间来祝贺呢！大家看到徐司令员出现在会场大门口，全场肃然起立，发出雷鸣般的掌声。徐向前在热烈的掌声中，作了长篇讲话，他通过党领导武装斗争的历史，深入浅出地说明地方武装、游击队升级为正规军的意义；他以许多生动具体的事例，教育干部要提高军事素养，他说：炮弹可以加工制造，人是没法加工制造的，死一个少一个；干部要爱兵，基本上是提高指挥能力；战场上少死人，是爱兵的最实际表现，也是最受战士拥护的指挥员。讲到打太原，他风趣地说：打太原不是那样难，又不是那样容易，把阎锡山现有的部队拿到野外，不要三个钟头，就可以完全消灭！但阎锡山不是傻瓜。晋中战役时，他本钱还大，还敢出来，现在本钱少了，吃了亏后，也聪明了，所以，他就要死守太原，工事又筑得多，这就不好打。能不能不打？非打太原不行！胡子白了也要打下来。说胡子白了，是表示我们有决心，并不是真的要打到胡子白了，那还得了！

徐司令员的讲话，激励着每个到会干部。会场上不断发出笑声。当纵队文工团开始演出节目的时候，从村西头碧绿的枣树林中透过的夕阳，正照耀着徐向前一行的旅途。

8月下旬，徐向前抵达石家庄，即住进从延安迁来的和平医院。经各科医生的全面检查，发现他不仅旧病有发展，消化和吸收能力均极差，每餐只能吃少许麦片之类软食，体质虚弱。一位日本医生诊断的结论是，病情到了“极点”。提出意见，至少要静养两三个月，相当长的时期内不能工作。这时，黄杰也从军区后方赶来，参加护理，劝说丈夫多休息些天。徐向前说：“医生的话不能不听，也不能全信。我还要去中央参加会议呢！”不几天，中共中央开会的通知果然来了。

9月初，徐向前沿着流自他家乡——山西五台的滹沱河逆流而上，来到了中共中央所在地——河北平山西柏坡。中央领导人很关心徐向前的身体健康，毛泽东、朱德、刘少奇、周恩来一再叮嘱他注意休息和调养。他当时的自我感觉很不好，怕支持不了几个月的时间便倒下来，完不成攻打太原的作战任务。经再三考虑后，他找少奇谈了自己的顾虑。刘少奇说：“你的身体状况中央很清楚，但现在实在抽不出人去顶替你。开完会后，你先回石家庄住院，休息一下，争取把太原打下来，再好好养病。”

中共中央政治局的这次“九月会议”，是自日本投降以来，到会人数最多的一次中央会议，已经中央任命为华北一兵团政治部主任的胡耀邦也列席了这次会议。由于解放战争战略决战的序幕也正在会议期间揭开，国民党蒋介石的崩溃已为期不远。因此，与会的代表，情绪都很兴奋热烈，会议的气氛也很轻松愉快。

正式开会前，各地汇报情况。7日，徐向前发言。当讲到华北一兵团进入晋中战役的部队，总共是55950人时，毛主席插话说：“哎呀！你们还不到6万人，一个月消灭阎锡山10万，单是正规军就搞掉他8个整旅。你说一说，你们那个晋中战役是怎么打的？”毛泽东主席这番话，包含着深刻的赞扬。徐向前只是随着全场的笑声微微一笑。他从来都是这样：仗打胜了，把功劳记在战士和人民群众的名下；仗若没打好，又总是严于解剖自己。他向中央汇报打太原的设想，说：“敌我炮火大体相等，兵力也相等，我共9万多，敌也9万多，其中民卫军1.5万，因此打起来是有困难的，但打是一定要打下来的。我已给部队说过，我们长出白胡子，还是要我们打下来。”

9月8日至13日正式开会。首先听取了毛泽东主席的报告，接着围绕“军队向前进，生产长一寸，加强纪律性，革命无不胜”这一中心内容，进行了讨论。为了更快地夺取全国的胜利，会议检查了以前的工作，规定了今后的任务。提出今后三年，建设人民解放军500万，每年歼敌正规军100个旅，在从1946年7月算起的五年左右的时间内，从根本上打倒国民党反动统治的总任务。根据敌人重点防御及准备撤出东北的企图，必须攻取敌人坚固设防的大城市，必须同敌人强大的机动兵团作战，必须敢于打前所未有的大歼灭战，必须集中兵力，就地歼灭敌人强大的战略集团。中央要求华北徐向前兵团，在一年内歼灭阎锡山14个旅左右（7月已歼8个旅在内），并攻占太原。

一次会间休息时，徐向前和毛主席一起在室外散步。谈到假如阎锡山接受谈判的条件、同意和平解决时，毛主席说：“你请他们把军队开到汾孝一带，我们的部队开进太原，那样麻烦就少了。”徐向前说：‘要能和平解放太原是最好。不过阎锡山生性奸诈，不会轻易让出他那个独立王国，他派人勾结陈纳德，邀请美国记者参观那些数不清的碉堡，是幻想美国发动第三次世界大战，他还可以重新出头。所以解决太原问题，我还是照主席讲的‘扫帚不到，灰尘照例不会自己跑掉’去办。”毛主席笑着点头称是。又关切地问他的身体情况，叮嘱他注意调养。

中央工作会议结束后，徐向前让兵团政治部主任胡耀邦先返回太原前线，自己在石家庄暂留几日，休息一下再走。说是休息，倒不如说在医院完成一些工作。他身在病房，心在前线。兵团召开参谋、政工、后勤三大会议的情况，前委贯彻执行中央《关于健全党委制》，开展反无纪律无政府状态的检讨报告，以及敌我军情等大量文电的研究处理，仍然需要他付出巨大的精力。虽然天气还不冷，可他在屋里戴着一个大口罩工作。健康状况显然很不好。

太原前线的指战员，想念着他们的司令员，远在中原地区的刘伯承司令员，关怀着徐向前的身体。9 月 21 日，有位干部从中原军区解送康泽到华北局社会部。他特奉刘伯承司令员的委托，专程到医院问候徐向前。徐向前向那干部说：“谢谢。我只是好感冒，并不要紧，回去请转告刘司令员、际春和李达同志，就说我很好，代我向他们问好！”

10 月初，军区转来毛主席批示征询意见的太原作战方案。兵团前委在方案中提出的进攻步骤是：第一步突破敌第一防线阵地，以火力控制南北机场，断敌外援，便于瓦解工作；第二步攻占东南、东北攻城必需的据点；第三步攻城。对此，徐向前写了以下复信：

聂薄滕赵[1]并请电话转毛主席：

一日信及转来主席指示和一兵团前委电均奉悉。

对攻取太原的计划，我因地形尚不熟悉，没有别的意见。前委九月二十八日电中计划，分三个步骤作战，很好，但主要精神是连续一直打下去，直到夺取城垣为止。假如情况允许的话，这样做是最好的，但假如第一步计划或第一、第二两步计划都完成了，而到实现第三步计划时那就比较好打了，但仍存在一个兵力对比问题。假如第一步计划完成后，实现第二步计划时即遭到较大障碍，不能按预期计划进行，即只有先围困使敌更疲惫后再猛攻之。总之，首先争取一直连续的打下去，在最快时间内全歼敌人是上策，先打再围带打而下之即消耗较大是中策，下策即必须增加力量再攻下之，即影响别线作战，只是最后之一途。

关于兵力分配与使用上，我亦同意前委决定，时间于十八日开始亦可以。因时间已迫近，我亦无时间再休息，拟于七日夜即赴前方，待太原攻下后再抽暇休息。

关于弹药问题，前已谈过，我没别的意见，前方必须照顾后方的生产与财政力，亦属重要。其他一些详情待我到前方再报告。

---

① 赵尔陆，时任华北军区司令部参谋长。

我仍本着不急（急躁）不缓（紧张的工作着）的精神去工作，一定坚决的完成任务，请放心。

谨复并致

布礼

徐向前

十月三日

徐向前准备回太原前线时，接到前线来电，阎锡山以 7 个师的兵力，从 10 月 1 日分 3 路沿汾河以东同蒲路以西，向南出犯，企图乘秋收之际，到太原城南平原地带产粮区抢粮，以缓和城内的粮荒，同时达到破坏人民解放军战役准备、拖延攻城时间的目的。徐向前考虑到敌人脱离其坚固工事，正有利于解放军野战，即复电提前于 10 月 5 日对出犯的敌人发起攻击。电报发出后，他就抱病返回太原前线。

第二节　夺取“四大要塞”

太原战役迫在眉睫。10 月 6 日，中央军委两次发出指示。凌晨一时电示说：你们原定 10 月 19 日开始太原战役，现已提前 13 天，因敌被迫向外扩张，给我以良好歼敌机会。如果敌人战力不强，你们又指挥得当，乘机进击，可能于短时间内全部肃清城外之敌，并可缩短攻城时间，不要停留多久，即可乘势攻城，提早解放太原。晚八时又电示：你们拟乘胜向太原城周围尽量扩大战果方针很对。向前三日函称，连续一直打下去，在最快时间全歼敌人直至夺取城垣是上策，先打再围带打是中策，旷日持久是下策。此项意见和我们今晨电意见相同。你们现有良好机会，可以全歼南面及东面之敌，得手后敌必震动，望你们乘胜扩张，逐一歼外围之敌，占领一切机场。然后看形势，如我军伤亡甚大，城内敌人尚多，城防尚固，则应略为休息补充，然后攻城。此外尚有一点，即城外之敌大部歼灭，一部尚未歼灭（例如北面），是否可以派兵监视城外残敌，使用主力即行攻城，此点亦可考虑。……

太原前线总指挥部，在前委副书记周士第领导下，正日夜紧张工作。10 月 10 日晚，徐司令员赶到。他不顾路途劳累和病情，当即召开前委会，传达中央工作会议精神，研究如何实现军委指示，尽快进入攻打太原城垣作战的具体行动计划。

从 5 日对敌发起进攻以来，实战中发现，敌在城东南马庄、双塔寺一线的工事很坚固，而原先前委认为东南地形较开阔，兵力易于展开，供应补给也比较方便，因此确定为主攻方向，现在证明不利，所以当前首先需要考虑的是重新选定主攻方向。由于时间紧迫，又是重大决策，周士第发言一结束，与会者的目光都集中注视徐向前。大家很清楚，像这样关键性的问题，他必定深思熟虑，胸有成竹。

早在晋中战役期间，徐向前已缜密地审度了一个又一个方案，当完成包围太原的布局时，为了验证自己的设想，他曾向赵承绶等被俘的高级将领调查过太原城的守备力量、防御体系、敌作战特点、工事的坚固程度、弹药物资储备与补充情况，以及各主要防区指挥官的名字、特点等情况。同时，为取得更充分的敌情资料，他也曾指示司政机关和各区的侦察部门、城工部、社会部、敌工部，发动群众，全力收集情报。在他回后方休息、参加中央会议期间，一时一刻都留心着阎锡山的动向。

大家正期待徐向前对下步作战行动作出决定的时刻，他还是先问了近期调查收集的敌情资料。当陈漫远参谋长简要报告各方面侦察所得情报时，说到前两天，从敌占区——东山柳沟村来了一位地下党支部的书记。徐向前听说人还没有走，连忙叫人去请来见见。

乘会间休息的工夫，徐向前会见了那位党支部书记。五十来岁，精明强干，是从敌人刺刀下冒着生命危险来报信的。他不仅了解敌军的许多内情，还提供了东山防线中间的一条秘密小路。它可以隐蔽地插到距城仅约五公里、敌东北防线后方的牛驼寨要塞——阎锡山精心构筑的“四大要塞”之一。这个地方，正是徐向前的作战预案中，亟须找到的、最理想的突破口。他边问边在地图上标出这条楔入敌后的路线，并命令作战科放大绘制挂图，立即布置现地侦察。

会议重新开始后，徐向前发表意见：从太原的自然地理形势和敌人防御重点来看，进攻城区，首先必须攻破城东的群山防线，坚决占领并控制牛驼寨、小窑头、淖马、山头这四大要点，也就是阎锡山的所谓“第二道坚固防线”。近代历史上，有两次攻陷太原的战例，一次是明朝末年，1664 年 2 月，农民起义领袖李自成率领农民起义军打下太原；一次是日寇 1939 年侵占华北，11 月 9 日太原失陷。这两次，都是由城东依靠东山攻进城垣的。不过，李自成也好，日本鬼子也好，他们都是先攻最东面的主峰，然后采取向西“平推”的战法组织攻击。徐向前斩钉截铁地说：“我们根据自己的兵力和装备技术，决不能走那条‘老路’。按照军委要求迅速转入攻城作战计划的意图，再考虑到严冬即将到来，天寒地冻后，对部队攻击作战会增加困难，时间也不能拖得那样久。我主张由南北两个方向，直接插入东山四大要塞，坚决攻占这条南北八公里长的阵地，把太原与东山主峰从中间一下切断，守备东山主峰的敌人，不投降也把它困死！”

凝神静听的纵队领导干部，不约而同地颔首微笑，显现出信服、赞同、钦敬和振奋的心情。此时，会场里吹进一阵冷风，周士第看到徐向前清瘦而显得更加刚毅的面容上，有一下轻微的抽搐，便立即站起来，拿大衣披在徐向前身上。

徐向前道了谢，又接着说：“阎锡山自己有个比喻，叫作‘太原形势像人样，东山好比太原头，手是南北飞机场，两脚伸在汾河西，太原城内是五脏’。那么，攻下四大要塞一线阵地，就等于割断了他的咽喉，整个东山就会被我控制，既可以奠定攻取太原的基础，又可以打通后方人民群众支援我军作战的道路，‘土皇帝’就变成‘瓮中鳖’了。”

“东山看着险，只要打得妙，一定能打下。方才柳沟村地下党同志给我们提供的一条路线，是敌人东山守备区与北区的分界线，两区都不大管，我们从这里插进去，一定能攻上东山，占领牛驼寨。阎锡山扬言共产党不敢攻打牛驼寨，我们偏偏要攻打牛驼寨。目前，我军刚刚在城南、城北发起了猛攻，敌人正集中力量在这两处顽抗，我们要乘敌不备，采取突然袭击，坚决夺取牛驼寨，进而一举拿下四大要点。……”

会上，很快取得一致意见，并作出决定：围歼出犯城南碉堡地带以外的敌人，夺取武宿机场，攻下石嘴子，以打开东山碉堡防线东南门户的第一步作战，应继续达成计划。同时，趁敌人部队已被吸引到南北面，东山薄弱空虚之际，于13日发起进攻太原战斗，占领东山各要点，确实控制北机场。得手后，迅即逼近城垣，进行攻城。

具体部署是：西北野战军第七纵队等部由太原东北楔入东山纵深，袭击要塞据点牛驼寨，并以炮火控制北机场；另一部袭击大北尖，与南面向大窑头方向攻击的十五纵队相连接，切断罕山、孟家井敌归路，并歼灭之；十三纵队向城东南角进击；晋中军区部队除以一部在汾河西积极活动外，其主力位于太原南一线，对各据点作牵制性攻击；八纵队为兵团之总预备队。

命令下达后，当天傍晚，徐司令员又亲临七纵队和晋中一分区部队的干部会。在村外地头高处放着的黑板架上，挂起了东山地形略图，按照图上标示的柳沟村党支部书记讲的通往牛驼寨的那条秘密通道，干部们正研究突入敌防御纵深的行动计划。徐司令员在讲话中，要求干部连夜进行深入的思想动员，使每个战士了解任务的重大和有利的条件，做好轻装，准备多带弹药与干粮作长距离奔袭，明日分批出发，经榆次秘密向东北绕敌东山防线外隐蔽转移，15日到达待机地域集结，摸熟地形，并做好一切准备；由柳沟村党支书做向导，从秘密小路直插牛驼寨，深夜发起攻击。

担任穿插主攻任务归七纵指挥的西北野战军第一纵队独立第七旅的干部们，见徐司令员亲自给他们交代任务，个个信心满怀。纷纷表示：“一定完成任务。”徐向前说：“这是重要的一步棋，这一步走好，就好办了。”

从5日拂晓开始的太原外围作战，经过11个昼夜的连续战斗，到16日胜利告一段落，共歼灭敌军两个师又3个团，占领了武宿机场，炮火控制了北机场，断绝了敌人获取外援的空中通道。同时攻下瞰制太原东南的最高点石嘴子、结岭石、贾凹一线阵地，打开了敌东山碉堡防线的南侧门户。本想出城“捞一把”的阎锡山，遭此打击，再也不敢轻举妄动。他最害怕的是空运中断，蒋介石答应派的后续救兵和陈纳德输送的美援物资粮食都来不了。他一面严令部下夺回北机场的控制权，一面暗地派人到汾河西设法赶修几处临时机场和空投场。但他做梦也没想到，东山第二道坚固防线内，解放军突然“从天而降”了！

17日深夜，解放军一举攻克牛驼寨大部分碉堡，震撼了东山全线守敌。18、19两日，敌人以1500人以上兵力，在几面炮火掩护下，对牛驼寨阵地连攻10余次；21日，又以3个精锐团，在各要塞阵地百门以上山野榴炮交叉猛射与飞机支援下，整天反扑牛驼寨。这一天，阵地落下上万发炮弹，工事尽毁，交通壕被填平。七纵七旅十九团终因伤亡过大，弃守牛驼寨，转至以东阵地。

连续数日，徐向前司令员很少休息，白天，有时长久地站在侦察要图前。行路困难，便坐着担架，到前沿阵地察看地形和检查部队的各种准备工作。多次指示炮兵：选择火炮射击目标，应避开那些即将归属人民的发电厂、火车站、医院等重要设施。他到前沿巡视，山势险峻，不好坐担架时，便自己拄根棍子攀登。指战员看到他，既受到鼓舞，又为他的健康担心。徐向前由于夜以继日的思考、工作，睡眠不足，饮食又少而简单，偏头痛症复发，剧烈的头痛，服药也不见减轻。医生说是用脑过度，三叉神经出了问题，需要好好休息。然而，徐向前想的是夺取胜利，如何使部队的伤亡减少到最低限度。他不把自己的病痛当回事，往往要兵团其他首长和参谋再三劝说，才躺到木架躺椅上闭着眼睛歇一歇。

1948 年 10 月，徐向前在攻打太原城的前沿阵地

10 月 26 日，各纵队按照预定的作战部署，开始对四大要点实施攻击。七纵继续攻牛驼寨；八纵攻击小窑头；十五纵攻击淖马；十三纵攻击山头。这四大要点，距城仅 3—5 公里，地势高出 300 多米，可以直瞰城垣、城北工业区及北机场，为太原东面屏障。多年来，阎锡山在日本人构筑的防御工事基础上，不断增修了极为复杂、易守难攻的要塞工事。攻击牛驼寨连续 6 次才全部占领；攻击小窑头和山头，也各有两次受挫；攻击淖马，经半个月的时间，分 3 次攻击才全部占领。在激烈紧张的四大要点争夺战中，徐向前几次冒着炮火到一线阵地。指示各纵队，要想一切办法打下来。打仗是打勇敢，打技巧。要组织好火力和爆破。他坚定地提出："只许胜利，不许失败。只许前进，不许后退！"他与各级指挥员一起研究情况，提出改进战术动作和加强政治思想工作的意见；对英勇奋战的战斗作风和英雄行为，及时给予表扬和嘉奖。

东山四大要点争夺战之激烈，在徐向前指挥攻坚作战的历史上，可以说是空前的。双方主力均先后投入战斗。阎锡山除以5个师守备西山和城南、城北外，其余8个师、3个总队及保安团，均全部或一部投入战斗。徐向前先后投入共27个半团。双方参战八二迫击炮以上火炮达800余门。激战至11月12日，终将四大要点全部占领。平均计算，消灭一个敌人，需消耗山炮和各种重炮炮弹1发、迫击炮弹4发、手榴弹8枚、各种子弹110发、炸药2斤。战斗结束后，各个主要阵地一片焦土，遍地尽是手榴弹的木柄，摧折的树木；土地已不能成垒，必须揭去3尺浮土才能挖避弹坑。敌人遗弃的尸骸，散发出臭味，弥漫四野，可见战况的惨烈！

围困、瓦解和军事打击，交错展开。徐向前在指挥部队夺取四大要塞的同时，又一手指挥着“攻心战”。各旅都成立了政治攻势委员会，团、营设政治攻势领导小组，连队也成立政治攻势工作小组。群众性的“攻心战”，全面展开。徐向前叫人把赵承绶、沈瑞等被俘的敌高级将领找来谈话，要他们为和平解放太原做有益的事，立功赎罪。让他们给阎锡山等人写信，宣传他们自己亲身感受到的共产党的宽大政策，促使阎锡山认清形势，派代表出城谈判。在此期间，中共中央把赵承绶的女儿、女婿从上海接到华北解放区，并派黄杰专程陪送到太原前线与赵承绶团聚。赵承绶和所有解放过来的官员都深受感动。赵承绶表示打消以前的顾虑，找机会进城劝说。以后，他确有较好的表现。梁培璜得知阎军在四大要塞施放毒气，即以书面反省方式，承认自己在临汾施放毒气的罪行，并劝告阎军“勿在罪上加罪，成为人类无可饶恕的公敌”。这个认罪书，经徐向前报请中央批准，予以公开发表；沈瑞等人，也对大同方面拒绝空运部队来援太原和后来促成该城和平解放起了作用。一些被俘的将领和地方官员，也利用同乡、僚属、亲友等旧关系，积极同城里进行联络。

10月31日，出乎阎锡山意料的一桩大事件，已经酝酿成熟。他的第三十军军长黄樵松，夜里派随身参谋兼谍报队长王正中出城与解放军接洽起义。黄樵松早年参加西北学兵团，是在西北军由排长任职到师长的爱国军人，出身于河南尉氏县一个贫苦家庭，经历过西安事变，对共产党的爱国主张有一定的了解。抗日战争时期，他曾在台儿庄、娘子关等前线与日寇奋战。蒋介石消极抗日、积极反共、排斥异己的政策，使他逐渐滋长了不满情绪。他从西安调到太原后，虽然阎锡山倚重他这支部队能打仗，极力拉拢他，但他还是与阎锡山保持一定的距离。作为“客军”，他深知困守孤城，外援无望。

徐向前剖析这一切，曾请高树勋给黄樵松写信，希望他能以太原30万人民的生命财产为重，寻求一条光明的出路。黄樵松经过反复权衡，并在解放军随后派去的人员帮助下，终于决定顺应潮流，率部起义。不幸的是，由于被他一手提拔为师长的戴炳南出卖，起义之前，黄樵松和解放军派进去的参谋处长晋夫、侦察参谋翟许友一起被阎锡山逮捕，送往南京。不久，晋夫和黄樵松在雨花台被国民党杀害，翟许友被判无期徒刑。晋夫临刑时，高呼“共产党万岁！”英勇不屈；黄樵松在狱墙上留下了一首诗：“戎马仍书生，何处掏虎子？不愿蝇营活，但愿艺求死！”

徐向前司令员对这两位为解放太原献身的烈士，一直缅怀在心。1984 年 5 月路经南京城时，83 岁高龄的徐向前前往雨花台烈士陵园晋夫和黄樵松遗像前敬默，向人们讲述这两位先烈遇难的经过，他还在《历史的回顾》一书中记下他们的业绩。

三十军的起义行动，虽然没能成功，但它像一颗无声的炸弹，震动了阎锡山的“碉堡城”。11 月 11 日夜，阎军暂编第八总队司令赵瑞在解放军占领淖马大部阵地后，抗拒阎锡山叫他亲率残部作孤注一掷的命令，与参谋长曹振中，率 500 余人火线起义。此外，在解放军强大的政治攻势下，阎军中一些下级军官和士兵纷纷动摇，一班、一排、一连投降，乃至一个营派代表向解放军接洽投诚的事不断发生。罕山守敌“雪耻奋斗”八团团长李佩膺率全团投降。至 11 月底，就有阎军 5470 多人投诚和起义。

第三节　任务重于生命

部队在苦战。总指挥部日夜紧张地工作，大家眼看着徐向前司令员的身体一天不如一天，都暗暗为他的病情担心。医生、参谋和首长们，都劝司令员多休息。可是，他却认为“任务重于生命”。

有一天夜晚，他徒步翻越东山赶往小窑头八纵指挥所，打算亲自处理黄樵松联系起义事宜，可惜迟了一步，晋夫等人已经走了。心里忧虑，又因走得急，出汗后又被黎明时山中冷气所侵，受了风寒，此后十天一直感到疲乏不适。夺取“四大要塞”的战斗正激烈，战况不容他稍有松弛，更不能躺下。

11 月 11 日下午 3 点，突击牛驼寨敌仅有的阵地庙碉的战斗开始不久，徐向前拿着电话，正鼓励部队乘势全部肃清牛驼寨残敌，话刚说了一半，他突感左侧胸腹间锥刺般地剧痛起来，额上沁出了汗珠。大家见司令员十分痛苦，紧忙扶他回屋躺下。兵团首长们闻讯赶来，医生测量体温甚高，说是病势不轻。这时，徐向前却叫人把电话机拉来床边，继续指挥作战。周士第副司令员连忙派人去野战医院，把军区卫生部长钱信忠请来。

钱信忠正巧由军区来前线检查工作。夜里，和兵团卫生处长一道赶来时，徐向前正发高烧，胸部疼痛严重到连翻身也不行了。经初步诊断，是潜伏的结核病灶，因营养差、睡眠不足、身体抵抗力太弱，以致胸水压迫不能翻身。从那样多的肋膜积液来看，病发的时间已不短了，胸痛也早就有了，可见病人是实在支持不住才倒下的。所有在场的人，对徐司令员非凡的坚强毅力和高度的战争责任心，无不为之动容！由于前方缺少必要的药品和医疗设备，钱信忠经与兵团首长商议，决定暂时采取保守疗法，派兵团卫生处长专程回后方筹办药物。同时，前委向军委、军区电报了情况。

中央军委和军区领导对徐向前的病非常关心。11 月 22 日，军委给前委复电：“向前患病甚念。望嘱钱部长妥为诊治，并望你们注意照护，使之能完全摆脱工作，静养一个时期。……徐病状望随时报告。”毛主席在签发时又加上一句：“如病情严重，应来中央医院，至要。”同时，周恩来副主席亲自派在延安时给徐向前治过病的黄树则医生、西北军区卫生部史部长与石家庄卫校陈教育长赶往太原前线，连同钱信忠共同组成了四人医疗小组。黄杰也得到通知，带领孩子连夜从后方赶来。

11 月 29 日，中央常委毛泽东、刘少奇、朱德、周恩来、任弼时，由毛泽东主席执笔，致电徐向前：“闻病极念，务望安心静养，不要挂念工作，前方指挥由周、胡、陈担负，你病情略好能够移动时，即来中央休养，待痊愈后再上前线。总之，治疗与休养是第一等重要，病好一切好办。”中央领导的亲切关怀，使徐向前既感念不已，又深以自己尚未完成党的任务，反倒让中央领导在日理万机中为他分心焦虑而不安。

此时，辽沈战役已胜利结束，淮海战役正处于第一阶段的激战中。中央军委估计到太原攻克过早，有使傅作义感到孤立，自动放弃平、津、张、唐南撤，或分别向西、南撤退，增加以后作战的困难。11 月 16 日，军委发电给徐向前和周士第，提出：“再打一二个星期，将外围要点攻占若干，并确实控制机场，即停止攻击，进行政治攻势。部队固守已得阵地，就地休整。待明年一月上旬，东北我军入关攻击平津时，你们再攻太原。”

病中的徐向前，看到中央军委的电报，认为中央的这一着棋甚妙，遂同前委成员进行了讨论，第二天，向军委发出复电，表示同意军委电示。并作了以下的部署：巩固东山的牛驼寨、小窑头、淖马、山头四要点，继续向南推进，再打下数要点，以利有力围困敌人与展开政治攻势；另以晋中军区三个分区部队攻占河西重要阵地，以炮火确实控制机场，东山部队即准备在东山过冬，加做窑洞并修路运粮，克服困难。因部队急需补充，请军区将军委批准的一万新兵及济南战役五千解放战士早日送到，另建议军委把太行、太岳腹地地方武装调太原配合作战。

由于战役方针转为以围困瓦解敌军为主，周士第、陈漫远和胡耀邦考虑到徐向前的病情尚不宜远行，而前线的环境、条件又不利于他静心治疗调养，致电军委、军区，提出暂时先让徐向前移至适当地点。军委副主席周恩来于 12 月 2 日复电：“向前同志俟史、黄两医生赶到诊治后，尽可能早日回至后方静养。”

太原城尚未解放，“回至后方静养”是徐向前不肯同意的。中央领导显然对此种情感完全理解，并且作过郑重考虑研究，故而有“尽可能早日”这一既包含十分关怀爱护，又非常体贴和充分尊重本人愿望的用语。兵团常委也希望徐向前不要离得太远，以便重大问题能够请他决策。折中的方案达成了，选择在榆次东南十多公里之峪壁村内，一处向阳小院的老乡家，作为徐司令员暂时休养地。那里背靠东边的太行余脉，西临深涧，环境清幽隐蔽，不会引起敌机的注意，且交通甚便。

徐向前司令员移住到峪壁村后，肺病暂时得到控制，可是身体抵抗力大大减弱，偏头痛症剧烈发作，时常痛得呕吐不止，本来功能就差的肠胃，连最简单的饮食也承受不了。大家都很担忧。然而徐司令员每天心里挂念的，仍是前线阵地上的干部和战士。他想起战士过冬防寒问题，不止一次地和钱信忠等人商讨，提出切实可行的措施，还要求部队发动群众出谋献策。

医疗小组的专家到来时，徐向前又想到患肝病的黄定基旅长，有神经衰弱病的门国梁科长等人。他向身边的人说：“快把黄旅长、门科长他们找来，请医生会诊。”这使所有的人深受感动。更令人难忘的是，在他移住峪壁村前一天，躺在担架上，还坚持要去前沿阵地验查越冬防寒措施的落实情况。事前，谁也不曾料到他会提出这样的要求，此刻又力劝不止。只好用担架抬着他，走上距太原城最近的东山十五纵阵地。在这里，他察看了炊事员为保障前线吃热饭创制出底下能生火的保暖饭桶，高兴地说：“好啊！好，这样同志们就不吃凉饭了。”他特别给予表扬，并指示马上在全军推广使用。

徐司令员不顾身患重病到前线巡视，极大地鼓舞了干部和战士。一位干部在多年以后写道：

共产党人就应该这样：
任务重于生命！
你说到了，也做到了，
在太原前线，身体力行。

生命是最珍贵的，
对每个人只有一次。
你病成那个样子，
发着高烧，
而心中装着的，
却是党给予的战斗使命。
你不能吃也不能动，
却硬逼着我们将你抬到前线。
因为党的任务还未完成。

三十年过去了，
我们总挂念着你瘦弱的身躯，
但更不断温习着你朴素的格言：
任务重于生命！

第四节　太原的春天

北平宣告和平解放后不久，阎锡山偷偷乘飞机逃到南京，遥控着太原的梁化之、孙楚、王靖国等头目，拒绝和谈，坚决与人民为敌到底。

病发半年多的徐向前司令员，住在榆次峪壁村里，日夜操心着战事，对前委的重大决策，他都参与谋划：决定了召集前委扩大会，讨论太原战役战术问题；同周士第、陈漫远联署下发了《进攻太原的战术补充指示》；向中央军委呈送了《关于太原战役作战方针战术原则的请示报告》；拟定了延长部队整训的军政教育和加强围困敌人中的政治瓦解等工作计划。为培养基层军政干部，兵团成立了随营学校，他亲自兼任校长和政委。1949 年 3 月 1 日，华北一兵团按照军委关于全国解放军统一序列的决定，改为第十八兵团，接着部队新提升一批师职干部。徐向前不能起床，便找这些干部到病床前，勉励他们到新岗位努力工作。在处理公务之余，他半卧在床上读书，缝补衣服；能起床了，还参加警卫分队在驻地附近开荒种地的劳动。

3 月中旬，十九、二十两个兵团及第四野战军炮兵第一师，根据军委的调令，由平津地区开向太原前线，与十八兵团共同攻取太原。3 月 17 日，太原前线司令部成立，徐向前任司令员兼政治委员，周士第任副司令员、罗瑞卿任副政治委员。统一指挥三个兵团。同时成立了以徐向前、罗瑞卿、周士第、杨得志、杨成武、陈漫远、胡耀邦、李天焕八人组成的总前委，以徐向前为书记，罗瑞卿为第一副书记，周士第为第二副书记。

4 月初，人民解放军副总司令兼第一野战军司令员彭德怀，在中央参加二中

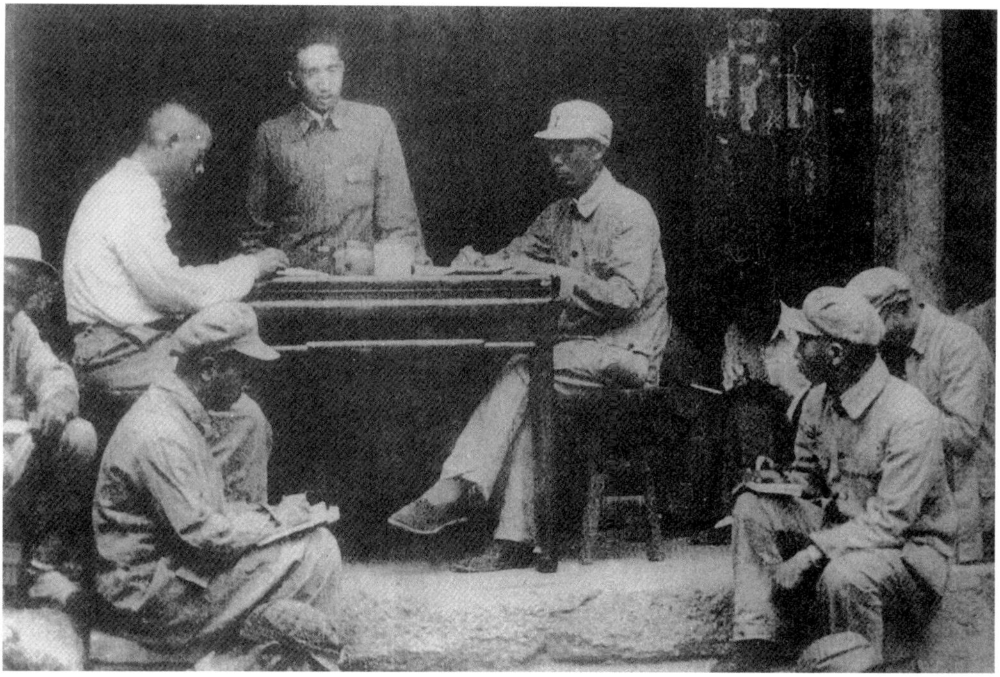

1949 年 3 月，中央军委决定组成以徐向前为司令员兼政治委员和书记的太原前线司令部和党的总前委，以统一进攻太原部队的指挥。这是徐向前（立者）在太原前线总前委扩大会议上讲话

全会后返回西北途中，抵达太原前线。自从 1935 年 6 月，一、四方面军在长征途中会合，徐向前和彭德怀在维谷河畔相识后，10 多年来，他们虽然有过几次相会，多是匆匆交谈几句，难得畅谈机会。1948 年中央召开“九月会议”，彭总没参加；上个月召开中共七届二中全会，徐向前又因病请了假，所以算起来，两人又有好长时间没见面了。能在峪壁村重逢，自然都很高兴。

彭德怀说：“去年你打完临汾战役，我就向中央请求让你去西北，当时没能得到批准。现在中央已经决定，等拿下太原，把十八、十九兵团调给一野参加解放大西北，以后，咱们一起去消灭胡宗南和马匪军！”

徐向前说：“很希望能在彭总领导下工作，也很想去西北，只是身体不行，恐怕去不了哇！”

彭德怀说：“你应好好保重，身体好些再去也可以。我这次到你们这里，也是来学习的。在西柏坡，毛主席特别给我讲了你指挥的晋中战役，他非常赞赏呢！”

徐向前忙说：“彭总太客气了，毛主席那是过奖。我们没有完成包打太原的任务，正需要彭总多指示呢！”

两位领导人就部队的训练、作战，进行了亲切交谈。彭德怀见徐向前身体不好，表示愿意留在太原前线，为他分劳。4 月 5 日至 7 日，彭德怀司令员参加了太原前线总前委在大峪口召开的扩大会议，向到会的师以上干部 150 余人讲了话。从此，彭总就留在了太原前线总指挥部。

4 月 5 日，毛泽东主席给徐向前电示：阎锡山已离太原，李宗仁愿出面交涉和平解决太原问题。我们已告李宗仁代表（本日由平去宁）允许和平解决，重要反动分子允许其乘飞机出走，其余照北平方式解决，部队出城两星期至三星期后开始改编。你们应即派人进城试行接洽。

徐向前当即与常委研究，并请示彭总后，给孙楚、王靖国写了一封信，派赵承绶和被俘的高斌、曹近谦进太原城试谈。当他们进入敌六十一军防区时，军长赵恭派人持信回见。信上说，阎锡山临走前有命令，不许被俘人员返城，不能相接，请赵承绶等仍返回等待，待电报请示后再接见。

为力促敌人放下装器、和平解放太原，减少人民生命财产损失，太原前线司令部在此期间连续发布了《告困守太原的蒋阎军官兵书》《最后警告阎锡山书》。太原城的敌人，不但不听劝告，反而在 11 日早上向解放军阵地发炮，并在广播中宣称“坚强意志，奋斗到底”。太原前线司令部当天下午再给太原守敌送去《最后通牒》，同时命令部队完成攻城的各种准备。

4 月 14 日，徐向前和周士第、罗瑞卿致电军委提出：敌方并无回音，而封锁更严，我们再送信入城，亦不能进去。敌近日调整其部队，加强战备，广播中仍宣传要坚决抵抗。我炮兵增加，均已进入阵地，侦察及各种准备工作已完成，按目前条件，争取在外围切断、歼敌几个师，而后乘胜攻城，则太原之敌可能容易就范。如 16 日南京谈判无大效果，可否提前攻击太原。

由于国民党反动派企图以和谈为烟幕，拖延时间扼守长江天险，造成“南北分治”的阴谋已充分暴露，毛泽东主席于4月17日给徐向前复电：“何时发起打太原为有利，即可动手打太原，不受任何约束。”

太原前线总前委当即决定，按照军委批准的作战方案，20日开始发起总攻太原。

自总前委扩大会议之后，十多天来，彭德怀亲自深入前沿的主要阵地，检查部队作战准备，察看地形，殚精竭虑地指导总前委指挥总攻。病中的徐向前，这时不能走动，躺在担架上，日夜关心着最后的总攻。有彭总在，他对取得总攻胜利很放心。

此时的太原守敌，经徐向前兵团军事攻击与政治瓦解，内部混乱恐慌，城中所存粮弹仅能维持半个月，油盐蔬菜断绝了来源。敌机空投越来越困难，即使有少量粮弹能投入，也是杯水车薪。士兵生活困苦异常，多患夜盲症，士气已极衰颓。太原居民被敲诈勒索殆尽，城内饿殍载道，苦不堪言。孙楚、王靖国、梁化之等进行更加残酷的特务统治，还印发阎锡山从南京发来的公开文告，其中说：“保卫太原之战，关系国际视听，你们能参加这个战争，真是荣幸。”说什么他“因事被阻，不能和大家一起保卫太原，是一生最大的遗憾”。要求所有军政要员，“本成功成仁的决心，誓死保卫太原，以待第三次世界大战到来”云云。

4月20日凌晨，解放军开始发起了对太原的总攻。十九兵团由南、二十兵团由北、十八兵团由东（主攻方向），数十支攻击部队先后突破敌前沿，继以长驱直入，猛烈向纵深发展。至22日晚，全部扫清城墙以外的守敌。

战斗中，传来毛主席、朱总司令向全国进军的命令，和第二、第三野战军胜利渡江，解放南京的捷报。太原全线一片欢腾。

24日晨5时半，1300多门火炮从四面八方对太原城轰击。在3个兵团和1个炮兵师及地方部队的绝对优势兵力的突击下，太原守敌土崩瓦解。山西“阎王”反动统治宣告结束。

太原解放当天，徐向前等两次致电军委，报告太原作战已结束，并提出阎锡山忠实帮凶梁化之、孙楚、王靖国、戴炳南，对解放军十数次的宽大劝告、警告与通牒，不仅不理，反而烧毁民房、工厂，破坏财物，施放毒气，挣扎至最后。为泄民愤，拟公开宣布该四人为战犯，并令部队严予缉拿。第二天，中央复电，同意宣布梁化之等四人为战犯，缉拿治罪。复电中令二十兵团尽可能迅速开往平绥线夺取大同，尔后即控制于该线整训；十八及十九兵团改隶第一野战军建制。复电中指示徐向前必须继续休养，在可以行动时即来中央。在他养病期间，十八兵团工作由周士第代理。待病愈后或改任其他工作，或去西北任第一野战军第一副司令员兼十八兵团司令员。问徐向前对此安排有何意见？

徐向前看到电报，感到党中央的领导人对他的病情十分关怀。医疗小组专家早就提出了要他停止工作，到空气清新的海滨去静养、治疗。他当即向军委报告：因肋膜两次出水，胸背常痛，治肺疾未巩固，拟再过一时，去海边觅一适当地点休养。请即解除现职，并提议由周士第接替十八兵团工作，王新亭任十八兵

4月24日晨，我一八八师部队奋勇攻上太原首义门城头

团副司令员兼副政委。

4月26日，太原前线总前委及前线司令部移至太原城内。担任太原市军事管制委员会主任的徐向前，暂时住到赵承绶的公馆。太原市委开始办公，以裴丽生为市长的市人民政府等机构，以罗贵波为司令员、赖际发为政委、萧文玖为副司令员的警备司令部，相继成立。

在攻克太原城当天，从太原绥署地下室里把战犯孙楚、王靖国和40多名师以上军官一起活捉。阎锡山的外甥、专门搞特务组织的梁化之，和三十军军长戴炳南下落不明。城内散兵游勇及特务，相当猖狂。一所弹药库发生爆炸。事后检查，在徐向前住房附近的好多老百姓家里，都有阎军藏贮的许多弹药。据说是阎锡山出逃前，居心叵测安排的“定时炸弹”。徐向前即指示警备部队进行普查，将弹药送往安全处所，同时再次严令搜捕梁化之、戴炳南等要犯，做到除恶务尽。

传闻梁化之已从地道逃跑。后经被俘官员提供线索，在绥署东北花园地下室里找到男女两具尸体，经检验是服毒后点火自焚的。从男尸上找到一颗图章，证实就是梁化之。这个杀害过许多共产党员的特务头目，为逃避人民公审，效法希特勒的方式，和他的姘头阎慧卿，一起服毒并烧尸灭迹。阎慧卿是山西尽人皆知的“女妖”，本是阎锡山的堂妹——“五姑娘”，多年和阎锡山公开姘居。阎锡山逃走时为“稳定军心”，将她留下，表示自己还要回来“与太原共存亡”，暗中则命梁化之悄悄把她送往南京，但没料到梁化之拿她当了“压寨夫人”，做了陪葬品，给“土皇帝”的丑史再添了一笔。十天后，一个俘虏带领警备司令部人员，到阴阳巷4号伪绥署少校秘书家中，从橱柜下把战犯戴炳南抓了出来。

徐向前得知这些消息，十分欣慰。立即下令公布战犯罪状，发动人民控诉，然后召开庆祝太原解放与公审战犯大会。

五一劳动节这天，中共中央给徐向前和周士第、罗瑞卿等及太原前线全体军民发来贺电：

“战犯阎锡山及其反动集团，盘踞山西，危害人民，业已38年，为国内军阀割据为时最久者。抗日时期，阎匪即与日本侵略军勾结妥协，与抗日人民为敌。近几年来，阎匪在蒋介石指挥下，参与反革命内战，节节溃败，最后退守太原一隅，犹作顽抗。此次我太原前线人民解放军奉命攻城，迅速解决，阎匪虽逃，群凶就缚。大同敌军，亦即投诚。从此山西全境肃清，华北臻于巩固。当此伟大节日，特向你们致热烈的祝贺。”

总攻前，我军加强对太原的军事包围，阎锡山见大势已去，便乘飞机溜到南京，太原“绥靖”公署副主任孙楚、城防司令王靖国当了替罪羊。这是孙楚（前左三）、王靖国（前左二）被我军俘获的情形

一年多来，徐向前带病在山西前线，继指挥临汾、晋中两大战役，歼敌12万多人之后，太原战役又取得了歼敌13.8万余人的巨大胜利。

太原市迎来了解放后的第一个春天。受尽苦难的古城人民，涌上街头，以种种方式表达兴奋的心情，到处是歌声和欢笑声。一位老艺人边弹边唱：

从前当牛马，如今做主人；
昨日泪满襟，今天庆翻身。
盼了多少日和夜，
熬过了寒冬迎新春。
老汉我不是六十二，
我成了二十六岁的年轻人……

在欢庆解放的日子里，太原前线的统帅徐向前，正在地图上标出全国各条战线追歼敌人的形势。为了总结对阎锡山作战的经验，他抱病亲自查看缴获的军事档案、文件，从中选取有价值的资料。他看到太原绥靖公署编印的《晋中作战经过概要》，特地将主要部分勾画出来，交作战科录转有关部门研究参考。他保持历来的习惯，支撑着坐担架到双塔寺等处要塞查看，仔细研究各式碉堡工事的构造。在审定总前委给中央军委、华北局的一份报告后，亲笔加上这样几句话："大胜后容易骄傲，有成绩也就容易掩盖缺点，故各部均应于整训前三评工作中，着重注意自己尚有缺点的研讨与发现弱点！"

他的身体越来越虚弱。白天少进饮食，夜晚卧不成眠。部队经过短短整训，嘹亮地吹响向大西北进军的号声，十八兵团即将出发了。从解放战争以来，徐向前亲手培育了这支部队，带领它横扫山西，最后结束了阎锡山的统治。他爱这支部队的每个连队，每一个指战员，很想去作一次告别，可是身体不行，只好坐在病床上，要人拿来笔墨，一笔一笔工整地写道：

我们在毛主席和朱总司令的英明领导和指挥之下，与广大人民的热烈支援及前后方各机关密切合作之下，在我全体战斗员指挥员政工员后勤员英勇作战奋不顾身自我牺牲的精神之下，终于打下了蒋阎匪帮进行内战反对和平的强固据点之一的太原城。但敌人尚未全部消灭，尚图作困兽之斗，幻想着卷土重来。因之我们每个指挥员与战斗员决不可稍有骄傲和松懈的心理，我们要本着打下太原的决心勇猛前进！敌人逃到哪里我们就追到那里。敌人敢于在哪里抵抗我们就坚决把它消灭在那里！把人民胜利的旗帜插到全中国的领土上去！

往日挥笔如流，许多文电、总结、报告都亲手动笔，今天短短的220个字，歇了两次才得写完。

无产阶级的革命家，每时每刻想的是革命，是前进；庸人谈论的却是"升官""发财"。这时在山西流传出一种论调："打跑阎锡山，回来徐向前，五台人还是沾光。"一天，两个打着"徐司令老乡"的旗号的五台县商人，公然找上门来，要"借"汽车拉货做生意。有的人也找上门来，向徐向前要钱，要东西。徐向前严厉地说："共产党不是国民党，找上门的一律送走！汽车是国家的，汽油是人民血汗换来的，不能随便动用！”

五台县永安村近在不远处，乘汽车很快就到。自从 1937 年初冬，徐向前告别家乡 12 年之后，于抗日征程中，得便回去过两次，看望年迈的父亲和未曾见过面的女儿。当时戎马倥偬，每次回家待不了几天就离去。如今又有 12 年过去了，按照一般人的猜想，徐向前此刻是全省首屈一指的大人物，总该“衣锦还乡，光耀门庭”啦！可是，他关心的仍是把革命进行到底，把人民的太原城管理好。两个姐姐跑到太原探望。他对姐姐说：“你们来只能住几天，我吃什么你们就吃什么。我也没有什么可以送给你们，东西都是公家的。”

许多亲友熟人找上门来，有求情办事的，有送礼的。刚刚解放的太原，人们还是抱着“一人得道，鸡犬升天”那一套不放，似乎凡是和徐向前这个共产党“大官”沾亲带故的，就该得到好处。徐向前交代身边的工作人员：“一切应酬馈赠全部谢绝，要求解决具体问题的，帮助介绍到人民政府去处理。”这种种事情传开，人们中间又出现了徐向前“不近人情”的议论。对此，徐向前淡淡一笑，还是那引人深思的一句话：“夺取全国胜利，这只是万里长征走完了第一步！”

第二十一章　在新中国成立后的岁月里

第一节　从青岛到北京

隆隆的礼炮声，送走了黑暗的时代，迎来了新中国的诞生。

徐向前没能参加天安门隆重的开国大典。此时，他因病魔缠身，在青岛海滨休养。他和夫人黄杰一起收听开国大典的盛况，特别是听到毛泽东主席庄严宣布中华人民共和国诞生的声音，更是心潮起伏，思绪万千，几十年的愿望终于实现了！

从中国工农红军创立，到新中国诞生，徐向前经历了22年战争生活，即使负伤和生病，他都没有离开过战场和指挥部。解放战争中，他抱病从延安到了晋冀鲁豫军区，在病中指挥部队，克临汾、扫晋中、战太原，终因顶不住疾病的一次次袭击，在太原前线，肋膜炎严重复发，连续高烧不退，不得不向中央请求，辞去十八兵团的领导职务，作较长时间的休养。

1949年6月，徐向前偕夫人、孩子和几个警卫人员，乘车到石家庄，打算去青岛休养。因为国民党撤退时，炸断了潍河大桥，去青岛的路不通，只好在石家庄住了一个月，待潍河大桥修复，才启程去青岛。路经济南，小住三天。这时，许世友任山东军区司令员，见到老首长分外亲热。康生任山东分局书记、山东省政府主席，特地招待徐向前一行观看杜近芳主演的《孔雀东南飞》。

7月中旬，徐向前抵达青岛，住山海关路17号。这是一座不太惹人注目的小院，位于八大关海滨疗养区。依山傍海，绿树葱葱，风景秀丽，气候宜人。

刚到青岛，正遇上12级台风，加上青岛才解放半个多月，社会秩序乱糟糟的。农村清算地主、恶霸，这些人纷纷跑往城里。有些人跟着国民党跑了，没有来得及跑的，都留在青岛。台风过后，山海关路前面用纸箱子搭起一些棚子，涂上蓝颜色，住着那些逃亡分子。每天晚上，有部队干部战士乘着汽车巡逻，还算安全。

1949年9月21日至30日，中国人民政治协商会议第一届全体会议在北平召开。这是一次中国共产党和各民主党派、各人民团体、人民解放军、各地区、各民族、海外华侨及其他爱国人士代表的盛会。徐向前和任白戈是第十八兵团出席全国政协会议的代表。徐向前因病未能到会。会议通过起临时宪法作用的《共同纲领》，选举中央人民政府委员会，毛泽东当选为中央人民政府主席，朱德、刘少奇、宋庆龄、李济深、张澜、高岗当选为副主席。徐向前被选为第一届全国政治协商会议全国委员会委员、中央人民政府委员。10月19日，又被任命为人民革命军事委员会总参谋长。

徐向前没有出席会议，事先也不知道关于自己的任用。他深深体会到了中央、毛主席对他的信任和关怀。他身负重任，却不能赴职，心急如火。经多方治疗，身体未见好转。头疼病发作时，疼得在床上打滚，脑盖骨似乎要炸开一般。并发的呕吐，使他无法进食。

1949年10月1日，中华人民共和国宣告成立，徐向前任新中国首任解放军总参谋长

徐向前以顽强的毅力同疾病作斗争。经过半年左右的治疗，病情大有好转。1950年5月，他去北京参加了中共中央七届三中全会。这是建国后他第一次到北京。看到才解放半年的北京各方面的工作已经走上正轨，感到十分欣慰。会议只开了四天，时间安排相当紧张。会上，毛泽东主席作了《为争取国家财政经济状况的基本好转而斗争》的书面报告和《不要四面出击》的讲话，刘少奇作了《关于土地改革问题的报告》，陈云作了《关于财政经济问题的报告》，周恩来作了《关于外交与统一战线工作的报告》，聂荣臻作了《关于人民解放军整编问题的报告》，安子文作了《关于党的组织情况与发展和巩固党的组织问题》的报告。

自1949年11月起，人民解放军就在苏联顾问的帮助下，开始组建空军、海军。此次会议确定，继续进行整编，并削减一部分兵员。作为新中国成立后的第一任总参谋长的徐向前，因病不能担负更多繁忙的事务，只能会前会后或制定文件时，谈些想法，提出军队建设的意见。中共中央的各位负责人，都关心徐向前的身体，一再嘱咐他安心休养，早日恢复健康。总参谋部的日常工作，中央军委指定由聂荣臻代行，徐向前只好向他说："聂总，你多辛苦了！"聂荣臻理解徐总的心情，回答说："大事共同研究，请示中央。日常工作就请徐总放心好了。"

徐向前返回青岛后，首先精简了身边的工作人员。有的人回十八兵团归建，有的复员还乡，有的转业地方工作。这些人临行前，徐向前给有关部门写了信，并分别和他们谈话，勉励他们努力工作、努力学习。这些人跟随徐向前多年，战争年代，出生入死，同甘共苦，建立了深厚的感情，大家都依依不舍。有的还表示，以后有机会，再回首长身边工作。有位去学汽车驾驶的警卫员，后来果真又要求调回当了司机。

徐向前在身体稍好一些的时候，出门到外面走走，一是锻炼腿脚和体力；二

徐向前1950年在青岛疗养时留影

是看看青岛这座古老的城市。一天清晨，他独自一人走到海边，去看“观海楼”。据说，这是侵略者德国总督为他的女儿盖的别墅，后因蒋介石和宋美龄曾登楼观赏过海景而得名。当时，旭日东升，那座空无一人、石壁斑驳发黑的古堡，在万道金光直射下，犹如照妖镜下颓然孑立的怪物。看到这种景象，徐向前不禁吟出了“群魔已为浪淘尽，此地空余观海楼”的诗句。

中国革命战争胜利后，军队中有些人以功臣自居的情绪滋长起来，有些人经不起“糖衣炮弹”的侵蚀而堕落。身为军队总参谋长的徐向前，常常思虑着如何保持人民军队的本色。他严格要求部队和下级，更严格要求自己。他遵循中共七届二中全会的决议，保持艰苦朴素的作风，保持战争年代与士兵同甘共苦的品质。只要身体能下得了床，就和大家一桌就餐，不许为他单独做菜；并且经常过问生活需用的开支情况，他不让买价钱稍高的食品，还常常告诫管理人员和市委派来负责采购的职工：“钱是人民的，是公家的，不能乱花！”他从不提出，也不允许下边的人要这要那。市委招待所送来东西，以及影剧院招待券，他都不让收下。他散步时看到院子里的路灯开多了，便亲手把大部分路灯关掉，并教育警卫人员说：省下电力，好让工厂多出产品。在他的影响下，山海关路十七号院子里的所有工作人员，都十分注意保持人民军队艰苦朴素、谦虚谨慎的光荣传统。

徐向前总参谋长的文件，仍放在一个连油漆都没有上过的木板箱子里。1950年5月，徐总长去北京参加中共七届三中全会时，秘书觉得这个箱子又笨又难看，建议买一个文件包。他看了一下木箱子说：“我看这就行啦，不必买了。国家财政还很困难，去年好多地方闹了灾荒，需要政府救济，我们能节省一点就节省一点。”

还有一件小事，使当时在场的工作人员终生难忘。一天，有个老战士在换发新式制服时，见另一个成了干部的警卫员领到四个兜的上衣，而自己的是两个兜，大发牢骚。徐向前听说后，把他叫到自己的屋里，拿出节省下来的一套干部服，说：“待遇是党和人民给的，自己不应说什么，如果你感到没穿上四个兜不高兴，我这套没穿过的送给你穿倒是可以的。”见对方光摇头摆手不吭声，便又说：“我们不能进了大城市就忘记打仗牺牲的同志，要比待遇首先要和他们比。

你回去好好想想这个问题。这套衣服，你愿要送给你。”那警卫员回去想了想，第二天就向他承认闹情绪发牢骚不对。徐向前高兴地说：“认识了就是好同志。我们是革命来了，不是为吃为穿。”随即又翻开一本画报，指着上面穿战士服装的朱总司令视察部队时的照片说：“你看，朱老总都喜欢两个兜的嘛！”事后这个老战士在党小组会上作了检讨。直到许多年之后，他还牢记着这件事。

徐向前在病中，总还是以战略家的眼光注视着世界风云。他在北京出席中共七届三中全会回到青岛后，脑子里不断思考爆发战争的可能性。不出所料，6月25日，朝鲜爆发了战争。美国政府先是唆使李承晚集团向朝鲜民主主义人民共和国发动军事进攻，接着于27日，悍然派兵参战，把侵略的魔爪伸向朝鲜，并派海军第七舰队侵占中国领土台湾。在一场新的战火燃烧到祖国东北边境的严峻时刻，徐向前于9月初离开青岛迁至北京。

没有房子，他暂时住在颐和园内一处僻静的小院里。朱德总司令、董必武、贺龙、康克清等相继来探望他。谈话的中心自然是朝鲜的局势。朱总司令多次和他就军事方面作好应变准备的问题交换了意见。他们一致认为：打了几十年仗，打出了个新中国，不希望再打仗了，但是美帝国主义又要打仗，那就得奉陪到底。徐向前虽然仍在病中，但中共中央、中央军委和国务院的重要会议，他都坚持参加，每一次都提前进入会场。9月下旬的一天，徐向前又到中南海参加会议，刚坐在政务院总理办公室旁边一间会议厅的后排，周总理走进来，扫视了一下会场，指着身边一张空着的沙发说：“向前同志，你是病人，来，换个座位！”此刻，所有在场的人，都和徐向前一样，为日理万机的周总理这样细心和无微不至地关怀别人而深深感动。

这次会议，是在特定范围内先行传达党中央关于中国人民应当参战，必须参战的决定。10月8日，毛泽东主席代表中央军委，命令东北边防军改为中国人民志愿军，彭德怀任司令员兼政治委员，立即向朝鲜境内出动，协同朝鲜人民军与侵略者作战。19日晚，中国人民志愿军高举“抗美援朝，保家卫国”的旗帜，跨过鸭绿江，开始了伟大的抗美援朝战争。

当此全国军民同仇敌忾、展开抗美援朝运动之际，徐向前十分希望能奋力工作。可是入冬以后，他的病情又有反复，时常发烧，头痛更是剧烈。他躺在病床上，想起6月初开会期间，毛主席见他的健康状况有了好转，曾高兴地说，可以先看一些文电，考虑一下军队建设的问题，等再过些时间，养好身体，就可以工作了。可是，没料到过了几个月，还是这个样子。他不但肩负人民解放军总参谋长的重任，还兼任华北军区副司令员。考虑到身体的状况和军队的建设，一天，当聂荣臻和薄一波来看他时，便提出华北军区的工作需要加强，他所兼任的华北军区的职务，应建议中央免除。聂荣臻便给毛泽东、朱德、刘少奇、周恩来写报告。11月1日，毛主席在报告上批示：“征求向前同志同意，如果向前同意的话，可以这样办。”同时还写了以下一段话：

“向前同志：前次见面时，我说可抄一些报给你看。后来我觉得你还是静养，不看电报为好。故未叫机要处抄给你。”

毛主席的关怀，使徐向前异常感动。他当即向毛泽东、朱德、刘少奇、周恩来写了回信，说他兼华北军区副司令员的职，也是挂了个空名，实际自己又不能到军区做一点点工作，因此由别的同志担任这一职务为好。并提出聂荣臻、薄一波的意见他完全同意。因聂老总也忙于军委工作，对军区工作必然放松，若由其他同志任副司令员后，军区工作即可加强。

尽管中共中央和中央军委许多人一再关照，要徐向前少工作，静心养病。然而，他不能不为战局分心，为军队的现代化建设操劳。并且经常接待一些在北京工作或是来北京开会、出差而前来探望他的老战友、老部下，实际上很难休息好。朱总司令了解到这一情况，一天，特地交代医护人员：“你们要保证徐总长充分休息好，来探望的客人，要婉言谢绝。你们的治疗、护理工作，也要精心做好，让他尽快康复，这是党交给你们大家的任务，希望大家认真负责完成。”

徐向前在焦急、希望和期待中送走了又一个寒冬。

春天，给万物以活力，也给徐向前的身体带来了生机。天气转暖，他的气色就好多了，体力也强壮了许多。大家都期望他早日康复，一个新的使命在等待着他。

第二节　莫斯科之行

1951 年 5 月 25 日，在北京通往莫斯科的列车上，总参谋长、中华人民共和国兵工代表团团长徐向前正闭目凝思。他正肩负着毛主席赋予的重大使命前往苏联。

徐向前这一次出访，是毛泽东亲自安排的。那是“五一”节之后的一个夜晚，徐向前和夫人黄杰正在庭院里散步，忽然，中央办公厅通知，毛泽东主席约见徐向前。毛主席深夜约见，定有要事。徐向前急忙驱车前往中南海。

毛主席正在办公室和统战部长李维汉谈工作。见徐向前到来，中断了谈话，迎到客厅门口，一边招呼他坐下，一边亲切地说：“近来身体好一些吗？我看气色比上回好一些喽！”

徐向前回答说：“天气一暖和，就好多了。我感到可以工作啦。”

毛主席微笑着说：“那你就作一次长途旅行吧，跑得远一点，坐趟火车去莫斯科。好像你还没有出过国吧。以前我也没有出过国，前年底去莫斯科住了两月，还是头一回哩，那是冬天，很冷，现在已经立夏，你去身体不要紧吧？”

徐向前说：“没有问题，请主席尽管放心，交给我任务，一定努力完成。”

毛主席讲了中共中央的决定和意图，要徐向前去苏联谈判：一是购买武器装备；二是多搞点技术项目，发展自己的兵工厂。并说代表团人员组成及具体方案，由政务院负责组织准备，具体细节问题，他们会向你汇报的。

毛主席习惯夜晚工作，看样子还有许多事，工作很忙，徐向前不便过多地打

毛泽东主席亲切会见徐向前

扰，领受了任务，就匆匆告辞了。

新中国成立后，人民解放军进行了大规模的剿匪斗争，相继解放了舟山群岛、万山群岛。国内战争基本结束，海军、空军和各军兵种机构相继组建；开始了向正规化、现代化进军。而在朝鲜战场上，大战方酣。在这样的形势下，中央决定，准备向苏联购买一部分步兵常规武器装备，同时商请苏联政府给予某些技术转让，以及帮助中国建设新的兵工厂，并使新工厂能及时投入某些统一制式武器装备的生产。经与苏联政府交涉，双方达成协议，由中国派出代表团，前往苏联进行谈判。徐向前是政务委员，又是总参谋长，并且在国防兵工建设方面提出过很好的建议。因此，中央在研究赴苏谈判代表团团长提名时，首先就想到了他。只是对他的身体状况是否适宜还有所顾虑。为此，朱德征询过医生的意见。医务人员作了慎重研究，认为徐向前的身体比以前好多了，出国一趟是可以的。

在毛主席那里谈话之后，徐向前径往彭德怀处，商谈了代表团组成及有关事宜。

经过一个短时间准备，代表团正式组成，定名为“中华人民共和国中央人民政府兵工代表团”，团长徐向前，团员有长期从事军工工作的机械工业部副部长刘鼎、科技专家钱志道、总参作战局副局长张清化、炮兵参谋长贾涛，中国驻苏使馆商务参赞江泽民和武官吉合等。

火车剧烈的冲撞声，打断了徐总的思绪。他眺望窗外，见麦浪滚滚，丰收在望，甚感欣慰。他首次出国，又是第一次到中国东北地区。出于习惯，他十分留意地形及沿途风情。从他的两段日记中可以见到一斑：

5 月 25 日，代表团从北京出发。火车由西而东，穿山海关，到沈阳时，高岗、贺晋年到车上来见，谈及东北正在讨论厂长制和党委制哪种制度较好，尚未得出结论。火车续行过哈尔滨，见松花江以北，一直到海拉尔，平原广阔，人烟稀少，而兴安岭以东则气候较热，土肥水丰，农民多种水稻。

28 日，过满洲里。风沙颇大。这里是中苏两国交界处，铁丝网重叠，我国境内，张作霖和日本人修筑的工事遗迹，仍然依稀可见。

进入苏联境内，村庄稀少，沿线高大的桦木林遮天蔽日。到赤塔，西伯利亚俄罗斯人的中式木屋，别具一格。过贝加尔湖时，铁路依悬崖峭壁迤行，可俯视贝加尔湖。山顶积雪未化，平原地冰雪消融。湖边停泊捕鱼小木船。当地产松柏木熏鱼，味道鲜美可口，别有风味。伊尔库茨克位于安加拉河两岸，水清林绿，风景佳美，工业发达。过西伯利亚时，气温较低，经鞑靼斯克、鄂木斯克、秋明到雅尔，改为莫斯科时间，时差较大，北京时间夜 12 时，仍见太阳之霞光。

6 月 4 日上午 10 时，徐向前一行抵达莫斯科，受到苏联总参谋长什捷缅科大将的热烈欢迎。代表团下榻莫斯科大旅馆。

下午，徐向前率领的代表团到苏军总参谋部，说明代表团的任务，商讨工作日程。苏方对此次谈判十分重视，组成了以什捷缅科大将为首，包括副总参谋长马兰金等人的代表团。什捷缅科说：斯大林给苏军总参谋部的任务，是要帮助中国把军队建设好。并说，这个任务，主要由他负责。

什捷缅科身材魁梧，标准的军人风度。卫国战争时期，他主持苏军总参谋部，参与了重大战役计划的制定，以办事干练、效率高，受到斯大林的赞赏和器重。

双方代表团经过三天紧张、友好的协商，拟定了七项工作程序，具体项目由双方代表团的专家们磋商，重大事项举行高一级的谈判。

双方总参谋长一级的谈判，举行了三次。那时中国军队的现代化尚未举步，因此谈判的方案准备得比较粗略。苏方十分重视军队的编制问题，谈判之初，什捷缅科大将详细阐述了对中国人民解放军兵团、军、师编制的初步意见。强调以师为单位，重点是师的编制。苏方认为，现代化战争，必须有强大的火力和健全的后勤组织，依据当时情况，还不可能做到完全机械化，师的火炮以汽车牵引，团以下的火炮以骡马驮载。师必须编坦克自动炮团，如财力有限，宁肯少编几个军，也应将师的坦克团编起来，等等。

据此，徐向前电告中央，提出是否参照苏方对中国人民解放军步兵师的编制意见，初步确定军队的编制方案，以便通盘考虑购置装备的问题。6 月下旬，中共中央派高岗赴莫斯科，带去了 60 个师的装备订货单，由徐向前转交苏方。

此后，关于军事订货、转让兵器技术资料、援建军工工厂等问题的多次会谈，均几经周折，断断续续，直至 10 月中旬才达成协议。在此期间，因朝鲜战场的急需，国内经常给徐向前发电，指示代表团向苏方要求增加或变更订货项目。苏方往往不能及时答复，会谈竟拖了数月之久，徐向前心里着急，曾发报向毛泽东反映。毛泽东复电：“不管怎样，耐心等待，要把技术学到手。”

1951 年 4 月，徐向前率中国政府兵工代表团赴苏联谈判。这是代表团在中国驻苏大使馆内合影，前排右二为徐向前

9 月底，徐向前又受国内委托，同苏方商谈了向苏联派遣军事留学生的有关问题，如供应标准、服装及结算办法等。

徐向前事前没有想到，谈判会变成马拉松式的。大概是因为紧张的缘故，当时腰酸背疼，头疼也常常发作。直到 10 月份，装备订货单才正式定下来。60 个师的订货，除 1951 年运交 10 个师的外，其余 50 个师的，从 1952 年初起，每月运 1 个半师的，到 1954 年上半年，计划分 34 个月全部运完。兵工生产一事，因为牵涉的问题多，比较复杂，苏方迟迟未作答复。10 月 3 日，苏方才答复于 10 月下旬派一为数五六个人的兵工专家小组来中国考察。国内电告，徐向前代表团中的兵工人员，可以同他们一道回国。

兵工代表团在苏联谈判期间，苏方曾邀请徐向前等去各处参观。他们参观了冬宫以及工厂、博物馆、院校，瞻仰了列宁逝世前住过的小山村，观看了苏联艺术家的表演，有时也到野外郊游，到莫斯科河畔散步，还到了列宁格勒、斯大林格勒、斯维尔德洛夫斯克及中亚细亚海滨等地。

徐向前所到之处，处处可以看到苏联人民在反法西斯战争中所作出的巨大牺牲，看到苏联人民为医治战争的创伤所作的努力。战争中，苏联牺牲了 2000 万人。陪同代表团的军事顾问柯道夫中将，两个儿子都在战争中牺牲了，只有两个女儿留在莫斯科。旅馆、博物馆的接待人员多是妇女和残疾人员，有的断臂，有的跛腿，都是战争带来的苦难。战争刚结束五年多，国家的经济建设和人民生活都有许多困难。代表团到斯大林格勒参观，看到的是一片断垣残壁，工厂刚开始兴建。人民群众吃的是黑面包，还要排长队购买。到工厂参观，送给看门人一支香烟，他就高兴得不得了。在十分困难的情况下，苏联政府仍然承担起支援世界各国革命的国际主义义务，是令人钦佩的。

代表团身居莫斯科，深深感受到，苏联人民对中国人民是友好的。代表团每到一地，都受到热情欢迎和接待。苏联人吃的是黑面包，给中国代表团成员吃白面包。招待代表团的香烟，七八个卢布一盒，真可说是上等招待了。有的地方包饺子招待中国客人，皮很厚，还拌有酥油，味道不怎么样，但却体现了主人的盛情。布尔加宁曾接见徐向前和高岗，当时，金日成首相也在座。布尔加宁在谈话中表示，愿意为中朝两国人民的抗美斗争提供援助。只要能办到的，一定援助。同时，也暗示，他们也有困难，不能满足要求的地方，希望能够谅解。

代表团成员中，有人对苏联对中方要求迟迟不作答复有意见。徐向前对代表团的成员们说："人家也有人家的困难，我们所提要求，也有过高过急的地方，也有不切实际之处，对人家的困难应该体谅。"

代表团参观了苏军斯大林装甲学院和战术射击学院。苏联战后十分重视院校建设。斯大林装甲学院规模很大，教学设备齐全，有藏书百万册的图书馆。徐向前参观得很细，从上午 11 时，一直参观到下午 3 时半，才看了三分之一。徐向前对这些学院理论与实践并进的教学方法十分欣赏。因此，他向中央建议，多派一些留学生去苏联学习。

整个谈判期间，徐向前坚持友好方针，以大局为重，以团结为重，对苏方个别人的傲慢行为，也进行了有理、有节的斗争。

苏联是最先建立的社会主义国家，在反法西斯战争中作出了突出的贡献，因而受到各国人民的敬仰，因此也助长了某些人的骄傲情绪。在谈判中，有的人表现出大国主义态度。有一次谈判，什捷缅科对王秉璋（因需要谈判而增加的代表团成员）回答问题不满意而当面出言不逊。徐向前团长十分生气。回到住地，就把柯道夫找来，严厉指责了对方的无礼行为，让他回去向上级转达。柯道夫也没有办法，只好当"和事佬"。

10 月 24 日，徐向前结束了苏联之行，率代表团由莫斯科回国。11 月 6 日，进入满洲里，在列车上举行酒会，庆祝十月革命节。由于长时间劳累，徐向前感冒发烧，继而并发肋膜炎，车到长春，他就住进了长春空军医院。周总理得悉后，当即派卫生部副部长傅连暲率医疗组乘专机到长春，将徐向前接回北京医院治疗。

徐向前的莫斯科之行，圆满完成了中共中央赋予的任务。双方代表团签署的各项协议，为中国人民解放军的正规化建设奠定了初步基础。代表团也是新中国派往苏联的第一个军事代表团，为增进中苏两国军队的友谊作出了积极的贡献。

第三节 为军队建设呕心沥血

中华人民共和国成立后，中国人民解放军开始了由低级阶段向高级阶段转变的历史进程。军队正规化、现代化建设的任务提上了议程。在中国人民政治协商会议第一次会议上，毛泽东就庄重地提出，"我们将不但有一个强大的陆军，而且要有一个强大的空军和一个强大的海军。”1953 年底召开的全国军事系统党的高级干部会议，确定了把军队建设成一支优良的现代化正规化革命军队的总方针和总任务。

徐向前领兵作战二十多年，就是在战争极度紧张的年代，他都把军队建设、军事素质的提高视为不容忽视的大问题。如今新中国成立了，军队既要保卫国家的社会主义建设，又要加快自身的革命化、现代化、正规化建设。他十分关心军队发展的方方面面。可是，自从去苏联回国，他几乎是一病不起，肺病、肋膜炎、偏头疼症接连发作。在 1952 年到 1953 年这两年多内，他先后在北京、武汉、杭州治疗养病，以极大的耐心，和多种疾病作斗争。按医生的话说，病情总算稳住了，但彻底好转要很长的时间。

1954 年 9 月，中共中央决定成立军事委员会，由毛泽东、朱德、彭德怀、林彪、刘伯承、贺龙、陈毅、邓小平、罗荣桓、徐向前、聂荣臻、叶剑英等 12 人组成，毛泽东任主席。在毛泽东主持的第一次军委会议上，决定建立军委集体领导制度，一般情况下，每周举行一次例会，由彭德怀主持。

徐向前身体极度虚弱，头疼病发作起来，不能吃饭，不能睡觉，两手抱着脑袋满屋走。战争年代，他头疼发作时，常常拿着手枪柄敲击头部，敲得麻木了，才得安静；如今那办法不灵了，就吃点止疼片，在地上走走，走得身体累了，躺下喘息一会儿才慢慢安静下来。就是这样的身体，他仍像战争年代一样“任务重于生命”，军委的例会很少请假，积极参加治国安邦、整军建军的伟大事业。有时开会中实在支撑不了时，才到休息室休息一会儿，吞片药，继续参加讨论问题。彭德怀发现了徐向前被病折磨得不轻，劝他说：“徐总，不必硬顶着啊，身体实在不行，我替你请假嘛。”徐向前说：“谢谢彭总，不能参加会我会请假的。”

徐向前在病中仍关心国内外大事，这是他在养病期间阅读报纸

话是这么讲，事实上他几乎是每会必到。会议的大多数议题是理顺军队机构、建立和完善各种规章制度。徐向前经过深思积极提出意见。

全国军事系统党的高级干部会议，曾就军队的组织编制、加强部队的训练、加强党委的集体领导和首长分工负责制，以及实行义务兵役制、薪金制、军衔制等问题进行过讨论。军委成立后，经过深入讨论，一项项落实。从1955年军队开始实行义务兵役制度、军官服役制度、军衔制度和勋章奖章制度。徐向前参加了这些制度的制定研究。

徐向前在参加军委集体领导的同时，还分工管空军防空军的工作。1955年4月12日、13日，他在中南海居仁堂主持会议，研究防空军与空军的组织机构及作战指挥、组织协同问题。出席会议的有副总参谋长陈赓、空军司令员刘亚楼、防空军司令员杨成武、防空军副司令员谭家述、总参作战部部长王尚荣、总参军务部部长苏静，以及苏联总顾问彼得鲁塞夫斯基将军及防空、空军首席顾问。会议强调建设防空军的重要性，提出防空区的划分因地制宜，不要强求和大军区的划分一致。大体与空军一致。需要的加强，暂时不需要的，可以建一个小的防空机构，逐步予以加强。武汉地区的防空没有基础，可先建一个防空师。防空军干部奇缺，除从军区选调一批，以配齐主管干部外，要调整几所学校给防司，加强干部的培训。军区空军、防空军由军区和军委空司、防司双重领导，军区首长全面负责。当时，飞机很少，防空军没有自己的航空兵，因此，除地面防空由防司负责外，歼击机的使用，由军区防司和空司协调，或设联合指挥所，或由防司提供情报，空军指挥歼击机。这仅是在飞机少的情况下，在指挥上采取的临时措施。会议解决了空军、防空军组织机构和指挥关系上迫切需要明确的问题。

1955年9月27日，在北京中南海怀仁堂隆重举行授予元帅军衔及勋章典礼。朱德、彭德怀、林彪、刘伯承、贺龙、陈毅、罗荣桓、徐向前、聂荣臻、叶剑英荣获元帅军衔和八一勋章、八一奖章。中华人民共和国主席毛泽东亲自为元帅们授衔授勋。

徐向前是人民解放军的缔造者之一，卓越的军事家。但他谦虚谨慎，从不居功。从被授予元帅那天起在以后许多年，他常说："我们这些人是幸存者，许多战友牺牲了，如果他们不牺牲，元帅、将军应该是他们的。"他抱着多病的身躯，拼全力工作，在生活上不要过高的照顾，把配发的两部车退回一辆，听说三座门招待所要买地毯，他把家中的新地毯让人卷了送去。因病要加强营养，组织拨给些补助金，他命人退回。他唯一的要求，是能为军队建设多做些工作。

从新中国成立到1956年，在党的过渡时期总路线的指引下，国家的社会主义建设取得了辉煌的成就。徐向前在中共八大的发言中，高度评价了党的总路线和建国以来取得的成就。他说："我们党在民主革命彻底胜利以后又及时地提出了社会主义革命阶段的总路线。这个总路线既反映了从资本主义过渡到社会主义的一般规律，也反映了在中国条件下所存在的某些特殊的局部的规律。因此，他同样是马克思列宁主义的普遍真理与中国革命具体实践相结合的产物。几年来我

1955 年 9 月 27 日，毛泽东主席在中南海怀仁堂给徐向前授勋

国社会主义改造与社会主义建设的巨大成就充分证明了这个总路线的正确性。”在国家建设稳步发展的同时，军队现代化、正规化建设也全面开展。军队的建设，在健康的轨道上稳步前进。一系列规章制度健全起来，部队的编制、体制逐步理顺，武器装备也逐步配套、更新，部队的现代化建设展现了新的面貌。以后许多年徐向前常说彭德怀主持军委工作的这个时期体制是合理的、高效率的。

从 1957 年开始，军队的现代化正规化建设走上了曲折的道路。先是整风运动和反“右派”斗争扩大化，而后是“大跃进”运动。“左”的指导错误和许多“左”的行为，给军队建设带来了严重危害。这期间，徐向前肺病虽然好转，偏头疼症仍不断发作。他很少去外地，住在北京东城区史家胡同一座不起眼的小院里。全军的干部战士，很少能从公开的报刊上见到徐向前元帅的名字。1957 年 3 月，总政治部公开出版的《解放军战士》杂志上，刊出记者的一篇专稿《在徐向前元帅家里》。文中从一些生活小事，介绍了这位元帅的艰苦朴素生活和严格的家风，透露了徐向前身体不好的情况。作者有这样一段描述：

> ……当我从徐向前元帅家里出来的时候，望着门前小巷口走过的人们，心里禁不住想：过路的人们，你知道吗？在这个普普通通的住宅里，住着我们国家的一位元帅，他，日夜关怀着人民生活，军队的建设；操劳着国家大事。但是，他又和我们国家一个普通的公民一样，度着极为俭朴的生活……

这篇文章，在全军引起了强烈反响。40 多天里，编辑部收到 400 多封信件，干部战士纷纷赞扬徐帅的高尚品质，表达向老帅学习的决心。一些当年跟随徐向前南征北战的老部下，也纷纷写信向徐帅转达他们的敬意和问候。5 月 20 日，病中的徐向前亲笔给《解放军战士》编辑部写信，信中表达了对大家的希望和勉励之后，写道："我虽因病魔缠身，暂时不能和同志们一起担负起我应负的责任，但我的心，一时一刻也没有离开过同志们！"

1958 年 5 月 27 日至 7 月 22 日在北京召开的军委扩大会议，错误地批判了所谓的"教条主义"。1959 年 8 月的庐山会议和中共八届八中全会，又错误地批判彭德怀。军队工作中"左"的错误不仅得不到纠正，而且愈演愈烈。林彪就在这种形势下，出任国防部长并开始主持军委工作。1959 年 9 月，中共中央政治局决定成立新的军委。主席毛泽东，副主席林彪、贺龙、聂荣臻；军委常委为：毛泽东、林彪、贺龙、聂荣臻、朱德、刘伯承、陈毅、邓小平、罗荣桓、徐向前、叶剑英、罗瑞卿、谭政；军委秘书长为罗瑞卿。军委日常工作由林彪主持。根据林彪的提议，刘伯承、徐向前分工管理战略问题的研究，在军委之下成立一个战略问题研究组，刘伯承、徐向前任正、副组长。这个战略小组一直延续到"文化大革命"[①]。在军委常委之下，设立一个由罗瑞卿、谭政、杨成武、萧华、邱会作、萧向荣等六人组成的办公会议机构，负责处理军委日常事务。以后又增补张爱萍为办公会议成员。

徐向前分管战略研究工作后，大部分精力放在战略问题研究上。总参作战部战略研究办公室派了专门的联络员，经常向他汇报作战方面的情况。有关战略方针问题、战争准备（包括人力物力动员）问题、战场建设问题，徐向前都积极慎重地提出意见。每一条意见和设想方案，都关系到国家的命运、军队的成败。因此，徐向前常常为一个问题彻夜不眠，这不能不使他的病体受到损害。但是，他往往忘记了自己是个病人，常常不听医生劝告，为军队的建设呕心沥血。1962 年 10 月，他住进 301 医院后，在病床上仍关心着前线的情况，多次听取总参作战部的汇报。在保卫祖国边疆的斗争中，在人民解放军革命化、现代化、正规化建设进程中，每一胜利，每一步都凝聚着徐向前元帅的心血和智慧。

第四节 "兵民是胜利之本"

"我们的反侵略战争，只能是人民战争。民兵在人民战争中，具有十分重要的战略地位。它既是正规军的补充源泉，又是正规军的得力助手。在平时生产建设、抢险救灾、维护社会治安等方面，它是一支组织起来的突击力量。"[②] 徐向前在《历史的回顾》中，对民兵的地位和作用作了这样的论述，这是他军事思想中的重要方面，也是他长期主持民兵工作的经验总结。

---

① 粉碎"四人帮"后成立军委战略委员会，徐向前任主任。

② 徐向前：《历史的回顾》，解放军出版社 1988 年版，第 817 页。

新中国成立后，中央军事委员会确立了野战军、地方武装和民兵三结合的国防体制。1958 年，毛泽东针对美帝国主义在台湾海峡制造紧张局势和台湾国民党当局“反攻大陆”的叫嚣，向全党、全国发出了“大办民兵师”的号召，在北戴河召开的中央政治局会议上，通过了《中共中央关于民兵问题的决定》，作出了“全民皆兵”的重要决策。1959 年 11 月，中央军委决定成立民兵工作组，罗荣桓任组长，张爱萍、甘泗淇任副组长，以加强对民兵工作的领导。1960 年 4 月，在北京召开规模盛大的全国民兵代表会议，到会代表 6000 余人。1961 年 7 月，军委又决定将民兵工作组扩大为军委人民武装委员会，罗荣桓任主任，张爱萍、甘泗淇、傅秋涛任副主任。

在“大办民兵师”方针的指导下，中国的民兵建设蓬勃发展。到 60 年代初，全国民兵发展到 16328 万人，武装基干民兵达 456 万余人。工厂、农村、大专院校普遍建立了民兵组织，民兵工作逐步走向制度化、普遍化、经常化。民兵，已成为一支“召之即来，来之能战”的强大后备力量。

但是，“大办民兵师”“全民皆兵”在当时也不能不受“大跃进”的影响，许多地区一哄而起，采取了高速度、高指标、强迫命令的办法，民兵数量水分很大，工作并不踏实。所以从 1959 年末开始，中央军委采取了一系列纠正偏差的措施。

1962 年，毛泽东到中南地区视察时指示：民兵工作要做到组织落实、政治落实、军事落实；民兵武器要修理好。天上掉下来的，地下冒出来的，怎样对付，要有些办法。民兵组织一定要搞好，班、排、连、营编组好，要有强的干部；民兵在政治上一定要可靠，特别是基干民兵，要搞些训练。一有情况，能吆喝拢来。

为贯彻落实毛泽东主席的指示，总参谋部、总政治部先后召开了沿海七省民兵工作会议、少数民族民兵工作会议、城市民兵工作会议。正当全军深入贯彻“三落实”指示时，1963 年 12 月，罗荣桓元帅因病逝世。中央决定由徐向前主管民兵工作。1964 年 8 月，正式任命徐向前为军委人民武装委员会主任。

1964 年，农村的“社会主义教育运动”已经全面铺开。中共中央要求，把整顿民兵组织，作为这一运动的一项重要内容，认真解决民兵组织不纯的问题。毛泽东多次发表讲话，强调指出：地方党委要搞军事，不可只管文不管武，只管钱不管枪；搞“四清”要把民兵搞好。刘少奇主席也指出：要通过社会主义教育整顿民兵。因此，徐向前主管民兵工作后，即要求各省军区、军分区抽调足够数量的干部，积极参加社会主义教育运动，在社会主义教育运动中搞好民兵“三落实”工作。为结合运动切实贯彻“三落实”的要求，1964 年 10 月，总政治部召开了全军民兵政治工作会议。次年 5 月，徐向前在军委作战会议上，作了关于民兵工作的发言。7 月，总参谋部、总政治部又召开了全国民兵工作会议。各大军区、省军区、军分区、县人民武装部，以及各地方党委和人民武装委员会都做了大量的民兵工作。

深沉地思考，不断地调查研究，徐向前敏锐地发现，一些地方，特别是农村，在贯彻“大办民兵师”的口号下，出现了一些脱离实际的做法。农村以村为单位，基本上是“村自为战”，不可能经常把各村的民兵组织在一起；但是，有的地方“大办民兵师”搞成了县长兼民兵师师长、县委书记兼民兵师政委；民兵组织实际上搞成了一些空架子。徐向前深思熟虑，明确提出“民兵工作应当以班、排、连为基础”，“民兵主要还是搞基层”。这个思想，与当时耳濡目染、习以为常的要“大办民兵师”显然有别。这在当时政治斗争已经相当复杂的情势下，如果缺少敢于坚持真理的勇气，或者稍微抱有一点个人得失的考虑，那是难以做到的。

关于“大办民兵师”的问题，徐向前和主管民兵工作的副总长彭绍辉等有过详细谈话。他说:“这个问题，我想了很久。毛主席说要‘大办民兵师’是个口号，并不是把‘师’都搞起来。县长当师长、书记当政委，靠两个人抓什么东西？师长政委解决什么问题？主要靠省军区、军分区，由他们来储备干部。民兵能搞到营，能把整营整营拉出来，也就不错了。空架子，抓不到。真正有事，能以连为单位拿出来就很好。民兵很分散，他们的活动，主要在基层，在班、排、连。以师为单位的活动很困难。正规军也不能成师在一块活动。平时不能搞那么多师团架子，战时也不需要搞两三千个师。苏德战争时，苏联只有 300 个师，只要不断补充就行了。民兵工作的中心任务是搞好生产，不能妨碍生产，要促进生产，把它搞大了，反而妨碍生产。”彭绍辉和总参谋部几位分管民兵工作的干部听了徐帅的谈话，认为问题重要，讲得合情合理，应该向军委正式反映意见。

1964 年 10 月 24 日，徐向前正式向军委作了报告。军委常委会议通过决议：“同意徐向前同志意见，民兵工作现在还是抓基层为主。”

1964 年，山东省民兵大比武，显示了民兵训练的优异成绩和民兵的强大威力。但在这之后，大比武之风有向全国蔓延的趋势。各省、各军区都积极筹备举行规模庞大的比武活动。12 月 30 日，总参动员部领导人在广州向徐向前汇报工作时，谈到了 1965 年的比武安排。徐向前说：“明年各大军区、各省都要比武好不好？基础没有打好就盖大楼，行不行？”“我的意见是反对，现在不能搞比武，过两三年后再搞。究竟大军区搞不搞比武，值得研究。”总参谋长罗瑞卿认为徐帅的意见好，表示完全同意，批示说：“民兵比武，明年不搞，以后也不要搞。”

徐向前坚信“兵民是胜利之本”，坚信民兵在未来反侵略战争中的伟大作用，坚信搞好民兵建设是社会主义事业发展必不可缺的。在他的关怀下，民兵工作健康地发展。工作的缺点和失误得到纠正，好的经验得到推广，一些全国驰名的老典型有了新的发展。如被华北局和北京军区授予“红旗民兵营”称号的河北无极县郭庄民兵营；被中南局和武汉军区授予“英雄民兵营”称号的河南济源县留庄民兵营；被中南局和广州军区授予“港口英雄民兵连”称号的广东惠阳县港口区基干民兵连；被华东局和南京军区授予“红旗民兵团”称号的江苏海安县角斜民兵团，连续几年被评为民兵工作“三落实”先进单位。他们的共同特点是思想作风好、组织队伍纯、军事技术精。在老典型的带动下，各地掀起了比、学、赶、帮的热潮，涌现了一大批先进单位。如江苏南通地区开展“学角斜，赶角斜”的活动，使全分区26个公社112个大队民兵组织的落实情况，基本上达到先进单位的水平。据不完全统计，经过整顿，民兵组织落实或基本落实的达到百分之八十到百分之九十。

1965年5月，军委召开作战会议。徐向前作了关于民兵工作的专题发言。7月，又在民兵工作会议上发表讲话，系统地阐述了民兵工作的重要原则。

他强调巩固民兵工作"三落实"的成果，保证持续稳定的发展。他说："整个四清运动是个历史阶段，不管它分几批，我们军队都要坚决地派人参加，要以主要的精力去抓民兵工作，并且始终如一，坚持到底。""我们好多工作，一下轰动起来很容易，但是过了一个时期气就慢慢地下去了，像皮球一样，放久了它就慢慢地软下来了。这是不合乎战备要求的，所以搞起来以后，还要研究怎样巩固它，这是个很重要的问题。"他对大军区领导说："希望你们的两只手，一只手狠狠地抓正规部队，一只手狠狠地抓民兵；两只眼睛，一个眼睛看正规部队，一个眼睛看民兵。要眼观四面，耳听八方。只有这样，打起仗来，一声号令就有了部队。"

他对有些单位民兵工作脱离生产的倾向提出了严肃的批评。他说："青岛有个工厂，那里的民兵，有的一年用一百好几十天，甚至三分之二的时间，去搞民兵活动，不参加生产。他们原来是'三好工人'，'五好工人'，'红旗标兵'，成分也好，思想意识也好，所以就挑他当民兵。可是，从搞民兵以后，把生产忘记了。结果怎么样呢？到评先进人物时，他原是先进人物，却评不上，群众不拥护，反对。评奖励，群众也反对。他们没有参加生产，怎么能发什么奖呢？""民兵主要是把生产搞好，要把这个摆在第一条。我们做民兵工作的同志，永远不要忘记这一条。""民兵训练主要是小型的、分散的，要利用农闲的时间，或者假期。""大型的训练尽可能少搞，不要常搞。"他引用总参动员部长傅秋涛蹲点的江苏新安镇的例子，说明民兵工作要带动生产的发展："新安镇三千多户，原来很落后。四清以前，那个地方种地瓜，农民的收入，每人一年平均只有七块钱，粮食有时不够吃，三四年来靠国家补贴。那里的民兵也很复杂，搞不起来。这次去搞好了，主要把民兵组织起来了。抓起民兵来就带动了生产，搞了几千亩稻田，生产面貌大大地改变了，群众也大大进步了。"

他要求省军区、军分区、武装部给地方党委当好参谋。经常注意蹲点，收集材料，研究问题，提出建议；他要求总政治部为省军区、军分区配备一些身强力壮的干部；鼓励民兵利用假日搞点义务劳动，建点简易仓库，把民兵武器保管好；要求各地办好报纸、刊物和广播，搞好民兵的宣传工作。

1965年11月，徐向前率领工作组到浙江；12月，又到广东等地视察民兵工作。在视察和调查研究中，他亲自了解杭州工厂的民兵工作情况，解剖了三个"麻雀"：一个是"四清"以前和以后一直搞得比较好的闸口发电厂；一个是"四清"前只是纸上编兵，"四清"后民兵的组织和政治比较落实的海潮橡胶厂；一个是"四清"前民兵工作有名无实，"四清"后草率地动员、简单编组了事，需要补课的轴承厂。在广东，着重了解了花县的民兵工作。他在接见浙江省地市县武委会主任会议部分代表时发表了讲话。他首先讲了国际形势，谈到毛泽东在中央工作会议上提出的“备战、备荒、为人民”的方针。他强调：我们就是要做到“寓兵于民”“藏粮于民”。

1966 年 3 月，广州军区召开省军区系统四级干部会议，检查贯彻毛主席关于民兵工作“三落实”指示的情况，总结交流经验教训。徐向前到会作了指示。他指出，1964 年毛主席提出民兵工作“三落实”以后，各级党委既抓文又抓武，民兵工作大大向前推进了一步，起了质的变化。经验证明，要搞好民兵工作“三落实”，就要依靠党，依靠群众，抓基层、刻样板，点面结合，以点带面，这是最高明的领导。这个讲话，正是几年来抓民兵工作“三落实”的经验总结。

正当民兵工作克服一哄而起带来的弊端，稳步向前发展的时候，“文化大革命”开始了。在十年动乱中，民兵建设受到了严重的摧残，陷入混乱、瘫痪状态，有的甚至为林彪、江青反革命集团所利用。直到 1976 年粉碎“四人帮”后，民兵工作才又走上了健康发展的轨道。

第二十二章　在十年动乱中

第一节　被推进历史的漩涡

中国的“文化大革命”，是一场灾难。在十年动乱中，徐向前和许多老一辈革命家一样，历经风险和坎坷。从毛泽东《我的一张大字报》到刘少奇、邓小平、彭真、罗瑞卿、陆定一、杨尚昆等被打倒。这一系列事件，徐向前都感到茫然。急风暴雨，许多事他来不及细想，更想不到会愈演愈烈，搞得不可收拾，一闹就是十年。

1966 年 8 月 18 日，毛泽东身着军装接见红卫兵。那一天，除了林彪之外，徐向前和其他各位元帅，都没有穿军装。在天安门城楼上，临时得到通知说，接见完红卫兵之后，毛主席要和元帅们照相。元帅们的工作人员，都急忙返回住地取军装。贺龙元帅一时找不到合适的衣服，帽子又太小，搞得很局促。那张照片，是毛泽东和元帅们在一起的最后一张历史照片。

1966 年秋，红卫兵全国性的大串联开始不久，各省、市、自治区党政机关几乎处于瘫痪状态。军队院校有的“造反派”向林彪当面告状，说军队院校“镇压群众”，“限制太多”。于是林彪提出：发一个紧急指示，军队机关、院校和文体单位的“文化大革命”完全按地方一样搞。10 月 5 日，以军委名义，发出了《关于军队院校无产阶级文化大革命的紧急指示》，取消了院校党委领导，强调“必须把那些束缚群众运动的框框统统取消，和地方院校一样，完全按照十六条的规定办，要充分发扬民主，要大鸣、大放、大字报、大辩论，在这方面，军队院校要作出好的榜样。”从此以后，军队院校和机关就大乱起来，军队与地方的一些“造反”组织，相互串联、勾结，相继发动了冲击军事机关，揪斗军队领导干部的事件。11 月 8 日，一批“造反派”把木板搭到警卫部队战士的身上，踏着“人桥”，疯狂地冲进国防部大院和总参谋部大楼。随后不久，在林彪的坚持下，军委发出了关于军队军以上机关开展“四大”的通知。徐向前向林彪提出，各大军区开展“四大”不要全面铺开，可分批进行。因为军队肩负着战备任务，特别是地处沿海、边防的军区，即使内地军区，也要区别情况，如武汉军区地处水陆交通枢纽，搞不好对全国都有影响。要搞，可以在一两个军区试点。徐向前这个意见，实际没被采纳。

1966 年 8 月 18 日，毛泽东主席在天安门城楼上和部分老同志合影。左起：陈云、邓子恢、董必武、毛泽东、朱德、贺龙、叶剑英、徐向前

1966 年 11 月 13 日，徐向前出席在北京工人体育场召开的军队院校和文体单位来京人员大会，并作了重要讲话，希望他们以大局为重，不要乱冲军事机关

1966年国庆后，毛泽东在天安门城楼上接见红卫兵时，萧华向徐向前说，请老帅们接见一下军队院校来京的学生。徐向前说，你们准备个稿子，请叶帅代表大家讲一讲就行了。萧华说，还是请老帅们都讲一讲好。

过了几天，萧华给徐向前送去了讲话稿。徐向前看后，加了加强战备的话。11月13日，在工人体育场举行全军院校十万来京师生大会。周总理、陶铸副总理，陈毅、贺龙、徐向前、叶剑英参加接见，周总理、陶铸副总理接见后退场，由四位老帅讲话。他们在讲话中，表示拥护毛泽东领导和发动的“文化大革命”，但共同的是强调稳定军队的重要性。陈毅在讲话中说，有的同志头脑发热，给他一条冷水毛巾擦一擦有好处。徐向前在讲话中强调：“一刻也不要忘记我们周围还存在着强大的敌人，我们必须经常保持高度警惕，不容丝毫的松懈。”叶剑英说：真理是真理，跨过真理一步，就是错误，就变成了谬误。学毛主席著作，不是学耶稣基督教的《圣经》，不是迷信。不要光注意背书，不会行动，那样就会变成教条了。老帅们从稳定军队出发，苦口婆心地引导。叶剑英讲话时，兽医大学的一名学生递了一张条子，质问今天的会议经过林彪批准没有？叶剑英看了条子很气愤，当场念给大家听，说：“他怀疑我们偷偷开会，大家相信吗？总理和陶铸同志都来了嘛。四位军委副主席的讲话，我们是集体讨论过的，这能说是背着军委开会吗？”贺龙元帅当时已受诬陷，他出席大会，引起了林彪、江青一伙的忌恨。江青气急败坏地说：“你们把贺龙拉出来亮相，是向中央示威！”

在林彪、江青一伙的怂恿、支持下，“造反派”把矛头指向几位老帅的讲话。有几个院校成立了“批资筹备处”，在大街上公开刷出“陈、叶讲话必须批判”的大标语。军队内的“造反派”开始冲击军事领导机关，揪斗军队的领导干部。

11月29日，全军文革再次安排陈毅、徐向前、叶剑英几位老帅接见军队院校师生。会场上气氛有些紧张，贴满了批判几位老帅11月13日讲话的大标语，还有什么“炮轰”“火烧”之类的话。叶剑英和陈毅发了火，规劝大家正确对待路线斗争。徐向前因头疼加剧，没开完会议，就先退出了会场。

老帅们的两次接见，都使江青恼火，她叫嚣军内有“资产阶级反动路线”，要“改组全军文革”。1967年1月初，全军文革小组组长刘志坚，被斥责为军队中“地地道道的典型的刘邓路线的代表”，被撤掉全军文革组长的职务。

发生的所有这些事件，使徐向前越来越难以理解。他忧心忡忡，不知道这场“大革命”会走向何方？

1967年1月6日，代总参谋长杨成武向徐向前传达毛主席的指示，要他出任全军文革组长。他毫无思想准备。

会客室里气氛沉寂。徐向前这位领兵几十年的老元帅，无论是革命战争年代，还是在全国胜利以后，对于党分配给他的工作，从不计较。他认为升迁和调动，对一个革命者、特别是一个军人来说，只有“服从”二字。由于他多年身体不好，患着严重的偏头痛和胸膜炎，这些年抱病参加一些工作，已是力不从心了。他的身体状况，党中央和毛泽东是了解的。真不明白，是什么人，在这个严酷的动乱之中，把他推了出来！是信任呢，还是其他的原因？

沉默了许久，徐向前自知难以胜任，便说："我多年有病，对干部不熟悉，请转告毛主席，这个工作我担当不了。"杨成武说："不行啊，这是江青提议，主席决定的。"

听说是江青的提议，徐向前一时难以相信。他和江青从没一起共过事，也从来没有私人接触。徐向前心里画着问号，本来就不平静的心情，更加烦躁和不安。对这场"大革命"，他和许多人一样不能理解，他期望着毛主席能更改对他的委任。

1 月 10 日，江青派人送来了全军文革成员名单以及改组全军文革的通知。看来，中央文革把一切都安排好了。徐向前明白他这个全军文革小组长已成定局，看了通知，当即表示了三条意见：

第一，新的全军文革未组成前，是否请中央文革出面先与各派群众座谈一下，交代一下政策。

第二，要讲革命性、科学性、纪律性，军队搞"文化大革命"，不要党委领导不行。现在有的机关干部起来要求成立革命战斗组织，有这种苗头。尤其是空、海军，担负着保卫空海防的任务，战备任务比较频繁，指挥失灵了不好。机关干部成立战斗组织，形成几派就不好办了。

第三，部队中哪些人是"牛鬼蛇神"，建议在适当范围讲一讲。北京军区抓廖汉生，又要抓杨勇、郑维山；空军今天又把王辉球、成钧和常乾坤带走了，这个问题要研究解决一下，否则大家没有底。

这三条意见的意思很明确，要稳定军队，反对无政府主义的乱揪乱斗。显然和林彪、江青一伙的想法格格不入，从而埋下了下一步徐向前被打倒的祸根。

第二天，徐向前接到一个急件：全军文革小组名单已经"军委通过，中央批准"。就这样，徐向前被迫仓促上阵，担任全军文革组长。命令还未公布，消息已经传了出去。许许多多的电话，各种各样的问题，蜂拥而来。

新的全军文革小组 1 月 12 日正式成立，组长徐向前，顾问江青，副组长萧华、杨成武、王新亭、徐立清、关锋、谢镗忠、李曼村；组员：王宏坤、余立金、刘华清、唐平铸、胡痴、叶群、王蜂、张涛、和谷岩。14 日建立办公机构，在三座门开始办公。徐向前眼看军队各机关、院校一天比一天混乱，上任后，决定狠抓一下军队的稳定。他每天在电话机旁，像战争年代指挥作战一样，下达命令，回答各方面提出的种种问题。原有的两部电话机不够用了，又新增加上两部。他在电话里，不止一次作出这样回答：

"军队一定要保持稳定！……"

"军队不准大串联！……"

"不准成立战斗队，不准打砸抢，不准乱抓人！……"

海军司令萧劲光被北海舰队的"造反派"抓到天津。徐向前闻讯后，立即打电话给海军文革办公室，命令那里的"造反派"立即把萧劲光送回来。他语气坚定，态度明确，“造反派”不得不照办。后来他说话也不灵了，有些“造反派”公然在电话里和他争辩起来。

全国性的大动乱继续发展，军队院校、文体单位，工厂和机关的师生员工、干部大批涌到北京，要求澄清和解决问题。大批群众，大量问题，都压到全军文革来。

全军文革小组 18 名成员，有些人在中央文革，有些人只是挂名兼职，有的成员刚开始工作，就被揪去“澄清问题”了。办公室经常没有人主持日常工作，最后只剩下徐立清一个人左右招架。每天来访人员多至 200 多批。五花八门的“造反组织”的头头，整天包围着三座门全军文革办公机关。静坐、绝食、哄叫，有时连电话机都被占领着，搅得办公机关无法工作。一些文革小组成员陆续被揪斗后，身为中央文革小组顾问的江青、全军文革小组成员的叶群，隐藏在幕后，连电话都不接。中央文革还经常下达一些与军队要求相反的指示。在这种情况下，徐向前几乎每天要接见“造反派”头头，常为一个人的问题，或者一句话不符合“造反派”的口味，被纠缠不休。徐向前常常恼怒发火，头疼症频繁发作。周恩来总理关怀徐向前，对他说：“和他们（指‘造反派’）打交道，你要掌握 8 个字，就是‘多听少说，多问少答’。”

1 月 10 日，中央文革在林彪的支持下，突然抛出“揪军内一小撮”的乱军口号。接着冲击军事机关，揪斗大军区领导人的事件不断发生。有的军区作战室被封，一些领导人被挂黑牌，画鬼脸。一些军队“造反派”组织的人员，开车直接到徐向前住地，要求他回答问题，无理取闹。

徐向前难以制止事态的发展。在一次军委碰头会上，他根据“十六条”精神和一些人的建议，断然提出五个不准：不准随便抓人，不准任意抄家，不准戴高帽，不准挂黑牌，不准游街等。会上，周恩来总理表示赞同，但陈伯达、江青不表态，结果无法作出决定。

1 月中旬，陈伯达、江青蓄意整萧华。陈伯达在接见群众组织时说：“萧华不像个战士，倒像个绅士。”在陈伯达的煽动下，总政机关大楼里贴满了打倒萧华的大字报。周总理得知后，很生气，站出来辟谣。消息传到了毛主席那里，江青很紧张，赶忙令人覆盖大字报。1 月 19 日下午，军委碰头会上，围绕军队要不要开展“四大”问题，叶剑英、徐向前、聂荣臻三位老帅同江青、陈伯达、康生、姚文元展开了激烈的争论。江青一伙叫嚷军队“不能特殊”。老帅们则认为军队是无产阶级专政的柱石，军队的“文化大革命”和地方应有所区别。争来争去，僵持不下。陈伯达、江青等人节外生枝，又对萧华进行突然袭击。江青说：“萧华是总政主任，发文件，把总政和军委并列，是什么意思？”叶群从口袋里拿出事先准备好的稿子，说萧华反对林副主席，破坏“文化大革命”，必须公开向军队院校师生作检查，等等。还有几个人发言批萧华，都有发言稿，说明他们是早有预谋的，只是老帅们都蒙在鼓里。散会时，徐向前郑重宣布：“会议的内容要严格保密，不准外传，这是条纪律。”但是，会后杨勇在排以上干部会上作了传达，总政副主任袁子钦的笔记本被“造反派”抢走。所以，晚上，战友文工团的“造反派”就抄了萧华的家，萧华被转移到西山才免遭揪斗。

20日上午，军委碰头会继续在京西宾馆召开。江青阴阳怪气地问道：“总政治部主任怎么不见了？他躲到哪里去了？”萧华到会后，讲了头天晚上被抄家的经过。徐向前气得拍了桌子，茶杯盖子摔到地上。叶剑英气愤地说：萧华是我保护起来的，如果有罪，我来承担！说着，也拍了桌子，伤着了手骨。接着“大闹京西宾馆”一说就传扬开了。

1月23日，徐向前开了一夜的会，早上7点才回到家。他接近古稀之年，疲惫不堪，正想休息一下，这时墙外传来“我们要见徐向前”，“我们要见徐向前”的吵闹声，徐帅闻声心烦，抓起大衣旋风般地冲出房门，身后留下“哐”的一响关门声。他面对“造反派”，正襟坐下，气势凛然。“造反派”多是些娃娃兵，没想到徐帅真的坐到了他们面前，一时手足无措，愣了半天，才有一个头头要徐帅对杨勇的事表态。徐帅在前一天已听说上面有人说了话：杨勇要“烧而焦了”，此时徐帅仍然说：对杨勇同志要“烧而不焦”，有错误可以批判，但不能打倒。

这帮“造反派”没有捞到什么，但他们总算见到了徐向前，于是以胜利者的姿态，呼啸而去。

揪斗萧华后，又揪斗杨勇。眼看着全国各地党政机关瘫痪了，军队如果再乱下去怎么办呢？身为全军文革组长的徐向前心急如焚。他多次叫人电话请示中央文革，却得不到回音。在全军文革刚成立时，林彪曾规定：全军文革属军委和中央文革双重领导，主要是中央文革领导，有事先请示中央文革，然后再报告他。但实际情况是，陈伯达、江青都很难找到。徐向前陷入了进退两难的困境。他既不能眼看着军队乱下去，又不能按自己的见解行事。几次叫秘书打电话给林彪的办公室，要求见林彪。回答不是说“身体不好”，就是说“已经报告过了”，林彪不肯见。

1967年1月24日晚上，徐向前毅然决定要直闯林彪的住地。他坐上汽车，才告诉秘书给“林办”电话通报一下。

在西城区一个名叫毛家湾的深宅中，住着林彪和叶群。外表不起眼的大门和普通建筑，掩盖着住宅内部的奢侈豪华。林彪忌风又怕见水，后院内却专修了一座庞大的室内游泳池，四季温水不断。林彪为了坐在室内晒太阳，用进口的石英玻璃，安装了一个晒口。徐向前的突然到来，打断了林彪和陈伯达的密谋交谈，使他们有些不悦。不过，林彪还是以元帅对元帅的礼貌，接待了徐向前。徐向前开门见山向林彪讲了当前全军混乱的情况，提出：

“军队不能允许建立战斗队，军队这样乱下去不行，要尽快搞个条条和规定。”

林彪听了，连连点头。他主持军委工作，军队乱了他也交代不了。当即表示，同意徐向前的意见。于是口述了稳定军队的“九条”并请叶帅、聂帅到毛家湾来研究。陈伯达当即告退。上述九条，经军委讨论通过后，确定徐向前、聂荣臻、叶剑英等去钓鱼台，请中央文革再加讨论。去前，徐向前特意打电话给陈毅，请他也到会助阵。

因为陈伯达知道九条的内容，所以，老帅们到钓鱼台时，中央文革的人都在，还把总理也请来了。经讨论改为七条。当时陈伯达正和林彪关系甚密。他边把“七条”稿子装到徐帅口袋里，边说：已经通过了，你赶快回去吧！徐向前即刻把通过的稿子送到“林办”，回到家已是早晨4点钟。后来，林彪把七条报到毛泽东主席那里，主席批示：“所定七条很好，照发。”又批示：“再加上一条关于管教干部子女问题”。根据毛主席的指示，将修改后的八条交住在京西宾馆开会的各大军区领导人讨论。1月28日，徐向前陪同林彪到毛主席住处，毛主席同意照发。林彪很高兴，对毛主席说：“你批了八条，真是万岁，万岁，万万岁！”

文件以“军委八条命令”下达，具体内容是：

一、必须坚决支持真正的无产阶级革命派，争取和团结大多数，坚决反对右派，对那些证据确凿的反革命组织和反革命分子，坚决采取专政措施。

二、一切指战员、政治工作人员、勤务、医疗、科研和机要人员，必须坚守岗位，不得擅离职守。要抓革命，促战备、促工作、促生产。

三、军队内部开展文化大革命的单位，应该实行大鸣、大放、大字报、大辩论，充分运用摆事实、讲道理的方法，严格区别两类矛盾。不允许用对付敌人的方法来处理人民内部矛盾，不允许无命令自由抓人，不允许任意抄家、封门，不允许体罚和变相体罚，例如戴高帽、挂黑牌、游街、罚跪等。认真提倡文斗，坚决反对武斗。

四、一切外出串联的院校师生、文艺团体、体工队、医院和军事工厂的职工等，应迅速返回本地区、本单位进行斗批改，把本单位被一小撮走资本主义道路当权派篡夺的权夺回来，不要逗留在北京和其他地方。

五、对于冲击军事领导机关问题，要分别对待。过去如果是反革命冲击了，要追究，如果是左派冲击了，可以不予追究。今后则一律不许冲击。

六、军队内部战备系统和保密系统，不准冲击，不准串联。凡非文化大革命的文件、档案和技术资料，一概不得索取和抢劫。有关文化大革命的资料暂时封存，听候处理。

七、军以上机关应按规定分期分批进行文化大革命。军、师、团、营、连和军委指定的特殊单位，坚持采取正面教育的方针，以利于加强战备，保卫国防，保卫无产阶级文化大革命。

八、各级干部、特别是高级干部，要用毛泽东思想严格管教子女，教育他们努力学习毛主席著作，认真与工农相结合，拜工农为师，参加劳动锻炼，改造世界观，争取做无产阶级革命派。干部子女如有违法乱纪行为，应该交给群众教育，严重的，交给公安和司法机关处理。

“八条”的中心思想是：军队要稳定。这是不合乎江青一伙人的思想的。因为“八条”是林彪参与制定的，她不便反对，把嫉恨集中到徐向前头上。就在讨论“九条”的那次中央文革会议上，江青板着脸说：“徐帅老了，不能工作了！”

她原以为徐向前既老又多病，要他出任全军文革组长，他可能挂挂名，不会管多少事，没想到他和他们唱起了对台戏！可是，“八条”经过了毛泽东主席和林彪，她只能内心不平。

“八条命令”起到了暂时稳定军队局势的作用。然而，在“八条”下达后不久，由于江青一伙捣乱破坏，军队混乱的局势，仍然不能阻止。冲击军事机关的事件，又连续发生。在徐向前等几位老帅努力下，2月8日，军委又发布了通知：明令外出串联的人员，限期返回本单位。明令设在各地的联络站一律撤销。各单位接待站，从2月21日起，一律停止接待。2月21日，军委又发出了《关于军以上领导机关文化大革命的几项规定》，强调军队肩负着加强战备，保卫国防，一定要保持军队的稳定。军（含军）以下部队坚持正面教育，13个大军区机关“文化大革命”运动必须分期分批进行。接着，军委又发出一些指示和规定，但未能奏效。特别是对军队领导机关不宜成立战斗组织的指示，许多地方很有抵触。各大军区开会宣传军委“八条命令”时，“造反派”冲击会场，说这是“镇压群众”，“又一次资产阶级反动路线的新反扑”。毛泽东主席和老帅们一样，都在维护“八条”，1967年3月27日晚，毛主席在一次谈话中讲到“八条”执行过程中出现的问题时说：“我们都是事后诸葛亮。现在看来，当时没有个‘八条’也是不行的。”

第二节 在逆流中勇进

尽管历史的长河滔滔向前，也难免碰到暗礁，遇上逆流。“文化大革命”正是历史长河中的一股逆流。徐向前和一些老革命家，迎着险恶的逆流，和林彪、江青一伙奋勇拼搏。

1967年2月8日开始，周恩来在怀仁堂召开中央政治局碰头会议，吸收有关负责人参加。出席会议的有：周恩来、李富春、陈毅、叶剑英、徐向前、聂荣臻、谭震林、李先念、余秋里、谷牧、陈伯达、康生、张春桥、姚文元、王力、关锋等。主要研究“抓革命、促生产”问题。会议围绕着“文化大革命”要不要党的领导，应不应该把老干部统统打倒，要不要稳定军队等重大原则问题，一些老一辈无产阶级革命家与陈伯达、康生一伙展开了针锋相对的激烈斗争。

在9日的会上，陈伯达诬陷被撤职的全军文革组长刘志坚是“叛徒”。刘志坚的情况徐向前是了解的。他是放牛娃出身，很小就当红军。红军长征路上，在川西一、四方面军会师时，徐向前就认识他。

抗日战争中又在冀南同事。在冀南的一次战斗中，刘志坚受伤被俘。冀南部队负责人接到地下党的情报，立即组织部队，在敌军押送刘志坚的途中进行伏击，把刘志坚抢了出来。徐向前说明了当时的情况。语气肯定地说：“我们是带兵打仗的人，跟我们打过仗的人，难道还不了解吗？他不是叛徒！”陈伯达不让徐向前说下去，蛮横地从中打断说：“刘志坚叛徒的案已定了，再不能改变了。”

徐向前很气愤地质问："你凭什么给他定案？没有证据怎么定案！"徐向前和陈伯达公开争论，这是第二次了。在1月中旬的一天，总后的部分群众在三座门外静坐，全军文革派人做工作，没有做通。后来陈伯达接见这批人，他们才离开。为此，陈伯达指责徐向前。徐向前生气地说："那些战斗组织的人，他们不怕冻，要待在那里，那就让他们待在那里好了"。陈伯达还说："我也是保你的。"徐向前即回他说："我用不着你保。"那天，他们争得面红耳赤，不欢而散。

2月11日下午的会上。叶剑英质问康生、陈伯达、张春桥一伙说："你们把党搞乱了，把政府搞乱了，把工厂农村搞乱了，你们还嫌不够，还一定要把军队搞乱啊！"徐向前敲着桌子，激愤地说："军队是革命的支柱嘛，你们还要不要军队？如果不要，我就不干了。"两位老帅据理力争，慷慨陈词，得到了一些同志的支持，使康生、陈伯达等人无言可对。

2月16日下午，继续开碰头会，讨论"抓革命、促生产"问题。这次会上，斗争更加激烈了。开始，谭震林要张春桥保陈丕显。张春桥推托说回去和群众商量。谭震林恼怒了，他大声质问："什么群众，老是群众群众，还有党的领导嘛！你们就是不要党的领导。一天到晚，老是群众自己解放自己，自己教育自己，自己搞革命。这是什么东西？这是形而上学！""你们的目的，就是要整掉老干部，一个一个打光，把老干部都打光。老干部一个一个被整，四十年的革命，落得家破人亡，妻离子散。""'黑五类'，有人讲话；高干子弟，怎么没人说话！高干子弟往往挨整，见高干子弟就揪，这不是反动的血统论是什么？这是用反动的血统论来反对反动的血统论。这不是形而上学吗？"谭老义愤填膺，越说越激动。他斥责清华大学蒯大富之流搞的"百丑图"，说："蒯大富，是什么东西？就是反革命！搞了个百丑图。这些家伙就是要把老干部统统打倒。"又说："这一次，是党的历史上斗争最残酷的一次。超过历史上任何一次。""江青要把我整成反革命，就是当着我的面讲的！……我就是不要她保！我是为党工作，不是为她一个人工作。"谭震林越说越气，拿起文件、衣服，要退出会场。并说："让你们这些人干吧，我不干了！""砍脑袋，坐监牢，开除党籍也要斗争到底！"周总理要他回来。陈毅也说："不要走，要留在里边斗争！"接下去又说："这些家伙上台，就是他们搞修正主义。"还讲了他和周总理在延安挨过整。余秋里也拍着桌子说："这样对老干部，怎么行！计委不给我道歉，我就不去检讨！"谢富治插话辩解说，中央文革是保谭震林的。李先念说："你不要和稀泥！"又说："现在是全国范围的大逼供信。联动怎么是反动组织哩，十七岁的娃娃，是反革命吗？"还说："就是从《红旗》十三期社论开始，那样大规模的在群众中进行两条路线斗争，还有什么串联，老干部统统打掉了。"谭震林说："我看十月五日的紧急指示，消极面是主要的。"

参加会议的张春桥、姚文元、王力等成了受审的被告，一句话也说不出来。散会后，他们急忙跑到钓鱼台去向江青汇报。江青听了他们几个人夹叙夹议的报告，暴跳如雷，说："这是一场新的路线斗争，陈毅、谭震林、徐向前是错误路线的代表，叶剑英、李先念、余秋里是附和错误路线。”接着她亲自打电话给毛主席办公室，说张春桥、姚文元有要事报告，请求毛主席连夜接见。张春桥、姚文元到了毛主席那里讲时，毛主席却只是笑。他们摸不着头脑，弄不清主席的意思，当张春桥汇报到陈毅说延安整风的问题时，毛主席突然变色，说：“难道延安整风也错了吗？还要请王明他们回来吗？”张春桥绷紧的脸才松弛下来。

2月18日上午，江青带着王力去林彪处，向林彪汇报怀仁堂会议的情况和毛泽东的指示。林彪听后说：“徐向前不能代表解放军。”

2月18日深夜至19日拂晓，毛泽东召开会议，在会上大发雷霆，盛怒地说：“要否定文化大革命，办不到！大闹怀仁堂，就是要搞资本主义复辟。让刘、邓上台，我同林彪南下，再上井冈山打游击。陈伯达、江青枪毙！康生充军！中央文革小组改组，陈毅当组长，谭震林当副组长，余秋里当组员。再不够，把王明、张国焘请回来。力量还不够，请美国、苏联一块来。”会议确定陈毅、谭震林、徐向前“请假检讨”，召开中央政治局扩大会议批评陈毅、谭震林、徐向前。

2月25日到3月18日，在怀仁堂断断续续开了七八次会，名曰“政治局生活会”，实际上是批评陈毅、谭震林、徐向前及其他人。林彪、江青一伙诬蔑老一辈革命家力挽狂澜的举动为“二月逆流”。而徐向前则成了所谓“二月逆流”的干将。

所谓的“二月逆流”，倒并不是逆流，它是“文化大革命”中几位老革命家大义凛然的庄严举动，是对林彪、江青一伙阴谋篡党乱军分子的英勇反击，是捍卫真理、顺应历史潮流的革命行动。谭震林、陈毅、叶剑英、李富春、李先念、徐向前、聂荣臻等，身为中共中央政治局委员和军委的领导人，在党的会议上，发表不同意见，完全是正大光明的事情。可是林彪、江青一伙却说：“这是一场大的路线斗争，一场新的大路线斗争”。徐向前和几位领导人，受到了陈伯达、康生、江青一伙的批判。陈伯达说，“徐向前是打头炮的”。他们利用窃取的权力和地位，一方面继续在全国煽动“打倒一切”“全面内战”，另一方面，对敢于发表不同意见的老革命家大兴问罪之师；说“二月逆流”是“反对毛主席的革命路线”“反对无产阶级文化大革命”“反对毛主席”“保护一小撮走资派和叛徒、特务”。共产党的民主原则受到了践踏，一场危机真正到来了。

1967年3月29日晚，在中央文革的一次会议上，宣布徐向前不再管全军文革的事。全军文革的工作由萧华主持。4月6日晚，在人民大会堂，周总理对几位老帅说，由于“三支两军”仓促上阵，大家没有思想准备，没有经验，难免犯错误。准备开一次军委扩大会议，主要是总结前一段“三支两军”工作的经验教训，不要追究个人的责任，希望老帅们和大家一起把会议开好。由于会议被林彪、江青、陈伯达、康生一伙操纵，几位老帅连会议的进程和日程安排都不知道。4月7日下午，徐向前突然接到通知，勒令他在4月8日下午的大会上作检查。康生一伙亲自到会议各小组点火，批判徐向前。徐向前因要做些准备，检查推迟到11日。他下午作了检查。到晚上，批判他的广播车、小报、漫画就拥上街头。

1967年4月16日、17日，测绘学院的“造反派”两次抄了徐向前的家。他们翻墙破门而入，楼上楼下搜了又搜。徐帅自己平常看的书、文件和私人保存的几十年的资料、信件、作战日记被劫去。幸得叶剑英得悉有人要抄徐向前家的消息，在前一小时，打电话，以开一个小会的名义，请徐向前上了西山，徐帅才没有被揪斗。

残酷的迫害，无情的打击，继续发展。1967年7月20日，武汉发生七二〇事件。一些“造反派”无中生有，说徐向前是武汉事件的“黑后台”，是陈再道的“黑后台”。于是北京城里和全国各地，到处是“打倒陈再道、钟汉华”“打倒徐向前”的喇叭声和大幅标语。在首都所谓的三军“无产阶级革命派”批斗陈再道、钟汉华、牛怀龙、蔡炳臣、巴方挺的同时，大街上游行的人不断呼喊“打倒徐向前”的口号。许多正直的革命者，反对打倒徐向前。叶群公开出面，对三军“无产阶级革命派”的负责人说：“徐向前还有什么值得保的嘛！”于是，7月29日夜，清华大学蒯大富一派数十人，第三次抄了徐向前的家。他们翻墙进入院内，窜入卧室和办公室，把整个楼内翻腾得乱七八糟，又强行拿走了徐向前亲自保存文件的五屉铁皮柜。书信、照片等物也被抄走。他们还在住处的墙壁上、走道的地板上、台历上、茶几上，到处写上“打倒徐向前”的口号和标语。

徐向前的秘书立即将上述情况报告总理值班室。总理指示：（一）所进人员全部撤走；（二）保证徐向前同志及其家属子女和工作人员的安全；（三）东西一律不准拿走，已抢走的文件柜和材料，责成卫戍区到清华大学全部追回。由于总理这三条指示，徐向前的家属和工作人员才从危难中得到解脱，被抄走的文件、资料和信件，才陆续找了回来。

一次又一次的批判和无情的折磨，使徐向前的身体越来越难以支持。他的子女和身边的工作人员，都暗暗为老帅的健康担心。徐向前身经数百战，什么苦头都吃过，草地来回走过三次，严重的路线斗争，他经历过，惊涛骇浪都不可能使他低头。他依然冷静、安详地面对着眼前的处境。他教育子女，并鼓励身边的工作人员说：“你们不要怕，不要担心，该吃饭吃饭，该睡觉睡觉，我看天塌不了！”这时，唯一使他为难的是：要检查对“文化大革命”不理解，检查任全军文革组长以来犯的所谓的“方向路线错误”。怎么检查，怎么认识，他实在说不清楚啊！他陷入深深的苦闷之中。

1967年的八一建军节，是人民解放军建军40周年。作为人民军队的一位元帅，这时心情是极度不平静的。他回顾军队40年走过的道路，越发感到责任重大，他坚信这支军队是无敌的，是经得起大风大浪的。他希望出席纪念建军节的招待盛会，看一看许多老战友。可是会不会要他这个“犯了方向路线错误”的“二月逆流”中的一员到会呢？他不知道。

事情正像他预想的那样，为出席八一招待会周恩来总理正和林彪、江青一伙进行斗争。依照惯例，军队的老帅都应出席，林彪、江青一伙却持反对的态度，周总理只好去请示毛泽东主席最后决定。7月31日下午5时左右，叶剑英来到徐向前住处，说周总理打电话给他，请他通知徐向前，准备出席招待会。总理说，关于出席招待会的名单，讨论了一下午，争论不休，他准备报告毛主席，等请示主席后，正式电话通知。叶剑英还带来了一名理发员，要徐向前先理好发，等待通知。老战友的深情和周到安排，使徐向前深为感动。他刚刚理好发，周总理打来电话通知说：毛主席指示，今天的招待会，朱德要出席，徐向前要出席，韩先楚也要出席。为了避免发生意外，周总理还亲自布置有关部门，选定了徐向前从西山到人民大会堂的行车路线，并对沿线布置了警卫。

徐向前乘车离开住处后，周总理又亲自打电话，问徐向前的夫人黄杰："徐帅走了没有？"黄杰听到总理亲切的声音，心情无比激动。大革命失败后，她在上海党中央机关，曾在周恩来身边工作过，周恩来忘我的工作精神，高尚的品德和作风，深深记忆在她心中。她向总理报告说："已经走了……"她一时激动得说不出话。总理说："你和徐帅要保重啊！……"

这天，周总理亲自在大会堂门口迎接徐向前。在危难时刻，总理的关怀，使徐向前夫妇倍感温暖，经久不忘。

徐向前出席招待会虽然意味着毛主席是"保"他的，可是已经被诬为"二月逆流"的成员，仍然继续受批判。谢富治对"造反派"说："上面保上面的，你们搞你们的。"一切重要的文件停发徐向前，会议不能参加。"文革组长"这个头衔，早已名不副实了。9 月 12 日，徐向前经和叶剑英、聂荣臻商量，正式向毛主席写了报告，要求辞去全军文革组长的职务，请毛主席另选贤能。报告没有得到批复，徐向前继续挂着名。

全国掀起批判"二月逆流"的声势，从中央到地方闹得相当厉害。1968 年 3 月 24 日，林彪、江青一伙又制造了骇人听闻的"杨、余、傅事件"。这天晚上，在人民大会堂召开大会，林彪亲自出面讲话，公开批判杨成武、余立金、傅崇碧。这次大会，是经过精心策划的。中央碰头会议成员，全坐在主席台上，把所谓搞"二月逆流"的人，都安排坐在台下，接受批判。林彪讲话中影射攻击"二月逆流"；康生讲话中说，"杨、余、傅"的后台是"二月逆流"；陈伯达说，"二月逆流"是"文化大革命"两个阶级、两条路线斗争的第五个回合。他们在抓杨成武时，居然把和杨成武为邻的徐帅家所有电话线掐断，还撤换了哨兵。

在 1968 年 10 月 13 日至 31 日召开的中共八届十二中全会上，原定讨论召开中共"九大"、修改党章。会议开到第三、四天，林彪一伙突然扭转会议方向，改为批判几位老帅。他们把"二月逆流"的老帅分割开来，让到各个小组去受围攻、批斗，大搞逼供信。徐向前被编在第五组。在这个"西北小组"的会上，黄永胜、邱会作等人，带头攻击徐向前。有人阴阳怪气，有人大声质问。这个说："你徐向前不老实，要叫红卫兵来！"那个说："你不说话，送到大寨去向贫下中农说清楚。"还有人拿着"小红书"向徐向前念语录。

会上充满了恫吓的气氛。然而，徐向前稳稳地静坐一旁。他最多回答一声："有错误请大家批判，总要实事求是嘛！"他更没想到，在八届十二中全会闭幕后的第九天，突然发来会议"简报"。在一期"简报"上，竟编造谎言，诬陷徐向前的夫人黄杰是“叛徒”，诬陷聂荣臻的夫人张瑞华也是“叛徒”。徐向前深深感到，斗争更加严重了。他不禁又回想起鄂豫皖斗争的年代，张国焘搞肃反扩大化，为了收集诬陷他的材料，竟以“改组派”的罪名，把他的爱人程训宣逮捕，严刑拷打逼供不成，最后杀害了她。35 年之后，竟又重演历史的悲剧，真叫这位领兵的老帅心情沉重。他了解黄杰，信任黄杰。她 1928 年入党，是一位久经艰苦斗争考验的老共产党员。50 多年来，她忠心耿耿，为共产主义事业奋斗不息，历史清白无污，现在居然被安上一个莫须有的罪名，难道这就是他们说的“要革革过命的人的命”吗！

徐向前和黄杰，面对这一突然打击，冷静而又伤感。两位老革命家，找谁去说，向什么人去讲呢？他和她只好闭门长叹。徐向前愤怒而又不平地向黄杰说：“我们结婚这么多年，彼此都了解，他们说你是‘叛徒’，这到底是为什么啊？”

黄杰心中明白，在这个时候遭到诬陷，与有人要打倒徐向前有关。她不假思索，坚定而又心酸地说：“我绝不是叛徒，让组织去审查好啰，要不，我们可以离婚，免得你连我，我连你，说不清楚！”

徐向前从来不哀叹，不流泪。他听了黄杰的这句话，不由得落泪。他不光是为黄杰受诬陷，而是想到了许许多多被诬陷的好共产党员，什么“内奸”，什么“六十一个叛徒集团”，都是莫须有的罪名。他一生讲究实事求是，最讨厌说谎，从不允许别人在他面前胡言乱语。他现在依然坚信：真理不能说成谬误，红的不能变成黑的。他默默不语，观望着事态的发展。

在公开发表的中共八届十二中全会公报上，又严厉指责了“二月逆流”反对“无产阶级文化大革命”的“错误”。黄永胜在总参谋部亲自布置批判几位老帅，并发动老帅们办公室的工作人员，组织揭发批判，要求和老帅划清界限。徐向前办公室的党支部写了报告，请示批判徐向前和他的夫人黄杰。周总理看到报告后批示：“不要搞得过于紧张”，并当即转呈毛主席。1969 年 1 月 3 日，毛泽东亲笔作了批示：“所有与‘二月逆流’有关的老同志及其家属都不要批判，要和他们搞好关系。”林彪在毛泽东批示的一旁加批：“完全同意主席的意见。希望徐向前同志搞好健康，不要制造新的障碍。”

林彪批示的最后一句话，使徐向前完全明白了：是要他老老实实靠边站，不允许再提相反的意见。不然就是“制造新的障碍”，就要问罪。可是，这又怎么可能呢？对一位老革命家来说，暂时禁止活动可以做到，但要他不思考，要他屈服不是真理的“真理”，永远做不到。

第三节　历史是公正的审判官

全国性的大动乱继续发展。所谓的“二月逆流”黑干将，不断受到批判、声讨。1969 年 2 月初，毛泽东提出，要让一些老同志到“六厂二校”去蹲点，接受工人阶级“再教育”。徐向前被指定去了长辛店“二七”机车车辆厂。

这是一幢二层楼的宿舍。徐向前和一些接受“再教育”的老人，分别住在楼上、楼下。铺盖是随身带的，睡的是单人床。冬天还没过去，夜晚寒气袭人，往往不能成眠。徐向前患着病，和工人们吃一样的饭食，还要到车间参加一些“力所能及”的劳动。工厂开批判大会要参加，车间的批判会也要参加。

这时，在“二七”厂参加“接受再教育”的还有王恩茂、廖志高、江渭清、江华、朱德海等，住在徐向前的楼下。大家看到徐向前瘦弱的身体，上下楼步履艰难，都暗暗为老帅的健康担心。每天见了面，总要问候几句。徐向前笑笑说：“没什么，这样很好嘛，你们都要注意保重。”过普通工人的生活，大家看来，太委屈老人了。但是，徐向前过惯了艰苦朴素的生活，并不觉得有什么难熬。

在“文化大革命”动乱的日子里，徐向前仍把心思放在国家的经济复兴和军队安定上，虽然被指责为“二月逆流”的黑干将，一次次受到批判，但他始终认为，要稳定军队，要注意国家的经济建设，要关心人民群众的生活。他和工人、干部交谈时，总是鼓励大家要把生产搞好。一位老工人回忆起徐向前等人在那里“接受再教育”的情景时说：“他们以自己的行动，深深地教育了我们工人！”

在“蹲点”后期，周恩来总理根据毛主席的指示，让陈毅、徐向前、聂荣臻、叶剑英四位老帅成立一个“国际形势研究组”。组长陈毅虽然受到批判，还是以饱满的热情，每周在中南海紫光阁召集大家开一次讨论会。老帅们每次坐到一起，谈笑风生，忘却了对他们的种种指责。他们看材料，交换思想，以他们丰富的经验和高瞻远瞩的胸怀，分析研究世界局势。这种座谈会召开了许多次。经过认真讨论，最后写出了《对国际战争形势的分析》；针对苏军入侵珍宝岛事件，写出了《从世界森林中看一棵珍宝树》等报告，以精辟的见解，分析了中国的实际情况，以及美苏之间的矛盾，提出国防建设方面的一些重大问题。

1969 年 4 月 1 日，中共第九次全国代表大会在不正常的情况下召开。会议的议程，本来是讨论“修改党章、召开四届人大”等问题，但在这次大会上，林彪、江青一伙却借机批判“二月逆流”。在选举“九大”代表时，中央碰头会议成员作为当然代表，而与“二月逆流”有关的几位老共产党员，经毛泽东提名，下面非选不可，才当上了代表。上海的代表，专门带了材料来批陈毅。朱德在会上几次检讨过不了关，最后还是毛主席说了话才算罢休。徐向前和叶剑英分在军队的一个组，两人轮番受批判。会上，有人公然指着徐向前说：“你态度不老实，我们要做你的喷气式。”逼着徐向前承认是“二月逆流”的黑干将和其他一些莫须有的事情。徐向前只回答一句话：“总要实事求是嘛！”他的沉默和冷语是最好的回答。

大会在选举中央委员时，林彪、江青一伙又践踏共产党的民主集中制原则，玩弄阴谋诡计，对几位老革命家，采取各组分配票数，指定人投票，以达到控制不准超过得票半数太多的目的。1500 名代表的大会，徐向前得票最少，只有 808 票。徐向前回家后苦笑着说：“我得了五个鸡蛋。”林彪的政治报告和“九大”结束的公报，又公开批判“二月逆流”是“党内最大的一次反党活动”，是“为刘邓翻案”，是“破坏新生的红色政权的反党夺权阴谋”等。“九大”闭幕后，全国各地传达“九大”会议精神时，都批判“二月逆流’的“错误”，点名批判陈毅、徐向前等人是“老右”、“老机”、“反对文化大革命”的黑干将。然而，错误的批判和咒骂无损于无产阶级革命家的声誉。在共产党内和人民群众中正直的人们，都从心底热爱着这些老革命家。

“九大”之后，徐向前又返回“二七”厂，继续“接受再教育”。10 月 20 日，中苏两党决定会谈，接着，两国总理在北京会晤。10 月 17 日，林彪借口防止敌人搞突然袭击，要加强战备，快速疏散人口，遂发出反革命政变预演的第一号号令。借机将几位老帅、副总理等，从北京“疏散”到外地。

所谓的一号号令——“紧急通知”，作为国家元帅和军事委员会的副主席的徐向前，事先什么情况也不知道。他于 10 月 18 日接到“疏散”通知，要他去河南开封，20 日晚就离开了北京。到达郑州时，有关单位还没来得及安排住地，在一个招待所暂住一晚上，第二天才移到开封军分区一个师团干部休养所。徐向前到开封的第二天，《开封日报》上便披露出“二月逆流”黑干将到了开封的话。徐向前到开封，当地负责接待的单位是按照“不冷不热，偏重于冷”的规格对待的。在此期间，因为房子改装暖气，徐向前一度移居到一家银行的楼上。楼下，有一间阴暗的屋子，没人居住。徐向前后来才知道“文化大革命”中被打倒的国家主席刘少奇，被囚禁死在那里。

1969 年 10 月，徐向前被林彪“一号命令”疏散到开封。这是徐向前的女儿徐小涛前来探望时父女的合影

徐向前被“疏散”在开封一年半之久。当地冷淡他，北京也很少有人过问他，和许多被“疏散”的老革命家一样，他每日每时思虑的是：国家的前途，军队的命运，人民的生活。他期待着什么，又担心着一切。孩子们受他的牵连，也遭厄运。女儿徐鲁溪在中科院被打成“五一六”分子；小女儿徐小涛才 18 岁，当兵没单位接收，去建设兵团也不要。后来走了“后门”，才当上内蒙古生产建设兵

团军垦战士。老人心里牵挂她们啊！ 1970 年 8 月，中共中央在庐山召开九届二中全会，徐向前上庐山参加会后，又回到开封。1971 年 4 月 8 日，中央决定在北京召开批陈整风汇报会，军队中几位老帅，才陆续由外地被接回北京。徐向前是被“疏散”的人中最后一个回北京的。

从 1966 年 5 月“文化大革命”开始，至庐山会议，在五年的大混乱中，徐向前经历了新中国成立以来空前的一场灾难。他莫名其妙地被推进了全军文革小组，很快又陷入了受批判的大包围。先后三次被抄家，多次受围攻，又从“接受再教育”被迫“疏散”到河南。他和许多老革命家一样，精神、身体上受到了极大的压抑摧残。但是，他对革命事业始终怀着无限的希望。他光明磊落，“仰不愧天，俯不愧人，内不愧心”。

历史是无情的，历史是公正的审判官。1971 年 9 月 13 日，林彪反革命武装政变阴谋彻底败露，折戟沉沙，摔死在蒙古温都尔汗的沙漠上。这一事件犹如在中国上空爆炸了一颗原子弹，全国上下，大感意外，无不惊喜林彪终于自食其果，人民拍手称快。

“九一三”事件后的第一天，三座门会议室里充满了严肃的气氛。工作人员听说很久没有露面的老帅们都要来开会，觉得这个会非同寻常。黄永胜一反常态，早早地站在门口迎候老帅。徐向前走进来，黄永胜迎上去问好。老帅面无表情，不予理睬。聂帅来了，黄永胜急忙迎上去，并解释说在北戴河没有去看老帅。聂帅说：“划清界限嘛！”黄永胜十分尴尬、狼狈。

会议由黄永胜传达中央第 57 号文件，通报林彪叛逃，机毁人亡。黄永胜做贼心虚，浑身颤抖，念文件语不成句，只好由别人代读。

自从批判“二月逆流”以来，老帅们难得相聚。这天相逢，格外高兴。又闻林彪自我爆炸，更是内心喜悦。一向豪爽的陈毅老总提议，就地摆宴，举杯相

1971 年“九一三”事件之后，徐向前在老同志座谈会上。左起：李井泉、廖承志、徐向前、陈奇涵、聂荣臻、邓颖超等

庆。这时，陈老总已身患重病，老帅们关心他的健康，纷纷劝说作罢。

会议一结束，黄永胜的司机习惯地第一个把车子开到了门口。黄永胜急得大声叫喊："开走，开走，让老帅们先走！"司机被弄得莫名其妙。

"疾风知劲草。"毛泽东主席在斗争中识别了林彪，也理解了包括徐向前在内的一大批老一辈革命家。他逐步起用一些老革命家，亲自参加陈毅的追悼会，并为"二月逆流"平了反。特别是请邓小平出来主持工作，并在中南海接见了各位老帅。毛主席握着徐向前的手，满怀深情地连声说："好人！好人！"

1972 年，中共第十次全国代表大会在北京召开，群众都觉得徐向前等几位老帅会进政治局，有的还买了鞭炮，准备庆祝。结果大出意料，徐向前等几位老帅们又一次被排斥在政治局之外。

周恩来总理带病支撑着困难的局面。他为老帅们能出来工作花费了许多心思。在周恩来总理的安排下，徐向前参加了频繁的国务活动。

接待柬埔寨西哈努克亲王，是徐向前复出后第一项工作。西哈努克亲王在 1971 年出国访问，国内发生了政变。在困境中，他来到中国，受到中国政府高规格的接待。周恩来总理亲自参加接待工作，并请德高望重的领导人陪同他。从 1972 年到 1974 年，徐向前承担了陪同西哈努克亲王的任务。先是于 1972 年 5 月，陪同西哈努克亲王访问中国东北，到了丹东、沈阳、抚顺、大连、鞍山、长春、吉林、哈尔滨、大庆等地，历时近一个月。又于 7 月，访问了山东济南和青岛，所到之处，受到数十万群众的盛大欢迎。1973 年 11 月 2 日，徐向前和夫人黄杰专程到广州，迎接西哈努克亲王的母亲哥沙曼王后。1974 年 10 月 8 日徐向前又和黄杰一起参加了周总理为庆祝西哈努克亲王 52 岁生日举行的宴会。西哈努克亲王在为柬埔寨的民族独立和解放进行斗争中，把中国政府和人民作为忠实的朋友，和徐向前结下了难忘的友谊。

1973 年 5 月，徐向前受周总理委托，作为中华人民共和国的特使，出访斯里兰卡，出席中国援建的班达拉奈克国际会议大厦落成典礼。把国际会议大厦的金钥匙，移交给斯里兰卡总理班达拉奈克夫人。班达拉奈克夫人为此发表了热情洋溢的讲话。国际会议大厦成为中斯友谊的象征，屹立在斯里兰卡首都科伦坡。

1973 年 7 月 10 日，阿尔巴尼亚建军 30 周年。这时，中阿两党已出现分歧，但尚未公开。周总理从多做团结工作、维护中阿友谊的愿望出发，拟派一高级军事代表团前往地拉那参加庆祝活动。周总理提议徐向前为代表团团长。叶剑英也十分重视徐向前这次出访，并向徐帅开玩笑说："我给你派一架最好的飞机。"徐向前肩负重任，飞赴阿尔巴尼亚，受到了热情欢迎。徐向前的阿尔巴尼亚之行，既坚持了原则，又注意了团结，圆满完成了中央交给的任务。

从 1972 年到 1975 年，徐向前还先后参加接待了赞比亚副总统齐纳、扎伊尔总统蒙博托、尼泊尔国王比兰德拉、塞拉利昂总统史蒂文斯、塞内加尔总统桑戈尔、尼日利亚总统戈翁、毛里塔尼亚总统达达赫、塞浦路斯总统马卡里奥斯、丹麦首相保罗·哈特林、南也门总统委员会主席鲁巴伊、加蓬总统邦戈。

徐向前一方面为国事忙碌，另一方面又为国家的命运和前途担忧。他和夫人黄杰对江青一伙的胡作非为深恶痛绝，有时也和亲密的战友谈谈自己的忧虑。特别是在邓小平被第二次打倒，周恩来总理、朱德委员长、毛泽东主席相继去世之后，徐向前的这种忧虑日深，常常夜不能寐。

“大快人心事，粉碎‘四人帮’。”1976 年 10 月 6 日，中共中央顺应全国人民的意志，一举粉碎“四人帮”，王洪文、张春桥、江青、姚文元及其同伙，终于被押上了审判台。历时十年的“文化大革命”宣告结束。1981 年召开的中共十一届六中全会，通过了《中国共产党中央委员会关于建国以来党的若干历史问题的决议》。决议指出：“历史已经判明，‘文化大革命’是一场由领导者错误发动，被反革命集团利用，给党、国家和各族人民带来严重灾难的内乱。”这就是历史的结论。

75 岁高龄的徐向前，又站在天安门城楼上。他望着庆祝粉碎“四人帮”的欢腾的群众队伍，仿佛觉得中国人民获得了第二次解放，看到了劫难后的新中国的光明前景。

第二十三章　老骥伏枥 志在千里

第一节　德高望重的国防部长

粉碎“四人帮”之后，邓小平和叶剑英、徐向前、聂荣臻几位中央军委副主席共同挑起了整军建军的重担。1977 年，在叶剑英副主席主持下，军委组成了若干个委员会，分头梳理各方面的问题。徐向前被任命为军委战略委员会主任。1978 年 3 月，出任国务院副总理兼国防部长。11 月，又任军委武装力量委员会主任。

徐向前虽年事已高，但一种神圣的责任感，使他壮心不已。他不顾年老、体弱、多病，倾心尽力投入国防现代化的建设。

明确战略方针和战区作战任务，是军队建设中的头等大事。1978 年 1 月，徐向前主持召开了小型作战会议，重新审核制定作战方针。在此之前，总参作战部做了充分的准备。会议开了三天，对方案进行了认真研究，并取得一致的意见。方案修改后，经由徐向前审核，报请中共中央、中央军委批准。根据军委制定的作战方针和作战部署，各军区重新研究、制定了本战区的作战预案，报到军委。徐向前完成这件大事后，给华国锋、叶剑英、邓小平的信中说：“我的使命完成了。”

1978 年 10 月，越南悍然出兵入侵柬埔寨，并在中国的广西、云南边境屡屡制造事端，侵扰中国边境，杀边民，毁房屋。为支援柬埔寨人民的抗越斗争，为保卫祖国的神圣领土，中共中央决策，在适当时机，对越南侵略军实施惩罚性的反击。党中央深思熟虑，既要达到惩罚之目的，又要把战争限制在有限范围内，做到有理、有利、有节。身为国防部长的徐向前，参与了作战方案的拟定，对作战方案字斟句酌，一丝不苟进行审查。战斗打响后，不断听取作战部门的汇报，注意研究战场态势，关注部队的开进情况，提出自己的意见和建议。自卫反击作战共进行 18 天，在人民群众的大力支援下，我军胜利完成预定计划后主动后撤。在自卫还击作战取得决定性胜利后，徐向前受邓小平委托，在三座门主持会议，听取军事科学院院长宋时轮关于对越作战情况调查的汇报。对越作战的胜利表明，人民解放军不愧为能征善战的伟大的人民军队。作战中涌现出的大批战斗英雄、人民功臣，创造了动天地、泣鬼神的光辉业绩。中共中央和军委其他领导人都对对越自卫还击作战给予了高度评价。党和国家一些领导人在北京亲切接见了中越边境自卫反击战英模报告团，并题词以示褒奖。徐向前的题词是："为祖国而战的英雄们功勋永存！"

1978 年底，中共中央召开了工作会议和十一届三中全会。会上，作出把全党工作的重心转移到经济建设上来的伟大决策，开始了振兴中华的新时期。出席中共十一届三中全会的军队高级将领，对军队如何实行战略性转变，如何搞好军委工作，有一些议论。副总参谋长杨勇对徐向前说，现在下面都有一些意见，是不是开个会，请大家谈一谈。徐向前也有这样的想法。于是他向邓小平副主席建议，趁各大军区负责人在京的机会，利用几天时间，开个座谈会，听取大家的意见，帮助军委搞好工作。邓小平表示完全同意，并指示，会议由徐向前主持。座谈会于 12 月 20 日开始，跨了年度，1979 年 1 月 3 日结束。邓小平、徐向前分别在会上讲了话。

1978 年底，徐向前（右一）参加军委座谈会，并作了重要讲话

邓小平在讲话中，号召大家畅所欲言，献计献策。在谈到部队机构臃肿的问题时，他幽默地说："我倒希望大家这样放'炮'，那样放'炮'，能够放一个'炮'放得很准，解决这个问题，我们推他来当老帅。"徐向前在会上作了总结发言，明确指出，1975 年军委扩大会议上，叶剑英、邓小平副主席的讲话是正确的。那次会议确定的方针原则，要继续贯彻执行。对邓副主席讲的机构臃肿问题，应有组织地专门进行研究，痛下决心来解决。徐向前还对领导班子的建设问题、教育训练和管理问题、加强政治工作问题等，提出了一些重要的原则性意见。

会后，各总部、各军区围绕解决部队机构臃肿这一老大难问题，进行了深入的调查研究。1980 年 3 月，军委决定召开军委常委扩大会议，集中讨论军队的精简整编问题。邓小平副主席再次批示，会议由徐向前主持。

这次军委常委扩大会议，在徐向前主持下，抓住对军队现代化建设有关键意义的精简整编问题，进行了实事求是的充分的讨论，抓住了要害。会议讨论把军队员额压缩50万，报中央后，确定再压缩50万。在压缩定额的同时，对总部和大军区的机构进行调整。将军委炮兵、装甲兵、工程兵合并到总参，各成为总参的一个部；铁道兵和铁道部合并；各军区的炮、装、工相应地合并到军区司令部。会议还对精简后干部的安置问题，进行了详细的讨论。会议开得很成功。徐向前在会议结束时的讲话中强调说："在座的都是老同志，六十岁以下的不多，但大家壮心不已，都有一股劲，有信心，都想把军队建设搞上去。所以尽管军队的问题成堆成山，只要有这股劲，我相信是能够把我们军队搞好的。"

经过一段时间的试点，1982年，中央军委正式批准了精简整编方案。邓小平副主席在批示中说："这是一个不能令人满意的方案，现在可以作为第一步实行，以后还得研究。"作为第一步，把军队员额压缩100万，无疑是一项重大决策，任务是相当艰巨的。全军指战员从大局出发，团结一致，坚决完成军委确定的精简任务。这就为进一步"消肿"，为1985年进一步把军队员额再压缩100万，奠定了基础。

国防部长徐向前把主要精力放在军队建设上。他又是中央政治局委员，他的工作范围不仅在军队。他出席了中央政治局及中央的历次会议，参与了中央的一系列重大决策。1979年9月，他还代表中共中央、国务院，在第四届全国运动会上致闭幕词。

从1978年到1980年，在徐向前任国防部长近三年时间里，他先后会见外国军事代表团、知名人士、记者等达21次。

1978年会见了英国国防参谋长卡梅伦元帅、联邦德国前国防军总监德·梅齐埃、联邦德国前陆军总监施内茨、墨西哥国防部长加尔万，出席了罗马尼亚总统齐奥塞斯库访华招待会。

1979年，会见了法国国防安全委员会代表团，主持了欢迎喀麦隆军事代表团的宴会，会见了卢旺达军事代表团、英国皇家国防研究学院代表团、孟加拉军事代表团、泰国国防部长西提、土耳其军事学院代表团、南斯拉夫老战士协会代表团，出席欢迎苏丹第一副总统哈利勒的宴会并拜会哈利勒。

1980年，接待美国国防部长布朗一行；参加党政军领导接见第34届军体理事会的各国代表，并以国防部的名义，举行欢迎宴会，致祝酒词；会见并宴请英国国防大臣皮姆；会见比利时总长贡捷中将率领的军事代表团、朝鲜人民武装力量部第一副部长白鹤林中将率领的友好参观团以及意大利记者等。

在这些会见和谈话中，徐向前纵论国际战略，谈论维护世界和平的前景，宣传中国社会主义建设事业的成就和中国人民解放军的现代化建设。他为发展中国人民解放军和世界各国军队及人民的友谊，作出了重要贡献。在世界各国的国防部长中，徐向前资格最老，被称为当代世界老一代军事家中仅有的国防部长。一些外国代表团在会见徐向前时，在友好态度上更添几分敬重。有的人对能会见这样一位国内外有名的军事家，视为荣幸。1981 年 6 月，徐向前已辞去国防部长职务，泰国元帅巴博访华，在会见国家领导人之后，要求一定要同中国的元帅会晤。根据有关部门的安排，徐向前会见并宴请了他。

打破干部职务终身制，让位、让贤是一件大事。是关系革命是否后继有人，关系国家前途命运的大事。徐向前深刻了解它的深远意义，衷心拥护中共中央关于干部年轻化的方针。1980 年，他主动向中共中央请求辞去一切职务。在 1980 年 8 月召开的五届人大三次会议上，他辞去了国务院副总理职务，之后又辞去了国防部长职务。他以让位、让贤的实际行动，为废除干部职务终身制、推进干部年轻化，作出了表率。

徐向前作为邓小平的助手之一，为军队走上现代化建设的轨道，耗费了心血。他比邓小平大两岁，同属中国革命的第一代人。他们性格，也许差异很大，但在作风正、不信邪这一点上，却有共同之处。在一二九师和晋冀鲁豫军区，徐向前较长期做过刘伯承、邓小平的助手，他们配合默契，关系十分融洽。徐向前钦佩邓小平的远见卓识，聪颖智慧。邓小平深知徐向前是一位勤于思考，胸中有大主意的人，因而尊重他、信任他，多次委以重任。1979 年 12 月 14 日，邓小平还冒着寒风，亲赴徐向前住地，共同商谈军委工作的大计。1976 年，邓小平第二次被打倒，全国人民心系邓小平，徐向前对邓小平也极为关心。1976 年底，邓小平患病，虽然此时“四人帮”已粉碎了，但还在“继续批邓、反击右倾翻案风”。徐向前忧心如焚，亲自打电话给主持军委工作的陈锡联，要他马上安排邓

徐向前（左）与邓小平在一起交谈

小平住院治疗。陈锡联是徐向前的老部下，对他是很尊重的。陈锡联告诉徐帅，叶帅也来过电话，已经作了安排。徐向前悬着的心才放了下来。邓小平手术后，徐向前又抱病前去探望。两位老战友的心，经过“文化大革命”的风雨，贴得更近了。徐向前极力支持邓小平重新出来工作，他很赞成叶剑英的话：“邓小平是不授衔的老帅，是老帅的领班。”

第二节　深谋远虑

在粉碎“四人帮”以后的几年里，特别是在徐向前任国防部长期间，他对军队建设提出了一系列重要意见。从战略到战术，从理论到实践，从军事工作到政治工作、后勤工作，从编制装备到人才培养，他以自己深沉思考的建议和著作，丰富了毛泽东军事思想的宝库。

战略家们有战略家的思维方式和胸怀。徐向前首先在两大战略问题上，向中央提供了有重要价值的意见。一是外交战略，即国际战略格局；二是战争与和平，即对战争形势的估量问题。

在70年代，中共中央提出“一条线”战略。徐向前感到无论从马克思主义的阶级分析的观点来说，还是从中国的国际地位及所发挥的作用来说都是值得进一步研究的。他注意着世界局势的变化，不断翻阅了大量资料，观察几年，认为有必要重新研讨中国的外交战略问题。于是，在华国锋主持的中央政治局会议上，他明确表示，不赞成“一条线”的战略。但当时还是“按既定方针办”的时期，徐向前的意见没有引起重视。

1983年6月18日，徐向前在和胡启立、杨德中谈话时再次提出，不赞成“一条线”的战略，请他们转告中央。徐向前说：“我不是随便提出的，这几年，我翻了一些资料，一直考虑这个问题，今天你来了，谈谈我的看法，供中央参考。”徐向前的意见整理成参阅件，报告了中央。中共中央对徐向前的意见十分重视。不久，邓小平派姬鹏飞当面向徐向前通报了中央关于对美关系问题的考虑，征求他的意见。

中共中央经过精心研究之后，作出了调整外交路线的决定。邓小平先在会见外宾的谈话中作了表述。1985年6月4日，在军委扩大会议的讲话中，又作了明确的阐述，指出：“我们的对外政策有个最重要的改变，改变了‘一条线’的战略路线。我们有一段时间搞了个‘一条线’，就是从日本到欧洲、一直到美国这样的‘一条线’。现在……改变到我们执行独立自主的对外政策。这个改变，关系十分重大，是有利于和平、有利于制约战争的战略性的改变。”6月17日，陈云到徐向前住地，两位老革命家谈到中国的外交路线，认识完全一致。陈云高兴地说：“我们是不谋而合啊！”

对战争形势如何估计，是制定国防政策的根本出发点。在这个问题上，中共中央经历了一个曲折的认识过程。

1985 年 6 月 17 日，徐向前在家中与陈云（左一）亲切会见

解放战争初期，在“美苏必战”“第三次世界大战必然爆发”的论调甚嚣尘上的时候，毛泽东对战争形势的分析是冷静、正确的。他说：“世界反动力量确在准备第三次世界大战，战争危险是存在着的。但是，世界人民的民主力量超过世界反动力量，并且正在向前发展，必须和必能克服战争危险。”[①] 基于这种分析，才敢于以坚决的自卫战争，粉碎蒋介石的战略进攻，“打过长江去，解放全中国”；才敢于在美帝国主义侵略朝鲜的时候，断然派出志愿军入朝参战，迫使美帝国主义在板门店停战谈判。

50 年代后期，中共中央对战争形势的分析有了发展，认为世界大战不可避免，战争的危险日益加剧，强调立足于“早打、大打、打核战争”。这方面虽有美帝国主义的反华叫嚣、中苏关系日趋紧张的客观因素，但主要原因是把战争爆发的危险性看过了头。此后，弓弦只张不弛，越绷越紧。“太张必缺”。长期把许多人力、物力、财力投到准备打大仗上去，严重地拖了经济建设的后腿，影响了国防现代化的进程。

中共十一届三中全会以后，全党工作的重心转移到经济建设上来，迫切需要一个和平稳定的环境，以休养生息。显然，上述对战争形势的分析及其政策，和党的总方针是不相适应的。1979 年，在军委座谈会上，邓小平提出战争能否延

① 毛泽东：《关于目前国际形势的几点估计》，《毛泽东选集》（一卷本），人民出版社 1964 年版，第 1080 页。

缓，究竟能延缓多久的问题。徐向前也谈到，军队要按照中央的决策，也有转移的问题。但那时，基本上还是强调要有战争的准备。后来，中央和军委领导人关于战争延缓的可能性就讲得更多了。邓小平 1980 年讲五年打不起来。到 1984 年，在军委座谈会上又说："仗打不起来这个话，我们多次讲过，过去讲十年，现在过了几年，还可以说十年。"徐向前十分赞同邓小平的分析。1980 年 4 月 5 日，他在全军后勤部长会议上讲话指出："依我看，打局部战争是可能的，打核战争、世界大战的可能性比较小。还可以争取三年、五年、甚至十年，或者更长时间的和平环境。"1982 年，他在听取杨得志总长和张震副总长的汇报时，又指出："现在国际环境对我们有利，我们看近期内不会有进攻中国的战争。"

经过几年的观察、分析，军委主席邓小平在 1985 年 6 月召开的军委扩大会议上，对战争与和平问题，作了全面、深刻的论述，提出了新的论断："战争的危险是存在的，但毕竟和平力量的发展，超过了战争力量的发展。根据以上这些分析，我们改变了原来认为战争的危险很迫近的看法。我们希望能在一个比较长的时间内，至少在本世纪内，不要发生世界战争。这是可能的，不是空话。"

中共中央关于外交战略和战争与和平问题的转变，是伟大的战略性转变。这一转变决策，集中了包括徐向前在内的老一辈无产阶级革命家的智慧。

科学的编制出战斗力。编制，是军队的组成形式，是军队总体力量的组织、协调、合成与发挥。徐向前十分强调编制的科学性。他在 1980 年军委常委扩大会议的讲话中指出："一般地说，军队的现代化主要是三个方面。一是武器装备，这是物质基础；二是人，就是能使用现代化武器的人，这里面包括干部的培养训练、部队的教育训练；三是把人组织起来，把人和武器结合起来，这就要有科学的编制体制。无非这三个方面。这三个方面是相互联系的。组织编制搞得好，打起仗来指挥才能灵便。"

1980 年 1 月 22 日，徐向前把总参主管军务编制的副总长刘华清及有关部门领导，请到家中，专门谈军队的编制问题。徐向前首先强调，搞编制，总的要求是简便、迅速、确实可靠。接着指出，搞编制要从实际出发。既要考虑自己的特点，又要考虑人家的特点，"知己知彼，百战不殆"。还要考虑战区的特点，根据不同的地形，不同的作战对象，采取不同的编制，一个模子不行。例如，坦克，开阔地应多放一些，特别是敌人可能空降的要害地区要多配。山地放那么多，用处不大。徐向前指出，平时编制要为战时服务。现代战争打起来是很快的，突然袭击，海上、空中、地上、地下一齐来。是立体战争。敌人的编制、兵力部署，都是展开的，说来就来，并不像过去打仗那样，要"哀的美敦书"啦、动员令啦什么的。所以，我们的编制也要为战时服务。平时要编好，共同训练，人要熟悉，临时编不行。平时不搞好，打起仗来就乱糟糟的。徐向前还指出，指挥体制改革，要讲合成。不管叫军也好，叫集团军也好，部队编制是要合成的。坦克师、炮兵师，除军区控制一点外，多数要编到军里去。徐向前一再强调，总部、军兵种机构的设置，要从有利于打仗考虑，比例要合理。搞军务编制的人要独立思考，不能迁就照顾。徐向前最后强调，编制就是法规，编制发下去，就是法律。军务部门要坚持编制，要把关，不能无政府主义。否则，有编制等于无编制，只能增加混乱。经过一段时间的实践，确有不合理的地方，再适当调整，以求完善。

武器装备现代化，是国防现代化的核心。徐向前在1979年为《红旗》杂志撰写的《为国防现代化而努力奋斗》一文中说："现代科学技术的飞跃发展和广泛应用，引起了武器装备的巨大变革，武器装备的现代化，成为国防现代化的重要组成部分，为了改善和发展我军的武器装备，我们必须根据我国当前的实际情况，研究探讨进行国防现代化建设应当遵循的方针和原则。"同时又指出："我国目前还是一个经济和科学技术不发达的国家，而国防现代化又离不开农业、工业和科学技术的现代化，它归根到底是以国民经济为基础的。因此，我们的国防现代化建设必须和国民经济的发展相适应，要首先保证国民经济有一个高速度的发展。如果盲目追求国防建设的大规模、高速度，势必严重影响国民经济的发展，损害国防工业的基础，结果是'欲速则不达'。"

徐向前特别强调在自力更生的基础上，引进外国的先进技术。他认为，中国装备落后，技术也落后，美国国防部长布朗说中国落后15年，不是没有道理。所以中国要利用对外开放的有利时机，千方百计引进先进技术。但是，基点应该放在自力更生上。中国这样大的国家，这样多的军队，装备不能靠花钱买，主要靠自己造。

徐向前十分重视国防科研工作。他同刘华清等谈话时指出，宁肯装备少一点，也要把科研生产搞上去。新中国成立以后，中国培养了大批科研技术人员，有了一支可观的科研队伍。关键是要充分调动他们的积极性，大力加强新式武器的研制和新技术的开发。1978年，徐向前亲赴南口靶场，观看红箭73的打靶试验。试验是成功的，但其中有一发弹壳后座，从主席台旁呼啸而过。参试人员在惶恐之余，深为愧疚。徐向前代表军委，肯定了他们的试验，给参试人员以极大的鼓励。1980年3月2日，他又去南苑机场观看一种新式飞机定型表演。当时，正值各总部、各军兵种、各大军区的领导来京参加军委常委扩大会议。将领们汇聚北京，全体出席观看表演，盛况空前。

1982年元旦前夕，徐向前致信主管国防科工委工作的张爱萍，再次谈到空军飞机的研制问题。信中说："我总希望看到新的一代飞机的产生。1980年，我观看了××飞机的表演。我总觉得，这种飞机虽然还存在许多问题，但有些性能还是不错的。搞一个型号不容易，不要轻易否定它，况且，现在也没有新的、更好的产品可以代替。空军和航空工业部要采取合作的态度，协力攻关，切望××能成为新的一代，这一代搞好，再研究新的一代，一代一代研究发展，这才是唯一的出路，靠买飞机是没有希望的。"字字句句，浸透了老帅对国防科研事业的热情关怀，体现了老一辈军事家想看到新一代国产飞机的迫切心情。他还主张，一种新的产品研制出来之后，不要一下子大量生产。应保留生产线，腾出钱来，再搞新的，保证军队装备不断更新换代。他主张，改革装备管理体制，要统一管理，反对多头领导，以免相互扯皮。

人才是建军之本。徐向前一向爱兵爱将，惜才爱才。他当过教师，入过黄埔，还当过抗大的校长，十分懂得培训干部的重要性。中共十一届三中全会以后的几年，他讲得多的，也是人才问题。1984 年 8 月，他在解放军政治学院出版的《思想战线》杂志发表《重视知识，尊重人才，加速我军建设》[1]的文章，是他关于人才问题的重要著作。他在文中说："'人是创业之本'。对军队来说，人才是建军之本。""'政治路线确定之后，干部就是决定的因素。'这是马克思主义的至理名言。没有高度政治觉悟的德才兼备的干部，没有现代科学知识，军队的革命化、现代化、正规化，是无本之木，无源之水。""现代化的武器装备，要具有现代科学知识的人去研制，去掌握；军队的改革、军队的各项工作的创新和发展，都必须靠有觉悟、有知识、有文化、有才能的人。""军队各项工作的改革，首先要从重视知识、尊重人才、选贤任能着手，一定要彻底打破那一套'左'的东西的束缚，树立新的、正确的尊重知识、尊重人才的观点。"

徐向前（右一）在射击场主席台上观看各种武器的射击情况

他十分重视院校的战略作用。他说："重视知识，尊重人才，院校要做表率。军队院校是人才聚集的地方，不是说'院校是集体干部部'嘛，这个集体干部部，一是要选好学员，经过培养、训练，使他们真正成为革命化、年轻化、知识化、专业化的一代新人；二是要发现人才中的尖子，提出大胆破格使用的意见。"1981 年，他就提出，"干部一定要经院校培养，不经过院校培养，不能提为干部。"当时这样提出问题，有些人感到，似乎生硬了一些。刚开始实行的时候，部队基层

① 此文新华社发通稿，《人民日报》《解放军报》以及一些省市报纸都转载。

1980年春，徐向前（左三）等军委领导在机场参观定型投产的歼-8飞机

干部出现了一些缺额，部队中不少人，包括一些高级领导干部，嗷嗷叫了一阵子。徐向前听到了这些反映，仍强调机关干部下基层，咬紧牙关顶住，硬是不松口。经过几年的努力，形成了制度，形成了习惯，再也没有人叫了。徐向前还强调，院校要实行三级制。初级院校，要使干部具备一个军官必备的素质，是打基础的；中级院校，要使干部具备指挥战役战斗的本领；高级指挥院校，着重研究战略，把干部培养成一个合格的战略指挥员。

徐向前积极倡导和支持军事科学研究工作。他经常强调，要用先进军事理论武装指挥员的头脑。他说："在未来的反侵略战争中，现代军事科学就是战斗力。"1980年11月3日，他在同军事科学院《军事学术》杂志编辑部的负责人谈话时，引用恩格斯的话说："革命将以现代的军事手段和现代的军事学术来与现代的军事手段和现代的军事学术作战。""不能只看到武器装备的重要，看不到军事理论的重要。掌握和运用先进的军事理论，即使武器装备是劣势，也可以战胜武器装备优势的敌人。没有正确的军事理论指导，战时就可能打烂仗，平时部队教育训练的质量就提不高，发展武器装备也会走弯路，强大的战斗力就建设不起来。"

研究外军资料，研究中国的军事历史，是徐向前热心的事。他熟读孙子兵法，讲话时，不必翻书，常常顺口引诵，恰到好处。他要求一个指挥员既要研究敌人，也要研究自己，做到知己知彼。还要求研究历史，做到古为今用。1978年，中央军委根据邓小平、徐向前的意见发了一号文件，批准军事科学院将《苏联军事百科全书》翻译出版。这部巨著的翻译出版工作完成时，徐向前十分欣喜，立即写信向军事科学院外军部祝贺。对辛勤劳动的外军部工作人员给以勉励，使他们很受感动。1981年3月，军事学院外军教研室主任给徐向前写信，反映第二次世界大战史的研究情况。他阅后批转军委办公会议研究。并批示："二次大战史的研究工作，是一项很重要的工作。除了进行理论方面的研究外，很需要从战争中学习。和苏、美、英等许多国家相比，我们在这方面比较薄弱，现在开始初见成效，应继续予以重视。请召集有关同志研究，提出加强二次大战史研究的意见，并请在组织上予以落实。"在徐向前的关怀下，军事学院编撰出版了《第二次世界大战史》，填补了中国对第二次世界大战史研究的空白。

后勤保障是军队战斗力的重要组成部分。徐向前多次和后勤部长洪学智亲切谈话，并亲自到全军后勤工作会议上讲话，对后勤保障在未来战争中的地位和作用，作了深刻的阐述。他指出：看到福州军区报告反映，后勤干部似乎比别人低一等，这是一种错误观念。打仗，没有后勤工作寸步难行。别看飞机多、坦克多、大炮多，没有汽油，就不如一根木头棒棒好，木头棒棒还可把人打死。斯大林在苏联卫国战争时期，有时百分之七八十的精力是做后勤工作。"你们觉得后勤干部比人家低，我看你们还比人家高呢。"本来，一些后勤干部心有怨气，工作辛辛苦苦，但似乎比军事、政治干部低一截。听了徐帅这番话，心里感到很温暖。1981年11月，徐向前又在对后勤部长会议的指示中，号召大家都来关心后勤，促进后勤现代化建设。

政治工作是人民军队的生命线。"文化大革命"中，军队破坏最大的要数政治工作。所以，徐向前不断地强调加强和改进军队的政治工作。1979年，他在《为实现国防现代化而努力奋斗》一文中说："政治工作是我军的生命线。在新的历史条件下，我军的政治工作必须加强，不能削弱。为适应我军现代化建设的需要，要充分发挥政治工作的威力。""政治工作要像过去战争年代保证完成战斗任务一样，贯穿到军队建设的各方面工作中去，并适应现代化建设的新情况，改进政治工作的作风和方法，做到军民一致、军政一致、官兵一致，把政治工作做得更加切合实际，生动活泼，坚强有力，扎实有效。要充分调动全军指战员钻研国防现代化的积极性、创造性，培养他们高度的爱国主义和革命英雄主义的精神，加强组织性和纪律性，团结一致，同心协力，艰苦奋斗，把工作做得好上加好，不断提高部队的革命化现代化水平，这样，中国人民解放军这支伟大的人民军队，必将更加无敌于天下。"

1980年，徐向前在接见总政治部领导人时指出："政治工作一定要从实际出发，密切联系实际，要研究新情况，研究工作对象的新特点。机关、学校、医院，海军、空军和特种兵部队，边海防部队等各有自己的不同特点，政治工作要根据不同部队、不同特点来做，不要一般化。政治工作要同业务工作结合，政治干部也要学点军事，学点技术知识。这样才能把政治工作更好地贯穿到业务中去。要正确地认识和处理红与专的关系，引导人们向又红又专的方向努力。""总之，政治工作的优良传统必须坚持，又要根据新情况加以发展，有些不适合新情况的做法，要实事求是地加以改变。"

1986年，在纪念长征胜利50周年的时候，徐向前又在《红旗》杂志发表文章，谈精神力量问题。他说："'长征精神'是什么？主要就是革命英雄主义、集体主义、乐观主义的精神，一不怕苦、二不怕死的牺牲精神，自力更生、艰苦奋斗、一往无前、百折不挠、全心全意为人民利益而战的献身精神。这种精神力量，不是凭空产生的。它来源于共产主义的远大理想，来源于马克思列宁主义的理论武装，来源于党的经常教育和强有力的思想政治工作。这是历史上的任何军队都无法比拟的。马克思说过：理论一旦掌握了群众，就会变成巨大的物质力量。红军有了坚强的精神支柱，就能化为强大的战斗力，就永远拖不垮，打不烂，不论在任何艰难困苦的条件下，坚持到底。""说到底，就是一句话：伟大的精神，产生伟大的军队、伟大的战士、伟大的奇迹。"

"兵民是胜利之本。"从1963年起，徐向前分管民兵工作。粉碎"四人帮"后，1978年11月，又重新担任军委武装力量委员会主任。前后分管民兵工作十几年，对民兵工作、对后备力量的建设，作出了卓越的贡献。他在回忆录中，以大量篇幅、浓重的笔墨，论述了民兵的支前作用。他常常把战斗的胜利，首先归功于人民支前。

"文化大革命"中民兵组织受到破坏，个别的甚至成了"四人帮"的御用工具。粉碎"四人帮"后，徐向前大力抓了民兵组织的整顿、恢复、调整和改革工作。1979年6月，在中共兰州军区第五次代表大会的简报，陕西省军区、山西晋东南军分区的情况反映中，都讲到民兵组织太臃肿，迫切要求"消肿"，对民兵组织体制进行改革。徐向前阅后批示："这些意见都是好意，也确实是需要解决的问题，动员部准备召集各军区有关同志研究一下，提出一些办好民兵的办法，很好。"8月，总参动员部提出了《关于调整改革民兵组织体制的意见》，徐向前阅后致信张才千、刘华清并曹宇光，指出：因为涉及和过去中央的发文不一致的地方，先整简要报告，呈中央原则批示后，再写成详细文件分送各大军区、省军区、少数县的武装部征求意见。明年适当时候再开民兵委员会。

根据徐向前的指示，报请军委办公会议同意，总参、总政于1980年4月，下发了《关于调查研究民兵组织调整改革问题的通知》，提出了缩小组建民兵的范围、压缩参加民兵的年龄、简化民兵组织层次、提高民兵的质量的初步设想。12月20日，在广泛征求意见的基础上，总参、总政又提出了《关于调整民兵组织问题的报告》。1981年3月，中共中央十一号文件批转了这个报告。"报告"提出了实行民兵与预备役相结合的制度。规定了农村、城市厂矿企业等单位的民兵组织规模，并将原规定分编普通民兵、基干民兵、武装基干民兵三种，简化为普通民兵和基干民兵两种组织。取消县编民兵师、公社编民兵团的规定。民兵总人数比原来减少了一半。随后，民兵工作又提出了"减少数量，提高质量，抓好重点，打好基础"的十六字方针。在民兵工作不断整顿和改革中，徐向前倾注了心血。

思考，深沉的思考，徐向前在思考中善于抓住新时期建军的矛盾和问题，及时提出意见。80年代初，国家以经济建设为中心，对民兵的地位和作用，不少人一度有些模糊认识，有的地方甚至把民兵工作放到可有可无、近乎取消的位置。报刊文章的宣传也减少了。于是外电评论说，中国放弃人民战争了。针对这种情况，徐向前在《中国日报》发表了《人民战争是克敌制胜的法宝》一文，专门论述人民战争在未来战争中的地位。文章在海外引起强烈反响。外电评论说，看了这位元帅的文章，中国人民战争的思想没有变，没有放弃。1983 年 7 月，徐向前在为傅秋涛主编的《中国民兵》一书题词中说："民兵是党领导下的群众武装组织，在历次革命战争中立下了不朽的功勋，在未来反侵略战争中，还是要打人民战争，民兵仍发挥重要作用，进一步加强民兵建设，是我军的一项长期战略任务。"他在为当代中国民兵撰写的序言中又说，"民兵是巩固国防的战略力量"，"人民战争永远是我们克敌制胜的法宝"。

第三节　心里装着人民和战士

一位革命家、军事家，无不具有其特殊的性格、特别的品质。徐向前的特殊品质、人生的信条是什么呢？1984 年元旦，他在广州休息时，给工作人员的赠言中，写了这样几句话："人之贵在于行，行之贵在于果，大小事皆然。"文字不多，言简意赅，勾画出一个少空谈、重行动，言行一致的生动形象。徐向前就是一个这样的人，他说到做到，要求别人做到的，自己首先做到。

战争年代，官兵同住一间房，同吃一锅饭，军官把马让给伤、病员骑，官兵一致，情同手足。新中国成立后，能否继续保持这种官兵一致的传统作风，能否保持艰苦朴素的本色，这对一个执政党、一支胜利之师来说，无疑是一个严峻的考验。全国胜利前夕，毛泽东主席在中共七届二中全会上，曾告诫全党：要警惕"功臣自居的情绪"和"糖衣裹着的炮弹的攻击"，要知道"中国的革命是伟大的，但革命以后的路程更长，工作更伟大，更艰苦"。"务必使同志们继续地保持谦虚、谨慎、不骄、不躁的作风，务必使同志们继续地保持艰苦奋斗的作风。"①徐向前以他的实际行动，实践着这些要求。

在中国革命胜利以后，40 多年和平时期，徐向前始终保持着共产主义战士艰苦奋斗的本色。

60 年代初，三年困难时期，全国人民勒紧腰带过日子。最困难的时候，机关干部粮食定量不够吃，常吃一些代食品，徐向前怀着沉重的心情，和全国人民一样渡难关。他经常让管理人员给他弄代食品吃。管理人员从老帅健康着想，有时想买点肉食，他总是严肃地说："全国人民都很困难，毛主席和周总理带头不吃肉，我能吃得下吗？我们是人民的勤务员，要时刻想着人民，想着部队，不能有丝毫特殊啊！"

10 年、20 年又过去了，徐向前元帅艰苦朴素的作风始终没有变。直到 80 年

---

①《毛泽东选集》（一卷本），人民出版社 1964 年版，第 1329 页。

代，他80高龄之后，对节约一滴水、一滴油、一度电都给以关注。他常常提醒工作人员关灯节电，节约用水。听说家中有的人洗澡时水龙头总是开着，他都提出干涉。他自己穿着朴素，虽然不再是土布、粗布，但也是穿涤卡布居多。1983年，他在北戴河登舰艇视察海军部队时，穿的是一件褪了色的灰涤卡上衣。海军干部战士看了十分感动地说："元帅穿的就是这样啊！"其实，那还是比较好的一身衣服，平时在家里穿得更差，衣服的袖口、领口，常常缝了又缝，补了又补。解放战争时，他亲手织的一件粗糙的毛线背心，新中国成立后一直穿了十几年。一床被面，直到洗破了才同意换下。他个人穿着不讲究好坏，但在北京市支援灾区募捐时，他却要选出自己好的单衣、棉衣、棉裤捐献。他习惯粗茶淡饭，每周都要吃上一两餐莜麦面、窝窝头之类。还一直保持着吃野菜的习惯。随着季节，什么柳树叶啦，榆钱、榆叶啦，萝卜缨、马齿菜等，都是他常吃的。他常说，吃一点野菜，一可以壮筋骨，二可以不忘本。他住的房子，陈设很简单，修缮房屋，必须经他批准，严禁铺张浪费。墙壁多少年没有刷了，已经变了颜色，房修部门提出要贴墙纸、粉刷，他不同意。会客室里的沙发，还是1962年配发的，横木已断了，修了多次，服务处要更新，他也不同意。沙发套补了好几块补丁，直到1985年，实在不能用了，他才同意换新的。他平时很少外出，车子不能随便动用，更不能出私车、办私事。他的夫人黄杰，是1928年入党的老共产党员，"文化大革命"前在纺织部工作，一直乘公共汽车上下班。熟悉的人总说，这些事，看起来似乎微不足道，但真正实行起来，特别是几十年坚持不懈，对一位功高位尊的元帅来说，更是难能可贵的。

徐向前对部下一向是"教之严，爱之深"。他的一些老部下，都记得那样一件事：1948年，运城战役之后，一个士兵因为不愿离开家乡，开了小差，以后又回到了部队。他的连长对他采取了不能容忍的污辱性惩罚。徐向前知道后，很生气，指示政治部抓住典型，对部队进行一次纪律教育、爱兵教育。他在讲话中说："干部首先是士兵的同志，是士兵的师长，是士兵的表率，是士兵的知心朋友。然后，你才能把士兵带好，才能使各个出身不同、性格不同的战士，变成一个战斗的整体，部队才能有真正的战斗力。"那位连长受了处分，他本人和全体干部、战士都受到了深刻教育，以后开小差的人大大减少了。

徐向前80多岁高龄，对士兵仍然一往情深。冬天，他亲自到警卫班的宿舍，摸摸被子厚不厚，暖气热不热。当他知道战士们睡觉有些冷，指示服务处，给战士宿舍增加暖气片。节假日，他派人把水果、月饼等送到战士们手中，共度佳节。刚入伍不久的新战士，看到德高望重的老帅这样关心战士，激动得夜不能眠。原警卫班班长袁满囤为抢救落水群众不幸牺牲。徐帅十分沉痛，指示部队要向他学习，并亲笔题写了"优秀警卫战士袁满囤烈士"的墓碑。袁满囤烈士的妹妹到北京接过哥哥的枪，参军入伍后，徐帅在住所亲切地接见她，鼓励她学习哥哥一心为人民的精神，沿着烈士的道路不断前进，并在她的笔记本上亲笔题词："做一个为共产主义理想而奋斗的英勇战士。"

1979 年，中越边境自卫反击作战，有一批干部、战士致伤致残。国务院下发的有关文件中规定各地对伤残战士“酌情安排工作”。有些地区把残废军人当成包袱，没有安排他们工作，使一些伤残军人生活无着。《解放军报》内部简报反映了昆明街头残废军人佩戴勋章乞讨。徐帅看后心情十分沉重，当即提出：干部战士战斗中负伤致残，战后给予妥善安置，这是我们的光荣传统，但从最近一些反映来看，有些地方的安置工作很不得力，影响军心。请军委办公会议研究，并请总参谋长杨得志在中央书记处开会时严肃提出。军队要求不要太高，但地方上一定要负责安置好。可否拨专款解决，专款专用。请参酌。杨得志在中央书记处会议上宣读了徐帅的这番话，经中央书记处讨论，国务院重新下发文件，规定对残废军人“一定要安排工作”。“酌情”和“一定”虽只两字之差，却关系着残废军人的一生，也体现了老帅对战士的深切关怀。

在徐向前的身上，融合着军事家的威严和长者的慈爱。他身边的工作人员体会尤深。工作人员来自不同的岗位，有的二十几年，有的十几年，和他朝夕相处，结下了深厚的情谊。他把工作人员的长处、困难都记在心里，处处给以关照，使大家感到温暖。在老帅的严格要求下，秘书和工作人员都养成了良好的作风。1986 年，徐向前 85 岁寿辰。因为逢“五”，大家都想为老人家祝寿。但是他早在生日的一个月前就明令：谢绝一切祝寿的要求。于是，大家提出，在他生日那天，请老帅和大家合影留念。他同意了大家的要求。在合影之后，小护士们要求徐向前和他们单个合影。徐向前应允后，还特别点名要同跟随自己多年的司机、炊事员、管理员单独合影。

徐向前和身边的工作人员亲如一家，对街道居民睦如乡亲。他每次见到居民委员会的人，总说：“我也是柳荫街的居民嘛！”柳荫街的军民共建活动，他积极支持。连续四年中，作过多次指示，会见过参加军民共建的军队和地方的代表。柳荫街为有这样一户居民而感到自豪。他题写了“柳荫军民文明街”街名。在徐向前的关怀、支持下，柳荫街的军民共建活动取得了显著成绩。1984 年国庆 35 周年游行活动，群众特地把徐向前书写的“柳荫军民文明街”七个大字刻上大彩车。原来治安状况不是很好的柳荫街道，20 名“浪子”回了头，孤寡老人进了街道的敬老院，老有所养。70% 的家庭，被评为“五好家庭”。在纪念徐帅题词两周年的大会上，北京市委负责人赞扬柳荫军民共建的成绩，说在徐帅直接关怀下的柳荫街，是北京市精神文明建设的“一面旗帜”。

在战争年代，徐向前领兵转战过大别山、大巴山、祁连山、太行山、沂蒙山区，他时刻怀念着那里的人民，眷念着长眠在那里的战友。

在祁连山下的大沙漠里，掩埋着成千上万西路军将士忠骨。徐向前常常怀念那些革命烈士，永不忘怀那悲壮的征程。他在《历史的回顾》中，详细记述了那次奉命远征和西路军英雄的功勋；他常常思念着那些流落在异乡的西路军战士。他听说，有一位流落的红军女战士，在衣食十分困难的情况下，默默地存交党费，一分、两分、一角、两角，到 1984 年竟存了 400 多元，交出时钱币都变黄陈旧了。徐向前认为这400元党费，是一个红军老战士对党的金子般赤诚的心。当伍修权、王定国等深入甘肃，调查西路军流落老红军情况返北京后，向中央写了报告，徐向前看后十分关心。在中共中央有关部门和总政治部、民政部共同商定下，作出了对西路军流落老红军的照顾办法。1985年，甘肃省委提出在张掖地区修建西路军纪念馆，徐向前认为西路军将士是英勇杀敌的英雄，应该为他们立碑，为他们写传，把他们的名字铭刻在党史、战史上。他满怀深情地作了指示："我的意见可以建一纪念馆，但以力求节约为好。"李先念、胡耀邦都同意他的意见。

徐向前常说："我们这些人是幸存者，有许多战友牺牲了，如果他们不牺牲，元帅、将军应该是他们。"他怀念那些牺牲的战友，对他们的后代倾注了深沉的爱。许继慎是徐向前黄埔军校第一期的同学，在鄂豫皖苏区任过红一军军长、红四军师长。新中国成立后，徐向前打听过许继慎后代的下落，但毫无结果。有一年，许继慎的儿子许民庆突然到北京找徐帅。徐帅当时身体不好，立即派秘书去见他，并给他送去路费、生活费。当时许继慎的家乡没有承认许继慎为烈士，家属也没有享受烈属待遇。徐向前当即给安徽省委第一书记万里写信，说明许继慎是肃反中被错杀的革命干部，要关照他的后代。万里接信后，妥善地作了安排。此后，安徽六安县为许继慎建立了纪念碑。许民庆也受到了照顾。

蔡威，红四方面军三局局长，红四方面军无线电通信和侦听工作的创始人，牺牲在长征路上。宋侃夫、王子纲、马文波写信给徐向前，说蔡威的家乡不晓得蔡威是烈士，要求在党史人物志列上蔡威的名字。徐向前把信批给王兆国，并说："蔡威同志是一位优秀的红军干部，在破译工作方面是有独特建树的，他的遗属理应享受烈属待遇，请中办告福建阅办。"

李荣桂，曾任红一师政委（徐向前当时任师长），在肃反中被张国焘错误杀害。在延安召开党的第七次代表大会时，已为其平反昭雪。但"文化大革命"中，又被诬为"叛徒"。他的女儿李小坦，在安徽林学院任蚕桑系副主任，因此受牵连。1986年，李小坦致信徐向前，反映了这一情况。徐向前便给林学院组织部门去函，证明李荣桂的情况。安徽省委组织部又来信调查，徐向前再次写信作了证明，李荣桂的历史问题才获解决。

徐向前常向秘书和一些老干部说，该证明的一定要证明，我们要对烈士负责，也要对他们的后代负责。

大山赋予了徐向前满身征尘，大山锤炼了他刚毅的性格。新中国成立以后，他念念不忘山区来的乡亲。

湖北红安县的县长来了，四川巴中县的副县长来了，河南信阳地委、新县县委的干部来了。他们带来了一代老人的述说，带来了山区人民的痛苦、渴望和追求。徐帅接见他们，就像见到了故乡人，问寒问暖，问长问短，问得那样仔细，听得那样认真。山区人民的进步，他高兴，山区人民的困难，他关心。一次，信阳地委、新县县委的负责人来谈老区情况，秘书知道徐向前身体不大好，劝他稍坐一会儿，早点休息。徐向前摆摆手说："我正想听听他们的意见，了解一下老区的情况。”地委、县委的领导人为了不增加老帅的烦恼，把困难忍在心里，主要汇报取得的成绩。当时，有个年轻干部坦率地向徐向前汇报了家乡的困难，人民的艰辛。

“老帅，你还记得七里坪吗？”七里坪，红四方面军的诞生地，当年的总指挥焉能忘记？

“我陪着新华社记者到那里做过调查。那里的人民苦啊！解放这么多年，没有多大变化，缺衣少被的现象很普遍，甚至确有几个人共有一条裤的。一个姓王的人家，全家七口人，只有六个碗！”年轻干部连珠炮似的说着。

徐向前听到这里，脸上的笑容顿时消失了。之后一连几天，他都心情沉重，不住地念叨：“解放这么多年，愧对老区人民啊！”从此以后，他禁止为他祝寿。一说祝寿，他就说：“老区有的地方七个人才六个碗呀！我们还过什么生日哟！”

1982 年，陈兰和邓六金带着老一辈人对老区人民的关怀，走遍了江西、大别山革命根据地。她们看到了老区人民的新的风貌，也如实地向中央反映了老区人民的实际困难。徐帅看了她们的报告后，向中央写了《关于请关注老区建设的意见》。他写道：

“看了陈兰、邓六金同志的考察报告，这两位大姐不辞劳苦，深入老区考察，精神可嘉。我也听到一些写战史到老区搞调查的同志谈过老区的情况。这些地区的人民为中国革命的胜利作出了巨大的牺牲，有过重大的贡献。这些山区洒满了革命烈士的鲜血，到处都掩埋着烈士的尸骨。没有这些穷山沟和穷山沟的人民，中国革命的胜利是不可能的。建国三十三周年了，虽然党和人民政府采取过不少措施，对老区有过不少帮助，但许多地方没有什么变化，有的地方变化不大，甚至个别地区的群众连裤子都穿不上。有些老红军生活无着，无人照料。看了这些

1983 年，徐向前在家里亲切接待来自革命老区红安县的代表

情况，我心里很难过，感到愧对于老区人民，愧对于革命先烈。吁请中央关注老区的建设。建议中央书记处、国务院派人对井冈山、大别山、湘西、四川、陕北等经济上贫穷落后的革命老根据地做些系统的调查。尔后，专门开一次会议，研究制定尽快改变老区面貌的措施。”

徐向前在报告中还提出了四条具体建议：

（一）各地党委应该派最优秀、最得力的干部到老革命根据地工作，下定决心同老区人民一道，奋斗它五年、十年，改变山区的落后面貌。

（二）对老区援助的重点，应放在帮助他们提高生产自救的能力上，帮助他们创造发展生产的条件。否则，年年救济，年年贫穷，几十年贫穷落后的面貌不得改变。人民政府各部门要为老区人民着想，千方百计支援他们一些技术、设备，在这方面花点钱是完全应该的。

（三）进一步落实各项经济政策。发掘和利用山区的自然优势，因地制宜发展多种经营。靠山吃山，向山要钱，向山要宝。据我所知，像大别山区种茶、桐油树、漆树，植树造林等，都是有条件的。在政策上，政府应尽可能地给他们优惠。我看到陈丕显、周子健、白如冰等同志都有一些调查报告，提出了一些好的意见，请予以重视。

（四）请各地认真检查一下优抚工作，特别要注意调查少数老红军的情况，像宿县、涡阳县那样，妥善安排他们的晚年，使他们生活有依靠，病了有人管。逢年过节也不要忘记他们，使他们感受到党和政府的温暖。

中共中央很重视徐向前的报告，印发给中央、国务院各领导人参考。不久，国务院成立了支援老少边穷地区办公室，统一部署帮助老区人民脱贫的工作。1986 年，在北京还召开了开发大别山区的动员大会。

人民的元帅，心里装着人民。他为国防建设呕心沥血，他为人民的事业鞠躬尽瘁。“老骥伏枥，志在千里”，这也是徐向前晚年的写照。

第二十四章　帅星陨落 风范长存

第一节　在最后的日子里

1990 年 6 月，解放军总医院南楼六病室弥漫着静谧、严肃、紧张的气氛。医生、护士轻进轻出，悄声细语，生怕惊动躺在病床上的徐向前元帅。

他正在经受着高烧折磨，已经好几天难以安眠，脸上显出疲惫不堪的神色。他没有呻吟，没有多少话，平静地同病魔斗争，也可能自己预感到来日无多，想着对后事的安排。

进入 3 月份以来，一向心脏尚好的徐向前，频发心绞痛，有时一日几次。专家多次会诊，认为是不稳定性心绞痛，有一定的危险性。采取紧急治疗措施后，病情虽有缓解，但没有完全消除。6 月 5 日，他又患感冒，开始发低烧。20 天抗感染治疗，更换了几种抗生素，均不见效果。以后痰里又有几次发现抗酸杆菌，专家、教授怀疑是旧的结核病复发。在治疗上是抗感染还是抗结核，一时难下决心，不得不让他住院检查治疗。

6 月 27 日徐向前入院后，体温上升较快，病情危重，医院连连病报告急。6 月 29 日，李先念闻讯后，心急火燎地赶赴医院去探望。

徐帅从 1929 年到大别山，就结识了李先念。他们共同点燃了大别山武装斗争的烽火，创建了鄂豫皖革命根据地。鄂豫皖第四次反“围剿”斗争失败后，他们率部转移。在枣阳新集战斗中，方面军总部遭敌突袭，总指挥徐向前指挥三百余名机关干部、警勤杂人员抗击，情势危急，十一师政委李先念接讯后火速率部驰援，击退了敌人，保证了总部的安全。在徬徨镇战斗中，李先念负伤，徐向前代他指挥。部队左冲右突，屡屡涉险，于 1932 年底到达川北。在那里，红四方面军又扎下根来，创建了川陕革命根据地。在反敌“六路围攻”的战斗中，李先念坚决支持徐总指挥，排除了张国焘的干扰，取得了西线大纵深迂回歼敌十余团的辉煌胜利。他们一起走过长征路，徐总指挥派李先念率先头部队迎接中央红军，于达维胜利会师。在西路军，他们浴血奋战，共同度过了那段最残酷、最悲壮的历程。半个多世纪来，他们是生死与共的战友，志同道合的同志。

李先念本来不打算打扰病危的徐向前。徐向前从护士口中得知李先念来看他，示意请先念来床前。两位老战友见过多次面，这一次见面与往常不同。病房里静得只听见徐向前急促的喘息声。徐向前有些激动，郑重地向李先念说：“我的遗言有三条：一是不搞遗体告别；二是不开追悼会；三是把我的骨灰撒到大别山、大巴山、河西走廊和太行山。”这是一个无产阶级革命家对自己的最后安排，一个老共产党员向党中央的郑重交代。李先念安慰他：“你会好起来的。”徐向前说：“万一我的病治不好呢。”李先念听后心情非常难过。在场的子女、工作人员、医护人员无不动情。徐向前一生奋斗，只讲奉献，从不索求，临终也不想惊动别人，只想悄然离去，表现了一个共产党员的博大胸怀和高风亮节。

6 月 30 日，徐向前体温急剧上升，高达 39.8 度。他三次患肋膜炎，肺功能不好，平时特别注意防止肺部感染，稍有感染就用药控制，从来没有发过高烧，像这样的体温更没有过。眼看体温急剧上升，用药又不起作用，很多人以为这一关过不去了。但在用了“冰毯”之后，产生了神奇的效果。体温降为正常，连续三天没有回升，为治疗争取了时间。“冰毯”成了“救命毯”。经过一段时间的抗结核治疗，徐向前病情明显好转，体温趋于正常，可以慢慢下地了。晚饭后，也可以听听音乐，听听新闻，还可以和工作人员、医护人员聊聊天。经治医生高兴地说，看来 9 月份可以出院了。家里也打扫房间，准备迎接老帅出院。一段时间里，大家充满了乐观气氛。

8 月 5 日，徐向前的儿子、女儿、儿媳、女婿都来看他。老人见这次家人到的齐，又郑重地说：“我说不了多少话，我要说的是，我死后一不搞遗体告别，二不开追悼会，三把骨灰撒在大别山、大巴山、太行山、河西走廊。这就是我留给你们的遗言。你们要永远跟着党走，贯彻党的路线，言行一致，说到做到。现在党风不正，有些人光说不做。”没有想到，这真的成了老帅和孩子们的最后话别。从那以后他病情恶化，来不及说也没法说了。老帅说得那么认真，那么严肃。孩子们静静地听着，生怕漏掉一个字。这生离死别的谈话，令人震颤。女儿徐鲁溪早已泪流满面，泣不成声，儿子徐小岩强忍悲痛表示：“爸爸，你不要说了，你说的话，我们记住了。”在场的工作人员也都牢牢记住了老帅的最后的嘱托。

8 月 8 日，中共中央总书记江泽民从西藏视察回来不久，就风尘仆仆赶到医院看望徐向前。江总书记对徐帅很敬重，很关心。自徐向前入院后曾多次电话问候，几次要来探望，都为院方婉谢。徐向前见了江泽民很高兴。他听了总书记视察西藏和部队情况介绍很兴奋。强撑着虚弱的病体，说：“以你江泽民为首的党中央制定的路线、方针、政策以及所采取的办法都是马克思主义的，我是坚决拥护的。我身体好一些时，常听广播，看到现在的社会风气和经济情况有好转，我很高兴。”他还表示了对军队工作的关心，对医护人员的感谢。江泽民听了之后，对工作人员称赞：徐帅是老布尔什维克。赞扬他不愧是共产党人的楷模。

徐向前晚年身体多病，直到辞去党内外一切职务后，仍时刻关心党的命运、国家的前途。1989 年政治风波后，江泽民曾登门看望徐向前，促膝长谈。当时徐向前听了江泽民总书记的一席话，脸上露出了欣慰的笑容。事后连连说：“这个总书记选得好，选得好。”

徐向前是威严的元帅，又是宽厚的长者，他一生中关心别人的事很多，关心自己很少。他和工作人员平时朝夕相处，病中相依为伴。在他生病住院的80多天里，他的医务人员和秘书、警卫人员精心照料他，守护他。这本来是工作人员的职责，是分内的事，而老帅却常常觉得过意不去。一会儿对警卫人员说麻烦你们了，一会儿说难为你们了。说得几个小伙子几乎掉下泪来。警卫参谋把秘书找来，请老帅不要再讲见外的话。夫人黄杰到医院探望，他又对黄杰说，实在麻烦难为他们了。他为别人想得很多、很细，想到病房里病菌多，反复叮嘱工作人员、医护人员一定要戴好口罩，注意洗手、消毒。在最后的日子里，他为了不给医院增加麻烦，几次提出不要再抢救。从住院到去世前的两天，他神志一直十分清醒，因而所受的痛苦更多、更大。他身上插着几根管子，手上、脚上找不出完好的血管，全身浮肿。他都默默地、惊人地忍受着，不提任何要求，不发一声怨言。尽管自感无望，仍积极配合治疗。专家们无不为之感动。

徐向前把身边工作人员视为亲人，跟随他多年的秘书体会尤深。寂寞了，他把秘书找来谈谈心，痛苦了他把秘书找来说说话，讲些他关心的国家和军队的大事，有时晚上睡不着觉也让护士把秘书找来，似乎这样他才觉得安定些、踏实些。郭春福、李而炳秘书知道这样的机会也越来越少了，真舍不得离开他，乐意陪着他。直到徐向前不能说话了，用眼神、表情把秘书找到床前，如果秘书要离开，他直摇头。秘书含着满眼的泪水，拉着他的手，默默地坐着，相对无言，情真意切。

第二节　光照千秋

抗结核药物的副作用，使徐向前肝脏受到致命损伤，造成亚急性肝坏死，最后多器官衰竭，虽经京内外专家全力抢救，终未能挽回。1990年9月21日凌晨4时21分，徐向前与世长辞。中国人民失去了一位伟大的无产阶级革命家，军旅中陨落了一颗闪烁的帅星。徐向前戎马生涯六十余年，把毕生的精力献给了中国人民的解放和建设事业。他在病重和弥留之际，仍念念不忘我们党、国家和军队的建设，谆谆寄语全党、全国和全军要团结一致，夺取新的胜利。他以赫赫战功和高尚清白的优秀品质，赢得了全党、全军和全国人民的尊敬和爱戴。他的高风亮节永世长存。正像他在生病期间常常默念的诗句一样："人生自古谁无死，留取丹心照汗青。"

徐向前的心脏停止了跳动。江泽民、杨尚昆、李鹏、万里、李先念、彭真、乔石、姚依林、宋平、李瑞环、王震、秦基伟、薄一波、宋任穷、刘华清、杨白冰、温家宝、王平、伍修权、李德生、杨得志、萧克、余秋里、陈锡联、耿飚、程子华、廖汉生、洪学智、王恩茂、陈再道等领导人到医院向这位开国元勋告别。

9月21日，中共中央、全国人大常委会、国务院、中央军委发布讣告，高度评价徐向前的丰功伟绩和崇高品质，称誉他是杰出的、忠诚的共产主义战士，伟大的无产阶级革命家、军事家。讣告指出："徐向前在创建红军、开展武装斗争和开辟鄂豫皖、川陕革命根据地的艰苦斗争中，表现出非凡的组织领导和军事指挥才能，为党建立一支英勇善战的主力红军作出了贡献。长征中，红一、四方面军会师后，任红军前敌总指挥部总指挥，积极拥护中央北上创建川陕甘根据地的战略方针，反对张国焘的分裂活动，为维护党和红军的团结作出了特殊贡献。会宁会师后，中央军委指示，红四方面军一部西渡黄河，执行宁夏战役计划，后奉军委命令，任西路军军政委员会副主席兼西路军总指挥，率部继续西进，与敌血战河西走廊，有力地策应了河东红军的战略行动。"

讣告指出，徐向前在长期的革命战争中，"运筹帷幄，指挥有方，智勇兼备，果断灵活，善于以弱敌强，以少胜多，运动歼敌。为夺取革命战争的胜利，创建中华人民共和国立下了不朽的功勋，以自己的战争实践和理论，为丰富毛泽东军事思想作出了重要贡献。"

讣告指出，"他为巩固国防、建设现代化正规化的革命军队和建设民兵预备役力量呕心沥血，作出了卓越的贡献。"

全党、全军、全国各族人民沉浸在巨大的悲痛之中。他们以各种不同的方式表达对徐向前的哀思。唁电、唁函从大别山、大巴山、太行山、河西走廊，从全国各地的党政军机关、工厂、农村、军营、学校发往北京；7 个大军区党委分别致电中央军委，沉痛悼念这位军队的缔造者之一和卓越领导人。许多省、市、县地方政府在给中央、全国人大常委会、国务院的唁电中表示，要学习徐向前崇高的革命精神、优秀品德和优良作风。

海丰、大别山、大巴山、河西走廊、太行山、沂蒙山等老区人民对徐向前怀有特殊的感情。他们在唁电中，缅怀徐向前的丰功伟绩，决心把徐向前曾经浴血奋战的老革命根据地建设得更加美好。通江县还引用经久传颂的巴山民歌来表达通江人民对徐帅的无限深情。歌中说："红军打进通江城，父老百姓齐欢迎。徐总进城开大会，通江人民享太平。"四川阿坝地区羌族群众发来唁电，缅怀徐帅当年进军川西北迎接中央红军的丰功伟绩，表达少数民族群众对他由衷的敬仰。五台县的人民表示要学习他的革命精神，为把家乡建设得更加繁荣昌盛而英勇拼搏。河南新县的一百多位老红军和在武汉的十几位老将军在唁电中说：我们跟随徐帅南征北战，历经数十年，结下了深厚的无产阶级感情，他的教诲终生不忘。徐帅的崇高品质和丰功伟绩将永远铭记在心中。

"临汾旅"的指战员忘不了徐帅亲手把"光荣的临汾旅"的锦旗授予他们的情景，忘不了新中国成立后徐帅对他们的多次关怀和教导，决心发扬临汾攻坚精神，再立新功。

张家口市第六中学"黄河东西行"夏令营的同学们，刚刚寻着徐向前的战斗足迹走访了五台县和延安、洛川、太行山、冀南等地，正要派代表赴京看望徐帅，汇报他们的收获时，听到徐向前去世的噩耗。他们自发地设置灵堂，悼念德高望重的老前辈，还寄来了他们集体撰写的万言祭文。祭文言辞恳切，感人肺腑，催人泪下。

正在军队某学院进行军训的北京大学 90 级学生集体发来唁电，称颂徐向前元帅是“可敬的师长，学习的楷模”，表达了青年一代继承革命先辈遗志，振兴中华的决心。

徐向前是黄埔军校同学会的名誉会长，5 月还在北京会见了来自台湾的重要客人。他是黄埔军校第一期的学生，最后一次国务活动又是会见台湾来的黄埔同学。海内外黄埔校友纷纷来电，悼念这位伟大的爱国者。表示继承会长遗志，为实现祖国统一大业继续奋斗。

一份唁电，就是一篇祭文，一曲颂歌。他没有悼词，没留骨灰，却在亿万群众的心中树起了巍巍丰碑。

朝鲜劳动党中央委员会总书记、朝鲜民主主义人民共和国主席金日成，朝鲜劳动党中央军事委员会，朝鲜人民武装力量部以及一些国家的领导人分别发来唁电。中国人民的老朋友黄文欢先是在电话上表示哀悼和慰问，后又写了“身先士卒军心暖，威震沙场敌胆寒”“徐向前同志千古”的挽联发表在《人民日报》上。

遵照徐向前关于“不搞遗体告别，不开追悼会”的遗嘱，其亲属和工作人员只在家中那间会客室里设了灵堂。灵堂里摆着徐向前的遗像。在讣告发出以后，前往家中吊唁的人络绎不绝。群众自发地表达他们的哀思。有的带去鲜艳的花篮，有的带去了花圈，有的带去了刚从野外采撷的一束花，还有的献上一朵自己扎的小白花。聂荣臻、杨尚昆、刘华清、王震献的花篮摆放在灵前。

一些年过七旬、八旬的红军老战士，对徐向前怀有特殊的感情，一走进灵堂，就老泪纵横，痛不欲生。他们从十几岁当儿童团就跟随徐向前，风里来，雨里去。他们说是徐帅把他们从一个不识字的苦孩子培养成了一个个高级指挥员。老将军陈锡联喃喃自语：“战争年代，徐帅救过我的命，我却救不了徐帅的命。”西路军的一位女战士对徐帅的儿子说了一句“我跟随你爹六十年……”，就再也说不下去了。

总参谋部、总政治部、总后勤部、海军、空军、国防大学、军事科学院、国防科工委、二炮、北京军区的领导同志，以及所属部局的负责人来到灵堂，代表着部队指战员，向尊敬的元帅致哀。在许多单位，老帅去世后的第一次党委会或大型集会首先默哀，向徐帅表示哀悼。

柳荫街，在徐向前亲切关怀下，由一个不起眼的街道，成了全国闻名的军民共建精神文明标兵。柳荫街人为有徐帅这样的好邻居而感到自豪。北京市西城区共建精神文明领导小组、厂桥街道办事处的同志来到徐向前灵前，特别是柳荫街的男女老少，迈着沉重的步伐，排着队来向他们的好邻居告别。

黄城根小学曾多次得到徐向前元帅的关怀，他为该校题写过校名。1987 年“六一”儿童节，徐向前曾接见过校领导及部分学生代表。1990 年初春，徐向前得知北京金秋将花团锦簇迎亚运，便让秘书给该校送去一些花籽。到了鲜花开放，亚运会召开，而他却与世长辞了。孩子们怀着极大的悲痛和无限的敬仰将自己栽种的花草置放在徐向前灵前。北京景山学校四年级二班的学生带着各自写的《沉痛悼念徐爷爷》的祭文到徐向前家中致哀。其中一个学生写道："敬爱的徐爷爷，给你献上一朵洁白的小花，请你接受一个小学生对你的深深敬意。徐爷爷，你和我们永别了，但你的思想、风范、功勋、品格，将像永不陨落的晶莹的星辰一样，闪闪发光，长留人间……"北京师范大学历史系、中文系的学生，带着自己精心制作的白花，三五成群，自发地来到徐向前灵堂，有两个团支部还组织团员来到徐帅灵堂，表达他们的哀思。

在那间不大的灵堂里，排满了挽联、诗句："一生光明正大，从不为己诉曲""戎马生涯挥鞭踞雕鞍，功勋华夏丰碑映苍天""赫赫战功将，堂堂正正人""生能决策扶国是，死尚遗言课子民"……字字句句包含着对徐向前的无限眷恋和敬仰。

10 月 24 日，新华社播发了《亿万军民沉痛悼念徐帅》和《徐帅病重期间谆谆寄语全党》的新闻稿。《人民日报》发表在头版头条，加了醒目的副标题："光辉业绩流芳千古，革命精神激励后人。""戎马一生功勋卓著无愧帅星，遗言三条坦荡无私堪称楷模"。各报均刊登了徐向前元帅生平和生平照片，全面地历述了他的丰功伟绩。许多与徐向前一起战斗过的老战友、老部下纷纷发表文章。李先念在《沉痛悼念徐向前元帅》一文中说："一个具有坚定共产主义信念、百折不挠、战斗不息的忠诚的马克思主义者，一个大智大勇、缜思断行、擘画军事、驾驭战争的能手，一个坦荡无私、刚毅木讷、顾全大局、谦虚谨慎、廉洁奉公的人民公仆——这就是我在半个多世纪的斗争岁月里，深切了解的向前同志。"他说："向前具有深厚的理论、知识修养和在复杂环境中辨别航向的能力。""善于在纷繁复杂的斗争环境中，运用马克思主义的立场、观点、方法，透视事物的本质，预见革命进程，决定行动方向。""向前戎马一生，身经百战，在党的军事领域里，建树尤为突出。他的军事理论和实践，是毛泽东军事思想体系的重要组成部分。""他运用无产阶级的战争观和方法论，结合敌大我小、敌优我劣的斗争实践，创造性地提出一系列建军指导思想和游击战、运动战的战略战术原则，缔造了红四方面军这支英勇善战的主力红军，领导部队开创鄂豫皖和川陕两大革命根据地，先后歼敌三十余万人，为我党积累了丰富的军事斗争经验，造就了一批能征善战的将领。""向前具有惊人的军事胆略，从不知恐惧为何物。越是大仗、硬仗、恶仗来临，他越是生龙活虎，精神百倍，指挥靠前，从容镇定。他知己知彼，有谋有断，善于审时度势，驾驭战局，灵活制敌，以少胜多。他有一股超凡的硬劲、狠劲，不论面对多么凶恶的敌人，都敢于咬住不放，反复较量，以己之长，击敌之短，不制敌于死命，决不罢休。他军令如山，指定部队在何时到达阵地就必须赶到，跑不动爬也要爬到战斗岗位上。命令坚守阵地，哪怕打得只剩下一个人，也要坚守到底。他极为重视人民群众的伟大作用，强调红军作战尽量号召群众参加，形成'群众战争的战略战术'，陷敌于灭顶之灾"。李先念高度评价徐向前反对张国焘分裂活动，为维护党和红军的团结作出的历史性贡献，高度评价他在西路军失败后，表现出的顾全大局的高贵品质。他说："党的十一届三中全会后，在党中央特别是小平同志、陈云同志的关怀下，经过认真调查研究，作出了这支部队西渡黄河与转战河西走廊是执行中央军委命令的结论。向前认为，这一实事求是的历史结论，是对浴血奋战的西路军和众多牺牲的英雄儿女的莫大告慰。"

10 月 18 日，徐向前的遗体送往八宝山火化。江泽民、杨尚昆、李鹏、万里、彭真、乔石、姚依林、宋平、李瑞环、秦基伟、薄一波、刘华清、杨白冰、温家宝、王任重、迟浩田、赵南起等党政军领导人到解放军总医院小礼堂送别，向徐帅夫人黄杰等亲属表示慰问。

徐向前元帅的遗体安卧在鲜花翠柏之中。遗体上覆盖着中国共产党党旗。横幅上写着："沉痛悼念徐向前元帅。"徐向前的夫人黄杰偕子女守灵。解放军仪仗队的礼兵持枪肃立护灵。8 名身穿礼服的解放军仪仗队军官抬着灵柩缓缓前进。党、国家和军队领导人与徐向前的亲属一起列队护送灵柩安放在灵车上。宋平、杨白冰、温家宝、迟浩田、赵南起护送灵柩至八宝山。沿途，人民群众在马路两旁肃立，向这位受人尊敬的元帅致敬。天安门、新华门、外交部下半旗志哀。

当晚，中央电视台、中央人民广播电台播发了徐向前遗体火化的消息和播放了徐帅生平电视片《光辉的业绩》。

按照中央军委的指示，11 月 1 日至 10 日，中央办公厅、军委办公厅、总参管理局的工作人员陪同徐向前的亲属，乘专机飞往大别山、大巴山、河西走廊、太行山，执行徐向前的遗嘱，撒放骨灰。飞机追寻着徐向前的战斗足迹，将骨灰伴着朵朵鲜花，撒向徐向前征战过的山山水水、村村寨寨。徐向前的思想、风范、功勋、品格，将永存在万壑群山之中。

徐向前安息在大别山、大巴山、河西走廊、太行山浴血征战地。骨灰盒和遗像最后安放到他的故土——五台县烈士陵园。

"在半个多世纪的革命生涯中，他对共产主义事业有坚定的信念，对党、对人民、对革命事业无限忠诚，百折不挠，义无反顾，鞠躬尽瘁。他坚持马克思主义与革命实践相结合，好学不倦，实事求是，具有无产阶级的革命胆略和政治远见。他襟怀宽广，光明磊落，顾全大局，维护团结，严守党的纪律，是党性坚强的模范。他谦虚谨慎，联系群众，作风民主。他心里总是装着人民群众，'先天下之忧而忧，后天下之乐而乐'，廉洁奉公，艰苦朴素，严格教育子女。徐向前同志为中国人民的革命和建设事业贡献了毕生精力，深受全党、全军和全国各族人民的爱戴和尊敬。"①

① 中共中央、全国人大常委会、国务院、中央军委 1990 年 9 月 21 日讣告。

生平大事年表
（1901—1990）

1901 年　诞生

■ 11 月 8 日 （农历九月二十八日）出生于山西省五台县永安村。

1911 年至 1916 年　10—15 岁

■ 10 岁开始上学，先在本村读了两年私塾，又在东冶镇读了两年高小，后又在本村上了不满一年的私塾。

1917 年至 1921 年　16—20 岁

■ 在河北阜平一家书店（后为杂货店）当两年学徒后，于 1919 年春考入太原山西省立国民师范学校速成班。两年后毕业，在阳曲县太原第四小学当了半年教员。因秉性刚直，被无故辞退。

1922 年至 1923 年　21—22 岁

■ 在五台县河边村川至中学附属小学教了两年高小。因坚持向学生灌输救国救民思想，被辞退。

1924 年　23 岁

■ 5 月初　考入黄埔军校第一期，编入第一队。第一次上课时填表集体加入国民党。

■ 9 月　随黄埔军校一队，作为孙中山的卫队往韶关，参加北伐誓师。

■ 11 月底　毕业于黄埔军校第一期。毕业后被留在第三期入伍生第一营第三队，先后担任副排长、排长。

1925 年　24 岁

■ 2 月至 6 月　随黄埔入伍生第一营参加东征陈炯明的作战。

■ 夏　被派到河南国民第二军第六混成旅任教导营教官，继任旅司令部参谋、第二团团副等职。

1926 年　25 岁

■ 11 月　到武汉，在南湖学兵团当指导员。

1927 年　26 岁

■ 3 月　经樊炳星、杨德魁介绍，加入中国共产党。
■ 4 月 26 日　奉命到中央军事政治学校武汉分校任少校队长。
■ 5 月 17 日　率学生队与叛军夏斗寅、杨森的部队作战。
■ 6 月　调出武汉分校，另行分配工作。后被派往张发奎的部队，任司令部参谋。
■ 7 月底　随张发奎的部队到九江。“八一”南昌起义后，连夜转回武汉，又乘船到上海找党组织。
■ 8 月　在上海通过李楚白找到党中央。
■ 9 月　被党中央派往广州做工人工作，准备起义。
■ 12 月　参加广州起义，任工人赤卫队第六联队长。
■ 12 月 16 日　起义部队在花县整编为红四师，任十团党代表。向海陆丰开进途中，升任师参谋长。

1928 年　27 岁

■ 元旦　随红四师到达海丰。
■ 6 月中旬　升任红四师师长。

1929 年　28 岁

■ 1 月　根据东江特委决定，和党代表刘校阁各带一部分人员，分头撤出海陆丰，抵九龙后，看到了中共六大文件。
■ 3 月　在秘密“交通”安排下，由九龙到上海。
■ 6 月 11 日　受中央派遣到鄂东北，任红三十一师副师长。
■ 7 月　指挥红三十一师粉碎敌“罗（霖）李（克邦）会剿”。
■ 8 月下旬　指挥红三十一师与红三十二师，共同粉碎敌“鄂豫会剿”。
■ 10 月中旬　指挥红三十一师与红三十二师、三十三师共同粉碎敌“徐（源泉）夏（斗寅）会剿”。
■ 11 月 20 日　在中共鄂豫边第一次代表大会上，当选为鄂豫边特委委员。与戴克敏、曹学楷提出《军事问题决议案》。
■ 12 月下旬　当选为鄂豫边革命委员会军事委员会主席。

1930 年　29 岁

■ 2 月 25 日　中央决定建立鄂豫皖边特委，为特委委员，郭述申为特委书记。
■ 4 月　任中国工农红军第一军副军长兼一师师长。

1931 年　30 岁

- 1 月中旬　根据党中央指示，红一军与红十五军合编为中国工农红军第四军。任军参谋长。
- 1 月下旬　参与指挥磨角楼围攻战。
- 2 月上旬　参与指挥新集围攻战。此战首次采用坑道爆破。
- 3 月上旬　参与指挥双桥镇战役，俘敌师长岳维峻以下 5000 余人。
- 5 月 12 日　张国焘传达中央决定，撤销中共鄂豫皖边特委，成立中共中央鄂豫皖分局和鄂豫皖革命军事委员会。任十三师师长。
- 7 月中旬　任红四军军长。政治委员曾中生。
- 8 月 1 日　率红四军攻克英山。
- 8 月 20 日　与曾中生、刘士奇联名向中央军委报告红四军的情况和行动方向，反对张国焘攻打安庆的错误方针。
- 9 月下旬　率红四军回到白雀园。对张国焘借口"肃反"，肆意逮捕师长许继慎、周维炯等很有意见。不久，爱人程训宣被捕（1929 年结婚，1932 年被无辜杀害）。
- 11 月 7 日　中国工农红军第四方面军于黄安七里坪成立，任总指挥，政治委员陈昌浩。随后指挥黄安战役，历时 43 天，解放黄安。
- 11 月 25 日　任中央革命军事委员会委员。

1932 年　31 岁

- 1 月　指挥商（城）潢（川）战役，攻克商城。
- 3 月至 5 月　指挥苏家埠战役，歼敌 3 万余人，活捉敌皖西"剿共"总指挥厉式鼎。
- 6 月　指挥潢（川）光（山）战役。
- 7 月初　在夏店中央分局讨论红军行动方针的会上，力主休整待敌，反对张国焘"不停顿地进攻"的意见。
- 10 月 10 日　参加鄂豫皖分局黄柴畈紧急会议。
- 10 月 12 日　夜，率方面军主力越过平汉路，向西转移。月底，分局向中央作了报告。
- 11 月上旬　与张国焘、陈昌浩联名致电党中央，报告未能粉碎敌人"围剿"、被迫脱离苏区的原因。
- 12 月 25 日　率部进抵四川通江。

1933 年　32 岁

- 2 月至 5 月　指挥红军粉碎川敌的"三路围攻"。
- 6 月底　主持召开木门军事会议。
- 7 月　部队整编。任西北革命军事委员会副主席、红四方面军总指挥。

■ 8月12日至月底　指挥仪（陇）南（部）战役。
■ 9月22日至10月初　指挥营（山）渠（县）战役。
■ 10月17日　指挥宣（汉）达（县）战役。
■ 11月下旬　与方面军其他领导人决定，采取收紧阵地、节节抗击、待机反攻、重点突破的方针，分为东西两线，抗击敌“六路围攻”。担任主要作战方向的东线总指挥。

1934年　33岁

■ 2月10日至15日　指挥马鞍山反击战。
■ 10月1日　在万源前线主持召开方面军总部的军事会议，讨论作战方针。会后，指挥著名的万源保卫战。
■ 11月　出席毛裕镇方面军政工会议，作军事工作报告。
■ 11月　主持召开清江渡军事工作会议，提出依托老区，收缩战线，发展新区，使川陕根据地发展为川陕甘根据地的战略计划，经会议讨论通过。

1935年　34岁

■ 1月22日　指挥广（元）昭（化）战役。
■ 2月3日　指挥陕南战役。
■ 3月上、中旬　制定强渡嘉陵江战役计划。28日夜，下达渡江命令；4月21日，战役胜利结束。
■ 6月12日　一、四方面军先头部队在达维会师。代表红四方面军致信中央，对中央红军表示热烈欢迎。
■ 6月26日　中央政治局于两河口开会，28日作出《中央关于一、四方面军会合后战略方针的决定》。接着，军委制定松潘战役计划。
■ 7月6日　率部经黑水、芦花北进，迂回松潘。
■ 7月中旬　在维谷河畔会见彭德怀。在芦花，见到毛泽东、朱德、周恩来、张闻天等中央领导人。被授予一枚中华苏维埃五星金质奖章。
■ 7月20日　中央对军队组织系统作了调整，任红军前敌指挥部总指挥（兼）。
■ 7月21日　出席中央政治局芦花会议。
■ 8月初　于毛儿盖参加军委召开的会议，参与制定夏洮战役计划。
■ 8月20日　出席中央政治局扩大会议，会议作出《中央关于目前战略方针之补充决定》。
■ 8月29日至31日　指挥包座战斗，打开北上通道。
■ 9月初　分别与毛泽东、周恩来、陈昌浩等电促张国焘率左路军北上。
■ 9月8日　张国焘电令右路军南下。当即同陈昌浩研究，立即报告中央。晚，在三军团开会，以恩来、洛甫、博古、向前、昌浩、泽东、稼祥七人名义致电朱德、张国焘，促其北上。

- 9月9日　中央致电朱德、张国焘，令其率左路军北上。24时，张国焘电复徐向前、陈昌浩并转中央，坚持南下。
- 9月9日　晚上，毛泽东到徐向前住处征询意见，徐向前表示，两军既然已经会合，就不宜再分开，四方面军如分成两半恐怕不好，如能争取张国焘率左路军一道北上更好。
- 9月10日　晨，在中共中央率一、三军团单独北上后的严峻时刻，为维护红军的团结作出重大贡献。
- 10月5日　出席了张国焘在卓木碉召开的高级干部会议。会后明确表示，反对另立中央。
- 10月8日　指挥部队发起绥（靖）崇（化）丹（巴）懋（功）战役，20日结束。
- 10月24日　指挥部队发起天（全）芦（山）名（山）雅（安）邛（崃）大（邑）战役。

1936年　35岁

- 1月下旬　出席任家坝会议，讨论中央发来的“十二月决议要点”。会上，制定《康（定）道（孚）炉（霍）战役计划》，准备北上。
- 3月15日　率部进占道孚、炉霍、甘孜。部队整编为5个军。仍任方面军总指挥。
- 6月初　红二、四方面军在甘孜地区会合。
- 7月27日　党中央批准，二、四方面军组成西北局，张国焘任书记，任弼时任副书记，徐向前任委员。
- 8月　西北局制定岷（州）洮（州）西（固）战役计划。
- 9月22日　出席漳县会议。
- 10月9日　率部抵达会宁，三大红军主力会师。
- 10月11日　中央发布《十月份作战纲领》。
- 10月25日至30日　奉中央军委命令，执行宁夏战役计划，率九军、三十军、五军西渡黄河。
- 11月6日　制定《平（番）大（靖）古（浪）凉（州）战役计划》。
- 11月8日　中央军委决定放弃宁夏战役计划，提出《作战新计划》。令河西部队改称西路军，任总指挥。10日，成立西路军军政委员会，任副主席。
- 12月7日　任中央军委委员。

1937年　36岁

- 3月14日　根据西路军军政委员会会议决定，离开部队与陈昌浩返陕北。

■ 4月30日　晚，到达镇原援西军指挥部。
■ 5月下旬　由镇原到西安。
■ 6月中旬　由西安乘飞机抵延安。
■ 7月8日　毛泽东、朱德、彭德怀、贺龙、林彪、刘伯承、徐向前等就出师抗日问题，联名通电蒋介石。
■ 8月22日至25日　出席中共中央在洛川召开的政治局扩大会议，被选为中央军委委员。红军改编为国民革命军第八路军。任一二九师副师长。
■ 9月上旬　随周恩来到太原等地，与阎锡山谈判八路军开赴山西抗日前线问题。
■ 11月7日　参与指挥广阳、沾尚店、户封地区对日军的伏击战。
■ 12月22日至26日　参与指挥粉碎日军"六路围攻"的作战。

1938年　37岁

■ 3月30日　指挥响堂铺战斗。
■ 4月中旬　参与指挥粉碎敌"九路围攻"的作战。
■ 4月26日　率"路东纵队"到冀南。
■ 5月21日　在《群众》杂志上发表《开展河北的游击战争》一文，提出在平原地区建立"人山"坚持游击战争的思想。
■ 6月　在威县会见抗日民主人士范筑先。
■ 7月下旬　在南宫县会见美国驻华武官伊万斯·福代斯·卡尔逊。
■ 11月9日　任北方局山东分局委员。

1939年　38岁

■ 6月2日　离开冀南同朱瑞去山东，任国民革命军第十八集团军第一纵队司令员，朱瑞为政治委员。
■ 8月9日　任山东军政委员会委员。

1940年　39岁

■ 2月22日　在山东全省宪政促进成立大会上，被选为执行委员。
■ 3月16日　指挥孙祖战斗。
■ 6月6日至12月27日　为参加中共第七次全国代表大会从山东到延安。

1941年　40岁

■ 7月　写出《敌寇在华北战略战术的演变及其特点》一文。
■ 10月　发起成立延安黄埔同学会，当选为主席。

1942 年　41 岁

■ 5 月 13 日　任陕甘宁晋绥联防军司令部副司令员兼参谋长。

■ 9 月 15 日　中央军委决定将联防司令部和留守兵团司令部合并为联防司令部，仍任副司令员。

■ 10 月　出席西北局高干会议。

1943 年　42 岁

■ 3 月　任抗日军政大学校长，兼任中央处理委员会主任。

■ 6 月中旬　根据毛泽东的指示，写了《要正确认识党中央关于〈正确对待原四方面军干部的决定〉》的文章。

■ 8 月　担任抗大总学习委员会书记，领导整风学习。

1944 年　43 岁

■ 6 月中旬　批准颁发《抗大总校第八期标准教育计划》。

■ 7 月下旬　患肋膜炎，住柳树店和平医院治疗。

1945 年　44 岁

■ 4 月　在中共第七次全国代表大会上当选为中央委员会委员。

1946 年　45 岁

■ 11 月　按照中共中央转移伤病员的决定，疏散至绥德。向中央请求到太行前线工作。

1947 年　46 岁

■ 6 月 13 日　任晋冀鲁豫军区副司令员。

■ 9 月　组织指挥八纵队，第二次攻打运城。

■ 10 月　出席晋冀鲁豫中央局召开的土地会议。

■ 11 月　部署第三次攻打运城。

1948 年　47 岁

■ 3 月 7 日　发起指挥临汾战役。

■ 5 月 17 日　指挥部队攻克临汾。

■ 同日　就任华北军区副司令员、华北野战军第一兵团司令员兼政治委员。

■ 6 月 19 日　发起指挥晋中战役，7 月 20 日，战役胜利结束。

■ 7 月 28 日　任太原前线前敌委员会书记，率部进攻太原。

■ 8 月 19 日　当选华北人民政府委员。

■ 9 月　抵河北平山西柏坡，出席中共中央政治局扩大会议。

1949 年　48 岁

- 1 月 1 日　兼任华北野战军第一兵团随营学校校长和政委。
- 3 月 1 日　任中国人民解放军第十八兵团司令员兼政委。
- 3 月 17 日　任太原前线司令部司令员兼政委，总前委书记。
- 4 月 24 日　攻克太原城。任太原市军事管制委员会主任。
- 5 月 18 日　因病呈请中央准免兼第十八兵团司令员兼政治委员的职务。
- 6 月　到青岛治病。
- 10 月 1 日　中华人民共和国成立。当选为中华人民共和国中央人民政府委员会委员、第一届中国人民政治协商会议全国委员会委员。
- 10 月 19 日　任中央人民政府人民革命军事委员会委员、总参谋长。

1950 年　49 岁

- 6 月　抵北京，出席中共中央七届三中全会。

1951 年　50 岁

- 5 月　任中华人民共和国中央人民政府兵工代表团团长，率代表团赴苏联谈判。
- 11 月　率代表团回国。抵满洲里后，因病住进长春空军医院。

1952 年至 1953 年　51—52 岁

- 因患病，先后在北京、武汉、杭州等地医治疗养。

1954 年　53 岁

- 2 月 6 日至 10 日　出席中共七届四中全会。
- 6 月 19 日　任中央人民政府人民革命军事委员会副主席。
- 9 月　参加第一届全国人民代表大会，当选为人大常委会委员，并任中华人民共和国国防委员会副主席。
- 9 月 28 日　中共中央政治局作出关于成立党的军事委员会的决定，任军委委员。
- 12 月 12 日　出席军委扩大会议。

1955 年　54 岁

- 9 月 23 日　被授予中华人民共和国元帅军衔和一级“八一”勋章、一级独立自由勋章、一级解放勋章。
- 9 月　主管空军和国土防空军的工作。
- 10 月 4 日至 11 日　出席中共七届六中全会。

1956 年　55 岁

■ 8 月 22 日　参加中共七届七中全会。

■ 9 月　参加中共第八次全国代表大会，当选为大会主席团成员、代表资格审查委员会委员、第八届中央委员会委员。

■ 11 月 10 日至 15 日　参加中共八届二中全会。

1957 年　56 岁

■ 6 月　参加第一届全国人大四次会议，被选为主席团成员。

1958 年　57 岁

■ 5 月　参加中央军委扩大会议。

■ 11 月　出席在武昌举行的中共八届六中全会。

1959 年　58 岁

■ 4 月　参加第二届全国人民代表大会，当选为人大常委会委员，被任命为国防委员会副主席。

■ 8 月　参加中共中央在庐山召开的八届八中全会。

■ 本月　参加中央军委扩大会议。

■ 10 月 14 日　中央军委常委会议决定，刘伯承、徐向前分工管理战略问题研究，分任战略问题研究组正、副组长。

1960 年　59 岁

■ 2 月　参加在广州召开的军委扩大会议。

■ 7 月至 8 月　参加在北戴河召开的中央工作会议。

■ 9 月 12 日至 10 月 20 日　参加军委扩大会议。

■ 12 月 24 日至 1961 年 1 月 13 日　参加在北京召开的中央工作会议。

1961 年　60 岁

■ 1 月　出席中共中央八届九中全会。

■ 春　到无锡视察部队。

■ 6 月至 7 月　参加中央军委扩大会议。

1962 年　61 岁

■ 10 月至 11 月　多次听取战略研究小组成员的汇报，并对中印边境自卫反击战问题作了重要指示。

■ 12 月　参加扩大的军委办公会议，听取各军区汇报，总结 1962 年工作，部署 1963 年工作。

1963 年　62 岁

- 2 月　参加中央工作会议，讨论 1963 年国民经济计划及城市社会主义教育等问题。
- 6 月至 9 月　贺龙、刘伯承、徐向前、聂荣臻、叶剑英、罗瑞卿等分别接见参加各总部、各军兵种专业会议和共青团代表等各种会议的全体人员。
- 9 月　参加中央工作会议，讨论农村工作和 1964 年国民经济计划问题。

1964 年　63 岁

- 任军委战略委员会领导小组副组长，分管民兵工作。
- 8 月　任军委人民武装委员会主任。
- 10 月 24 日　第四十九次军委常委会通过决议：同意徐向前关于整顿民兵工作的意见。

1965 年　64 岁

- 1 月　参加第三次全国人民代表大会，被选为人大常委会副委员长，被任命为国防委员会副主席。
- 5 月 31 日　在军委作战会议上作关于民兵工作的发言。
- 7 月 15 日　在全国民兵工作会议上讲话。
- 11 月　到浙江视察民兵工作。
- 12 月　到广东视察民兵工作。
- 本月　参加中央上海会议，增补为中央军委副主席。

1966 年　65 岁

- 6 月 2 日　与贺龙、聂荣臻陪同周总理接见我出国作战的高炮部队代表。
- 8 月　参加中共八届十一中全会，增补为中央政治局委员。
- 9 月　参加中央工作会议，讨论“文化大革命”有关问题。
- 11 月 13、29 日　两次参加接见军队院校来京师生。

1967 年　66 岁

- 1 月 12 日　任全军文化革命小组组长。
- 1 月 19 日　在京西宾馆军委碰头会上，江青一伙突然袭击，批判萧华。20 日会上，他和叶剑英为萧华问题发火，即所谓“大闹京西宾馆”。
- 1 月 24 日　闯林彪住处，商拟稳定军队九条意见，请叶剑英、聂荣臻讨论通过。晚，送到钓鱼台，由中央文革讨论通过，改为七条。
- 1 月 28 日　七条意见改为八条。陪林彪到中南海毛泽东主席处，毛主席签署八条命令。
- 2 月 9 日　在中央政治局碰头会上，同陈伯达为刘志坚问题发生争执。

11日，又和叶剑英等与陈伯达、康生、张春桥一伙展开激烈斗争，被诬为“二月逆流”。

■ 3月29日　全军文革小组由萧华主持，只任挂名组长。
■ 4月2日至6日　在军委扩大会议上被错误批判。
■ 4月16、17日　两次被抄家。
■ 7月　被林彪、江青一伙诬为武汉“七二〇”事件的“黑后台”。
■ 7月19日　再次被抄家。
■ 7月30日　在周总理的精心安排下，出席八一建军节招待会。
■ 9月　给毛主席写报告，请求免除全军文革组长的职务。

1968年　67岁

■ 3月24日　参加人民大会堂关于“杨、余、傅事件”大会，被安排在群众席上。
■ 10月13日至31日　出席中共八届十二中全会，被错误批判。

1969年　68岁

■ 1月3日　毛泽东主席对徐向前办公室党支部批示：“所有与‘二月逆流’有关的老同志及其家属都不要批判，要把关系搞好。”
■ 1月30日至10月18日　被指定到北京二七机车车辆厂“接受工人阶级再教育”。
■ 4月　参加中共第九次全国代表大会，当选为中央委员会委员。
■ 10月20日　被林彪的“一号命令”“疏散”到河南开封。

1970年　69岁

■ 8月18日至9月6日　到庐山参加中共九届二中全会。

1971年　70岁

■ 4月8日　从开封回到北京。接着参加中央批陈整风汇报会。

1972年　71岁

■ 5月5日至28日　陪同西哈努克亲王到东北三省访问。
■ 7月　陪同西哈努克亲王到济南、青岛访问。

1973年　72岁

■ 3月　参加中共第十次全国代表大会，当选为中央委员会委员。
■ 5月15日至21日　以中华人民共和国特使身份，出访斯里兰卡。
■ 7月7日至14日　率军事代表团访问阿尔巴尼亚。

1974年　73岁

■ 9月至11月　多次参加接见外宾的活动。先后会见了瑞典共产党中央党校代表团，陪同朱德等会见并设宴招待南斯拉夫议会代表团，参加接待来访的丹麦首相保罗·哈特林，出席罗马尼亚建军30周年、阿尔及利亚国庆20周年、阿尔巴尼亚国庆30周年招待会等。

1975年　74岁

■ 1月　参加第四届全国人民代表大会，被选为人大常委会副委员长。
■ 5月至6月　出席中央军委扩大会议。

1976年　75岁

■ 1月15日　参加周恩来追悼会。
■ 7月11日　参加朱德追悼会。
■ 9月19日　参加毛泽东追悼会。
■ 10月24日　出席首都军民庆祝粉碎“四人帮”反党集团大会。

1977年　76岁

■ 2月　参加中央军委扩大会议。
■ 8月　参加中共第十一次全国代表大会，当选为中共十一届中央委员会委员、中央政治局委员。

1978年　77岁

■ 2月　参加第五届全国人民代表大会，被任命为国务院副总理兼国防部长。
■ 11月　被任命为军委武装力量委员会主任。
■ 12月　参加中共十届三中全会。

1979年　78岁

■ 2月17日至3月5日　参与决策和指挥中越边境自卫反击战。
■ 4月5日至27日　参加中共中央工作会议。
■ 6月18日至7月1日　参加第五届全国人大二次会议。
■ 7月31日　在人民大会堂主持建军52周年招待会。
■ 9月25日至28日　参加中共十一届四中全会。
■ 9月30日　在第四届全国运动会闭幕式上致闭幕词。
■ 10月　为庆祝中华人民共和国成立30周年，在《红旗》杂志发表《为实现国防现代化而努力奋斗》一文。

1980 年　79 岁

■ 3 月 4 日至 11 日　主持召开军委常委扩大会，讨论军队编制体制和压缩军队定额等问题。
■ 4 月 5 日　在全军后勤部长会议上讲话。
■ 5 月 17 日　参加刘少奇追悼会。
■ 7 月 31 日　主持建军 53 周年招待会。
■ 8 月 30 日至 9 月 10 日　参加五届人大三次会议。会议期间提出辞呈，辞去国务院副总理职务。不久，又辞去国防部部长职务。
■ 12 月 16 日至 25 日　参加中共中央工作会议。

1981 年　80 岁

■ 5 月 18 日至 29 日　参加中共中央政治局扩大会议，讨论《关于建国以来党的若干历史问题的决议》稿。
■ 6 月 27 日至 29 日　参加中共十一届六中全会。
■ 7 月 1 日　出席中国共产党建党 60 周年纪念大会。

1982 年　81 岁

■ 8 月 6 日　出席中共十一届七中全会。
■ 9 月 1 日至 12 日　出席中共第十二次全国代表大会，当选为中央政治局委员、中央军委副主席。
■ 11 月 26 日　出席五届人大五次会议。

1983 年　82 岁

■ 6 月 18 日　接见出席第六届全国人民代表大会的部分解放军代表。
■ 6 月 22 日　参加中央领导人接见第六届全国人民代表大会和第六届全国政协会议的代表。
■ 10 月　出席中共十二届二中全会。

1984 年　83 岁

■ 4 月 30 日　下午，在南京市人民大会堂出席“五一”军民联欢会。
■ 5 月 29 日　在北京人民大会堂主持黄埔军校校友茶话会。
■ 6 月 16 日　下午，出席黄埔军校同学会第一次理事会议，当选为会长。
■ 7 月 27 日　在《解放军报》上发表《红四方面军的战斗作风》一文。
■ 本月　回忆录《历史的回顾》（上册）由解放军出版社出版发行。中、下两册分别于 1985 年 10 月、1987 年 7 月出版。
■ 8 月　在解放军政治学院出版的《思想战线》杂志第八期发表《重视知识、尊重人才，加速我军建设》一文，新华社发通稿，《人民日报》《解放军报》及一些省、市报纸于1日转载。

- 10月1日　登上天安门城楼，参加国庆35周年阅兵典礼。
- 10月20日　出席中共十二届三中全会。
- 11月8日　83岁寿辰，中共中央书记处致电祝贺。

1985年　84岁

- 5月30日　致信中共中央总书记胡耀邦并政治局各常委，提出辞去政治局委员和军委副主席的职务。
- 6月11日　出席在中南海怀仁堂举行的黄埔军校同学会第一次会员代表大会。
- 9月16日　出席中共十二届四中全会。
- 9月18日　出席中国共产党全国代表会议。

1986年　85岁

- 9月　在《红旗》杂志发表纪念红军长征胜利50周年文章《红军不怕远征难》。
- 10月16日　参加刘伯承追悼会。
- 10月29日　参加叶剑英追悼会。
- 12月31日　中央顾问委员会副主任薄一波到住处谈反对资产阶级自由化与中央人事问题。

1987年　86岁

- 2月17日　致信军事科学院外军部苏联军事百科全书编辑室，对《苏联军事百科全书》一书翻译出版表示祝贺。
- 4月22日　参加投票（流动票箱），选举西城区第九届人民代表大会代表。
- 5月29日　接见总参通信部军委一号台部分人员。
- 6月15日　接见全军优秀班长代表。
- 7月31日　参加接见全军英模代表。
- 8月1日　八一电影制片厂摄制的传记片《徐向前》发行放映。
- 11月1日　出席中共第十三次全国代表大会闭幕式。
- 12月29日　军委杨尚昆副主席率军委副秘书长及三总部主要领导人到住地看望，祝贺新年。

1988年　87岁

- 2月2日　辞去黄埔军校同学会会长职务，改任名誉会长。
- 2月8日　在黄埔军校同学会春节联欢茶话会上致书面贺词。
- 3月1日　为中央电视台建台30周年题词："电视节目要为十亿人民服务。"
- 3月10日　为柳荫军民共建五周年题词："团结互助，兴利除弊——庆祝柳荫共建五周年。"

■ 3 月 31 日　为新创刊的《黄埔》杂志题词："为黄埔同学立言，为祖国统一尽力。"
■ 4 月 11 日　会见出席全国人大第七次会议的山西省代表团。
■ 4 月 25 日　为共青团十二大题词："继承发扬革命的优良传统，做社会主义现代化的先锋队——祝贺共青团十二大召开。"
■ 5 月 9 日　会见山西省五台县领导同志。
■ 5 月 31 日　会见北京黄城根小学部分师生。
■ 6 月 2 日　和李先念一起会见红四方面军战史修改领导小组成员。
■ 7 月 29 日　为装甲兵工程学院题写校训："以校为家的主人翁精神，永不满足的进取精神，坚持不懈的实干精神"；题写校风："信念求实献身"。
■ 7 月 31 日　中央军委授予一级红星功勋荣誉章。
■ 10 月 12 日　为太原解放 40 周年题词："庆祝太原解放四十周年。"
■ 11 月 18 日　复信中共中央党史研究室，对中共党史上有关问题提出意见。
■ 11 月 15 日　为《陈再道回忆录》作序。

1989 年　88 岁

■ 2 月 17 日　致信中央常委，对国民经济建设的方针问题提出意见和建议。
■ 3 月 30 日　李先念看望徐向前，商谈有关问题。
■ 4 月 15 日　胡耀邦去世，派人前往北京医院悼念。
■ 4 月 25 日　晚，根据中办通知，派秘书参加中央直属机关领导干部会议，传达中央关于动乱问题的意见。指出，动乱的性质是反党反社会主义的。
■ 5 月 21 日　晚，中国科技大学七名学生到徐向前住地，请求徐向前关注局势的发展，徐帅发表关于局势的意见，中央电视台连夜广播。
■ 5 月 22 日　李先念、丁关根来谈，转达邓小平关于对局势和中央人事问题的意见。
■ 5 月 27 日　将柳荫军民共建领导小组给解放军的慰问信批转戒严指挥部。
■ 6 月 13 日　发表致戒严部队全体官兵的信，称赞戒严部队全体官兵以鲜血和生命捍卫了党的领导，捍卫了人民共和国，捍卫了社会主义制度。
■ 6 月 19 日至 21 日　中央召开政治局扩大会议，徐向前作书面发言，完全拥护中央关于制止动乱和平息反革命暴乱的重要决策。
■ 6 月 23、24 日　中共中央召开四中全会，会上印发徐向前在政治局扩大会上的书面发言。
■ 6 月 27 日　李瑞环看望徐向前。
■ 6 月 29 日　接见中央电视台《血沃中原》剧组。
■ 7 月 5 日　江泽民看望徐向前，亲切交谈。
■ 7 月 5 日　将北京卫戍区关于柳荫街在政治动乱中表现的调查报告批转总政治部。总政治部、中共中央宣传部联合发出通报，号召全国、全军向柳荫军民共建工作学习。

■ 7月14日　彭真看望徐向前。

■ 7月22日　接见西城区委、区政府领导。

■ 9月5日　寄语《中国青年》:“让青年在斗争中百炼成钢。”

■ 9月8日　李先念来谈军委领导班子调整问题。

■ 9月15日　致信江泽民，谈关于《在中华人民共和国成立40周年大会上的讲话》的修改意见。

■ 10月6日　为空军成立40周年题词:“发扬优良传统，建设现代化的人民空军。”

■ 10月30日至11月3日　中共中央召开工作会议。

■ 11月6日至9日　中央召开十三届五中全会。会前看了五中全会文件《中共中央关于治理整顿和深化改革的决定》讨论稿后，致信李鹏并江泽民，对经济建设的方针问题提出意见和建议。

■ 12月21日至23日　《徐向前传》书稿讨论会在北京举行。

1990年　89岁

■ 1月5日　王震副主席看望徐向前，就东欧形势问题交换意见。

■ 1月20日　同聂荣臻发表春节谈话，向海内外黄埔师生致节日问候，阐述实现祖国统一的方针，期望两岸黄埔师生反对“台独”、反对分裂，共同完成祖国统一大业。

■ 1月26日　江泽民、李鹏、姚依林、宋平、丁关根、杨白冰、温家宝看望徐向前，祝贺春节。军委刘华清、洪学智、秦基伟、迟浩田、赵南起看望徐向前，祝贺春节。

■ 1月28日　应海军政治部请求题:“向雷锋式的好干部刘德全同志学习。”

■ 3月7日　寄语上海《儿童时代》:“从小树立远大理想。”

■ 3月9日至12日　中共十三届六中全会在北京召开。

■ 5月4日　为炮兵成立四十周年题词:“以现代化建设为中心，全面加强炮兵建设。”为测绘局成立四十周年题词:“为发展军事测绘建功立业。”

■ 5月8日　红四方面军战史修改办公室在首都宾馆召开红四方面军战史出版座谈会，致信表示祝贺。

■ 5月10日　会见台湾黄埔校友邓文仪等，寄望“两岸黄埔师生携起手来，为实现祖国统一而奋斗”。

■ 6月27日　病重住三〇一医院。

■ 6月29日　李先念到医院看望徐向前，徐向前谈了遗言三条。

■ 8月8日　江泽民到医院看望徐向前，徐向前表示坚决拥护以江泽民为核心的党中央。

■ 9月21日　因病去世。

后　记

《徐向前传》从中央书记处、中央军委提出编写到出版，历时10年之久。中国有一句老话：十年磨一剑，必成利剑。然而，10年写出一部书，未必能成为传世佳作。倘若这部传记受到读者欢迎，那是徐向前这位杰出的无产阶级革命家、军事家的光辉业绩撼动了读者的心。

徐向前是党和国家的重要领导人，是中国人民解放军的创建人之一。他戎马一生走过的道路，和人民解放军的诞生、发展、壮大密切相联。他卓越的军事指挥艺术和创造，是毛泽东军事思想体系的重要组成部分。他战功卓著、德高望重、名扬中外，要为这样一位元帅立传，我们传记组的主要执笔人员如负千斤重担。10年多以来，编写组成员几经变动，又多是在兼职中写作，大家好像沿着一条光辉而艰险的崎岖山路攀登一样，一步步探索前进。虽然从一开始我们就提出“要尊重历史，实事求是”“要传如其人”的写作指导思想，然而翻阅了记载历史的一些书籍文本，有的重大事件记述又不能全部令人信服。为着实事求是的探讨历史、理解传主“其人”，我们在广泛调查研究和学习的过程中，请徐向前元帅先后作过几十次谈话。在查阅历史档案的同时，我们沿着传主的足迹，走访了山西五台山地区、广东的东江地区，访问了大别山、大巴山和祁连山下的许多战场，从延安到太行山、沂蒙山，又到华北平原许多城镇和乡村；凡是当年传主指挥过战斗和住过的地方，我们都尽可能找到。我们先后访问了200多位革命老战士，会见了数以千计的老区人民群众。档案馆珍贵的历史文献，回答了对历史上某些事件的真相；活生生的还未列入历史档案文库的谈话，使徐向前的崇高形象更加鲜明。

1987年底《徐向前传》征求意见稿打印成册后，即分送给有关部门领导和70多位老将军们审读。1989年5月，在武汉的张才千、孔庆德、肖永银、叶明、汪乃贵等参加了书稿座谈会；1989年8月，向守志邀请了在南京部分熟悉情况的老同志，对书稿进行了讨论；1989年10月，在成都由万海峰、陈明义主持，召集了有余述生、黄作军、张行忠、张天伟、康先海、陈正宏、廖家岷等参加的座谈会；1989年12月，在北京由李德生主持座谈会，刘华清、洪学智、陈锡联、陈再道、王诚汉、高厚良、杜义德、肖全夫、郑维山、徐深吉、张贤约、罗应怀、王政柱、胡奇才、魏传统、王子纲、王恩厚、梅盛伟、王定国、李曼村等参加了座谈讨论。在上述四个座谈讨论会上，老革命家、老将军们，以自己亲身经历和耳闻目睹的事实，为《徐向前传》书稿作补充和修改，提供了宝贵的意见。北京地区一些未参加座谈会的老将军秦基伟、宋任穷、刘志坚等，还专门找传记执笔者讲了意见。特别是对历史上有的重大事件，在传记中作出的正确的表述，正是那些老革命家、老将军们共同关注的结晶。

《徐向前传》在编写工作中，始终得到中央军委办公厅、总政治部和有关部门、原政治学院党委和政治部、国防大学党委和政治部领导的支持。在传记正式定稿出版前，国防大学张震校长兼政委，亲自主持会议讨论定稿出版工作。在传记写作过程中，还得到中央档案馆、军委档案馆、军事科学院军事历史研究部以及红四方面军战史修改办公室和山西、广东、湖北、河南、安徽、山东、四川、陕西、甘肃、河北等省的政府机关与档案部门的大力协助；还得到了各位元帅传记组、当代中国国防军事卷编委会办公室、各分卷编辑部的大力支持与帮助。

在这里应特别说明的是，邓小平同志不但题写了《徐向前传》的书名，他倡导和坚持的实事求是的思想路线，为传记写作中正确分辨历史上某些是非问题，指出了方向。在邓小平、陈云、李先念同志的关怀下，党中央对红四方面军历史中重大的疑难问题，作出了实事求是的明确结论，为传记的写作提供了依据。

在纪念徐向前90周年诞辰之际，传记正式定稿出版，奉献给读者。这部传记的执笔人是：王文仲（第一、二和十三至十七章）、朱玉（第八至十二章）、李俊荪（第十八至二十章）、李而炳（第二十一至二十四章）、张麟（第三至七章、并全书统稿）。欧国琳、郭春福、萧永义参加写了第五、六、二十二章初稿和部分修改工作，马长志、陈宝玲、葛恒军等参加了统稿和编辑工作。由于写作水平和认识问题的能力所限，这部书定有某些不周之处 敬请指出，以便在继续研究中修正。

国防大学《徐向前传》编写组